인사평가의 20가지 방법

Adrian Furnham 저
장재윤 · 남상희 · 문혜진 · 박춘신 · 서희영 공역

Twenty Ways to Assess Personnel
Different Techniques and Their Respective Advantages

학지사

Twenty Ways to Assess Personnel:
Different Techniques and Their Respective Advantages
by Adrian Furnham

역자 서문

이 책은 아드리안 펀햄(Adrian Furnham)의 『Twenty Ways to Assess Personnel: Different Techniques and Their Respective Advantages』을 완역한 것이다. Furnham 교수는 역자가 대학원 석사과정 때부터 여러 논문을 참조하였던 '개인차' 분야의 세계적인 심리학자이자, 영국을 중심으로 인사 선발 및 평가 분야의 연구와 실무를 폭넓게 경험한 흔치 않은 학자이다.

1953년생인 그는 런던 정치경제대학교에서 수학하였고, 1981년 옥스퍼드대학교에서 박사학위를 받았다. 이후 38년간 런던대학교 심리학과 교수로 지냈고, 현재 영국 엑서터(Exeter)대학교 경영학과의 명예교수이자 노르웨이 경영대학의 리더십 및 조직행동학과의 심리학 겸임교수로 있다.

그는 놀랄 만한 생산성을 보이는 연구자로 그동안 1,300편 이상의 논문과 95권의 저서를 출간하였다. 또한 미국 『HR 매거진』에서 HR 분야의 가장 영향력 있는 20명 중 한 명으로 선정되기도 하였다.

저자는 이 책에서 전통적인 방법에서 빅 데이터에 이르기까지 폭넓은 인사평가 방법을 소개하고 있는데, 현재 국내에서 많이 사용되고 있는 방법도 있고, 널리 알려지지 않은 방법도 있다. 이 책은 20가지 인사평가 방법 각각의 정의, 작동 원리, 신뢰도와 타당도 관련 증거를 제시하고 있으며, 해당 방법의 사용에 있어서 비용 측면과 더불어 윤리적 · 정치적 이슈들도 자세히 다루고 있다. 그리고 각 방법을 어떤 상황에서 어떻게 사용하는 것이 가장 좋은지에 대한 가이드라인도 제공한다.

전반적으로 20가지 방법과 연관된 다양한 연구 결과를 소개하고 있어 이 분야의 연구자나 실무자에게 일독을 권한다. 일부 용어나 내용은 선발 및 평가 실무자들에게 다소 친숙하지 않을 수 있으나, 이 책이 선발 및 평가 관련 심리학적 개념이나 접근방법에 익숙해지는 좋은 계기가 될 것으로 생각된다. 또한 특정 평가 방법을 새로 도입하기에 앞서 해당 평가 방법이 지닌 강점이나 미처 고려하지 못했던 취약점을 발견할 수도 있을 것이다.

무엇보다 현장의 실무자들이 이 책을 탐독하고 이해의 폭과 깊이를 더함으로써 한국의 인사 선발 및 평가 업무가 좀 더 과학적이고 체계적인 기반을 갖는 데 도움이 되고자 하는 목적으로 번역을 결정하였으므로, 앞으로 이 책을 통해 한국의 인사 선발 분야가 질적으로 발전하는 조그만 계기가 되기를 바란다.

역자들은 서강대학교 심리학과의 조직심리연구실에서 함께 인사 선발 및 평가 관련 연구와 실무를 공부한 동료들이다. 모두 연구와 실무로 바쁜 와중이라 단독으로 번역하기에는 부담이 있어 공동 번역하기로 하였다. 공동 번역의 약점을 극복하기 위하여 번역 과정에서 여러 차례 번역본을 돌려가면서 검토하고 수정하였다. 특히 독자들이 편하게 읽을 수 있도록 원문의 의미를 살리면서 최대한 윤문 작업을 하였고, 추가 설명이 필요한 부분에 대해서는 각주에 역자의 설명을 추가하였다. 그럼에도 일부 혼선이 있다면 역자들의 부족함이며, 독자들의 넓은 아량을 바란다.

역자 대표 장재윤

저자 서문

나는 다음의 세 가지 영향 때문에 이 주제에 흥미를 갖게 되었다.

1. **학부 때의 은사**: 나는 남아프리카에서 자랐고, 나탈(Natal)대학교를 다녔다. 내가 평생 교육에 헌신하신 은사인 Bruce Faulds 박사를 만난 것은 대단한 행운이었다. 우리는 30주 동안 매주 수요일마다 심리측정 검사를 실시하고 개인별 및 학급 전체 결과를 분석하였다. 당시의 표준검사였던 MMPI, CPI, EPQ뿐만 아니라, Freud의 영향을 받은 독특한 검사인 투사 검사와 생리적 검사도 사용하였다. 주요 목표는 이러한 검사들의 배경과 이론을 학습하는 것이었지만, 가장 중요한 것은 검사의 신뢰도와 타당도의 증거 등 심리측정 특성들을 조사하는 것이었다. Faulds 박사는 음악 능력에 대한 흥미 때문에 예술적 능력 측정을 비롯한 다양한 것에 관심이 있었다. 당시의 그런 경험 덕분에 40년간 이 주제에 흥미를 갖게 되었다는 점에서 그에게 감사한 마음이다. 이제는 자주 잊어버리거나 제대로 보지 못하는 경우도 생기지만, 그동안 내가 엄청나게 다양한 검사를 알게 되고 그것들에 매료되었음을 깨달았다.

2. **심리학 컨설팅**: 1981년에 첫 번째 대학에서 일자리를 얻은 지 얼마 되지 않아, 경영 컨설팅 분야로 진출한 대학원 졸업 동기들이 나를 함께 일할 '동료'로 고용하였다. 동기들 대부분은 평가, 교육 및 훈련, 조직 설계와 같은 분야의 전문가 10~20명 정도의 구성된 작은 심리학 컨설팅사에서 일했다. 그들의 주요 고객은 평가와 개발센터(assessment and development centres)를 운영하는 HR 전문가들이었다. 나는 그

들과 함께 교육 및 컨설팅 일을 하면서 MBTI(Myers Briggs Type Inventory)나 내가 들어 보지 못했던 FIRO-B(Fundamental Interpersonal Relations Orientation-Behaviour)와 Belbin Team Role Inventory와 같은 다양한 검사에 열광하는 사람들의 세계로 들어가게 되었다.

이런 검사들을 배우게 되면서 부수적으로 이에 관한 다양한 연구 논문을 발표하게 되었다. 학술 문헌에서 FIRO-B와 같은 검사 대부분은 이제 잘 나오지 않지만, Belbin Team Role Inventory와 같은 검사들을 평가하려는 연구자들은 여전히 찾기 어렵다.

나는 이러한 학계와 실무 간의 연계를 통해 많은 혜택을 보았다. 가장 큰 이득은 학계와 실무 간의 구분을 없애면서(과학자-실무자 모델을 실현하면서) 엄격한 이론과 연구에 기반하여 성격검사들을 고안하고 판매하는 학계 연구자들과의 친밀한 관계를 맺게 된 것이다. 그런 측면에서 나의 영웅은 Hogan Assessments의 Robert Hogan과 그의 아내인 Joyce Hogan이다. 그들이 개발한 주요 도구인 Hogan Personality Inventory(HPI), Hogan Developmental Survey(HDS), Motives, Values and Preferences Inventory(MVPI)는 모두 이론과 심리측정적 평가에 기반하고 있다. 나는 독특한 도구인 HDS에 흥미가 있었고, 그것에 관한 약 20편의 논문을 발간하였다. 또한 박사과정생들과 함께 상업적인 측정 도구들도 개발하였다. 예를 들어, 특성 정서지능(Trait Emotional Intelligence)이라는 측정 도구를 성공적으로 만들었고, 하이포 특성 검사(High Potential Trait Inventory)라고 불리는 인재 측정 도구도 개발하였다.

그러나 학계와 실무의 두 세계를 모두 경험하는 것은, 예를 들어 성격검사를 평가하고 사용하는 방식에서 과학자인 성격심리학자와 실무자인 기업의 HR 전문가 간의 차이를 경험하는 것과 같다. 또한 나는 검사 비용에 대해서도 알게 되었다. 몇몇 검사는 직접 구매하기도 했지만, 대부분은 학과에서 구입하여 대학의 검사 도서관에 비치한 것을 이용할 수 있었다. 더구나 많은 검사는 저널이나 온라인에서 바로 얻을 수 있었다. 그러나 어떤 것은 젊은 교수입장에서는 꽤 비싼 값으로 구매해야 했다.

학계 연구자들이 검사를 선택할 때에는 대개 검사 신뢰도와 타당도와 관련된 자료들을 참조한다. 동료 심사가 있는 학술지에 논문을 발간하려면 신뢰도와 타당도는 필수적이며 심리측정학자가 가장 핵심으로 여기는 것이다. 그런데 다른 무엇보다 나는 검사나 평가를 받은 당사자들에게 제공되는 '피드백' 보고서가 얼마나 중요한지 몰랐다. 다소 냉소적으로 이야기하면, 보고서는 검사자를 더 통찰력 있어 보이게 하고 고객을 기쁘게 하는 데 더 중점을 두었다. 실무자들이 실제로 평가할 때, 비용과 시간, 다중 언어의 가용성, 검사 과정의 수용성과 같은 현실적인 이슈들을 고려해야 한다는 점은 그들이 일하는 맥락의 복잡성을 잘 보여 준다. 그래서 그들이 학계의 엄정한 관점보다는 더 넓은 범위의 '증거'를 고려하고자 하는 것은 자연스러운 일이다.

더 중요한 것은 검사 발행인들은 '정치적 이슈'를 의식한다는 점이다. 모든 성격 특성 중에 가장 중요하고 근본적이며 예측력이 높은 것 중의 하나인 신경증(neuroticism)을 측정하는 문제를 생각해 보자. 실무자들은 자신의 고객에게 신경질적이라는(즉, 불안, 우울, 정신 · 신체 질환에 걸리기 쉽다고) 피드백을 주어 고객이 화가 나는 경우를 끔찍하게 생각한다. 이런 경우 신경증을 역점수화하여 '회복력(resilience)에 대한 적응 차원'이라고 이름을 바꾸는 등 다양한 해결책을 사용한다.

이런 이슈는 실무자들의 단어와 개념에 대한 민감성과 관련된 것이다. 어떤 심리적 개념(예: 분열성, 연극성)은 이해하기 어렵고, 또 어떤 것(예: 정신증)은 상당히 수용하기 어려워 보인다. 이런 것들은 재명명되거나 생략되어야 한다. 그래서 준임상적 경계성 성격장애를 HDS에서는 '흥분하기 쉬움(excitable)' '변덕스러움(mercurial)' '불안정함(volatile)' 또는 '양가적 감정(ambivalent)' 등으로 정의한다. 보고서에 나오는 언어는 중요하다.

또한 차원성과 경제성이라는 이상한 이슈도 있다. 많은 실무자는 성격의 복잡성을 단 3개 또는 5개 차원으로 줄이는 것을 터무니없다고 여긴다. 그들은 10~20개 정도의 차원을 기대한다. 그래서 3개의 상위 요인별로 약 7개의 요인을 가진 EPP(Eysenck Personality Profiler)가 개발된 것이다. 나는 계속 학계와 실무의 두 영역을 오가며 '이중의 언어'를 사용하고 있다. 나는 이런 경험을 통해 지식이 더 풍부해지고 있다고 느낀다. 그러면서 '실제 세상의 이슈나 상황'을 전혀 모르는 '상아탑'에 있는 학계의 심리측정학자를 만나면 여전히 놀라게 된다.

3. **함께한 재능 있는 동료들**: 학계에서의 경력 동안, 셀 수 없이 많은 석사와 25명의 박사를 배출하였다. 나는 엘리트 교육 기관에 있었기에, 매우 재능 있는 학생들을 받아들였다. 그중에서 Tomas Chamorro-Premuzic은 최고의 학생이었다. 활달하고 탐구적이고, 엄청난 열정을 가진 그는 기록적인 시간 안에 9개의 경험 연구로 박사를 마쳤다. 그가 바로 내가 이 주제에 관한 책을 쓰도록 설득한 사람이었다. 사실 이 책은 일종의 2판이다. Tomas는 지금 다른 것에 몰두하고 있지만, 여전히 이 영역에 상당한 흥미가 있다.

다른 제자이자 동료들도 있는데, 대부분 놀랄 만한 연구 이력과 세계적인 명성을 가진 교수들이다. 정서지능의 심리측정 분야를 개척한 사람 중의 하나인 Dino Petrides와 20년 동안 약 200편의 논문을 같이 쓴 친구인 Viren Swami가 있다. 우리는 브렉시트(Brexit)에 대한 태도뿐만 아니라 다리-몸통 비율과 같은 모든 종류의 측정 방법을 탐구하고 새롭게 개척하였다. Ian Macrae와 나는 뛰어난 성과와 연관된 성격에 대한 측정 도구를 체계적으로 개발하는 데 성공하였고, 이 도구는 상업적으로도 판매되고 있다. Luke Treglown은 심리검사 컨설팅사의 매우 진지한 데이터 과학자이고, UCL(University of College London)에서 내 뒤를 이은 Simmy Grover는 다변량 분석에 대한 흥미와 남다른 역량을 가진 떠오르는 별이 되었다.

이 책에 나오는 평가 분야의 오래된 연구들은 10년 전에 발간된 『인사 선발의 심리(Psychology of Personnel Selection)』에도 나오지만, 이 책은 단순한 개정판 이상이다. 이 분야가 수십 년 동안 너무나 많이 변했고, 앞으로도 계속 그럴 것이다.

당연히, 나는 아내 Alison의 사랑과 지원을 잊을 수 없다. 30년 동안 그녀는 평정심과 인내심으로 나의 일중독과 논문 발간에 대한 집착을 지켜봐 왔다. 그녀는 내가 그녀에게 헌정하고자 이 책을 포함하여 100권의 책을 쓰려는 다소 이상한 욕망을 아직도 이해하지 못한다. 또한 이 책을 나의 강박과 집착에 대해 똑같이 이해하지 못하는 나의 유일한 아들에게 바친다.

Adrian Furnham

차례

제 6 장

행동검사 265

제 7 장

생리적 지표 373

제 8 장

개인이력 409

제 9 장

빅 데이터 447

제 10 장

평가의 미래 479

제1장

선발과 평가

- 도입
- 직업상담과 인사 선발
- 인사 선발
- 전문가의 조망
- 고용주는 무엇을 사용하나
- 최근의 발달과 현재의 동향
- 선발과 평가의 현재 동향

1

선발과 평가

도입

어떤 이유에서든 당신이 한 사람을 제대로 이해하려고 한다고 상상해 보라. 그가 왜 특정한 생각을 하고, 왜 특정한 방식으로 행동하는지, 더 나아가 그렇게 하면 성공할지 등에 대해서 생각해 보라. 당신은 가능한 한 정확하고 시간과 비용 측면에서 효율적이며 타당한 평가를 하고 싶다. 이럴 때 당신이 선택할 수 있는 것은 무엇인가? 지필이나 온라인으로 표준 설문지를 제시하거나, 그 사람의 지인에게 물어보거나, 이력서나 근무 경력 등에 대한 자료를 얻거나, 소셜미디어에서 그 사람에 관한 내용을 조사하거나, 구체적인 질문을 준비하여 전 직장 상사나 동료와 접촉하거나, 심지어 별자리를 보거나, 혈액이나 타액 샘플을 채취할 수도 있다. 이처럼 이 책은 타인을 평가할 때 선택할 수 있는 다양한 방법에 대한 것이다.

일상에서 우리는 사람들을 평가하는 데 많은 시간을 보낸다. 레스토랑이나 매장에서 내가 받는 대접, 내 의견에 대한 온라인에서의 사람들의 반응, 그리고 직장에서 동료들의 역량이나 진실성을 평가한다. 우리가 가진 자료는 그들의 말과 행동이다. 아주 체계적이지는 않더라도 오랜 친구나 배우자에 대한 자료도 모을 수 있다. 더불어 우리는 주기적으로 자신에 대한 정보를 요청받는다.

이 책은 일상의 소소한 평가보다는 의사결정과 관련된 정보와 자료를 체계적으로 수집하는 방법에 관한 것이다. 이는 측정과 평가를 포함하여, 양질의 결정에 사용될 정확하고, 정밀하며, 객관적이면서 통찰력 있는 자료를 얻는 것이 목표이다. 개별 자료 수집 방법에는 한계가 있으므로, 일반적으로 여러 측정, 출처, 영역, 장면, 사례, 정보 제공자를 사용할 것을 추천한다.

선발, 개발, 승진, 감원, 평가 등의 다양한 이유로 직장인들은 평가에 대한 관심이 높고, 관련 연구도 많다. 평가는 개인의 직관이나 검사 자료에 근거하는 것처럼 비공식적이거나 공식적일 수 있으며, 평가에는 중요한 결과가 뒤따른다. 심리 평가의 실무 현장은 건재하고 번창하고 있다(Piotrowski, 2019). 비디오 이력서 개발, 소셜 네트워크 프로필 선별, 검사의 게임화 등과 같이 새로운 유형이 계속해서 개발되고 있다.

대부분의 평가와 선발은 본질적으로 적합(fit)의 개념이 핵심이며, 사람들이 자신에게 잘 맞는 환경, 직업, 직장, 삶의 양식을 찾도록 도울 뿐만 아니라 적합한 사람을 고용하도록 돕는다.

이상적인 선발 과정은 다양한 단계를 거친다. 최신의 직무분석 방법을 적용하여 직무의 중요 과업들을 완수하는 데 요구되는 능력, 태도, 기술(역량)을 확인한다. 그리고 특정한 평가 도구를 선택하거나 개발하고 실제로 적용한다. 물론 이상적으로 진행되지 않는 경우도 많다(Gatewood et al., 2015). 판매와 같은 직무는 쉽게 측정 준거를 찾을 수 있지만(주문이나 계약 건수, 수익, 고객 불평 수, 반품, 동료 평정 등), 다른 직무에서는 직무 성공에 대한 정확한 준거를 찾기가 상당히 어렵다. 교수의 경우 h-index로 측정되는 발간 논문의 질과 양, 연구비 수주액, 학생의 만족도 점수 등으로 평가할 수 있다.

직업상담과 인사 선발

직업심리학은 사람들이 특정 직업을 왜, 언제 선택하는지 그리고 이와 관련된 최선의 조언과 지혜를 제공하는 데 관심이 있다. 연령, 능력, 교육 수준, 사회적, 경제적 · 정치적 요인과 같은 많은 요인이 직업이나 직장 선택을 제약한다. 지원하기조차 어렵거나 그렇지 않더라도 높은 경쟁률을 보이는 직무들도 많다. 간단히 말해, 당신이 원하는 직무나 자신에게 가장 잘 맞는 직장을 항상 얻을 수 있는 것은 아니다.

능력, 적성, 욕구, 성격, 흥미에는 상당한 개인차가 있고, 모든 사람은 자신의 바람, 기대, 능력(기술)에 잘 맞는 직무를 원할 것이다. 직업심리학자는 사람들이 장기적인 직업상의 목표를 탐색하고 개인의 강점과 약점을 파악하고, 환경의 위협과 기회를 평가하여 적합한 경력 방향을 찾도록 돕는다.

많은 조직에서 점차 구성원들의 경력 개발의 중요성을 인식하고 있다. 시간이 지나면서 사람들은 일반적으로 지위가 상승(그에 따라 책임과 기술도 변화)하거나, 수평으로 이동

(그에 따라 기능이나 기법도 변화)한다. 이것은 의미 있는 변화로서, 개인은 변화에 잘 대처할 수도 있고 그렇지 않을 수도 있다.

직업 선택은 대개 사회적(출신) 배경과 더불어 개인의 능력, 성격, 가치와 같은 여러 가지 요소들이 복합적으로 작용하여 이루어진다(Furnham et al., 2012). 더구나 서로 다른 직무에 종사하는 사람들은 이질적인 경험과 사회화를 통하여 점차 특정 산업이나 분야에 동화(동질화)되면서 서로 두드러진 차이를 보이게 된다.

Schneider(1987)가 제안한 유인-선발-퇴출(ASA: Attraction-Selection-Attrition) 이론에 따르면, 사람들은 자신의 흥미와 성격 때문에 특정 직무에 끌리게 되고, 조직은 직무에 적합하고 조직에 이상적으로 잘 맞는다고 생각하는 사람을 선발하며, 잘 맞지 않는다고 느끼는 사람들은 직무와 조직을 떠나게 된다. Chatman 등(2008)은 이런 ASA 과정으로 조직과 집단이 점차 동질화되어 간다고 보았다. 이에 따라, 주목할 만한 동질적 특징을 공유하는 회계사와 같은 특정 직무의 사람들에 대한 고정관념이나 농담이 등장한다.

이런 의미에서 사람-직무 '적합(person-job fit)'과 '부적합(misfit)' 또는 사람과 작업집단 간의 일치(congruity)를 얘기하는 것이 가능하다(Schneider et al., 1998). Schaunbroeck 등(1998)은 공조직과 사기업 구성원들 간의 특성 차이와 관련하여 ASA 이론을 적용할 수 있음을 보여 주었다.

ASA 이론의 한 가지 시사점은 집단 내 전문성의 동질성이다. 특정 프로필을 가진 사람들이 특정 직무에 유인되기 때문에 결국 집단 구성원들이 유사해지고, 다른 직무의 전문가들과는 차별화된다. 그래서 여러 분야의 전문가들이 한 팀으로 구성되면, 전문적인 지식과 기술뿐만 아니라 일하는 방식도 서로 매우 다른 경우가 흔하다.

인사 선발

'평가'는 규모가 큰 사업 영역이지만, 누가, 무엇을 위해, 누구와 함께 시간과 비용을 쓰는지에 대해 정확한 현황을 알기는 어렵다. 구글(google) 검색을 해 보면 무수히 많은 업체가 자신의 플랫폼을 통해 전통적인 검사뿐만 아니라 나름의 맞춤형 검사를 소개하고 있다. 대부분 회사는 인공지능(AI)기술을 탑재하고, 자동화되어 있으며, 포괄적이고, 매우 정확하다는 것을 자랑한다.

어떤 업체는 소프트 스킬에 집중하고, 다른 업체는 분석적인 스킬에 더 집중한다. 그러나 Ihsan과 Furnham(2018)은 다음과 같이 지적하였다.

> 직무 선발은 본질적으로 군비 경쟁(arms race)이라는 점을 주목할 필요가 있다. 고용인 쪽에서 어떤 새로운 시도(예: 소셜미디어 자료에 의한 성격 평가)를 하면 지원자 쪽에서는 그것에 적응하기 위한 조치들이 나타나게 된다. 예를 들어, 요령 있는 지원자는 곧 있을 면접을 대비하여 자신의 페이스북 프로필이나 사진을 깨끗이 정리한다. 그래서 고용인 측에서 채용할 만한지에 대한 자료를 얻기 위해 소셜미디어를 활용할 수도 있다는 사실이 얼마나 폭넓게 알려져 있는지가 중요하다. 많은 사람은 소셜미디어에서 어두운 성격이 드러나거나 부정적으로 해석될 수 있는 정보를 차단할 것이다.
>
> (p. 165)

검사와 평가 산업에는 많은 이해관계가 있고, 일부 일(work) 관련 심리학 학술지는 그런 이슈들을 포괄적으로 다루고 있다(Greiff & Illiescu, 2017). 많은 웹사이트와 검사 발행인들이 자신의 도구들을 설명하고 판매하려고 한다(Gatewood, 2016).

남아프리카공화국처럼 과거에 검사나 평가가 남용되었던 나라에서는 이것이 여전히 '핫 토픽'이 되고 있다(Sehlapelo & Blanche, 1996). 또한 기업들이 현재 사용하는 인재 평가 방법들에 대한 수많은 리뷰가 있고, 대부분은 오래전부터 사용되어 온 것들이다(다면평가 피드백, 성격검사, 면접 등; Church & Rotolo, 2015).

또한 사람이 시간이 지나면서 그리고 상황에 따라 어떻게 달라지는지와 같은 개인적 기능의 역동을 이해하려고 노력하는 전통적인 접근도 계속 발전하고 있다(Sosnowska et al., 2018). 사실, Ferguson과 Lievens(2017)는 특성(traits)이 미래 행동의 안정적이고 결정론적인 예측변인이기보다는 생애 동안, 세대에 걸쳐, 상이한 맥락에 따라 역동적이고 유연하게 변하는 것으로 간주해야 한다고 주장한다. 이런 의미에서 특성은 훈련을 통해 수정되거나 변화될 수 있다.

이것은 사람이 변화되기 어렵기에 선발에 더 투자해야 할지, 아니면 필요시 기술을 가르칠 수 있기에 교육과 훈련에 더 투자할지의 질문으로 이어진다.

1) 선발의 이유

다양한 이유로 직장인들을 평가하는 것이 중요하다. 가장 중요한 것은 잘못 결정했을 때의 비용 대비 올바른 결정을 했을 때의 편익을 나타내는 비용 편익 분석이다. 즉, 긍정적이고 생산적인 사람을 고용하면 상당한 재무적 편익이 있지만, 불만족하고 비생산적이며 다루기 어려운 사람을 고용하면 재무적 비용이 크다.

좋은 평가 도구를 사용하는 것에는 또 다른 편익이 있다. 관리자들이 다양한 도구와 기법을 사용할 수 있는 기술을 갖추게 되고 심리적 이해도도 높아질 수 있다는 것이다. 또한 피면접자들에게도 편익이 있는데, 피드백을 통해 자기인식이 상당히 높아지기 때문이다. 더구나 특정 검사가 조직에서 널리 사용되면, 사람들은 개인의 심리적 프로필과 선호도에 관한 이슈들을 논의하는 데 유용한 언어를 공유할 수 있게 된다.

극히 드문 예외(주로 쓰는 손)를 제외하면, 지능, 키, 신발 크기, 공을 던지는 능력, 창의성 등의 모든 특성은 정규 분포를 보인다. 질적 또는 양적으로 측정된 개인의 업무 성과도 그러하다. 한 개인의 기여를 정확하게 측정할 수 있게 된 이후 이에 대한 100년 동안의 자료가 축적되었다. 이 자료는 상위 10~20% 직원의 생산성이 가장 열악한 근로자의 3~5배가 될 수도 있다는 것을 보여 준다. 그래서 우수한 직원을 선발하는 것이 중요하고, 경제적 편익이 있다는 것은 분명하다.

(1) 평가 비용과 금전적 가치

종종 HR 전문가들(그리고 다른 이들)이 선발 및 평가에 드는 비용을 정당화해야 하는 경우가 있다. 사실 조직이 좋은 지원자를 모집하고 최종 선발하기까지 수천 파운드 이상이 들기도 한다. 우리는 이 이슈를 다루는 한 가지 방법을 제시하고자 한다.

특정 직무에서의 최고와 최악의 수행자 비율이 어떻게 되는지 파악하는 것에서 시작하라. 즉, 다양한 사람의 성과에 대한 예민하고 정확한 측정치를 얻을 수 있다고 가정하면, 양과 질의 측면에서 가장 덜 효과적인(최악의) 직원(하위 10%) 대비 최상의 직원(상위 10%)은 얼마나 더 생산적일까?

직무에 따라 다르겠지만, 최상의 직원들이 최악의 직원들보다 약 2배 정도로 더 생산적이라는 단순한 규칙이 있다. 이 비율은 어렵고 복잡한 직무일수록 더 커질 것이다. 그래서 특정 직무에서 좋은 작업자와 나쁜 작업자 간의 차이를 계산하는 것이 가능하다. 연구자가 사용하는 또 다른 경험에 의한 어림 규칙은 40~70%이다. 즉, 좋은 작업자와 나쁜 작업자 간의 차이는 그들의 임금의 40%와 70% 사이이며, 최상 및 최악의 작업자 간의 차이는 더 클 것이다. 그래서 어림 규칙(Cook, 2004)은 다음과 같다.

좋은 종업원의 가치에서 나쁜 종업원의 가치를 뺀 것은 대체로 해당 직무에 지급하는 임금과 동등하다.

6만 파운드로 임금을 지급할 때, 좋은 종업원으로부터 약 8만 1천 파운드의 가치를, 나쁜 종업원으로부터 3만 9천 파운드를 얻을 수 있지만, 최상으로부터는 10만 2천 파운드를, 최악으로부터는 1만 8천 파운드를 얻을 수 있다고 가정할 수 있다. 이런 계산의 정확성에 대해서는 논쟁의 여지가 있지만, 적합한 사람을 선발하는 것의 중요성을 분명하게 보여 준다. 또한 선발에 따른 이득을 계산하는 방법이 있다. 이 계산 공식에는, 검사의 타당도, 새 구성원의 자질(역량), 좋은 종업원과 나쁜 종업원 간 가치 차이, 선발 비용, 선발된 지원자의 비율의 다섯 가지 요인이 들어간다. 이 공식에 따르면, 고정된 임금(예: 3만 파운드)의 직무에 대해 나쁜 종업원이 아닌 좋은 종업원을 선발함으로써 조직은 1년에 5천 파운드를 절약할 수 있다. 그리고 이 숫자에 지원자의 수를 곱할 수 있다.

그래서 우리가 언제 선발 절차에 더 투자하는 것이 좋을지를 알 수 있는가? 대답은 명확하다. 다음 두 경우에 선발 및 평가에 더 많은 돈을 들이면 좋다. 첫째, 모집되는 대상의 자질(역량)이 비슷하게 평균적이기보다는 높은 수준일 때, 둘째, 구성원들이 조직에 기여하는 가치가 꽤 폭넓게 다를 때이다.

Cook(2016, pp. 170–172)

선발 비용을 계산하는 것은 아주 쉽지만, 고용주들은 대개 새로운 방법을 도입하는 경우에만 계산이 필요하다고 생각한다. 그들은 하루 동안 패널 면접을 진행하는 등 기존의 방법에 얼마나 비용이 드는지 잘 모른다. 선발에 따른 보상(이득)을 계산하는 것은 훨씬 더 어렵다. 처음으로 공식을 제시한 사람은 1946년 Brogden이지만, 공식에 중요한 항과 종업원 생산성 수치에 대한 표준편차(*SDy*)를 얻을 수 없어서 이 공식은 오랫동안 학계에서만 관심을 가졌다. 합리적인 추정 기법이 나오기 전까지는 좋은 종업원이 얼마나 가치가 있는지를 측정할 방법이 없었다. Brogden의 방정식은 다음과 같다.

$$\text{연간 종업원당 비용 절감액} = (r \times SDy \times Z) - (C/P)$$

여기서 r은 상관계수로 표현되는 선발 절차의 타당도이다.
SDy는 파운드, 달러, 유로로 표시되는 종업원 생산성 수치의 표준편차이다.
C는 지원자당 선발 비용이다.

*Z*는 충원된 인력의 자질로서, 사용된 선발 검사에서의 표준 점수로 표시된다.
*P*는 선발된 지원자의 비율이다.

계산의 사례는 다음과 같다.

- 고용주는 매년 4만 파운드의 임금 범위에서 종업원을 모집한다. 그래서 *SDy*는 40%의 어림 규칙으로 1만 6천 파운드 정도로 추정될 수 있다.
- 종업원은 인지능력 검사를 사용하고, 그 검사의 타당도인 *r*은 0.45이다.
- 충원된 인력들은 기존 종업원들의 평균보다 평균적으로 1 표준편차(*SD*) 위에 있다. 그래서 *Z*는 1이다. 이것은 고용인이 높은 자질의 인력들을 모집하는 데 성공한 것을 나타낸다.
- 고용주는 지원자당 750파운드를 부과하는 컨설팅을 이용한다.
- 10명의 지원자 중 4명이 선발되어서 *P*는 0.40이다.

그래서 연간 종업원당 비용 절감은 다음과 같다.

$$(0.45\times £16,000\times 1)-(£750/0.40)$$
$$=£7,200-£1,875$$
$$=£5,325$$

선발된 개별 종업원은 무작위로 충원된 사람보다 고용주에게 1년에 5천 파운드 이상의 가치를 제공할 것이다. 그렇게 충원된 4명의 종업원은 매년 고용주에게 총 21,300파운드 이상의 가치가 있을 것이다. 조직이 클수록, 효과적인 선발로 얻을 수 있는 전체 합은 더 커질 것이다. 그래서 필라델피아 경찰의 경우에는 1천 8백만 달러의 추정치가 나왔다. 검사 타당도가 증가하면 *SDy*도 증가한다는 것도 주목하라. 인지능력(MA) 검사 타당도의 가장 최근의(그리고 가장 높은) 추정치를 사용하고, 간접적인 범위 제한에 대한 교정을 하면 *SDy*가 9,325파운드까지 증가하고 4명의 충원자로 얻게 될 가치는 37,300 파운드까지 증가하는 것을 의미한다.

선발은 다음과 같을 때 이득이 훨씬 커진다.

- 충원된 인력의 자질 수준이 높을 때
- 구성원마다 조직에서의 가치가 상당히 다를 때(즉, *SDy* 값이 클 때)
- 선발 절차가 높은 타당도를 가질 때

선발은 다음과 같을 때 이득이 감소한다.

- 충원된 인력의 자질이나 역량이 모두 평범할 때
- 구성원 간의 조직에 대한 가치가 별 차이가 없을 때(즉, *SDy*가 낮을 때)
- 선발 절차가 낮은 타당도를 보일 때

고용주들은 (임금이나 조건이 나쁘지 않다면) 실업률이 낮은 시기에도 좋은 신규 구성원들을 유인하는 데 어려움이 없어야 한다. 합리적 추정치와 관련 연구는 *SDy*가 낮지 않다는 것을 보여 준다. 고용주들이 좋지 못한 선발 방법을 사용하면 세 번째 조건인 타당도가 0으로 나타날 수도 있다. 3개의 항 중 어느 하나라도 0이면, 그것들의 곱(즉, 선발의 가치)도 0이 된다. 방정식의 오른쪽('비용')만이 0이 되지 않는다.

2) 무엇을 평가하나

평가자에게 근본적인 질문은 무엇을 평가하는지, 누가 평가의 적임자인지, 언제 그리고 어떻게 평가할지이다. '무엇'은 세 영역으로 간결하게 구분지을 수 있다.

평가자들은 평가대상에 대하여 다음 세 영역을 모두 알아야 한다.

무엇을 할 수 있나(can)? 이것은 능력(ability)이다. 즉, 뭔가를 하려는 동기가 있을 때 효율적으로 다양한 과업을 수행할 수 있는 능력에 대한 것이다. 또한 새로운 과업을 학습할 능력도 포함한다. 특정인의 능력 평가는 인지능력(지능) 및 기술 검사로 가능하며, 그런 검사들은 타인을 이끄는 능력과 창의성을 평가할 수도 있다.

무엇을 하려고 하는가(will)? 이것은 하고 싶어 하는 것 또는 동기(motivation)이다. 동기는 한 사람의 가치나 추동을 말한다. 누구나 보상과 처벌에 따라 무엇인가를 하도록 유도될 수 있지만, 동기는 행동 조성을 위한 강한 보상이나 처벌 없이도 일상적으로 무엇인가를 하려고 하는 것을 나타낸다.

무엇을 하고 싶어 하는가(want)? 이것은 특정한 활동에 대한 선호(preference)로서, 어떤 형태의 강요 없이도 스스로 자유롭게 하고 싶어 하는 것이다. 이것은 개인의 가치와 성격을 반영한 것으로 개인이 자연스럽게 특정한 방향으로 나아가도록 하는 것이다.

(1) 핵심적인 방법

사람에 대한 자료를 수집하는 근본적인 다섯 가지 방법이 있다. 이들 중 첫 세 가지는 가장 널리 사용되는 것이다.

A. 자기보고

이것은 사람들이 다음과 같은 것들에서 자기 자신에 관해 얘기하는 것을 의미한다.

면접: 구조화된 형태와 비구조화된 형태

투사 기법을 포함한 성격 및 선호 검사들

바이오 데이터 설문지와 자서전적 자료

이력서(CV), 개인적 진술이나 지원서

면대면이나 온라인으로 자기보고 자료를 얻을 수 있다. 이것들은 사람을 평가하는 매우 통상적인 방법들이며, 지원자들은 대부분 질문에 답하면서 자신에 관해 얘기할 수 있는 면접을 원하고 기대한다.

그러나 자기보고에는 두 가지 심각한 문제가 있다.

첫째는 숨기기(dissimulation), 속이기(faking), 거짓말하기(lying) 등의 다양한 이름으로 불리는 것이다. 사람들이 자신에 관해 잘못된 정보나 꾸며낸 정보를 제공하는 것이다. 심리학자들은 이것을 다시 두 가지 유형의 행동으로 구분하였다.

인상관리(impression management) 면접관에게 좋은 인상을 주려고 정보를 누락하거나 거짓 정보를 추가하거나 정확하지 않은 얘기를 하면서 좋은 인상을 만들어 내려는 시도를 말한다. 이것은 의식적으로 이루어지고 매우 일상적으로 일어난다. 특정한 질문에서 인상관리가 많이 나타날 것으로 예상되지만, 자격이나 경험이 없는 데도 있다고 주장하거나 건강, 범죄 기록 등의 중요한 정보를 누락하기도 한다. 이는 심각한 문제이다.

자기기만(self-deception) 이것은 어떤 사람이 자기 관점에서 정직하게 대답하지만, 자기인식이 부족하여 그 답변이 사실이 아닐 때 나타나는 것이다. 믿을 만한 출처를 통해 얻은 자료 모두에서 반대 증거가 나타나는 데도 정작 자신은 '훌륭한 경청자'라고 믿고 그렇다고 대답하는 경우이다. 이것은 좋은 자질(인지능력과 정서지능)뿐만 아니라 약점(충동성, 우울)에서도 발생할 수 있다. 자기인식이 낮은 사람들이 대개 자기기만 경향성이 높다.

성격이나 선호 검사에서는 이 문제를 해결하기 위해 거짓말 척도(Lie Scales)를 사용한다. 이 척도는 여러 이름으로 알려져 있고 종류도 많다. 일반적으로 거짓말 척도는 반응 편향(response bias)의 측정치이며, 설문지와 면접에 대한 섹션에서 자세히 다룰 것이다.

둘째는 자기 통찰과 관련된 것으로, 자신에 대해 말하고 싶어도 그렇게 할 수 없는 경우이다. 즉, 권력 동기나 안전 욕구 같은 동기나 욕구는 정확하게 자기보고를 하지 않으려고 하는 것이 아니라, 자기 스스로도 잘 모르기에 보고할 수 없는 것이다. 구성원들의

'동기'는 제대로 평가하기 어렵지만, 사실 비즈니스 영역에서는 매우 중요한 것 중의 하나이다.

심리학자들이 자기보고의 문제점을 다루는 방식 중 하나는 주제통각검사(Thematic Apperception Test: TAT)나 문장완성검사 같은 투사기법을 사용하는 것이다. 예를 들어, 다음의 문장을 완성하도록 요청받을 수 있다. '내가 가장 후회하는 것은__________' '직장에서 나는 종종 __________것처럼 보인다' '나의 부모는 나의 __________을 가장 자랑스러워할 것이다.' 이후 주제를 파악하기 위해 문장을 완성한 내용을 분석한다. 이 방법은 신뢰도가 높지 않을 뿐만 아니라 시간과 비용도 많이 든다. 이 검사의 신뢰도가 낮은 이유는 너무나 많은 사소한 요인들(응답 당시의 기분이나 면접이 이루어지는 장소 등)이 반응에 영향을 미치기 때문이다.

B. 관찰 자료

이것은 다음과 같은 자료에서 표적 인물(예: 지원자)에 관해 얘기하는 것이다.

추천서

360도 평정(다면 평가 피드백)

평가 및 기타 성과 관리 자료

대다수 조직은 평가 대상인 지원자를 잘 아는 사람으로부터 신뢰할 수 있는 자료를 얻으려고 한다. 일반적으로 고용인은 지원 과정에서 함께 일한 경험이 있어 지원자에 대해 잘 알고 나중에 연락해도 되는 사람의 이름을 알려 달라고 요청한다. 이런 유형의 데이터가 갖는 문제도 있다.

관찰자의 '데이터 뱅크' 관찰자가 지원자에 대해 어떤 정보를 가지고 있는지와 관련된다. 예를 들어, 상사는 동료나 부하와는 다른 정보나 자료를 가지고 있으며, 교사나 교수는 고용주와는 다른 자료를 가지고 있을 것이다. 즉, 한 사람의 능력, 동기, 일하는 스타일 등에 대한 자료의 양과 질이 다르다는 점이다. 대개는 알고 지낸 시간이 길고 양질의 상호 피드백을 많이 주고받은 사람이 더 좋은 자료를 갖게 된다. 수년 전, 군대에서 고위 지휘관에 대한 모든 배경 자료 중에 가장 유용했던 것은 신병훈련소에서의 동료 보고서였다. 이것은 극단적인 상황에서 함께 생활하고 일했던 사람이 그 사람의 능력, 성격, 동기에 대해 가장 잘 알고 있다는 것을 의미한다.

한 개인에 대해 솔직하게 말하는 정도 일부 조직은 소송 때문에 구성원 평판조회에 응하지 못하도록 한다. 그들은 얘기한 것 또는 얘기하지 않은 것으로 고소를 당할 수 있다. 회사에서는 그들에게 'X가 여기에서 언제부터 언제까지 일했다'라는 것 이외에는 얘기하지 말라고 지시한다. 그런데 사람들은 자신에 대해 매우 긍정적으로 얘기해 줄 것이라고 기대하는 추천인을 선택한다. 사람들은 대개 예의 또는 의리상 평판조회 상황에서 추천서를 어떻게 작성하고 평정해야 하는지 알고 있다. 많은 사람은 부정적인 정보의 위력을 알고 있기 때문에 가급적 그런 정보는 제공하지 않으려고 한다. 그래서 추천인으로부터 특정인에 대한 약점이나 우려 사항에 대해 유용한 자료를 얻는 것은 매우 드문 일이다.

C. 검사 수행

이것은 다음과 같은 검사들에서의 수행에 관한 것이다.

능력(power) 관련 시간 제약이 있는 능력 검사: 최대 수행(maximum performance) 평가

선호(preference) 관련 시간 제약이 없는 성격검사: 전형적 수행(typical performance)을 평가

집단 상황에서 이루어지는 행동검사

게임 및 게임화된 검사

수천 개의 검사가 있지만, 전문가들은 이 중 일부만을 알고 있을 뿐 어떤 검사가 더 나은지에 대해 잘 모른다. 검사의 선택이 중요한데, 이를 위해서는 검사의 심리측정적 속성 및 관련 경험적 증거들에 대한 이해가 필요하다. 이에 대해서는 나중에 논의할 것이다.

다음 몇 가지 예에서 볼 수 있듯이, 검사들은 서로 상당히 다르다.

- **집단 검사 대 개인 검사:** 일부는 일대일로 실시되지만, 대개는 대규모 집단으로 손쉽게 효과적으로 실시될 수 있다.
- **객관적 검사 대 개방형 검사:** 전자는 여러 응답 중에 선택하는 것이고, 후자는 답변을 만들어 내야 한다.
- **지필 검사 대 수행 검사:** 후자는 장치, 장비, 도구를 손으로 직접 조작하는 것을 포함한다.

검사 신뢰도 검사 결과가 서로 다른 시점에서 동일하게 나오는지이다. 이후에 보겠지만, 여러 유형의 신뢰도가 있다. 하지만 신뢰도의 기본 질문은 검사 점수가 시기, 장소, 당시 기분 등과 같은 모든 종류의 요인들에 의해 달라지는지에 대한 것이다. 측정할 때마다 다소 달라지는 경향이 있는 혈압과 같은 일부 측정은 신뢰도가 낮지만, 혈액형 검사와 같은 것은 신뢰도가 매우 높다.

검사 타당도 모든 검사에서 가장 중요한 것이다. 신뢰도처럼 타당도도 다양한 유형이 있는데, 가장 중요한 것은 구성 타당도와 예측 타당도이다. 구성 타당도는 검사가 측정한다고 주장하는 것을 실제로 측정하는가(즉, 지능 검사가 실제로 지능을 측정하는가?)이고, 예측 타당도는 검사 점수가 미래의 특정한 행동을 제대로 예측하는지이다.

D. 생리적 증거

이것은 가장 새롭지만 논쟁의 여지가 있는 방법이다. 일부 직무의 경우 종업원은 직무를 계속 수행하기 위해서 정기적으로(예: 매년) 의료 검사를 받아야 한다. 비행기 조종사 같은 직무가 그렇다. 다른 예로, 주류(酒類) 회사에 근무하면 간 기능 검사를 받는 것이 의무사항일 수 있다.

약물 복용과 스트레스 수준을 포함하는 여러 진단에서 단순한 혈액검사와 타액 표본을 사용할 수 있다. 최근에는 어떤 사람이 점차 정신적 또는 신체적 질환이 악화될 가능성이 큰지를 파악할 새롭고 단순한 신체적 측정 도구들이 개발되고 있다.

목소리 평가, 피부 전도 및 거짓말 탐지기로 심장박동을 측정하는 것과 같은 신체 측정 도구들도 있다. 심리적 반응과는 대비되게 신체적 반응은 대개 속일 수 없으므로 더 신뢰할 만한 것으로 인정된다.

E. 개인이력과 전기

이것은 한 사람의 개인이력을 말한다. 예를 들어, 출생지, 학력, 가족 사항, 현재 가족 관계와 주소 등이다. 부모의 사회 계층, 소수 인종이나 특정 종교 집단 출신 여부, 형제자매 수, 출생 순서(장남, 차녀 등), 학교생활, 학업 수행 수준 등으로 일부 정보는 매우 중요하다.

이러한 정보를 바이오 데이터라고 한다. 바이오 데이터를 가지고 경험적 방법으로 특정 직무에서 성공한 사람들의 전기적(biographical) 지표들을 찾을 수 있다. 다음에 논의하겠지만, 이 방법도 제한점이 있다.

(2) 단순한 선발 모형

가장 단순한 선발 모형이 있다. 목표는 좋은 사람을 뽑고 나쁜 사람을 탈락시키는 것이다.

이상적인 사람과 그렇지 않은 사람이 있고 선발 또는 탈락시키는 선택권이 있다면, 우리는 다음과 같은 네 가지 결정을 할 수 있다.

A: 이상적인 사람을 선발
B: 이상적이지 않은 사람을 선발
C: 이상적인 사람을 탈락
D: 이상적이지 않은 사람을 탈락

직무분석을 통하여 원하는(이상적인) 역량 목록을 만들 수 있다. 이 모형에서 두 가지 문제는 오류에 해당하는 B와 C이다.

대개 선발을 하는 사람은 A에 대해 더 관심이 있고, D에 대해서는 별 관심이 없다.

하지만 직무가 중요할수록 그리고 실패(또는 일탈)의 결과가 심각할수록 잠재적인 실패자들을 평가하는 것이 중요해진다(다음에 논의).

선발이 잘못될 수 있는 두 가지 주요한 이유가 있다.

① **선형성의 가정:** 더 많을수록 좋다는 생각이다. 지능, 창의성, 정직성과 같은 자질을 더 많이 가질수록 좋다는 것으로, 직선적 관계를 나타내는 선형성 가정이다. 대다수 직무에서 필요한 것은 최대의 양이 아니라 최적의 수준이다. 즉, 역 U자 관계이다. 너무 많아도 너무 적어도 좋지 않다.

② **탈락시키지 못하는 실패:** 피평가자가 원하지 않는 특성을 보유하고 있는지 적극적으로 찾아야 하는데, 이를 찾기 위한 특성 목록을 준비하지 않으면 탈락시키지 못할 수 있다. 그런 특성 목록에는 기본적으로 탈선 요인들(derailers)이 포함된다.

(3) 심리측정적 세부사항

모든 심리측정학자는 검사와 관련하여 다음 두 가지 요인에 대해 매우 강박적이다. 두 번의 측정에서 동일한 결과를 제공하는지 여부와 관련된 신뢰도와 측정하려는 것을 실제로 측정하고 있는가의 타당도이다. 이 책에 제시된 20가지 평가 방법에서 신뢰도와 타당도 모두 중요하다.

	좋은 지원자	나쁜 지원자
선발	A: 좋은 결정	B: 나쁜 결정
탈락	C: 나쁜 결정	D: 좋은 결정

[그림 1-1] 단순한 선발 모형

[그림 1-1]과 〈표 1-1〉은 이런 이슈들을 요약하고 있다. 근본적으로 주목해야 할 네 가지 사항은 다음과 같다. 첫째, 검사는 신뢰할 수 없으면 타당할 수가 없다. 둘째, 검사 타당도를 확립하는 데 상당한 시간과 노력이 든다. 그 과정은 '대체 의학'에 대한 과학적 증거를 찾으려는 노력과 비슷하다. 셋째, 가장 중요한 타당도는 예측 타당도(검사 점수가 관련 행동을 예측하는가)와 구성 타당도(검사 측정치가 측정하고자 한 것을 측정하는가, 그리고 그것이 중요한가)이다. 넷째, 타당화 과정이 검사를 판매하는 사람들이 아닌 (이해관계가 없는) 독립적인 평가자들에 의해 이루어졌는지이다.

가능하다면, 이런 이슈와 관련된 정보를 제공해 주는 검사 매뉴얼을 참조하는 것이 좋다(매뉴얼은 그런 정보들을 반드시 담고 있어야 한다).

(4) 평가 방법 비교

어떤 방법을 선택하는가는 연구자와 실무자 모두에게 중요한 질문이다. 그러나 여러 집단 간에 주목하는 기준이 약간 다르다.

- **학계 전문가**(academic experts): 우선적으로 타당도 연구에 관심을 가지며, 앞으로 관련 사례들을 계속 제시할 것이다. 그런데 과학적 근거(객관성)가 분명한 것과 시중에서 인기가 있는 것이 불일치하는 경우가 늘고 있다. 즉, 일시적 인기나 유행이 평가 방법의 선택과 사용에 많은 영향을 준다.
- **컨설턴트**(consultants): 대개 타당도 연구 자료보다는 고객이 좋아하고 원하는 것에 더 관심이 있다. 컨설턴트가 선호하는 것은 구조화된 면접, 구조화된 동료 보고, 그리고 일부 심리검사의 순이다.
- **HR 전문가**(specialists): 자신의 배경에 따라 다른 선택을 한다. 심리학 교육을 받은 사람들은 대개 검사를 좋아하며, 간혹 특정 검사의 사용에 매우 열정적이기도 하다.

그러나 대부분은 구조화된 면접과 추천(평판조회)을 중요하게 생각한다.

- **일선 관리자(line managers)**: 대부분 면접(대다수 비구조화된 면접)과 업무 표본검사(work samples)를 좋아하고 사용한다.
- **실무자(practitioners)**(즉, 컨설턴트, HR 전문가, 일선 관리자): 타당도나 심지어 비용보다는 실용성(practicality)과 지원자의 부정적 반응에 대해 더 관심을 가진다. 일부 조직에서는 어떤 종류의 검사든지 검사(특히 '고위직'에 대한 검사)를 부적절한 것으로 보기도 한다.

〈표 1-1〉 선발 연구에서의 핵심 타당도 및 2차 유형의 타당도

선발에서의 핵심 타당도 유형	
준거(criterion)	검사가 실제 업무 수행(성과)을 예측하는 것
내용(content)	검사가 전문가들(그리고 검사를 받는 사람들)에게 적정한 것으로 보이는 것
구성(construct)	관련된 모든 사람에게 의미 있고 중요한 무엇인가를 측정하는 것
수렴(convergent) / 확산(divergent)	상관이 있어야 하는 것이 실제 상관이 있는지, 서로 상관이 없어야 하는 것이 실제로 상관이 없는지를 보는 것
교차 타당화 (cross validation)	검사가 별개의(관련 없는) 두 표본에서 업무 수행을 예측하는 것
증분(incremental)	검사가 측정되지 않은 것이나 다른 검사가 이미 측정하는 것 이상으로 무엇인가를 측정하는 것
차별(differential)	검사가 다른 집단보다 특정 집단의 사람들을 더 잘 예측하는 것
종합(synthetic)	검사가 업무 수행(성과)을 예측하는 요소 특성들과 능력들을 모두 측정하는 것
선발에서의 2차 유형의 타당도	
안면(face)	검사가 그럴듯해 보이고, 현실적이고 실용적으로 보이는 것
요인(factorial)	검사가 별개의/구분되는 세부 특성들이나 요인들을 측정하는 것
상상(mythical)	검사가 타당하다는 것을 연구가 보여 주었다고 생각하는(믿는) 것

출처: Cook(2016, p. 28), 〈표 2-1〉

모든 학계의 전문가가 다 동의하는 것은 아니지만, 분명하게 의견이 일치하는 영역이 있다. 예를 들어, Schmitt(1989)는 고용 선발에 있어 타당도뿐만 아니라 공정성을 강조하면서 성, 연령, 인종 등에 기반한 편향이 나타날 수 있는 영역을 조사하였다(〈표 1-2〉 참조). 그는 평가센터와 동료 평정이 가장 사용하기 좋은 선발 방법으로 보인다고 결론을 내렸다. 평가센터는 비용이 아주 많이 들지만, 동료 평정은 매우 저렴하다. 둘째, 면접이나 추천과 같이 잘 알려진 방법들은 제한된 타당도를 가진다. 또한 놀랍게도 그런 검사들의 잠재적인 편향에 대해 거의 알려진 것이 없다.

〈표 1-2〉 다양한 예측변인의 타당도 수준 및 하위집단 평균 차이

예측변인	타당도	하위집단 평균 차이
인지능력 및 특수 적성	보통	보통
성격	낮음	작음
흥미	낮음	?[a]
신체 능력	보통-높음	큼[b]
전기적 정보	보통	?
면접	낮음	작음(?)
업무 표본	높음	작음
연공서열	낮음	큼(?)
동료 평가	높음	?
평판조회	낮음	?
학업 성적	낮음	?
자기평가	보통	작음
평가센터	높음	작음

a 자료 부족이나 일관되지 않은 자료를 나타냄.
b 대개 남성과 여성 하위집단 간의 평균 차이임.

여러 해 동안 다양한 방법을 비교하고 대조하려는 많은 시도가 있었다. 여러 개관 연구는 상당한 정도의 일치를 보여 주지만, 일부 중요한 차이도 있다. 이런 차이는 서로 다른 시기에 따른 자료를 사용하고 상이한 준거를 사용하기 때문에 주로 발생한다.

이것이 이 책의 핵심이기에 발표된 시기의 순서로 여러 연구를 개관한다. 30년 전에 Schmitt(1989)는 인사 선발에서 타당도뿐만 아니라 공정성을 갖추어야 한다고 주장하였다. 하위집단 평균(subgroup mean)은 각 검사가 서로 다른 집단(예: 남성과 여성, 백인과 흑인, 노인과 청년 등)에 대해 어떤 결과를 보이는지를 나타낸다. 이것은 편향과 관련된 중요한 영역으로, 〈표 1-2〉에 제시되어 있다. 하위집단 평균이 클수록 성, 연령, 인종 등

에 기반한 여러 집단을 구분(또는 차별)하는 잠재적 편향이 더 클 수 있다는 것을 의미한다.

21세기로 넘어오는 시기에 Anderson과 Cunningham-Snell(2000)은 타당도(즉, 예측 정확성)와 대중적 인기 간의 흥미롭고 중요한 구분을 제시하였다(〈표 1-3〉).

Arnold 등(2005)의 최근의 또 다른 요약은 〈표 1-4〉에 제시되어 있다.

Pulakos(2005)는 유사하지만 약간 다른 자료를 제공하였다(〈표 1-5〉).

Cook(2004, 2016)은 선발 검사를 판단하는 데 있어 유용한 여섯 가지 준거를 제시하였다(〈표 1-6〉).

① 타당도(validity)는 가장 중요한 준거이다. 수행이나 생산성을 예측할 수 없다면, 그 검사를 사용할 이유가 없다.
② 선발자는 비용(cost)에 지나치게 큰 가중치를 두는 경향이 있다. 검사가 타당도를 가지는 한 비용은 중요한 고려사항이 아니다. 매우 정교하고 복잡하며 비싼 검사라도 타당하다면 언제나 사용할 가치가 있다.
③ 실용성(practicality)은 부정적인 준거로, 검사를 사용하지 않을 이유와 관련된다.
④ 일반성(generality)은 검사가 얼마나 다양한 유형의 종업원들에게 사용될 수 있는지를 의미한다.
⑤ 후보자들의 수용성(acceptability)은 완전 고용의 시기에는 특히 중요하다.
⑥ 적법성(legality)은 또 다른 부정적 준거로, 어떤 것을 사용하지 않는 이유일 수 있다. 검사들에 대한 법적 이슈가 모호하거나 서로 이견이 있기에 이것을 제대로 평가하기 어려운 경우가 종종 있다.

그리고 Cook은 이러한 여섯 가지 중요한 준거들을 사용하여 다양한 평가 방법에 대해 검토하였다.

Schmidt 등(2016)은 인사 선발에 관한 100년의 연구가 제시하는 실무적 및 이론적 시사점을 요약하였다. 메타분석에 기초한 그들의 연구는 직무 수행을 예측하는 31개의 절차에 대한 타당도와 일반 정신 능력(general mental ability: GMA)과 29개의 선발 절차를 하나씩 짝지어 타당도를 비교한 결과를 제시하였다.

<표 1-3> 평가 방법들의 정확성과 인기

예측 정확성	
완벽한 예측	1.00
평가센터(승진)	0.68
업무 표본	0.54
능력 검사	0.54
구조화된 면접	0.44
정직성 검사	0.41
평가센터(수행)	0.41
바이오데이터	0.37
성격검사	0.38
비구조화된 면접	0.33
자기평가	0.15
추천(reference)	0.13
점성술	0.00
필적학	0.00
대중적 인기	
면접	(97%)
추천	(96%)
지원서	(93%)
능력 검사	(91%)
성격검사	(80%)
평가센터	(59%)
바이오 데이터	(19%)
필적학	(3%)
점성술	(0%)

전반적으로 직무 수행을 예측하는 데 있어 가장 높은 다변량 타당도와 유용성을 보이는 두 개의 조합(짝)은 GMA와 정직성 검사의 조합(평균 타당도 .78)과 GMA와 구조화된 면접의 조합(평균 타당도 .76)이었다.

직무 훈련 프로그램에서 수행을 예측하는 데 있어서도 이 두 조합이 가장 높게 나타나 유사한 결과를 보였다(표 1-7). 이 두 조합의 또 다른 이점은 신입의 채용과 경력직의 선발 모두에 사용될 수 있다는 것이다.

〈표 1-2〉에서 〈표 1-7〉까지를 살펴보면, 상이한 시기에 서로 다른 측정치를 사용한 연구들에 기반한 여러 개관 연구 간에 상당한 일치성과 유사성을 보이는 것에 놀랄 뿐만 아니라, 그것들이 서로 불일치하며 유사하지 않은 점에 대해서도 놀랄 수 있다. 둘 중 어느 쪽의 반응이든지 다양한 결론이 도출될 수 있다.

〈표 1-4〉 선발 절차의 타당도에 대한 연구 요약

선발 방법	준거 관련 타당도 증거	지원자 반응	사용 정도
구조화된 면접	높음	보통에서 긍정적	높음
인지능력	높음	부정적에서 보통	보통
성격검사	보통	부정적에서 보통	보통
바이오 데이터	높을 수 있음	보통	보통
업무 표본 검사	높음	긍정적	낮음
평가센터	높을 수 있음	긍정적	보통
필적	낮음	부정적에서 보통	낮음
추천(References)	낮음	긍정적	높음

〈표 1-5〉 네 가지 주요 준거에 기반한 평가 방법에 대한 평가

평가 방법	타당도	불리 효과 (Adverse impact)	비용 (개발/인사)	지원자 반응
인지능력 검사	높음	높음(소수집단에게)	낮음/낮음	약간 호의적
직무지식검사	높음	높음(소수집단에게)	낮음/낮음	더 호의적
성격검사	낮음에서 보통	낮음	낮음/낮음	덜 호의적
전기적 자료 검사	보통	서로 다른 유형에 대해 낮음에서 높음	높음/낮음	덜 호의적
정직성 검사	보통에서 높음	낮음	낮음/낮음	덜 호의적
구조화된 면접	높음	낮음	높음/높음	더 호의적
체력 검사	보통에서 높음	높음 (여성과 고령자에게)	높음/높음	더 호의적
상황판단검사	보통	보통(소수집단에게)	높음/낮음	더 호의적

업무 표본	높음	낮음	높음/높음	더 호의적
평가센터	보통에서 높음	과제(exercise)에 따라 낮음에서 보통	높음/높음	더 호의적
신체능력 검사	보통에서 높음	높음 (여성과 고령자에게)	높음/높음	더 호의적

참고: 상황판단검사와 신체능력 검사에 대한 지원자 반응에 대한 연구 증거는 제한적이다. 그러나 이 검사들은 직무와 상당히 관련된 것으로 보이기에 지원자 반응은 호의적일 가능성이 크다.

〈표 1-6〉 여섯 준거에 의한 12개의 선발 검사에 대한 요약

선발 검사	타당도	비용	실용성	일반성	수용성	적법성
면접	낮음	중간/낮음	높음	높음	높음	불확실함
구조화된 면접	높음	높음	제한적	높음	검증이 안 됨	문제 없음
추천	보통	매우 낮음	높음	높음	중간	일부 의심됨
동료 평정	높음	매우 낮음	매우 제한적	매우 제한적	낮음	검증이 안 됨
바이오 데이터	높음	높음/낮음	높음	높음	낮음	일부 의심됨
능력	높음	낮음	높음	높음	낮음	주요한 문제임
심리운동검사	높음	낮음	보통	제한적	검증이 안 됨	검증이 안 됨
직무 지식	높음	낮음	높음	제한적	검증이 안 됨	일부 의심됨
성격	가변적임	낮음	높음	높음	낮음	일부 의심됨
평가센터	높음	매우 높음	꽤 높음	꽤 높음	높음	문제 없음
업무 표본	높음	높음	제한적	제한적	높음	문제 없음
교육	보통	없음	높음	높음	검증이 안 됨	상당히 의심됨

〈표 1-7〉 다중회귀에 의한 GMA와 두 번째 추가 예측변인의 전반적 직무 수행에 대한 운영 타당도[1]

선발 절차/예측변인	운영 타당도 (r)	다중 R	타당도 증가 (ΔR)	타당도 증가 비율(%)	표준화된 회귀계수 GMA 추가 변인
1. GMA 검사	.65				
2. 정직성 검사	.46	.78	.130	20%	.63 .43
3. 고용 면접(구조화된)	.58	.76	.117	18%	.52 .43

1 운영 타당도(operational validity)는 준거의 비신뢰성과 범위 제한 효과를 교정한 후, 예측변인과 준거 간의 상관관계 정도를 나타낸다.

4. 고용 면접(비구조화된)	.58	.73	.087	13%	.49	.38
5. 흥미	.31	.71	.062	10%	.64	.29
6. 전화 면접	.46	.70	.057	9%	.56	.29
7. 성실성	.22	.70	.053	8%	.67	.27
8. 평판조회	.26	.70	.050	8%	.65	.26
9. 경험에 대한 개방성	.04	.69	.039	6%	.74	.25
10. 바이오 데이터(전기자료)	.35	.68	.036	6%	.90	.34
11. 직무 경험(연수)	.16	.68	.032	5%	.66	.321
12. 성격기반 EI	.32	.68	.029	5%	.61	.20
13. 사람-조직 적합(POF)	.13	.67	.024	4%	.66	.18
14. SJT (지식)	.26	.66	.015	2%	.75	.17
15. 사람-직무 적합(PJF)	.18	.66	.014	2%	.64	.13
16. 평가센터	.36	.66	.013	2%	.78	.18
17. T & E 포인트 방법	.11	.66	.009	1%	.65	.11
18. 학점(GPA)	.34	.66	.009	1%	.74	.14
19. 교육 연수	.10	.65	.008	1%	.65	.10
20. 외향성	.09	.65	.006	1%	.65	.09
21. 동료 평정	.49	.65	.006	1%	.57	.12
22. 능력기반 EI	.23	.65	.004	0%	.68	.08
23. 우호성 특성	.08	.65	.002	0%	.64	.05
24. 업무 표본 검사	.33	.65	.002	0%	.68	.06
25. SJT(행동 경향성)	.26	.65	.001	0%	.64	.03
26. 정서적 안정성	.12	.65	.00	0%	.64	.02
27. 필적학	.02	.65	.00	0%	.65	.02
28. 직무 시연 절차	.44	.65	.00	0%	.63	.02
29. 행동 일관성	.45	.65	.00	0%	.64	.02
30. 직무 지식 검사	.48	.65	.00	0%	.65	.01
31. 연령	.00	.65	.00	0%	.65	.01

참고. EI = 정서지능; SJT = 상황판단검사, T&E = 훈련과 경험.

- 능력 검사는 업무 수행, 특히 고도의 기술이 필요한 직무에서의 수행을 예측하는 가장 타당한 검사에 해당한다.
- 면접은 신중하게 구조화되어 시행되는 경우에만 타당하다.
- 평가센터는 다양한 과제가 사용된다면 가장 타당한 검사 중 하나이다.
- 추천서는 타당도가 높지 않다.
- 사용 가능하다면, 업무 지식 검사 및 직무 시범(job try-out) 자료는 상당히 타당하다.
- 바이오 데이터는 보통이지만 수용할 만한 타당도를 보인다.
- 검사에 따라 그리고 측정되는 특성에 따라, 성격검사는 매우 타당할 수도 있다.
- 개인 성격 특성들(예: 성실성 대 외향성)은 상황에 따라 매우 다른 예측 성공율을 보인다.

전문가의 조망

소규모 조직에서는 선발이 간단히 이루어지지만, 전통적으로 HR 전문가들은 선발에 대해 상당한 '부담'을 갖고 일해 왔다. 여러 연구에서 선발자의 신념과 접근 방식에 관심을 가졌다.

수년 전에 Furnham(2008)은 HR 전문가들의 평가 기법과 심리검사에 대한 신념과 지식을 조사하였다. 그는 255명의 유럽 HR 전문가들을 대상으로 다양한 검사에 대해 타당도, 비용, 신뢰도, 적법성에 대한 인식을 조사하였다. 〈표 1-8〉은 평가센터, 인지능력 검사, 업무 표본의 세 가지 기법이 높은 타당도를 가지는 것으로 인식됨을 보여 준다. 개인적 감, 평판조회, 바이오 데이터는 가장 덜 타당하다고 인식되었다. 비용 측면에서 기법들은 세 범주(높음, 중간, 낮음)로 나뉠 수 있다. 평가센터, 성격검사는 높은 비용, 360도 평가 자료, 인지능력 검사, 업무 표본, 면접, 바이오 데이터는 중간 수준의 비용, 개인적 감, 교육 요건, 평판조회, 직무 지식, 동료 평정은 낮은 비용이 든다.

큰 차이는 없었지만, 면접이 가장 실용적인 것으로, 360도 다출처 자료가 가장 덜 실용적인 것으로 인식되었다.

평가센터와 면접의 경우 거의 편차 없이 상대적으로 가장 높은 적법성 평정을 받았고, 동료 평정, 바이오 데이터는 낮았고 당연히 개인적 감이 가장 낮았다.

HR 전문가들은 검사 자체, 사용되는 방식, 검사 발행인들에 대해서는 긍정적인 경향을 보였다. 그들은 평가센터, 인지능력 검사, 업무 표본을 가장 타당하다고 평정하였고,

면접을 가장 실용적인 것으로 평정하였다.

〈표 1-8〉 네 가지 준거에 의한 12가지 기법 평정(1=나쁨/값싼; 5=좋음/비쌈)

	준거			
기법	A 타당도	B 비용	C 실용성	D 적법성
면접	3.11	2.99	3.83	3.61
평판조회	2.23	1.71	3.37	2.95
동료 평정	3.08	2.39	2.74	2.56
바이오데이터	2.80	2.58	2.94	2.76
인지능력 검사	3.90	3.41	3.20	3.37
성격검사	3.55	3.56	3.25	3.23
평가센터	4.03	4.42	2.71	3.70
업무 표본	3.90	3.07	3.00	3.51
직무 지식	3.65	2.27	3.49	3.47
교육 요건	3.13	1.64	3.69	3.43
360도 평가 자료	3.56	3.46	2.73	3.03
개인적 '감'	1.83	1.39	3.03	1.53

또 다른 연구에서, Furnham과 Jackson(2011)은 업무 관련 심리검사에 대한 HR 실무자들의 태도와 신념을 조사하였다. HR 및 연관 분야의 255명 실무자가 업무 관련 심리검사에 대한 태도 및 신념에 대한 64문항의 설문지에 응답하였다. 8점 척도에 응답하였는데, 8점은 '매우 동의함', 1점은 '전혀 동의하지 않음'이었다. 가장 높은(동의) 문항과 가장 낮은(비동의) 문항에 해당하는 각 10개의 문항(진술문)이 〈표 1-9〉에 제시되어 있다.

HR 실무자들이 많이 동의하는 문항들의 일반적인 주제는 다음과 같다. **면접을 신뢰할 수 없으므로 검사가 유용하다.** 검사 타당도와 어떤 검사를 사용할지에 대해 잘 모르는 조직이 많다. 조직에는 훈련받은 검사 실무자가 별로 없다. 검사는 직무 수행을 매우 잘 예측한다. 검사는 다른 기법들을 능가한다. 검사는 엄격한 과학적인 절차를 준수하고, 종합적이며, 외현적으로 분명한 결과를 내놓는다. 검사는 객관적이고, 편향되지 않고, 실용적이며, 사용하기 쉽다. 검사는 신입 사원에게 좋은 인상을 준다. 검사는 면접 전 유용한 정보를 제공한다. 검사는 개인의 동기를 탐색하고 드러내는 데 유용하다. 검사를 사용하지 못하는 경우는 주로 자원의 제약 때문이다. 검사는 적합하지 않은 후보자를 걸러 낼 수 있다. 검사는 지원자들에게 겁을 줄 수 있다. 온라인 검사는 효율적이다. 지원자들은 정보 자유법(freedom of information legislation)으로 자신의 점수에 대해 이의를 제기할 수 있다. 검사는 저조한 수행 및 잘못된 직무 배치를 이해하는 데에도 도움을 준다.

<표 1-9> 64문항 중 상위 및 하위 문항들의 평균과 표준편차(평균 순) (8=매우 동의함; 1=전혀 동의하지 않음)

		평균	표준편차
57.	훈련을 받지 않은 사람이 좋은 심리검사와 나쁜 심리검사를 구분해내는 것은 매우 어렵다.	6.56	1.56
11.	심리검사는 리크루터들이 단순히 자격이나 배경만이 아니라 한 인물에 대해 무엇인가를 발견하는데 도움이 된다.	6.52	1.18
28.	심리검사는 면접 전에 유용한 정보를 제공한다.	6.34	1.65
36.	심리검사는 적합하지 않은 후보자를 걸러 낼 수 있다.	6.24	1.52
39.	온라인 검사는 검사 실시가 쉽고 신속하게 마칠 수 있다.	6.18	1.56
10.	심리검사는 분명 우리의 현재 모집(충원) 기법들을 능가한다.	6.08	1.45
63.	우리는 심리검사가 우리의 모집(충원) 기법들을 능가하기에 사용하기 시작하였다.	6.06	1.47
52.	심리검사는 부패(불공정), 정실, 학벌의 영향이 계속되는 것을 막는 데 도움이 되기에 유용하다.	5.91	1.44
38.	심리검사는 수치 정보를 제공하는데, 이것은 사람들을 동일한 기준으로 쉽게 비교할 수 있다는 것을 의미한다.	5.89	1.58
19.	심리검사는 조직이 모집 실무와 관행에 대해 진지하다는 것을 보여준다.	5.85	1.51
55.	심리검사 결과는 실제 활용하기에는 너무 복잡하다.	3.12	1.62
49.	대부분의 심리검사는 측정한다고 주장하는 것을 측정하지 않기에 타당하지 않다.	3.00	1.45
21.	심리검사는 이제 유행에 뒤떨어졌다.	2.86	1.57
1.	적절하게 사용되더라도, 심리검사는 전통적인 모집 방법들(예: 면접, 평판조회, 지원서)보다 더 좋은 것은 아니다.	2.68	1.59
16.	심리검사는 면접 중인 종업원들에 대해 잘못된 이미지를 준다.	2.55	1.55
27.	심리검사는 여성에게 불리하게 편향되어 있다.	2.41	1.55
13.	우리는 소송의 우려 때문에 심리검사를 더 이상 사용하지 않는다.	2.34	1.68

7.	성격검사는 선발보다는 개인 개발(육성)에 더 유용하다.	2.27	1.48
12.	심리검사는 기존 모집 기법들(예: 면접, 평판조회, 지원서)을 넘어선 부가 가치를 주지 못한다.	2.13	1.28
26.	심리검사는 사이비 과학이며 필적학보다 못하다.	1.93	1.25

한편, 문항의 낮은 평균값은 상당히 동의하지 않는다는 의미로, 모두 검사를 지지하는 입장이다. 즉, 응답자들은 심리검사가 부가 가치를 가지지 못한다(12), 소송에 이른다(13), 잘못된 이미지를 제시한다(16), 유행에 뒤처진 것이다(21), 전통적인 모집 방법보다 못하다(1), 여성에게 불리하다(27), 개인의 개발에 특별히 유용하지 않다(7), 사이비 과학이다(26) 등의 문항에 거의 동의하지 않았다. 응답자들이 동의하지 않은 일반적인 주제는 다음과 같다. ① 검사는 다른 방법보다 더 좋지 않다. ② 조직은 오로지 경쟁사들이 검사를 사용하기 때문에 사용한다. ③ 온라인 검사는 거짓 반응(faking)을 감소시킨다. ④ 검사는 누구를 계속 있게 할지보다 누구를 내보낼지를 결정하는 데 더 유용하다. ⑤ 지능검사는 선발에서 사용되기에는 인종, 나이 등에 대해 너무 편향적이다. ⑥ 심리검사는 고위 직무에만 사용된다. ⑦ 조직은 법적인 이유로 검사를 사용하지 않는다. ⑧ 검사는 유행에 뒤처진 것이다. ⑨ 검사는 실시 후 너무 많은 피드백과 모니터링을 필요로 한다. ⑩ 검사는 업무 수행 집단과의 적합성을 잘 예측하지 못한다. 즉, 조직이 가장 핵심적인 행동 차원으로 정한 것을 측정하지 못한다.

나중에 Furnham(2018)은 평가, 변화, 개발, HR, 학습, 인재 등의 이름이 붙은 매우 다양한 직무에 종사하는 145명의 전문가를 조사하였다. 성격검사와 관련하여 물었을 때, 69.4%가 열렬한 지지자였으며, 회의적인 사람은 10.4%, 어느 쪽도 아닌 사람은 20.2%였다. 얼마나 많은 성격검사의 이름을 얘기할 수 있는지 물었을 때, 평균 8.85개(표준편차 5.36), 범위는 0에서 30이었다. 현재 성격검사 관련 자격증을 하나라도 가지고 있는지 물었을 때, 84%가 그렇다고 하였다. 자격증을 열거해 보라고 하였을 때, 대부분은 약 3~5개의 검사 자격증을 가지고 있었다. 가장 많이 나온 것이 MBTI와 OPQ(Occupational Personality Questionnaire)였다. 그리고 다양한 준거의 순위를 매겨 보라고 한 결과가 〈표 1-10〉에 제시되어 있다.

결과에 의하면, 가장 높은 순위의 다섯 가지 준거는 타당도, 신뢰도, 후보자 피드백, 평가자 피드백, 종업원의 수용성이었다. 가장 덜 중요한 것은 번역본 가용성, 훈련 비용, 검사의 인기, 조직의 라이선스(license) 보유 여부, HR의 승인이었다. 그래서 검사 구입자들은 가장 중요한 심리측정 준거인 신뢰도와 타당도에 근거하여 검사를 선택하고 있었다. 심리측정의 근간이 되는 이 두 가지는 다른 준거들보다 상당히 상위에 위치하였다. 더구나 두 가지는 모두 낮은 표준편차를 보였는데, 이것은 응답자들 간에 일치도가 높다는 것을 나타낸다. 가장 덜 중요하다고 평정된 세 가지 준거는 인기, 라이선스 보유 여부, HR의 승인이었다. 첫째, 인기가 가장 덜 중요하게 나온 것은 단순히 다른 기업들이 사용한다고 해서 따라서 하지는 않는다는 것을 의미한다. 그리고 검사 사용의 '라이선스' 보유 여부나 조직(HR)의 승인 여부도 덜 중요한 것으로 나타났다. 연구자들은 시장에서 검사가 증가하고 웹에서도 사용할 수 있게 된 것이 현재의 검사 선택에 큰 영향을 미치고 있으며 앞으로도 그럴 것이다. 왜냐하면 전문가들이 더 이상 한두 개의 검사에만 얽매이지 않을 수 있기 때문이다.

더 개념적인 논문에서 Lundgren 등(2019)은 여섯 가지 서로 다른 검사 선정 전략을 제시하였다.

① **윤리적-보호적**(ethical-protective): 심리학적으로 전문 훈련을 받고 해당 분야를 보호하려는 동기로서 높은 윤리 기준을 설정하는 것을 나타낸다.

② **과학적-선별적**(scientific-selective): 평가의 포트폴리오를 제시하면서 부정적 측면들을 통합하려는 시도로, 기본적으로 더 복잡하고 비용이 많이 드는 도구를 사용하는 것을 의미한다. 핵심적인 동기는 가장 잘 맞는 도구를 선택하는 것이다.

③ **신중한-회피적**(cautious-avoiding): 검사 관행에 대한 회의적인 태도로, 개인의 부정적인 경험과 사람들을 분류하는 것을 피하려는 동기를 나타낸다.

④ **신중한-포용적**(cautious-embracing): 검사 관행에 대한 회의적인 태도를 갖지만, 개인적인 경험은 대개 긍정적이고 가볍게 사용하려는 것을 나타낸다.

⑤ **사용자 편의적-실용적**(user-friendly-pragmatic): 검사받는 사람이 이해하기 쉬운 단순한 도구를 사용하는 것을 나타낸다. 조직의 제약 내에서 검사받는 사람들의 수용도에 관심을 갖는다.

⑥ **정통한-호의적**(knowledgeable-accommodating): 검사 산업과 도구에 대해 광범위한 지식을 가지고, 대체로 윤리 지침을 따르며, 고객과 고용주의 요구가 있을 때는 규칙에서 벗어나 고객의 요구에 순응하려는 동기가 강한 것이 특징이다.

〈표 1-10〉 19개 준거의 순위(1=매우 중요함, 10=중요하지 않음; 점수가 낮을수록 높은 순위)

준거	표시	평균	표준편차
타당도	검사의 타당도에 대한 증거	3.51	3.29
신뢰도	검사의 신뢰도에 대한 증거	3.70	2.83
후보자 피드백	후보자를 위한 피드백 보고서의 질	6.04	3.77
평가자 피드백	평가자를 위한 보고서의 질	6.43	3.53
종업원의 수용성	종업원에 대한 검사의 수용성	7.89	4.19
특성의 수	측정되는 차원/특성/유형의 수	8.23	4.25
규준(norms)	양호한 지역 규준의 증거	8.47	4.42
전체 비용	각 검사의 전체 비용	8.96	4.81
소수집단	검사가 소수집단에게 공정하다는 증거	9.78	4.57
시간	검사를 실시하고 완료하는 데 걸리는 시간	9.87	3.78
사용자의 수용성	검사가 사용자에게 수용되는 정도	10.01	5.57
현대적	검사가 현대적이고 최신인 정도	10.54	4.40
구체적	검사가 구체적인 정도(수준별로 서로 다른 버전이 있는 경우)	12.02	5.24
기술적 지원	기술적 지원(온라인, 웹사이트 지원, 비디오)	12.12	3.86
언어	검사가 다른 언어로도 가용한지 여부	12.91	4.27
훈련 비용	자격을 갖추기 위한 훈련 비용	13.99	4.70
인기	검사의 인기	14.02	3.78
라이선스 보유 여부	조직이 과거에 검사를 정기적으로 사용해 왔는지 또는 라이선스를 보유하고 있는지 여부	15.58	3.59
HR의 승인	검사가 HR 부서에 의해 승인되었는지 여부	15.94	4.02

고용주는 무엇을 사용하나

사실 대부분 조직은 채용 대상을 졸업생(신입 인턴), 주니어, 시니어와 같이 연령에 따라 크게 나누기도 한다. 〈표 1-11〉에서 보듯이 역사적으로 선발 목적의 평가는 내부 승진보다는 주로 외부에서 누군가를 데려오기 위하여 사용되었다. 조직은 기존 인력들에 대해서는 성과 평가 기록 같은 것을 통해 잘 알고 있다고 생각하는 경향이 있기 때문에 공식적인 평가의 필요성을 덜 느낀다.

그러나 내부 구성원들의 역량과 능력 수준을 더 깊이 이해하고 구성원들 간의 차이를 더 과학적으로 확인하려고 하면서 변화가 생겼다. 구조조정(restructuring)이나 인수 합병과 같은 조직 변화를 실행하는 데 있어 더 광범위한 기록이 필요하게 된 것이다. 특히 조직을 다시 안정화시키는 과정에서 공정성이 핵심적인 요소일 때는 더욱 그렇다.

또한 평가 방법의 선택에 영향을 미치는 다른 요인들도 있다.

① **뽑아야 하는가, 아니면 내보내야 하는가**: 조직의 운영 상황이 어떠한가? 조직이 성장하고 있는가, 아니면 쇠퇴하고 있는가? 적극적으로 새로운 인력을 모집하고 있는가, 아니면 기존 직원들을 계속 보유해야 할지의 여부를 평가하는 상황인가?

② **심리측정적 대 '평가적'(판단적)**: 여러 종류의 표준검사들을 활용하거나, 아니면 '소프트하고' '계량화되지 않은' '자기보고'형 자료를 사용하는 전문가의 평가에 의존하는가, 아니면 두 가지를 조합하여 사용하는가?

③ **다수 대 개인**: 평가할 집단의 크기가 어떻게 되는가? 이직률이 높거나 엄청난 성장세의 조직은 매년 수백 명 이상을 평가해야 할 것이다. 이것은 비용 측면에서 효율적이면서 타당한 검사를 어떻게 운용할지에 당연히 영향을 미친다.

④ **제너럴리스트 대 스페셜리스트**: 특수한 경험과 높은 교육 수준을 가진 고도의 전문가를 선발하려는지, 아니면 일반적인 관리직이나 경영직에 맞는 사람을 선발하려고 하는지이다.

⑤ **조직의 산업 분야와 유형**: 은행은 콜센터 직원, 지점 관리자, 고위 관리자에 대해 서로 다른 평가 방법을 사용할 것이다. 예를 들어 공공 행정 조직은 창업한 회사, 테크 기업, 리테일 회사와는 매우 다르게 평가할 것이다.

⑥ **역사**: 많은 기업(특히 큰 공기업)에서는 습관과 신념이 형성된다. 조직은 특정한 평가 방법을 제대로 평가하지 않은 채 계속 집착하는 경향이 있다. 또한 만족하지 않으면서도 무엇을 바꾸어야 할지에 대해 자신이 없다. 소규모 회사에서는 상사의 단호한 의견으로 특정한 방법이 선택되거나 거부되는 경우도 있다.

⑦ **인-하우스 대 아웃소싱**: 일부 조직은 전문적인 컨설턴트를 활용하거나 검사 공급자들이 제안하는 평가 기법을 구입하여 사용한다. 다른 조직은 모든 것을 내부에서 직접 하고자 한다. 컨설턴트들이 선호하는 평가 방법들이 있다. 임상적인 지향성을 가진 헤드헌터 컨설턴트는 긴 구조화된 면접과 관찰자 보고에 주로 의존한다. 검사 발행사 소속 컨설턴트는 특정 검사를 강요하기도 한다. 조직은 정기적으로 바뀌는

컨설턴트들과 애증의 관계를 가진다. 컨설턴트가 바뀌면서 특정 평가 방법이 갑자기 새로 도입되거나 제외되는 경우가 있고, 이전 컨설턴트와 새로운 컨설턴트의 조언 간에는 차이가 있거나 모순되기도 한다.

⑧ **시니어 HR 관리자의 훈련/배경:** 선발/모집/평가에서는 어쩔 수 없이 고위 HR 관리자의 배경이 영향을 미친다. 컨설턴트에 따라 평가 방법의 선택이 달라지듯이, 의사결정자의 배경과 교육도 영향을 미친다. 고위 HR 관리자는 홍보나 노사관계 부서 출신일 수도 있고, (영국) 인적자원관리 전문가 협회(CIPD)의 자격증을 보유하고 있거나 그렇지 않을 수도 있다. 심리학 학부나 대학원 졸업생일 수도 있다. 더 나아가 여러 회사에서 많은 HR 직무를 했을 수 있고 평가 기법들에 대한 폭넓은 경험이 있을 수 있다. 그들의 이러한 교육과 경험은 이후의 의사결정에 크게 영향을 미친다.

⑨ **직원/지원자의 반응:** 조직은 그 어느 때보다 홍보(PR)와 소송을 많이 의식한다. 조직은 평가 과정에 대한 평가자 및 피평가자의 만족도에 점점 더 민감하다. 사람들은 불공정하거나 부정확하다고 생각하면 점차 불만을 드러낸다. 이 때문에 조직은 특정 절차를 갑자기 중단할 수도 있다. 평가 방법, 타당도, 수용성 간에는 동시에 모두를 추구하기 어려운 긴장과 모순이 있다. 즉, 과학적 증거에 의하면, 지능검사와 같은 특정 방법은 비용효과성과 타당도를 모두 갖춘 것으로 보이지만, 평가자는 그것을 사용하는 것이 매우 불편할 수 있고, 오히려 현저하게 타당도가 낮은 비구조화된 면접과 같은 방법을 선호할 수 있다. 일반적으로 평가 피드백에 대한 민감성 측면에서 조직 간에 문화적 차이가 있다.

〈표 1-11〉 고용 전에 사용되는 평가

평가 유형	2014	2014 순위
기술/지식 검사	73%	1
성격검사	62%	2
인지적 검사/일반적 문제해결 검사	59%	3
직무 적합 검사	47%	4
특수 능력 검사	47%	4
상황판단	43%	6
평가센터	41%	7
직무별 솔루션	39%	8

바이오데이터(생애사 정보)	37%	9
문화 적합 검사	33%	10
직무 시뮬레이션	32%	11
흥미 평가	32%	12

최근의 발달과 현재의 동향

이 분야에는 많은 평가 도구가 계속 나오면서 새로운 변화의 추세와 유행이 있다. 다음의 요인들이 변화에 영향을 미친다.

- **법의 변화**: 법적 규제의 변화와 소송의 위험은 몇 가지 이슈들을 제기하였다(예: 차별, 정직성 검사[2], 다양성 훈련).
- **기술과 도구에서의 변화**: 2000년 이후 인재 평가 방법의 급속한 발전과 그것의 상업화로 인해 이 분야의 산업이 이전과는 완전히 다른 모습으로 바뀌고 있다. 평가는 온라인으로 이루어지고, 검사 발행사들이 소외되고, 빅 데이터를 손쉽게 활용할 수 있게 되었다.
- **비즈니스에서의 변화**: 많은 기업이 더 유연해지고 경쟁력을 갖추려고 시도하면서 인재 확보 및 유지, 리더십 강화, 구조조정관리, 인수 합병 관리 등의 이슈와 연관된 세부적인 평가들에 관심이 많다.
- **구루(guru)의 아이디어**: 유명 서적에 소개된 다양한 개념, 이슈, 방법이 부각되는 경우가 늘고 있고, 그것 중 일부(예: 정서지능)는 기업인들의 상당한 호응을 얻으면서 열렬하게 받아들여진다.
- **컨설턴트와 학계의 추천**: 이들은 앞서 소개된 트렌드와 관련이 있을 수도, 없을 수도 있는 자신들만의 고유의 관점과 목표를 갖고 있다.
- **지원자 인식**: 평가 과정의 공정성과 타당도에 대한 지원자의 인식으로, 이것은 부분적으로 조직의 인상관리과제일뿐만 아니라 평가 방법이 채용 수락 및 이후 성과에

2 예를 들어, 정직성 검사에서는 과거 법 위반 여부 등을 묻는 문항이 있을 수 있는데, 이것은 민권법의 고용에서의 차별금지 조항에 위배될 수 있다.

미치는 영향과 관련이 있다.

그래서 조직에서 사람들을 평가하고 개발하는 데 사용되는 다양한 개념, 산물, 측정치들이 생겨났다. 또한 새로 생기거나 사라지는 것도 있다. 360도 평가/피드백은 정점에 있는 듯하지만, 과거보다는 인기가 줄어든 것 같다. 과거 팀워크 강화를 위해 활용하던 산악/야외 훈련은 이제 잘 사용되지 않는다.

다음과 같은 요인들도 이 영역의 발전에 일정한 영향을 미친다.

① **노동 시장 부족**: 유럽 전역의 인재 부족으로, 많은 기업이 자신들의 전략과 과정을 재점검하면서 모든 이해관계자에게 공정성을 보장하고 많은 사람을 유인하고 우수 인재를 정확하게 가려내려고 한다.

② **기술 발전**: 이것은 컴퓨터를 통한 검사 실시 및 인터넷을 통한 온라인 모집과 검사라는 두 가지 이슈와 관련이 있다.

③ **지원자의 인식**: 평가 과정의 공정성과 타당도에 대한 지원자의 인식이 중요해졌다. 기업의 이미지나 인상과 관련된 지원자의 인식은 지원자가 해당 기업의 선택 여부 및 입사 이후의 직무 수행에 영향을 미친다.

④ **구성개념 주도(construct-driven) 접근**: 이것은 무엇을 왜 평가하려고 하는지를 명확하게 하는 것이다. 즉, 평가하려는 것을 제대로 평가하는지의 구성 타당도와 평가하려는 것이 준거(예: 직무 수행)를 적절히 예측하는지의 예측 타당도와 관련된 이론과 증거를 확보하는 것이다.

조직에 대한 주요한 평가 질문

연구 질문

- 가장 빈번하게 사용되는 방법은 무엇이고 어떤 목적으로 사용되나?
- 각 방법의 강점과 약점은 무엇인가?
- 이 분야에서 새로운 것은 무엇인가?
- 고용주가 다양한 평가 방법 중에서 선택할 때 사용하는 원칙이나 지침은 무엇인가?
- 원하는 사람을 찾는 데 있어 각 방법이 얼마나 효과적인지를 어떻게 아는가?
- 어떤 변화가 이루어졌고, 왜 그런가?
- 검사 공급자와 컨설팅사들이 현재의 동향에 대해 어떤 조언이나 제안을 해야 하는가?

이 분야에서 일하는 사람들을 위한 다음과 같은 중요한 교훈이 있다(Furnham, 2008).

① **아마추어 정신으로는 안 된다**: 평가는 기술, 교육, 훈련이 필요한 전문적인 사업 분야이다.
② **과거로부터의 학습**: 조직은 내부 평가 방법을 타당화할 필요가 있고 성공과 실패로부터 배워야 한다.
③ 단순히 과거에 행해졌던 방식을 따르는 것이 아니라, 특정 직무에 대해 조직이 부여하는 가치에 비례하여 평가 비용을 사용해야 한다.
④ **성공뿐만 아니라 실패에 대해서도 평가하라**: 즉, 잘한 것은 받아들여 유지하고 잘못된 것은 버리는 것이다.
⑤ 직무별 노동 시장을 공부하고 모든 수준에 걸쳐 직무 지원자들의 인구통계학적 특성 변화나 기타 트렌드에 주의를 기울여라. 이것은 사용된 평가 방법에도 중요한 시사점을 준다.
⑥ 평가는 HR, IR, PR임을 인식하라: 어떤 방법을 사용하든지, 고용 관계(ER)에 대한 긍정적 및 부정적 결과가 모두 있을 수 있다.
⑦ 서로 다른 과정인 '선발(selection)'과 '개발(development)'을 구분하라.
⑧ 직무가 진화함에 따라 직무분석과 역량 프로파일을 정기적으로 개선하라.
⑨ 좋은 선발과 나쁜 선발의 비용 편익 분석에 대해 학습하라.
⑩ 관련 연구와 법적 이슈 모두에서의 최신 변화에 계속 관심을 기울이라.

선발과 평가의 현재 동향

Ryan 등(2015)은 '검사 동향(Trends in Testing)'이라 불리는 글로벌 조사를 바탕으로, 다음과 같은 '조직심리학의 연구와 실무를 위한 여러 방향이 있다'고 결론지었다.

1) 검사의 사용 여부는 검사의 가치와 관련이 있으므로, 연구자와 실무자는 검사의 가치를 파악하고 소통하려는 노력을 계속 기울여야 한다. 특히 검사의 증분 타당도(incremental validity)에 대해 많이 소통하는 것이 검사 사용 여부의 결정에 중요할 수 있다.

2) 기업들은 지필 형식의 검사를 사용하는 것에서 벗어나 새로운 기술을 활용해 왔다. 그러나 최근의 기술 발전으로 가능해진 것들을 모두 활용하고 있는 것 같지는 않다. 컴퓨터로 진행되는 검사에서 가능한 다양한 요소(예: 비디오/멀티미디어, 아바타, 적응적 검사)를 사용한다고 응답한 경우는 반도 되지 않았다. 연구자와 실무자들은 앞으로 이런 기술적 진보를 활용하여 검사를 더 개선하고 효과적으로 활용하도록 촉진할 수 있을 것이다.
3) 검사 문항 보안은 지필검사와 컴퓨터 검사 모두에서 폭넓게 또는 충분히 적용되지 않는 것 같다(감독이 없는 컴퓨터 검사는 말할 것도 없고). 보안을 제대로 유지하지 못하면 선발체계의 가치가 상당히 저하된다. 그래서 실무자들은 보안과 자료 보호의 중요성에 대해 소통하고, 손쉬운 보안 조치들을 만드는 데 주의를 기울여야 한다. 재검사가 이루어지는 상황에서 (개인마다 달리 제시되는) 적응적 문항 풀(adaptive pools)이 사용되지 않는 경우라면 동등 검사(alternate forms) 개발도 필요하다. 보안에 대해 이렇게 관심이 부족한 이유는 아주 소수의 사람만 거짓말을 한다는 (잘못된) 믿음, 일정 비율의 속이기는 그냥 지나치려는 생각, 그리고 속이는 사람을 거의 탐지하지 못하는 상황 때문이다.
4) 국제적인 검사 프로그램들은 비즈니스가 글로벌화됨에 따라 증가할 것이다. 이는 국제적인 검사 표준에 더 주의를 기울일 필요가 있음을 시사한다. 국제적으로 검사를 사용할 때 지켜야 하는 지침이나 관행이 잘 지켜지지 않는 것으로 보인다.
5) 조직은 점점 더 선발체계를 평가하는 데 사용될 수 있는 수치 자료들을 추적, 축적하고 있다. 이러한 양질의 평가 프로그램을 만들려는 노력으로 인해 선발에서 검사 사용의 가치는 더 높아질 수 있다. 그래서 기업에서 인재를 평가하고 개발하는 데 사용되는 다양한 개념, 산출물, 측정치들이 계속 나오게 될 것이다. 그 과정에서 새로운 것이 나오고 이전 것들은 점차 사라진다. 10년 전만 해도 대단한 인기를 얻었던 것도 이제 점차 한물가고 있다(pp. 150-151).

다음과 같은 주목할 만한 매우 세부적인 발달과 변화 추세가 있다.

- 새로운 데이터를 얻기 위한 도구들이 많이 개발되었다. 예를 들어, 정교하게 설계(연출)된 컴퓨터 영상 장면에 사람들이 반응하는 새로운 **상호작용 검사들**(interactive tests)이 있다. 이것들은 모바일 기기를 통해서도 가능한데, 구체적인 사용 목적에 맞게 응용될 수 있다.
- 가장 최신의 방법들이지만 아직 충분히 검증되지 않은 것들로, 게임화(6장)와 빅 데이터(10장) 탐색, 생리적 지표(웨어러블) 사용(7장), 평가 상황에서의 아바타 사용 등이 있다.
- 점점 더 '단편(thin slices)'이라고 불리기도 하는 실제 상황에서의 행동에 관심이 쏠리

고 있다.[3] 사람들은 비디오로 녹화된 실제 상황에서의 일부 행동 단편만으로도 비교적 정확한 판단을 한다.

- 대부분 조직은 전통적인 면접의 한계를 잘 알고 있고, 구조화된 패널 면접을 도입하려고 노력하고 있다.
- 피검사자의 선발 및 평가 과정에서의 경험과 반응에 관한 연구 및 실무에서의 관심이 계속 늘고 있다.
- 낮은 타당도, 낮은 응답률, 소송 이슈 때문에 전통적인 평판조회 방법은 이제 피면접자(대개 전 직장 동료)에게 세부적인 질문을 하는 구조화된 전화 통화로 대치되고 있다.
- 현재 '평가' 목적의 동료 및 부하 평정의 잠재력과 유용성이 상당히 강조되고 있다. 이것은 360도 다중 평정자 피드백에 관한 연구의 주요한 부산물이다.
- 조직들은 능력 검사에서의 편향(성, 인종, 언어) 가능성에 대해 매우 민감해 있다. 또한 후보자들에게 검사가 안면 타당도가 없는 것으로 하는 인식되는 것을 특히 우려한다.
- 항상 영적 지능이나 실용 지능과 같은 새롭게 유행하는 구성개념을 측정하는 검사들이 개발된다. 심리측정 검사는 계속 많이 개발될 것이며, 시장에 나올 것이다. 정서지능 검사처럼 일부 검사는 시대정신과 명확하게 부합한다.
- 바이오데이터, 심리운동 검사와 직무 지식 검사는 별로 사용되지 않고 있다. 그러나 아직 사라지지 않았으며, 매우 특수한 장면에서의 특수한 고객이 선호하는 것으로 남아 있다.
- 업무 표본 검사와 수습 기간(인턴)을 갖는 것은 점점 더 주목을 받는 것으로 보인다. 지금보다 더 엄격하게 수습 기간(인턴) 절차가 사용되면, 양쪽(고용주과 고용인) 모두 채용 및 입사 결정에 대해 재고하고 다시 논의할 기회를 가질 수 있다. 그러나 이것이 가능하지 않은 직무들도 많다.
- 평가센터는 시간과 경비 측면에서 여유가 있는 일부 조직에서 선호하는 방법으로, 비용과 시간이 많이 들지만, 최상의 방법으로 인정된다. 평가센터는 회사별로 고유

3 사회심리학자 Ambody는 사람들은 타인에 대한 아주 짧게(순간적으로) 제시되는 단편으로도 첫인상을 형성하며 이에 근거하여 판단이나 행동을 결정한다고 하였다. 사람들은 몇 초 동안 제시되는 행동의 단면만 주어져도 상대방의 특성을 상당히 정확하게 파악할 수 있는 것으로 알려져 있다.

한 요구에 맞추어 세부적으로 설계된다.

- '잠재력이 있는 사람' 또는 '탁월한 인재(high-flyer)'를 평가하는 데 매우 큰 관심과 기대를 갖지만, 그들을 어떻게 정의(확인)하고 어떻게 평가할지에 대해서는 잘 모른다.
- 평가 전문성을 내부적으로 보유해야 할지, 아니면 전체 또는 일부를 아웃소싱해야 할지에 있어 조직마다 입장이 상당히 다르다.
- 개발 목적의 평가에 대한 관심이나 전문성은 상대적으로 높지 않다. 이것은 멘토링과 코칭을 통해 이루어지는데, 일부 공식적인 평가 절차를 포함할 수도 있고 없을 수도 있다.
- 조직은 평가/선발의 효과성을 재무적 관점에서 가늠할 수 있고 그것이 중요한 시사점을 가질 수 있다는 것을 깨닫기 시작하였다.

중대한 선발

선발의 중요도에서 직무 간에 차이가 있다. 우주 정거장에서 여러 달을 보내야 하는 우주비행사나 핵잠수함의 함장이나 스파이를 선발해야 하는 상황을 생각해 보라. 이런 직무에서 사람을 잘못 선발한 결과는 심각할 것이다. 그래서 선발 과정에 매우 신중할 필요가 있으며, 당연히 시간과 비용도 상당히 많이 든다. 이런 상황에서 적합한 인재를 채용하는 방법과 과정은 다음과 같은 단계들을 거칠 수 있다.

1. 헤드헌터들, 인재 스카우트, 믿을 만한 내부 구성원들에게 접촉해 볼 만한 후보들을 계속 찾아 달라고 요청한다. 추가로 잘 기획된 채용 광고를 활용할 수도 있다.
2. 후보자들에게 길지는 않지만 구체적인 사항을 묻는 지원서를 작성하게 하고, 공개된 자료로 여러 가지 사항을 확인한다(소셜미디어 페이스북, 링크드인, 범죄기록, 건강, 이민). 이 단계에서 처음으로 많은 후보가 탈락하게 된다.
3. 훈련받은 사내 HR 구성원이 살아남은 후보자들과 처음 구조화된 면접을 본다. 면접에서 관련 자질, 기술, 가치, 기타 사항들을 물어본 후, 긴 보고서를 작성한다.
4. 계속 접촉할 필요가 있다고 판단되면, 후보자는 공식적인 실사 과정을 거치면서 온라인 성격 및 IQ 검사를 받는다. 그리고 훈련받은 사내 HR 구성원이 첫 번째 면접 보고서를 가지고 두 번째 면접을 한다.
5. 앞의 과정을 통과하면, 후보자는 이틀간의 공개적인 집중 평가센터(intensive assessment center)에 참여하게 된다. 집중 평가센터는 다양한 조직에서의 성공적인 관리자와 리더들을 선발하기 위해 설계된 것이다.
6. 여기서도 성공적이면, 후보자는 조직의 요청에 응하여 과거 함께 일했던 상사, 동료, 또는

자신을 잘 아는 10~20명의 이름, 이메일, 전화번호 등을 전달하고, 그들과 접촉하는 것을 허용한다. 10여 명 정도를 대상으로 구조화된 전화 면접이 이루어진다. 결과들을 모두 모아 정리한다. 최대 5명에 이르는 추천인들의 논평도 이후 평가 과정에서 참고로 활용할 수 있다.

7. 앞의 과정을 거치면서 얻은 모든 세부사항을 담은 두꺼운 서류를 네 사람에게 보낸다. 세 사람은 내부의 고위 경영자이고, 한 사람은 외부 전문가이다(심리학자/정신의학자). 그들은 후보자와의 최종 면접을 하기 전에 두 시간의 사전 미팅을 가진다. 여기서는 각자 서류를 읽고 난 후 얻은 인상에 근거하여 최종 면접을 어떻게 구조화할 지를 논의한다.
8. 후보자는 약 1시간 반 정도로 최종 선발 위원회의 면접을 본다. 후보자는 그날 늦게 최종 결정을 통보받는다.

참고문헌

Anderson, N., & Cunningham-Snell, N. (2000) Personnel selection. In Chmiel, N. (Ed.), *Introduction to work and organizational psychology* (pp. 69-99). Blackwell.

Arnold, J., Silvester, J., Cooper, C. L., Robertson, I. T., & Patterson, F. M. (2005). *Work psychology: Understanding human behaviour in the workplace*. Pearson Education.

Chatman, J. A., Wong, E., & Joyce, C. (2008). When do people make the place? In *The people make the place* (pp. 63-86). New York: LEA.

Cook, M. (2004). *Personnel selection*. John Wiley & Sons.

Cook, M. (2016). *Personnel selection: Adding value through people-A changing picture*. John Wiley & Sons.

Ferguson, E., & Lievens, F. (2017). Future directions in personality, occupational and medical selection: myths, misunderstandings, measurement, and suggestions. *Advances in Health Sciences Education, 22*(2), 387-399.

Furnham, A. (2008). HR professionals' beliefs about, and knowledge of, assessment techniques and psychometric tests. *International Journal of Selection and Assessment, 16*(3), 300-305.

Furnham, A. (2018). The great divide: Academic versus practitioner criteria for psychometric test choice. *Journal of Personality Assessment, 100*(5), 498-506.

Furnham, A., & Jackson, C. J. (2011). Practitioner reactions to work-related psychological tests. *Journal of Managerial Psychology, 26*, 549-565.

Furnham, A., Trickey, G., & Hyde, G. (2012). Bright aspects to dark side traits: Dark side traits associated with work success. *Personality and Individual Differences, 52*(8), 908-913.

Gatewood, R., Feild, H. S., & Barrick, M. (2015). *Human resource selection*. Nelson Education.

Greiff, S., & Iliescu, D. (2017). A test is much more than just the test itself. *European Journal of Psychological Assessment, 33*(3), 145-148.

Ihsan, Z., & Furnham, A. (2018). The new technologies in personality assessment: A review. *Consulting Psychology Journal: Practice and Research, 70*(2), 147-167

Lundgren, H., Poell, R. F., & Kroon, B. (2019). "This is not a test": How do human resource development professionals use personality tests as tools of their professional practice? *Human Resource Development Quarterly, 30*(2), 175-196.

Piotrowski, C. (2019). Current research emphasis in the field of psychological assessment: A panorama of investigatory domain. *North American Journal of Psychology, 21*(3), 583-599.

Pulakos, E. D. (2005). *Selection assessment methods*. Society for Human Resource Management (SHRM) Foundation.

Rotolo, C. T., & Church, A. H. (2015). Big data recommendations for industrial-organizational psychology: Are we in whoville?. *Industrial and Organizational Psychology, 8*(4), 515-520.

Ryan, A. M., Inceoglu, I., Bartram, D., Golubovich, J., Grand, J., Reeder, M., Derous, E., Nikolaou,

I., & Yao, X. (2015). Trends in testing: Highlights of a global survey. In I. Nikolaou & J. K. Oostrom (Eds.), *Current issues in work and organizational psychology. Employee recruitment, selection, and assessment: Contemporary issues for theory and practice* (pp. 136–153). Routledge/Taylor & Francis Group

Schaubroeck, J., Ganster, D., & Jones, J. (1998). Organization and occupation influences in the Attraction–Selection–Attrition process. *Journal of Applied Psychology, 83*, 869–891.

Schmitt, N. (1989). Fairness in employment selection. *Advances in Selection and Assessment, 10*, 134–153.

Schmidt, F. L., Oh, I. S., & Shaffer, J. A. (2016). The validity and utility of selection methods in personnel psychology: Practical and theoretical implications of 100 years··· *Fox School of Business Research Paper*.

Schneider, B. (1987). The people make the place. *Personnel Psychology, 40*(3), 437–453.

Schneider, B., Smith, D. B., Taylor, S., & Fleenor, J. (1998). Personality and organizations: A test of the homogeneity of personality hypothesis. *Journal of Applied Psychology, 83*(3), 462.

Sehlapelo, M., & Terre Blanche, M. (1996). Psychometric testing in South Africa: Views from above and below. *Psychology in Society, 21*(49), 45.

Sosnowska, J., Hofmans, J., & Lievens, F. (2018). Assessing personality dynamics in personnel selection. In J. F. Rauthmann (Ed.), *The handbook of personality dynamics and processes* (pp. 61–87). Elsevier.

제2장

평가와 선발에서의 복잡하고 난해한 문제들

- 서론
- 무의식적 편향
- 지원자 관점에서 방법의 수용성
- 평가받는 사람들의 반응
- 당신은 어떻게 평가되고 싶은가
- 피드백 수용하기
- 차별과 공정성
- 결론

2

평가와 선발에서의 복잡하고 난해한 문제들

도입

지난 50년간 평가, 모집, 선발 사업에 대한 많은 조사가 있었다. 그 어떤 평가 방법이나 선발 기준을 아무렇지 않게 사용하던 시절이 있었다. 지금은 장애, 인종, 지역, 성별 등에 따라 특정 사람을 선호하거나 회피하는 것을 금하는 차별 관련 법률에 관심이 많다. 즉, 만약 지원자들의 자격요건이 동등하다는 증거가 있는데도 특정 범주의 지원자를 선호하는 것을 정당화하는 데 도움이 되는 평가 방법을 사용한다면, 이는 법에 저촉되는 것이다.

우리는 이 장에서 평가자들이 알아야 하는 몇몇 문제를 다룰 것이다. 연구에 따르면, 가장 사소한 요소들도 채용 결정에 직접적인 영향을 미칠 수 있다. 예를 들어, 여성 지원자의 향수 사용 여부와 사용한 향수의 종류, 지원자의 체구(예: 몸이 단단한 정도나 악력), 지원자의 목소리와 같은 것들이다. 이러한 요소들이 판단에 영향을 미치는 것은 우려스러운 한편, 중요한 심리적 의미가 있다.

예시로, 평정 편향(rating bias)에 영향을 미치는 지원자 속성에 관한 연구 결과가 〈표 2-1〉에 정리되어 있다.

1) 선발에서 매력의 역할

신체적으로 매력적인 사람들이 일터에서 더 유리한가? 매력적인 사람들이 선발되고, 승진하고, 더 높은 연봉을 받을 가능성이 있을까? 신체적 매력이 직장에서 유능한 것보다 더 중요한가? 신체적 매력은 남성보다 여성에게 더 유리한가, 아니면 직무, 선발자의 젠더 혹은 조직의 문화에 따라 달라지는가?

〈표 2-1〉 연구 결과 예시

특성	연구 결과
젠더 편향	• 직무 유형(역할 일치 직무)과 역량에 의해 영향을 받음. 여성 면접관은 남성 면접관보다 종종 더 높은 평가 점수를 줌.
첫인상 효과	• 평정과 판단에 있어 초기 인상은 종종 사실적 정보보다 더 중요함. 채용 결정은 지원자의 과거 결과물에 대한 면접관의 인과적 해석(귀인)과 관련됨.
대조 효과	• 지원자에 대한 면접관의 평가는 이전 지원자의 질이나 특성에 의해 영향을 받음.
비언어적 의사소통	• 아래보다는 정면을 응시하는 지원자는 기민하고, 단호하며, 신뢰할 수 있다고 평정받고, 채용될 가능성이 더 큼. • 눈 맞춤, 머리 움직임, 미소를 많이 보인 지원자가 더 높은 평가를 받음.
신체적 매력도	• 전반적으로 신체적으로 매력적이라는 평정을 받은 사람들은 면접 이후에 더 높은 평정을 받고 합격할 가능성이 훨씬 큼.

실험 연구와 사례 연구들은 '신체적 매력이 직장 내 의사결정에 상당한 영향을 미친다'는 보편화된 주장을 입증한다(Furnham & Swami, 2012; Judge & Cable, 2011; Langlois et al., 2000; Swami et al., 2008). 매력적인 어린이와 성인 모두 지적으로 더 유능하고, 정서적으로 잘 적응하며, 사회적으로 매력적이라고 여겨진다는 연구 결과가 있다. 이처럼 신체적으로 매력적인 사람들은 일상생활에서 다양한 이점을 누린다.

이미 몇몇 조직에서는 '아름다운 것이 좋은 것이다(신체적으로 매력적인 사람을 더 좋아하는 편향)'를 반증하는 결과에 근거하여, 매력도의 가능한 영향을 제거하거나 줄이기 위한 과정 및 절차를 도입하고자 했다. 예를 들어, 일부 기업은 지원서에 사진 붙이는 것을 금지하였고, 또 어떤 기업에서는 선발 위원회의 성비가 균등하도록 하며, 어떤 경우에는 업무 역량을 근거로 평가하는 것을 목표로 하는 구조화된 면접을 통해 매우 엄격한 역량 기반 평가를 시도한다. 이 모든 것은 후광 효과(halo effect)에 취약한 '인상에 좌우되는 평정'을 최소화하기 위한 시도이다.

다음은 이 분야에서 수행된 몇몇 연구 결과를 정리한 것이다(Furnham & Swami, 2012).

- 정치인의 매력도와 관련한 연구에 따르면, '아름다움' 측정에서 1 표준편차가 증가할 때 현직 국회의원이 아닌 후보가 받는 투표수가 20% 증가했다.
- 과체중인 사람들은 우호적이지 않고, 정서적으로 불안정하며, 무능하고, 엉성하며, 성실성이 부족하고 게으른 것으로 평가되었다.

- 남성의 경우, 몸무게가 증가할수록(그러나 평균에서 15~20kg 이상이거나 비만이 되기 전까지) 소득이 증가했지만, 여성은 반대였다. 즉, 여성의 몸무게가 증가할수록 수입이 감소했다. 여성은 몸무게가 증가하면 불이익을 받았으나, 매우 마른 여성이 가장 높은 불이익을 받았다.
- 매력적인 남성은 더 높은 초봉을 받았고, 시간이 지나면서 더 많이 벌었다.
- 매우 능력 있는 사람들은 매력도나 직무와 상관없이 합격했지만, 능력이 부족하지만 매력적인 지원자들은 능력이 부족하고 매력적이지 않은 지원자에 비해 관련 기술을 요구하는 직무에서 더 긍정적으로 평가되었다.
- 키가 더 큰 사람들은 더 매력적이고, 설득적이며, '리더답다'고 판단되었다.

대다수 선발자는 직무를 잘 수행하기 위한 적절한 기술, 적성, 태도, 동기를 가진 사람들을 찾고자 한다. 신체적 매력도가 선발의 준거나 역량으로 여겨지는 일은 거의 없다. 그러나 고객 응대, 극장, 패션이나 미디어 같은 특정 직무, 특히 영업직에서는 신체적 매력이 아주 뚜렷한 이점으로 보일 수 있고, 직무 성과와도 관련이 된다. 따라서 선발 과정에서 이를 고려하는 것이 상당히 합리적이고, 실제로 바람직하다고 주장할 수 있다.

'외모지상주의(lookism)' '얼굴주의(face-ism)' 또는 '비만차별(weightism)'이라고 불리는 차별을 막으려는 조치가 가능할까? 성별, 연령, 인종, 지역에 근거한 직장 내 차별을 방지하기 위한 법이 규정되어 있다. 이는 종종 과학적인 근거보다는 윤리나 이데올로기에 따른다. 어떤 사람들은 신체적으로 매력적이지 않은 사람이 매력적인 동료에 비해 이미 직장에서 더 큰 부담을 지고 있다고 생각하는데, 이 현상은 그야말로 부당하다. 따라서 매력에 기반을 둔 의사결정을 불법화하는 입법 요구가 있다.

이 이슈에는 한 가지 문제점이 있다. 나이와 성별 같은 것들은 객관적인 검증이 가능하지만, 매력에 관한 판단은 매우 주관적이라는 것이다. 보통 평가 척도의 극단에서는 상당한 합의가 이루어지지만, 중간 범위에서는 합의가 덜 이루어진다. 그러나 신체적 매력 판단은 문화마다 다르며, 독특한 상관관계들이 발견된다. 신체적 매력도를 평정할 때 몸과 얼굴(에 대한 평가)을 분리하여 평가하거나 키나 머리색과 같은 매우 구체적인 특징을 고려할 수 있다. 그러나 신체적 특징들을 전반적으로 요약하는 것은 훨씬 더 어려운 일이다. 따라서 매력에 의해 발생한 것으로 추정되는 차별 사례를 옹호하기는 어렵다.

여기에는 이론적·이념적으로 서로 다른 세 가지 입장이 있다.

A. **불공정하고 고정관념적이기에 정당한 개입**: 일부 학자는 '아름다운 것은 좋은 것'이라는 믿음이 불공정하며, 종종 기각되며, 실증적으로도 검증되지 않은 가정이자 고정관념이라고 주장한다. 신체적 매력의 어떤 측면(얼굴 대 몸)이나 속성(예: 키, 머리카락 색)도 직무 성과와 관련된다는 증거는 없으므로, 일터에서 이러한 편향을 감소시키기 위한 몇 가지 조치가 필요하다. 매력과 업무 성과 간의 관련성에 대한 증거는 생물학적 실체이기보다는 사회적 과정에 기인하며, 결국 신체적으로 덜 매력적인 사람들을 불공정하게 차별하는 것으로 끝난다.

B. **진화론적 사실과 현실**: 다른 학자들은 직무 성과와 직접 연관된 심리적 요소 및 과정과 다양한 신체적 속성 간의 관련성을 지지하는 이론적인 근거와 실증적인 증거가 있다고 주장한다. 그런 의미에서 '아름다운 것은 좋은 것'이라는 생각은 고정관념이 아닌 실증적인 사실에 가깝다. 그러므로 직장에서 신체적 매력을 고려하는 것이 현명하다. 이에 반하는 법을 제정하려는 것은 극도로 반생산적일 것이다.

C. **발달관점에서의 연관성**: 신체적 매력은 개인의 성격과 사회적 행동에 영향을 미치는 발달적인 이점을 가진다. 매력이 낮은 사람과 비교했을 때, 매력적인 사람들은 어려서부터 부모, 또래, 선생님 그리고 나중에는 고용주로부터 다른 대우를 받는다. 이로써 그들은 점차 더 자신감 있고, 적극적이며, 뛰어난 사회적 기술을 갖추게 된다. 이러한 특성으로 인해 이들은 직장 생활, 특히 대인 관계 측면에서 더 유능하다. 매력은 일과 관련된 잠재력의 생물학적 지표는 아니지만, 사회적인 지표이다. 또한 사람들은 신체적으로 매력적인 사람을 향한 긍정적인 편향으로 인해 그런 사람을 좋아하고, 신용하며, 결과적으로 그들은 또래, 동료, 고객 또는 의뢰인으로부터 더 많은 도움을 받게 된다.

이는 다른 사람을 공정하고 정확하게 평가하려고 노력하는 누구에게나 매우 복잡하고 어려운 영역이다.

무의식적 편향

잠재적으로 평가 및 선발 분야와 관련성이 크면서, 비교적 새로운 연구 분야가 있다. 그것은 아래의 유명한 수수께끼에 나타나 있다.

아버지와 아들이 차 사고를 당했다. 아버지는 즉사하였고, 아들은 가장 가까운 병원으로 옮겨졌다. 의사가 들어와서 "나는 이 소년을 수술할 수 없습니다"라고 말했다. 간호사는 "왜 못 하시나요?"라고 물었다. 의사는 "이 아이가 나의 아들이기 때문입니다"라고 대답했다. 어떻게 가능할까?

정답: 그 의사가 소년의 엄마이기 때문.

수수께끼에는 무의식적 편향이라는 주제가 담겨 있다. 심리학자들은 오랫동안 사고의 이중 과정(dual process) 이론을 받아들였다.

의식적이고 명제적인 사고: 논리와 정보 획득에 기반을 둔다.
무의식적이고 연상적인 사고: 경험과 관찰을 통해 학습한 자극 간의 관련성에 기반을 둔다.

우리는 살면서 개념 간의 관계에 대한 복잡한 네트워크를 발달시킨다. 따라서 많은 사람이 비즈니스 리더는 남성과, 보육자는 여성과 관련을 짓게 된다.

효율적으로 사고하기 위해 우리는 사고의 상당 부분을 무의식적인 마음에 떠맡긴다. 그러나 우리가 만든 연결들이 외부의 현실과 일치하지 않을 때 문제가 발생하게 된다. 우리가 이러한 부정확한 연결에 기반을 두어 역기능적인 의사결정을 할 때 무의식적 편향이 나타나는 것이다.

잘 알려진 '암묵적 연상 검사(Implicit Association Test)'와 같이 무의식적 편향을 측정하는 검사 도구가 몇 개 있다. 참여자에게 그림과 단어들을 보여 준다. 참여자들은 미리 규정된 개념과 관련하여, 주어진 단어를 범주화하기 위해 A나 B 버튼을 누른다. 예를 들어, 남성과 관련한 단어가 나오면 A 버튼을 누르고, 여성과 관련한 단어가 나오면 B 버튼을 누른다. 특정 단어와 구체적인 개념을 연결할 때 소요되는 반응 시간에서의 차이를 통해 고정관념적 태도와 무의식적 편향을 확인할 수 있다.

우리는 선택과 평가 관련 의사결정에서 편향되거나 (불법적으로) 차별하지 않는다고 믿고 실제로 그렇게 하지 않으려고 노력하지만, 이것을 잘 인식하지 못한다.

편향이나 차별을 정확히 어떻게 처리해야 하는지가 항상 명확한 것은 아니지만, 최근 훈련 과정들이 널리 확산되었다. 그러나 이에 대한 많은 평가는 부정적이었다. Noon (2018)의 결론을 고려해 보자.

'무의식적 편향 훈련'[1]의 최신 유행은 입증되지 않은 가정에 근거한 다양성 개입이며 직장 내 인종차별을 없애는 데 도움이 될 것 같지 않다. 편향에 대해 안다고 해서 관리자와 직원들의 행동이 자동적으로 변화하는 것은 아니다. 비록 '무의식적 편향 훈련'이 행동을 바꿀 수 있는 이론적 잠재력을 가지고 있더라도, 그 효과는 인종차별의 유형(상징적/현대적/색맹적, 회피적 또는 노골적)[2]에 따라 달라질 것이다. 게다가 인종차별주의자로 간주되는 사람들이 행동을 바꾸려는 동기를 갖게 되더라도, 구조적 제약은 다양성을 지지하는 행동을 방해할 수 있다. 심리학에서 영감을 받은 '무의식적 편향 훈련' 지지자는 이러한 유형의 다양성 개입 훈련이 지닌 바람직성과 효과성을 가정하게 된다. 그러나 (사회학적인 영향을 받은) 다양성 관점에서 보면, 훈련이 무의미한 듯 보인다.

(p. 198)

지원자 관점에서 방법의 수용성

개인 또는 조직에 모든 선발 과정은 홍보(Public Relations: PR) 기회이다. 예를 들어, 어떤 조직이 선발 목적으로 게임 또는 바이오 데이터와 같은 새로운 방법을 사용한다는 '소문이 돈다'. 어떤 방법은 더 혹은 덜 정확하고, 공평하고, 차별적이라고 여겨진다.

만약에 어떤 은행의 채용 준거 중 일부러 침이나 혈액 표본을 요구한다면 어떨까? 만약 고용주가 지원자를 점심 식사 자리에 데려가거나 1000자 분량의 전기를 쓰라고 한다면 어떨까?

고용주 관점에서 채용 도구를 선정할 때에는 득과 실이 있다. 가장 주요한 것은 아마

1 무의식적 편향 훈련(Unconscious Bias Training: UBT)은 1970년대 후반과 1980년대 초반에 개발되어, 2000년 이후 조직 내부의 다양성 및 포용 프로그램의 일환으로 많은 조직에서 사용하게 되었다. 특히 2013년 구글을 시작으로 실리콘밸리의 다양한 기업이 이 훈련을 실시하고 있으며, 최근에는 페이스북, 리눅스 재단, 에어비앤비 등이 이 프로그램을 도입하였다. 이 훈련은 온라인 모듈, 워크숍, 토론 그룹 등을 통해 이루어지며, 일반적으로 90분에서 3시간 정도 훈련이 이루어진다. 또한 일회성 훈련이 아닌 지속적인 과정으로 이루어져야 더욱 효과적이라고 알려져 있다. 그러나 Noon(2018)과 같이 이러한 훈련이 오히려 편견과 차별을 강화시킬 수 있다는 비판도 늘고 있으며, 이에 인공지능을 이용하는 등의 더욱 발전된 형태의 프로그램도 개발되고 있다.

2 인종주의(racism)에 대한 연구에서는 상징적(symbolic) 인종주의, 현대적(modern) 인종주의, 미묘한(subtle) 인종주의, 색맹적(colorblind) 인종주의 등의 다양한 유형이 제안되어 왔다.

도 비용(돈과 시간), 타당도 그리고 지원자 관점에서의 수용성(지각된 정확도와 공정성)일 것이다. 이상적으로, 의사결정자는 저렴하고 타당하며 지원자들로부터 좋은 평가를 받는 방법을 원할 것이다. 그러나 득과 실이 있다.

- **저렴하고 타당하지만 수용되지 않는 방법:** 매우 효율적인 방법이지만, 지원자들이 받아들일 가능성이 낮아, 부정적인 평판을 초래할 수 있다.
- **저렴하고 수용되지만 타당하지 않은 방법:** PR 관점을 제외하면 아마도 시간 낭비에 가깝다.
- **비용이 많이 들지만 타당하고 수용되는 방법:** 채용을 진지하게 생각하면 최선의 선택이다. 그러나 타당성과 수용성을 입증하는 방법에 크게 좌우된다.

몇 년에 걸쳐 이 주제에 대한 많은 학술적인 연구가 있었다.

채용 기회로서 좋은 점심시간

점심식사에 초대하는 것이 채용 방법이 될 수 있을까? 실제로 일부 기업에서는 이 방법을 실행하고 있다.

전통적인 딱딱한 사무실 분위기에서 다루기엔 부적절해 보이는 많은 문제를 한 시간 또는 두 시간의 점심 식사 동안에 다룰 수 있다. 지원자의 이전 직장, 존경하는 상사, 혁신적이라고 생각하는 정책, 경력에 가장 큰 영향을 미친 요인 그리고 실제로 업무 시간 외의 활동들에 관해 이야기를 나눌 수 있다. 또한 사람들은 그 시간 동안 내내 가식을 유지할 수 없어서 자신의 진짜 모습을 보이게 된다.

또한 지원자들의 에티켓이나 공손함에 대한 이해 정도도 엿볼 수 있다. 대다수의 경우 채용을 목적으로 하는 식사 자리에서 (주로) 술을 거절하는데, 만약 초대자(면접관)가 "와인 한 잔 더 하고 싶은데, 함께 할래요?"라고 한다면 어떻게 대응하는 것이 좋을까? 숙련된 경영진들은 미러링(mirroring)이 협상 및 일반적인 '친구 맺기'에 얼마나 효과적인지 알고 있다.

또한 점심 식사 동안 지원자가 서빙 직원들과 소통하는 모습을 볼 수 있다. 지원자는 서빙 직원을 '가난하고 배운 것 없는 서민'으로 취급하는가, 아니면 친밀하게 대하는가? 지나친 혹은 부족한 관심에 대해 짜증을 내는가? 식당이 운영되는 방식에 대해 어떻게 생각하는가? 팁을 주는 것에 대해 어떻게 반응하는가?

특이점들은 점심 식사 시간에 드러날 것이다. 음식에 대한 집착(페티시)이 사회적 어려움과 아무 상관이 없다는 주장은 믿기 어렵다. 이런저런 종류의 경직성이 강한 혐오, 편협함, 음식 제한을 통해 드러날 수 있다.

음식을 넘어 건강이나 다른 습관에 대한 이슈를 꺼낼 수도 있다. 이러한 것들은 해외 출장을 많이 가야 하거나, 엔터테인먼트, 판매직이라면 특히 중요한 세부 정보일 수 있다.

점심식사에 드는 시간이나 금전적인 비용은 가치가 있다고 볼 수 있을까? 예를 들어, 완전 채식주의자이자 소송을 일삼는 보복적인 지원자가 '식사 자리에 자신의 식기류를 가져오겠다고 한 것에 대한 (면접관의) 편견' 때문에 면접에서 불합격한 것이라고 확신한다면?

그리고 점심을 먹든 안 먹든 면접은 지원자에게도 (미래의 상사가 될 수도 있는) 면접관을 제대로 파악하는 기회가 된다는 것을 잊지 않아야 한다. 많은 면접관은 오찬 면접을 소화해 내기에는 너무 방어적이고 사회적으로 불안정해 보일 수 있다. 그러니 오찬 면접은 양측 모두 더 많은 정보를 공개할 수 있으며, 이는 좋은 의사결정에 도움이 될 것이다.

그렇다면 채용 담당자는 이러한 '구식' 점심 식사를 통해 피면접자(예컨대, 고위 관리자)의 사회적 및 협상 기술을 훨씬 더 이해할 수 있을까? 아니면 이것 또한 모든 종류의 가정과 편견으로 가득 찬 것일까?

McCarthy 등(2017)은 2000년 이후 출간된 채용 과정에 대한 지원자의 반응을 다룬 145개 연구를 개관했다. 이들의 첫 번째 물음은 '지원자의 반응 연구는 공연한 법석 아닐까?'이다. 이 물음에 대해, 평가 결과로 공정성과 정의(justice), 불안 수준 및 동기를 살펴본 연구는 "지원자 반응은 태도, 의도, 행동에 중요하고 의미 있는 영향을 미친다."(p. 1695)라고 결론을 내렸다. 선발 과정 경험은 지원자가 지각하는 조직의 매력 수준과 해당 직무를 받아들이고 다른 사람에게 추천하고자 하는 의도와 관련된다. 인터넷과 전자 기반 기술이 비용과 차별을 줄이는 데 도움이 되리라 판단한 기업은 새로운 문제에 직면하였다. 연구자들에 따르면 웹사이트의 미학적 요소는 지원자들의 지원 여부에 영향을 미치고, 모든 지원자가 화상회의나 온라인 검사를 선호하지는 않는 것으로 나타났다. 격식을 갖춘 정도, 사용자 친화성, 지원자 통제와 같은 문제들도 중요하다.

지원자들은 새롭게 적용된 선별 기술, 콘텐츠 및 구조 기반 분석 그리고 컨설팅사와 같은 외부업체(CV 선별, CV와 일자리 간의 매칭)에 대해서 잘 알고 있다. 누구나, 언제 어디서나, 감독관 없는 방식으로 검사를 실시하겠다는 기업의 약속은 부정행위와 다양한 반응 왜곡과 같은 모든 종류의 문제를 초래하기 쉽다. 이것은 공정성, 사생활 침해, 정의에 대한 지각으로 빠르게 전환된다.

이 분야의 많은 연구는 선발 비율(수용/거부), 직무 유형, 직무 선호도, 및 사회적 맥락이 부분적으로 지원자들의 반응을 결정짓는다는 것을 보여 주었다. 또한 반응이 측정되는 시기(피드백 전 또는 후)나 지원자가 조직 내부 또는 외부에 있는지도 연구에 따라 다양하다.

또한 문화, 성격, 민족성 및 성별 요인은 주로 정의에 대한 가치, 기대, 인식과 관련되므로, 이러한 요인들도 지원자 반응에 영향을 미친다는 점이 확인되었다. 본질적으로, 사람들은 그들이 평가되는 방식에 대해 인지적(태도적) 반응과 감정적(정서적) 반응을 보이며, 이러한 반응은 조직과 자신에 대한 평가, 채용 제안을 수용/거부할지, 다른 사람을 추천할지의 의도(또한 소송 제기 여부 포함), 그리고 미래의 직무 성과와 같은 다양한 결과에 영향을 미친다.

평가받는 사람들의 반응

앞에서 언급한 바와 같이, 조직들은 인력이 부족한 시기에 특히 평가 및 선발 방법에 대한 지원자들의 반응에 더 관심을 기울인다. 평가 방법이 편파적이고 불공정하거나 부적절하다고 여겨지는 경우, 일부는 언론에 고발하고 심지어 기업의 제품 구매에 대한 보이콧을 옹호하는 것으로 알려져 있다. 일부 인사 담당자는 고위 관리자들이 특정 방식을 거부하는 것에 대해 긴장하고 있다.

일부 조직은 사용하는 평가 기법을 '회사 브랜딩'의 기회로 여긴다. 그들은 조직의 평가 기법이 인재 전쟁에서 조직에 도움이 될 것으로 본다. 지원자들은 면접, 업무 표본 검사 및 평가센터를 선호한다. 반면, 바이오 데이터, 동료 평가, 성격검사를 싫어한다. 평가 방법이 직무와 관련성이 높을수록(예: 시뮬레이션, 면접, 구체적인 능력 검사) 공정한 것으로 평가된다. 지원자들은 자신이 (쉽게) 바꿀 수 없다고 믿는 측면(예: 능력, 성격)으로 평가되는 것을 선호하지 않는다.

Lievens 등(2003)도 유사한 결론에 이르렀다. 이들은 검사의 타당성과 공정성에 대한 면접관들의 믿음이 거의 영향력이 없다는 것을 발견했다. 하지만 검사를 받는 사람들이 검사가 타당하다고 여길수록, 성격과 인지능력 검사가 더 공정하다고 생각했다.

한 유용한 개관 연구에서 Truxillo 등(2004)은 평가 절차의 공정성에 대한 지원자 지각의 '소프트'와 '하드'한[3] 결과를 모두 살펴보았다. 이들은 많은 요소가 공정성에 대한 인

3 Truxillo 등(2004)이 살펴본 평가 절차의 공정성과 결과변인과의 관계를 개관하였다. '소프트'한 결과변인은 조직 만족, 조직 매력 등과 같은 지각 변인(perceptual variables)와 채용 수락 의사, 타인에게 지원을 추천할 의사, 소송 의사 등의 행동 의도를 의미한다. '하드'한 결과는 상대적으로 실질

식에 영향을 미친다고 했다. 여기에는 지원자의 평가에 대한 기대, 선발 과정에 대한 친숙함, 성격, 및 사회경제적 및 국가 문화가 포함된다.

한편, Hausknecht 등(2004)은 네 가지 요인 세트가 지원자의 지각을 예측한다는 것을 발견했다. 각각은 첫째, 지원자의 개인적 특성(업무 및 검사 경험, 나이, 성별 및 성격), 둘째, 지원하는 직무의 성격(예: 얼마나 매력적인지), 셋째, 조직(역사, 자원), 넷째이자 가장 중요한 요인은 프로세스의 결과(프라이버시 침해)였다. 이 모든 요인은 지원자들의 검사 불안과 동기뿐만 아니라 전체 선발 과정의 정당성에 대한 신념에 영향을 미쳤다. 그들이 가장 타당하고 공정하다고 생각하는 기술은 면접과 업무 표본 검사였고 그다음으로 인지능력 검사, 성격검사, 정직성 검사, 바이오 데이터 및 필적학(graphology) 순이었다.

개인정보 보호는 평가에서 중요한 문제이다. 이에 대비하여 조직은 평가자를 교육할 때 평가 절차를 설명하고 선발 공정성의 가능성을 매우 신중하게 고려한다. 일부 조직은 특히 책정액, 능력, 공정성 및 타당성에 대한 피드백을 바탕으로 평가 전략을 수립하기 시작했다.

Furnham과 Chamorro-Premuzic(2010)은 연구 참여자들이 다양한 특질/특성을 측정하는 17개의 평가 방법의 정확성(accuracy)과 공정성(fairness)을 어떻게 지각하는지 연구했다(〈표 2-2〉 참조). 정확성과 공정성 판단에 관한 결과는 유사했고, 참여자들은 약물, 일반 상식, 지능 검사는 가장 정확하지 않고 공정하지 않은 것으로 지각했으며, 패널 면접과 추천서를 가장 공정한 채용 방법으로 여겼다. 정확성 데이터에 대한 요인분석 결과, '검사'와 '면대면 방법'으로 구성된 두 개의 기저 요소들이 발견되었다.

이러한 결과에서 드러난 문제점은 명확하다. 정확성/타당성과 수용성 간에는 부적 관계가 있었다. 그리고 보통 추천서는 유용성이 떨어지고, 지능검사는 매우 정확하다.

시간이 흐르며 새로운 기술들이 등장함에 따라 면접의 수용성과 관련한 문제들도 함께 변화하고 있다. 또한 정보가 확장될수록 잠재적 지원자들은 특정 기술의 사용과 남용을 더 잘 인식하게 되었다.

적인 행동과 관련된 결과(철회 행동, 재지원 등)와 지원자가 고용된 후 조직에 직접적인 영향을 미치는 지각적 결과(조직몰입, 이직의도 등)를 의미한다.

〈표 2-2〉 17가지 평가 방법의 지각된 정확성과 공정성에 대한 평가 점수

정확성: 선발 방법	M	SD
면대면 면접	25.69	8.65
산악/야외 리더십	26.59	9.34
평판조회	27.43	9.34
패널 면접	27.64	8.91
토론	28.62	8.56
구두 발표	30.78	9.11
성격검사	32.93	8.21
전화 면접	33.77	10.94
영상 면접	34.54	10.43
에세이	35.17	10.39
상황 검사	35.54	10.78
평가센터	36.45	10.97
즉석 수업 관련 시험	36.45	10.31
지원서	38.46	12.89
일반 지식 검사	42.60	11.81
지능 검사	44.08	11.11
약물 검사	52.17	15.84
공정성: 선발 방법	**M**	**SD**
면대면 면접	33.28	12.97
산악/야외 리더십	30.66	10.38
평판조회	27.49	12.34
패널 면접	30.18	10.78
토론	30.65	9.84
구두 발표	32.26	11.09
성격검사	35.30	12.03
전화 면접	34.93	11.88
영상	35.37	11.09
에세이	35.89	11.76
상황 검사	38.86	12.63
평가센터	38.74	12.82
즉석 수업 관련 시험	42.04	12.53
지원서	37.42	14.17
일반 지식 검사	42.94	13.99
지능 검사	43.28	12.97
약물 검사	54.08	15.89

참고: 낮은 점수는 높은 정확성과 타당성을 의미함.

1) 정직성 검사에 대한 반응

정직성 검사를 받으라는 요청이 있을 때, 사람들은 어떻게 반응할까? 기분이 상하거나, 모욕을 당했다고 느끼거나 받아들이게 될까? 한 연구에서는 추상적 개념으로서의 정직성 검사에 대한 학생들의 반응을 연구했다(Ryan & Sackett, 1987).

연구자들에 따르면, 다음과 같다.

68%는 고용주가 이러한 검사를 시행하는 것이 적절하다고 생각했다.
10%는 이러한 검사를 받는 것을 거절할 것이라고 했다.
25%는 이러한 검사를 요청받은 것을 즐길 것이라고 했다.
42%는 그러한 유형의 검사는 사생활 침해라고 느꼈다.
46%는 만약 두 개의 비슷한 일자리 제의가 있다면, 그런 검사를 사용하는 회사를 거부하겠다고 말했다.
26%는 이러한 검사를 권유받는 사실에 대해 분개할 것이라고 했다.
59%는 이러한 검사는 때때로 적절한 채용 과정이라고 느꼈다.
33%는 이와 같은 검사를 시행하는 것이 조직에 부정적인 영향을 미친다고 생각했다.
42%는 이러한 검사를 권유받은 것이 자신이 그 조직에 대해 어떻게 생각하는지에 영향을 미치지 않을 것이라고 했다.
56%는 이와 같은 검사는 산업에서 일상적으로 사용된다고 말했다.

Jones(1991)의 직무 지원자에 대한 또 다른 연구에 따르면, 다음과 같다.

90%는 고용주가 이러한 검사를 시행하는 것이 적절하다고 생각했다.
4%는 이러한 검사를 받는 것을 거절할 것이라고 했다.
63%는 이러한 검사를 요청받은 것을 즐길 것이라고 했다.
11%는 그러한 유형의 검사는 사생활 침해라고 느꼈다.
2%는 만약 두 개의 비슷한 일자리 제의가 있다면, 그런 검사를 사용하는 회사를 거부하겠다고 말했다.
3%는 이러한 검사를 권유받는 사실에 대해 분개할 것이라고 했다.

82%는 이러한 검사는 때때로 적절한 채용 과정이라고 느꼈다.

5%는 이와 같은 검사를 시행하는 것이 조직에 부정적인 영향을 미친다고 생각했다.

80%는 이러한 검사를 권유받은 것이 자신이 그 조직에 대해 어떻게 생각하는지에 영향을 미치지 않을 것이라고 했다.

80%는 이와 같은 검사는 산업에서 일상적으로 사용된다고 말했다.

문제는 좋은 의도의 기술과 사적으로 침해하는 감시 기술 간의 차이가 종이 한 장 차이라는 것이다. Zweig과 Webster(2003)에 따르면 구성원이 감시 시스템을 수용하는 것은 유용성과 공정성 지각 및 사생활 침해 여부에 달려 있다. 또한 이러한 요인들은 감시 시스템의 속성과 감시 시스템 사용에 대한 정당화에 따라 달라진다. 연구자들의 주장은 다음과 같다.

> 선의와 침해 간에는 미묘한 균형이 있다. 사람들은 일상생활에서 다른 사람과 주고받을 개인정보의 수준에 대한 기대감을 가진다. 종종, 모두가 존중하는 공통의 기대치가 존재하는데, 이는 그들 간 사회적 상호작용의 지침이 된다. 이러한 기대가 위배될 때, 사람들은 불편함, 당혹감을 느끼거나, 심지어 분노할 수도 있다. 이러한 연구들에 따르면, 인식 시스템(awarness system)이 도입될 때 구성원들은 조직이 기대하는 행동이 무엇인지에 대해 확신하지 못할 수 있다. 즉, 인식 시스템은 이 선을 넘기 때문에 침해하는 것으로 간주된다. 따라서 인식 시스템과 같은 기술에 대한 구성원들의 반응을 설명할 때, 경계 위반(boundary violations)의 개념은 핵심적인 구성개념이 된다. 인식 시스템은 다른 사람과 개인정보를 공유하는 경계를 침범하고, 구성원들이 자신을 표현하는 방식을 통제할 수 있는 능력을 제한하며, 결국 불공정하다고 해석된다. 시스템의 특성을 조작하여 개인을 존중하려는 시도가 있더라도, 심리적 경계에 대한 전반적인 침해는 거부감으로 이어질 수 있다.
>
> (pp. 627–628)

특히 이러한 결과를 다른 검사 결과와 비교하면 흥미롭다. 사람들은 정직성 검사보다 능력이나 성격검사를 완료했을 때 더 기분이 좋을까? 사람들은 단순히 검사를 경계하는가? 많은 사람은 검사가 직무와 관련된다고 받아들이는 경향을 보이며, 심지어 검사가 즐겁다고 생각하는 듯하다.

의심할 여지없이, 사용된 검사의 유형, 그것이 제시되는 방식, 지원자의 검사 경험 그리고 그들의 성격과 가치에 따라 다르게 생각할 수 있다. 연구 결과들은 어떤 극단적인 견해도 옳지 않다는 것을 분명히 보여 준다. 사람들은 검사를 받는다는 생각을 기쁘게 받아들이지도 않고, 모든 검사가 관련성이 떨어진다거나, 부도덕하거나, 불쾌하다고 생각하지도 않는다.

평가 및 선발 산업에 종사하는 사람이라면 누구나 이를 이해할 것이다. 전체주의적 상태이거나 군 징병과 같은 특수한 경우를 제외하면, 평가 방법에 대한 지원자의 신념이나 반응은 그 방법에 대한 그들의 인상과 행동에 모두 영향을 미칠 수 있다.

당신은 어떻게 평가되고 싶은가

사람들로부터 자신이 어떻게 평가되길 바라는지를 조사한다면, 우리는 그로 인해 어떤 통찰을 얻을 수 있을까? 고등교육 내 평가와 심사에 대한 학생들의 지각에 대한 광범위한 문헌이 있고 계속 늘고 있다.

몇몇 연구자는 동료평가의 활용가능성을 조사했다. Struyven, Dochy와 Janssens(2005)는 이 주제를 다룬 35개 주요한 연구를 개관했다. 이들의 결론에 따르면, 학생들의 학습에 대한 접근은 평가 선호와 분명하고 논리적인 상관관계를 보였고, 평가 방법과 학생들의 학습 접근은 상호 영향을 미쳤다. 평가 방법에 대한 학생들의 선호에 관한 다양한 연구가 이미 수행되었다(Chamorro-Premuzic et al., 2005; Furnham & Chamorro-Premuzic, 2005; Furnham et al., 2008, 2011).

이 연구들은 일관된 결과를 제시했다. 학생들은 객관식 문제(Multiple Choice Questionnaire: MCQ)와 연속 평가를 가장 선호했고, 구술 시험, 집단 작업, 졸업 논문을 가장 선호하지 않았다. 시험과 수행평가의 장단점을 고려한다면, 평가 방법이 시험에서 고등교육 내 평가로 전환될 때 발생하는 결과에 관한 관심이 높아지는 것은 당연하다. 특히 평가 방법에 따라 학생들의 성과가 달라진다는 증거가 존재하기 때문에 그러하다. 그러나 기존 연구에서는 개인차 구성개념(특히 성격 특성)이 평가 방법 선호도와 성과에서 나타나는 가변성을 설명할 수 있는지 여부와 그 방법을 조사한 바가 거의 없다.

몇몇 연구에서 Furnham과 동료들은 학생들에게 〈표 2-3〉에 나온 질문지를 배포하였다.

〈표 2-3〉 자신이 어떻게 평가받고 싶은지에 대한 선호 평정

아래에 나열된 학교에서의 일곱 가지 평가 방법 각각에 대해 당신이 얼마나 선호하는지를 평가해 주세요(당신이 느끼기에 각 방법이 얼마나 공정해 보이는지를 고려해도 됩니다).

평가 방법	평점
객관식 시험	1 2 3 4 5
논술형(예: 2시간 동안 2개 문제에 응답하기)	1 2 3 4 5
졸업학기 학위논문 (예: 지도받는 논문, 4개월짜리 연구 프로젝트)	1 2 3 4 5
구술 시험	1 2 3 4 5
연속 평가(예: 수업 중 참여도, 출석, 수업 활동)	1 2 3 4 5
집단 작업(팀 과제, 집단 내 모든 구성원이 동일한 점수를 받는 평가)	1 2 3 4 5

피드백 수용하기

70년간 심리학자들은 바넘 효과(Barnum effect) 문제를 연구해 왔다. Phineas T Barnum은 '매 순간 바보(sucker)가 태어난다'라고 하면서, '누구나 만족할 만한 소소한 무언가'를 제시하는 것이 핵심이라고 했다.

성격검사 과정은 타당하거나 모호하다. 따라서 어떤 검사를 통해 도출되었는지에 따라 성격 피드백은 보편적으로 타당하거나 그저 사소할 수 있다. 이때 바넘 효과는 사람들이 이러한 성격 피드백을 자신에 대한 피드백으로 받아들이는 현상을 말한다. 사람들은 개인적 타당화 오류(fallacy of personal validation)에 빠지곤 한다. 개인적 타당화의 오류란 사람들이 일반적인 설명, 즉 거의 모든 사람에게 적용되는 진부한 거짓 설명을 마치 자신에게만 진실한 것으로 받아들이는 것을 뜻한다.

이 점을 설명하기 위한 심리학 연구 하나를 살펴보자. 70여 년 전에 Stagner(1948)는 인사 관리자들을 대상으로 잘 설계된 성격검사를 실시하였다. 연구자는 그들에게 실제 결과지 대신에 점성술, 필적학, 포춘 쿠키 등에서 구한 13개의 진술문 형태로 가짜 피드백(바넘문)을 모두에게 똑같이 주었다.

그런 다음 각 관리자는 '과학적' 검사에서 도출된 것으로 믿고 있는 피드백들을 읽고, 피드백 속 각 문장을 성격 평가가 얼마나 정확한지 다음 척도로 평가했다. ⓐ 놀라울 정도로 정확하다. ⓑ 꽤 정확하다. ⓒ 절반 정도 정확하다. ⓓ 옳은 것보다 잘못된 것이 더 많다. ⓔ 거의 완전히 틀렸다. 절반 이상이 자신의 프로필이 놀랍도록 정확한 설명이라

고 느꼈지만, 40%는 꽤 정확하다고 생각했다. 거의 아무도 그 피드백이 아주 잘못되었다고 여기지 않았다.

고전적인 바넘문은 다음과 같다.

1. 당신에게는 다른 사람들이 당신을 좋아하고 존경하길 바라는 욕구가 있습니다.
2. 당신은 자신을 비판하는 경향이 있습니다.
3. 당신에게는 아직 발휘되지 않은 장점, 즉 아직 사용하지 못한 능력이 많습니다.
4. 당신에게는 성격상의 약점이 있지만, 당신은 대부분 그것을 보완할 수 있습니다.
5. 당신은 성 적응(sexual adjustment)으로 인해 문제를 겪었습니다.
6. 당신은 겉으로는 절제되고 자제력이 있지만, 속으로는 걱정하고 불안해하는 경향을 가지고 있습니다.
7. 때때로 당신은 자신이 올바른 결정을 했는지, 아니면 옳은 일을 했는지에 대해 진지하게 의심합니다.
8. 당신은 어느 정도의 변화와 다양성을 선호하고, 제약과 한계에 사로잡히면 불만을 가집니다.
9. 당신은 독립적인 사상가라고 자부하며, 만족할 만한 증거가 없다면 다른 사람의 말을 받아들이지 않습니다.
10. 당신은 다른 사람들에게 자신을 지나치게 솔직하게 드러내는 것이 현명하지 못하다는 것을 알고 있습니다.
11. 당신은 때로는 외향적이고, 상냥하고, 사교적이지만, 어떤 때는 내성적이고, 조심스럽고, 말이 별로 없습니다.
12. 당신의 포부 중 일부는 꽤 비현실적인 경향이 있습니다.
13. 안전(security)은 당신의 삶의 주요 목표 중 하나입니다.

사람들은 긍정적인 것에 대해 강한 애호를 가진다. Furnham(1990)이 언급한 바와 같이 많은 연구자는 동일한 결과를 보여 주었다.

프랑스의 한 심리학자는 점성술 서비스를 제공하겠다며 여러 신문에 광고했고, 수백 명이 해당 서비스를 요청해 왔다. 그는 그들의 요청에 대한 답장으로 동일한 '별점'의 사본을 보냈다. 잘 속는 200명 이상의 고객들이 실제로 그 내용의 정확성과 지각력을 칭찬하는 답장을 보내 왔다.

또 다른 호주의 한 교수는 정기적으로 1학년 수강생들에게 꿈을 솔직하게 적어달라고 하거나, 잉크 얼룩에서 무엇이 보이는지 자세히 설명해 달라고 요청했다 (과제는 더 신비할수록 좋다). 일주일 후 그는 앞서 제시된 13개의 진술문을 제공했다. 연구 참여자들은 검사에 대한 자신의 생각을 공개적으로 발표하면서 피드백이 공개되었다. 쉽게 속았다는 사실로 느낀 굴욕은 강력한 학습 경험이 되었다.

바넘 효과에 관한 연구는 가짜 피드백에 대한 믿음은 몇 가지 중요한 요인에 의해 영향을 받음을 보여 주었다. 요인의 예로는 고객/지원자 및 컨설턴트/의사결정자(성격, 순진함 등), 검사 및 피드백 상황 자체의 속성이 있다. 물론 일반적으로 순진하거나 속기 쉬운 사람들이 이러한 효과에 취약하지만, 여성이 남성보다 더 취약하지는 않았다. 그러나 컨설턴트의 지위나 명성은 그다지 중요하지 않았다. 이는 이 분야에서 활동하는 가짜 전문가에게는 희소식일 것이다.

그러나 몇 개의 변인은 중요하다. 가장 중요한 것 중 하나는, 요구된 정보의 구체성 지각이다. 질문이 더 상세할수록 더 좋다. 예를 들어, 당신은 점성술사에게 출생 시간, 날짜, 장소에 대한 정보를 구체적으로 제공해야 한다. 미국인 연구자가 수행한 한 연구에서 연구자는 모든 연구 참가자에게 동일한 별점을 제공했고, 해당 풀이(예: 별점)가 본인의 '생년월일'에 의거한다고 안내받은 참가자들은 풀이가 '생년월일'에만 의거한다고 믿었던 다른 참가자들에 비해 그 풀이가 더 정확하다고 믿었다. 연구들에서 반복적으로 지지된 바에 따르면, 사람들은 자신과 관련된다고 생각하는 일반적인 진술문을 받고 나면 성격 피드백 도출 절차와 진단 전문가를 더 크게 신뢰한다. 고객의 만족도는 진단 전문가가 고객을 다른 사람들과 얼마나 잘 구별했는지와는 관련이 없다. 대신, 고객의 관점에서 진단 전문가가 자신에게 특별하다고 믿는 정도에 전적으로 의존한다.

둘째, 모든 사람이 칭찬을 갈구하고 비판을 꺼려 하므로 피드백은 반드시 호의적이어야 한다는 것은 착각이라는 점이다. 다시 말해, 피드백은 전적으로 긍정적일 필요가 없다. 만약 피드백이 전반적으로 긍정적이지만 약간 부정적인 코멘트(이 자체가 칭찬일 수도 있음)를 포함한다면, 사람들은 그 피드백을 믿을 것이다.

사람들은 피드백이 개인별 맞춤형일지라도 부정적인 버전이라면 이를 쉽게 받아들이지 않는다. 이는 또 다른 원칙인 '폴리아나 원리(Pollyanna principle)'를 확인시켜 준다. 폴리아나 원리란 부정적인 단어나 피드백에 비해 긍정적인 단어나 피드백을 더 빈번하게, 다양하게, 수월하게 사용하고 수용한다는 범문화적인 경향성을 뜻한다. 한 연구에 따르면, 쉽게 수용되는 풀이에는 비우호적인 문장에 비해 5배 이상의 우호적인 문장이 포함되어 있고, 거의 수용되지 않는 풀이에는 두 배 정도의 비우호적인 문장들이 포함되어 있었다.

따라서 점성술과 필적학이 인기를 얻기 위해서는 피드백이 구체적인 정보에 근거해야 한다(점성술에서는 태어난 시간과 장소, 필적학에서는 글자의 경사와 크기, 글자의 정확성, 'i'의 점 찍는 방법과 't'의 교차 지점, 고리의 사용 등). 피드백은 거의 항상 우호적이다. 그리고 점술가, 필적학 전문가 또는 점쟁이를 찾아가는 사람들은 종종 불안한 (걱정이 많거나, 우울하거나, 불안정한) 사람들이며, 이들은 자신과 미래에 대한 객관적이고 긍정적인 정보에 특히 더 예민하다. 따라서 피드백의 유형과 고객의 성향에 따라 수용가능성을 크게 높일 수 있다.

만약 일반적인 기술문이 사실인 것처럼 보인다면(그리고 아마도 그렇다면), 사람들은 종종 더 많은 정보가 주어진 상황에서 그것이 더욱 참이어야 한다고 결론짓는다. 또한 이 과정은 다음 두 가지 이유로 시간이 지남에 따라 강화된다. 첫째, 사람들은 자신에 대한 부정적인 것보다 긍정적인 사건들을 선택적으로 더 많이 기억하기 때문에 그 피드백을 기억할 가능성이 크다. 둘째, 사람들은 이러한 상담에 대한 비용을 지불해야 하기 때문에 자신의 결정을 합리화해야 한다.

또 다른 유인 요소들이 있다. 먼저, 이러한 피드백은 자신에 대한 유용하고 '매혹적인' 정보를 줄 뿐만 아니라, 미래를 예측한다고 주장하기 때문에, 무슨 일이 일어날지 몰라서 발생하는 불안과 불확실성을 줄여 준다. 게다가 다른 형태의 (심리학적) 치료법들은 심리적인 작업이나 행동 변화를 요구하지만, 이 피드백은 변화를 위한 노력을 거의 요구하지 않는다.

물론 자기충족적 예언(self-fulfilling prophecy)의 역할도 있다. 만약 누군가가 '처녀자리인 당신은 특히 정직하다'라는 말을 듣는다면, 사소한 것(버스표를 떨어뜨렸다는 것을 알리거나 여분의 거스름돈을 돌려주는 일)일지라도 행동 확증의 사례를 생각해 내고 선택적으로 기억하도록 할 수 있다. 자기충족적 예언은 개념적 및 행동적 기반 모두에서 작동될 수 있다. 따라서 처녀자리의 사람들은 자기개념에 '정직'의 특성을 포함하게 되고, 실제로는 더 정직하게 행동할 수도 있다. 이러한 방식으로 필적학과 점성술의 예측은 자기충족적으로 실현될 수 있다. 왜냐하면 예측을 받아들임으로써 부분적으로 우리의 행동도 적절하게 변화하기 때문이다!

차별과 공정성

업계에 있는 사람이라면 누구라도 다른 무엇보다도 채용 방법이나 과정에서 불법이거나 (불법일 소지가 있거나), 부도덕하거나, 현명하지 못한 차별을 우려하고 두려워한다. 일부 인사 관리자는 매우 타당하더라도 대규모의 부정적 반응을 일으킬 만한 방법이 있다면, 법정 소송에 드는 비용과 기업 홍보에 미치는 매우 부정적인 영향을 근거로 이를 사용하지 않는다.

문제는 채용이란 이미 오래된 의미의 차별이라는 점이다. 당신은 특정 제품을 구배한 사람들이 좋은 제품과 나쁜 제품을 구분하고 그 판단에 따라 행동할 수 있는 '취향과 안목'이 있는 사람이라고 강조하는 광고를 본 적이 있을 것이다.

그러나 이제 차별이란 단어는 거의 범문화적으로 부정적인 함의를 지니게 되었다. 다음은 위키피디아에서 찾을 수 있는 내용이다.

> **차별**이란 타인의 소속 집단[4], 계급, 범주에 따라 비우호적인 구분을 하는 행위이다. 차별은 정당화되기도 하고 해롭기도 하다. 중범죄자 중 일부는 차별로 인해 금고형에 처해지기도 한다. 또한 다른 집단에 속했다는 이유로 사람들은 편향과 편견에 의해 부당하게 차별당하기도 한다. 사람들은 나이, 카스트(사회적 계급), 범죄 경력, 키, 장애, 가족 상태, 젠더 정체성, 젠더 표현, 세대, 유전적 특성, 혼인 상태, 국적, 피부색, 인종과 민족, 종교, 성별과 성별 특성, 성적 지향, 사회적 계급, 종 및 기타 범주에 따라 차별할 수 있다. 차별은 특정 집단이나 사회적 범주에 대한 개인이나 집단의 실제 또는 지각된 멤버십에 기초하여 '사람들이 일반적으로 대우받는 방식보다 더 나쁜 방식으로' 대우하는 것으로 구성된다. 차별은 집단의 초기 반응이나 상호작용을 포함하는데, 이는 리더나 집단을 향한 개인의 실제 행동에 영향을 미친다. 한 집단의 구성원들은 다른 집단에 허락된 기회나 특권을 온전히 누리지 못하고, 결과적으로 비논리적이거나 비합리적인 결정에 따라 배제당한다.

지능 검사는 성, 민족 또는 사회적 계급에 대한 차별을 초래하는 것으로 알려진 지능 검사 사용에 대한 반감을 부분적으로 설명해 준다. 차별이 만연한 일부 사회에서는 차별적인 관행들을 변화시키려고 계속 노력한다. 구인 광고가 차별적일 수 있다고 주장하는 연구들이 있다.

---

4 실제 소속된 것과 무관하게 관찰자 관점에서 상대가 소속되었다고 지각하는 것도 포함.

구인 광고에 나타나는 특정 젠더를 지향하는 표현

다음 구인 광고에서 대안적인 표현을 고려해 보십시오.

직무 책임은 a) 회사에 보완적인 방식으로 프로젝트 팀에 전반적인 지원을 제공하고, 관련 활동에서 고객을 돕는 것, b) 프로젝트 팀을 지휘하여 프로젝트 프로세스를 관리하고, 과제를 정확하게 통제하며, 고객의 목적을 준수하는 것이다.

또는 a) 대인 간 기술과 비즈니스에 대한 이해를 발전시키는 것, b) 리더십 기술과 비즈니스 프로세스를 발전시키는 것이다.

또는 a) 적절한 처치와 지원을 결정하기 위해 환자의 증상을 고려하는 것, b) 적절한 개입을 결정하기 위해 환자의 증상을 분석하는 것이다.

자격은 또 어떨까? 다음 표현 간에는 어떤 차이가 있는가? a) 유쾌한 태도, 신뢰할 수 있는 판단과 세부사항에 대한 집중도, b) 자신감 있는 태도, 결단력 있는 판단과 세부사항 지향성이다. 또는 a) 탁월한 의사소통 기술과 함께 쾌활함을 보이며, 최소한의 감독하에서 일할 수 있는 능력, b) 강력한 의사소통 기술과 독립적으로 일할 수 있는 능력이다.

이러한 직무를 수행하기 위한 자격으로 a)와 b) 간에 큰 차이가 있다고 볼 수 있을까? 당신은 b)의 명확성과 단순명쾌함을 a)보다 선호하는가? 아니면 당신은 a)와 같이 기술된 직무에 더 끌리는가?

Gaucher 등(2011)의 주장에 따르면, "남성이 주도하는 직무에서 여성을 배제하여 젠더 불공정성을 유지하기 위한 교묘한 메커니즘으로, 젠더 특징이 반영된 표현이 구인 공고에 출현할 수 있다."(p. 111) 이 말은 곧 당신이 구인 광고에 남성적인 혹은 여성적인 단어를 사용하기로 선택할 수 있다는 것이다. 남성적 단어는 '공격적인' '야심 찬' '분석적' '설득적' '자율적'과 같은 것들이다. 그뿐만 아니라 '도전' '경쟁' '자신감' '용기' '주도적' '결정' '결단력'과 s로 시작하는 단어들, 즉 '우월한(superior)' '자신감 있는(self-confident)' '자립적인(self-reliant)'도 마찬가지이다.

반대로 '헌신하는' '융화적' '인정 있는' '연결된' '배려하는' '협력하는'과 같은 여성적 단어들도 고려해 보자. 다음 s로 시작하는 단어도 마찬가지이다. '예민한(sensitive)' '순종적인(submissive)' '지지적인(supportive)' '공감하는(sympathetic)' 등이다. l로 시작하는 남성적 단어는 '이끄는(lead)'과 '논리(logic)'인 반면, 여성적 단어는 '충성스러운(loyal)'이다. i로 시작하는 남성적 단어는 '독립적인(independent)' '개인적인(individual)' '지적인(intellect)'이며, 여성적인 i 단어는 '대인 간(interpersonal)'과 '상호의존적인(interdependent)'이다. 느낌이 오는가?

연구자들이 수행한 작업은 다음과 같다. 이들은 체계적으로 직무 기술서를 전형적으로 남성이 주도하는, 여성이 주도하는, 또는 중립적인 직무로 나누고, 학생들에게 개인적으로 각 직무 기술서가 얼마나 매력적이라고 여겨지는지, 해당 직무의 남성 대 여성 비율이 어떨것이라고 생각하는지, 그리고 만약에 취직할 수 있다면, 해당 직무가 얼마나 잘 맞을 것 같은지 평정하도록 했다.

연구 결과, 직무와 상관없이 단어들의 범주가 자신의 젠더와 일치했을 때 학생들은 해당 직무 기술서를 더 매력적이라고 느꼈는데, 그 효과는 남성보다 여성에게 더 강하게 나타났다. 결론은 "젠더 특징을 반영한 표현은 해당 젠더 집단에 소속되거나 소속되지 않은 사람들에게 신호를 주고, 이는 해당 직무를 수행하기 위해 개인적으로 기술을 갖췄다고 지각하는지와 관련 없이 부분적으로 직무 매력도에 영향을 미쳤다."(p. 119)

이러한 이슈와 관련하여 다양한 조직과 사회는 규칙을 가지고 있다. 영국심리학회의 조언을 참고하라(British Psychological Society: BPS, 2017).

> 2010년 평등법: 이 법은 부당한 처우로부터 사람들을 보호하고, 나이, 장애, 젠더 전환, 혼인과 법적 동반자 관계(civil partnership), 임신과 출산, 인종, 종교와 신념, 성별 그리고 성적 지향과 같은 아홉 가지 보호 특성에 대한 차별을 방지하고 평등을 촉진하기 위함이다. 심리학자에게 존중이란 핵심적인 윤리적 가치이며, 기회의 평등에 대한 헌신은 심리학적 관행의 모든 측면에 내재되어 있다. 조직 맥락에서 활동하는 심리학자들은 고객 집단들을 위한 서비스와 모집 및 기타 고용 관행과 관련된 모든 사고와 관행에 기회의 평등이 포함되도록 다른 사람들을 장려하고 영향을 미치도록 노력해야 한다.
>
> 또한 공공 서비스 제공자들은 평등법에 따라 장애가 있는 사람들을 위해 합리적인 조정을 해야 한다. 이 요구 사항은 예상 요건이므로, 서비스 이용 시 장애인이 경험하는 장벽을 고려하고 합리적인 수준에서 조정할 필요가 있다.

이후 다음과 같은 내용도 등장한다.

반성적 실천(refelctive practice): 심리학자들이 반드시 독려해야 할 핵심적인 과정 중 하나는 타인과 함께하는 장면에서 자기(self)에 대한 복잡한 이해를 발전시키는 것이다. 보건돌봄전문협의회(Health and Care Professions Council: HCPC)는 등록을 유지하기 위해 평생 전문성 개발 기록의 반영을 요구한다. 심리학자들은 고객의 삶에 지대한 영향을 미칠 만한 의사결정을 내려야 한다. 의사결정은 종종 서로 경쟁하는 여러 편향의 영향을 받는다. 심리학자들은 전문적인 지식, 기술 또는 경험에 따르지 않는 고려사항에도 영향을 받을 수 있다는 점을 인식할 필요가 있다. 딜레마를 해결할 때, 이러한 편향에 대한 인식을 유지하는 것은 중요하다.

영향과 편향의 출처는 다음을 포함한다.

- **인지적 편향**: 현저성(어떤 것이 얼마나 손쉽게 머리에 떠오르는지), 확증 편향(자신의 신념을 확증하는 증거를 찾고 그 외의 증거를 무시하는 경향성), 손실 회피 편향(손실을 피하기 위한 위험한 행동), 자기 노출에 대한 신념(자신의 행동이 타인들에게 드러난다고 믿을 때 더 솔직해지는 경향성), 부조화 감소(결과가 가치 있다고 생각하여 행동을 정당화하기)를 포함하는 150개 이상이 기술되어 있다.
- **개인적인 경험**: 심리학자의 개인적인 경험은 어떻게 고객 또는 상황을 바라보고 대우하는지에 영향을 미친다. 개인적인 경험에는 현재 또는 과거의 트라우마, 또는 가장 친숙한 조직 및 문화의 유형이 포함된다. 하나의 장면에서 적절하다고 여겨지는 개입은 다른 사람에게는 효과적이지 않을 수 있고 고통을 줄 수 있다.
- **동기**: 피로나 업무상의 경험으로 인해 직업을 가진 본래의 이유가 변화되거나 도전을 받을 수 있으며, 이는 심리학자의 관점에 영향을 미칠 수 있다.
- **건강**: 심리학자들은 건강 상태 또는 복용하는 약이 자신의 실무에 미치는 잠재적 효과를 염두에 둘 필요가 있다.
- **심리학자 자신의 실무에 대한 통제**: 이는 심리학자가 자신의 사업을 관리하고 고객과의 상호작용에서 전문성의 자율성을 유지하는 데 있어서의 명료성과 개방성을 일컫는다.
- **무상의 공공사업**: 심리학자들은 공공사업에 무상으로 참여하는 것이 장려되고, 개인적으로 동기부여되지만, 무상의 공공사업이 직업적인 가치에 미치는 영향을 고려해야 한다.
- **비윤리적 환경**: 상황의 영향이나 유행에 관계없이, 적절한 윤리적 기준이 무엇인지에 대한 자기인식을 유지해야 한다.
- **환경**: 정치적 현실은 심리학자가 타협을 하도록 이끌 수 있다. 타협에는 아무런 문제가 없지만, 지속적인 타협은 전반적인 원칙이나 기준의 감소를 의미할 수 있다.

기존 연구들은 실무자가 이러한 일부 편향을 극복하는 능력에 대해 비관적이다. 편향은 사람의 사고 패턴에 깊숙이 내재되어 있기 때문이다. 편향을 인식하고 인정함으로써 편향의 영향을 관리할 수 있다. 예를 들어, 다른 방식으로 정보를 제시하거나, 경험이나 기대가 다른 사람들의 관점을 끌어들이거나, (현재의 문제와는) 다른 예시로 점화(priming)하면 편향을 평준화할 수 있다.

이러한 기술을 개발하고 유지할 때 핵심적인 요인은 자문(consultation)이나 슈퍼비전을 받는 것과 자신을 계속 계발하기 위해 타인과 공감할 수 있는 공간을 가지는 것이다.

자신의 웰빙을 보살피는 것은 모든 분야의 심리학자에게 중요하다. 이는 개인적으로도 중요할 뿐만 아니라 그들이 고객에게 제공하는 돌봄의 질과도 관련이 된다. 예를 들어, 평생 전문성 개발(CPD) 계획과 수퍼비전에서, 심리학자들은 자기 돌봄과 스스로의 웰빙을 유지할 수 있는 방법을 고려해야 한다.

또한 심리학자들은 고객의 피드백을 받아들여 자신의 실무효과성을 평가해야 한다. 이것은 비판에 대한 두려움 때문에 어려울 수 있다. 그러나 성찰하는 실무자들은 개선하고자 하는 열의를 가지고, 이 과정에 도움이 되는 어떤 피드백이라도 달게 받아들인다.

이러한 이슈들에 직면하고자 노력한 여러 조직의 사례들이 있다. 문제는 적법성뿐만 아니라 전반적 공정성이다.

남아프리카 산업 및 조직심리학회(2005)는 '직장 내 검사 과정의 사용과 타당성에 대한 설명지침'이란 제목의 문서를 발표했다. 이들은 공정성의 네 가지 정의를 제시하였다.

① 첫째, 공정성이란 모든 집단에 대해 동등한 결과(평가받은 다양한 집단에 걸쳐 동일한 합격률)를 의미한다는 견해가 있다. 이 정의는 검사에 관여하는 모든 전문가에 의해 기각되었다.
② 둘째 의미는 검사 도구에 대한 접근, 검사 진행 조건, 시간 제한 등에 있어 모든 집단에 공평한 처치(equitable treatment)를 하는 것이다. 여기에는 신체적인 장애가 있는 사람들의 필요에 맞춰 조건을 조정하는 것과 같은 합리적인 편의(reasonable accommodation) 개념을 포함한다.
③ 셋째 의미는 참여자들이 앞으로 있을 평가에 영향을 미칠 수 있는 상황을 경험으로 학습할 동등한 기회를 가지는 것이다. 이는 교육 장면에서 특히 당연하다. 왜냐하면, 특정 내용을 배운 적 없는 사람이 그것을 배운 사람만큼 검사에서 잘 수행하리라 기대할 수 없기 때문이다. Schmidt(1988)는 이를 시작 전(pre-market) 차별이라 일컬었다.
④ 넷째 의미는 예측 편향의 부재, 즉 어떤 집단에 속했는지와는 별개로 검사가 동일한 의미(미래의 행동 측면에서)를 가지는지이다. 회귀 모형과 공정성 확보를 위한 다음의 접근들은 모두 공정성의 네 번째 정의에 따른다.

Moerdyk(2016)은 〈표 2-4〉의 공정성 모형에 주목하였다.
Moerdyk(2016)은 검사에서 공정성을 확보하기 위한 여러 접근들을 살펴보았다.

① **아무 것도 하지 않기:** 차이는 자연스럽고 피할 수 없는 것이다. 서로 다른 배경과 경험으로 인해 사람들이나 그들로 구성된 집단은 성격, 동기, 능력 측면에서 차이를 보인다. 이것이 인생의 진리라는 것을 받아들이는 것 외에는 우리가 할 수 있는 것이

거의 없다. 어떤 문화에서는 이 해결책을 더 선호하지만 다른 문화에서는 이 기본 전제를 수용하지 않을 수 있다.

② **집단 간 차별을 일으키는 모든 검사 문항을 제거하기**: 평가 과정의 어떤 요소가 이러한 차이를 설명하는지 찾아내야 하며, 그것을 제거해야 한다. 예를 들어, 우리는 남성이 여성보다 시각-공간 검사에서 더 높은 수행을 보인다는 것을 알기 때문에 IQ 검사 배터리에서 이러한 문항들을 모두 제거해야 한다.

③ **독립적인 검사 사용하기**: 서로 다른 검사들은 각기 다른 집단을 위해 고안되고 표준화되었으며, 사람들은 소속 집단 내에서만 서로 비교된다. 따라서 '재능 있는' 사람은 오직 그가 속한 집단 내에서 호의적으로 비교 평가된 것이다.

④ **동일한 검사를 사용하되, 서로 다른 규준(norm)을 적용하기**: 이 접근은 개인을 대상으로 단일검사(또는 평가 배터리)를 시행하지만, 결과를 해석하기 위해 각기 다른 규준을 사용한다. 이 방법은 몇몇 국가에서는 불법이다.

⑤ **동일한 검사와 동일한 규준 사용하기**: 이 접근은 법적으로, 도의적으로 어떤 집단도 차별하지 않으며, 여전히 직장 내 유용한 정보를 제공하는 '공정한' 검사를 개발하고자 하는 것이다.

Moerdyk은 실무에서 공정성을 확보하기 위한 다섯 가지 방법도 언급했다.

① **평가하지 마라**: 누군가는 이것이 패배주의적이고 현명하지 않다고 주장할 것이다. 사실 사람들은 온갖 종류의 준거에 대해 매일 평가받는다. 결국 공정하고 정확한 방법을 찾는 것이 관건이다.

② **오직 면접만을 시행하라**: 이는 흔한 해결책이지만 문제점이 있다. 면접은 지루하고, 비용이 많이 들며, 시간이 소요되는 과정이고, 종종 매우 낮은 타당도를 보인다. 사실, 비구조화된 면접은 아주 미묘한 형태의 편견들을 가져오는 것으로 알려져 있다.

③ **직장 내, 그리고 직장 밖에서의 관찰**: 특정 상황(실제 상황의 표본 또는 어떤 종류의 시뮬레이션)에 처하게 하고, 그 상황에서 어떻게 수행하는지를 관찰한다. 이는 일종의 '직무 시연'이지만 어떤 이유로든지 이러한 과제에 더 많이 노출되었던 집단에게는 편향적일 수 있다.

〈표 2-4〉 공정성 모델들의 요약

모형	방법	근거	소수집단에 미치는 영향	조직에 미치는 영향
검사 없음	'먼저 온 사람에게 먼저 기회를 주는 방식'으로 선발	평가 방법은 불공정하므로, 지원자들은 시간의 흐름에 따라 자신의 능력을 드러낸다.	소수집단 구성원의 수가 최대화됨. 그러나 높은 실패율을 보인다.	실패하는 경우가 많아서 조직에 비용적 손실이 크므로 투자를 받기 어렵다.
비제한적 개인주의	단일 규준을 적용하여 하향식으로 선발	평가 방법은 모든 집단에 동일하게 타당하기에, 점수는 곧 가치를 반영한다.	소수집단 구성원이 상대적으로 적게 선발된다.	좋은 성과를 이루나, 고용 형평성 목표를 성취하기에는 좋지 않다.
제한적 개인주의	집단 멤버십(인종, 성별, 언어 등)을 고려	독립적인 하향식 선발을 하기 위해 독립적인 규준과 교정 요인이 사용된다.	소수집단을 잘 대표하고 있다.	더 목표 성취 수준이 낮지만, 더 수월하게 고용 형평성 목표를 충족시킨다.
클리어리(Cleary) 회귀 모형	공정성을 표시하고 가장 높은 준거 점수를 산출하기 위해 회귀선 사용: 그에 따라 사람들을 선발	예측된 준거 점수가 가장 높은 사람이 선발되므로 공정한 방법이다.	소수집단을 잘 대표하고 있다.	더 낮은 목표 성취
할당량 시스템	소수집단 출신에 대한 할당은 전체 인구에서 소수집단이 차지하는 비율에 따름 (혹은 4/5만큼)	잠재력은 모든 집단에 고루 분산되어 있으므로 (심적 통일성), 모든 집단은 비례적으로 대표되어야 한다.	소수집단을 잘 대표하고 있다.	더 낮은 목표 성취

④ **독립적인 (서로 다른) 평가 과정**: 이는 실제로 비교 가능한 여러 집단에 대한 별도의 평가 절차(예: 검사)를 개발하는 것이다. 이는 서로 비슷하게 보일 수도, 그렇지 않을 수도 있지만 검사점수가 실제로 신뢰도 및 타당도 측면에서 비교될 수 있다는 것을 보여 주기 위해서는 상당한 연구가 요구된다.

⑤ **동일한 측정, 다른 규준**: 과거에 많이 사용되었던(많은 다문화 사회에서 널리 사용되고 있는) 또 다른 접근은 하나의 평가 측정 세트를 사용하되, 문화적 집단마다 서로 다른 독립적인 규준을 만드는 것이다.

평가에서 윤리, 공정성, 합법성의 개념은 매우 어렵다. 미국의 서적들에는 차별을 주장하는 사람들의 법정 사례와 차별을 피하는 방법에 대한 광범위한 보고가 담겨 있다(Gatewood, 2016). 심리측정학자들이 항상 경험하는 것은 아니지만, 그들은 종종 여러 해에 걸쳐 특정 평가 방법이 특정 집단에 유리하거나 불리하게 편향되는 방법, 시기, 이유를 설명하는 법정 소송에 서게 된다.

결론

학계에서는 일반적으로 심리측정 준거에 기초하여 선발 도구를 선택한다(1장 참조). 그러나 그들은 인간의 판단에 영향을 미치는 것으로 알려진 체계적인 편향들에 대해서도 인식하며, 그에 대해 연구한다.

인사 실무자나 선발 업무를 하는 사업가의 입장에서는 이것이 훨씬 더 복잡할 수밖에 없다. 그들은 선발 방법이 조직의 평판에 미치는 영향과 고용법의 많은 변화를 인지하고 있어야 한다.

참고문헌

Chamorro-Premuzic, T., & Furnham, A. (2014). *Personality and intellectual competence*. Psychology Press.

Chamorro-Premuzic, T., Furnham, A., Dissou, G., & Heaven, P. (2005). Personality and preference for academic assessment: A study with Australian University students. *Learning and Individual Differences, 15*(4), 247-256.

Furnham, A. (1990). Can people accurately estimate their own personality test scores? *European Journal of Personality, 4*(4), 319-327.

Furnham, A. (2018). Estimating one's own and other's psychological test scores. *Psychology, 9*(8), 2231-2249.

Furnham, A., Batey, M., & Martin, N. (2011). How would you like to be evaluated? The correlates of students' preferences for assessment methods. *Personality and Individual Differences, 50*(2), 259-263.

Furnham, A., & Chamorro-Premuzic, T. (2005). Individual differences and beliefs concerning preference for university assessment methods. *Journal of Applied Social Psychology, 35*(9), 1968-1994.

Furnham, A., & Chamorro-Premuzic, T. (2010). Consensual beliefs about the fairness and accuracy of selection methods at university. *International Journal of Selection and Assessment, 18*(4), 417-424.

Furnham, A., Christopher, A., Garwood, J., & Martin, N. G. (2008). Ability, demography, learning style, and personality trait correlates of student preference for assessment method. *Educational Psychology, 28*(1), 15-27.

Furnham, A., & Swami, V. (2012). Occupational and economic consequences of physical attractiveness. In T. F. Cash (Ed.), *Encyclopedia of body image and human appearance* (pp. 581-587). Oxford: Elsevier.

Gatewood, R. D., Feild, H., & Barrick, M. (2016). *Human resource selection*. Thomson South-Western.

Hausknecht, J. P., Day, D. V., & Thomas, S. C. (2004). Applicant reactions to selection procedures: An updated model and meta-analysis. *Personnel Psychology, 57*(3), 639-683.

Hovorka-Mead, A. D., Ross Jr, W. H., Whipple, T., & Renchin, M. B. (2002). Watching the detectives: Seasonal student employee reactions to electronic monitoring with and without advance notification. *Personnel Psychology, 55*(2), 329-362.

Jones, J. W. (1991). Assessing privacy invasiveness of psychological test items: Job relevant versus clinical measures of integrity. *Journal of Business and Psychology, 5*(4), 531-535.

Judge, T. A., & Cable, D. M. (2011). When it comes to pay, do the thin win? The effect of weight on pay for men and women. *Journal of Applied Psychology, 96*(1), 95-112.

Langlois, J. H., Kalakanis, L., Rubenstein, A. J., Larson, A., Hallam, M., & Smoot, M. (2000). Maxims or myths of beauty? A meta-analytic and theoretical review. *Psychological Bulletin, 126*(3), 390.

Lievens, F., Harris, M. M., Van Keer, E., & Bisqueret, C. (2003). Predicting crosscultural training performance: The validity of personality, cognitive ability, and dimensions measured by an assessment center and a behavior description interview. *Journal of Applied Psychology, 88*(3), 476-489.

McCarthy, J. M., Bauer, T. N., Truxillo, D. M., Anderson, N. R., Costa, A. C., & Ahmed, S. M. (2017). Applicant perspectives during selection: A review addressing "So what?" "What's new?" and "Where to next?" *Journal of Management, 43*(6), 1693-1725.

Moerdyk, A. (2016). *The principles and practice of psychological assessment*, 2nd edn. Van Schaik.

Noon, M. (2018). Pointless diversity training: Unconscious bias, new racism and agency work. *Employment and Society, 32*(1), 198-209.

Ryan, A. M., & Sackett, P. R. (1987). Pre-employment honesty testing: Fakability, reactions of test takers, and company image. *Journal of Business and Psychology, 1*(3), 248-256.

Society for Industrial and Organisational Psychology of South Africa. (2005). *Guidelines for the validation and use of assessment procedures for the workplace*. SIOP(SA), Pretoria.

Stagner, R. (1948). *Psychology of personality*. McGraw-Hill.

Struyven, K., Dochy, F., & Janssens, S. (2005). Students' perceptions about evaluation and assessment in higher education: A review. *Assessment & Evaluation in Higher Education, 30*(4), 325-341.

Swami, V., Furnham, A., & Joshi, K. (2008). The influence of skin tone, hair length, and hair colour on ratings of women's physical attractiveness, health and fertility. *Scandinavian Journal of Psychology, 49*(5), 429-437.

Truxillo, D. M., Steiner, D. D., & Gilliland, S. W. (2004). The importance of organizational justice in personnel selection: Defining when selection fairness really matters. *International Journal of Selection and Assessment, 12*, 39-52.

Zweig, D., & Webster, J. (2003). Personality as a moderator of monitoring acceptance. *Computers in Human Behavior, 19*(4), 479-493.

제3장

전통적이고 신뢰도가 낮은 평가 방법

- 도입

방법 1. 점성술

방법 2. 필적학

방법 3. 골상학(두상 판독의 과학과 현대적 적절성)

방법 4. 관상술과 체격

3

전통적이고 신뢰도가 낮은 평가 방법

도입

사람들은 항상 선발과 평가에 관심을 가져왔는데, 그 이유는 잘못된 선택의 비용과 올바른 선택의 이점 때문이다. 고대 중국에서부터 공직자를 선발하는 시험이 있었으며, 기드온(Gideon)[1]이 군인을 선발한 성경 구절에서도 선발의 초기 사례를 찾을 수 있다. 기드온은 군인들에게 강에서 물을 마시게 했다. 몇몇은 손으로 여러 번 물을 떠 마셨고, 다른 몇몇은 강에 입을 대고 물을 마셨다. 전자가 물을 마시는 동안 주변의 위험을 살필 수 있었기 때문에 기드온은 전자를 선발하였다.

여러 문화권에서 범죄의 유무죄를 판단하는 미신적인 방법을 발전시켜 왔다. 사이비 과학 중 가장 잘 알려진 것 중 하나는, 손바닥을 보고 성격이나 미래를 예측하는 손금보기(또는 수상술)이다. 손금 전문가들은 손바닥의 볼록한 부분이나 다양한 손금('생명선' '애정선' 등)을 상대적인 크기와 교차선 등을 통해 해석하여 29개의 인간 특징을 읽을 수 있다고 주장한다. 예를 들어, 창의적인 사람의 손은 부채꼴인 한편, 섬세한 사람들은 손가락이 가늘고 끝이 뾰족하며 손바닥이 부드럽다. 그러나 이러한 주장을 뒷받침하는 과학적 증거는 딱히 없다. 손금 전문가들은 선발 면접보다는 블랙코미디에 출연하고는 한다.

또한 많은 사람은 음식 선택, 옷 색깔, 선호하는 예술 유형, 음악, 사무실을 꾸미는 방식, 친구 및 결혼 상대자 등 모든 종류의 **특이한 체계적 선호**(idiosyncratic systematic preference)에 주목해 왔다. 그래서, '당신이 선택하고, 좋아하고, 사용하는 것이 당신에 대해 무엇을 말

---

1 구약성서(사사기)에 나오는 이스라엘의 사사이다. 300명의 용사를 선발하여 미디안과의 전쟁에서 대승을 거두었고 이스라엘 지경을 요단강까지 확장하였다.

해 주는가!'와 같은 제목의 기사를 흔하게 찾아볼 수 있다. 사람들은 이러한 체계적 선호를 통해 개인의 능력이나 성격, 동기에 대해 훌륭하고(정확하고), 통찰력 있고, 매우 명확한 이해나 사실을 얻을 수 있다고 믿는다. 게다가 사람들은 자신의 선호를 통해 무엇을 드러내는지(어떤 신호를 주는지) 인식하지 못하기 때문에 선호를 조작하거나 위장할 수도 없다. 따라서 우리는 선호를 통해 '실제 인물'에 대한 '놀랄 만한' 자료를 얻을 수 있다.

다양한 선호와 성격 간의 상관을 보여 준 연구가 실제로 많다. 예를 들어, 성격과 예술 선호(그림, 음악, 건축)에 대한 방대한 연구는 양자 간의 관계가 설명가능한 방식으로 반복적으로 나타난다는 것을 보여 준다(Cleridou & Furnham, 2014). 음식(매운 vs. 자극적이지 않은)에서부터 스포츠와 레크리에이션에 이르기까지 모든 분야에서 선호와 개인차 간의 관계에 대한 연구가 있다. 사실 면접관들은 종종 지원자들의 스포츠 선호, 기술이나 활동에 대해 질문한다. 사람들은 혼자 운동하는 사람보다 팀 스포츠를 하는 사람들이 더 팀 지향적일 것이라고 여기며, 팀 내 포지션(공격 vs. 수비)이나 운동 시 지구력의 필요 여부에 따라서 성격을 추론한다. 이러한 관찰은 바이오 데이터(biodata) 및 개인이력(biographical)으로도 이용될 수는 있지만, 대부분은 면접 질문에 영향을 미친다(8장 참조).

이 장에서는 사람들을 평가하고 심사하기 위한 고전적 방법 중 몇 가지를 개관하고자 한다. 이들 중 일부는 새로운 기술과 이론이 도입되면서 다시 부흥하고 있다.

이들 '~학'에 대한 관심은 한 때 유행했다가 사라지곤 한다. Genovese(2015)에 따르면 점성술에 대한 관심이 지난 2세기 이상 상당히 안정적이었던 반면, 골상학에 대한 관심은 1800년대에 급격하게 높아졌다가 그 후 줄어들었다. 골상학이 '물질주의적'이고 덜 낭만적(예: 천체의 위치에 따른 인간사의 변화)인 반면, 과학적으로는 쉽게 검증된다는 것이 쇠퇴 원인 중 하나였다.

방법 1. 점성술

무엇인가?

행성의 위치에 따라 결정되는 정확한 출생 시간과 장소가 우리 삶의 많은 측면, 특히 우리의 성격을 결정한다는 믿음이다.

어떻게 작동하는가?

행성의 위치가 개인에게 미치는 영향을 설명하는 메커니즘이나 프로세스를 제안하지 않았다는 점에서 불분명하고 논쟁의 여지가 있다.

증거가 있는가?

점성술이 가치 있는 결과를 전혀 예측하지 못한다는 명확한 증거가 많다.

실무적 문제: 비용 윤리, 정치적 이슈

오늘날 지원서에서 생년월일(및 출생지)에 대한 질문은 대체로 부적절한 것으로 인식되지만, 일반적으로 사람들은 관련 자료를 기꺼이 공개하므로 실질적인 문제는 없다.

사용 관련 제안

별의 신호가 직무 선발과 관련된 관심사와 관련이 있다는 증거는 없으므로 완전히 피하라.

점성술사들은 천체의 위치를 통해 인간존재와 현실을 이해하고 해석하며 관련 지식을 축적하고 조직할 수 있다고 주장하며, 점성술이 자신과 타인, 그리고 사람들 간 관계를 더 잘 이해할 수 있는 유용하고 직관적인 도구라고 제안한다. '점성술'이라는 단어가 포함된 책이 미국 의회 도서관에 6,000권 이상 있을 정도로 점성술에 대해 관심은 높다.

점성술에서는 상승점(ascendant), 각(aspects), 출생천궁도(birth chart), 원소(elements), 하우스(house), 행성과 황도궁(zodiac signs, 별자리) 등 여러 복잡한 기술 용어가 사용된다. 사람들이 일관된 한 가지 방법으로 점성술 자료를 제시하는 것은 아니기 때문에, 분석의 신뢰도가 낮아 타당도도 낮을 수밖에 없다.

수년간 여러 다양한 나라에서 이루어진 조사에 따르면 실제로 약 20~40%의 사람들이 별과 행성의 위치가 인간의 삶에 영향을 준다고 믿는다. 이는 점성술을 다양한 방식으로 강력하게 반박하는 과학적 증거와는 대비가 된다. 대부분의 학자들은 점성술을 가차 없이 비판했다. 1975년에 (18명의 노벨상 수상자를 포함하여) 186명의 선도적인 과학자들은 『The Humanist』에 점성술의 주장을 대대적으로 부정하는 증거를 담은 논문을 출판하였다. 하지만 그들의 자료에는 Eysenck가 관심을 가졌던 자료는 없었다.

Eysenck와 동료들은 점성술과 성격 요인 간 관계에 대한 몇 가지 유명한 연구를 하였다(Gauquelin et al., 1979; Mayo et al., 1978). 점성술사들은 '평범한' 사람들이 태어날 때보다 스포츠 스타가 태어날 때 화성이 하늘의 특정 위치에 있는 경우가 약간 더 많다고 주장한다(Gauquelin, 1969의 소위 '화성 효과'). Gauquelin 등(1979)은 성격 특성과 점성술적 요인 간의 연관성을 보고했다. 그들에 따르면 화성과 목성이 막 떠오르거나 남중[2]에 위치한 직후에 외향적인 사람들이 훨씬 더 자주 태어난 반면, 토성이 막 떠올랐거나 남중을 통과했을 때 내향적인 사람들이 더 자주 태어났다. 반면 정신증(psychotocism)은 화성과 목성의 위치와 관련이 있는 것으로 나타났다.

수년간, 점성술의 주장을 검증하기 위한 여러 연구가 진행됐다. 가령, Sachs(1999)는 황도궁(별자리)과 인간행동(특히 범죄 행동) 간 관계를 탐구했다. 점성술을 통해 성격을 예측하려는 여러 시도는 실패했다(van Rooij, 1994). Carlson(1985)은 점성술사들이 점성술적 판독을 통해 성격을 해석하지 못하며, 스스로 예측한 것보다 성공률이 훨씬 더 낮다는 것을 밝혔다. 마찬가지로, Clarke 등(1996)은 출생 순간의 황도궁 내 태양, 달, 행성의 위치가 지닌 효과를 탐구했고, 이것이 외향성과 정서성에 영향을 미친다는 어떤 증거도 발견하지 못했다. 또한 점성술사들은 자신이 필요하다고 주장한 모든 정보를 가지고 있을 때에도 포괄적 검사에서 성격을 예측하는 데 실패했다(Nanninga, 1996).

Dean(1987)은 Eysenck 성격검사(Eysenck Personality Inventory: EPQ)를 사용하여 내향성 점수가 매우 높은 60명과 외향성 점수가 매우 높은 60명을 선정하였다. 그는 점성술사 45명에게 이들 120명의 출생 천궁도를 제공하였으며, 점성술사들은 이를 분석하여 내향성과 외향성을 판별하고자 하였다. 평균 성공률은 50%에 불과하여 점성술 지지자에게는 실망스러운 결과가 나타났다(즉, 임의적 추측보다 낫지 않았다).

실제로 Dean은 20년 전 일련의 논문을 통해 점성술을 비판한 가장 유명한 연구자로 알려졌고, 점성술을 검증하려는 다방면의 심리학적 연구를 끝내게 만들었다. 이 분야의 연구 결과는 늘 동일하다. 예를 들어, 점성술사로 활동하는 Burke(2012)는 '달 변인'과 성격 간 관계로 박사학위를 받았지만 유의미한 결과를 얻지 못했다.

Kelly(1997)는 포괄적 개관 연구를 통해 다음과 같은 결론을 내렸다. "첫째, 점성술 원리를 검증하려는 경험적 연구의 대부분이 점성술의 주장을 지지하지 못했다. 둘째, 일부 긍정적인 결과를 보여 주는 연구에는 추가적인 명료화가 필요하다."(p. 1231) 마찬가지

2 천체의 고도가 최대가 되는 지점

로 von Eye 등(2003)은 점성술에 과학적인 근거가 있다면 아직 입증되지 않았고, 황도궁의 별자리와 인간행동 사이에 연결고리가 있다면 아직 밝혀지지 않았다고 결론지었다.

점성술이 성격을 예측하지 못함에도 불구하고 많은 사람은 여전히 점성술을 믿으며(Hamilton, 1995), 점성술의 성격 묘사를 받아들인다. 그러나 **학계**에서 굳이 이 영역을 연구하려는 학자들은 없는 것 같다. Nias(2016)가 지적했듯이 "……점성술은 "하늘에서와 같이 땅에서도"[3]와는 아무 관련이 없고, 단순히 결과를 그럴듯하게 설명하기 위한 유서 깊은 위장물일 뿐이다."(p. 145)

3 '하늘에서와 같이 땅에서도(as above, so below)'는 천체의 움직임이 지구상의 사건에 영향을 미친다는 점성술의 법칙을 의미한다.

방법 2. 필적학

무엇인가?

필적과 관련된 여러 구체적인 특징이 성격의 지표라는 가정이다.

어떻게 작동하는가?

필적 요인의 구체적인 집단(기울기, 't'의 교차, 'i'에서 점의 표시)을 점수화함으로써 특정 성격(및 기타) 특성을 추론할 수 있다.

증거가 있는가?

필적학의 주장이 잘못되었다는 충분한 증거가 있다.

실무적 문제, 비용, 윤리, 정치적 이슈

필적학자의 비용에 따라 매우 저렴할 수 있다. 필적 표본을 확보하는 방법에 따라 윤리적 문제가 발생할 수 있다.

사용 관련 제안

경험적 증거가 부족하므로 사용하지 마시오.

필적학은 성격을 이해하는 한 가지 방법으로서 몇 세기 동안 사용되어 왔던 필적 연구 및 분석방법이다. '손글씨(hand writing)가 뇌글씨(brain writing)'라는 주장은 오래전부터 있었다. 필적학은 여전히 사용되며, 이 기술을 사용하는 조직은 38%(Shackleton & Newell, 1994)에서 93%(Bruchon-Schweitzer & Ferrieux, 1991)로 추정된다. 1980년대 후반과 1990년대 초반에 미국 기업 중 많은 수는 필적학을 어느 정도 수용했다(Davey, 1989; Edwards & Armitage, 1992). 유럽에서는 프랑스가 필적학 사용을 선도하였고(Furnham, 2004), 이는 영국과 비교할 때 프랑스가 강한 정신역동 전통을 가진 것과 연관된다. 필적학이 현재 얼마나 사용되는지에 대해서는 신뢰할 만한 통계를 얻기 어렵다. 일부 조직에서는 필적학을 사용하는 것을 자랑스러워하지만, 다른 조직은 비웃음을 두려워하거나, 이것이 후보자의 적합성을 평가할 수 있는 효율적인 비밀 무기라고 믿기 때문에 침묵을 유지하고 있다.

임상전문가들은 주요우울증을 평가할 때 필적학을 사용할 수 있을지 흥미를 가진다. 또한 필적학은 범죄 사건에서 몸값 요구 편지, 공갈 협박 및 중상모략 편지를 분석하는 데 유용하다고 여겨졌다(Mishra, 2017).

1) 방법

사람들이 필적에서 자신의 성격이 어떻게 나타나는지 모르기 때문에 '진짜' 성격을 위조할 수 없다는 것은 필적학의 매력 중 하나이다.

문제는 해석이 주관적이기 때문에, (임상전문가라고 할지라도) 감별사들이 필적을 서로 다르게 해석하므로, 필적학을 검증할 수 없는 한편, 최악의 경우 신뢰할 수 없다는 것이다.

또한 여러 심리학 학파에서는 필적의 특정한 측면들을 상이하게 해석하곤 한다. 여러 필적학자들의 채점이 일치하지 않아, 최근 여러 다양한 척도상에서 필적을 채점하는 AI 기술을 적용하는 컴퓨터를 활용한 필적학이 도입되었다(Garoot et al., 2017; Sen & Shas, 2017).

필적의 특정 측면이 의미하는 바에 대해 어떤 명확한 합의도 없는 것 같다. 필적의 해석과 관련해서 Mishra(2017, p. 3)는 다음과 같이 제안하였다.

큰 글씨체: 외향적이고 자신감 있는 행동을 시사한다.
작은 글씨체: 내향적이고 학문적인 행동을 시사한다. 만약 작고 섬세한 필체를 가졌다면 그 사람은 오직 자신이 알고 있는 (혹은 어떤 식으로든 비슷한) 사람들 속에서만 편안할 수 있다.

i-점의 위치와 모양

a. 만약 'I'에 점이 빠져 있다면, 정신없는 사람이다.
b. 만약 'I' 점이 높은 곳에 찍혔다면, 이는 상상력이 풍부하다는 것을 시사한다.
c. 만약 'I' 점이 원과 유사한 모양을 가졌다면, 이는 예술적인 성격을 시사한다.
d. 그러나 점이 열려 있는 것은 애정이나 선견지명을 나타낼 수도 있다.

T-선의 위치와 모양

1. 가로선과 세로선을 쓰는 방법이 다양하므로 필적학 관점에서 't'는 매우 많은 것을 보여준다.
2. 만약 't'가 별처럼 보인다면, 이는 강한 책임감의 신호이다.
3. 만약 가로선이 위쪽을 향해서 기울어져 있다면, 이는 야심의 신호이다.
4. 만약 가로선이 높이 떠 있고 세로선의 오른쪽 방향으로 올라가 있다면, 이는 리더십 자질과 지능을 시사한다.

Furnham 등(2003)은 두 명의 평가자에게 필적의 특징에 따라 시험 글씨를 분석하게 하고 선행연구의 다양한 가설을 검증하였다.

필적 분석

1. **색깔:** 후보자들은 푸른색 혹은 검은색 잉크를 선택한다. 색상 선택이 성격과 연결되어 있다는 증거는 있지만 어떤 가설도 검증되지 않았다.
2. **연결성:** 손으로 쓴 글자들의 연결을 나타낸다. 연결의 주요 유형은 아케이드(arcades), 앵글(angle), 갈런드(garlands), 스레드(threads)이다. 이론적으로 외향성은 아케이드(부적 관계) 및 갈런드(정적 관계)와 관련될 수 있는 한편, 앵글은 높은 성실성을 보여 줄 수 있다. 스레드는 어떤 성격 5요인 특성과도 명확한 관련성이 없는 것 같다.
3. **교차된 t:** t의 가로선과 세로선이 교차되거나 그렇지 않은 정도를 나타낸다. 가로선과 세로선이 어느 위치에서 교차되는지가 아니라 교차되는지의 여부를 의미한다. 교차된 t는 신경증과 성실성의 지표로 고려될 수 있다.
4. **점이 붙는 i:** 점의 위치, 모양과 크기 등 점 그 자체의 특징과 관련된다. 이것들은 참신성과 창의성의 좋은 지표일 수 있다(경험에 대한 개방성).
5. **위에 있는 고리:** '1'이나 'f'와 같은 선 위에 있는 고리의 넓이와 둥글기를 의미한다. (만약 고리가 존재한다면) 매우 작은 고리는 내향성과 신경증의 신호이다.
6. **아래에 있는 고리:** 위와 동일하지만 특히 'g'에서 아래의 고리만을 가리킨다.
7. **사용된 비율:** 줄이 그어져 있는 종이에서 사용된 비율을 의미한다. 지원자 중 일부는 모든 줄을 사용하는 반면, 다른 지원자는 한 줄을 건너뛰고 두 줄 띄어쓰기를 한다. 또 다른 이들은 종이 양쪽의 여백을 사용한다. 외향적인 사람들은 내향적인 사람들보다 더 적은 공간을 사용하고 신경증적인 사람들은 안정적인 사람들보다 더 많은 공간을 사용한다.
8. **점이 붙는 i/i-점:** 앞서와 마찬가지로 i에 점이 있는지 없는지 여부를 나타낸다.
9. **필압:** 필압은 스태미나의 측정치이다. 필압이 약한 글씨는 무기력과 무력함을 나타내고 꾹꾹 눌러쓴 글씨는 단호함과 자신감을 의미한다. 따라서 필압은 외향성과 (낮은) 신경증을 보여 줄 수 있다.
10. **크기:** 글자 크기는 외향성을 보여 준다(크게 쓸 때 외향성이 높다).
11. **기울기:** 기울여 쓰지 않은 글씨는 독립성 및 비밀을 엄수하는 성향을 보여 주는 한편, 많이 기울여 쓴 글씨체는 변화 저항 및 낮은 정서지능을 보여 준다. 필압과 마찬가지로 기울기는 외향성과 (낮은) 신경증도 보여 줄 수 있다.
12. **간격:** 자간(글자 간 간격)이 일반적이면 성실성을 나타내는 한편, 넓은 자간은 독립적 성격을 보여 준다고 알려져 있다. 글자 간격이 뒤죽박죽인 것은 낮은 지능과, 넓은 행간(줄 간 간격)은 높은 지능 및 성실성과 관련된다.

13. **T 교차**: T-교차의 위치에 대한 필적학적 분석은 이론적으로 성격 5요인 특성과 관련이 있다. 왼쪽 및 오른쪽 교차는 모두 성실성과 부적으로 연관되지만, 세로선에서 떨어진 위쪽에 가로선을 쓰는 것은 경험에 대한 개방성과 (정적인) 관련성을 갖는다.
14. **넓이**: 크기와 같다.

19세기 후반이 되어서야 Jean-Hippolyte Michon(1872)을 통해 현대 필적학의 토대가 마련되었다. 그에 따르면 성격이 비슷한 작가들의 필적에서의 공통점을 포착할 수 있다. 그는 t의 가로세로선이 교차하거나 i에 점을 찍는 특정 방법과 같은 특정 유형의 성격과 관련된 약 100개의 필적학 특징 혹은 '고정된 신호(fixed sign)' 목록을 개발하였다.

Jean Crepieux-Jamin(1909)은 이 연구를 더 발전시켜 필적의 특징과 성격 특성 간 더 많은 연결고리를 발견했다고 주장하였다. 그러나 필적 특징과 성격 특성 간 연결에 대한 주장이 연구마다 달라, 서로 상충하는 결과가 발견되곤 했다(Hartford, 1973). 오늘날에도 특정 글자의 '의미'를 강조하는 다양한 학파에서는 여전히 그렇다. 해석자 내 신뢰도는 거의 항상 사용할 수 없을 정도로 낮다. 게다가 타당도는 측정이나 진단의 신뢰도를 전제로 한다. 신뢰할 수 없는 측정치가 타당하기는 어렵다.

Ludwig Klages(1917, 1930)는 이 주제에 대해 다른 접근방식을 취했다. 그는 표현 행동에 대해 보다 직관적이고 이론적인 심리학을 따르려 했다. 이 접근법은 필적학에 가장 큰 영향을 미쳐, 대부분의 현대 필적학자들은 Klages를 높이 평가한다(Lewinson, 1986).

현대 필적학자들은 필적 분석을 통해 개인의 성격 특성을 확인하기 위해 여전히 이러한 '통찰'을 사용한다. Furnham 등(2003)은 14개의 필적학적 기준을 요인분석하여 글자 차원(크기, 넓이, 기울기)과 세부사항 차원(연결성, 고리, 기타)의 두 가지 기본 차원으로 구분하였다. 그러나 이들 변인은 기존에 잘 정립된(그리고 타당화된) 성격검사 결과와는 관련이 없었다.

Eysenck와 Gudjonsson(1986)은 종합적 접근과 분석적 접근이라는 필적과 성격을 평가하는 두 가지 상이한 기본 접근이 있다고 주장했다. 이 두 가지 기본 접근에 따라 분석의 네 가지 기본 유형이 구분된다.

필적에 대한 종합적 분석: 필적학자는 자신의 경험과 통찰을 사용하여 필적을 통해 알 수 있는 성격 유형에 대해 전반적으로 설명한다. 따라서 이것은 기본적으로 인상에 근거한다.

필적에 대한 분석적 분석: 기울기, 필압 등과 같은 필적 구성요소를 측정한 다음, 코드 공식을 기반으로 성격 평가로 변환한다.

성격에 대한 종합적 분석: 이것도 인상에 근거한 방법이다. 면접 후에 훈련된 심리학자가 질문, 관찰 및 직관을 바탕으로 성격에 대한 설명을 제공한다.

성격에 대한 분석적 분석: 심리측정적으로 평가되는, 신뢰할 수 있고 타당한 성격검사(설문지, 생리적 반응 및 다양한 등급 점수)를 적용하는 것이다.

이러한 분류에 따르면 필적학적 분석의 타당도를 평가하는 상당히 상이한 접근법이 있다. 종합적 매칭은 인상에 근거한 성격(성격에 대한 종합적 분석)과 필적의 인상기반적 해석(필적에 대한 종합적 분석)의 매칭이며, 종합적 상관관계는 심리측정적으로 평가한 성격(성격에 대한 분석적 분석)과 필적의 인상기반적 해석의 상관관계이다. 분석적 매칭은 성격에 대한 인상기반 설명과 필적 구성요소 측정치(필적에 대한 분석적 분석)를 매칭시키는 것이며, 분석적 상관관계는 성격에 대한 심리측정적 평가와 필적 구성요소 간 상관관계를 보는 것이다. 수많은 연구에서 서로 다른 성격 검사, 필적학적 측정치, 및 다양한 모집단에 대해 조사하여 동일한 결론에 이른 것 같다. 즉, 필적과 실질적으로 주목할 만한 개인차 요인 사이에는 어떤 관계도 없다.

2) 필적학의 과학적 증거

초기 연구는 필적학을 부분적으로 지지하는 결과를 보여 주었다(Allport & Vernon, 1933; Hull & Montgomery, 1919). 더 최근의 연구 중 일부는 필적 표본으로부터 필적학자들이 특정 성격 특성을 판별할 수 있다는 증거를 발견했다고 주장했다(Linton et al., 1962; Nevo, 1988; Oosthuizen, 1990). 또한 학술지와 전문잡지에는 개인적 경험과 관련된 증거를 통해 필적학을 옹호하는 여러 논문이나 기사가 있다(Watson, 1993).

그러나 방법론적 진실성의 측면에서 연구를 주의 깊게 선정하면 부정적인 결과가 압도적이다(Eysenck & Gudjonsson, 1986; Neter & Ben-Shakhar, 1989; Tett & Palmer, 1997).

Furnham(1988)은 1970년대와 1980년대에 수행된 여섯 개의 연구로부터 도출된 결론을 나열했다.

(1) "연구자들은 필적으로부터 성격을 정확하게 예측할 수 없다고 결론 내렸다." 이것은 6명의 필적 전문가들에게 15개의 개인 변인에 대해 48개의 필적 견본을 평정하게 했던 Wright 주립 대학의 Vestewig 등(1976)의 연구 결론이다.
(2) 필적학 신호의 타당성에 대한 어떤 증거도 발견되지 않았다. (Lester et al., 1977)
(3) 따라서 이 결과는 세 가지 필적 측정치가 외향성의 타당한 지표라는 주장을 지지하지 않았다. (Rosenthal & Lines, 1978)
(4) 따라서 여기서는 필적학 분석의 타당성이 거의 지지되지 않는다. (Eysenck & Gudjonsson, 1986)
(5) 필적학자는 우연 수준보다 유의하게 더 나은 수행을 보이지 않는다. (Ben-Shakhar et al., 1986)
(6) 비록 이 주제에 대한 연구가 상당한 방법론적 무지 때문에 어려움을 겪고 있지만, 필적학이 생존가능한 평가 방법이 아니라는 것이 전반적인 추세이다. (Klimoski & Rafaeli, 1983)
(7) 필적학적 방법을 성격의 측정 도구로 타당화할 수 있는 어떤 증거도 발견되지 않았다. (Dazzi & Pedrabissi, 2009)
(8) 특정한 성격 특성에만 고유한 어떤 필적 특징도 없었다. 필적에 기초한 성격의 평가에 대한 어떤 증거도 없다. (Gwada, 2014)

게다가 Furnham과 Gunter(1987)는 필적의 개별 특징으로부터 구체적인 성격 특성을 예측하려는 필적학의 '특성(trait)' 방법을 조사했다. 참가자들은 Eysenck 성격 질문지(Eysenck Personality Questionnaire: EPQ)를 완료하고 검사 구절을 자필로 베꼈다. 필적 표본은 성격을 진단할 것으로 예상되는 13가지 필적 특징 차원(크기, 기울기 및 기타 특성)으로 코딩되었다. 하지만 필적 특징과 EPQ 점수 간에서는 오직 우연 수준의 상관관계만이 발견되었다.

Furnham 등(2003)은 유사한 방법을 사용한 두 가지 연구를 보고하였다. 학생들에게 성격 및 지능검사를 시행한 후, 이 검사점수와 몇 달 후 시험 답안(연구 1) 및 20개월 후의 다른 답안(연구 2)에서의 필적 분석 간 관계를 살펴보았다. 그 결과, 상관관계와 회귀분석 모두에서 성격 5요인과 우연 수준에서 기대되는 것보다 적은 연관성이 나타났다. 필적학 측정치는 참가자의 성별 및 지능 모두와 상관관계가 있었지만 두 연구에서 서로 다른 패턴을 보여 주어 우연 요인이 영향을 미쳤을 것이라는 생각을 강화하였다. 그들은 다음과 같이 지적했다.

그러나 다른 검사 및 필적 측정을 사용한 여러 논문과 마찬가지로, 이 논문에서는 이 두 개가 본질적으로 관련이 없다는 결론을 내려야 한다. 필적학 분석이 무엇을 측정하든 이것은 안정된 성격이나 능력 특성이 아니다. 그러므로 선발 시 지원자의 성격을 이해하기 위해 필적학 분석을 사용하는 것은 특히 어리석은 일일 것이다. 그러나 이 연구 영역에서 두 가지 흥미롭고 중요한 질문이 남아 있다. 첫 번째로 필적의 일관된 상관관계가 실제로 존재하는지 여부이다. 연령, 교육 및 국적과 같은 인구통계학적 상관관계가 있을 수 있지만, 필적의 심리적 상관관계 여부는 불분명하다. 필적은 자기검열, 자기개념 또는 사회적 인식과 같은 인상관리 지표와 관련될 수 있다. 그러나 이들 지표의 대부분은 필적과 관련이 없는 것으로 나타난 성격 특성과 논리적이고 유의하게 상관관계를 가진다. 두 번째 질문은 50년 전부터 밝혀졌던 명백한 증거에도 불구하고 많은 사람이 여전히 필적이 성격을 반영한다고 믿는 이유에 대한 것이다.

3) 메타분석

필적학적 추정의 타당도를 평가하는 200개 이상 연구의 메타분석(변인들 간 평균 통계적 관계에 대한 정량적 추정치를 제공하는 여러 연구의 개관)에서, Dean(1992)은 필적으로부터 성격을 추론할 때 효과크기는 작았으며, 방법론적 한계가 있는 연구를 분석에 포함한 것이 효과크기 추정치를 부풀렸을 가능성이 있다고 지적했다. 중립-내용 스크립트(작성자의 통제를 받지 않는 고정된 내용의 스크립트)의 성격에 대한 0.12의 추정 효과크기는 실용적 가치가 있을 만큼 충분히 크지 않고 인지하기에도 너무 작다. 따라서 심지어 이러한 작은 실제 효과조차도 필적학자들이 보고한 필적-성격 간 관계의 크기를 설명할 수 없다.

게다가 필적으로 예측 가능한 젠더, 사회경제적 지위 및 문해력 수준은 일부 성격 특성을 예측할 수 있다. 따라서 성격에 대한 필적학의 예측력은 단순히 필적에서 평가되는 젠더나 사회경제적 지위 때문일 수 있다. 더 간단하고 신뢰할 만한 평가 방법을 사용할 수 있으므로, 이러한 변인들에 기인하는 필적학적 정확성의 가치는 모호하다.

17개의 연구에 대한 메타분석적 개관에서, Neter와 Ben-Shakhar(1989)는 비-필적학자보다 필적학자들이 직무성과를 더 잘 예측하는 것은 아니라는 점을 발견했다. 자전적인 필적 표본에서는 두 집단 모두 중간 정도의 예측 정확성을 보였다. 모든 저자가 동일한 스크립트를 사용하여 스크립트 내용이 중립적일 때, 어떤 집단도 직무성과를 타당하게 추론하지 못했다. 따라서, 현재 직무성과를 예측하는 데 사용되는 필적학의 타당성에 대한 믿음은 경험적인 지지가 부족하다.

4) 필적학과 직무성과

성격 예측에 대한 타당도가 부족하다는 점을 고려할 때, 필적이 직무성과의 타당한 예측 변인으로 밝혀진다면 놀라운 일일 것이다. 실제로 직무성과에 대한 필적학의 예측 타당도를 조사한 연구 결과는 대체로 부정적이다(Kravitz et al., 1996; Rafaeli & Klimoski, 1983).

Ben-Shakhar 등(1986)은 두 개의 경험적 연구를 통해 필적학의 예측 타당도를 검증하였다. 한 연구에서 필적학자들은 은행 직원의 여러 직무 관련 특성을 평가하였다. 연구에서 개발된 선형 모형은 필적학자들의 수행을 능가하였다. 두 번째 연구에서 40명의 성공적인 전문가들의 직업을 평가하였다. 필적학자들은 우연 수준보다 유의하게 더 나은 수행을 하지 못했다. 두 연구의 결과는 자발적으로 생성된 문서를 분석할 때 필적학자들과 비-필적학자들 모두 비슷한 수준의 타당도를 보인다는 결론을 보여 주었다.

필적학이 타당하기 위해서는, 첫 번째로 필적학에 기반한 예측의 신뢰도가 확립되어야 한다(Goldberg, 1986). 그러나 필적학적 예측의 신뢰도는 전제조건을 가진다. 즉, 필적 특징은 먼저 신뢰롭게 부호화되어야 한다. 오직 이 전제조건만이 충족되었다. 객관적 필적 특징(예: 기울기, 경사면)에 대한 서로 다른 평가자 간 평균 일치도는 높으며, 주관적 필적 특징(예: 리듬)에 대한 합의도 역시 수용할 만한 편이다(Dean, 1992).

5) 그렇다면 필적학이 유지되는 이유는 무엇인가

필적과 성격 간 관계 중 상당수는 매우 직관적으로 보인다. 예를 들어, 사람들은 작은 글씨는 겸손을 암시하고 큰 글씨는 자기중심주의를 의미하는 것으로 믿는다. 이와 같은 많은 사례에서, 필적 특징과 성격 특성 간 경험적 관계는 필적 특징을 묘사하는 데 사용되는 단어(예: 규칙적 리듬) 및 성격 특성(예: 신뢰성) 사이의 의미론적 연관성과 밀접하게 연관된다.

이것은 필적학적 증거에서 착각 상관(illusory correlation)[4]이 많다는 것을 보여 준 King

4 변인들 간에 실제로 관계가 존재하지 않는데도 관계가 있다고 여기는 것을 말한다.

과 Koehler (2000)의 연구에서 확인되었다. 그들은 필적학의 예측 타당도가 부족하다는 증거가 압도적임에도 불구하고 필적학이 계속 활용되는 이유를 이러한 착각 상관을 통해 부분적으로 설명할 수 있다고 결론 내렸다(p. 336).

이것은 '확증 편향'(Nickerson, 1998)의 한 예이다. 어떤 사람이 변인 간 체계적 관계에 대한 증거를 찾을 때, 의미론적 연관성은 서로 연관된 것이 무엇인지에 대한 가설 형성을 유도하여 일종의 기대를 만들어낼 수 있다. 실제로 관측된 증거를 설명하는 다른 관계가 있음에도 이러한 잠재적 관계를 고려하거나 탐지하지 못할 수 있다.

우리가 의미론적으로 결정된 가설을 고려하여 증거를 찾고, 모호한 증거를 예상된 관계와 일치하는 방식으로 해석하기 때문에 필적학에 대한 믿음이 유지된다. Driver, Buckley와 Frink(1996)는 선발 기법으로 '필적학을 쓰지 말아야 하는지' 질문했다. 답은 '그렇다'였다. 그들은 "이 기법은 잘 통제된 경험적 연구에서 수용할 만한 타당도를 확보하지 못했다. ……(그리고) 이 절차는 직관적 매력을 가질 수는 있지만, 선발 맥락에서 필적학을 사용해서는 안 된다."고 지적했다(p. 76).

최근 연구 개관은 대체로 필적학 분석의 낮은 타당도 및 선발 장면에서의 잠재적 유해성에 대한 선행연구 결과를 지지한다.

방법 3. 골상학(두상 판독의 과학과 현대적 적절성)

무엇인가?
두개골 판독의 과학, 즉 능력, 성격 및 도덕성을 나타내는 두개골의 특정 위치의 형태이다.

어떻게 작동하는가?
골상학은 뇌의 각 부분이 인간행동의 서로 다른 특징을 관장하며, 머리와 두개골 모양으로 이를 측정할 수 있다고 제안한다.

증거가 있는가?
골상학의 초기 주장 중 상당수가 완전히 오류라는 증거가 많이 있다.

실무적 문제: 비용, 윤리, 정치적 이슈
사실상 무가치하다는 증거가 많다. 고전적인 골상학적 분석을 도입하는 것은 용납될 수 없으며 어쩌면 불법일 수 있다.

사용 관련 제안
사용하지 마시오!

골상학은 오늘날에도 통용되는 간단한 아이디어에 기초하고 있다. 뇌는 '정신 기관'이다. 뇌는 서로 다른 부분이 서로 다른 기능을 담당하는 방식의 구조를 가진다. 따라서 머리 모양에 반영되는 뇌의 서로 다른 부분은 서로 다른 기능을 제어한다. 그러나 전통적인 골상학과 현대 신경심리학적 관점 간에는 심각한 괴리가 있다. 첫째, 골상학은 특정한 기능 '전용의' 뇌 영역의 크기가 정신기능의 '중요성'에 비례한다고 믿는다. 둘째, 두개골 크기 및 모양과 같은 것을 측정하는 두개 측정법은 뇌의 형태를 나타내고 따라서 모든 인간 기능을 나타낸다. 셋째, 도덕적, 지적 능력 모두 선천적으로 타고난 것이다.

18세기 말 Franz-Josef Gall은 일반적으로 19세기에 엄청난 인기를 끌기 시작한 골상학의 창시자로 일컬어진다. 이는 뇌가 정신 기관이며, 특정 뇌 영역이 국부적이고 특정한 기능을 담당한다는 아이디어에 대한 원시과학(protoscience)[5]으로 인정받을 수 있다. 이런 의미에서 그는 신경과학의 선조로 간주될 수 있다.

Gall은 기억력이 좋은 동료 학생들이 모두 튀어나온 눈을 가지고 있다는 것을 관찰하고, 기억과 관련된 뇌의 부분이 눈 뒤에 있을 것이라고 가정했다(Davies, 1955). Gall은 정

5 초기 비과학적 형태의 과학으로, 훗날 정식 과학으로 인정받게 되는 분야를 일컫는다.

신과 뇌는 하나이며 동일한 것이라고 믿었다. 그의 아이디어를 통해 뇌의 다양한 부분이 상대적으로 구별되는 기능을 담당한다는 **대뇌기능의 국재화**(cerebral localisation)라는 개념이 발달하였다. 즉, 어떤 부분이 어떤 기능을 담당하는지 확인함으로써 뇌를 이해할 수 있다는 것이다.

이후 Johann Spurzheim은 많이 사용하는 기능에 해당하는 뇌 부위는 **비대**해지고 무시되는 기능에 해당하는 뇌 부위는 **위축/퇴화**된다고 주장했다. 이것은 택시 기사와 바이올린 연주자를 대상으로 한 연구를 통해 검증되었다. 뇌는 울퉁불퉁하고 둥근 표면을 가진 모습으로, 특별한 지적·신경학적 강점 및 약점에 따라 고유한 모양을 가졌다. 그는 두뇌의 울퉁불퉁한 부분을 덮고 있는 두개골이 안쪽의 비대해진 뇌 조직을 수용하기 위해 튀어나올 것으로 믿었다. 그러므로 이러한 융기를 측정하여 뇌의 어떤 부분이 확대되었고 따라서 어떤 성격이 지배적인 특성인지 추론할 수 있다.

이러한 아이디어는 이후 골상학적 기능이 표시된 도자기 머리인 '골상학 머리'로 유명해졌다. 이들 머리는 오늘날에도 쉽게 찾아볼 수 있으며 종종 심리학자의 선반 위에서도 발견된다! 전형적인 골상학 차트는 37개의 뇌 기능을 개략적으로 설명하며, 각각의 기능은 머리의 특정 부위에 해당한다(Davies, 1955, p. 6 참조).

19세기 동안 골상학은 급속도로 인기를 얻었다. 1820년대까지 모든 주요 영국 도시에는 고유한 골상학 협회가 있었으며 많은 사람은 골상학자와 상담하여 고용 선발 또는 결혼 상대자를 찾는 문제에서 조언을 얻으려고 했다(Cooter, 1984; Davies, 1955 참조). 비록 골상학 이론은 결국 공식 학계에서 퇴출당했지만, 골상학 상담실은 한동안 인기를 끌었다. 그러나 골상학은 점성술, 수상술 및 이와 유사한 다른 것들과 더 가깝게 여겨졌다.

빅토리아 시대 사람들은 골상학을 매우 진지하게 받아들였다. 그들의 흉상, 주물, 저널, 캘리퍼스(측정기구) 및 기계는 런던 골상학 회사에서 제작된 훌륭한 백색 도자기 흉상을 통해 살아남았다. 빅토리아 시대에는 골상학적 수술, 학파, 식품 및 의사가 있었다. 평균적인 남성의 머리 크기는 22인치였고 여성은 $\frac{1}{2} \sim \frac{3}{4}$인치가 더 작았다. 머리 크기는 뇌 용적 및 지적 능력과 선형적인 관계에 있었다.

그러나 그들은 머리 모양이 크기보다 더 중요하다고 믿었다. 그들은 두개관찰을 잘 수행함으로써 특별한 재능 유무를 알 수 있다고 믿었다. 골상학자들은 동기, 능력 및 기질을 진단하고 예측했다.

골상학자들은 Thomas à Beckett의 두개골이나 뼈와 같은 골격을 조사했다. 골상학자들이 골상학적 분석을 통해 자기를 이해하는 한편 발달적, 도덕적 그리고 직업적으로 성공할 수 있다고 공언했기에 빅토리아 여왕은 그녀의 자식들을 '판독하게' 하였다.

1896년 Sizer와 Drayton은 『머리와 얼굴 그리고 그것들을 연구하는 방법(Heads and Faces and How to Study Them)』이라는 제목의 골상학 매뉴얼을 출판하였다. 이 매뉴얼은 범죄적 대 도덕적 성격을 가진 사람들뿐만 아니라 바보와 시인을 확인하는 방법을 설명하였다.

1) 머리 측정

전통적 분석은 먼저 머리의 전체적인 모양을 고려하는 것에서 시작되었다.

둥근 머리는 강하고, 자신감 있고, 용감하고 때때로 가만히 있지 못하고 활동적인 특성을 나타내는 것으로 추정된다.
네모난 머리는 견실하고 신뢰할 만한 특성, 깊은 배려심과 목적의식을 드러낸다. 넓은 머리는 활동적이고 외향적인 특성을 나타내는 반면, 좁은 머리는 내성적이고 내향적인 본성을 보여준다.
타원형의 형태는 지식인의 형태이다.

두개골의 윤곽을 느끼기 위해서는 손가락을 두개골 위로 부드럽지만 단단하게 움직여야 한다. 머리의 다른 부분과 비교하여 각 기능의 개별 크기와 두드러짐을 측정해야 한다. 뇌는 두 개의 반구로 구성되기 때문에 각 기능은 중복될 수 있다. 따라서 두개골의 양 측면 모두를 검사해야 한다.

상대적으로 덜 발달된 기능은 성격의 특정 자질이 부족하다는 것을 의미하는 반면, 잘 발달된 기능은 해당 자질을 상당한 정도로 갖추고 있음을 의미한다. '식욕' 담당 기관이 작은 사람은 소식하고 까다로운 식성을 가지고, 아마도 술을 입에도 대지 않는 사람일 것이다. 반면, 이 기능이 잘 발달되어 있다면 음식과 와인을 즐기는 사람임을, 지나치게 발달되어 있다면 아마도 과음을 할 수 있는 대식가임을 시사한다.

골상학적 머리는 40개 이상의 부위를 가지고 있지만, 이것은 판독할 목록과 시스템에 따라 다를 수 있다. 일부는 사회, 사회의 규칙 및 기관에 대한 존중인 #20 '존경', 발랄함과 유머감각을 의미하는 #26 '명랑함', 웅대한 개념에 대한 사랑인 #24 '숭고함'과 같은 다소 구식의 개념을 가지고 있다. 또한 #1 '요염'(성적 매력), #3 '생물학적 사랑'(어버이의 사랑, 부모에 대한 사랑), #10 '식욕'(음식에 대한 욕구 및 사랑), #31 '우발성'(기억), #5 '거주성'(집에 대한 사랑)과 같은 부위가 있다. 이들 영역은 8개의 감정이나 성향으로 더 설명되거나 분류된다.

1. **'고유' 성향**: 인간과 동물에게 공통적인 특성으로 기본적으로 사물과 사건에 대한 정서와 본능적 반응을 담당한다.
2. **'이기적' 성향**: 욕구를 충족시키고 자기보호와 자기보존을 돕는다.
3. **'자기본위적' 감정**: 사리사욕과 개성의 표현과 관련된다.
4. **'지각적' 기능**: 주변환경에 대한 인식을 담당한다.
5. **'예술적' 성향**: 예술, 그리고 예술적 창조와 관련된 적성 및 감수성과 관련된다.
6. **'반지각' 기능**: 문학, 음악 및 언어와 같은 분야에서 활용되며 문화적 환경의 감상을 담당한다.
7. **'반성적' '추론적' '직관적' 기능**: 사고방식과 관련이 있다.
8. **'도덕적' 감정**: 종교적 기능을 포함하며 인격을 고양하고 인간답게 만든다.

20세기 초 새롭게 대두된 관상술(physiognomy)에 대한 관심은 골상학에 대한 관심을 고취하였다. 그러나 관상술처럼 골상학 부활의 상당 부분은 인종적 차이와 퇴화에 대한 질문과 관련이 있다(Cooter, 1984). 이 당시의 골상학 저널에서는 인종적 차별 집단(특히 아프리카계 흑인과 호주 토착민)에 대한 그림 묘사가 종종 발견된다. 이들은 신체의 외형이 인종적 우월함과 열등함을 구분하는 데 사용될 수 있는 장소라는 관점을 취했다. 골상학은 인종주의, 계급, 불평등, 가부장제가 자연적이라는 주장을 위해 과학계에서 이용되었다.

2) 골상학의 평가

우리는 당시 신경학의 중심 논쟁에 관한 한 골상학자들이 옳았다는 것을 인정한다(Miller, 1996). 즉, 뇌는 어느 정도 구획화되어 있고 각 부분은 특정한 기능을 수행한다.

그러나 뇌에 대한 현대적 '지도'는 골상학자들이 사용했던 고전적 지도와는 전혀 관계가 없다. 골상학자들의 지도는 성격(심지어 도덕성)에 기반을 두는 반면, 현대적 지도는 수학적 기능을 수행하는 능력과 같은 근본적 기능에 기반을 두고 있다(Butterworth, 1999). 게다가 다음과 같은 골상학의 다른 모든 가정은 잘못된 것이다.

- 뇌는 근육이 아니지만 사용에 따라 비대해지거나 위축될 수 있다.
- 뇌는 젤리 정도의 부드러운 굳기를 가지고 있어 두개골의 형태에 따라 바뀌지만 두개골이 뇌에 따라 모양이 바뀌지는 않는다.

현대 골상학은 머리 모양이 아니라 뇌 구조와 기능을 기반으로 한다. 사실, PET 스캐닝 및 다른 관련 기술의 발달 속도를 고려할 때 조만간 이것이 새로운 선발 방법이 될 수 있을 것이다. 뇌 구조와 기능에서 개인차를 이해하는 것은 21세기의 새로운 과학이다(7장 참조). 더 나아가, 미래의 지원자들은 선발 과정의 일부로 뇌 스캔을 받을 수도 있다. 선발 결정에 유용한 정보를 제공할 만큼 충분히 구체성을 갖추기 위해서는 오랜 시간이 걸리겠지만, 이것은 흥미로운 윤리적 쟁점을 제기한다.

그 인기에도 불구하고 주류 과학계에서는 항상 골상학을 돌팔이의 수법 또는 사이비 과학으로 일축했다. 머리의 '융기'가 성격 구조 및 도덕발달과 관련되어 있다는 아이디어는 말도 안 되는 소리로 치부되었다. 학자들은 이를 검토해 왔지만, 그 증거는 어디에도 없다.

신경과학의 대두로 얼마나 많은 골상학의 주장이 엉터리였는지 밝혀졌다. 그러나 뇌의 오직 10%만 사용한다는 일반인들의 믿음처럼 뇌에 대한 다른 대중적인 신화가 남아 있다. 브레인 에너지, 브레인 튜너 및 뇌 강장제와 같은 골상학만큼 그럴듯해 보이는 또 다른 신화도 있다.

그러나 현대 과학에 근거한 연구를 하려는 시도들이 있었다. Jones 등(2018)은 조잡한 측정 도구를 사용한 19세기 골상학자와는 달리 21세기 방법을 사용하여 골상학을 재검증할 수 있다고 지적했다. 수천 명의 연구 참여자를 대상으로 한 연구에서, MRI를 사용하여 국소 머리덮개굽이(두개관, calvaria)를 정량화하였다. 굽이 통계량은 골상학에서 예측하는 생활양식과 관련된 생활양식 측정치와 비교되었다.

그들은 다음과 같이 결론 내렸다.

> 본 연구는 머리 윤곽을 측정하는 것이 정신능력을 추론하는 신뢰할 수 있는 방법을 제공한다는 골상학의 근본적인 주장을 현재 가능한 가장 철저한 방식으로 시험하고자 하였다. 우리는 이 주장에 대한 어떤 증거도 발견하지 못했다……. 요약하자면, 우리는 건강한 모집단에서 국소 머리덮개굽이가 뇌 기능을 추론하는 데 사용될 수 있다는 아이디어를 설득력 있게 반박했기를 바란다. 이 연구의 철저함을 감안할 때, 머리덮개 데이터가 더 많다고 유의미한 효과가 나타날 가능성은 낮다. 그러나 우리는 향후 연구에서 뇌에 초점을 맞추는 것에 대

해 옹호하고자 한다.

(pp. 31–33)

그러나 골상학의 주장 중 일부는 오늘날에도 적절하고 매우 논쟁적으로 보인다. 예를 들어, 우리는 종 내, 그리고 종 간 뇌 크기가 정신능력 검사 점수와 정적 관계를 가진다는 것을 안다. 머리 크기는 뇌 크기와 관련되어 있다. 머리 크기(길이와 폭)와 IQ 간에는 일정 크기의 관계($r=.10$에서 .20)가 있다. 그러나 신체 크기를 보정하면 이 관계가 약해지고 사라질 수 있다.

확실히, 새로운 기술은 인지신경심리학과 정신의학에 대한 우리의 지식과 관심을 향상시켜 왔다. 우리는 이제 뇌의 전자적·신진대사적 지도를 만들 수 있다. 사고 피해자들과 '정상적'인 사람들 모두에 대한 연구를 통해 우리는 뇌에 대한 새로운 상세한 지도를 그리고 어떤 '부분'이 주로 어떤 기능을 담당하는지 구축하고 있다. 그러나 이러한 '전자골상학'은 경험에 기반을 두고 있으며, 골상학 창시자들의 오래된 과학 이전의 도덕적 아이디어와는 아무런 관계가 없다.

(Furnham, 2010)

방법 4. 관상술과 체격

무엇인가?

신체 사이즈와 체형이 능력, 성격 및 동기의 좋은 지표라는 아이디어이다.

어떻게 작동하는가?

체형은 유전뿐만 아니라 생활양식에 의해 결정된다. 체형은 천성과 양육 모두의 훌륭한 지표이다.

증거가 있는가?

주장의 성격(즉, 어떤 신체 특징에 대한 것인지)에 따라 많은 것이 달라지며 전반적으로 증거는 약하지만 어떤 경우에는 합리적인 면도 있다.

실무적 문제 · 비용, 윤리, 정치적 이슈

체형 통계자료에 대해 윤리적으로 접근하는 방법, 그리고 성별이나 민족 등에 따라 체형이 다를 가능성이 있다는 측면에서 문제가 있다.

사용 관련 제안

측정 기준을 신중하게 선택하고 다른 요인으로 자료를 보완하라.

관상술은 신체 특징으로부터 심리적 특징을 추론한다. 이것은 심리적 기능이 인간의 외형에 반영된다는 아이디어에 기반한다. 즉, 형태는 심리를 반영한다. 얼굴 너비와 공격성 수준은 모두 사춘기 동안의 테스토스테론 수준에 영향을 받고, 따라서 공변한다. 손가락 길이도 마찬가지이다. 이것은 고대 그리스와 중국에서 나타났던 믿음과 일치한다.

체형이 심리적 기능의 지표가 되어야 한다는 것은 많은 사람들에게 상식처럼 보인다. 우리는 키, 얼굴 특징과 같은 신체적 특징과 지능과 같은 심리적 특성, 그리고 다양한 질병을 타고난다. 심지어 우리의 생활양식은 성격과 관련되어 있으며, 성격은 체형에 불가피하게 영향을 준다. 마찬가지로 우리의 외모는 다른 사람들이 우리를 대하는 방식에 영향을 준다. 이를테면 키, 신체적 매력, 체중이 중요한 것으로 나타났다. 따라서 천성과 양육의 조합은 체형이 상대적으로 위조할 수 없는 강력한 성격의 지표임을 의미할 수 있다.

많은 사람이 외모에 근거해서 타인을 추론한다는 것은 분명하다. 외모지상주의에 대한 폭넓은 연구가 있으며, 이에 대해 곧 살펴볼 것이다. Hassin과 Trope (2000)는 얼굴이 사회인지에서 중요한 역할을 한다고 가정하는 네 가지 이유가 있다고 주장한다.

① 상호작용이 발생할 때마다 거의 항상 얼굴이 보인다. 그러므로 얼굴은 항상 가용한 정보를 주며 어떤 판단에서도 소홀히 하기 어렵다.
② 상당히 최근까지 인간 진화에서 얼굴 특징은 (표정 및 행동적 표현과는 달리) 의도적으로 변형할 수 없었다.
③ 얼굴 구조는 (사고나 수술과 같은 극단적인 상황을 제외하고는) 상대적으로 안정적이다.
④ 인간의 뇌에는 얼굴 인식 및 처리에 특화된 영역이 있다.

상당한 실험적 증거에 따르면 사람들은 얼굴에서 성격 특성을 추론할 수 있고, 실제로 그렇게 한다. 이러한 연구는 얼굴로부터 특성을 추론하는 과정이 매우 신뢰롭다는 것을 보여 준다. 즉, 서로 다른 평가자들이 동일한 얼굴에서 유사한 특성을 추론하는 경향이 있다. 일부 연구는 이러한 평가자 간 합의가 범문화적이라는 것을 보여 주었고, 이것은 얼굴에서 특성을 읽어 내는 인지적 작업이 몇 가지 보편적인 특성들을 가지고 있음을 시사한다(Zebrowitz-McArthur & Berry, 1987).

1) 역사

관상술에 대한 유럽인들의 과학적 관심은 『관상술에 대한 에세이(Ecsay on physiognomy)』(1775-1778)를 출판한 Johann Caspar Lavater에까지 거슬러 올라갈 수 있다. 그의 아이디어는 이탈리아 Giambattista Della Porta, 프랑스 관상술사인 Barthelemy Cocles, 그리고 영국 철학자이자 의사인 Thomas Browne 경의 저술을 기반으로 하였다. 예를 들어, 이 시기 동안 인간의 특성을 판단하는 방법은 인상학 혹은 얼굴 주름(특히 이마 주름)의 해석이었다.

20세기 초, 관상술은 새로운 인기를 누렸다. 다양한 직업 기관에서 관상술을 후보자를 평가하는 주요 도구 중 하나로 사용한 한편, 다른 이들은 이것을 더 의심스러운 방법으로 사용하였다. 예를 들어, Cesare Lombroso의 범죄 인류학(1895)에서는 살인자들은 턱이 두드러지고 소매치기들은 손이 길고 턱수염이 빈약하다고 주장했다. 이 작업은 종종 터무니없고 매우 편파적인 것으로 여겨지는 경우가 많다.

관상술적 판단의 타당도와 관련하여 나타나는 그림은 더 모호하다. 초기 연구에서는 얼굴 특징 혹은 관상술적 추론과 개인이 실제로 보유한 특성 간 어떤 유의한 관계도 없다고 결론 내림으로써 이 질문에 답하고자 시도했다(Cohen, 1973). Alley(1988)는 관상술적 추론에 대한 이후의 개관에서 유사한 결론에 도달했다.

더 최근 연구는 얼굴 기반 인상이 때때로 타당하다고 제안한다. Berry(1990)는 학생들에게 (학기가 1주, 5주, 9주가 지난 후) 자신의 같은 반 친구에 대한 인상을 보고하라고 요청하고, 인상 측정치를 그 친구의 사진에 대한 독립적인 평가와 비교하였다. 그녀는 세 가지 차원에서 동료 인상과 사진 간 유의한 상관관계를 발견하였다. 그 세 가지 차원은 권력, 따뜻함, 정직함이다.

외모지상주의에 대한 최근 연구에서는 인간의 신체적 매력과 관련된 특징들(얼굴, 체형)이 고용 기회에 크게 영향을 미칠 수 있음을 지적해 왔다(Swami & Furnham, 2008). 직장 장면은 체중 기반 차별이 가장 광범위하게 연구된 장면 중 하나이다. 직장에서 과체중인 사람들은 낙인이나 반-비만 편향에 취약하다(Phul & Brownell, 2003). 이러한 연구에서는 심지어 면접 절차가 시작되기 전부터 과체중, 비만인들이 겪는 편견과 불공평을 지적한다.

2) 체격

Hippocrates에서부터 체격에 대한 방대한 연구가 있지만, Kretschmer(1925)와 이후 Sheldon 등(1940)의 연구가 가장 유명하다. Kretschmer는 사람들이 신체 유형에 따라 네 범주로 구분될 수 있다고 주장했다.

(1) **쇠약형(asthenic)**: 조현병적 성격 유형 관련 기질을 가지며 마르고, 긴 뼈대를 가지고 있고, 호리호리한 사람
(2) **비만형(pyknic)**: 조울 반응 관련 기질을 가지며, 둥글고, 다부지며, 무거운 사람
(3) **근육형(athletic)**: 조울 반응보다는 조현병적 경향을 가지며, 강하고, 근육질이며, 어깨가 넓은 사람
(4) **이상신체형(dysplastic)**: 근육형과 유사한 성격 기질을 가지며 여러 신체 유형의 불균형한 신체 발달 혹은 특징을 보이는 사람

이 주장은 체형이 성격, 특히 정신질환과 체계적으로 연관된다는 것이다.

Sheldon은 오래전 신체 유형이 내배엽형(endomorph), 중배엽형(mesomorph) 및 외배엽형(ectomorph)의 세 유형으로 구분된다고 주장하였다. 이는 인체측정학에 대한 오랜 관심을 보여 준다. 첫째, 다양한 골격 측정에 기초한 명확한 생리적 유형의 기술에 많은 연구가 집중되었다. 이것은 두 번째 주장, 즉 이들 유형이 성격이나 능력과 관련이 있다는 주장보다 논쟁의 여지가 훨씬 적다. 이 영역의 연구에서 인체측정학적 측정치와 성격 간 상관관계는 약하고 모호했다.

특히 1950~2000년대의 기간 동안 폭넓은 검토 결과, 이 아이디어의 부족함이 드러났다. Eysenck(1967)는 이 영역에서 상당한 양의 연구를 했지만 지지 증거가 별로 없다는 것을 발견한 후 이 아이디어를 폐기했다.

3) 체질량지수와 체형

지난 20년간 진화심리학자들은 이 영역에서 공헌해 왔다. 그들은 젊음과 건강(및 생식력)과 관련된 얼굴 및 신체적 매력의 상관관계를 구했다. 타인에게 일관적으로 매력적이라고 평가받는 신체 및 얼굴 특성을 설명하는 것이 가능하다.

- BMI: 체중/(키×키)인 체질량지수 또는 체형, 매력적인 체형은 21~23의 BMI 지수를 가진다.
- WHR: 여성의 허리 대 엉덩이 비율. 성적 매력이 있는 비율은 .7~.8이다.
- CTH: 남성의 가슴 대 엉덩이 비율(0.95 미만)
- LTR: 다리 대 몸통 비율(여성에게는 더 높은 비율 또는 긴 다리가 선호되며, 남성에게는 더 작은 비율과 짧은 다리가 선호된다)

'대강의' 신체지수뿐만 아니라 대칭성, 키와 피부결 같은 요인도 있다. 건강과 매력에 대한 신호를 주는 전 영역에 걸친 특성이 있다. 머리카락을 생각해 보자. 머리카락은 연령(대머리, 흰머리)과 인종에 더하여 건강을 나타낸다. 많은 문화권에서 특히 여성에게 체모를 제거할 것을 요구한다.

사람들은 다양한 방법으로 매력을 높이려고 노력한다. 이 노력에는 위험하고 비싼 성형수술뿐만 아니라 화장품, 그리고 거의 항상 옷이 포함된다. 옷은 착용자와 관찰자 모두의 상태를 바꾸기 위해, 실제보다 신체를 돋보이게 하고 주의를 다른 데로 쏠리게 하여 매력을 높이고 위장하는 데 사용된다.

4) 허리 대 엉덩이 비율

진화심리학의 궁극적인 성패는 당연히 그 산물에 의해 판단되어야 한다. 이것은 우리에게 인간 본성과 행동에 대한 그럴듯하고 분명한 통찰을 제공해 주는가? 예측력과 한계를 모두 조명하는 진화심리학 연구의 한 예로, 허리 대 엉덩이 비율(WHR)을 여성의 매력 지표로 강조하는 연구가 있다.

초기 연구에서 나타난 매력의 핵심 결정요인 중 하나는 체질량지수(BMI)로 측정되는 전반적 **체중**이었다. 여러 연구에서는 여성이 날씬할수록 더 매력적이고, 더 나은 배우자감이며, 전반적으로 더 긍정적으로 여겨진다는 것을 발견했다. 그러나 Singh(1993)은 전반적 체중이 아니라 **체지방 분포가** 여성의 매력과 잠재적 번식 성공에 대한 판단과 관련된다는 증거를 제시했다. Singh이 이 특정한 형태학적 특징을 조사한 이유는 주로 그 독특성 때문이다. WHR의 측정과 관련된 특징인 허리와 엉덩이는 인간에게 고유하며 따라서 그것은 어떤 독특한 기능적 의미를 제공할 수 있다.

사춘기 전후의 남성과 여성 간 체형 차이는 무시할 수 있을 정도이며, 초기 생식기 동안에만 최대 분화가 일어난다. 이 분화는 지방 조직의 해부학적 분포에 영향을 미치는 사춘기 동안, 그리고 사춘기 이후의 활성 성호르몬에 의해 발생한다. 여성의 경우 에스트로겐은 지방세포를 자극해 엉덩이와 허벅지에 쌓이도록 하고 복부에 쌓이는 것을 억제한다. 대조적으로, 남성의 테스토스테론은 복부 지방세포 축적을 극대화하고 허벅지와 엉덩이 지방 축적을 억제한다. 이러한 차이는 여성형 지방(gynoid)과 남성형 지방(android) 분포의 차이를 만들고, 이것은 각각 WHR(허리 대 엉덩이 비율)로 측정될 수 있다.

Singh의 진화적 예측에서 중요한 부분은 WHR과 다양한 삶의 결과 간 관련성에 대한 발견이다. WHR을 통해 여러 주요 신체적 질병과 심리적 장애에 대한 민감도를 알 수 있다. 이에 덧붙여 Singh은 WHR이 여성의 생식 상태에 영향을 미치는 모든 조건에 신호를 준다는 점을 지적했다. 가령, 자신의 연구를 요약하면서, Singh(1993)은 WHR이 성공적인 임신 확률에 영향을 주고, WHR이 높은 기혼여성은 임신에 더 어려움을 겪는다고 주장한다.

Singh에게 진화의 역사 속 수렵채집인 조상들이 직면했던 주요 문제는 배우자 가치를 확인하는 것이었다. 따라서 진화 과정에서 남성은 WHR이 전달하는 정보를 감지 및 사용하여 여성의 배우자로서의 잠재력을 판단하는 **지각 메커니즘**을 선택했다. 이를 연구하기 위해 Singh은 체중과 WHR을 체계적으로 다르게 한 여성 형태의 2차원의 선그리기 세트를 개발하였다. 일련의 실험에서 Singh은 WHR이 낮을 때(곡선미를 시사함) 여성이 가장 매력적으로 평가된다고 보고하였다.

Singh은 WHR이 건강하지 않거나 생식능력이 낮은 여성을 배제하는 **광범위한 1차 필터**의 역할을 한다고 주장했다. 얼굴, 피부, 또는 체중과 같은 다른 특징은 이 **문화 불변적 필터**(culyurally invarant filter)를 통과한 후에나 배우자 선택에 활용된다. 이 필터는 진화적 적응 환경에서 모든 남성의 여성 배우자 가치에 대한 적응적 평가였기 때문에 모든 남성에게 '문화 불변적' 혹은 보편적이라고 할 수 있다. Singh의 연구는 수많은 (산업화된) 국가에서 반복적으로 검증되었으며 유사한 결과를 얻었기에 배우자 선택의 신호로서의 WHR의 보편성에 대한 증거로 여겨진다.

그러나 다른 연구자들은 낮은 WHR에 대한 선호의 보편성에 대해 의문을 제기해 왔다. 수렵채집 부족은 일반적으로 WHR이 낮은 것보다 높은 것을 선호하며, 어떤 경우에도 체중이 매력을 더 잘 예측하였다(Westman & Marlowe, 1999). 예를 들어, Yu와 Shepard(1998)는 산업사회와는 정반대로, 고립된 집단인 페루의 마치겐카족(Matsigenka)은 선그리기에서 우선 무게 기준으로 순위를 매기고(낮은 것보다 높은 것을 선호), 그다음 낮은 WHR보다 높은 WHR에 대해 높은 순위를 매긴다는 것을 발견했다.

Swami와 Tovée(2005)는 다양한 문화권에서 여성의 매력 평가에 대한 BMI과 WHR의 상대적 기여도를 비교하였다. 그 결과, 문화적 배경에 상관없이 BMI가 WHR보다 매력의 더 좋은 예측변인이라는 선행연구의 발견을 확증했다. 사실상 이 연구는 매력적인 체중은 **자원의 이용가능성**에 따라 다르다는 것을 보여 주었다. 구체적으로 사회경제적 지위(SES)가 높은 관찰자들은 일반적으로 SES가 낮은 관찰자보다 마른 여성을 더 매력적이라고 지각하였다. 다양한 민족의 '적응적' 체중에 기반을 둔 이 발견에 대해, 진화심리학적 설명은 부분적으로 배제되었고 대신 핵심 문화적 속성과 개인적 학습을 강조하는 심리학적 메커니즘이 제안되었다.

그렇다면 WHR과 매력에 대해 어떻게 이해해야 할까? 한 가지 가능성은 WHR이 매력 평가에 오직 간접적으로만 영향을 미친다는 것이다. 최근 연구에서는 WHR이 젠더에 대한 사회적 판단을 내리는 데 사용될 가능성을 조명했다. 즉, WHR은 남성을 여성과, 혹은 임신한 여성을 임신하지 않은 여성과 구분 짓는 데 사용되는 것으로 보인다. 더 나아가, WHR은 지각된 여성성과 강하게 연결되며 여성성이 여성의 매력과 연관되는 한, 성 전형적인 WHR을 가진 여성은 매우 매력적으로 여겨져야 할 것이다.

이 패러다임 내에서 진화론적 설명과 사회화 설명 모두가 가능하다. 기저의 생물학적 요소로 인해 사람들은 성 전형적인 WHR를 선호할 수 있지만, 문화와 학습은 선호에 직접적으로 더 강한 영향을 미칠 수 있다. 실제로, 이제는 매력의 진화심리학적 모델이 너무 편파적이라는 인식이 커졌다.

대부분의 진화심리학 이론은 무비판적으로 받아들일 때 편견과 차별을 영속시키는 불합리하고 여성혐오적인 주장으로 전락한다(예: 사회에서 남성이 권력을 가진 위치를 점하는 것이 '자연적'이기 때문에 남성이 권력을 차지한다는 생각, 또는 남성이 적당한 상황에서 강간을 시도하게 하는 정신적 모듈을 가지고 있다는 생각). 더 기본적 수준에서, 대부분의 현대 연구자들은 매력에서 진화적 선호와 함께 학습 및 경험의 요소를 강조하고자 한다. 즉, 문화와 생물학적 요소는 고립된 상태가 아니라 함께 작동하는 것으로 보아야 한다.

5) 새로운 신체 측정

3차원(3D) 전신 스캐너와 영상 처리와 같은 새로운 기술은 개인의 '신체 측정'을 정확하게 계량하고 시각화하고 해석하는 우리의 능력을 변화시켰다(Treleaven et al., 2006). 신체 사이즈, 체형 및 표면적에 대한 디지털 데이터를 자동으로 수집하는 능력은 중요한 혁신이다. 이는 신체 사이즈나 체형에 대한 보다 상세한 정보를 통해 인간의 신체적 매력, 건강 및 웰빙을 보는 방식을 변화시키기 때문이다.

새로운 기술에는 비디오 실루엣 이미지, 백색광 위상 측정, 레이저 방식 스캐닝 및 전파 선형 분석이 있다. 전신 스캐너의 가장 흔한 형태는 대상에 레이저를 쏘고 반사된 광선의 방향을 측정하여 센서 렌즈와 입사면 간 거리를 계산하는 깊이 센서의 배열을 기반으로 한다.

몇 초간의 스캔을 통해 수백 개의 측정값을 추출할 수 있으며, 컴퓨터를 통해 표면 특징(신체 랜드마크)과 관련된 측정값 등 표면 세부 정보를 추출하는 소위 포인트 클라우드가 생성될 수 있다. 여러 사람을 스캔하면, 해당 목적을 위해 개발된 소프트웨어 도구를 사용하여 데이터베이스에서 효율적으로 검색하고 다양한 체형 범위 내에서 평균 스캔을 비교, 분석하고 확인할 수 있다. 3차원 전신 스캐닝은 운동, 영양 또는 식단 프로그램 또는 임상치료에 따른 신체 형태의 종단적 변화를 모니터링하는 데에도 유용하다.

물론 고려해야 할 여러 윤리적 문제, 개인정보 보호 및 데이터 보호 문제가 있다. 예를 들어, 영국에서 1998년의 데이터 보호법은 참여자들에게 자신의 개인정보가 어떻게, 왜, 그리고 누구에 의해 사용될 수 있는지 공정하게 안내할 것을 규정하고 있다(또한 데이터가 이러한 방식으로 사용되는 것에 대한 참여자 동의도 필요하다).

6) 기타 지표

현재 심리학에서는 체형(BMI, WHR)에 대해 상당히 관심을 가지며, 이는 매력에 대한 진화심리학적 설명과 관련되어 있다. 체형이 인사 선발에 기질이나 능력의 강력한 지표로서 사용되어야 한다는 증거는 거의 없다. 즉, 사람들(예: 면접관)이 타인(예: 피면접자 혹은 구직자)의 심리적 특성을 지각할 때 그 사람의 신체적 특성에 영향을 받을 수 있겠지만, 이것은 필연적으로 왜곡되고 잘못된 출처이므로 피해야 한다.

현재 **변동비대칭**(fluctuating asymmetry)과 손가락 비율(digit ratio)과 같은 관련 주제가 상당한 관심을 끌고 있다. 변동비대칭은 좌 · 우측 신체 특징(귀 길이, 손가락, 손목 두께 등)에서의 개인 내 차이를 의미한다. 비대칭은 건강이 나쁘고 IQ가 낮은 것과 연관된다. 최근 연구에서, Luxen과 Buunk(2006)는 복합적 변동비대칭 측정치가 지능에서 20%의 변량을 설명할 수 있다는 것을 발견했다. 그러나 이러한 요인이 개인에게서 매우 두드러지지 않는 한, 고용 결정에 영향을 미치지는 않을 것이다.

2D:4D 비율(검지-약지 길이 비율)은 약 100년간 알려져 왔고 최근에 많은 주목을 받고 있다. 성 관련 요인에 영향을 미치는 자궁의 생리적 과정이 사람의 손 모양, 즉 두 번째와 네 번째 손가락의 길이를 결정짓는다는 것이다(Brosnan, 2006).

이러한 관점과 일관되게, Lippa(2003)의 독창적인 연구에서는 2D:4D가 성적 지향성을 결정한다는 것을 보여 주었다(남성에게만 해당). 이 분야의 후속연구는 특히 공격성이나 남성적 행동과 관련된 성격 특성의 개인차와 2D:4D를 연결하고자 시도하였다. 비록 다소 불일치하지만 여러 의미 있는 관계가 발견되었다. Lippa(2006)는 대규모 연구를 진행하여 2D:4D와 외향성 간 관계가 약하지만 정적이며, 2D:4D와 경험에 대한 개방성 간에는 약하지만 부적인 관계가 있다는 것을 발견하였다. 그러나 전반적으로 손가락 길이 측정값과 성격 간 관계는 크지 않았고 가변적이었다.

이와 유사하게 더 소규모로 진행된 연구에서 2D:4D는 다양한 공격성 하위척도(예: 감각추구, 언어적 공격성)의 유의한 예측변인이었다(Hampson et al., 2008). 저자는 "2D:4D 비율은 테스토스테론에 민감한 선별적 성 의존적 특성의 약하지만 타당한 예측변인이 될 수 있다"(p. 133)고 결론 내렸다. 더 최근에 Lindova 등(2008)은 여성성이 높은 여성(오른손 2D:4D 비율이 더 높은 여성)은 여성성이 덜한 여성(오른손 2D:4D 비율이 더 낮은 여성)보다 더 신경증적이고 사회적으로 덜 대담하다고 보고했다.

비록 2D:4D 측정값이 여전히 인사 선발 도구로 사용되지는 않겠지만, 이 영역에 대한 연구가 증가하고 있으며 여기서 검토된 결과는 부분적으로 개인차 평가에 대한 대안적 접근방식을 제공할 수 있는 유망한 가능성을 보여 준다(7장 참조).

7) 체격과 선발

실험연구에서는 일반적으로 지시문 또는 사진을 통해 종업원 체중에 대한 지각을 조작하여 고용 의사결정을 조사하였다. 영업 및 비즈니스 직무의 입사지원자에 대한 한 초기 연구에 따르면 여성 지원자에 대한 서면 묘사에서 살이 쪘다는 설명이 있을 때 그렇지 않은 여성보다 유의하게 더 부정적으로 평가되었다(Rothblum et al., 1988).

한 연구에서는 모의 면접을 녹화하여 사용하였는데, 이 동영상에서는 동일한 전문 배우가 연극용 보철물로 체중을 조작한 채 컴퓨터 관련직 혹은 영업직 지원자를 연기하였다(Pingitore et al., 1994). 평균 체중 지원자보다 비만인 지원자가 고용 편향에 훨씬 많이 노출되었으며, 남성보다는 여성이 고용 편향에 더 분명하게 노출되었다. 한 초기 연구에서는 모의 고용 장면의 직무 지원자에 대한 동영상을 사용하여 체중이 많이 나가는 지원자가 평균 체중의 지원자보다 고용 추천을 받을 가능성이 유의하게 낮으며, 단정함, 생산성, 야심, 절제력, 결단력에서 유의한 수준으로 낮은 평가를 받는다는 것을 보여 주었다(Larkin & Pines, 1979).

과체중인 사람들이 고용되더라도, 이들에 대한 부정적 인식은 경력 내내 유지된다(Paul & Townsend, 1995). Roehling(1999)은 12편이 넘는 실험실 연구에서 보고된 수많은 업무 관련 고정관념을 요약했다. 연구참여자들은 과체중인 종업원들의 경우 자제력이 부족하고 게으르며, 덜 성실하고, 덜 유능하며, 엉성하고, 사귀기 힘들고, 정서적으로 불안정하다고 가정했다. 게다가 이러한 태도는 임금, 승진 및 고용 지위에 대한 의사결정에 부정적인 영향을 준다(Register & Williams, 1990; Rothblum et al., 1990).

면접에서 관찰 가능한 특성이 평가자에게 어떤 영향을 주는지에 대한 방대한 연구가 있다. 최근 Hu 등(2018)은 실제 인체의 레이저 스캔 데이터를 사용하여 140개의 사실적인 남성 및 여성 신체 모델을 만들었다. 이 연구에서 참가자들은 각 신체를 두 각도에서 보고 화면에 표시된 30개의 특성 단어가 각 신체에 해당하는지 표시했다. 특성 단어는 일반적으로 긍정적(예: 열정적인, 외향적인, 지배적인)이거나 부정적(예: 조용한, 속마음을 드러내지 않는, 수줍음이 많은)으로 보이는 성격 5요인 특성 차원을 반영했다.

연구자들은 연구참여자들이 특정 신체 유형과 특정 특성을 일관적으로 연결짓는지 분석했다. 사람들은 비만 체형에 게으른, 부주의한 등의 더 부정적인 특성을 연결하였으며, 보다 마른 체형에 대해서는 자신감 있는, 열정적인 등 더 긍정적인 특성을 가진 것으로 판단했다. 또한 그들은 고전적으로 여성적인 신체(예: 서양 배(조롱박) 모양)와 고전적으로 남성적인 신체(예: 어깨가 넓은)는 다투기 좋아하고, 외향적이며, 짜증을 잘 내는 것과 같은 '활성적(active)' 특성과 관련이 있는 것으로 분류했다. 직사각형에 가까운 남성과 여성의 신체는 신뢰할 만함, 수줍음, 믿음직함, 따뜻함과 같은 상대적으로 비활성적 특성과 연관되었다. 요컨대, 그들은 이전의 많은 연구에서처럼, 다양한 체형 특징의 구체적인 조합으로부터 성격 특성 판단을 신뢰있게 예측할 수 있다는 것을 발견하였다.

다시 말해, 관상술과 체격이 성격을 보여 준다는 증거가 있든 없든, 사람들은 그것을 사실이라고 믿는다.

8) 결론

각 시대마다 체격, 머리 모양, 필적, 출생장소/시간 등 개인을 평가하고 이해하는 방법이라고 주장하는 고유의 신념체계와 기술이 있었다. 많은 사람은 이러한 주장을 진지하게 받아들이며, 이러한 기술의 사용이 그들의 삶에 중요하게 여겨졌다.

과학자가 이들 주장을 검증하기까지는 오랜 시간이 걸린다. 초기 결과는 모호할 수밖에 없으며 종종 모호한 채로 남아 있다. 그러나 이 장에서 검토한 다양한 기법에 대한 증거를 토대로 하였을 때, 이것들을 공식적인 평가에 사용하는 것은 매우 현명하지 못하다는 결론을 내리는 것이 안전할 것이다.

참고문헌

Alley, T. R. (1988). Physiognomy and social perception. In T. R. Alley (Ed.), *Resources for ecological psychology. Social and applied aspects of perceiving faces* (pp. 167–186). Lawrence Erlbaum Associates, Inc.

Allport, G. W., & Vernon, P. E. (1933). The present status of experimental graphology. In G. W. Allport & P. E. Vernon, *Studies in expressive movement* (pp. 185–211). MacMillan Co.

Ben-Shakhar, G., Bar-Hillel, M., Bilu, Y., Ben-Abba, E., & Flug, A. (1986). Can graphology predict occupational success? Two empirical studies and some methodological ruminations. *Journal of Applied Psychology, 71*(4), 645.

Berry, D. S. (1990). Taking people at face value: Evidence for the kernel of truth hypothesis. *Social Cognition, 8*(4), 343–361.

Brosnan, M. J. (2006). Digit ratio and faculty membership between prenatal testosterone and academia. *British Journal of Psychology, 97*, 455–466.

Bruchon-Schweitzer, M., & Ferrieux, D. (1991). Les méthodes d'évaluation du personnel utilisées pour le recrutement en France. *Orientation Scolaire et Professionnelle*.

Burke, K. (2012). Big Five personality traits an astrology. Unpublished PhD thesis. Pacific Graduate University, Ann Arbor.

Butterworth, B. (1999). *The mathematical brain*. Macmillan.

Carlson, S. (1985). A double-blind test of astrology. *Nature, 318*(6045), 419–425.

Clarke, D., Gabriels, T., & Barnes, J. (1996). Astrological signs as determinants of extroversion and emotionality: An empirical study. *Journal of Psychology, 130*(2), 131–140.

Cleridou, K., & Furnham, A. (2014). Personality correlates of aesthetic preferences for art, architecture, and music. *Empirical Studies of the Arts, 32*(2), 231–255.

Cohen Jr, M. M. (1973). A new syndrome with hypotonia, obesity, mental deficiency, and facial, oral, ocular, and limb anomalies. *Journal of Pediatrics, 83*(2), 280–284.

Cooter, R. (1984). *The cultural meaning of popular science: Phrenology and the organization of consent in nineteenth-century Britain*. Cambridge University Press.

Crepieux-Jamin, J. (1909). *L'ecriture et le caractere*. Alcan.

Davey, D. M. (1989). *How to be a good judge of character: Methods of assessing ability and personality*. Kogan Page

Davies, J. D. (1955). *Phrenology, fad and science: A 19th century American crusade*. Yale University Press.

Dazzi, C., & Pedrabissi, L. (2009). Graphology and personality: an empirical study on validity of handwriting analysis. *Psychological Reports, 105*(3), 1255–1268.

Dean, G. (1987). Does astrology need to be true? Part 2: The answer is no. *The Skeptical Inquirer, 11*(3), 257–273.

Dean, G. (1992). Does astrology need to be true? In K. Frazier (Ed.), *The hundredth monkey and other paradigms of paranormal* (pp. 279–319). Prometheus.

Driver, R. W., Buckley, M. R., & Frink, D. D. (1996). Should we write off graphology? *International Journal of Selection and Assessment, 4*(2), 78–86.

Edwards, A. G., & Armitage, P. (1992). An experiment to test the discriminating ability of graphologists. *Personality and Individual Differences, 13*(1), 69–74.

Eysenck, H. J., & Gudjonsson, G. (1986). An empirical study of the validity of handwriting analysis. *Personality and Individual Differences, 7*(2), 263–264.

Eysenck, H. (1967). *The biological basis of personality*. Thomas.

Furnham, A. (1988). Write and wrong: The validity of graphological analysis. *Skeptical Enquirer, 12*: 64–69.

Furnham, A. (2004). The future (and past) of work psychology and organisational behaviour: A personal view. *Management Review, 15*: 420–436.

Furnham, A. (2008). *Personality and Intelligence at Work*. Routledge.

Furnham, A. (2010). Phrenology. In *50 Schlüsselideen Psychologie* (pp. 184–187). Spektrum Akademischer Verlag.

Furnham, A., & Gunter, B. (1987). Effects of time of day and medium of presentation on immediate recall of violent and non–violent news. *Applied Cognitive Psychology, 1*(4), 255–262.

Furnham, A., Chamorro–Premuzic, T., & Callahn, I. (2003). Does graphology predict personality and intelligence? *Individual Differences Research, 1*(2), 78–94.

Furnham, A., McClelland, A., & Mansi, A. (2012). Selecting your boss: Sex, age, IQ and EQ factors. *Personality and Individual Differences, 53*, 552–556.

Garoot, A. H., Safar, M., & Suen, C. Y. (2017, November). A Comprehensive Survey on Handwriting and Computerized Graphology. In *2017 14th IAPR International Conference on Document Analysis and Recognition (ICDAR)* (Vol. 1, pp. 621–626). IEEE.

Gauquelin, M., Gauquelin, F., & Eysenck, S. B. (1979). Personality and position of the planets at birth: An empirical study. *British Journal of Social and Clinical Psychology, 18*(1), 71–75.

Gauquelin, M. (1969). *The scientific basis of astrology*. Stein and Day.

Gauquelin, M., Gauquelin, F., & Eysenck, S. B. (1979). Personality and position of the planets at birth: An empirical study. *British Journal of Social and Clinical Psychology, 18*(1), 71–75.

Genovese, J. E. (2015). Interest in astrology and phrenology over two centuries: A Google Ngram study. *Psychological Reports, 117*(3), 940–943.

Goldberg, L. R. (1986). Some informal explorations and ruminations about graphology. In B. Nevo (Ed.), *Handbook of scientific aspects of graphology* (p. 281–293). Charles C. Thomas.

Gwada, B. (2014). Lack of evidence for the assessment of personality traits using handwriting analysis. *Polish Psychological Bulletin, 45*(1), 73–79.

Hamilton, M. M. (1995). Incorporation of astrology–based personality information into long–term self-concept. *Journal of Social Behavior and Personality, 10*(3), 707.

Hampson, E., Ellis, C. L., & Tenk, C. M. (2008). On the relation between 2D: 4D and sex-dimorphic personality traits. *Archives of Sexual Behavior, 37*(1), 133.

Hartford, H. (1973). *You are what you write*. Macmillan Publishing Company.

Hassin, R., & Trope, Y. (2000). Facing faces: studies on the cognitive aspects of physiognomy. *Journal of Personality and Social Psychology, 78*(5), 837.

Hu, Y., Parde, C. J., Hill, M. Q., Mahmood, N., & O'Toole, A. J. (2018). First impressions of personality traits from body shapes. *Psychological Science, 29*(12), 1969-1983.

Hull, C. L., & Montgomery, R. B. (1919). An experimental investigation of certain alleged relations between character and hand writing. *Psychological Review, 26*(1), 63.

Kravitz, D. A., Stinson, V., & Chavez, T. L. (1996). Evaluations of tests used for making selection and promotion decisions. *International Journal of Selection and Assessment, 4*(1), 24-34.

Jones, O. P., Alfaro-Almagro, F., & Jbabdi, S. (2018). An empirical, 21st century evaluation of phrenology. *Cortex, 106*, 26-35.

Kelly, I. W. (1997). Modern astrology: a critique. *Psychological Reports, 81*(3), 1035-1066.

King, R. N., & Koehler, D. J. (2000). Illusory correlations in graphological inference. *Journal of Experimental Psychology: Applied, 6*(4), 336.

Klages, L (1917). *Handschrift und charakter*. Bovier Verlag Herbert Grundman.

Klages, L. (1930). *Graphologisches Lesebuch [A graphology reader]*. Johann Ambrosius Barth.

Klimoski, R. J., & Rafaeli, A. (1983). Inferring personal qualities through handwriting analysis. *Journal of Occupational Psychology, 56*, 191-202.

Kretschmer, E. (1925). *Physique and character* (trans. WJH Sprott). Kegan Paul, 266.

Larkin, J. C., & Pines, H. A. (1979). No fat persons need apply: experimental studies of the overweight stereotype and hiring preference. *Sociology of Work and Occupations, 6*(3), 312-327.

Lester, D., McLaughlin, S., & Nosal, G. (1977). Graphological signs for extraversion. *Perceptual and Motor Skills, 44*(1), 137-138.

Lewinson, T. S. (1986). Handwriting analysis in diagnosis and treatment of alcoholism. *Perceptual and Motor Skills, 62*(1), 265-266.

Lindová, J., Hrušková, M., Pivoňková, V., Kuběna, A., & Flegr, J. (2008). Digit ratio (2D: 4D) and Cattell's personality traits. *European Journal of Personality: Published for the European Association of Personality Psychology, 22*(4), 347-356.

Linton, H. B., Epstein, L., & Hartford, H. (1962). Personality and perceptual correlates of primary beginning strokes in handwriting. *Perceptual and Motor Skills, 15*(1), 159-170.

Lippa, R. A. (2003). Are 2D: 4D finger-length ratios related to sexual orientation? Yes for men, no for women. *Journal of Personality and Social Psychology, 85*(1), 179.

Lippa, R. A. (2006). Finger lengths, 2D: 4D ratios, and their relation to gender-related personality traits and the Big Five. *Biological Psychology, 71*(1), 116-121.

Lombroso, C. (1895). *Criminal Anthropology: Its Origin and Application*. Forum Publishing Company.

Luxen, M. F., & Buunk, B. P. (2006). Human intelligence, fluctuating asymmetry and the peacock' s tail: general intelligence (g) as an honest signal of fitness. *Personality and Individual Differences, 41*(5), 897–902.

Mayo, J., White, O., & Eysenck, H. J. (1978). An empirical study of the relation between astrological factors and personality. *The Journal of Social Psychology, 105*(2), 229–236.

McArthur, L. Z., & Berry, D. S. (1987). Cross-cultural agreement in perceptions of babyfaced adults. *Journal of Cross-Cultural Psychology, 18*(2), 165–192.

Michon, J. H., & Desbarrolles, A. (1872). *Les Mystères de l'écriture,... art de juger les hommes sur leurs autographes, par A. Desbarrolles et Jean-Hippolyte [Michon]*. Garnier frères.

Miller, E. (1996). Phrenology, neuropsychology and rehabilitation. *Neuropsychological Rehabilitation, 6*(4), 245–256.

Mishra, A. (2017). Forensic graphology: Assessment of personality. *Forensic Research & Criminology International Journal, 4*(1), 00097.

Nanninga, R. (1996). The astrotest. *Correlation, 15*, 14–20.

Neter, E., & Ben-Shakhar, G. (1989). The predictive validity of graphological inferences: A meta-analytic approach. *Personality and Individual Differences, 10*(7), 737–745.

Nevo, B. (1988). Yes, graphology can predict occupational success: Rejoinder to BenShakhar, et al. *Perceptual and Motor Skills, 66*(1), 92–94.

Nias, D. K. (2016). Hans Eysenck: Sex and violence on television, the paranormal, graphology, and astrology. *Personality and Individual Differences, 103*, 140–147.

Nickerson, R. S. (1998). Confirmation bias: A ubiquitous phenomenon in many guises. *Review of General Psychology, 2*(2), 175–220.

Oosthuizen, S. (1990). Graphology as predictor of academic achievement. *Perceptual and Motor Skills, 71*(3), 715–721.

Paul, R. J., & Townsend, J. B. (1995). Shape up or ship out? Employment discrimination against the overweight. Employee *Responsibilities and Rights Journal, 8*(2), 133–145.

Puhl, R. M., & Brownell, K. D. (2003). Psychosocial origins of obesity stigma: toward changing a powerful and pervasive bias. *Obesity Reviews, 4*(4), 213–227.

Pingitore, R., Dugoni, B. L., Tindale, R. S., & Spring, B. (1994). Bias against overweight job applicants in a simulated employment interview. *Journal of Applied Psychology, 79*(6), 909.

Rafaeli, A., & Klimoski, R. J. (1983). Predicting sales success through handwriting analysis: An evaluation of the effects of training and handwriting sample content. *Journal of Applied Psychology, 68*(2), 212.

Register, C. A., & Williams, D. R. (1990). Wage effects of obesity among young workers. *Social Science Quarterly, 71*(1), 130.

Roehling, M. V. (1999). Weight-based discrimination in employment: Psychological and legal aspects. *Personnel Psychology, 52*(4), 969-1016.

Rosenthal, D. A., & Lines, R. (1978). Handwriting as a correlate of extraversion. *Journal of Personality Assessment, 42*(1), 45-48.

Rothblum, E. D., Brand, P. A., Miller, C. T., & Oetjen, H. A. (1990). The relationship between obesity, employment discrimination, and employment-related victimization. *Journal of Vocational Behavior, 37*(3), 251-266.

Rothblum, E. D., Miller, C. T., & Garbutt, B. (1988). Stereotypes of obese female job applicants. *International Journal of Eating Disorders, 7*(2), 277-283.

Sachs, G. (1999). *The astrology file*. Orion.

Sen, A., & Shah, H. (2017). *Automated handwriting analysis system using principles of graphology and image processing*. ICIIECs Conference.

Shackleton, V., & Newell, S. (1994). European management selection methods: A comparison of five countries. *International Journal of Selection and Assessment, 2*(2), 91-102.

Sheldon, W. H., Stevens, S. S., & Tucker, W. B. (1940). *The varieties of human physique*. Harper and Bros.

Singh, D. (1993). Body shape and women's attractiveness. *Human Nature, 4*(3), 297-321.

Swami, V., & Tovée, M. J. (2005). Female physical attractiveness in Britain and Malaysia: A cross-cultural study. *Body Image, 2*, 115-128.

Tett, R. P., & Palmer, C. A. (1997). The validity of handwriting elements in relation to self-report personality trait measures. *Personality and individual differences, 22*(1), 11-18.

Van Rooij, J. J. (1994). Introversion-extraversion: astrology versus psychology. *Personality and Individual Differences, 16*(6), 985-988.

Vestewig, R. E., Santee, A. R., & Moss, M. K. (1976). Validity and student acceptance of a graphoanalytic approach to personality. *Journal of Personality Assessment, 40*(6), 592-598.

von Eye, A., Losel, F., & Mayzer, R. (2003). Is it all written in the stars? A methodological commentary on Sachs' astrology monograph and reanalyses of his data on crime statistics. *Psychological Test and Assessment Modeling, 45*(1), 78.

Watson, P. R. (1993). Benefits of graphology. *Professional Manager*, May 4.

Wetsman, A., & Marlowe, F. (1999). How universal are preferences for female waist-to-hip ratios? Evidence from the Hadza of Tanzania. *Evolution and Human Behavior, 20*(4), 219-228.

Yu, D. W., & Shepard, G. H. (1998). Is beauty in the eye of the beholder? *Nature, 396*, 321-322.

제4장

자기보고 검사

4

자기보고 검사

방법 5. 면접

무엇인가?

전통적으로 면접은 평가자와 피평가자의 실시간 대면 대화로서, 서로에게 필요한 정보를 물어볼 수 있다. 면접은 온라인이나 전화를 통해 원격으로 할 수도 있고, 다양한 방식을 사용한다(예: 구조화된 방식 대 비구조화된 방식, 개별적 방식 대 패널 방식).

어떻게 작동하는가?

말하는 내용과 방식을 통해 개인에 대한 풍부하고 세밀하며 중요한 정보를 제공한다. 지원자 입장에서는 직무와 조직에 대한 정보를 얻을 수 있다.

증거가 있는가?

비구조화된 면접은 타당도가 매우 낮지만, 잘 구조화된 면접은 타당도가 매우 높다는 것을 보여 주는 자료가 많다. 대부분의 지원자는 면접이 있을 거라고 예상하고, 채용을 준비할 때 면접을 대비한다. 면접관들은 정확하고 일관성 있는 평가를 하기 위해 면접을 잘 진행하기 위해 교육을 받아야 한다.

실무적 문제: 비용, 윤리, 정치적 이슈

진행 시간과 지원자의 이동 측면에서 대면 면접은 비용이 많이 들지만, 온라인 면접은 비용이 훨씬 적게 든다. 면접 과정에서 질문할 수 있는 것과 할 수 없는 것을 권고하는 법적 제한을 고려할 때, 윤리 및 정치 이슈는 점점 더 복잡해지고 있다.

사용 관련 제안

세밀한 직무분석을 한 후에 구조화된 면접을 진행하기 위해, 잘 훈련된 면접관들이 참여해야 한다.

1) 도입

어떤 직무든 대부분의 지원자는 면접이 있을 것이라고 기대한다. 일부 조직은 비용이 많이 들고 타당하지 않다고 생각해서 지원자의 면접을 '포기'했지만, 면접을 안 보는 것에 대한 나쁜 평판 때문에 면접을 다시 시행하는 조직들이 많다. 지원자들은 거의 항상 면접을 보고 싶어한다.

직무 면접에는 다양한 변수가 있다. 면접 시간은 어떻게 되는지, 면접관이 몇 명인지, 일대일 면접인지 아니면 패널 면접인지 등이다. 가장 중요한 것은 면접의 구조화 여부이다.

면접은 관찰과 평정의 양방향 과정이다. 대체로 지원자는 선발 과정의 단계에서 면접을 볼 것이라고 예상하기 때문에 면접을 하지 않으면 당황스러워한다. 면접에는 두 가지 유형의 타당도가 있는데, 조직 관점(인사 선발 기법에 대한 학문적 타당도 연구가 초점)과 지원자 관점이다. 면접은 조직과 지원자가 서로를 평가하는 과정이므로, 지원자는 직무 특성, 조직, 및 경영진에 대해 어느 정도 알 수 있다. 이것이 다른 많은 평가 방법과 다소 다른 측면이다.

Schuler(1993)는 지원자 관점을 면접의 사회적 타당도(social validity)라고 하였다. 그는 지원자들이 면접의 사회적 타당도를 네 가지 요소에 근거하여 생각한다고 주장하였다. 지원자가 직무에 대해 얻는 정보들이 지원자에게 얼마나 유익한지, 면접 과정과 결과에 대해 관여할 수 있는 양, 질, 통제력이 어느 정도인지, 전체적인 접근 방식이 얼마나 투명한지, 그리고 피드백의 양과 유형이다.

면접관들은 어떤 것들을 살펴볼까? 지능, 직무 지식, 성격, 사회적 기술, 신체적 특성, 관심사 및 선호도 등을 본다. 철저하게 준비하는 면접관도 있지만, 거의 준비하지 않는 이들도 있다. 일부는 전형적인 업무 상황을 사용하여 질문을 개발하는데, 이는 강제 선택이나 자유 응답 형태의 상황 판단 검사(6장)와 유사하다.

왜 면접은 지원자들의 수행을 제대로 예측하지 못하는 걸까? 그 이유를 설명해 줄 수 있는 근거들이 많아지고 있다.

- 면접관들은 통찰력, 스킬, 선호도에 있어 차이가 있다.
- 면접관들은 자신이 생각하는 것만큼 논리적이고 합리적이지 않으며 복잡성을 처리하지 못한다.
- 면접관마다의 동기, 관심, 그리고 자신의 의사결정을 정당화하고자 하는 욕구가 다르다.
- 지원자는 자기 홍보(self-promotion)와 자기 고양(self-enhancement)을 통해 긍정적인 인상을 관리하려고 열심히 노력한다.
- 면접관들은 자신들이 매우 중요하게 생각하는 새로운 정보를 찾고자 기대한다.
- 지원자는 면접에서 어떻게 행동해야 하는지에 대해 점점 더 많은 코칭을 받고 있다.
- 지원자(그리고 면접관들)는 거짓말을 한다.
- 면접관마다 면접 중 또는 면접 후에 사용하는 평정 척도를 활용하는 방식에 차이가 있다.
- 면접관은 예측할 수 없는 것들, 즉 상당한 시간이 지난 후에 직무의 모든 과제를 잘 수행할 것인지를 예측하려고 노력한다.
- 평정에는 범위 제한이 있다. 즉, 평가자들이 전체 척도점(특히 양극단)을 사용하지 않는 경향이 있다는 것을 의미한다. 따라서 그들은 다양한 지원자를 분명하게 구별하지 못한다.
- 면접관들은 면접 전에 이미 마음을 정한다.
- 면접관들은 업무를 단순화하고 여러 정보를 통합해야 하는 복잡성에 대처할 수 없다.
- 면접관들은 첫인상을 형성하고 이후에 얻는 데이터를 무시하는 경향이 있다.
- 거부하는 요인(예: 선발 제외)이 선택 요인에 비해 더 큰 가중치를 갖는다.
- 면접관들은 입증되지 않은 잘못된 자신만의 암묵적인 성격 이론을 갖고 있다(예: 빨간 머리는 지적이고, 럭비 선수는 좋은 팀워크를 보인다).

어떤 형태의 선발이든 한 번 혹은 여러 번의 면접을 통해 정보를 얻을 수 있다. 면접은 아주 오랫동안 선발에 사용되어 왔다(예를 들어, 영국 해군은 1800년 초부터 직무 면접을 사용했다). 많은 사람이 '끌림(chemstry)' '적합(fit)' '느낌(feel)'이라는 단어를 사용하는데, 이 단어들은 주로 면접 과정의 직관적인 특성을 보여 준다.

면접 지원자는 자신을 '자세히 살펴보려고' 하는 많은 사람 앞에 앉거나, 혹은 직무와 연관된 여러 이해관계자와 순차적으로 '일대일' 면접을 치러야 할 수도 있다. 면접은 면접 시간, 면접관 수, 준비된 정도, 그리고 면접의 실제 목적 등 여러 측면에서 다르다.

면접이 널리 사용되면서 면접 훈련과 관련된 거대한 산업이 생겼다. 면접관과 지원자 모두를 위한 도서들이 많다. 면접관은 '지원자의 핵심을 찌르는' '치명적인' 질문을 하는 방법을 '배운다.' 마찬가지로, 지원자는 정말 '어려운' 질문에 대해 외교적으로 답변하는 방법을 배운다. 그래서 면접은 부정직의 지뢰밭이 되어 버린다. 즉, 본질적으로 양 당사자가 서로 '꼼수'와 '순발력'을 보여 주는 가식적인 지적 게임이다. 물론 사실이 아닐 수도 있지만, 면접관과 지원자들이 선발 면접을 바라보는 방식에 영향을 미치고 있다.

결과적으로, 신뢰도와 타당도가 낮은 구조화되지 않은 면접을 통해 얻은 정보는 오히려 효과적인 의사결정을 방해하기도 한다. 면접에서 얻은 데이터와 평정 방법은 타당하지 않고 신뢰할 수 없으며 편향적이라는 비난을 받아 왔다. 게다가 면접관과 지원자 모두 상당한 시간과 이동 비용이 드는 경우가 많다.

그런 이유 때문에 영국 대학에서는 대학 입시 과정에서 면접을 하지 않는다. 학교 시험 결과, 추천서 및 기타 지원서 자료가 '최적'의 결정을 내릴 수 있는 정보로 충분하다고 믿기 때문이다. 일부 대학은 경쟁이 매우 높은 분야에서는 면접을 한다. 바람직한 지원자를 뽑는 것보다 성격, 동기 또는 가치관 측면에서 부적합한 지원자를 제외하는 것이 목적이다.

그러나 면접이 공정하고 합리적이며 가장 수용 가능한 방법으로 여겨지기 때문에 거의 모든 선발 결정에 활용된다. 면접은 정보를 수집하고, 적합성에 대해 추론하고, 개인의 의사소통 기술을 알아보는 데 사용된다.

이 주제에 대한 문헌은 인적 자원 관리(Human Resource Management)부터 개인차 심리학(Differential Psychology)까지 다양한 학문과 응용 분야에 흩어져 있다. 일부 연구자들은 특정 유형의 면접 기법이나 방식에 대한 타당도를 검증하는 데 관심을 갖고 있다. 하지만 구조화된 면접과 비구조화된 면접의 타당도에 대해서는 상당한 합의가 이루어져 있다.

2) 면접의 설명, 유형 및 기능

면접에 대한 연구는 상당히 구체적인 이슈들을 많이 다룬다.

첫째, 면접의 목적과 방법론을 고려할 때 면접의 다양한 유형을 구별하는 것이 중요하다.
둘째, 사람들이 최종 판단을 하기 위해 정보를 수집하고 평가하며 정보를 조합하는 방법을 연구하는 면접에 대한 인지심리학 연구가 있다.
셋째, 지금까지는 면접의 심리측정 방법(신뢰도와 타당도)과 이것을 개선하는 방법을 연구하는 데 많은 노력을 쏟았다.
넷째, 면접에서 지원자 평가에 관한 연구가 증가하고 있다.
다섯째, 면접의 법적 측면에 대한 연구가 약간 있다.

전형적인 선발 면접의 특징을 설명하는 것은 어렵다. 대부분은 구조화되어 있지 않거나 기껏해야 반구조화되어 있고, 적절한 훈련을 받은 면접관이 거의 없다. 가장 손쉽게 높은 점수를 받을 수 있는 것(즉, 자신감 드러내기)은 상대적으로 중요하지 않은 직무 준거이다. 대개 관리자(혼자 또는 다른 사람과 함께)가 면접을 진행한다. 면접관이 준비한 것은 제출된 지원서와 이력서를 대충 읽는 것 정도이다. 다양한 면접이 있지만 대부분은 '무엇 때문에 우리와 일하려고 합니까?' '당신의 가장 큰 강점과 약점은 무엇입니까?' 그리고 '당신은 우리에게 질문할 것이 있습니까?'라는 진부한 질문들을 한다.

면접에는 선발 면접뿐만 아니라 평가 면접, 징계 면접, 동기부여 면접 등 다양한 유형이 있지만, 대부분의 연구는 선발 면접에 관한 것이다. 지원자는 면접에 대한 기대를 갖고 있다. 보통 면접이 30~120분 정도의 시간 동안 심도 있게 진행될 것이라고 기대한다. 또한 면접이 일대일로 진행되기를 바란다. 그들은 옷을 단정하게 입고, 질문에 정직하게 대답할 것이며, 어떤 때는 지원자가 질문할 수도 있을 거라고 기대한다.

면접에는 일반적으로 환영, 정보 수집, 정보 제공 및 마무리 등 네 단계가 있다. 환영 단계는 보통 몇 분 동안 진행되며 지원자를 안심시키기 위한 것이다. 정보 수집 단계는 전체 면접의 80~90%를 차지한다. 정보 제공 단계에서는 면접관이 지원자에게 궁금한 것을 질문하게 한다. 이때 지원자들은 궁금한 것을 묻기도 하지만, 면접관에게 깊은 인상을 주기 위한 인상관리 질문을 하는 경우도 있다. 보통 마무리 단계에서 면접관이 지원자에게 의사결정 과정을 설명하거나 결과를 언제 어떻게 알려 줄지 설명해 준다.

관리자들에게 면접 기술, 특히 평가 면접을 계획하는 방법과 매우 예리하고 효과성이 높은 질문을 하는 방법을 교육하는 과정들이 많다. 이러한 교육과정에는 시간, 비용, 품질, 양 및 고객 피드백 중 하나로 측정할 수 있는 잘 정의된 직무 준거가 포함되어야 한다.

모든 면접은 적어도 면접관이 사전에 과정을 계획했음을 보여 주는 어젠다가 있어야 한다. 또한 면접을 통해 얻은 내용에 대해 양 당사자가 명확하게 요약하는 말로 끝나야 하며, 지원자가 먼저 자신이 이해한 것을 요약하는 것이 이상적이다.

개인과 조직은 양질의 정보를 얻을 수 있다고 생각하는 선호 질문과 주제를 가지고 있지만, 구조화된 직무 면접에서 일반적으로 평가하는 지원자의 잠재적 자질이나 내용은 다음과 같다(〈표 4-1〉 참조).

〈표 4-1〉 6가지 평가 영역

성장 배경	• 사람이 의사결정을 내리는 기준점을 파악할 수 있음 • 필요한 정보–출생지, 형제자매(나이, 학업 및 업무 성과), 어린 시절 사건 평가: 경제적 및 사회적 안정성, 지원 정도
교육	• 지적 능력에 초점을 둠 • 필요한 정보–학교, 대학교, 시험 결과, 기타 관심사 및 성취(문화, 사회, 기술) 평가: 과목 선택, 성취, 실패의 원인과 결과
업무 경력	• 가장 최근의 경험을 먼저 살펴봄 • 필요한 정보–직무 분야, 주요 업무, 관계, 목표/결과, 선호하는 직무의 종류/잘 수행했는지 아닌지, 변화 이유 평가: 조직 내 직무의 중요성, 업계에서 기업의 지위, 직무 요구에 대한 지원자의 역량
포부	• 현실 점검 • 필요한 정보–지원자가 단기/장기적으로 하고자 하는 일, 열망을 달성하기 위한 계획 평가: 현재까지의 학업과 업무 성과, 나아가 개인 특성을 비교했을 때 얼마나 현실적인 포부를 가지고 있는지
환경	• 경력 제약 요소 확인 • 필요한 정보–이사 계획, 결혼 상태, 가족 관련 제약, 금융 부채, 운전면허 평가: 결혼 및 재정적 안정성을 탐색함으로써 업무 효과성에 영향을 미칠 수 있는 제약 조건이 있는지
관심사	• 동기를 파악하기 위해 지원자가 좋아하는 것 질문 • 필요한 정보–주요 관심사, 강도 및 지속기간 평가: 제안하는 직무가 이러한 관심사와 부합하는 정도, 그리고 장애가 되는 정도

'평가' 면접(appraisal interviews)은 업무 성과를 촉진하고, 업무를 보다 효율적으로 배분하며, 직원의 성장 요구를 충족시킴으로써 인적 자원 활용을 개선하는 매우 구체적인 기능이 있다.

종종 면접 관련 훈련 프로그램에서는 면접 질문을 만들고, 질문하고 그 답변을 해석하는 방법을 배우는 데 많은 노력을 쏟는다. 평가 면접에서는 긍정적 및 부정적 피드백을 주는 가장 좋은 방법이 무엇인지가 더 중요하다. 이에 대해 다음과 같은 명확한 권장 사항이 있다.

- 시작할 때 피드백의 맥락과 목적에 대해 간략하게 설명한다.
- 긍정적 피드백으로 시작한다. 긍정적 피드백에 대한 피평가자의 생각을 들은 다음에 부정적 피드백을 한다.
- 긍정적인 의견과 부정적인 의견을 모두 구체적으로 제시한다.
- 항상 변화 가능한 행동에 관해 언급한다.
- 다르게 할 수 있는 대안들을 제공한다.
- 피드백은 항상 평가적이기보다는 설명적이어야 한다.
- 피평가자가 피드백을 수용할 수 있도록 한다.
- 피드백을 제공하는 방법, 시기 및 이유에 있어서 숨겨진 어젠다가 있는지 확인한다.
- 피평가자가 피드백을 수용할지 어떻게 반응할지에 대한 자유를 준다.
- 평가자의 특성이 피드백 과정에서 드러날 수 있음을 인식한다.

마찬가지로, 면접에서 피드백을 받는 방법에 대해 훈련시키는 것이 바람직하다. 대체로 피드백을 거부하거나 피드백을 준 사람과 논쟁하기 전에 상대방이 말하는 것이 정확하게 무엇인지 주의 깊게 듣고 세심하게 고려해야 한다. 말하는 내용을 명확하게 이해하는 것이 중요하다. 피드백을 받는 사람들은 기대했지만 받지 못한 피드백을 요청할 수 있어야 한다. 또한 하나의 정보원에만 의존하기보다는 자신을 아는 다른 선배들로부터 피드백을 받을 수 있으면 좋다. 나아가 피드백을 통해 하려고 하는 것이 무엇인지 정확하게 결정해야 한다.

3) 인상관리: 은폐와 거짓

사람들이 거짓으로 응답할 수 있어서 자기보고 설문지가 무의미하다고 생각하기도 한다. 면접에서도 이와 유사한 거짓 응답 가능성이 있지만 면접에 대해 꽤 만족하는 것처럼 보인다.

많은 사람이 면접에서 거짓 응답과 인상관리의 문제를 주시해 왔다.

선발 전문가인 Max Eggert는 거짓말에는 다양한 종류가 있다고 주장했다. 그는 면접관에게 도움이 되는 체크리스트를 만들었다.

① **선의의 거짓말**: 이력서에 흔히 사용되는 '과장된' 거짓말이다. '나는 전적으로 헌신적인 팀원이다.' '나는 뛰어난 사회성과 사람들을 이해하는 능력이 있다.' '나는 전적으

로 신뢰할 수 있고 충성스럽다.' 물론 '누가 말한 것인지'가 문제이다. 그 증거가 어디에 있는가? 지원자들이 꾸며 낸 모든 이야기를 무시하고 '알아서' 판단하는 것이 최선의 방법이다.

② **이타적인 거짓말**: 타인을 돕는 것처럼 보이지만 실제로는 어떤 사실을 감추려는 거짓말이다. 예를 들어, 자신의 관리자가 괴롭혔거나 회사가 아주 위태로워서 마지막 직장을 떠났다고 말하지 않고 새로운 도전을 찾기 위해 그만두었다고 말하는 경우이다.

③ **생략에 의한 거짓말**: 많은 사람이 가장 자주 쉽게 하는 거짓말이다. 학교 성적이나 대학 성적이 좋지 않아서 세부사항을 빠뜨릴 수도 있다. 그렇게 되면 지원자를 정확하게 파악하기 어려워진다. 가장 흔하게 하는 거짓말은 지원자가 어떤 직무나 직장을 아주 짧게 다닌 것을 숨기기 위해 재직 기간을 속이는 것이다.

④ **방어적 거짓말**: 방어적 거짓말은 일반화나 엉뚱한 답변으로 사실을 숨기는 것이다. 이전 상사의 관리 스타일, 퇴사 이유, 건강 관련 질문을 했을 때 '회사의 다른 사람들과 같다' '내 동료들과 거의 같다.' '그때는'과 같은 모호한 표현들을 많이 쓴다. 면접관이 모호하게 질문하면, 방어적인 거짓말을 듣게 된다.

⑤ **사칭**: 다른 사람들이 한 일을 자기의 성과로 인정받는 경우이다. '1년 동안 매출을 두 배로 늘렸다'거나 '3백만 달러 이상의 예산을 책임졌다'는 식의 답변이다. 위계적인 조직 구조에서 그 업무에 관여한 다른 사람들을 모두 제외시키고 자기가 한 일처럼 말한다. 이러한 거짓말은 성공한 것에 대해 정확히 누가 기여했는지 파악하기 어렵다.

⑥ **내재된 거짓말**: 면접관을 혼란스럽게 하는 교묘한 속임수이다. 이것은 경험, 자격 혹은 성취가 실제와 매우 다르다는 것을 암시한다. 'BBC와 함께해서 정말 즐거웠다'는 의미는 '나는 거기 쇼에 간 적이 있다'부터 'BBC가 우리 학교에서 촬영했다' 등 실제로 여러 가지 의미가 있을 수 있다.

⑦ **위임 또는 사실의 오류**: 가장 기본적인 거짓말이다. 이것은 확실하게 검증할 수 있는 거짓 주장이다. 자격증이 없는데 있다고 하는 것, 존재하지 않은 회사를 차렸다거나 일했다고 하는 거짓말들이다. 이것은 가장 노골적인 형태의 거짓말이다.

⑧ **정의가 모호한 거짓말(Definition lies)**: 이것은 대통령이나 변호사가 주로 쓰는 방법이다. 자신이 진실을 말하고 있는 것으로 보이려는 의도를 갖고 아주 구체적이지만 모호하게 설명하는 방식이다. 예를 들어, 회사의 회생(turnaround)을 언급하지만 구체적으로 무엇을 의미하는지 알 수 없는 경우를 말한다.

⑨ **대리 거짓말**: 보통 사수나 선배 등 자신과 관련된 사람들에게 거짓말을 하게 만드는

것이다. 지원자들은 교묘하게 이전 고용주의 흐릿한 기억이나 허세 혹은 다른 방법들을 통해 사수나 선배들이 거짓말을 하도록 설득한다.

거짓말하는 사람은 속임수를 들키게 된다. 대부분은 자신의 속임수를 감추려고 애쓰지만, 말이나 목소리, 얼굴, 발, 손을 동시에 모두 통제하는 것이 어렵다. 목소리와 얼굴은 중요한 단서를 보여 준다.

Vrij(2000, p. 33)는 거짓말과 직접적인 관련이 있는 17가지 비언어적 행동을 확인하였다.

거짓말을 드러내는 비언어적 행동들

언어적 특징

1. 말의 망설임: '아' '음' '어' 등의 단어 사용
2. 말의 오류: 단어나 문장 반복, 문장 변경, 문장 미완성, 말실수 등
3. 목소리의 높이: 높고 낮음 같은 목소리 높낮이의 변화
4. 말하는 비율: 일정 시간 동안 말한 단어의 수
5. 지연 간격: 질문과 답변 사이의 침묵 시간
6. 멈춤의 빈도: 말을 하는 동안 침묵의 빈도
7. 멈춤 지속시간: 말을 하는 동안 침묵의 지속시간

얼굴 특징[1]

8. 시선: 대화 상대의 얼굴을 바라보는 것
9. 미소: 미소와 웃음
10. 깜빡임: 눈 깜빡거림

동작

11. 자기 조작: 머리나 손목 등을 긁는 것
12. 꾸미는 동작: 구두로 말한 것을 수정하거나 보완하기 위해 손과 팔을 움직이는 것
13. 손과 손가락 움직임: 팔을 움직이지 않고 손이나 손가락을 움직이는 것
14. 다리와 발의 움직임: 발과 다리의 움직임
15. 머리 동작: 고개를 끄덕이거나 머리를 흔드는 것
16. 몸 움직임: 몸의 움직임(보통 머리 움직임을 동반함)
17. 자세 변경: 앉은 위치를 바꾸기 위해 하는 움직임(보통 몸통과 발/다리 움직임을 동반함)

---

1 Vrij(2014)의 메타연구에서는 거짓말을 하는 사람들이 상대방의 얼굴을 더 자주 보고, 거짓 웃음을 짓는 것으로 나타났다. [Vrij, A. (2014). Interviewing to detect deception. *European Psychologist, 19*, 184–194.]

면접관 훈련의 주요 목표 중 하나는 지원자의 거짓말이나 속임수와 관련된 것들을 파악하는 방법을 이해하는 것이다(〈표 4-2〉 참조).

〈표 4-2〉 거짓말과 관련된 7가지 구체적인 언어적 지표

언어적 특징	내용
1. 부정적 진술	부정 및 험담, 부정적인 기분을 나타내는 진술처럼 대상, 사람 또는 의견에 대한 혐오를 나타내는 진술
2. 그럴듯한 답변	타당하며 신뢰할 수 있고 합리적이라고 여겨지는 진술
3. 관련 없는 정보	문맥과 무관하고 물어보지 않은 정보
4. 지나치게 일반화된 진술	'항상' '절대' '아무도' '모두' 등의 단어 사용
5. 자기 관련성	'나(I)' '나를(me)' 또는 '나의 것(mine)'과 같이 자신을 지칭하는 단어의 사용
6. 직접적인 답변	단도직입적이고 직설적인 진술(예: 'John이 좋아요'는 'John의 회사가 좋아요'보다 직접적인 표현)
7. 답변 길이	답변 길이 또는 말한 단어의 수

4) 구조화된 면접 대 비구조화된 면접

일반적으로 구조화된 면접과 구조화되지 않은 면접을 구별하는 것이 오랜 관행이지만, 엄밀히 말하면 전혀 구조화되지 않은 면접과 엄격하고 구조화된 면접은 연속선상에 있다.

궁극적으로 구조화되지 않은 면접은 면접관들이 생각나는 대로 어떤 것이든 질문하고 지원자의 응답에 마음 가는 대로 직관적으로 반응하는 비공식적인 토론과 같다. 결정적으로, 개방적인 질문을 하고 특정한 방향의 답변을 이끌어 내려고 하지 않는다는 것이다. 반면에 구조화된 면접에서는 신중하게 계획하여 질문을 준비한다. 실제로 표준화를 위해 면접 질문뿐만 아니라 답변을 기록해야 한다는 제안도 아주 많았다(Cook, 2016).

구조화된 면접은 모든 지원자가 동일한 순서와 속도로 동일한 질문을 받을 수 있도록 사전에 계획한다. 구조화된 면접은 평가 척도와 체크리스트를 사용하고, 면접자의 응답 시간을 제한하고 표준화하기 위해 후속 질문을 거의 혹은 전혀 허용하지 않으며, 사전 직무분석을 고려하고 면접관에게 자율성을 거의 주지 않는다. 그런 의미에서, 완전히 구조화된 면접은 표준화된 심리측정 검사와 유사하다(6장 참조). 면접의 효과성을 최대화

하기 위해 구조화할 것인지 아니면 유연성을 가질 것인지가 관건이다.

구조화된 면접은 본질적으로 계획된 면접이다. 구조화된 면접은 면접관들이 면접 전과 후에 필요한 의사결정을 내리도록 한다. 직무분석을 통해 파악하고자 하는 제한된 개수의 능력과 스킬에 대해서만 결정할 수 있기 때문이다.

구조화된 면접은 정확한 평정에 필요한 중요한 정보를 얻기 위해 엄격하게 설계된 질문의 순서를 따른다.

앞으로 확인하겠지만, 타당성을 확보하기 위해 구조화된 면접의 중요성이 과대평가되어서는 안 된다. 면접 진행의 재량권이 있어야 한다고 느끼는 면접관들은 구조화된 면접을 달가워하지 않고, 면접 질문을 개발하는 데 소요되는 시간을 좋아하지 않는다(Cook, 2016).

5) 우수한 선발 면접을 위해 허용된 지침

먼저, 선발 면접에 관심이 있는 사람들의 핵심적인 문제는 신뢰도와 타당도에 대한 심리측정적 이슈들이다(1장 참조). 그들은 지원자에 대한 면접관들의 평가가 서로 (충분히) 일치하는지에 대해 문제를 제기한다. 모든 면접관이 지원자의 스킬, 적성, 성향, 태도에 대해 동일한 인상을 받는가? 둘째, 면접 평정이 미래의 직무수행을 예측하는가? 이 단순한 질문에 대한 답은 결코 단순하지 않다. 면접의 신뢰도와 타당도는 '면접관의 기술과 훈련 정도, 평정 유형, 면접 시간 등 다양한 것에 따라 달라진다. 면접의 성과 예측 여부가 아니라 예측 정도를 물어야 한다.

최근 우수한 메타분석 등 많은 연구 결과를 살펴보면, 면접의 신뢰도와 타당도를 증가시키는 것으로 확인된 몇 가지 경험 법칙들이 있다. 면접관을 교육하고, 표준화된 질문을 하고, 직무분석을 철저히 하고, 두드러져 보이는 지원자의 사전 정보를 무시하고, 면접 전과 후에 평정을 하며, 구체적으로 평정하는 것이다.

다양하지만 비교적 단순한 단계를 통해 면접의 신뢰도와 타당도를 높일 수 있다. 이것은 아주 대중적인 면접을 유용한 평가 방법으로 만들기 위해 매우 중요하다.

① 훌륭하고 통찰력 있고 재능 있는 면접관을 선택한다.
② 패널 또는 경영진 면접에서 2명 이상의 면접관이 참여한다.
③ 과정 전반에 걸쳐 동일한 면접관이 참여한다.

④ 면접관들에게 면접의 기본 기술을 교육한다.
⑤ 면접 내용 기억과 쟁점 해결을 위해 메모한다.
⑥ 설명하는 대신 평정한다.

구조화된 면접이란 누가 어떤 목적으로 무엇을 질문하는지 미리 작성하는 것을 의미한다. 일부는 거의 구두로 하는 질문들이고 면접관의 자율성과 유연성을 허용하지 않는다. 하지만 우리는 계획되고 구조화된 것이 좋은 면접이라는 것을 알고 있다.

Arnold 등(2005, p. 182)은 구조화된 면접 설계에 대한 모범적인 10가지 팁을 제시하였다.

① 철저한 직무분석을 바탕으로 질문을 만든다.
② 각 지원자에게 반드시 동일한 질문을 하고, 유도 질문을 제한하고, 후속 질문을 사용하되 복잡하지 않아야 한다.
③ 상황 질문, 역량 기반 질문, 개인이력 질문 또는 지식 질문으로 설계한다.
④ 면접을 좀 더 길게 하거나 더 많은 질문을 사용한다. 보조적인 정보(예: 이력서, 추천서)의 사용을 제한한다.
⑤ 자료 수집을 위한 면접이 끝날 때까지 지원자의 질문을 허용하지 않는다.
⑥ 여러 등급의 평정 척도를 사용하여 각 답변을 평가한다.
⑦ 앵커가 있는 평정 척도(anchored rating scales)[2]를 사용하고 메모를 자세하게 한다.
⑧ 가능한 경우 여러 명의 면접관이 참여한다.
⑨ 모든 지원자에게 동일한 면접관이 참여하고 신뢰도를 높이기 위해 집중 교육을 제공한다.
⑩ 임상적 예측보다는 통계적 예측을 사용한다.

Gatewood 등(2016)은 또 다른 것들을 제시한다(p. 471).

---

2 행동 앵커가 있는 평정 척도(behaviorally anchored rating scale)는 선발 또는 직무수행 평가 상황에서 사용되는 평정 척도로서 척도의 각 점수(예: 1~5)별로 대표적인(핵심적인) 행동이 앵커로 기술되어 있는 것이다. 따라서 평정자는 대상의 행동을 보고 척도의 각 점수에 나타난 앵커와 비유하여 가장 가까운 곳에 체크하면 되기에 보다 쉽게 판단할 수 있고, 평정자 간의 신뢰도를 높일 수 있다.

① 면접의 범위를 선발(리크루팅이 아님)로 제한하고 직무 관련성이 가장 높은 2~3개의 업무 관련 준거(Work Related Criteria: WRC)에 초점을 맞춘다.
② 지원자에 대한 사전 면접 자료 사용을 제한한다.
③ 질문할 주요 질문을 미리 결정하여 구조화된 형식을 적용한다.
④ 직무 관련 질문을 사용한다.
⑤ 각 WRC에 대해 여러 질문을 사용한다.
⑥ 다수의 독립된 평가자들을 활용한다.
⑦ 각 WRC를 개별적으로 평가할 수 있는 공식적인 채점체계를 사용한다.
⑧ 선발 면접 과정에 참여하는 면접관을 교육한다.

면접관들은 질문을 제시하는 방법과 지원자의 미묘한 비언어적 단서와 특정 답변을 해석하는 방법에 대해 교육을 받아야 한다. 주로 사회적 스킬과 정서지능과 관련된 내용이다. 면접관들이 선발하고자 하는 직무의 구체적인 특성과 관련된 중요한 질문이 무엇인지 아는 것이 더 중요하다.

철저한 직무분석을 통해 요구되는 스킬, 적성 및 성향에 대해 전반적으로 밝혀야 한다. 이러한 요소들이 있어야 면접의 구조화가 가능하다. 또한 면접관들은 지원자의 두드러진 특징에 대해서만 판단을 내리고 다양한 인상관리 기법을 무시할 수 있어야 한다.

다음으로, 면접관들은 평가하는 다양한 준거를 서로 구별하는 방법에 대해 교육을 받아야 한다. 와인 소믈리에가 신뢰있고 정확한 평가를 내리는 방법을 배우는 것처럼, 면접관들도 교육 및 훈련을 통해 지원자를 파악하고 일관적이고 모순되지 않게 평가하는 방법을 배워야 한다. 마지막으로, 면접관들이 사용하는 평정 척도는 명확하고 포괄적인 것으로, 불확실할 때 모른다고 표시할 수 있는 지표를 포함하는 폭넓은 평정이 가능해야 한다.

6) 면접의 심리측정

심리측정에서 가장 중요한 것은 신뢰도와 타당도이며, 두 가지 모두 다양한 형태로 나타난다. 게다가 이 둘은 상호의존적이다. 즉, 면접은 신뢰할 수 없다면 타당하지 않다.

면접에서는 면접관(판단자, 관찰자, 평가자)의 신뢰도가 중요하다. 이것은 동일한 사람에 대해 면접을 진행하거나 관찰하는 두 사람이 동일한 혹은 매우 유사한 평가를 해야 한다는 것을 의미한다. 특히 비구조화된 면접에서 신뢰도가 낮은 이유는 면접관의 변산성(variability) 때문이다. 면접관들이 서로 다른 질문을 하고, 다르게 기록하고 지원자 답변에 대해 서로 다르게 가중치를 매기고, 면접의 목적을 다르게 이해할 수도 있다.

대부분의 연구자는 신뢰도를 향상시키는 가장 간단한 방법이 면접을 설계할 때 일관성과 구조화를 도입하는 것임을 확인하였다. 연구에 따르면, 직무분석 시행, 면접관 교육, 구조화된 면접 설계, 행동 기반 및 앵커가 있는 평정 척도 등 단계마다 다양한 방법을 통해 면접관의 신뢰도를 높일 수 있다.

여러 명의 면접관들의 평정이 어느 정도 일치할까? 연구 결과에 따르면 $r=.50$이고, 구조화된 면접에서는 더 높을 수 있다. 타당도는 훨씬 더 낮다. 구조화된 면접의 경우 일대일 면접과 패널 면접($r=.35$)은 거의 유사하지만, 비구조화된 면접의 경우 일대일 면접($r=.11$)은 패널 면접($r=.21$)의 약 절반 수준이다. 즉, 동일한 면접관들 간의 동의율이 높지 않고 이 평가들이 직무에서의 성공 혹은 실패를 예측하는 데 크게 유용하지 않다는 것이다. 계획적으로 구조화된 면접만이 실제로 평가에 유용하게 사용될 수 있는 좋은 자료를 제공한다.

비구조화된 면접은 타당도가 낮기 때문에 지원자의 이후 직무 수행에 대해 기껏해야 10%만 예측할 수 있다. 다시 말해, 직원의 이후 업무 효과성의 90%는 면접에서 얻은 자료에 의해 설명되지 않는다.

Conway, Jako와 Goodman(1995)은 160개 경험 연구들에 대한 메타분석에서 신뢰도 이슈를 살펴보았다. 그들은 관찰자들이 동일한 면접을 관찰했을 때 신뢰도가 0.77이었지만, 동일한 지원자에 대한 다른 면접들을 관찰했을 때에는 0.53으로 낮아졌다는 것을 확인하였다. 누군가는 다양한 면접관이 하는 다양한 질문에 지원자가 상당히 다르게 반응한다는 점을 감안하면 0.53도 놀랄 만큼 높은 신뢰도라고 주장할 것이다.

이 분야의 연구는 적어도 50년 동안 계속되었다. 수년 동안 축적해 온 연구들에 대한 메타분석이 이루어졌다. 이제는 활용할 수 있는 메타분석 연구가 충분하다. Cook(2004)은 Hunter와 Hunter(1984; 30개 연구), Wiesner와 Cronshaw(1988; 160개 연구), Huffcutt와 Arthur(1994; 114개 연구), McDaniel, Whetzel, Schmidt와 Maurer(1994; 245개 연구)를 분석하였다. 이러한 메타분석들은 다양한 직무와 기간에 걸쳐 다양한 국가에서 수행된 많은 연구를 다루었지만, 놀라울 정도로 일관된 결과를 보여 주었다. 결과는 명확했다. 직무 수행의 예측변인으로서 비구조화된 면접의 타당도 계수는 $r=.15(.11\sim.18)$인 반면, 구조화된 면접의 타당도 계수는 $r=.28(.24\sim.34)$이다. Cook(2004)은 직무수행을 준거로 한 세 가지 메타분석을 통해 전반적인 타당도가 $r=.23$ 정도라는 것을 확인하였다.

이런 타당도 계수에 대한 반응은 다소 다양할 수 있다. 낙관론자들은 심리측정, 맥락, 직무 관련성 등 면접 기법에 있어서 많은 차이점이 있고, 창의성부터 성실성에 이르기까지 매우 다양한 내용을 평가한다는 사실을 고려할 때 타당도가 상당히 높은 편이라고 설명하였다.

그러나 비관론자들은 $r=.25$의 타당도가 면접이 이후 직무 행동의 변량에 대해 겨우 5%만 설명하는 것을 의미한다고 지적할 수 있다. 그러나 준거의 비신뢰도를 감안하면, 설명되지 않은 변량은 70% 정도로 낮아질 수 있고, 작은 것처럼 보이는 변량도 매우 중요한 유용성을 가질 수 있다. 예를 들어, 결과의 변량 중 5%가 설명된다면, 해당 결과의 범주형(예 또는 아니요) 예측은 50%(우연수준: the chance rate)에서 55%로 향상되는데(5%가 100분의 5가 아니라 5/70이기 때문에) 그 이상일 수도 있다. 그러나 면접이 지원자의 능력이나 성격 특성에 대한 정보를 추론하는 데 사용된다는 것을 감안하면, 면접은 지원자에 대한 고유한 정보를 거의 제공하지 않으며 미래 직무 수행 예측에 있어서 검증된 능력이나 성격을 측정하는 심리검사에 비해 증분 타당도가 거의 없었다(Schmidt & Hunter, 1998).

상대적으로 신뢰도가 낮은 이유를 열거하는 것은 어렵지 않다. 이것은 본질적으로 세 가지 이슈와 관련이 있다. 면접관과 관련된 요인, 지원자와 관련된 요인, 그리고 면접 과정과 관련된 요인이다.

중요하게 생각할 또 다른 질문은 면접이 지능이나 성격검사의 결과를 얼마나 잘 예측할 수 있는가이다. 이 분야의 연구 결과에 따르면, 면접이 성격보다 능력을 더 잘 예측하며 더 흥미로운 점은 지능과 성격검사를 넘어서는 증분 타당도를 갖고 있다.

면접관과 관련된 측면에서 낮은 타당도는 다양한 면접관의 가치관, 지능, 인식능력이나, 선발 과정에서의 면접관들의 동기, 면접관들이 받은 훈련, 그리고 직무 자체에 대한 이해 등에서 개인차가 있기 때문이다. 면접관들이 어떤 교육을 받았든지 간에, 그들은 타고난 능력, 인식 및 '철저하고 정확하게' 평가하려는 용기 면에서 차이가 있다.

지원자 측면에서는 두 가지가 가장 중요하다. 바로 인상관리와 자기기만이다. 이것은 직업을 얻고자 하는 욕구 때문에 또는 솔직하게 말할 자기인식이 부족해서 면접에서 자신을 정직하게 보여 줄 수 없다는 것을 의미한다. 결국 면접을 본 지원자는 이후 직무를 수행하는 사람과 사실상 같은 사람이 아니다.

세 번째 요인은 면접관이나 지원자와 관련된 것이 아니라 면접 과정에서 제공된 정보와 관련이 있다. 면접관이 예측하고자 하는 준거는 무엇인가? 준거에 대한 명확하고 신뢰할 수 있으며 타당한 증거가 있는가? 평가에 사용된 질문이 천장 효과나 범위 제한을 초래하지는 않는가? 즉, 양 당사자가 모두 잘 준비하고 정직할지라도 면접관이 잘 평가할 수 있는가?

Cook(2004)은 다음과 같이 면접의 신뢰도와 타당도를 개선하기 위해 근거에 기반한 권고사항을 제안한다.

① 재능 있는 면접관을 뽑는다. 삶의 모든 측면에서 그렇듯이, 어떤 사람들은 좋은 면접을 할 만한 능력, 기질, 특성을 전반적으로 잘 갖추고 있을 수 있다. 많은 연구에서 면접관의 변산성(variability)이 크다는 것이 확인되었다. 조직적인 이슈가 있을 수 있지만, 면접을 잘 수행할 수 있는 면접관을 뽑는 것이 바람직하다. 이것은 필연적으로 면접관 선발 방법에 대한 질문으로 이어진다. 최고의 면접관을 어떻게 뽑을 수 있을까?

② 면접관에게 개방형 질문이나 충분하게 준비하는 방법 등 면접 관련 스킬을 교육한다. 교육을 통해 모든 스킬을 향상시킬 수 있지만, 면접관으로 선발된 사람의 능력에 따라 달라질 수 있다.

③ 모든 면접에서 동일한 면접관이 일관되게 참여해야 한다. 이렇게 하면 원하지 않는 불일치를 방지할 수 있다. 하지만 현실적이고 정치적인 이유로 모든 면접에서 항상 동일한 (잘 선정되고 잘 훈련된) 면접관이 참여하지 못할 수 있다.

④ 좀 더 신뢰할 수 있도록 면접관을 두 명씩 혹은 패널로 참여시킨다. 이것은 앞의 권고사항과 모순되지 않는다. 오히려 잘 훈련된 면접관들을 잘 선정하면 더 정확하고 믿을 수 있다는 것이다.

⑤ 어떤 질문을 해야 하는지 명확하게 계획하고 구조화된 면접을 한다. 그리고 언제, 왜 하는지가 분명해야 한다. 또 면접을 진행하면서 메모를 하면서 체계적으로 평가한 뒤에 면접의 신뢰도와 타당도를 확인해야 한다.

7) 면접의 인지적 기반

면접의 결과는 일반적으로 당락 결정이다. 이상적으로 특정한 주요 정보를 수집하고, 평가하며, 예측력이 있는 논리적 알고리즘으로 통합하는 과정이다.

사람들이 얼마나 정확하게 정보의 특정 부분을 선택하고 가중치를 부여하는지 실험한 인상 형성에 관한 연구가 있다. 선발 면접 과정을 조사한 연구들을 살펴보면, 면접관이 흔히 면접이 진행되기 전에 지원자의 지원서나 CV를 근거로 결정을 내리거나 첫인상이나 성격에 대한 자신의 개인적인 믿음(암묵적 이론)을 근거로 아주 빨리 결정한다. 게다가 부정적인 정보나 편향된 정보를 과대평가하거나 지나치게 강조한다.

초기 연구에서는 정보를 추가했는지 혹은 가중치를 부여했는지 살펴보았다. 즉, 사람들이 개인에 대한 긍정적이고 부정적인 '단편적 정보들'을 종합하여 전반적인 평가를 어떻게 내렸는지 조사하였다. 이렇게 대인 지각 분야 연구자들은 면접을 통해 면접관들이 '선호하는 단서' 혹은 주목할 만한 특성을 어떻게 파악하는지 살펴보았다. 또 다른 연구자들은 면접관이 주어진 결과에 대해 특정 예측변인의 가중치를 부여한다는 의미에서 머릿속으로 선형회귀를 하는지 궁금해했다. 문제는 면접관이 어떻게 판단을 내리는지이다. 면접관들이 여러 개의 탈락 기준(예: 지원자의 자질이 충분한지, 충분히 젊은지, 충분히 우호적인지)을 적용하거나 아니면 정신과 진료나 약물 복용같은 하나의 탈락 기준을 부적격 요인으로 사용하는지에 대해 답하기 위해서는 더 많은 연구가 필요하다.

또한 사회심리학자들은 암묵적 성격 이론과 귀인 이론에 관심을 갖고 오랫동안 연구해 왔다. 암묵적 성격 이론은 면접관이 개인적으로 갖고 있는 독특한 성격 이론이 면접관의 판단에 미치는 영향에 대한 것이다(Cook, 2016). 귀인 이론은 사람들이 자신 또는 타인의 행동 원인을 따지는 방식에 대한 것이다. 특히 성공과 실패를 개인 내적인 요인으로 설명하거나 혹은 외적인 상황 요인으로 설명한다. 일반적으로 면접에서 지원자에게 특정 사건이 발생한 이유가 무엇인지 물어본다. 지원자의 귀인 양식을 평가하기 위해서이지만, 면접관들도 인과관계를 추론한다. 그래서 지원자에게 고등학교 성적과 대학교 성적이 왜 그렇게 다른지 혹은 자주 직장을 바꾸는 이유가 무엇인지 등을 물어본다.

확실히 사람들이 면접 과정에서 정보를 수집하고 통합하는 방식을 이해하는 것이 전체적인 과정에 중요하다.

(1) 인지적 면접

지난 25년 동안 면접에서 가장 중요한 발전은 인지적 면접 기법일 것이다. 인지적 면접 기법의 효능이 입증되었기 때문에 경찰과 범죄 수사 분야에 종사하는 사람들은 이런 생각을 받아들였다.

면접은 주로 정보 교환과 관련되어 있다. 일반적으로 면접관과 지원자는 과거에 대한 정보, 즉 괴롭힘, 도둑질, 싸움, 무례한 고객을 대하는 방법 혹은 업무 절차를 준수하지 않는 것 등 매우 구체적인 사건에 대한 정보를 주고받는다.

실제로 면접이 경찰, 법적 심문 수사와 비슷해질 수 있는데, 실제 발생한 사건을 회상할 때 인지적 면접 기법을 사용하기 때문이다.

첫째, 과거의 경험에 대해 이야기함으로써 그때와 비슷한 마음이나 기분 상태로 만든다. 맥락 적합성(contextual fit)은 기억에 큰 영향을 미칠 수 있다.

둘째, 깊이와 시간이다. 회상하는 사람에게 고객이 입은 옷 색상, 온도, 조명 및 냄새, 억양, 배경 소음 등 사소한 것이나 관련이 없는 것까지 생각나는 모든 것을 말하라고 한다. 그 사람에게 시간을 준다. 하지만 유도 질문이나 폐쇄형 질문은 하지 않는다.

셋째, 상대방의 관점이나 구경꾼의 관점에서 그 이야기를 다시 말해 달라고 요청한다. 면접 대상자에게 카메라에 찍힌 모습을 상상해 보라고 한다. 다시 이야기할 때마다 다른 정보가 나온다. 이야기가 더 풍부해지겠지만 일관성이 있을까?

넷째, 이야기를 많이 들은 다음에 몇 가지 구체적인 질문을 할 수 있다. 예를 들어, 그 사람의 외모나 기분, 그들이 사용한 정확한 단어 혹은 논란이 되었던 색깔이나 소재에 대해서 물어본다.

이러한 방법은 면접 대상자의 말로 사건의 전모를 파악하려는 취지이다. 사건에 대해 끊임없이 설명하는 것이다. 거의 방해받지 않고 사건에 대한 설명을 얻는 것이다. 주의 깊게 들어야 한다. 면접 대상자가 집중할 수 있도록 도와주어야 한다. 면접 대상자가 사건으로 '돌아가서' 가능한 한 '다시 체험'할 수 있도록 돕는다.

인지적 면접 시 확실히 면접관들은 더 많은 시간, 노력, 집중력이 필요하다. 보장할 수 있는 건 없다. 하지만 데이터는 명확하다. 이런 식으로 면접을 하면, 종종 더 많은 것을 떠올리고 면접관과 면접 대상자의 관계가 더 좋아진다. 너무 당연한 것 아닌가?

8) 자동화된 디지털 면접

전통적인 면접은 시간과 비용이 많이 든다. 보통 면접 대상자가 먼 거리를 이동해야 하고, 한 명 이상의 사람들과 면접을 해야 한다. 그 결과로 단순한 점수 기록지 혹은 합격/불합격 통지 같은 것을 받는다. 면접 과정이 녹음되지 않는 한 면접 내용에 대한 믿을 만한 자료가 없는데, 이것은 법적으로 문제가 될 수 있다.

동일한 질문을 받는 구조화된 면접에서도 면접관들의 어조와 비언어적 행동에 따라 지원자의 반응이 미묘하게 달라질 수 있다.

자동화된 면접은 전통적인 면접에 비해 많은 장점이 있다. 일반적으로 면접 대상자가 카메라 앞에서 표준화되고 사전 녹화된 일련의 질문들(텍스트, 오디오 또는 비디오)에 응답한다. 이러한 면접은 최첨단 AI 기술이나 적정 수준의 기술 등 다양한 기법으로 기록되고 분석된다. 실제로 여러 HR 솔루션 업체가 이런 방법을 사용하여 서비스를 제공하고 있다.

녹화된 면접을 통해 얼굴 표정, 어휘나 단어 속도 및 응답 지연 시간과 같은 아주 광범위하고 흥미로운 변인들을 측정할 수 있다. 심지어 체온 변화와 다른 생리적 요인들을 측정하는 데 사용될 수도 있다. 이렇게 녹화된 면접 자료를 언제든지 후속 행동과 연결하는 데 사용할 수 있다.

하지만 다양한 이슈를 고려해야 한다. 첫째, 면접의 전형적인 문제점이다. 즉, 면접 대상자의 정직성, 인상관리, 묵인 등으로 인해 자료가 부정확하고 믿을 수 없어서 면접을 신뢰할 수 없다. 둘째, 질문들이 통찰력 있고 많은 것을 얻을 수 있어야 한다. 셋째, 선발과 가장 관련성이 높은 변인들을 선택해야 한다.

그러나 한 가지 역설적인 발견은 디지털 면접에 대한 반응이다(Wood et al., 2020). 많은 연구 결과, 지원자가 디지털 면접을 좋아하지 않고 조직에 대한 부정적인 인식을 갖게 된다는 것이다(Langer et al., 2019, 2020). 참가자들은 통제감이 떨어지고 사회적 존재감과 공정성이 낮다는 인상을 받았다고 보고한다. 면접 대상자들은 사생활에 대한 우려를 표현하고 이런 기술을 사용하는 조직을 덜 매력적으로 느낀다. Langer 등(2020)은 음성이 녹음되는 온라인으로 응답하는 면접에서 학생들은 기만적인 인상관리를 덜 하고 답변을 더 짧게 하며, 최선을 다해 수행할 기회가 더 적다고 느꼈다는 것을 보여 주었다.

이 분야의 초기 연구에서는 결과에 따르면, 면접 대상자가 기술의 유용성과 사용 편의성에 대해 더 긍정적이라고 생각할수록 기술에 더 만족하는 경향이 나타났다(Brenner et al., 2016).

따라서 이 기술이 조금 더 정교해지고 사용자 친화적이며 널리 퍼질수록 지원자들의 수용도가 나아질 것이다.

9) 공정성, 편향 그리고 법

사람들이 상호작용하기 때문에 연구자나 변호사들은 면접에서 모든 종류의 편향, 특히 젠더, 인종 및 세대뿐만 아니라 억양, 외모, 체형, 성적 선호도 등의 편향이 발생한다고 주장하고, 이 모든 것에 대해 연구가 진행되어 왔다(2장 참조).

면접관들이 직무와 관련이 없는 요인들에 의해 영향을 받을 수 있다. 이러한 요인은 심리검사나 바이오 데이터(biodata)와는 관련이 적다. 특히 면접은 편향에 취약해 보일 수 있다. 연구에 따르면, 면접이 더 체계적이고 구조화될수록 이러한 편향이 줄어들 가능성이 커진다. 하지만 편향은 완전히 제거되지 않는다. 그러므로 면접에 대한 법적 이슈들이 생긴다.

대부분의 선진국에서는 개인과 조직이 외모나 사회적 배경에 의해 의사결정에 영향을 받지 않도록 차별을 금지하는 법을 제정했다.

과거의 면접이 소수민족, 노인, 여성에 대해 체계적으로 편향되어 있었고, 앞으로도 계속 그럴 것임을 시사하는 증거가 많다(Cook, 2016). 이러한 편향은 평가자들이 교육을 받지 않았거나 면접이 구조화되지 않았을 때 발생하는 경향이 있다. 면접에서는 모든 종류의 외적인 요소, 즉 개인이 사용하는 향수조차 평가에 영향을 미치는 것으로 나타났다.

이와 관련된 연구는 주로 두 가지 분야가 있다. 차별, 편향, 편견에 대한 사회심리학적 연구와 선발의 사회 및 법적 이슈에 대한 최근 연구이다. 선발의 법적 이슈에 대한 연구는 거의 대부분 소송으로 유명한 미국에서 발표되었다. 결국 국가마다 법규나 법적 절차에 있어서 국가적 차이가 많다는 것을 인정해야 하는데, 나이, 젠더, 인종, 종교 측면에서 차별 가능성이 적어야 한다. 외모지상주의(외모에 의한 차별), 비만 차별(신체 치수에 의한 차별), 계층 차별(옷이나 억양에 의한 차별)에 관한 법률은 없지만, 선발하는 사람들이 이런 부분들에 대해 주의를 기울여야 하는 이유이다.

10) 면접관의 성격 특성

개인의 특성을 파악하는 방법, 질문하는 방법, 그리고 답변을 해석하는 방법을 소개하는 전문 면접관들을 위한 책이 아주 많다. 그러나 면접관의 성격이 전체 면접 과정에서 매우 중요한 역할을 한다는 명확한 인식은 없다. 동일한 기준이 주어졌을 때 성격이 다르면 동일한 사람에 대해 서로 다른 결정을 하는가? 아마도 면접관은 자신이 파악할 것이 무엇인지 알고, 어떤 기준으로 지원자의 능력, 태도, 경험, 성격 특성, 가치관을 평가할 것인지 동의했을 것이다. 그렇다면 왜 의견 차이가 생길까? 기준이 명확하지 않은가? 아니면 질문이 기준에 맞는 답변을 충분히 이끌어 내지 못했나? 물론 두 가지 이유 때문에 그럴 수 있다. 그러나 한 가지 요인이 더 있다. 면접관의 성격 차이도 원인일 수 있다고 생각해야 한다.

외향적인 사람은 일반적으로 면접을 좋아한다. 그들은 '사람, 사람' 하면서 사교적이고, 재미있고, 즐기는 것을 좋아한다. 외향적인 사람들은 말을 많이 하고 다른 사람의 이야기를 잘 듣지 않는다. 그들은 필요한 만큼 철저하게 준비하지 않을지도 모른다. 그들은 길게 이어지는 면접에서 참을성이 없고 부주의할 수도 있다. 또한 활기찬 지원자에게 끌린다.

내향적인 사람은 종종 면접관으로서 자신감이 부족할 수 있다. 그들은 정보를 처리할 때 더 많이 머뭇거리거나 주저하는 것처럼 보인다. 그들은 면접 과정이 피곤하고 부담스럽다고 여기며 자신과 닮은 지원자에게 더 호감을 느낄 수 있다. 보통 자료 수집을 더 진지하게 생각하고 면접을 사회적인 행사보다 과학적인 실행으로 여긴다. 확실히 내향적인 지원자는 내향적인 면접관으로부터 '더 나은 대우'(더 호의적인 의견 청취)를 받을 수 있다. 하지만 외향적인 사람들이 면접에 자발적으로 참여하는 반면에 내향적인 사람들은 면접을 회피한다.

민감한(신경증적인) 면접관은 어떤가? 그들은 스트레스를 받기 쉽고 전반적으로 위협적으로 보이는 사람들을 좋아하지 않는다. 그들은 시무룩하거나 비판적일 수 있으며, 조심스럽고 판단적이다. 신경증적인 면접관은 '변화주도적인 사람(mover and shaker)'에 의해 쉽게 위협을 느낄 수 있다. 그들은 미래, 현재, 자신의 평판, 안전, 능력, 가치 등을 걱정한다. 일과 삶의 균형, 다양성, 상담 및 다른 질문에 대한 지원자의 답변을 주의 깊게 듣는다. 만약 면접관이 돌발적인 질문이나 관련성이 별로 없는 질문을 하고서는 답변을 주의 깊게 듣지 않는다면, 그들은 본능적으로 탈락시키려고 생각하는 것이다.

정서적으로 안정된 면접관은 괜찮은 편이다. 그들은 덜 민감하고 기분 변화가 많지 않고, 정보를 더 잘 평가할 수 있다. 그들은 무슨 일이 생길지 모른다는 걱정을 덜 하고 면접에서 생기는 사소한 상황들에 잘 대처한다. 그들은 침착하고, 집중하며, 합리적인 경향이 있다.

우호적인 면접관은 따뜻하고, 공감적이며, 신뢰할 수 있다. 상대방의 호감을 얻는 편이다. 그들은 면접이 스트레스를 줄 수 있다는 것을 이해하기 때문에, 지원자를 편안하고 이완하도록 하며, 진정한 자신이 될 수 있도록 배려해 준다. 그들은 비판은 천천히 하고 칭찬은 빠르게 하며, 지원자에게 기회를 주는 것이 최선이라고 믿는다.

비우호적인 면접관은 사람들을 압박하거나 당황스럽게 만들어야 가장 잘 파악할 수 있다고 믿는다. 그들은 면접을 정치적인 것으로 여긴다. 그들은 지원자에게 꼬치꼬치 물어보거나 이력서에 없는 성공과 실패와 관련된 세부사항에 대해 말하도록 압박한다. 그들은 쉽게 만족하지 않는다. 냉소적이고, 완고하고, 염세적이며, 지원자들이 편안한지 관심이 없다.

성실한 면접관은 면접 업무에 대한 접근 방법이나 면접 과정에서 파악할 것에 대해 성실하게 임하는 편이다. 열심히 하는 것이 장점이다. 능력이 있는 지원자일지라도 직업윤리가 약하면 탈락시킬 수 있다. 영리한 사람보다는 꾸준하고 충성스럽게 일하는 사람을 선호한다. 성실한 면접관들은 지원자가 명령을 따르고 규칙을 준수하며 의무감을 가지고 있는지를 중요하게 생각한다.

덜 성실한 면접관은 재미를 원한다. 그들은 덜 성취지향적이고 덜 신중하며 직업 윤리에 크게 신경 쓰지 않는다. 그들에게 '만족 지연'은 있을 수 없고, 프로이트 학파가 말하는 '쾌락 원리'를 선호한다. 그들은 확실하고 믿을 만한 동료들보다 재밌는 사람들을 더 많이 찾는다.

면접관의 야망과 성취 욕구도 관련이 있다. 역설적으로, 면접관은 야망이 작든 크든 모두 강한 열망을 가진 지원자를 보고 위협을 느낄 수 있다. 야망이 작은 면접관들은 빠르게 경영진으로 승진하거나 40세에 은퇴하고 싶어 MBA 과정을 밟고 있는 지원자를 보고 위축될 수 있다. 야망에 찬 사람을 잠재적인 위협으로 여긴다.

면접관의 능력은 무엇인가? 똑똑하고 교육받은 면접관은 재능이 없는 동료들과 어떻게 다른가? 또 다른 역설이 있다. 똑똑한 사람들은 '변별력 있는' 질문을 선호하고, 아둔한 사람들은 '영리한' 질문을 선호한다는 것이다. 똑똑한 사람들은 더 많은 어휘를 가지고 있고 빠르게 생각하는 경향이 있다. 그들은 알곡과 쭉정이를 구분하는 좋은 질문을 한다. 덜 똑똑하고 덜 교육받은 면접관들은 자신이 똑똑하게 보이는 '킬러' 질문을 하려는 경향이 있다. 그들은 집단 면접에서 부담을 느끼고 적절하지 않은 행동을 할 수 있다. 그들은 종종 지원자의 바람직한 특성에 대해 근거 없는 '자기만의 별난' 이론을 가지고 있다.

면접은 사회적 과정이다. 그것은 지적이고 연극적인 정교한 쇼, 거울의 방, 허세와 반격의 게임일 수 있다. 모든 훈련에도 불구하고, 양 당사자들이 '직감(gut feeling)'을 많이 사용한다는 것은 의심의 여지가 없다.

첫째, 면접관의 능력과 성격 특성이 반드시 영향을 미친다는 것을 인정하라.
둘째, 특정 면접관들이 특정 지원자에게 어떻게 반응하는지 이해하라.
셋째, 다수의 면접관을 참여시키고, 특히 해당 직무를 실제로 수행하는 사람들에게서 발견되는 능력과 성격 프로필을 가진 사람들을 참여시키라.
넷째, 가능한 한 면접관들의 통찰력을 기르도록 하라.
다섯째, 똑똑하고, 안정적이며, 성실한 면접관을 선택하라.

11) 결론

면접을 하지 않고 어떤 직무에 필요한 사람을 선발하는 것은 거의 생각할 수 없다. 일부 지원자는 자신이 면접 본 내용이 마음에 들지 않아 면접 후에 '지원을 철회'하기도 한다. 그들은 그 직무에 자신이 적합하다고 생각하지 않거나 자신이 조직 및 조직 구성원들과 부합한다고 생각하지 않는다. 어떤 사람들은 강박적으로 면접을 준비하고, 다른 사람들은 신속하게 준비한다. 어떤 사람들은 매우 긴장하고, 다른 사람들은 모든 경험을 즐긴다. 면접관들도 마찬가지다.

Cook(2016)에 따르면, 좋은 면접은 $r=.4$의 적절한 타당도를 갖고 있는 일종의 정신능력 검사이다. 앞서 언급했듯이 면접의 타당도를 높이는 것으로 알려진 특정 요소들이 있는데, 이것을 따르는 것이 좋다.

참고문헌

Basch, J., & Melchers, K. (2019). Fair and flexible?! Explanations can improveapplicant reactions toward asynchronous video interviews. *Personnel Assessment and Decisions, 3*, 1–11.

Horn, R., & Behrend, T. (2017). Video killed the interview star. *Personnel Assessment and Decisions, 1*, 51–59.

Melchers, K., Ingold, P., Wilhelmy, A., & Kleinmann, M. (2015). Beyond validity: Shedding light on the social situation in employment interviews. In I. Nikolaou & J. Oostrom (Eds.), *Employee Recruitment, Selection and Assessment* (pp. 154–171). London: Psychology Press.

Roulin, N., Bourdage, J., & Wingate, T. (2019). Who is conducting "better" employment interviews. *Personnel Assessment and Decisions, 1*, 37–48.

방법 6. 성격검사

무엇인가?

특정한 특성(예: 외향성)을 측정하기 위해 선택한 일련의 질문들이다. 이것은 길이, 반응 형식 및 심리측정적 속성에 따라 아주 다르다.

어떻게 작동하는가?

대부분의 사람들이 스스로를 잘 관찰하고 이해하며, 질문을 받으면 정확하고 정직하게 대답할 것이라는 가정에 근거한다. 이것은 독립적인 특성으로 분류될 수 있는 일관된 행동 경향을 보여 준다.

증거가 있는가?

성격검사는 광범위하게 연구되었고 특정한 상황에서 신뢰롭고 타당한 것으로 나타났다. 하지만 검사 간에 차이가 많다.

실질적 문제: 비용, 윤리, 정치적 이슈

대부분의 지원자는 성격검사에 매우 익숙하다. 어떤 검사들은 잘 알려져 있지만, 아주 모호한 것들도 있다. 비용은 다양하지만 대부분의 검사 비용이 줄어들고 있다. 다양한 방법으로 다루고 있는 소집단(연령, 성별, 문화) 간 차이가 있다는 증거가 있다.

사용 관련 제안

타당성을 확보하는 것이 중요하지만, 그렇다고 자기보고 자료를 사용하지 않는 것이 현명한 생각은 아니다. 업무 성취와 관련이 있는 특성이 무엇인지 결정한 후에, 그것을 가장 잘 측정할 수 있는 검사를 찾아야 한다.

1) 도입

1만 개 이상의 성격검사도구가 있다. 어떤 사람들은 그것보다 더 많다고 말한다. 성격검사는 측정하는 내용과 방법에 따라 차이가 많이 난다. 때로는 동일한 성격 특성을 측정하는 도구가 20~30개나 된다. 어떤 검사들은 측정하는 내용과 방법이 매우 독특하다.

성격검사를 선발 장면에 사용하는 것의 유용성에 대한 논쟁은 뜨거웠다가 잠잠해지기도 한다. 냉소주의자와 회의론자들은 컨설턴트의 탐욕과 검사 비용에 대해 불평하고, 또 일부는 사람들의 거짓 응답 가능성 때문에 불평한다. 지지자들과 옹호자들은 잘못된 선발 결정을 내렸을 때의 손실과 검사의 타당도 증거를 내세운다.

사람의 성격 특성에 대한 평가는 복잡하지만, 비교적 견고한 측정 속성과 다양한 적용을 통해 개발되고 검증된 도구들이 다양하게 있다. 게다가 이런 도구들은 인지능력 측정 검사보다 더 효율적이며, 어떤 것은 단 1분의 검사로 기본 성격에 대한 전반적인 평가가 가능하다.

Kankaras(2017)는 성격 특성이 인간의 행동을 형성하고 광범위한 삶의 사건 또는 결과에 영향을 미친다고 제안하였다. 성격 특성은 살아가는 데 직접적인 영향을 줄 뿐만 아니라 인지능력의 발달, 학위취득 또는 가족 형성과 같은 중요한 개인적 요인과 살면서 겪는 사건에 간접적인 영향을 준다.

> 그러나 중요한 삶의 결과에 영향을 미치는 성격 특성과 다른 개인적 및 상황적 요인 간 관계의 복잡성을 인식하는 것이 중요하다. 복잡한 과업 요구들, 끊임없이 변화하는 상황, 종종 상충되는 개인 및 사회적 목표와 선호도 간의 역동적 상호작용으로 인해 어떤 단일한 성격 특성이 모든 다양한 상황, 문화 혹은 시대에 걸쳐 적합하거나 영향을 줄 가능성은 적다. 따라서 성격 특성들 간의 상대적인 중요성을 평가할 때, 혹은 다른 개인 또는 외부적 요인과 비교할 때 주의가 필요하다.
>
> (p. 86)

논쟁의 핵심은 성격이 비즈니스의 성공과 실패를 설명하는 데 얼마나 중요한지에 관한 것이다. Robert Hogan은 그의 책 『성격과 조직의 성패(Personality and the Fate of Organisations)』에서 리더의 성격이 비즈니스 성공과 실패에 지대한 영향을 준다는 매우 강력한 사례를 제시하였다. Judge와 Zapata(2015)는 직장 내 성격의 역할에 대해 간단하지만 중요한 몇 가지 사항을 언급하였다. 그들은 개인이 성격에 따라 큰 차이를 보이는 12가지 요소를 제안하였다.

① 의사결정이 동료나 결과에 미치는 영향, 또는 '직원의 의사결정이 동료, 고객 또는 회사의 성과에 영향을 미치는가'이다. 따라서 어떤 직업(예: 항공 감독관)의 경우 성격 때문에 사람들이 그 업무를 수행하는 방식에서 많은 차이가 나타날 수 있다.

② 오류의 결과, 또는 '작업자가 쉽게 시정할 수 없는 실수를 했을 때 결과가 얼마나 심각한가'이다. 도서관 사서나 언어 교사에게는 오류가 그리 중요하지 않지만, 외과 의사와 선장에게는 매우 중요하다.

③ 타인의 건강/안전에 대한 책임, 또는 '직원이 타인의 건강과 안전에 대해 책임을 지

는 정도'이다. 편집 교정자는 별로 관련이 없지만 치과의사나 구급차 운전자에게는 매우 중요하다.

④ 비구조화된 직무인지 구조화된 직무인지, 즉 '작업자가 과업, 우선순위 및 목표를 결정할 수 있는 경우'(구조화되지 않은 직무) 대 '작업자에게 업무가 매우 구조화된 경우'(구조화된 직무)가 달라진다.

⑤ 의사결정의 자유, 또는 '직무에서 감독 없이 상당한 의사결정의 자유가 제공되는 정도'가 달라진다.

⑥ 다양성은 '직장에서 직원이 다양한 기술과 재능을 사용하여 다양한 일을 해야 하는 정도'가 달라진다(점수가 높을수록 다양성이 높음).

⑦ 업무를 완수하는 데 있어서의 독립성은 '일하는 방식을 스스로 개발하고, 감독이 거의 없이 스스로 이끌어 가며, 스스로 그 일을 완수하는 것'이다. 이것은 사전에 정해진 일련의 규칙을 따르고, 세밀한 감독을 받으며, 또는 지침 때문에 다른 사람에게 의존하는 것과 반대이다.

⑧ 세부사항에 대한 주의를 기울여야 하는 정도, 또는 '작업을 완수하는 데 있어서 세부사항과 철저함에 대한 주의가 필요한 정도'가 달라진다.

⑨ 사회적 기술이 요구되는 정도, 즉 '직무가 자주 사람들과 함께 일하고, 소통하고, 가르치는 정도'가 달라진다.

⑩ 경쟁 요구의 수준은 '직무상 직원들이 경쟁하거나 경쟁 압력을 인식해야 하는 정도'가 달라진다.

⑪ 혁신/창의성 요구, 즉 '업무와 관련된 문제에 대한 새로운 아이디어를 개발하기 위해 창의성과 대안적 사고가 필요한 정도'가 달라진다.

⑫ 무례하거나 화난 사람을 대하는 정도, 즉 '직원들이 얼마나 자주 무례하거나 화난 사람을 상대해야 하는지'가 달라진다.

뜨거운 논쟁의 결론은 다음과 같다. 미래의 업무 성과를 예측하는 성격검사의 타당도는 (a) 검사, (b) 준거, (c) 표본에 따라 달라진다. 우수하고 타당화된 도구를 사용하고 준거가 명확하고 측정된 특성과 이론적으로 관련이 있을 때, 검사는 매우 유용하고 정확하다.

약 100년간의 연구와 논쟁을 거치면서, 연구자들은 특성의 기본 구조(예: 성격 특성, 주기율표)에 대해 대부분 합의하였다.

성격 관련 논쟁에 있어서 조직 장면에서 고려할 사항이 세 가지 있다.

① 조직의 다양한 지위에 있는 사람들의 성격 프로파일이 서로 다른가?

다양한 검사를 사용한 많은 연구에서 관리자, 경영진, 및 CEO까지 다양한 지위의 사람들을 비교해 왔다. 하지만 쉽게 해결되지 않는 주요한 문제가 남아 있다. 한 사람의 성격 프로파일이 지위에 영향을 주는지 쉽게 결론을 내릴 수 없다. 성실한 사람들은 더 신뢰할 수 있고 책임감 있고 생산적이며, 신경증이 낮은 사람들이 스트레스를 덜 받기 때문에 더 나은 생산성을 보이고, 결국엔 고위직 승진이나 임명으로 보상을 받는다. 반면에 조직에서 더 체계적이고 스트레스를 덜 받는 것을 배우면서 고위직으로 이동하면 성격이 바뀔 수도 있다. 비록 고위직일수록 더 외향적이고 성실하며 덜 우호적이고 신경증적인 경향을 보이지만, 이 분야의 연구 결과는 필연적으로 다양하게 해석될 수 있다.

② 성격 프로파일이 직장에서의 승진 속도 및 횟수와 관련이 있다는 증거가 있는가?

과거의 경험을 조사하는 회고적 연구(retrospective study) 또는 예기적 연구(prospective study)를 통해 사람들이 중간관리자 또는 고위 경영진으로 승진하는 데 걸리는 시간을 확인해 볼 수 있다. 이것은 리더 효과성이 아닌 리더 출현에 관한 것이다.

③ 성격이 임금과 관련이 있나?

급여는 많은 요인에 의해 결정된다. 그 요인에는 하는 일의 유형(은행원이나 의사들이 돈을 더 많이 받음) 및 경력, 근무기관, 나이가 포함된다. 그러나 고려해야 할 많은 혼입변인이 있을 수 있고, 성격이 급여로 인한 개인적 부와 실제로 관련이 있는지를 증명할 수 있다.

연구자에게 중요한 문제는 업무 성공의 다양한 측면과 연관된 성격 특성의 메커니즘이나 프로세스를 기술하고 설명하는 것이다. 대부분의 연구자는 성격이 업무 생산성에 직접적인 영향을 미치는 다양한 특정 행동과 관련이 있다고 믿는다.

- **생활양식**: 식이요법과 운동을 포함한 개인 습관을 말한다. 따라서 개인의 특성은 정신적 및 신체적 건강에 영향을 미치는데, 이것은 효율성과 결근 등에 영향을 주고, 결국 직장에서의 생산성에 영향을 준다.
- **위험 감수**: 운전이나 취미 같은 외부 활동 외에도 직장에서의 위험 감수도 포함된다.

- **스트레스:** 사람들이 스트레스를 유발하고 경험하는 정도, 그로 인해 생겨나는 많은 결과가 있다.
- **사회적 지지:** 개인적인 유대감을 형성하고, 네트워크를 지원하며, 팀에서 성공하는 능력을 포함한다.

사람들이 다양한 상황에 걸쳐 일관성이 있고 시간이 지남에 따라 안정적인 독특한 특성과 선호를 갖고 있다는 것은 확실하다. 이것을 성격이라고 하고 직장에서 직원을 파악하고 평가하는 데 유용하게 쓰인다.

이 장에서는 '밝고' 정상적인 성격, '어두운' 성격 장애, 성격 및 동기, 그리고 마지막으로 성격과 정직성에 초점을 맞출 것이다.

2) 밝고 정상적인 성격

심리학자들은 성격의 기본적인 차원을 놓고 약 100년 동안 서로 논쟁을 벌였다. 어떤 심리학자들은 성격의 기본 차원이 3개, 다른 심리학자들은 5개, 심지어는 16개라고 주장했다. 오랫동안 Hans Eysenck의 '3대 요인'이 지배했지만 현재 널리 인정받고 있는 Costa와 McCrae의 Big 5로 대체되었다. 물론 서로 중복되는 것이 많다.

Eysenck 모델은 여전히 정신증, 외향성, 신경증 등 세 가지 요인(P-E-N으로 알려짐)으로 구성되어 있다. Eysenck는 세 가지 개념적이고 서술적인 범주가 성격의 개인차를 완전히 이해하는 데 필수적이고 충분하다고 확신하였다. 반면, 오늘날 대부분의 연구에서는 직장에서 드러나는 성격을 살펴보기 위해 매우 광범위하게 구축된 Big 5 모델을 사용하고 있다.

약 30년 동안 Big 5 모델이 이 영역에서 우위를 차지하고 있다(〈표 4-3〉과 〈표 4-4〉 참조).

〈표 4-3〉 다양한 연구자가 사용한 Big 5 요인들과 관련된 명명

1	2	3	4	5
사회적 적응성	순응	성취 의지	정서조절	지식 탐구
충동성	우호성	성실성	정서성	문화
자기 주장	호감도	책임감	정서성	지능
외향성	친절한 순응	성취 의지	신경증	지적 능력

외향성	우호성	성실성	신경증	경험에 대한 개방성
힘	사랑	업무	정서	지적 능력

행에 있는 명명은 Fisk(1949), Norman(1963), Borgatta(1964), Digman(1990년), Costa와 McCrae(1985) 순이다. 마지막 행은 성격 특성과 관련된 삶의 영역에 대해 Peabody와 Goldberg(1989)가 제시한 특징이다.

Big 5 차원과 긍정적 혹은 부정적 업무 결과 간의 관계를 조사한 연구를 통해 많은 추론이 제시되었다. 〈표 4-5〉는 이러한 가설 중 일부를 제시한다. 이것은 메타분석이 아니지만, 시간이 흐른 뒤에 그런 분석이 이루어지길 바란다. 〈표 4-5〉에서 세 가지를 주목해야 한다. 첫 번째, 업무 관련 행동과 상관이 가장 강하고 일관적인 성격은 성실성이다. 두 번째, 가장 일관된 예측변인은 신경증(낮은 적응성)이다. 세 번째, 외향성은 긍정적 및 부정적 업무 결과와 모두 관련이 있다,

〈표 4-4〉 성격 5요인을 정의하는 형용사 예시, Q-sort 문항, 손실 및 효익

요인	요인 정의 요소		긍정적 효익	부정적 손실
	형용사	문항		
외향성	• 활동적인 • 적극적인 • 에너지가 넘치는 • 열정적인 • 외향적인 • 수다스러운	• 수다스러운 • 놀이와 유머에 능한 • 빠른 속도 • 표정과 제스처가 풍부한 • 표현적인 • 적극적으로 행동하는	• 폭넓은 사회적 네트워크 • 관계 및 연애 성공 • 기회 탐색 • 행복	• 사고 및 위험 감수 • 충동성과 취약한 의사결정 • 관계 불안정성
신경증	• 불안함 • 자기 연민 • 긴장 • 과민한 • 불안정한 • 걱정이 많은	• 신경과민의 • 상처 입기 쉬운 자아 방어 • 자멸적인 • 기본적으로 불안한 • 적절함에 대한 우려 • 변덕스러운 기분	• 경계심이 많은 • 성취 추구 • 정서적 민감성 • 경쟁적인	• 취약한 정신건강 • 스트레스 민감성 • 취약한 신체건강

개방성	• 예술적인 • 호기심이 많은 • 상상력이 풍부한 • 통찰력이 있는 • 독창적인 • 폭넓은 • 관심이 많은	• 폭넓은 관심사 • 자기성찰적인 • 비범한 사고방식 • 지적인 문제 중시 • 관습에 얽매이지 않는 판단 • 심미적 반응	• 사회적 매력 • 창의성 • 유연성 • 변화지향성	• 정신질환 • 사회적 배제 • 독특한 신념체계와 생활양식
우호성	• 감사하는 • 용서하는 • 관대한 • 친절한 • 공감적인 • 신뢰할 수 있는	• 비판적 및 회의적이지 않은 • 베푸는 행동 • 공감적인, 배려하는 • 호감을 불러일으키는 • 온화하고 자비로운 • 기본적으로 신뢰할 수 있는	• 심리적인 이해도 • 사회적 네트워크 • 끈끈한 관계 • 가치 있는 집단 구성원	• 착취에 취약함 • 개인적 이익을 극대화하지 못함 • 지나친 갈등 회피 • 낮은 자기주장
성실성	• 효율적인 • 체계적인 • 계획적인 능력 • 신뢰할 수 있는 • 책임감 있는 • 철저한	• 신뢰할 수 있는, 책임감 있는 • 생산적인 • 만족을 지연시킬 수 있는 • 제멋대로 하지 않는 • 윤리적으로 행동하는 • 포부가 높은	• 장기적인 계획 • 더 긴 수명 • 좋은 시민의식 • 신뢰할 수 있고 충실한 팀원	• 강박과 완벽주의 • 유연성이 부족한 완고함 • 반응이 느린

2.1 **외향성**은 가장 잘 알려져 있고 많은 성격 이론에서 중요한 부분이며 일반인들도 쉽게 이해한다. 내향성-외향성은 낮은 것부터 높은 것까지 한 차원이다. 그래서 대부분의 사람은 양면적이다. 즉, 중간에 있으면서 어느 한쪽이 강력하지 않을 수 있다. 외향적인 사람들은 더 호감이 가고, 흥미롭고, 인기가 있는 것처럼 보인다. 내향적인 사람들은 더 정직하고, 안정적이며, 신뢰할 수 있다. 외향적인 사람들은 영업, 서비스업과 같은 '사람 관련 직업'에 매력을 느끼고 잘 해낸다.

외향적인 사람들은 내향적인 사람들에 비해 주위로부터 방해를 덜 받는다. 자극을 좋아하는 외향적인 사람들은 개방적인 사무실, 휴대전화, 끊임없는 회의를 선호하지만, 내향적인 사람들은 사람, 소음, 자극에 의해 방해를 받는다. 그들은 소음이 많은 직장에서 불편하고, 효율성이 낮아지며, 행복감이 줄어든다.

내향적인 사람들은 정보를 찾거나 아이디어와 생각을 정리하는 데 시간이 더 오래 걸리며, 자신을 둘러싼 세상의 요구에 반응하는 데 시간이 더 걸린다. 동기부여 관점에서 보면, 외향적인 사람들이 '당근(보상)'에 더 잘 반응하고 '채찍(처벌)'에 신경을 덜 쓴다. 반면, 내향적인 사람들은 보상에 의해 동기부여가 덜 되고 처벌의 위협에 대해 더 민감하고 억제되는 경향을 보인다.

〈표 4-5〉 성격 특성과 업무 결과 간의 가능한 관계

	긍정적				부정적			
	창의성	열의	생산성	승진	결근	사고	탈선	이직
N (신경증, Neuroticism)	+	−	−	−	+++	+	+	+
E (외향성; Extraversion)	+	+		++	+	+++	+	+
O (개방성; Openness)	+++						+	+
A (우호성; Agreeableness)		+		−	−		−	−
C (성실성; Conscientiousness)		+++	+++	+++	−−−	−	−	−

사람들은 사회적으로 더 자신감 있고 편안한 경향을 보이기 때문에 외향적인 사람들을 좋아한다.

언제나 그렇듯이 외향적인 성향이 강한 사람들에게는 심각한 단점이 있다.

사고: 외향적인 사람들은 위험을 감수한다. 빠르게 운전하고 위험한 여가 활동을 선택한다. 정확성 대신 속도를 선택한다.

범죄: 외향적인 사람들은 사교적이고 충동적이다. 새로운 경험에 관심을 갖고 자극을 추구하는 사람들이다. 그래서 종종 내향적인 사람들보다 사회 규범 습득이나 과업 수행 시 학습 능력이 낮을 수 있다. 이들은 훈련하기 어렵고 반항적일 수 있다.

학습: 외향적인 사람들은 초등학교에서는 잘하지만 대학에서는 덜하다. 외향적인 사람들은 복잡하고 추상적인 생각을 하려고 몇 시간 동안 조용한 방에 앉아 있는 것이 쉽지 않다.

대부분의 사람은 자신뿐만 아니라 다른 사람들이 내향적인지 외향적인지 정확하게 평가할 수 있다.

2.2 **신경증**은 '부정적 정서성' 또는 '취약한 정서적 조절'이라고도 한다. 연구자들은 신경증이 교감 신경계나 내장뇌(visceral brain)의 활성화 역치(activation thresholds) 때문이라고 믿는다. 이것은 위험에 직면했을 때 싸우거나 도망치는 반응을 담당하는 뇌의 일부이다.

신경증적인 사람들은 활성화 역치가 낮다. 가벼운 스트레스 요인이나 불안을 유발하는 상황에 직면했을 때 빠르고 쉽게 부정적인 감정과 기분을 경험하고 때로는 심각하게 당황하기도 한다. 이러한 징후는 심박수와 혈압, 차가운 손, 땀과 근육 긴장 등 생리적인 변화부터 걱정과 신경과민, 공포와 불안까지 반응이 다양하다.

정서적으로 안정된 사람은 정서적으로 불안정한(신경증적인) 사람에 비해 훨씬 더 높은 활성화 역치를 가지고 있어서 주요 스트레스 요인에 직면했을 때만 부정적인 감정을 느낀다. 이런 사람들은 불안을 유발하거나 압박을 가하는 상황에서도 차분한 모습을 보인다. 그들은 변덕스럽지 않고 안정적이며, 강건하고 지나치게 민감하지 않다.

Big 5, HEXACO 6요인 혹은 Hogan의 7요인 성격검사 등 아이젱크 계열의 3가지 성격 이론은 신경증을 기술하고 측정하지만, 단면들(facets)에 대한 설명은 거의 일치하지 않는다. 예를 들어, 아이젱크 성격 프로파일러(EPP: Eysenk Personality Profiler)에는 열등감, 불행, 불안, 의존성, 건강염려증(Hypochondria) 및 강박증 등 6개의 단면이 있다. HEXACO 모형은 두려움, 불안, 의존성 및 정서성 등 네 가지 단면이 있다. 다차원 성격 설문지(MPQ: Multidimensional Personality Questionnaire)는 스트레스 반응, 소외 및 공격성이라는 세 가지 단면을 가지고 있다.

EPP에서는 신경증, HEXACO에서는 정서성, MPQ에서는 부정적 정서 기질이다. 이것은 신경증의 개념화에 있어서 미묘하지만 중요한 차이를 나타낸다.

신경증 점수가 높은 사람들은 불안, 우울증, 정신신체화 질병(psychosomatic illness)에 걸리기 쉬워서 직장에서 더 높은 수준의 스트레스를 받는다. 하지만 그들은 매우 주의 깊게 살피고 안정된 사람들보다 주변의 정서적인 분위기를 더 잘 파악할 수 있다.

2.3 **우호성**은 이타적이고, 감사하고, 순응하고, 신뢰할 수 있고, 부드러운 마음과 관련이 있다. 우호성이 높은 사람들은 관대하고 공감적이며 따뜻한 편이다. 우호성은 사람들과 잘 지내고 민감하게 반응하고 배려심이 있고, 사람들을 좋아하고 적대감이 없는 것이다. 또한 용서, 온화함, 유연성, 인내심, 이타주의 대 적대감이라고 불리는 단면들도 있다.

우호성은 교육, 건강 및 업무 결과와 관련이 적다. 또한 우호성(사회적 바람직성 혹은 사회적 관계 개념과 다른)이 특성인지에 대한 의문이 제기되어 왔다. 더구나 높은 우호성을 단점으로 여기기도 한다. 우호성이 높은 사람들보다 다소 낮은 사람들이 비즈니스 리더로서 성공할 가능성이 높다.

아동의 우호성에 대한 연구에서는 우호성이 학업 성취도와 사회적 역량을 예측하는 것으로 나타났다. 우호성은 종종 직장에서 높게 평가된다. 사람들은 협력적이고 친절하며 타인들과 공감하며 일하는 것을 좋아한다. 그들은 호감을 받고 가치 있게 여겨진다. 그러나 직장은 더 비우호적이고 자기중심적이며 강인한 마음을 가진 사람들에게 적격인 경쟁적이고 '승패가 있는' 환경이다.

2.4 **경험에 대한 개방성**은 능력, 특히 창의성 및 지능과 가장 관련성이 높다. 개방성은 생생한 상상력과 활동적인 환상의 삶과 관련이 있다. 즉, 예술과 아름다움에 대한 깊은 이해, 자신과 타인의 감정에 대한 수용성, 새로운 경험을 시도하려는 의지, 지적 호기심, 정치적 · 사회적 · 종교적 가치를 살펴볼 준비 등이다.

개방성이 높은 사람들은 관습에 얽매이지 않고, 질문을 많이 하며, 정서에 대한 이해력이 높은 것으로 나타났다. 다른 성격 이론에서는 개방성을 지적 능력 혹은 문화적인 것으로 설명하고 다양한 상위 요인이나 영역을 제시하였다. 여기에는 미적 감상, 호기심, 창의성 및 비관습성 등이 있다. 개방성 차원에 대한 혼란과 이견이 있지만 지적 호기심, 상상력, 호기심을 반영하는 안정적인 특성이라는 것에는 의견이 일치한다.

교육, 건강 및 직업적 결과와 성격의 상관관계를 살펴보았을 때, Big 5 특성 중 신경증과 성실성이 변량의 대부분을 설명하는 것으로 나타나고, 개방성은 미적 선호나 여가활동 추구와 같은 매우 구체적인 이슈와 관련이 있다. 대부분의 개인차 연구에서 성격 특성은 주로 예측변인이고 특정 신념이나 행동은 준거 변인이지만, 이 연구에서는 개방성 특성을 준거 혹은 결과변인으로 본다. 관련 이론 중 하나인 Cattell(1971)의 투자 이론은 성격과 유동 지능이 결정 지능의 발달에 기여한다고 제안한다. 성인기에 개방성(지능 포함)을 결정하는 요인이 무엇인지 연구하는 것이 필요하다. 종단 자료를 얻기가 어렵기 때문에 이와 관련된 연구가 거의 없었지만, 최근 몇 가지 예외가 있다(Furnham & Cheng, 2015).

연구 결과를 보면, 개방성과 지능을 측정할 때 서로 다른 검사도구를 사용했고, 둘 간의 유의하고 상당한 크기의 정적 상관관계가 있었다(Chamorro-Premuzic et al., 2005; DeYoung et al., 2014).

> 2.5 **성실성**은 효율적이고 체계적이며 신뢰할 수 있고 책임감 있는 것과 관련이 있다. 성실성이 높은 사람들은 성취 지향적이고, 유능하고, 신뢰할 수 있고, 생산적인 것으로 나타났다. 따라서 부모, 교사, 고용주들이 성실성 특성을 중요시하고 자녀, 학생, 직원들에게 이 특성을 갖추도록 장려하는 것은 놀라운 일이 아니다. 지능이 높은 학생보다 더 성실한 학생일수록 더 높은 대학 성적을 받았다.

성실성과 교육적 성취 및 직업적 명성 간에 매우 작지만 정적 상관관계가 일관적으로 나타나는 것을 보여 주었다. 또한 성별 간 성실성에 차이가 있다는 증거가 있는데, 이것은 남녀 간에 지능 차이가 매우 적은데도 여성이 남성보다 학교 성적이 더 우수한 이유를 설명하는 데 사용된다(Furnham, 2008).

분류학자들은 성실성을 서로 연관성이 있는 8개로 구분하였다.

- **근면성**: 종종 기대를 초과해서 열심히 일하고, 항상 노력하는 것을 말한다. 모든 직장에서 사람들은 성공하기 위해 자신과 타인을 매우 열심히 몰아붙인다.
- **완벽주의**: 높은 품질, 실수나 거부당하는 일이 없는 것을 목표로 한다. 디테일을 중요시하고 항상 최고가 되기 위해 노력하는 것이다.
- **정돈**: 질서, 규칙성 및 '모든 것이 제자리에 있는 것'과 관련된 신념에 대한 강한 선호이다. 성실한 사람들은 무질서와 난잡함을 아주 싫어한다. 그들은 제대로 처리되고 정돈된 것들을 좋아한다.
- **미루기 자제**: 정말 성실한 사람들은 쉽게 산만해지지 않고 뭔가를 시작하는 데 어려움을 겪지 않는다. 그들은 쉬운 일을 하기 위해 하기 싫은 일을 미루지 않는다. 그들은 즉시 일을 시작한다. 우선순위를 정하고 시간과 노력을 현명하게 사용한다.
- **통제 선호**: 통제에 집착한다는 뜻이 아니라 계획적이고, 사려 깊고, 결단력이 있는 것이다. 또한 권위의 역할을 이해하는 것과 관련된다. 이와 반대되는 것은 성급하고 경솔하며 충동적인 행동이다.
- **신중함**: 성실한 사람은 실수를 피하고, 사실을 정확히 파악하며, 미리 생각하는 것에 주의를 기울인다. 말하기 전에 생각하고, 단어들을 신중하게 선택한다.

- **과업 계획**: 성실한 사람은 계획적이다. 그들은 계획, 일정, 경로 등을 신중하게 궁리한다. 계획한 것을 지키고 다른 사람들에게도 그렇게 하도록 요구한다. 그들은 효율적으로 일과를 계획하고 계획을 지키는 것을 좋아한다.
- **인내심**: 성실한 사람들은 실패와 좌절을 잘 처리한다. 쉽게 포기하지 않고, 책임을 회피하지 않으며, 흥미를 잃지 않는다. 그들은 압박감 속에서도 침착하다.

Big 5의 척도가 많은데, 신경증(N), NEO-PI-R(Costa & McCrae, 1985)는 외향성(E), 경험에 대한 개방성(O), 우호성(A), 성실성(C) 등 5개 영역에 6개 차원(각 8개 문항)으로 240개 문항으로 측정한다. 심리측정 속성과 타당도는 여러 문화권에 걸쳐 잘 검증되었다. 또한 TIPI(Ten Item Peronality Item)라고 부르는 매우 간단한 10개 문항 척도도 있다(Gosling et al., 2003).

3) 하이 플라이어의 성격

수년간 조직에서 성공한 '하이 플라이어(high-flyer)'나 인재들에 대한 모델과 척도를 개발하려는 시도가 많았다. 대부분의 조직에서 직업적 성공과 확실하게 관련된 능력, 동기 및 특성을 찾아내려는 것이다.

MacRae와 Furnham(2014)은 직장 내 행동, 사고 및 자신과 타인에 대한 인식과 직접적으로 관련이 있는 성격 특성을 측정하는 하이포 특성 검사(High Potential Traits Inventory: HPTI)를 개발했다. HPTI를 사용하여 직장에서의 성격 특성이 경력 성공을 예측하고 높은 잠재력을 예측하는지 탐색할 수 있다(MacRae & Furnham, 2014). 과학적으로 검증된 여섯 가지 성격 특성은 다음과 같다.

① 성실성-계획, 조직화, 강한 직업 윤리, 성취 욕구
② 개방성/호기심-새로운 정보에 대한 개방성, 새로운 접근방식 활용
③ 위험에 대한 접근-어려운 상황에 대처, 역경 속에서의 성장, 어려운 문제 해결, 어려운 대화를 나누려는 의지
④ 스트레스 반응성-스트레스 요인의 영향으로부터의 회복, 타인의 판단을 지나치게 걱정하지 않는 것
⑤ 모호성에 대한 인내-모호한 상황과 정보에 대한 접근, 여러 가지 정보 활용, 모순

에 대처하고 성장하는 것

⑥ 경쟁력-달성 욕구, 자신이나 타인의 성과를 초과하려는 욕구, 통제에 대한 욕구

이 검사는 분명히 Big 5와 중복되지만, Big 5보다 업무 관련 행동을 더 잘 예측한다는 근거들이 있다.

4) 성격 장애

심리학자는 성격 특성에 관심이 있고, 정신과 의사는 성격 장애에 관심이 있다. 심리학자는 정상적인 성격 기능의 메커니즘과 프로세스를 분류하고 설명하는 데 큰 역할을 한다. 정신과 의사는 아동과 청소년기에 확인 가능한 조기 발병, 삶의 모든 측면에 대한 전반적인 영향, 치료하기 어렵고 상대적으로 나쁜 예후로 대표되는 성격 장애에 대해 설명한다.

심리학자와 정신과 의사 모두 성격 요인이 인지적 · 정서적 · 사회적 기능과 관련이 있다고 주장한다. 장애는 어떤 사람의 행동이 개인의 문화적 기대에서 '현저하게 벗어나는' 것을 말한다. 정신과 매뉴얼을 보면, '상식 밖의 행동'이 단순히 특정한 문화적 기원을 가진 사람들에게만 나타나는 습관, 관습, 종교 혹은 정치적 가치의 표현이 아니라는 것이 분명하다.

정신과 의사와 심리학자는 성격에 관한 몇 가지 단순한 가정들을 공유한다. 모두 성격의 안정성을 주장한다. DSM(Diagnostic and Statistical Manual of Mental Disorders)[3] 기준은 '지속적인 패턴' 또는 '융통성이 없고 만성적이거나' '안정적이거나, 장기적인' 것을 다룬다. DSM 매뉴얼에 따르면, 성격 장애는 모두 오래 지속된 것이며, 성인기 초반 이전에 발병한다. 게다가 어느 정도 성별 차이가 있다. 즉, 반사회성 장애는 남성들에게 더 많이 나타나지만, 경계성 · 연극성 · 의존성 성격 장애는 여성에게서 발견될 가능성이 더 높다.

개인 스타일과 성격 장애를 구별하는 가장 중요한 방법 중의 하나는 유연성이다. 직장에는 어려운 사람들이 많지만, 경직되고 부적응적인 행동으로 인해 지속적으로 혼란스

3 『정신질환 진단 및 통계 편람』으로, 미국정신의학회(American Psychiatric Association: APA)가 정신질환의 기준으로 사용되는 서적. 정신질환과 관련된 모든 정보를 지속적으로 수집하고 정리하여, 각종 정신질환의 정의 및 증상을 판단할 수 있는 기준들을 제시한 것이다.

럽고 어려움을 겪으면서 지내는 사람들은 상대적으로 적다. 경직되고 반복적이며 스트레스 대처에 취약한 것이 장애를 갖고 있다는 표시이다.

성격 장애는 자신에 대해 생각하고 느끼는 방식과 다른 사람들이 자신을 보는 방식인 자의식(sense of self)에 영향을 미친다. 이런 장애는 종종 직장에서 대인관계에 지대한 영향을 미친다. 장애를 가진 사람들은 "과업 완수, 지시하거나 지시받는 것, 의사결정, 계획 수립, 외부 및 내부의 요구 처리, 비판을 주거나 받는 것, 규칙 준수, 책임과 위임, 사람들과의 협력" 방식에 있어서 자신을 드러낸다(Oldham & Morris, 1991, p. 24). 특히 반사회적, 강박적, 수동적 공격성, 의존적 유형은 직장에서 문제가 된다.

성격 장애가 있는 사람들은 감정을 표현하고 이해하는 데 어려움을 겪는다. 이 사람들이 이상하게 보이는 것은 정서를 표현하는 강도나 변동성 때문이다. 특히 더 중요한 것은 종종 자기 통제에 심각한 문제를 보인다는 것이다.

많은 사람이 성격 장애에 대한 DSM 분류를 사용하고 있다. 성격 장애들을 기술하고 묘사할 때 더 많은 사람이 더 쉽게 해석할 수 있도록 명칭들을 바꾸었다. 〈표 4-7〉에는 DSM[4] 매뉴얼과 Hogan(HDS) 검사 매뉴얼에서 사용하고 있는 성격 장애들이 제시되어 있다.

이론과 연구에 기초한 세 가지 차원의 상위 요인이다. 이렇게 하면 10~13개의 장애가 아니라 3개의 성격 장애를 중심으로 좀 더 쉽게 사용할 수 있다.

〈표 4-6〉 성격 장애의 다양한 명명

DSM-IV 성격 장애	Hogan & Hogan (1997)	Oldham & Morris (1991)	Miller (2008)	Dotlich & Cairo (2003)	Moscosco & Salgado (2004)
경계성	흥분성	변덕스러운	반응적인	변동성	양가적인
편집증	회의적	경계하는	경계하는	습관적인	의심이 많은
회피성	신중한	민감한	위축되는	과도한 주의	수줍은
조현증	말수가 적은	외로운	괴짜스러운	냉담한	고독한
수동적 공격성	여유 있는	여유 있는	스포일러[5]	수동적 저항	비관적인

4 DSM-IV에 이어 다섯 번째 개정판으로 2013년 DSM-5, 2023년 DSM-5-TR이 발간되었다. 국내에서는 2024년『DSM-5-TR 정신질환의 진단 및 통계 편람』(제5판 수정판, 학지사)으로 출간되었다.

5 Miller(2008)가 말하는 'spoiler'는 조인트매니아(jointmania)를 지칭하는 용어이다. 조인트매니아는 일부 성격 장애에서 나타날 수 있는 증상 중 하나로, 다른 사람들의 이야기나 활동에 대해 과도한 개입 또는 관여를 보이는 것을 의미한다. 다른 사람들의 삶에 대한 간섭과 개입이 그들의 일상생활과 활동에 부정적인 영향을 미치는 것을 의미한다.

나르시시즘	뻔뻔스러움	자신감	프리너[6]	거만함	자기중심적인
반사회성	장난기 많은	모험을 좋아하는	약탈자	장난이 심한/해치는	위험한
연극성	화려한	극적인	감정을 유발하는	멜로드라마적/신파적	쾌활한
분열형	상상력이 풍부한	기이한	창의적인	괴팍스러운	괴팍스러운
강박성	근면한	성실한	디테일을 챙기는	완벽주의적	믿을 만한
의존성	의무적인	헌신적인	매달리는	남의 마음에 들고 싶어 하는	종속된

6 'Preeners'라는 단어의 사전적 의미는 '자신을 꾸미는 사람' 또는 '자신의 외모를 가꾸는 사람'이다. Miller(2008)에서 'preeners'는 나르시시즘 성격 장애의 일부 증상을 나타내는 용어로 자신의 외모에 대한 지나친 집착과 자기만족을 나타내는 사람들을 지칭하는 데 사용되었다.

〈표 4-7〉 DSM-IV와 HDS PROFILE

프로파일				HDS	
DSM 명명	주제	이슈	주제	척도	주제
경계성	부적절한 분노; 이상화와 평가절하를 번갈아가며 불안정하고 격렬한 관계	불안정한 관계	변덕스러운, 일관성이 없는; 사람이나 프로젝트에 대해 격렬하고 갑작스러운 열정을 보임	흥분하기 쉬운	변덕스럽고 기쁘게 해 주기 어려운; 사람, 프로젝트, 사물에 대해 강렬하지만 금방 식어 버리는 열정
편집증	타인을 불신하고 의심하는; 동기를 악의적으로 해석	논쟁적인	타인을 의심하는; 비판에 민감한; 학대받을 가능성이 있음	의심이 많은	냉소적이고 불신하며 타인의 진심을 의심함
회피성	사회적 억제; 비판이나 거절에 대한 부적절하고 과민하게 느낌	실패에 대한 두려움	비판을 받거나 거부당하는 것에 대한 두려움; 지나치게 조심스러운 경향; 의사결정을 하지 못함	조심성 있는	거절당하거나 부정적으로 평가받을까 봐 위험 감수를 꺼리는 경향
조현증	정서적 냉담함과 사회적 관계와의 분리; 칭찬과 비판에 무관심함	대인관계 둔감한	무관심한; 냉담한; 지각력이 없는; 사회적 피드백을 무시함	보유적인	냉담하고, 고립되고, 의사소통이 안 되는; 타인의 감정에 대한 관심이나 인식이 부족함
수동적 공격성	적절한 사회적 및 직업적 수행에 대한 수동적 저항; 원하지 않는 일을 하라고 요청받으면 짜증을 냄	수동적 공격성	사교적이지만 꾸물거림과 완고함을 통해 타인에게 저항함	여유 있는	독립적인; 사람들의 요청을 무시하고 계속 요청하면 짜증을 내거나 논쟁을 함
나르시시즘	오만하고 거만한 행동이나 태도; 자기 중요성과 자격에 대한 거창한 인식	거만함	자기중심적; 일반적으로 자신과 자신의 최선의 이익에만 충실함	뻔뻔스러운	비정상적인 자신감; 거대함과 자격에 대한 느낌; 자신의 능력에 대한 과대평가

프로파일				HDS	
DSM 명명	주제	이슈	주제	척도	주제
반사회성	진실을 무시함; 충동성과 사전에 계획 수립을 못함; 사회적 규범을 준수하지 못함	신뢰할 수 없음	충동적인; 정직하지 못한; 이기적인; 즐거움에 의해 동기부여; 타인의 권리를 무시함	장난꾸러기	위험을 감수하고 한계를 시험하는 것을 즐김; 흥분이 필요함; 교묘하고 기만적이고 간사하고 착취적임
연극성	과도한 감정과 관심 추구; 자기 극화, 연극적이고 과장된 감정 표현	관심 추구	주목받고 싶은 욕구와 관심을 받고 싶은 욕구에 의해 동기부여됨	화려한	표현이 풍부하고, 생동감 있고 극적임; 주목받기를 원하고 관심의 중심이 되고 싶어 함
분열형	이상한 믿음이나 마법 같은 생각; 이상하고 괴상하거나 기이한 행동이나 말	상식이 없는	비정상적이거나 괴상한 태도; 교육 및 지능에 비해 판단력이 좋지 않음	상상력이 풍부한	창의적이고 때로는 이상하거나 특이한 방식으로 행동하고 생각함
강박성	질서, 규칙, 완벽주의 및 통제에 대한 집착; 지나치게 양심적이고 융통성이 없음	완벽주의	질서 있는; 세심한; 세부사항에 집착하여 우선순위를 정하는 것이 어려움	성실한	세심하고, 정확하며, 완벽주의적; 규칙과 절차에 대해 유연하지 못함; 타인의 수행에 대해 비판적임
의존성	과도한 조언과 보장 없이는 일상적인 결정을 내리는 것이 어려움; 지지나 승인을 얻지 못할까 봐 두려워서 의견 불일치를 표현하는 데 어려움이 있음	의존	타인의 지속적인 보장, 지원 및 격려에 대한 지속적인 요구	충실한	타인의 환심을 얻고 싶어 하며 지원과 지도를 위해 타인에게 의존함; 독립적인 행동을 하거나 대중의 의견에 반대하는 것을 싫어함

Furnham 등(2014)은 리뷰 논문에서 의사결정 트리(decision tree)와 함께 현재 성격 장애(Personality Disorders: PD) 측정치들에 대해 체계적으로 검토했다. 그들은 많은 측정치가 수년에 걸쳐 연구와 실행을 위해 만들어졌다는 것에 주목했다. 그리고 활용할 수 있는 PD 척도들의 네 가지 특징에 대해 언급하였다.

> 첫째, 어떤 도구들은 현재(또는 이전에) 존재하는 것으로 생각되는 모든 PD를 포괄적으로 측정하려고 한다. 몇몇은 사람들이 신경 쓰지 않는 장애를 설명하고 있지만, 일반적으로 10~15개의 성격장애를 측정한다. 하지만 어떤 도구들은 단 하나의 특정한 장애만 측정한다.
> 둘째, 일반적으로 네 가지 성격 장애 평가 방법이 있다. 구조화된 진단 면접, 임상용 평가 도구, 자기보고 설문지 및 타인보고 설문지 등이다(Friedman et al., 2007). 두 가지 방법은 관찰자 자료(임상전문가, 가족)를 사용하고 두 가지 방법은 자기보고로 측정한 자료를 사용한다. 그러나 지금까지 가장 일반적인 방법은 설문지와 구조화된 면접이다.
> 셋째, 어떤 측정치들은 상이하지만 관련 있는 장애의 단면의 점수를 산출하는 PD의 하위 유형이다. 예를 들어, 일부 측정치나 이론가들은 과대망상(grandiose)과 취약성(vulnerable), 또는 공동체적인 나르시시즘 성격 장애와 자기애적 나르시시즘 성격 장애(Narcissistic PD)를 구분한다(Gebauer et al., 2012). 그러나 대부분은 DSM-5의 범주형 기준을 따르고 있으며, 특정한 PD의 하위 유형들을 서로 구분하지는 않는다.
> 넷째, PD 척도들은 기본적으로 5개의 집단을 대상으로 개발되었다. 첫 번째 사용자 집단은 신뢰할 수 있고 타당하게 진단하려는 임상전문가들이다. 두 번째 집단은 치료 후에 PD의 병리학이나 예후에 대한 이론을 검증하려는 학계 연구자들이다. 세 번째 집단은 산업 및 조직 심리학자들이다. 이들은 인사 선발이나 경력 코칭 및 경력 개발 장면에서 비정상적인 성격 및 준 임상적인 유형의 이상 성격을 평가하는 데 관심을 두고 있다. 마지막으로, 서로 다른 두 집단이 있다. 이들은 자가 진단에 관심이 있는 '평범한 사람들'과 성격 장애 증상과 예후에 대한 정보가 필요한 특정 성격 장애를 가진 사람들의 가족이다.

Furnham 등(2014)은 리뷰 논문에서 모든 성격 장애와 특정한 장애를 측정하기 위해 만들어진 22개 PD 측정치들(면접과 설문지)을 정리하였다. 흥미롭게도, 각각의 장애마다 측정치의 수가 상당히 달랐다. 예를 들어, 경계성 성격 장애는 7개, 회피성 성격 장애는 1개, 나르시시즘은 9개가 있다. 이 분야의 측정도구에 대한 관심과 개발은 계속 이어지고 있다.

(1) 호간 개발 검사(The Hogan Development Survey: HDS)

성격의 어두운 면을 측정할 때 가장 널리 사용되는 척도는 HDS일 것이다. HDS는 역기능적인 장애가 있는 대인관계 문제를 평가하는 168개의 참/거짓 문항들로 구성되어 있다(〈표 4-7〉 참조). 이런 역기능적 성향은 사람들이 스트레스를 받거나 자신의 행동이 타인에게 미치는 영향에 대해 신경 쓰지 않을 때 나타나는 타인에 대한 왜곡된 믿음을 반영한다. 시간이 흐를수록 이러한 성향은 한 사람의 평판과 연관되거나 직무수행 및 경력 성공을 방해할 수 있다.

HDS는 의학적 또는 임상적 평가가 아니다. 정신 장애의 징후인 성격 장애를 측정하는 것이 아니다. 대신, HDS는 정상적인 성격의 자기 파괴적인 모습에 대해 평가한다. DSM-5 (American Psychiatric Association, 2013, p. 647)는 행동 특성과 자기 파괴적인 행동으로서의 장애를 구분한다. HDS가 측정하는 자기 파괴적인 행동은 상황에 따라 나타나거나 나타나지 않을 수 있다. 하지만 성격 장애는 지속되는 것이다.

HDS는 현재 '정상적인 표본'의 역기능적인 성격을 측정하기 위한 조직 연구와 현장에서 광범위하게 사용되고 있다(Furnham, 2006, 2008; Furnham & Crump, 2005; Hogan & Hogan, 1997a). 이 검사는 선발 담당자, 경영진 코치, 경영 컨설턴트 및 개인들이 업무 스트레스 상황에서 전형적으로 반응하는 방식을 진단하는 데 도움을 준다. 이 검사는 심리측정적으로 타당하다는 장점을 갖고 있다. 즉, '정상' 표본을 대상으로 DSM-IV의 모든 성격 장애 범주를 측정하는 데 적합하다.

최근에는 HDS의 각 척도의 단면들을 개발하고 있는데, 서로 다른 개념에 대한 더 세밀한 분석과 프로세스 작동 방식을 좀 더 이해할 수 있을 것이다.

(2) 어둠의 3요소

Paulhus와 Williams(2002)가 제안한 개인차 구성개념인 '어둠의 3요소(The Dark Triad)'는 비교적 새로운 연구 분야이다. 이후 논문이 점점 많아졌고, 2014년 『성격과 개인차(Personality and Individual Differences)』 저널은 이와 관련된 내용을 집중적으로 다루었다.

Paulhus와 Williams(2002)는 이전에 연구되었고 심리적으로 일관성이 있는 세 가지 구성개념을 제안하였다. 준 임상적 혹은 '정상적'인 수준으로 기능하는 나르시시즘, 마키아벨리즘, 사이코패스이다. 이것은 본질적으로 잘 알려진 측정치의 조합으로 징글 쟁글'

오류[7]의 예시는 아니다.

세 가지 구성개념 중에서 마키아벨리즘은 성격 장애가 아니다. 오히려 원칙주의적인 행동이나 냉혹한 감정이기보다는 냉소적이고 조종하는 행동, 자기 편의적이고 이기적인 것이 특징인 정상적인 성격 신념 차원 또는 개인의 가치관이다. 마키아벨리의 원 저작물과 Christie와 Geis(1970)의 실험에 기반한 상관 연구인 Mach-IV 검사도구를 참고하여 척도를 만들었다.

나르시시즘과 사이코패스는 전통적으로 임상적으로 여겨지는 구성개념이지만, 두 가지 모두 준 임상적 수준에서 측정할 수 있다. 좀 더 엄밀하게는 DSM IV-TR에서 두 가지 구성개념을 성격 장애로 본다. 원래 Raskin과 Hall(1979)이 '일방적인' 나르시시즘을 조작적으로 정의하였다. 자기 가치, 자격, 지배력, 우월감을 과장하는 것이 특징이다. 어둠의 3요소 문헌에서 NPI-40(Raskin & Terry, 1988)이나 NPI-16(Ames et al., 2006)을 때때로 사용하지만, 흔히 나르시시즘 성격검사(NPI; Raskin & Hall, 1979)를 사용하여 그 구성개념을 측정한다.

사이코패스는 세 가지 중에서 가장 '위험한' 것으로 알려져 있다(Paulhus et al., 2001). 준 임상적인 사이코패스는 낮은 수준의 공감이나 불안과 함께 높은 수준의 충동성과 스릴을 추구하는 행동으로 나타난다. 자기보고 사이코패스 척도(Self-Report Psychopathy: SRP)는 '최적의 표준'에 해당하는 사이코패스 체크리스트(Hare, 1991)와 동일하게 4요인으로 구성되어 있다. 이 척도는 Forth, Brown, Hart와 Hare(1996)에 의해 일반인 표본을 평가하는 데 유용한 것으로 검증되었다. SRP는 어둠의 3요소인 사이코패스를 측정하는 유일한 척도는 아니다.

가장 많이 사용되고 있는 척도 중의 하나는 Jonason과 Webster(2010)가 개발한 '더티 더즌(Dirty Dozen)'이다. 문항은 다음과 같다.

① 나는 내 뜻대로 하기 위해 다른 사람들을 조종하는 경향이 있다.
② 나는 내 뜻대로 하기 위해 속임수를 쓰거나 거짓말을 해 왔다.
③ 나는 내 뜻대로 하기 위해 아첨을 하는 경향이 있다.

---

7 'Jingle-jangle fallacies'는 두 가지 다른 것이 같은 이름을 갖기 때문에 같다고 잘못 가정하는 오류(jingle fallacy) 또는 두 가지 동일하거나 거의 동일한 것이 다른 이름으로 라벨링되어 있기 때문에 다르다고 잘못 가정하는 오류(jangle fallacy)를 의미한다.

④ 나는 내 목적을 위해 다른 사람들을 이용하는 경향이 있다.
⑤ 나는 양심의 가책을 느끼지 않는 편이다.
⑥ 나는 내 행동의 도덕성에 무관심한 편이다.
⑦ 나는 냉담하거나 둔감한 편이다.
⑧ 나는 냉소적인 편이다.
⑨ 나는 다른 사람들이 나를 존경하기를 바라는 경향이 있다.
⑩ 나는 다른 사람들이 나에게 관심을 가져 주기를 원하는 편이다.
⑪ 나는 명예나 지위를 추구하는 편이다.
⑫ 나는 다른 사람들로부터 특별한 호의를 기대하는 경향이 있다.

이 새로운 연구 분야에 대한 핵심 질문은 이론 및 심리측정 모두와 관련이 있다. 첫 번째는 어둠의 3요소의 기초가 되는 심리적인 과정이라는 증거뿐만 아니라 개념적이고 경험적인 일관성에 관한 것이다. 이것은 병리학과 어둠의 3요소의 관계에 대한 설명이다. 두 번째는 3요소의 측정에 관한 것이다. 측정치들의 상관뿐만 아니라 사용된 검사도구의 심리측정적 요소이다. 필연적으로 가장 중요한 심리측정적 질문은 어둠의 3요소의 구성 타당도, 증분 타당도, 예측 타당도이다.

이 분야의 연구는 최근에 기하급수적으로 증가했다(Andersen et al., 2020). 선발 탈락 이슈의 중요성을 가치 있게 생각하면서 개인차 심리학과 직업 심리학에 충격을 주었다(1장 참조).

5) 동기와 가치

많은 평가자가 받는 질문은 '이 사람을 동기부여하는 것이 무엇인가?'이다. 이것은 평가하기가 더 어려운 영역 중 하나이다. 주로 직장에서의 가치(value)를 통해 동기부여가 되는데, 이것은 행위와 결과의 중요성 혹은 적절성에 대한 개인적인 판단이다. Latham과 Pinder(2005)에 따르면, 이것은 욕구에 뿌리를 두고 있으며 경험과 전환기 삶의 목표에 기반하여 획득된다. 특정 가치를 확인하는 것은 동기부여를 측정하는 가장 좋은 방법이라고 여겨지는데, 가치가 표준화된 업무 동기 설문지에서 발견되는 불성실 응답(dissimulation) 문제를 줄여 주기 때문이다(Furnham, 2008; Hogan & Hogan 1997).

가치는 목표 설정과 의사결정에 상당한 영향을 미칠 수 있기 때문에 중요하다(Parks &

Guay, 2009). 업무 동기 척도가 많지만, 업무 가치를 측정하는 척도는 적다(Gagne et al., 2010, 2015). 그러나 업무 동기와 가치 척도는 모두 유사한 주제나 구조를 가지고 있다. 일반적인 가치 측정(Schwartz, 1992)과 업무 가치 측정(Cable & Edwards, 2004)에 대한 광범위한 연구가 있었다.

가치 이론(Schwartz, 1992, 2006, 2012)은 많은 이론가의 저술에 담겨 있는 여섯 가지 주요 특징을 명시화한 가치 개념을 채택하고 있다. ① 가치는 정서와 밀접하게 연결된 믿음이다. 가치가 활성화되면 느낌이 생겨난다. ② 가치는 사람들이 추구하려는 동기가 부여된 바람직한 목표를 의미한다. ③ 가치는 특정한 행동과 상황을 초월한다. 예를 들어, 순종과 정직의 가치는 직장 혹은 학교, 사업 혹은 정치, 친구 혹은 낯선 사람에게 모두 적용된다. ④ 가치는 규범이나 기준으로 작용한다. 가치는 행동, 정책, 사람 및 사건의 선택과 평가에 영향을 미친다. 사람들은 자신에게 중요한 가치에 따라 발생할 결과에 맞춰 무엇이 좋은지 나쁜지, 정당한지 불법인지, 해야 하는지 피해야 하는지를 결정한다. 그러나 일상적인 의사결정에 있어서는 가치의 영향을 거의 의식하지 않는다. ⑤ 가치는 상대적인 중요도에 따라 순위가 정해진다. 개인을 특징짓는 것에 따라 사람들의 가치 형태와 순서가 정해진다. ⑥ 가치의 상대적 중요도에 따라 행동한다. 일반적으로 어떤 태도나 행동이든지 간에 하나 이상의 가치에 영향을 받는다.

가치는 상황에 따라 활성화될 가능성이 있고 행위자에게 중요한 것일 때 행동에 영향을 준다. Schwartz(2012)는 가치는 상대적인 중요도에 따라 정렬된다고 주장한다.

Schwartz의 기본 가치 이론은 '다양한 문화에 걸쳐 인식되는 10가지 개인의 기본 개인 가치를 구분하고 그것이 어디에서 비롯된 것인지' 설명한다.

① **자기 주도**: 독립적인 생각과 행동-선택, 창조, 탐색

② **자극**: 삶의 흥분, 새로움, 도전

③ **쾌락주의**: 자신을 위한 쾌락 또는 감각적인 만족

④ **성취**: 사회적 기준에 따른 능력을 보여 줌으로써 얻는 개인적인 성공

⑤ **권력**: 사회적 지위와 명성, 사람과 자원에 대한 통제 또는 지배

⑥ **안전**: 사회, 관계, 자신의 안전 및 조화와 안정

⑦ **순응**: 타인을 화나게 하거나 해를 입히고 사회적 기대나 규범을 위반할 가능성이 있는 행동, 성향 및 충동의 억제

⑧ **전통**: 자신의 문화나 종교가 제공하는 관습과 사상에 대한 존중, 헌신 및 수용

⑨ **자선**: 개인적으로 자주 접촉하는 사람들('집단 내')의 복지를 보호하고 증진시키는 것
⑩ **보편주의**: 모든 사람과 자연의 복지를 위한 이해, 감사, 관용 및 보호

Hogan과 Hogan(1997)은 사람들은 자신에게 가치 있는 것을 달성하고 획득하려는 동기를 갖고 있기 때문에 가치를 통해 동기를 부여하는 것이 가장 좋은 방법이라고 주장하였다. 따라서 이 용어들은 상호 교환적으로 사용된다. 사람들은 자신이 가장 중요하게 여기는 것을 성취하게 여기는 것을 성취하기 위해 동기부여를 받는다는 생각이다. 따라서 기업가(사업, 권력 및 인정 욕구가 높음)와 다른 직업(HR, IT)에 관심이 있는 사람들의 동기 프로파일은 서로 다를 수 있다. 이것은 개인의 가치와 동기, 직업이 서로 일치하는 것이 중요하다고 주장한 홀랜드(Holland) 적합도 모델(1장 참조)을 기반으로 한다.

〈표 4-8〉에 호간의 열 가지 가치가 제시되어 있다.

〈표 4-8〉 호간의 10가지 가치

인정지향	알려지고 싶고, 보여지고, 유명해지고 싶은 욕구, 성취 여부에 관계없이 주목받을 기회를 찾고 명성과 높은 성취를 추구하는 생활방식
권력지향	성공하고, 일을 성사시키고, 변화를 만들고, 경쟁에서 앞서고 싶은 욕구
쾌락지향	재미, 흥분, 즐거움을 추구하고, 먹고 마시며, 즐기는 것을 중심으로 이루어진 생활방식 추구
이타주의	다른 사람들을 돕고 싶은 욕구, 불우한 사람들의 복지에 대한 관심 및 공공 서비스와 인류의 개선을 중심으로 이루어진 생활방식
관계지향	빈번하고 다양한 사회적 접촉과 사회적 상호작용을 중심으로 이루어진 생활방식을 필요로 하고 즐기는 것
전통지향	가족, 종교, 절약, 근면, 적절한 사회적 행동 및 이러한 가치를 반영하는 생활방식과 같은 보수적인 덕목에 대한 믿음과 헌신
안전지향	특히 고용 분야에서 위험과 불확실성을 피하기 위한 예측 가능성, 구조 및 노력의 필요성, 그리고 오류와 실수를 최소화하는 것을 중심으로 이루어진 생활방식
사업지향	돈을 벌고, 이익을 실현하고, 새로운 사업 기회에 대한 관심, 투자와 재무 계획을 중심으로 이루어진 생활방식
예술지향	자기표현에 대한 욕구, 품질과 우수성에 대한 헌신, 사물의 모양, 느낌, 소리에 대한 관심, 사물의 외관에 대한 세심한 주의
과학주의	과학에 관심이 있고, 기술에 익숙하며, 직관적인 결정보다는 데이터 기반 결정을 선호하고, 일이 어떻게 돌아가는지 배우는 데 시간을 보냄

(1) 동기부여의 두 가지 요소

직장에서의 동기부여에 관해 가장 잘 알려진 이론 중 하나는 Herzberg, Mausner와 Snyderman(1959)의 두 가지 동기 차원인 위생 요인과 동기 요인 이론이다. 위생 요인은 보상을 받거나 처벌을 피하려는 외부의 압력을 설명하는 외적 동기로 더 자주 언급된다. 내재적 동기라고 불리는 동기 요인은 직무 자체나 개인적인 즐거움을 위해 과업을 완수하려는 내적 추동이다. 그러나 연구자들은 위계적 모델을 제안하여 두 가지 기본 동기의 하위 요인들을 확인하고자 했다(Deci & Ryan, 1985). 또한 2요인 이상을 가지고 있는 업무 가치와 동기부여에 관한 다른 척도들이 있다는 점에 유의해야 한다.

다음은 Furnham과 MacRae(2020)가 개발한 단순하지만 엄밀한 직무 동기 측정 방법이다(〈표 4-9〉 참조). 즉, "다음은 구직 및 이직할 때 중요한 업무 관련 요인들입니다. 각 항목마다 개인에게 어느 정도 가치가 있는지 적합한 곳에 동그라미를 표시하십시오. 귀하에게 더 중요한 요인에 더 높은 등급을 부여하고 덜 중요한 요인에 낮은 등급을 부여하십시오. 옳고 그른 답은 없습니다. 우리는 귀하의 개인적인 의견에 관심이 있습니다."

이 설문지는 두 범주의 6개의 점수를 산출한다. 외적 동기 3개 점수(1. 안전, 2. 보상, 3. 조건)와 내적 동기 3개 점수(1. 자율성, 2. 인정, 3. 친애)이다. 이 척도는 구성 타당도와 예측 타당도가 있는 것으로 밝혀졌다.

〈표 4-9〉 동기 측정

	중요하지 않음 중요함
1. 균형: 균형 잡힌 삶을 영위할 수 있게 해 주는 직무	1 2 3 4 5 6 7 8 9 10
2. 보상: 추가적인 이익이 많은 직무(예: 연금 수당, 추가 휴가)	1 2 3 4 5 6 7 8 9 10
3. 상여금: 기본 급여를 보충할 기회가 많은 직무	1 2 3 4 5 6 7 8 9 10
4. 명확성: 역할과 책임이 명확하고 잘 정의된 직무	1 2 3 4 5 6 7 8 9 10
5. 편안함: 신체적으로 편안한 조건에서 수행할 수 있는 직무	1 2 3 4 5 6 7 8 9 10
6. 경쟁: 다른 사람들과의 경쟁 기회를 제공하는 직무	1 2 3 4 5 6 7 8 9 10
7. 조건: 안전하고 현대적이며 깨끗한 상태에서 수행할 수 있는 직무	1 2 3 4 5 6 7 8 9 10
8. 사회 공헌: 좋은 목적을 위해 일할 수 있는 직무	1 2 3 4 5 6 7 8 9 10
9. 창의성: 개인의 창의적인 재능을 발휘하는 직무	1 2 3 4 5 6 7 8 9 10
10. 수월성: 상대적으로 쉽고 과도한 노력이 필요하지 않는 직무	1 2 3 4 5 6 7 8 9 10
11. 기업가: 새로운 사업 기회로 추가적인 돈을 벌 수 있는 직무	1 2 3 4 5 6 7 8 9 10
12. 장비: 최신 장비 및 기술로 수행할 수 있는 직무	1 2 3 4 5 6 7 8 9 10

13. 명성: 인지도가 높은 직무	1 2 3 4 5 6 7 8 9 10
14. 유연성: 개인적인 필요에 따라 유연 근무가 가능한 직무	1 2 3 4 5 6 7 8 9 10
15. 재미: 흥분, 즐거움, 재미를 느낄 수 있는 직무	1 2 3 4 5 6 7 8 9 10
16. 독립성: 별다른 감독 없이 자율적으로 일할 수 있는 직무	1 2 3 4 5 6 7 8 9 10
17. 보험: 건강 및 생명보험을 제공하는 직무	1 2 3 4 5 6 7 8 9 10
18. 지적 능력: 도전적이고 많은 생각과 분석을 수반하는 직무	1 2 3 4 5 6 7 8 9 10
19. 위치: 위치가 편하고 쉽게 접근할 수 있는 직무	1 2 3 4 5 6 7 8 9 10
20. 조직 이미지: 조직 내에서 널리 인정받고 존중받는 직무	1 2 3 4 5 6 7 8 9 10
21. 급여: 보수가 매우 좋은 직무	1 2 3 4 5 6 7 8 9 10
22. 특전: 많은 추가 혜택을 받는 직무(예: 회사 차량, 상품 할인 등)	1 2 3 4 5 6 7 8 9 10
23. 개인의 성장: 자기 계발의 기회를 제공하는 직무	1 2 3 4 5 6 7 8 9 10
24. 개인적 관련성: 개인의 재능, 교육 및 훈련을 받을 기회를 제공하는 직무	1 2 3 4 5 6 7 8 9 10
25. 권력: 운명을 통제하고 영향력을 행사할 수 있는 직무	1 2 3 4 5 6 7 8 9 10
26. 승진: 승진 기회가 빠른 직무	1 2 3 4 5 6 7 8 9 10
27. 합리성: 과학, 기술, 데이터를 중시하는 직무	1 2 3 4 5 6 7 8 9 10
28. 인정: 나의 업적을 명확하고 폭넓게 인정해 주는 직무	1 2 3 4 5 6 7 8 9 10
29. 규칙성: 표준적이고 안정적이며 통제된 방식으로 수행될 수 있는 직무	1 2 3 4 5 6 7 8 9 10
30. 책임: 적당한 책임감이 많은 직무	1 2 3 4 5 6 7 8 9 10
31. 안전: 안전한 조건에서 수행할 수 있는 직무	1 2 3 4 5 6 7 8 9 10
32. 보안: 안전하고 영구적인 직무	1 2 3 4 5 6 7 8 9 10
33. 자기표현: 진정한 자신이 될 수 있게 해 주는 직무	1 2 3 4 5 6 7 8 9 10
34. 단순성: 지나치게 복잡하지 않은 직무	1 2 3 4 5 6 7 8 9 10
35. 사회적 상호작용: 타인과의 교류가 많은 직무	1 2 3 4 5 6 7 8 9 10
36. 지위: 일반적으로 사회에서 '높은 지위'로 인정받는 직무	1 2 3 4 5 6 7 8 9 10
37. 자극: 개인적으로 매우 흥미롭게 생각하는 직무	1 2 3 4 5 6 7 8 9 10
38. 감독: 공정하고 사려 깊은 상사	1 2 3 4 5 6 7 8 9 10
39. 지도: 타인을 훈련시키고 나의 전문 지식을 전수할 수 있는 직무	1 2 3 4 5 6 7 8 9 10
40. 팀워크: 다른 사람들과 협력할 기회가 있는 직무	1 2 3 4 5 6 7 8 9 10
41. 전통: 역사, 절약, 노력과 같은 오래된 가치를 중요시하는 직무	1 2 3 4 5 6 7 8 9 10
42. 평온: 특별히 스트레스를 받지 않는 직무	1 2 3 4 5 6 7 8 9 10
43. 다양성: 다양한 활동에 참여할 수 있는 직무	1 2 3 4 5 6 7 8 9 10
44. 가시성: 나에게 상당한 명성을 줄 수 있는 직무	1 2 3 4 5 6 7 8 9 10

6) 정직성 검사

정직성(Integrity)이 직장에서 기본적으로 중요하다는 것은 잘 알려져 있다. 사람들이 상사에게 가장 원하는 덕목 중 하나이다. 또한 돈이나 기밀 정보를 다루는 분야에서 매우 중요하다.

정직성을 측정하기 위해 50년 이상 사용된 지필검사도 있다. 이러한 검사는 상당히 다양하지만, 네 가지 영역에 초점을 맞추고 있다. 첫째, 부정직한 행동(거짓말, 부정행위, 도둑질, 교활한 내부고발)에 대한 직접적이고 명시적인 인정, 둘째, 부정직한 행동의 수용 가능성에 대한 의견/태도, 셋째, 부정직성과 관련이 있는 특성, 가치체계 및 생애 이력, 넷째, 가상의 상황에서 부정직한 행동 여부이다. 제2차 세계대전 때 사용된 검사 항목들을 보면 응답자들이 얼마나 자주 거짓말을 했는지, 학교에서 퇴학당한 적이 있는지, 사람들이 자신을 신뢰한다고 생각하는지 물었다. 또 다른 검사에서는 마약 복용 또는 위조와 같은 불법적이거나 용인되지 않은 활동에 대해 물어보았다.

또 다른 접근법은 정직성에 대해 질문하는 것이다. 즉, 응답자들에게 타인이 얼마나 정직하거나 정직하지 않다고 믿고 있는지, 자신은 어떻게 행동했는지 질문한다. 부정직성과 관련된 성격 특성에 관한 질문들도 있다.

종종 이러한 자기보고 측정은 '목적이 분명한(clear purpose)' 검사인지 또는 성격 기반의 '목적을 숨긴(veiled purpose)' 검사인지에 따라 구분된다. 목적이 분명한 검사는 정직한 태도나 과거 부정직에 대한 인정, 약물 남용, 약물 기피, 개인적인 과거 성과, 서비스 지향, 고객 관계, 업무 가치, 사무적, 수학적, 언어적 스킬, 기술적 능력 및 적성 등을 측정한다.

반면에, '목적을 숨긴' 검사는 성실성, 신뢰성, 신중함, 규칙과 규정에 대한 반항, 충동성, 자극 추구, 탈억제(disinhibition), 소외 및 헌신 부족을 측정한다.

Bennett과 Robinson(2000)은 두 가지 요소로 구성된 설문지를 개발했다. 조직 일탈(조직에 직접적으로 해로운 행동)과 대인관계 일탈(개인에게 직접적으로 해로운 행동)을 측정한다. 또한 설문지의 타당도도 제시하였다. 사람의 행동이 매우 다양하다는 사실을 알고 있어야 한다. 아주 사소한 행동부터 매우 심각한 행동까지, 매일 나타나는 행동부터 드문 행동까지, 일반적으로 용인되는 행동부터 절대로 용납될 수 없는 행동까지 다양하다. 이것은 중요한 문제이다. 정직성이 직장에서의 모든 행동에 대해 정보를 제공해 주는 안정적인 '특성(trait)'이라고 가정한다. 그래서 '불평이 많거나' '감정 변화가 심한' 사람 혹은 직장 밖에서 중요한 책임을 맡은 사람들은 정직성이 부족하다는 부당한 인식이 생길 수 있다.

목적을 숨긴 검사의 한 가지 분명한 이점은 그러한 검사들이 거짓 응답이 적고 거짓 응답을 허용하지 않는다는 것이다. 거짓 응답은 검사 신뢰도를 떨어뜨린다. 그러나 검사자(잠재적 고용주)가 다른 출처를 통해 본인의 정직성에 관한 정보를 얻을 수 있다는 것을 알게 되면 거짓 응답이 상당히 감소하는 경향을 보인다.

자기보고 정직성 검사를 통해 다양한 것을 확인할 수 있다. 자기보고 정직성 검사에서는 정직한 행동을 하는 믿을 만한 사람은 부정직한 사람과 다소 다르게 행동한다고 가정한다. 따라서 다음과 같은 행동을 예상할 수 있다.

① **명백히 부정직한 사례 보고**: 정직한 사람들은 그들이 과거에 다소 정직하지 않았다고 정직하게 보고한다.
② **부정직에 대한 관대함**: 정직한 사람들은 타인과 자신의 부정직함에 대해 변명하거나, 눈감아 주거나, 변명할 가능성이 낮다.
③ **절도에 대한 합리화**: 정직한 사람들은 조직에서 절도에 대해 변명하거나 합리화할 가능성이 적다.
④ **절도에 대한 깊은 생각과 반추**: 정직한 사람들은 조직에서 절도에 대해 생각(계획, 음모, 상상)할 가능성이 낮다.
⑤ **부정직한 규범 거부**: 정직한 사람들은 조직 내에서 허용된다고 여겨지는 모든 종류의 부정직한 행동에 의문을 제기하거나 거부할 가능성이 있다.
⑥ **충동 조절**: 정직한 사람들은 자신의 충동에 따라 행동할 가능성이 적고, 행동하기 전에 문제를 곰곰이 생각하는 것을 선호한다.
⑦ **처벌적 태도**: 정직한 사람들은 자신과 타인에 대해 덜 처벌적인 태도를 보인다.

Karren과 Zacharias(2007)는 모든 자기보고 지필형 정직성 검사에 대해 네 가지 우려사항을 제기하였다.

① 정직성 또는 일부 관련 구성개념(예: 성실성) 등 측정하는 것의 특성이 무엇인지 유의해야 한다. 검사가 광범위한 업무 성과 측정치와의 관계를 보여 주기 때문이다.
② 검사가 의사결정 오류를 유발할 수 있다. 즉, 1종 오류인 거짓 긍정(false positives;

정직한 사람을 정직하지 않다고 비난하는 경우)과 반대로 2종 오류인 거짓 부정(false negatives: 부정직한 응답자를 정직하게 보는 경우)을 유발할 수 있다.

③ 최근 연구에 따르면, 거짓 응답, 코칭 또는 재검사가 점수에 영향을 미칠 수 있다.

④ 검사를 통해 과거의 바람직하지 않은 행동과 관련하여 침해적인 정보(intrusive information)를 얻으려고 하기 때문에 사생활 침해로 간주될 수 있다.

(1) 정직성 검사가 작동하는가?

정직성 검사에 관한 가장 명백하고 근본적인 질문은 틀림없이 타당도에 관한 것이다. 다양한 연구와 우수한 리뷰들이 있다. 정직성 검사에 대해 호의적인 사람들은 정직성 검사가 종종 반생산적 업무 행동(Counterproductive Work Behaviours: CWB)과 상사의 성과를 평가(양호/불량)하는 데 좋다고 말한다. 이와 달리 다른 연구자들은 결론을 섣부르게 내리기 전에 의구심을 갖고 더 높은 수준의 연구를 할 필요가 있다고 생각한다.

모든 검사에서 타당도가 유일하고 가장 중요한 기준이지만, 타당도에 직접적인 영향을 미치는 것들이 더 있다. 신뢰도와 차원 등이 포함되지만, 가장 중요한 것은 거짓 응답 가능성(fake-ability)이다. 영리하지만 부정직한 사람들은 '검사에 능수능란'하게 대응할 수 있고, 그렇지 않을 때는 도덕적으로 보일 수 있다. 모든 검사에서 거짓 응답 가능성이 문제가 되지만, 특히 정직성 검사에서는 더 그렇다. 연구 결과에 따르면, 감추는 사람을 파악할 수는 있지만 일반적으로 정직성을 지나치게 강조하는 경향이 있다.

검사에서 거짓 긍정과 거짓 부정의 이슈가 있는데, 정직한 사람을 부정직한 사람으로 분류하거나 그 반대의 경우가 가능하다. 둘 다 똑같이 바람직하지는 않지만 상당히 다른 결과를 낳는다.

정직성 검사를 사용해야 한다고 주장하는 것은 어렵지 않지만, 검사 출판업자들이 부정확한 주장을 내세워 부정직한 사람을 탐지하여 도난 문제를 줄인다고 주장하는 것은 역설적이다. 정직성 검사는 경쟁이 치열한 비즈니스이다.

향후 정직성 검사는 전반적인 것보다는 매우 구체적인 유형의 정직성을 측정할 가능성이 크다. 게다가 컴퓨터로 실시될 것이다.

이러한 비교적 간단한 검사로 사람들이 부정직한 CWB를 할 가능성을 파악할 수 있다는 증거가 있는가? 누가 정직하고 부정직한지 예측할 수 있는가? 검사의 변산성(variability)을 확인하는 다양한 방법이 있다.

① **'정직한 집단'과 대조 집단 방법**: 정직한 사람과 부정직한 사람이라고 알려진 사람들에게 검사를 실시하고, 반응의 양적 및 질적 차이를 기록한다.
② **배경, 생애 이력 조회**: 경찰, 학교, 조직의 기록을 이용한 철저한 신원조회(범행 건수)가 검사 점수와 관련이 있다.
③ **허용 및 자백**: 사소한 것부터 매우 심각한 것까지 부정직한 행동을 다루는 광범위한 검사에 대한 별도의 (아마도 기밀인) 허용은 검사 점수와 상관관계가 있다.
④ **미래 예측 방법**: 사람들이 조직에 들어갈 때 받은 검사 점수가 그 조직에서 일하는 동안 문서로 기록된 부정직한 행동과 관련이 있다.
⑤ **시계열 또는 역사적 방법(historic method)**: 선발 시 정직성 검사를 사용하기 전에 모든 종류의 자료(손실, 절도)를 수집한다. 눈에 띄는 차이가 있는지 확인하기 위해 선발 시 검사한 이후에 동일한 자료를 다시 수집한다.
⑥ **거짓말 탐지 혹은 익명의 자백과의 상관관계**: 절도나 결근 관련

각 방법은 한계와 결점이 있다. 예를 들어, 신원조회(background checks)는 업무시간을 어떻게 보내는지 알려주지 않는다. 예측하는 방법은 결과를 얻기까지 10년이 걸릴 수 있다. 도난을 줄이는 데는 검사나 새로운 보안 시스템이나 효과가 유사하다. 연구 결과, 정직성 검사에서 거짓 응답의 개인차가 나타났다.

확실하게 검사는 매우 다른 준거(도용, 자격 증명 위조, CWB)를 사용하여 타당화 되었고, 다소 다양한 결과로 나타난다. 업무 시간에 사적인 일을 하거나 점심시간의 휴식을 '시간 절도'라고 한다. 엄밀히 말해, 사무용품(펜, 종이)을 훔치는 것은 절도이다. 그러나 두 가지 모두 사소한 것으로 여겨지고, 회사 기밀이나 생산에 사용되는 중요한 자재나 제품 자체를 훔치는 것과는 확실히 다르다. 그러나 최근 정직성 검사에 대한 생각은 어떤가?

첫째, 이런 검사가 확실히 유용하다는 것에는 동의한다. 다양한 문제를 예방하는 데 도움이 될 만큼 충분히 타당한 검사이다.
둘째, 검사만으로는 절도, 부정직함이나 사보타주를 막을 수는 없다.
셋째, 정직성 검사는 시간이 지나도 안정적인 사람의 성격 특성의 측면을 측정할 수 있으나 어떤 측면인지는 확실하지 않다.
넷째, 검사 규정과 기준 등 세부사항에 대해 사전 동의를 받아야 한다고 주장하기 때문에 검사에 문제가 있다. 정직하지 않은 사람에게는 최선이 아니다.

다섯째, '컷오프' 점수의 사용 및 표시 방식에 대한 법적인 문제가 있을 수 있다. 사람들을 '합격/불합격' 또는 '매우 위험함, 위험이 큼, 적당히 위험함'으로 분류하는데, 이런 정보 사용과 기록 방식 때문에 비용이 드는 법적 조치가 필요할 수 있다.

여섯째, 정직성 검사는 '합격'이 아닌 '불합격'을 판단하는 데 사용된다. 이 검사는 '천사'를 찾아내는 것이 아니라 고위험의 지원자를 걸러 내는 것을 돕기 위해 만들어졌다.

정직성 검사의 타당도와 증거 해석은 기술적인 측면의 네 가지 이슈와 관련이 있다.

① 측정된 검사 점수에 대한 준거(criteria)는 무엇인가? 이 준거들은 얼마나 구체적이고 심각한가? 업무 수행 같은 전반적인 것인가 혹은 결근이나 절도 같은 특정한 이슈인가?
② 측정 유형이 무엇인가? 주관식인가 혹은 객관식인가? 카메라나 관찰자에 의해 기록되는가? 아니면 개인이 직접 보고하는가?
③ 타당화 전략은 무엇인가? 즉, 미래의 행동을 예측하기 위해 정직성 검사와 준거를 동시에 측정하여 비교하는가(정직성 검사 점수와 부정행위 자료)? 혹은 검사 점수가 미래의 행동을 예측하는가?
④ 연구에 참여할 표본은 누구인가? 구직자들인가? 현직자들인가?

성격심리학자들은 성격 특성 예측과 CWB의 상관관계를 강조하는 반면, 사회심리학자들은 집단, 조직, 상황 요인들이 미치는 영향을 강조한다. 필연적으로 두 가지는 서로 영향을 준다. 이와 관련하여 정직성 특성이 변하지 않는 것인지 아닌지가 중요하다. 경험으로 인해 시간이 지나면서 변하는 것일까?

7) 기타 측정치

언급한 것처럼, 수백 가지의 다른 성격 척도가 있다. 여기서 논의한 것들은 지난 10년 동안 인기가 많았던 것이다.

(1) 강점

강점은 긍정심리학에서 나왔고 '덕목을 정의하는 심리적 과정 또는 메커니즘'으로 성격의 강점을 평가하는 것에 집중하였다.

일반적으로 하나의 특정 덕목 그룹에서 한두 가지 강점만 발휘되지만, 하나의 덕목을 발휘하기 위해 다양한 강점을 사용하는 것이 좋다. 이러한 덕목에는 지혜와 지식(창의성, 호기심, 개방성, 학구열, 조망 포함), 용기(용기, 진정성, 인내, 열정 포함), 인간애(사랑, 친절, 사회적 지능 포함), 정의(팀워크, 공정성, 리더십 포함), 절제(용서, 겸손, 신중함, 자기조절 포함)와 초월성(심미안, 탁월함, 감사, 희망, 유머, 영성 포함) 등이 있다.

더불어 강점과 덕목이 심리적 건강의 기초라고 보는데, 현대 사회에서는 이런 강점이나 덕목이 현저하게 감소하고 있다. 사람들은 스트레스에 대처하기 위해 자신의 자원을 써야 하는 더 큰 스트레스와 압박을 받고 있다. 수많은 연구 결과, 성격 강점이 주관적이고 심리적인 웰빙과 정적 관계로 나타났다. 개인의 강점 개발에 대한 연구에서도 우울 증상이 감소한 것을 보여 주었다.

또한 감사, 희망, 열정, 호기심 및 가장 중요한 사랑과 같은 강점은 삶의 만족과 관련이 있다(Park et al., 2004). 예를 들어, Luthans와 Jensen(2002)은 합병, 파산, 신기술 및 불확실한 세계 경제로 인한 위협이 가중되는 환경에서 근로자의 동기를 유지하는 데 희망의 중요성을 강조했다. 희망은 불확실성을 극복할 수 있는 강점이다. 이러한 결과는 사회의 긍정적인 발전을 촉진하는 데 관여하는 사람들에게 중요한 의미를 가진다.

이러한 증거에 비추어 볼 때, 성격 강점과 핵심 덕목을 측정하는 것이 필요하다. 그래서 Peterson과 Seligman(2004)은 인간의 번영을 촉진하는 것보다 긍정적인 특성을 평가하고 인간의 '강점' 개념을 어떻게 정의할 수 있는지에 대한 근본적인 질문의 답을 찾는 작업을 수행하였다. 그 후 처음으로 가치 실행 강점 목록(Values in Action Inventory of Strengths, Peterson & Seligman, 2004)을 정립하였다. 그 후 다른 개별적인 척도와 함께 다양한 측정 버전이 개발되었다. Furnham과 Lester(2012)는 다음과 같은 검사를 만들었다(〈표 4-10〉 참조).

당신의 강점은 무엇입니까?

우리는 모두 다양한 강점과 약점을 가지고 있습니다. 이 설문지는 귀하의 강점을 평가하는 것입니다. IQ를 측정하는 방법인 정규분포에 따라 24가지 강점을 평가하세요. IQ 검사는 사람의 지능을 측정합니다. 이 검사의 평균 점수는 100입니다. 대부분의 사람(68%)은 85~115 사이의 점수를 받습니다. 매우 똑똑한 사람들(약 2~3%)은 약 130점인데 145점 이상이 나오기도 합니다.

두 페이지의 설문지를 통해 지능뿐만 아니라 일반적인 '개인 강점'과 같은 자기 자신에 대한 다양한 것을 평가하려고 합니다.
위의 척도를 보고 일반적인 사람들과 비교하여 귀하의 능력을 반영한다고 생각하는 정도에 따라 55에서 145 사이의 숫자를 쓰세요. 예를 들어, 만약 당신이 꽤 괜찮다고 생각하면 120점을 쓰는데 105점은 평균보다 약간 높은 것을 의미합니다. 55에서 145 사이의 숫자를 쓰면 됩니다. 정확하고 정직하게 답변하시길 바랍니다.

<표 4-10> 개인 강점

개인 강점	자기 평정
1. 호기심: 많은 것에 대한 관심과 호기심	
2. 학구열: 더 많이 알기, 읽기, 이해하기	
3. 올바른 판단력: 비판적 사고, 합리성, 열린 마음	
4. 창의성: 독창성, 실용적인 지능, 세상 물정을 잘 아는	
5. 사회적 지능: 감성/개인 지능, 감정에 능함	
6. 지혜: 큰 그림을 보는 것, 관점을 갖는 것	
7. 용기: 용기, 용기, 대담함	
8. 끈기: 인내, 부지런함, 근면	
9. 정직성: 정직, 진정성, 진실성	
10. 친절: 관대함, 공감, 도움	
11. 사랑: 사랑하고 사랑받을 수 있는 것, 깊고 지속적인 감정	
12. 시민정신: 팀워크, 충성심, 타인에 대한 의무	
13. 공정성: 도덕적 가치, 평등 및 형평성	
14. 리더십: 그룹에 동기부여 가능, 포용적, 집중	
15. 자기조절: 감정조절 가능, 충동적이지 않음	
16. 신중함: 조심스러운, 멀리 내다보는 것, 심사숙고하는, 분별력 있는	
17. 겸손: 겸허함, 소박함, 겸손함	
18. 심미안: 탁월함 추구, 경외감/경이로움의 경험	
19. 감사: 고마운, 감사하는	
20. 낙관주의: 희망, 미래 지향적, 긍정적	
21. 영성: 신앙, 철학, 목적의식/소명	
22. 용서: 연민, 자비, 친절	
23. 장난기: 유머, 재미, 어린애 같은	
24. 열정: 정열, 열의, 전파시키는, 참여적인	

(2) 통제 소재

Spector(1982)는 통제 소재가 동기부여, 노력, 성과, 만족, 직무에 대한 인식, 권위와 관리 방식에 대한 순응과 관련이 있고, 인센티브와 동기부여, 만족과 이직 간의 관계를 조절하는 중요한 요인이라고 언급했다. 예를 들어, '내적 통제 소재'가 높은 사람은 성과급제(piece-rate systems)를 선호하는 반면, '외적 통제 소재'가 높은 사람은 내적 통제보다 직접적인 관리에 더 만족하고, 강압적인 관리자의 요구에 더 순응하며, 사회적 요구에 더 순응하는 편이다. Spector는 훨씬 더 많은 조직 이론이 내적 통제 소재에 적용된다고 결론지었다. 고용, 실업 및 노동 시장 차별에 대한 비슷한 연구에서 업무 경험에 영향을 주는 요인으로 다양한 수준의 내적 통제 소재와 외적 통제 소재를 설명하였다.

업무 통제 소재

1. 직무는 스스로 만들어 가는 것이다.
2. 대부분의 직무에서, 사람은 자신이 성취하려는 것이 무엇이든 거의 성취할 수 있다.
3. 직무에서 원하는 것이 무엇인지 알고 있다면 그것을 제공하는 직무를 찾을 수 있다.
4. 직원이 상사의 결정에 불만이 있다면 조치를 취해야 한다.
5. 원하는 직무를 얻는 것은 대부분 운의 문제이다.
6. 돈을 번다는 것은 원래 행운의 문제이다.
7. 대부분의 사람들은 노력하면 일을 잘할 수 있다.
8. 정말 좋은 직업을 얻으려면 높은 지위에 있는 가족이나 친구가 있어야 한다.
9. 승진은 대개 행운이 따라야 한다.
10. 정말 좋은 직장을 구하려면 알고 있는 내용보다 아는 사람이 더 중요하다.
11. 업무를 잘 수행하는 직원이 승진할 수 있다.
12. 돈을 많이 벌기 위해서 유력한 사람을 알고 있어야 한다.
13. 대부분의 직업에서 뛰어난 직원이 되려면 많은 운이 필요하다.
14. 업무를 잘 수행하는 사람들은 일반적으로 그에 대한 보상을 받는다.
15. 대부분의 직원은 자신이 생각하는 것보다 상사에게 더 많은 영향을 미친다.
16. 돈을 많이 버는 사람과 적게 버는 사람의 가장 큰 차이는 운이다.

각 문항은 참(True: T) 혹은 거짓(False: F) 점수를 가지는데, 1-4(T), 5-6(F), 7(T), 8-10(F), 11(T), 12-13(F), 14-15(T), 16(F)이다. 점수가 낮으면 운명론이 높다는 것이고, 점수가 높으면 도구론이 높다는 것을 말한다(Spector, 1988).

8) 결론

Cook(2016)은 선발 시 성격검사의 사용에 대한 리뷰 논문에서, 성격이 능력보다 모호하고 더 확산적인 개념이며, 성격에 대한 모델이 많다고 결론지었다. 그는 성격검사로 사람이 얼마나 일을 잘 할 수 있는지 예측하는 것은 한계가 있지만, 현재 얼마나 열심히 일하는지를 더 잘 알 수 있다고 제안한다. 또한 직장에서 일탈이나 문제 행동을 하지 않는 것은 더 잘 예측할 수 있다. 팀 성격과 팀 성과 간의 관계는 복잡할 수 있으며, 낮은 점수를 받은 사람들은 집단 전체의 발목을 잡을 수 있다. 물론 성격검사의 질문 중 일부가 지나치게 사람을 침해한다는 이유로 비판을 받아 왔다.

그러나 성격검사에는 다음과 같은 분명한 장점이 있다.

- 검사가 수치 정보를 제공하기 때문에, 동일하고 정확한 기준을 근거로 개인을 더 쉽게 비교할 수 있다.
- 검사는 종종 해석이 필요한 모호한 진술에 비해 기질과 능력에 대한 명확하고 구체적인 결과를 제공한다.
- 검사는 부정행위, 편향, 개인적 네트워크를 무시하기 때문에 공정하다.
- 검사는 행동 패턴을 유발하는 성격과 능력의 모든 기본적인 차원을 다룬다는 점에서 포괄적이다.
- 검사가 이론적 토대를 기반으로 경험적으로 검증한다는 점에서 과학적이다. 즉, 그것들은 신뢰할 수 있고, 타당하며, 좋은 것과 평범한 것, 평균적인 것과 나쁜 것의 차이를 구별할 수 있다.

마찬가지로, 다양한 단점을 가지고 있다.

- 응답자는 이런 검사에서 거짓으로 응답할 수 있다.
- 어떤 사람들은 자신의 감정과 행동에 대해 보고할 만큼 자기 통찰력이 부족하다. 즉, 사람들이 거짓말을 하는 것이 아니라, 자신에 대해 정확한 답을 하지 못하는 것이다(일부 검사는 이를 극복하기 위해 간단한 행동 자료만 살펴봄).
- 사람들은 시험불안, 지루함, 권태감, 두통, 생리통 등 일시적 요인이나 상황에 따라 대답을 다르게 할 수 있다는 점에서 검사를 신뢰할 수 없다(부분적으로 사실이지만, 사소한 요인임).

- 가장 중요한 것은, 검사가 타당하지 않다는 것이다. 검사를 통해 측정하고자 했던 것을 측정하지 못하고 점수가 이후 행동을 예측하지 못한다. 이 문제는 많은 검사에서 아킬레스건이고, 유감스럽게도 타당도에 대한 강력한 증거가 부족하다.
- 행동의 모든 차원을 측정할 수 있지만, 조직에 중요한 신뢰나 결근 가능성 같은 것은 측정하지 못할 수 있다.
- 이런 검사를 받기 위해서는 오늘날의 어휘나 표현에 익숙해야 하고, 충분히 읽고 쓸 줄 알아야 한다.
- 검사가 적용되는 모집단에 대한 좋은 규준이 없는 경우가 많은데, 미국 백인 학생들과 비교하는 것은 매우 위험스러운 일이다.
- 검사가 공정하지 않고 WASP(백인 앵글로-색슨 신교도)에 편향되어 있다.
- 검사 해석 시 기술, 통찰력, 경험이 필요하며, 너무 비싸거나 이용할 수 없다.
- 정보 자유법(Freedom of information legislation)은 응시자가 점수나 자신이 응답한 결과에 대한 해석을 볼 수 있고, 이의를 제기할 수 있다는 것을 의미한다.
- 검사가 알려지면서, 사람들은 사본을 구입하여 연습할 수 있고 정답이나 가장 바람직한 답을 알 수 있다.

모든 평가 방법에는 장점과 단점이 있다. 성격검사는 평가를 용이하게 해 준다. 그러나 사용자들이 검사를 현명하게 선택하고 검사 시행 방법과 시기를 선택하기 위해 검사의 구성개념과 이론에 대한 어느 정도의 지식이 필요하다. 우리는 Big 5 요인 중에서 두 가지가 모든 직무에 중요한 것처럼 보인다는 것을 알고 있다. 신경증은 직장에서의 성공과 부적 상관이 있기 때문에 선발 배제 요인이고, 성실성은 업무 성공을 예측하므로 선발 허용 요인이다. 검사 사용자들은 이런 중요한 특성을 측정하기 위해 검사를 선택하는 것이 현명하다.

하지만 검사가 직장에서의 행동을 잘 예측하지 못하는 이유는 무엇일까? 첫째, 이론적 구성의 문제로 성격 이론이나 체계가 취약하거나 정교하지 않아서이다. 즉, 검사의 기초가 되는 이론이 잘못된 것이다. 둘째, 여러 이유로 인해 성격 특성에 대한 측정이 제대로 되지 않았다. 예를 들어, 실제로 다차원적인 특성을 하나의 특성으로 측정한다. 또한 측정하고자 하는 것에 대한 신뢰도가 낮고 타당하지 않기 때문이다.

또한 귀인 오류나 불성실 응답(dissimulators)과 같은 자기보고의 다양한 체계적 오류 때문에 결과가 의미하는 것이 약화된다. 사람들은 정확하게 보고하지 않거나 정확하게 보고할 수 없다.

성격 측정도구와 이론은 괜찮지만, 측정하려는 특성이 실제 직업 행동을 예측한다고 가정하기 어려울 수 있다. 즉, 업무 결과 변인(판매 수치, 평가 보고서)이 특성(trait) 변인(예: 외향성)과 관련이 없다.

다음으로, 직업 행동(예: 결근, 생산성)을 측정하기에 적합하지 않는 몇 가지 이유가 있다. 예를 들어, 단 하나의 측정치나 소수의 데이터만 얻기 때문에 신뢰도가 의심스럽다(즉, 좋은 측정치들을 종합하여 사용하지 않음). 또한 직업 행동 측정은 관찰, 검사 자료 혹은 자기보고에 의해 얻은 것인지와 상관없이 체계적인 오류가 있을 수 있다.

우리는 직업 행동이 성격 특성보다 더 강력한 다른 요인들에 의해 형성되고 제약을 받는다는 것을 알고 있다. 즉, 성격과 직업 행동 간에는 연관성이 있고 일관된 관계가 있지만, 노조 합의, 변경 불가능한 근로 조건 또는 인센티브 제도(일반적으로 부족함)와 같은 다른 요인들이 실제로 존재하는 관계를 억제하거나 감소시킨다. 성격은 직업 행동의 직접적인 예측변인이 아니라 조절변인이라는 것을 염두에 두어야 한다. 따라서 성격의 영향은 광범위한 다른 변인(예: 사회 계층, 지능 및 조직 구조)에 따라 달라진다.

마지막으로, 자기 선택 혹은 엄격한 채용으로 인한 표본 추출(sampling) 문제 때문에 성격과 직업 행동 간의 관계가 '없어지거나' 억제될 수 있다. 즉, 선발된 사람들이 성격 측면에서 너무 동질적이기 때문에 강력한 결과를 보여 주지 못할 수 있다는 것이다. 이와 같은 다양한 이유 때문에 사람들은 성격검사가 직장에서의 행동을 예측하지 않거나 거의 예측하지 못한다는 잘못된 결론을 내릴 수 있다.

참고문헌

Al-Dajani, N., Gralnick, T., & Bagby, R. (2016). A psychometric review of the personality inventory for DSM-5 (PID-5). *Journal of Personality Assessment, 98*, 62-68.

American Psychiatric Association. (1980). *Diagnostic and statistical manual of mental disorders* (3rd ed. rev.). Washington, DC: APA.

American Psychological Association. (1994). *Diagnostic and statistical manual of mental disorders* (4th ed.). Washington, DC: American Psychological Association.

American Psychiatric Association. (2000). *Diagnostic and statistical manual of mental disorders*. (4th ed. rev.). Washington, DC: APA.

Ashton, M. C., & Lee, K. (2007). Empirical, theoretical, and practical advantages of the HEXACO model of personality structure. *Personality and Social Psychology Review*, 11, 150-166. https://doi.org/10.1177/1088868306294907

Babiak, P., & Hare, R. (2006). *Snakes in suits: When psychopaths go to work*. New York: Regan

Books.

Bagby, R. M. (2013) Introduction to special issue on the Personality Inventory for DSM–5 (PID 5). *Assessment, 20*, 267–268.

Barkoukis, V., Lazuras, L., Tsorbatzoudis, H., & Rodafinos, A. (2011). Motivational and sportspersonship profiles of elite athletes in relation to doping behavior. *Psychology of Sport and Exercise, 12*(3), 205–212. https://doi.org/10.1016/j.psychsport.2010.10.003

Basch, J., & Melchers, K. (2019). Fair and flexible?! Explanations can improve applicant reactions toward asynchronous video interviews. *Personnel Assessment and Decisions, 3*, 1–11.

Bastiaansen, L., Rossi, G., & De Fruyt, F. (2012). Comparing five sets of Five–Factor model personality disorder counts in a heterogeneous sample of psychiatric patients. *European Journal of Personality, 2*, 377–388.

Bastiaansen, L., Rossi, G., Schotte, C., & De Fruyt, F. (2011). The structure of personality disorders. *Journal of Personality Disorders, 25*, 378–396.

Benson, M. J., & Campbell, J. P. (2007). To be, or not to be, linear: An expanded representation of personality and its relationship to leadership performance. *International Journal of Selection and Assessment, 15*(2), 232–249.

Blashfield, R., Keeley, J., Flanagan, E., & Miles, S. (2014). The cycle of classification: DSM–1 through DSM–5. *Annual Review of Clinical Psychology, 10*, 25–51.

Bryant, F. B., & Yarnold, P. R. (1995). Principal components analysis and exploratory and confirmatory factor analysis. In L. G. Grimm & R. R. Yarnold (Eds.), *Reading and understanding multivariable statistics* (pp. 99–136). Washington, DC: American Psychological Association.

Cable, D. M., & Edwards, J. R. (2004). Complementary and supplementary fit: A theoretical and empirical integration. *Journal of Applied Psychology, 89*(5), 822– 834. https://doi.org/10.1037/0021–9010.89.5.822

Carroll, B. (1973). *Job satisfaction: A review of the literature*. Ithaca, NY: Cornell University.

Carver, C. S., & Schier, M. F. (1992). *Perspectives on Personality*. Boston, MA: Allyn & Bacon.

Cattell, R. B. (1978). *The Scientific Use of Factor Analysis*. New York: Plenum.

Cook, J., Hepworth, S., Wall, T., & Warr, P. (1981). *The experience of work*. London: Academic Press.

Coolidge, F. (2001). *Short Form of the Coolidge Axis–II inventory (SCATI)*. Colorado Springs, CO: Manual.

Coolidge, F. L., Segal, D. L., Cahill, B. S., & Simenson, J. T. (2010). Psychometric properties of a brief inventory for the screening of personality disorders: The SCATI. *Psychology and Psychotherapy: Theory, Research and Practice, 83*(4), 395–405.

Costa, P. T., & McCrae, R. (1985). *The NEO personality inventory manual*. Odessa, FL: Psychological Assessment Resources.

Costa, P. T., & McCrae, R. R. (1992). Four ways five factors are basic. *Personality and Individual Differences, 13*, 653–665.

Cotton, L., Bynum, D., & Madhere, S. (1997). Socialization forces and the stability of work values from late adolescence to early adulthood. *Psychological Reports, 80*(1), 115–124. https://doi.org/10.2466/pr0.1997.80.1.115

Cronbach, L. J., & Shavelson, R. J. (2004). My current thoughts on coefficient alpha and successor procedures. *Educational and Psychological Measurement, 64*(3), 391–418.

Davison, M., & Furnham, A. (2018). The personality disorder profile of professional actors. *Psychology of Popular Media Culture, 7*, 33–46.

De Fruyt, F., De Clercq, B., Milley, J., Rolland, J. P., Jung, S. C., Taris, R., Furnham, A., & Hiel, A. (2009). Assessing personality at risk in personnel selection and development. *European Journal of Personality, 23*, 51–69.

Deci, E. L., Koestner, R., &Ryan, R. M. (1999). Ameta–analytic review of experiments examining the effects of extrinsic rewards on intrinsic motivation. *Psychological Bulletin, 125*(6), 627–668. https://doi.org/10.1037/0033–2909.125.6.627

Deci, E. L., & Ryan, R. M. (1985). *Self–determination and intrinsic motivation in human behavior*. New York: Plenum Publishing Co.

Digman, J. M. (1997). Higher–order factors of the Big Five. *Journal of Personality and Social Psychology, 73*, 1246.

Eysenck, H. J. (1967). *The biological basis of personality*. Springfield: Thomas.

Eysenck, H. J. (1970). A dimensional system of psychodiagnostics. In A. R. Mahrer (Ed.), *New approaches to personality classification and psychodiagnosis* (pp. 169–208). New York: Columbia University Press.

Faul, F., Erdfelder, E., Lang, A.–G., & Buchner, A. (2007). G*Power 3: A flexible statistical power analysis program for the social, behavioral, and biomedical sciences. *Behavior Research Methods, 39*(2), 175–191. https://doi.org/10.3758/BF03193146

Floyd, F. J., & Whidaman, K. F. (1995). Factor analysis in the development and refinement of clinical assessment instruments. *Psychological Assessment*, i(3), 286–299.

Furnham, A. (2008). *Personality and intelligence at work*. London: Routledge.

Furnham, A. (2010). *The elephant in the boardroom: The psychology of leadership derailment*. Basingstoke: Palgrave Macmillan.

Furnham, A. (2015). Bringing order and reason to the personality disorders. *PsycCRITIQUES*, 60, 14.

Furnham, A. (2018). A Big Five facet analysis of sub–clinical Dependent Personality Disorder (Dutifulness). *Psychiatry Research, 270*, 622–626.

Furnham, A. (2019). The Personality Disorders and Money Beliefs and Behaviours. *Financial Planning Review*, 2, e1046.

Furnham, A., & Crump, J. (2005). Personality traits, types and disorders. *European Journal of Personality, 19*, 167–184.

Furnham, A., & Crump, J. (2013). A bright side, facet analysis of Schizotypal Personality Disorder. The relationship between the HDS Imaginative Factor, the NEO-PI-R personality trait facets in a large adult sample. *Thinking Skills and Creativity, 11*, 42–47.

Furnham, A., & Crump, J. (2014a). A bright side facet analysis of Histrionic Personality Disorder: The relationship between the HDS Colourful Factor and the NEO-PI-R facets in a large adult sample. *Journal of Social Psychology, 154*, 527–536.

Furnham, A., & Crump, J. (2014b). A bright side facet analysis of Borderline Personality Disorder: The relationship between the HDS Excitable Factor and the NEO-PI-R facets in a large adult sample. *Borderline Personality Disorder and Emotional Dysregulation, 1*, 1–7.

Furnham, A., & Crump, J. (2014c). A Big Five facet analysis of sub-clinical Narcissism: Understanding Boldness in terms of well-known personality traits. *Personality and Mental Health, 8*, 209–217.

Furnham, A., & Crump, J. (2015). A Big Five facet analysis of a Paranoid personality disorder: The Validity of the HDS Sceptical scale of sub-clinical Paranoia. *Journal of Individual Differences, 36*, 199–204.

Furnham, A., & Crump, J. (2015). Personality and management traits: traits that differentiate leadership levels. *Psychology, 6*, 549–559.

Furnham, A., & Crump, J. (2016a). A Big Five facet analysis of a psychopath: The Validity of the HDS Mischievous scale of sub-clinical Psychopathy. *Scandinavian Journal of Psychology, 57*, 117–121.

Furnham, A., & Crump, J. (2016b). Personality correlates of passive-aggressiveness: A NEO-PI-R domain and facet analysis of the HDS leisurely scale. *Journal of Mental Health, 6*, 496–501.

Furnham, A., & Lester, D. (2012). The development of a short measure of character strength. *European Journal of Psychological Assessment, 28*, 95–101.

Furnham, A., & Macrae, I. (2019). The dark side of work values. *Current Psychology*, 1–7. https://doi.org/10.1007/s12144-018-9873-z

Furnham, A., & Trickey, G. (2011). Sex differences and dark side traits. *Personality and Individual Differences, 50*, 517–522.

Furnham, A., Crump, J., & Chamorro-Premuzic, T. (2007). Managerial level, personality, and intelligence. *Journal of Managerial Psychology, 22*, 805–818.

Furnham, A., Eracleous, A., & Chamorro-Premuzic, T. (2009). Personality, motivation and job satisfaction: Herzberg meets the Big Five. *Journal of Managerial Psychology, 24*(8), 765–779. https://doi.org/10.1108/02683940910996789

Furnham, A., Forde, L., & Ferrari, K. (1999). Personality and work motivation. *Personality and Individual Differences, 26*(6), 1035–1040. https://doi.org/10 .1016/S0191-8869(98)00202-5

Furnham, A., Guenole, N., Levine, S., & Chamorro-Premuzic, T. (2013). The NEO Personality Inventory-Revised. *Assessment, 20*, 14-23.

Furnham, A., Humphries, C., & Zheng, E. (2016). Can successful sales people become successful managers? Differences in Derailers and Motives across two jobs. *Consulting Journal: Practice and Research, 68*, 252-268.

Furnham, A., Hyde, G., & Trickey, G. (2014). Do your dark side traits fit? Dysfunctional personalities in different work sectors. *Applied Psychology, 63*(4), 589-606.

Furnham, A., Milner, R., Akhtar, R., & De Fruyt, F. (2014). A review of the measures designed to assess DSMV personality disorders. *Psychology, 5*, 1646-1686.

Furnham, A., Petrides, K. V., Jackson, C., & Cotter, T. (2002). Do personality factors predict job satisfaction? *Personality and Individual Differences, 33*(8), 1325-1342. https://doi.org/10.1016/S0191-8869(02)00016-8

Furnham, A., Petrides, K. V., Tsaousis, I., Pappas, K., & Garrod, D. (2005). A cross cultural investigation into the relationships between personality traits and work values. *Journal of Psychology, 139*(1), 5-32. https://doi.org/10.3200/JRLP.139.1.5-32

Furnham, A., Richards, S. C., & Paulhus, D. L. (2013). The dark triad of personality: A 10-year review. *Social and Personality Compass, 7*, 199-216.

Furnham, A., Richards, S., Rangle, L., & Jones, D. (2014). Measuring malevolence: Quantitative issues surrounding the dark triad of personality. *Personality and Individual Differences, 67*, 114-121.

Furnham, A., Trickey, G., & Hyde, G. (2012). Bright aspects to dark side traits: Dark side traits associated with work success. *Personality and Individual Differences, 52*(8), 908-913.

Furnham, A., Crump, J., & Ritchie W. (2013). What it takes: Ability, demographic, bright and dark side trait correlates of years to promotion. *Personality and Individual Differences, 55*, 952-956.

Gagné, M., & Vansteenkiste, M. (2013). Self determination theory's contribution to positive organizational psychology. In A. B. Bakker (Ed.), *Advances in positive organizational psychology* (pp. 61-82). Rotterdam: Erasmus University. https:// doi.org/10.1108/S2046-410X(2013)0000001006

Gagné, M., Forest, J., Gilbert, M. H., Aubé, C., Morin, E., & Malorni, A. (2010). The Motivation at Work Scale: Validation evidence in two languages. *Educational and Psychological Measurement, 70*(4), 628-646. https://doi.org/10.1177/ 0013164409355698

Gagné, M., Forest, J., Vansteenkiste, M., Crevier-Braud, L., Van den Broeck, A., Aspeli, A., & Halvari, H. (2015). The multidimensional work motivation scale: Validation evidence in seven languages and nine countries. *European Journal of Work and Organizational Psychology, 24*(2), 178-196. https://doi.org/10.1080/1359432X.2013.877892

Georgel, J. M., & Jones, G. R. (1997). Experiencing work: Values, attitudes, and moods. *Human Relations, 50*(4), 393-416. https://doi.org/10.1177/001872679705000404

Gosling, S. D., Rentfrow, P. J., & Swann, W. B., Jr. (2003). A Very Brief Measure of the Big Five

Personality Domains. *Journal of Research in Personality, 37*, 504–528.

Gøtzsche–Astrup, O., Jakobsen, J., & Furnham, A. (2016). The higher you climb: dark side personality and job level in a sample of executives, middle managers, and entry–level supervisors. *Scandinavian Journal of Psychology, 57*, 535–541.

Hare, R. D. (1999). *Without conscience: The disturbing word of the psychopaths among us*. New York, NY: Guilford.

Harms, P., Spain, S., & Hannah, S. (2011) Leader development and the dark side of personality. *Leadership Quarterly*, 22, 495–509.

Hauber, F. A., & Bruininks, R. H. (1986). Intrinsic and extrinsic job satisfaction among direct–care staff in residential facilities for mentally retarded people. *Educational and Psychological Measurement, 46*(1), 95–105. https://doi.org/10 .1177/0013164486461009

Hedman, E., Ljótsson, B., Rück, C., Furmark, T., Carlbring, P., Lindefors, N., & Andersson, G. (2010). Internet administration of self–report measures commonly used in research on social anxiety disorder: A psychometric evaluation. *Computers in Human Behavior, 26*(4), 736–740.

Herzberg, F. (1966). *Work and the nature of man*. Cleveland, OH: World Publishers.

Herzberg, F., Mausner, B., & Snyderman, B. (1959). *The motivation to work*. New York: Wiley.

Hogan, R. (1986). *Hogan Personality Inventory manual*. Minneapolis: National Computer Systems.

Hogan, R. (2007). *Personality and the fate of organizations*. Mahwah, NJ: Lawrence Erlbaum.

Hogan, J., & Hogan, R. (1997). *Motives, values, preferences inventory manual*. Tulsa, OK: Hogan Assessment Systems.

Hogan, R. & Hogan, J. (2001). Assessing leadership: A view from the dark side. *International Journal of Selection and Assessment, 9*, 40–51.

Hogan, R., & Hogan, J. (2009). *Hogan Development Survey manual* (3rd ed.). Tulsa, OK: Hogan Assessment Systems.

Hogan, J., Hogan, R., & Kaiser, R. B. (2010). Management derailment. In S. Zedeck (Ed.), *APA handbook of industrial and organizational psychology* (Vol. 3, pp. 555–575). Washington, DC: American Psychological Association.

Hogan, R., Hogan, J., & Roberts, B. W. (1996). Personality measurement and employment decisions: Questions and answers. *American Psychologist, 51*, 469–477.

Hogan, R., & Kaiser, R. B. (2005). What we know about leadership. *Journal of General Psychology, 9*, 169–180.

Hooper, D., Coughlan, J., & Mullen, M. R. (2008). Structural equation modelling: Guidelines for determining model fit. *Electronic Journal of Business Research Methods, 6*(1), 53–60. Retrieved from https://maynoothuniversity.ie

Horn, R., & Behrend, T. (2017). Video killed the interview star. *Personnel Assessment and Decisions, 1*, 51–59.

Hu, L. T., & Bentler, P. M. (1999). Cutoff criteria for fit indexes in covariance structure analysis:

Conventional criteria versus new alternatives. *Structural Equation Modeling: A Multidisciplinary Journal, 6*(1), 1–55. https://doi.org/10.1080/10705519909540118

Huprich, S. K. (Ed.). (2015). *Personality Disorders: Toward theoretical and empirical integration in diagnosis and assessment*. Washington, DC: American Psychological Association.

Igalens, J., & Roussel, P. (1999). A study of the relationships between compensation package, work motivation and job satisfaction. *Journal of Organizational Behavior, 20*(7), 1003–1025. https://doi.org/10.1002/(SICI)1099-1379(199912) 20:7〈1003::AID-JOB941〉3.0.CO;2-K

Jopp, A., & South, S. (2014). Investing the personality inventory for DSM-5 using self and spouse reports. *Journal of Personality Disorders, 28*, 1–22.

Judge, T. A., Bono, J. E., Ilies, R., & Gerhardt, M. W. (2002). Personality and leadership: A qualitative and quantitative review. *Journal of Applied Psychology, 87*, 765–780.

Judge, T. A., Heller, D., & Mount, M. K. (2002). Five-factor model of personality and job satisfaction: A meta-analysis. *Journal of Applied Psychology, 87*(3), 530–541.

Judge, T., & LePine, J. (2007). The bright and dark sides of personality. In J. Langan-Fox, C. Cooper, & R. Klimoski (Eds.), *Research companion to the dysfunctional workplace* (pp. 332–355). Cheltham: Elgar.

Kaiser, R. B., LeBreton, J. M., & Hogan, J. (2015). The dark side of personality and extreme leader behavior. *Applied Psychology, 64*(1), 55–92.

Kerr, S., Harlan, A., & Stogdill, R. M. (1974). Preference for motivator and hygiene factors in a hypothetical interview situation. *Personnel Psychology, 27*(1), 109–124. https://doi.org/10.1111/j.1744-6570.1974.tb02067.x

Knoop, R. (1994a). Work values and job satisfaction. *Journal of Psychology, 128*(6), 683–690. https://doi.org/10.1080/00223980.1994.9921297

Knoop, R. (1994c). The relationship between importance and achievement of work values and job satisfaction. *Perceptual and Motor Skills, 79*(1), 595–605. https://doi.org/10.2466/pms.1994.79.1.595

Kohn, A. (1993). *Punished by Rewards*. Boston: Houghton Mifflin.

Krueger, R. F., & Markon, K. E. (2014). The role of the DSM-5 personality trait model in moving toward a quantitative and empirically based approach to classifying personality and psychopathology. *Annual Review of Clinical Psychology, 10*, 477–501.

Latham, G. P., & Pinder, C. C. (2005). Work motivation theory and research at the dawn of the twenty-first century. *Annual Review of Psychology, 56*, 485–516. https://doi.org/10.1146/annurev.psych.55.090902.142105

Lepper, M. R., & Greene, D. (1975). Turning play into work: Effects of adult surveillance and extrinsic rewards on children's intrinsic motivation. *Journal of Personality and Social Psychology, 31*(3), 479–486. https://doi.org/10.1037/h0076484

Locke, E. (1976). The nature and causes of job satisfaction. In M. Dunnette (Ed.), *Handbook of industrial and organizational psychology*. Chicago: RandMcNally.

Lönnqvist, J. E., Paunonen, S., Nissinen, V., Ortju, K., & Verkasalo, M. (2011). Selfenhancement in military leaders: Its relevance to officer selection and performance. *Applied Psychology, 60*(4), 670–695.

MacRae, I., & Furnham, A. (2014). High Potential: *How to spot manage and develop talented people at work*. Bloomsbury: London.

MacRae, I., & Furnham, A. (2017). *Motivation and performance: A guide to motivating a diverse workforce*. London: Kogan Page.

MacRae, I., & Furnham, A. (2020). Psychometric Analysis of the High Potential Trait Inventory (HPTI). *Psychology, 11*(8), 1125–1140.

McCall, M. W. (1997). *High–Flyers: Developing the next generation of leaders*. Boston, MA: Harvard Business School.

McCrae, R. R., & Costa, P. T. (1996). Toward a new generation of personality theories: Theoretical contexts for the five–factor model. In J. S. Wiggins (Ed.), *The five factor model of personality: Theoretical perspectives* (pp. 51–87). New York, NY: Guilford Press.

McCrae, R. R., & Terracciano, A. (2005). Universal features of personality traits from the observer's perspective: Data from 50 cultures. *Journal of Personality and Social Psychology, 88*, 547–561.

Melchers, K., Ingold, P., Wilhelmy, A., Kleinmann, M. (2015). Beyond validity: Shedding light on the social situation in employment interviews. In I. Nikolaou & J. Osstrom (Eds.), *Employee Recruitment, Selection and Assessment* (pp. 154– 171). London: Psychology Press.

Miller, L. (2008). *From Difficult to Disturbed*. New York: AMACOM.

Miller, J. D., Campbell, W. K., & Pilkonis, P. A. (2007). Narcissistic personality disorder: Relations with distress and functional impairment. *Comprehensive Psychiatry, 48*(2), 170–177.

Moscoso, S., & Salgado, J. F. (2004). 'Dark side' personality styles as predictors of task, contextual, and job performance. *International Journal of Selection and Assessment, 12*(4), 356–362.

Musek, J. (2007). A general factor of personality: Evidence for the Big One in the five–factor model. *Journal of Research in Personality, 41*, 1213–1233.

Netter, P. (1997). Digging forward into the past: Modern research on the neurochemical basis of individual differences rooted in Hans Eysenck's theory. ISSID Conference, Giessen, July.

Nord, W., Brief, A., Atieh, J., & Doherty, E. (1990). Studying meanings of work: The case of work values. In A. Brief & W. Nord (Eds.), *Meanings of occupational work* (pp. 21–64). Lexington, MA: Lexington Books.

O'Boyle, E. H., Forsyth, D. R., Banks, G. C., & McDaniel, M. A. (2012). A metaanalysis of the dark triad and work behavior: A social exchange perspective. *Journal of Applied Psychology, 97*(3), 557.

Oldham, J., & Morris, L. (1991). *Personality self–portrait*. New York: Bantam.

Overhuin, M., & Furnham, A. (2012). Assessing Obsessive–Compulsive Disorder (OCD): A review of self–report measures. *Journal of Obsessive–Compulsive and Related Disorders, 1*, 312–324.

Palaiou, K., & Furnham, A. (2014). Are bosses unique? Personality facet differences between CEOs and staff in five work sectors. *Consulting Psychology Journal: Practice and Research, 66*, 173–196.

Parks, L., & Guay, R. P. (2009). Personality, values, and motivation. *Personality and Individual Differences, 47*(7), 675–684. https://doi.org/10.1016/j.paid.2009.06 .002

Paulhus, D. L. (1991). Measurement and control of response bias. In J. P. Robinson, P. R. Shaver, & L. S. Wrightsman (Eds.), *Measures of personality and social psychological attitudes* (pp. 17–59). San Diego, CA: Academic Press.

Paulhus, D. L. (2002). Socially desirable responding: The evolution of a construct. In H. I. Braun, D. N. Jackson, & D. E. Wiley (Eds.), *The role of constructs in psychological and educational measurement* (pp. 49–69). Mahwah, NJ: Erlbaum.

Paulhus, D. L., & Jones, D. N. (2014). Measures of dark personalities. In G. J. Boyle, D. H. Saklofske, & G. Mathews (Eds.), *Measures of personality and social psychological constructs* (pp. 562–594). San Diego: Academic Press.

Pink, D. H. (2009). *Drive: The Surprising Truth About What Motivates Us*. New York: Riverhead Books.

Rauthmann, J. F. (2012). The Dark Triad and interpersonal perception: Similarities and differences in the social consequences of narcissism, Machiavellianism, and psychopathy. *Social Psychological and Personality Science, 3*(4), 487–496.

Resnick, C., Whitman, D., Weingarden, S., & Hiller, N. (2009). The bright-side and the dark-side of CEO personality. *Journal of Applied Psychology, 94*, 1365–1381. https://doi.org/10.1037/a0016238

Rice, R., Gentile, D., & McFarlin, D. (1991). Facet importance and job satisfaction. *Journal of Applied Psychology, 76*(1), 31–39. https://doi.org/10.1037/0021-9010.76.1.31

Roulin, N., Bourdage, J., & Wingate, T. (2019). Who is conducting "better" employment interviews. *Personnel Assessment and Decisions, 1*, 37–48.

Samuel, D. B., & Widiger, T. A. (2008). A meta-analytic review of the relationships between the Five-Factor Model and DSM-IV-TR personality disorders: A facet level analysis. *Clinical Psychology Review, 28*, 1326–1342.

Saulsman, L., & Page, A. (2004). The five factor model and personality disorder empirical literature: A meta-analytic review. *Clinical Psychology Review, 23*, 1055–1085.

Schwartz, S. H. (1992). Universals in the content and structure of values: Theory and empirical tests in 20 countries. In M. Zanna (Ed.), *Advances in experimental social psychology* (Vol. 25, pp. 1–65). New York.

Schwartz, S. H. (1994). Are there universal aspects in the content and structure of values? *Journal of Social Issues, 23*, 14–30.

Schwartz, S. H. (1996). Value priorities and behavior: Applying a theory of integrated value systems. In C. Seligman, J. M. Olson, & M. P. Zanna (Eds.), *The psychology of values: The*

Ontario Symposium (Vol. 8, pp. 1–24). Hillsdale, NJ: Erlbaum.

Skodol, A., Bender, S., Morey, L., Clark, L., Oldham, J., Alarcon, R., Krueger, R., Verheul, R., Bell, C., & Siever, L. (2011). Personality disorder types proposed for DSM–5. *Journal of Personality Disorders, 25*, 136–169.

Skodol, A. E., Oldham, J. M., Bender, D. S., Dyck, I. R., Stout, R. L., Morey, L. C., Shea, M. T., Zanarini, M. C., Sanislow, C. A., Grilo, C. M., McGlashan, T. H., & Gunderson, J. G. (2005). Dimensional representations of DSM–IV personality disorders: relationships to functional impairment. *American Journal of Psychiatry, 162*(10), 1919–1925.

Smith, S. F., & Lilienfeld, S. O. (2013). Psychopathy in the workplace: The knowns and unknowns. *Aggression and Violent Behavior, 18*(2), 204–218.

Spain, S. M., Harms, P., & LeBreton, J. M. (2014). The dark side of personality at work. *Journal of Organizational Behavior, 35*, 41–60.

Steiger, J. H. (2000). Point estimation, hypothesis testing, and interval estimation using the RMSEA: Some comments and a reply to Hayduk and Glaser. *Structural Equation Modelling, 7*(2), 149–162. https://doi.org/10.1207/S15328007SEM0702_1

Super, D. E. (1970). *Work values inventory*. Boston, MA: Houghton Mifflin.

Teodorescu, A., Furnham, A., & MacRae, I. (2017). Trait correlates of success at work. *International Journal of Selection and Assessment, 25*(1), 36–42.

Swami, V., Weis, L., Lay, A., Barron, D., & Furnham, A. (2016). Associations between belief in conspiracy theories and the maladaptive personality traits of the personality inventory for DSM–5. *Psychiatry Research, 236*, 86–90.

Van Kampen, D., De Beurs, E., & Andrea, H. (2008). A short form of the dimensional assessment of personality pathology (DAPP–BQ): The DAPP–SF. *Psychiatry Research, 160*:115–128.

Van Leeuwen, K. G., Mervielde, I., De Clerco, B. J., & De Fruyt, F. (2007). Extending the spectrum idea: Child personality, parenting and psychopathology. *European Journal of Personality, 21*(1), 63–89.

Waters, L. L., & Waters, C. W. (1972). An empirical test of five versions of twofactor theory of job satisfaction. *Organizational Behaviour and Human Performance, 7*(1), 18–24.

Wernimont, R. (1966). Intrinsic and extrinsic factors in job satisfaction. *Journal of Applied Psychology, 50*(1), 41–50.

Widiger, T. (2011). Integrating normal and abnormal personality structure: A proposal for DSM–V. *Journal of Personality Disorders, 25*, 338–363.

Widiger, T. A, Gore, W. L., Crego, C., Rojas, S. L., & Oltmanns, J. R. (2017). Five factor model and personality disorder. In T. A. Widiger (Ed.), *The Oxford handbook of the five factor model* (pp. 449–478). New York: Oxford University Press.

Widiger, T. A., & Costa, P. T., Jr. (2002). Five–factor model personality disorder research. In P. T. Costa, Jr. & T. A. Widiger (Eds.), *Personality disorders and the five–factor model of personality* (pp. 59–87). American Psychological Association.

Widiger, T. A., Trull, T. J., Clarkin, J. F., Sanderson, C., & Costa, P. T. (2002). A description of the DSM–IV personality disorders with the five–factor model of personality. In P. T. Costa & T. A. Widiger (Eds.), *Personality disorders and the five factor model of personality* (2nd ed., pp. 89–99). Washington, DC: American Psychological Association.

Widiger, T., & Costa P. (1994). Personality and personality disorders. *Journal of Abnormal Psychology, 103*, 78–91.

Winsborough, D. L., & Sambath, V. (2013). Not like us: An investigation into the personalities of New Zealand CEOs. *Consulting Psychology Journal: Practice and Research, 65*, 87–107.

Wissing, B., & Reinhard, M.–A. (2017). The dark triad and the PID–5 maladaptive personality traits. *Frontiers in Psychology, 8*, article 1549.

Wright, A., & Simms, L. J. (2014). On the structure of personality disorder traits: Conjoint analysis of the CAT–PD, PID–5, and NEO PI–3 trait models. *Personality Disorders: Theory, Research, and Treatment, 5*, 43–54.

방법 7. 투사 기법

무엇인가?

사람이 듣거나 읽거나 본 것에 대해 생각하고 느낀 것, 즉 그림에서 본 것이나 단어와 연관된 것에 대해 말하도록 요구하는 다양한 기법이다.

어떻게 작동하는가?

사람들이 자신에 대해 많은 것을 드러내는 중요하고 깊이 자리 잡은 (무의식적인) 생각과 감정을 자극에 투사한다는 것이다. 자신도 모르게 '내면의 영혼'을 '쏟아 낸다.'

증거가 있는가?

극소수의 예시를 제외하고, 투사 검사는 신뢰할 수 없고 타당하지 않다. 의미가 적은 반응을 지나치게 해석하는 것이 우려스럽다.

실무적 문제: 비용, 윤리, 정치적 이슈

자료를 얻는 것은 비교적 쉽고 저렴하지만 자료를 타당하게 해석할 수 있는 '전문가'를 찾는 것이 어렵고 비용이 많이 든다.

사용 관련 제안

투사 기법의 결과에 의존하는 것은 위험하고, 현명하지 못하며, 비윤리적일 수 있다. 투사 검사는 유용한 평가 방법이라기보다는 재미로 보는 트릭(party trick)에 가깝다.

1) 도입

대부분의 사람들은 아마도 요란스러운 게임 같은 투사 기법을 본 적이 있을 것이다. 예를 들어, "당신은 산책 중이고, 숲을 지나고 있습니다. 그리고 개울이나 강을 우연히 마주칩니다." "어떤 것이 떠오르는지 설명해 주세요." "강 옆에는 오두막이 있습니다. 당신 앞에는 숲을 통과하는 길이 있습니다." "어떤 느낌이 드나요?" 초보 심리학자가 이런 반응을 해석한다. "당신이 말하는 것(강이 깊다, 강은 얕다, 강에 바위가 있다)은 성, 권력 또는 지배에 대한 우리의 좌절된 무의식적 욕구를 상징합니다! 좁은 길과 갈림길은 앞으로의 어려운 결정을 의미합니다." 간단한 게임은 분명히 당신이 자신에 대해 아는 것보다 더 많은 것을 말해 준다. 투사 기법 분석을 통해 교묘하게 감춰진 당신의 비밀이 드러날 뿐만 아니라, 당신이 알지 못하는 깊은 욕망과 동기에 대해 알게 되는 것처럼 보인다. 그러나 이러한 '해석'이 사실이라는 증거가 없는 요란스러운 게임에 불과한 것일까? 실제로 심리 평가를 불신하게 만드는 효과가 있는가?

투사 검사는 심리학에서 오랫동안 살아남았는데, 이는 심리학자들이 사람의 동기를 밝혀내는 일이 쉽지 않아서이다. 타인에 대한 정보를 얻기 위해 면접이나 설문지를 사용하는 사람들이 듣는 가장 일관된 비판 중 하나는 사람들이 특정 질문에 대해 답을 안 하는 것이 아니라 못한다는 것이다. 정말로 당신을 동기부여하는 것이 무엇인가? 당신은 얼마나 공격적이고 이타적인가? 당신은 권력을 얼마나 즐기는가? 당신의 어린 시절은 어떤 영향을 주었나? 그들이 이런 질문들에 대한 답을 하지 않는 것이 아니라, 원하지만 정직하게 대답할 수 있는 통찰력이나 언어를 가지고 있지 않다.

투사 기법은 본질적으로 다음과 같은 정신분석적 개념에 의해 유지되었을 가능성이 있다.

- 행동은 강력하고, 종종 무의식적인 동기, 추동 및 욕구 사이의 갈등과 타협의 결과이다.
- 행동은 미묘하거나 위장된 방식으로 동기를 반영한다.
- 동일한 행동이라도 시간, 개인에 따라 다른 동기를 반영할 수 있다.
- 사람들은 자신의 행동을 이끄는 힘과 행동을 추동하는 갈등에 대해 어느 정도 인지한다.
- 행동은 한 번에 사용할 양이 정해져 있는 에너지 체계의 지배를 받는다.
- 행동의 목표는 쾌락(긴장 감소, 에너지 방출, 쾌락 원리)이다.
- 사람들은 주로 성적 본능과 공격적 본능에 의해 움직인다.
- 이러한 추동의 표현은 사회의 요구와 상충될 수 있다. 따라서 이러한 추동을 충족시키기 위해 방출되는 에너지는 적절한 방출 경로를 찾아야 한다.
- 삶(에로스)과 죽음(타나토스)의 본능이 있다.

자각의 수준을 의식(우리가 알고 있는 것), 전의식(주의를 기울이면 알 수 있는 것), 무의식(특수한 상황을 제외하고는 알 수 없는 것) 등 세 가지로 구분한다. 투사 검사가 우리의 행동에 강력하고 지속적으로 영향을 미치는 전의식 및 무의식에 도달하는 방법을 제공한다는 것이 기본적인 생각이다. 프로이트는 꿈이 무의식으로 가는 '왕도'라고 주장했다. 일부 사람들은 평가에서 투사 기법이 비슷하게 유용한 기능을 가지고 있다고 믿는다.

기본적으로 다섯 가지 범주의 검사가 있다.

- **잉크 반점 또는 추상화 그림**: 종이를 반으로 접은 페이지 중간에 잉크 얼룩을 떨어뜨린 다음 결과 패턴을 보는 것으로 간단하게 만들 수 있다.
- **문장 완성**: 문장의 비어 있는 부분을 완성하는 것이다. '내가 결코 하고 싶지 않은 것은 ________' '나는 ________' '나의 가장 큰 두려움은 ________' '나의 자랑스러운 점은 ________'
- **자유 연상**: 사람들에게 집, 자동차, 부모 등 특정한 것들을 그리도록 요청한 다음, 그린 것에 대해 질문을 한다.
- **놀이 활동**: 사람에게 인형, 블록, 모래 등을 주고 그들이 무엇을 하고 있는지 설명하면서 물체를 가지고 놀거나 구성해 보거나 작동하도록 요청한다.
- **소리 치료**: 사람들은 소리(익숙한 노래, 아기 울음소리, 자동차 충돌)나 음악을 듣고 느낀 것을 묘사한다.

2) 로르샤흐 잉크반점 검사

사람들이 내면의 두려움, 희망, 목표에 대해 말하는 것을 꺼리거나 할 수 없을 때, 그림에서 본 것이 무엇인지 물어봄으로써 알아낼 수 있는가? 이것은 선택과 설명이 '한 사람에 대해 많은 것을 말해 준다'는 '대중' 심리학에서 흔히 볼 수 있는 생각이다. 그런데 약 80년 전에 스위스 심리학자인 로르샤흐(Hermann Rorschach)가 위대한 움직임을 시작하였다.

유명한 로르샤흐 잉크반점 검사는 만들어진 이후 임상 심리학과 대중 문화의 아이콘이 되었다. 매년 전 세계적으로 백만 회 이상 시행되는 로샤 검사는 성격 및 교육 연수 결정, 고용 및 해고 절차, 가석방 결정, 심지어 아동 학대 혐의 조사를 평가하는 데 사용된다. 그러나 로르샤흐 검사는 찻잎 읽기(tea leaf reading)의 현대적 변형 그 이상일까?

이 유명한 검사의 시초는 다음과 같다. 1895년에 최초의 IQ 검사로 유명해진 비네(Binet)가 이 아이디어를 제안하였다. 가장 잘 알려진 검사는 대칭의 잉크 반점이 있는 10장의 카드로 구성되며, 카드 중 절반은 컬러이고 나머지 반은 흑백이다. 이 카드들이 가장 진단적인 형태를 보여 주는 것으로 확인되었다. 검사자가 한 번에 하나의 카드를 주고 본 것이 무엇인지 물어본다. 모든 카드에 대해 반복적으로 시행한다. 검사자는 피검자가 말한 내용, 각 카드를 보는 데 걸린 시간, 카드를 들고 있는 방향 등을 기록한다.

〈검사 점수 산정〉

검사의 전통적인 절차는 네 단계를 거친다.

수행 단계에서는 피검자가 각 카드에서 본 내용을 자발적으로 말해야 한다. 검사자는 말한 모든 것을 적어야 한다.

두 번째는 좀 더 구조화된 질문 단계이다. 두 가지 사항에 대해 질문하고 각 카드를 다시 살펴본다. 검사자는 위치와 세부사항에 대해 묻는다. 위치는 잉크 반점의 어떤 부분(전체, 큰 세부 정보, 작은 세부 정보 등)을 해석했는지와 관련된다. 또한 피험자가 본 대상과 잉크 반점을 유사하게 생각한 이유(형태, 움직임, 음영, 색상)에 대해서도 질문한다.

세 번째 단계는 유추 단계이다. 검사자는 피검자가 선택한 내용에 대해 구체적으로 물어보고 그것들이 무엇을 의미하는지 파악한다.

마지막 검사 단계에서는 검사자가 다른 사람들이 '대중적으로' 보는 인식 내용을 제시하고, 피검자가 그렇게 인식할 수 있는지 확인한다.

이제 '해석'을 시작한다. 해석 과정은 놀라울 정도로 정교하고 채점자가 다양한 현상을 나타내는 데 사용하는 기호들이 많다. M은 상상력과 인식한 내용이 '사람'인지를 나타낸다. K는 불안을 나타내며 색과 움직임에 의해 판단한다. D는 피검자가 가지고 있는 많은 상식을 이해하고, 형태별로 구분한다. S는 피검자의 반항 성향을 의미하며, 이것은 공백이나 아주 작은 세부사항을 해석하여 얻어 낸다. 채점 체계는 한마디로 요리책과 마법책을 이상하게 혼합한 것처럼 보일 수 있다.

〈전형적인 해석 유형〉

• 잉크 반점 패턴의 작고 명확하게 정의된 부분에 대한 응답 빈도	완벽주의와 꼼꼼함을 가진 강박적 성격
• 움직이는 동물을 얼마나 자주 보는지	충동적이고, 즉각적인 만족을 요구함
• 오직 색깔만으로 결정되는 반응인지	감정적으로 통제할 수 없고 폭발적임
• 작고 수동적인 동물을 얼마나 보는지	수동적이고 의존적인 성격과 태도
• 지도를 보는 경향	조심성 있고 회피적임
• 가면을 자주 보는지	진정한 자신을 보여 주는 것에 대한 저항

검사 점수를 산정하는 다양한 전문가 시스템이 있지만, 많은 사람이 카드의 서로 다른 측면을 본다. 진정한 개인에 대해 진단을 하거나 프로파일을 만드는 것이다.

이 검사의 타당도 여부에 대해 심리학에서는 심각하고 신랄한 논쟁이 많다(Garb et al., 2005). 기법에 대해 면밀하게 검토한 결과 '효과 없음'이라고 밝혀졌다. 예를 들어, Wood 등(2010)은 "현재의 연구 결과는 로르샤흐가 사이코패스와 사이코패스가 아닌 사람을 구별하는 임상적으로 민감한 도구라는 주장과 반대된다."고 결론지었다(p. 336).

심리학에서 잉크 반점 검사가 유일한 투사 기법은 아니다. 투사 기법은 공통적으로 사람에게 자극(보통 그림이거나 소리나 냄새일 수 있음)을 주고 사람들의 즉각적이고 가장 깊은 내면의 강렬한 생각, 감정, 그리고 욕구를 투사하도록 독려하는 것이다. 사람들은 모호한 자극에 어떻게 반응하는지 말한다. 자극이 불분명하고 모호할수록 사람은 그 자극에 자신을 더 많이 투사한다.

3) 주제 통각 검사

두 번째로 유명한 투사 검사 심리학인 주제 통각 검사(잉크 반점이 아닌 그림 세트)를 광범위하게 연구한 David McClelland는 모든 추동 또는 욕구 중에서 가장 중요하고 근본적인 세 가지를 발견했다고 주장했다. 그것은 성취, 권력 그리고 친애 욕구이다. 이 검사는 사람들이 말할 수 없던 욕구에 대해 정확한 통찰을 제공할 수 있는 그림들에 대해 이야기하는 것이다.

주제 통각 검사는 가장 많이 알려져 있고 널리 사용되는 투사 검사이다. 20여 장의 자극적이면서도 모호한 그림을 연속적으로 보면서 이야기를 들려주기 때문에 그림 해석 기법이라고도 한다. 어떤 그림들은 매우 오래된 것처럼 보이고, 또 어떤 것은 익숙하게 느껴질 정도로 유명하다.

검사자는 피검자에게 제시된 각 그림에 대해 가능한 한, 극적인 이야기를 해 달라고 요청한다. 즉, 지금 무슨 일이 일어나고 있는지, 등장인물들이 느끼고 생각하고 있는 것, 이야기의 결과가 무엇인지에 대해서이다.

세 가지 주제에 대한 증거를 찾아서 각 그림에 대해 이야기한 스토리들을 신중하게 채점한다. 다음 예시를 확인해 보자.

- **성취:** George는 가장 실용적인 도면을 가진 사람(**성취 이미지: 탁월성 기준, +1**)이 다리 건설 계약을 따내는 대회에서 우승하기를 원하는(**욕구, +1**) 엔지니어다. 그는 자신이 이기면 얼마나 행복할지 생각하고 있다(**목표 예측, +1**). 그는 어떻게 긴 구간을 강하게 만들지 당황스러웠지만(**장애, 세상, +1**), 큰 강도의 새로운 강철 합금을 만드는 방법을 만들 수 있는지 명시하고 제출했다(**도구적 행위, +1**). 그러나 상을 받지 못했고(**목표 상태, 부정적, +1**) 매우 불행하다(**목표 상태, 부정적, +1**).

총 성취 점수=+7

- **친애:** George는 늦게까지 일하는 엔지니어이다. 그는 아내가 자신을 무시한 것에 대해 짜증을 낼까 봐(**친애 이미지, +1**) 걱정하고 있다(**장애, 세상, +1**). 그녀는 그가 아내와 가족보다 자신의 일에 더 신경을 쓴다고 주장해 왔다(**장애, 개인, +1**). 그는 상사와 아내를 모두 만족시키기 어려운 상황이지만(**욕구 +1**), 아내를 매우 사랑하고, 일을 빨리 마무리하고 집으로 가려고 최선을 다할 것이다(**도구적 행위, +1**).

총 친애 점수=+6

- **권력:** Georgiadis는 유명한 건축가로(**행위자의 명성, +1**), 세계 최고의 건축가(**권력 이미지, +1**)인지 결정하는 대회에서 우승하기를 원한다(**욕구, +1**). 그의 주요 경쟁 상대인 Bulokovsky가 그의 아이디어를 훔쳤고(**장애, 세상, +1**), 그는 패배의 불명예를 몹시 두려워한다(**목표 예측, 부정적, +1**). 하지만 그는 심사위원들을 압도하는 새로운 아이디어를 생각해 냈으며(**권력 효과, +1**), 그가 우승했다.

총 권력 점수=7

이것은 분명히 '비용이 많이 드는' 작업이다. 이야기들을 기록해야 하고, 검사의 신뢰도를 위해 적어도 두 명의 평가자가 20개의 이야기를 각각 검토하여 3개의 점수를 얻은 후 이 점수를 집계하여 개인에 대해 3개의 점수를 산출해야 한다. 이 투사 기법 검사를 간단하고 짧은 성취 욕구 검사를 하는 것과 비교해 보라.

4) 문장 완성 검사

문장의 빈칸을 채우는 문장 완성 검사를 통해 평소 말하지 않았거나 실현시키지 못한 특정한 가치나 태도를 파악할 수 있다.

- 내 인생에서 가장 후회되는 것은 ________________.
- 내 또래나 잘나가는 다른 사람들과 비교했을 때, 나는 훨씬 더 ________________.
- 내가 가장 두려워하는 것은 ________________.
- 남몰래 내가 정말 동경하는 것은 ________________.
- 만약 내가 백만 달러를 얻는다면 ________________.
- 내가 기억되기를 바라는 것은 ________________.
- 내가 당신을 잘 알고 있고 솔직하게 말한다면, 내가 당신에게 해 줄 수 있는 가장 좋은 칭찬은 무엇인가요?

답을 얻은 후에는 점수를 산정하는 방식이 이슈다(앞의 내용 참조).

또 다른 문장 완성 검사는 '나는 ___________'이라고 제시되는 동일한 20개 문장을 완성하는 것이다. 예를 들어, '나는 27세이다' '나는 직장인이다' '나는 테니스를 매우 좋아한다'라고 말할 수도 있다. 이 검사를 통해 자기개념(self-concept)을 측정하고, 각각의 자기개념이 사회적 범주(특정 그룹의 구성원 자격)인지 개인 특성인지 측정한다.

이런 것들을 문장 완성 기법이라고 한다. 이런 검사는 응답자에게 다른 사람들에게 자신의 인상을 과시하고 공개하거나 신중하게 인상관리를 할 수 있는 기회를 제공한다.

비즈니스 영역에서 문장 완성 기법을 사용하는 이유는 무엇인가? 문장 완성 기법의 근거는 다음 세 가지이다.

첫째, 가장 중요한 것은 동기와 동기부여를 받는 것이 무엇인지 파악하는 것이다. 사람들은 권력과 지배 동기, 포용과 친애 동기, 성취와 성공 동기 등에 대해 말하지 않는 것이 아니라 적절하게 말할 수 없다.

유명한 정치인, 기업가 또는 과학자들이 사람들을 움직이게 하고 동기부여를 받는 것이 무엇인지 말해 줄 수 있을까? 그들은 틀림없이 답을 줄 수 있다. 그러나 그것은 실제 진실이 아니라 정치적으로 옳거나 자기 정당화하는 이야기일 수도 있다.

둘째, 문장 완성 검사는 거짓말이나 사회적 바람직성에 훨씬 덜 취약하다는 주장이 있다. 사람들은 설문지에 대해서는 그 의도를 '간파'하지만 문장 완성에 대해서는 훨씬 덜하다. 채점자는 문장 완성이 포함하고 있는 주제들을 자세히 살펴보고 그것의 모순과 역설을 다룰 준비가 되어 있다.

셋째, 사람들이 문장 완성 검사를 좋아하고 사용하는 이유는 검사의 신비감이다. 개인을 5~6개의 특성으로 축소하는 성격검사는 문장 완성 검사에 비해 구체적이지 않고, 비인간적일 수 있다. 다른 성격검사에서는 사람들이 일반적으로 어떻게 행동하는지 응답하면, 검사자가 약간 다른 언어를 사용하여 그 사람이 어떻게 행동하는지 다시 말해 주는 것 같다.

5) 평가

이러한 검사를 사용하는 것에 대한 네 가지 문제 제기가 있다.

첫째, 다양한 전문가나 채점자가 상당히 다른 해석을 제시하기 때문에 신뢰할 수 없다. 검사자들이 의미에 동의하지 않으면, 우리는 아무것도 얻을 수 없다.

둘째, 점수가 아무것도 예측하지 못하기 때문에 타당하지 않다. 즉, 측정하고자 하는 것을 측정하지 않는다.

셋째, 상황이 모든 차이를 만든다. 피검자의 기분, 검사자의 특성, 검사 환경 등 모든 것이 결과에 영향을 미치기 때문에, 본질적인 것이 아닌 사소한 것을 파악하게 된다.

넷째, 검사자는 태도, 능력, 방어, 동기, 심층 욕구 등 검사가 측정하는 항목에 동의할 수 없다. 모든 것을 측정하려고 하지만 실제로 아무것도 측정하지 못할 수 있다.

그렇다면 이러한 한계에도 불구하고 이 검사들을 사용하는 이유는 무엇인가?

1. 다른 곳에서 쉽고 빠르고 저렴하게 얻을 수 없는 독특하고 흥미로운 자료를 비교적 쉽게 제공한다.
2. 숙련되고 훈련된 검사자로부터 다른 검사나 면접에서 얻을 수 없는 인상적이고 신뢰할 수 있고 통찰력 있는 결과를 얻을 수 있다.
3. 이런 검사를 통해 얻는 자료가 풍부하기 때문에 다른 검사 결과는 종종 조잡하고 특색이 없고 답답한 것처럼 보인다.
4. 이런 검사를 통해 다른 발견과 생각을 보완하고 확인할 수 있다.

20년밖에 되지 않았고 실제로 다른 학자들의 도전을 받았지만, Lilienfeld 등(2000)의 「투사 기법의 과학적 현황(Scientific Status of Projective Techniques)」이라는 개관 논문을 신중하게 읽어 보아야 한다. 그들이 주목한 것은 다음과 같다.

1. 투사 기법은 논란의 여지가 많다.
2. 투사 기법은 미묘한 상황에 의해 영향을 받을 뿐만 아니라 거짓말하는 것에도 쉽게 영향을 받는다.
3. 투사 기법은 타당하지 않거나 연구로 뒷받침되지 않은 채 일상적으로 사용되고 있다.
4. 많은 투사 기법의 점수를 신뢰할 수 없거나 부적절할 수 있다.
5. 투사 기법에 대한 규범은 종종 존재하지 않거나 부실하며 오해의 소지가 있다.
6. 투사 기법은 북미의 소수집단과 북미 외 지역에 거주하는 개인에게 편향적일 수 있다.

첫째, 대부분의 투사 검사 지표의 단순 상관 및 증분 타당도에 대한 증거가 상대적으로 부족하다는 것을 고려할 때, 투사 기법의 관리 및 채점에 대해 학생들을 교육하고 훈련하는 데 할애되는 시간을 줄여야 한다. 둘째, 교수들이 수업 시간에 투사 기법을 다루려면, 학생들에게 심리학적 특성에 관한 연구와 메타분석 논문을 보도록 해야 한다. 특히 강사들은 학생들에게 경험적 근거가 있는 투사 검사 지표와 그렇지 않은 투사 검사 지표를 구별하도록 가르쳐야 한다. 셋째, 임상심리학 및 상담심리학을 전공하는 모든 대학원생은 임상적 판단과 의사결정에 관한 광범위한 연구를 체계적으로 배워야 한다. 그림 자극과 정신병리학적 특징이 증가할수록 정보 처리 부담이 증가한다. 마지막으로, 대학원생들은 연구 논문이 주는 중요하고 때로는 고통스러운 교훈, 즉 임상 경험과 임상적 직관이 때때로 오해를 불러일으킬 수 있다는 것을 배워야 한다.'

(pp. 56-58)

6) 결론

투사 기법은 유행을 타기도 하지만 공식적인 평가에서는 거의 사용되지 않는다. 이 검사는 비용, 윤리적 또는 심리학적 근거 등 때문에 쉽게 사용하기 어렵다.

투사 기법은 미스터리한 요소를 갖고 있지만, 잠재의식을 파악할 수 있어서 완전히 사라지지는 않았다.

참고문헌

Binet, A. (1895). Measuring visual illusions in children. *Philosophical Review of France and*

Abroad, 40, 11–25.

Garb, H. N., Wood, J. M., Lilienfeld, S. O., & Nezworski, M. T. (2005). Roots of the Rorschach controversy. *Clinical Psychology Review, 25*(1), 97–118.

Lilienfeld, S. O., Wood, J. M., & Garb, H. N. (2000). The scientific status of projective techniques. *Psychological Science in the Public Interest, 1*(2), 27–66.

McClelland, D. C. (1999). How the test lives on: Extensions of the thematic apperception test approach. In L. Gieser & M. I. Stein (Eds.), *Evocative images: The thematic apperception test and the art of projection* (pp. 163–175). Washington, DC: American Psychological Association.

Wood, J. M., Lilienfeld, S. O., Nezworski, M. T., Garb, H. N., Allen, K. H., & Wildermuth, J. L. (2010). Validity of Rorschach Inkblot scores for discriminating psychopaths from nonpsychopaths in forensic populations: A meta-analysis. *Psychological Assessment, 22*(2), 336.

제5장

관찰자 보고

5

관찰자 보고

방법 8. 평판조회 및 추천

무엇인가?

일반적으로 개인의 전형적 행동이나 능력, 특정 교육과정 또는 직무에서 성공할 가능성 등 개인의 (종종 불특정한) 특성을 기술하거나 평가해달라는 요청에 대한 응답이다.

어떻게 작동하는가?

지원자를 가르쳤거나 함께 일을 해서 지원자를 잘 알 만한 사람들에게 연락하여 지원자에 대한 의견을 말하도록 요청한다. 정보/자료의 양과 질에 따라 추천인의 적합성이 결정된다.

증거가 있는가?

매우 특수한 조건에서만 유용하다. 즉, 추천인이 지원자의 매우 구체적이고 직무 관련성이 높은 특성을 알고 있고, 질문에 대해 자신이 아는 대로 진실을 말할 때 유용할 수 있다.

실무적 문제: 비용, 윤리, 정치적 이슈

매우 저렴하고, 대부분은 심각한 윤리적 문제를 일으키지는 않는다. 그러나 현재 여러 잠재적인 법적 · 정치적 문제가 있기 때문에 많은 회사에서 직원들이 추천서를 작성하는 것을 허용하지 않는다.

사용 관련 제안

만약 추천인들이 피추천인을 잘 알고 통찰력 있고 완전히 정직하다면 그들로부터 관련 정보를 얻는 것은 좋은 생각이다.

1) 도입

수십 년 동안 선발 과정에 지원서, 면접 및 추천서/평판조회(reference)의 세 가지 기본 절차가 포함되어 있었다. 지원자의 과거 스승, 동료 및 상사에게 연락해서 지원자의 적성, 태도 및 과정을 이수하거나 직무에서 성공할 가능성에 대해 작성하도록 요청하는 것은 표준 관행이었다. 많은 지원자는 여전히 선발 과정에 이 절차가 포함되리라고 예상한다.

선발자는 지원자의 고용 기간, 급여, 업무 습관, 조직시민행동 등 모든 종류의 정보를 수집하려 한다. 하지만 추천서는 추천인에 따라 특유한 경우가 많아 지원자보다는 작성자에 대해 더 많이 드러낸다. '그는 넘치는 열정으로 우리를 떠났습니다' '그녀는 항상 자신이 세운 기준을 달성했습니다' '그는 매우 섬세한 사람입니다'와 같은 특정 어구의 함의에 대한 다양한 우스갯소리가 있다. 이것들은 미묘하게 부정적인 정보를 '암시'하는 추천인에 대한 것이다.

추천서의 평균 길이는 약 500단어이지만, 길이는 매우 다양할 수 있다.

잠재적 추천인은 X가 특정 직무에 지원 중이며(역할과 책임의 세부내용을 포함할 수 있음), 당신이 관련 정보를 제공할 수 있는 사람으로 지목되었다는 서한을 받을 수 있다. 여기에는 결근/질병에 대한 세부정보와 같은 특정 질문이 포함될 수 있다. 주로 미국에서, 다양한 사람이 부정적 내용을 이유로 자신의 추천인을 고소했기 때문에, 추천인들은 고용 기간과 같은 최소한의 세부사항만 제공하려 한다.

문제는 이 추천서에서 제공하는 정보가 어떤 것인가이다. **지원자에 대한 일부 부정적인 정보가 교묘하게 작성되어 있는가? 추천인과 지원자의 관계는 정확히 무엇인가? 추천이 전화, 이메일, 우편으로 수집될 때 차이가 있는가?**

Gatewood 등(2015)은 사람들이 추천서에서 얻는 유일한 유용한 정보가 **이전 고용 기간** 뿐이라고 느낀다고 설명했다. 급여이력, 전 직장을 그만둔 이유, 업무 윤리, 기술, 배임 및 성격과 같은 정보는 오직 가끔씩만 유용했다. 게다가 추천서의 명예훼손 가능성과 같은 여러 문제를 지적했다.

때때로 선발자는 선발 과정이나 직무에 대한 세부사항은 거의 제공하지 않고, 추천인에게 지원자에 대한 모든 내용을 작성하도록 요청한다. 또한 포괄적이거나 구체적인 질문을 한다. 흔히 고용 추천서는 피추천인의 담당 과업 및 책임, 고용 기간, 추천인과의 보고관계, 그의 능력, 지식, 기술 및 성격, 자격, 태도 및 신념(직무 만족 등), 사회적 기술, 정서지능 및 관계 구축 능력과 같은 주제를 포괄하는 것으로 가정된다.

인사 선발에서 추천서는 면접만큼이나 널리 사용된다. 그러나 추천서의 신뢰도와 타당도에 대한 연구는 놀랍도록 부족했으며, 기존 연구 결과들은 추천서가 지원자의 잠재력을 알 수 있는 좋은 수단이 아님을 시사한다. 실제로 Judge와 Higgins(1998)는 "광범위하게 사용되고 있음에도, 추천서는 가장 타당하지 않은 선발 도구에 포함되는 것으로 보인다."(p. 207)고 결론 내렸다. 게다가 전문가를 활용한 연구에서는 추천서와 관련하여 논쟁이 많음에도, (아마 놀랍게도) 학자들이 (학문 외 영역에 있는) 실무자보다 추천서에 여전히 더 가치를 둔다는 것을 보여 주었다(Nicklin & Roch, 2009).

초기 연구에서는 '믿을 만함'과 같은 특정한 특성과 능력을 찾기 위해 추천서의 내용분석을 시도했다(Peres & Garcia, 1962).

추천서(LOR: Letter of Recommendation)의 정보가 중대한 문제에 영향을 미칠 수 있음에도 불구하고, 추천서는 큰 관심을 끌지 못했다(Kuncel et al., 2014; Nicklin & Roch, 2009; Saudek et al., 2018). 추천인은 보통 이전의 징계 문제를 확인하거나, 지원서에 있는 세부사항을 확인하거나, 잠재 직원에 대한 새롭고 중요한 정보를 발견하는 데 활용되었다(Aamodt et al., 1998). 고용주들은 추천인이 지원자의 업무 경험이나 지원 직무에의 적합성 여부를 충분히 알고 있으리라고 기대한다. 즉, 이상적으로 추천인은 지원자의 업무 성과를 철저하게 기록하고, 지원자의 능력과 기술이 어떻게, 왜, 언제 성과에 영향을 주었는지 이해하며, 더불어 (가장 특이하게는) 지원자들이 지원하는 직무나 직위에 대해 완전히 이해해야 한다.

그러나 추천서에 과장이 많다는 것은 익히 알려져 있다(Nicklin & Roch, 2008). 추천서는 비용이 적게 들고 대중적이지만, 신뢰할 수 없고 타당도가 낮은 것으로 보인다.

추천서의 신뢰도가 낮은 데에는 세 가지 주요 이유가 있다.

1. **관대성(leniency)**: 대부분 추천서는 긍정적이라 변별력이 떨어진다. 여기에는 세 가지 이유가 있다. 지원자들은 자신에게 매우 긍정적일 가능성이 가장 큰 추천인을 선택한다. 응답자들은 부정적인 평가가 명예훼손 소송으로 이어질 것을 걱정한다. 응답자들은 시간을 들이거나 진실을 말할 동기가 없다.
2. **특이성(idiosyncrasy)**: 사람들은 다른 사람을 묘사하고 평가하기 위해 특유의 언어, 사례 및 기준을 사용할 수 있고 또 사용한다.
3. **자유형식 추천서**: 추천서 작성자들에게 필요한 지침이 제공되지 않는 경우가 많다. 그들은 긴/짧은, 묘사적인/평가적인, 관련이 있거나/관련이 없는 자료를 제공할 수 있다.

최근 일부 연구에서는 흥미로운 결과가 나타났다. 한 실험 연구에서 의료 연구원 집단(Saudek et al., 2018)은 추천서에서 가장 중요하게 평가된 요인이 (순서대로) 다음과 같다는 것을 발견했다.

① 지원자와의 상호작용의 깊이
② 지원자의 구체적인 특성
③ 지원자의 능력
④ 요약적 진술문 또는 추천 강도
⑤ 지원자에 대한 개인적 이야기

가장 중요하지 않은 세 가지 요인은 지역 봉사활동, 지원자의 고급 학위(대학원) 및 추천서의 길이(4문단 이상)였다. 연구자들은 가장 긍정적으로 평가되는 세 가지 구문도 제시했다. 각 구문은 '이 지원자를 강력히 추천합니다' '지원자가 저희 기관에 남아 있기를 바랍니다' '기대 이상입니다'였다. 반면, 가장 부정적인 세 가지 구문은 '견실한 성과' '개선을 보였다' '기대 수준만큼 성과를 냈다'였다.

한 가지 지속적인 문제는 추천인들이 추천서를 작성할 때 의식적, 무의식적으로 편향된다는 것이다(2장 참조). 한 연구에서는 남성이 주체적(agentic) 용어로, 여성이 공동체적(communal) 용어로 묘사되는지 조사하였다.

Madera 등(2009)은 다음과 같이 지적했다.

> 역사적으로, 남성은 속도, 힘 및 장기간 집을 떠날 수 있는 능력이 필요한 과업에 더 많이 참여하는 반면, 여성은 집에 머물면서 육아와 같은 가족 관련 과업에 참여했다. 따라서 사람들은 남성이 주체적이고 여성은 공동체적일 것으로 인식하고 기대한다. 주체성에는 공격성, 적극성, 독립성 및 자신감이 포함된다. 직장에서 주체적인 행동에는 단호하게 말하기, 다른 사람에게 영향을 미치기, 과업 주도하기가 있다. 직장에서 공동체적인 행동에는 타인의 복지에 관심 가지기(즉, 친절, 공감, 감수성, 양육), 타인을 돕기, 타인의 지시를 받아들이기, 관계를 유지하기가 포함된다.
>
> (p. 1592)

연구자들은 이 연구에서 여성이 더 공동체적으로 묘사되고 남성이 더 주체적으로 묘사되며, 주체성 관련 묘사가 있을 때 긍정적인 고용 평가를 받는다는 가설을 확인하였다.

2) 구조화된 추천서 대 비구조화된 추천서

추천서는 완전히 비구조화된 추천서('X에 대해 어떻게 생각하십니까?')부터 완전히 구조화된 추천서(예: 표준화된 다중선택질문, 체크리스트와 평가등급)까지 구조화/표준화된 정도에 따라 분류될 수 있다. 일부 구조화된 추천서는 추천인에게 사전에 정의된 영역을 제공하고 단순히 체크박스에 체크하게 한다. 따라서 추천인은 다음과 같이 등급을 매길 수 있다.

지원자는 팀에서 얼마나 훌륭하게 작업합니까:	저조함	1 …… 7	매우 훌륭함
지원자의 EQ에 대해 평가해 주세요:	평균 이하	1 …… 7	평균 이상
동료들과 비교할 때 결근율은 어떻습니까:	매우 높음	1 …… 7	매우 낮음

일부는 다음과 같이 더 개방적이다: X는 왜 당신의 회사를 떠났습니까? 지원자의 주요 강점과 약점은 무엇입니까?

또한 다음과 같이 이분형으로 질문할 수 있다: 이 지원자를 재고용하시겠습니까? 예/아니오

지원자가 크고 작은 상해 배상 청구 사고에 연루된 적이 있습니까? 예/아니오

많은 추천서에서 한 가지 주요 문제는 '모름' 또는 '확실하지 않음'란이 없다는 것, 그리고 무응답이 부주의 혹은 더 심각하게는 무언가를 숨기려는 의도로 해석될 수 있다는 것이다.

구조화된 추천서 중 가장 유명한 것 중 하나는 미국 공무원을 대상으로 개발되고 여러 심리학 연구에서 살펴보았던 미국 고용추천질문지(Employment Recommendation Questionnaire, ERQ)이다. ERQ는 지원자의 (a) 역량 또는 능력, (b) 평판 또는 성격, (c) (채용 직무와 관련된) 특별한 자격, (d) 추천인이라면 지원자를 고용할 것인지 여부, (e) 직장 내 문제 발생 이력의 5가지 핵심 영역을 다룬다.

McCarthy와 Goffin(2001)은 (다문항 척도 평가 또는 종합 특성 평가 작성과 같은) 세 가지 서로 다른 평가 항목을 검증했고 상대 백분위 방법(relative percentile method), 즉 동료 집단과 비교했을 때 지원자가 어느 정도인지 평가하는 방법이 가장 우수하다는 것을 발견

했다. 참가자들은 동료 집단에서 지원자보다 낮은 점수를 받을 사람들의 비율을 나타내는 등급(백분율)을 부여했다. 이 방법은 학계에서 매우 일반적인데, 추천인에게 피추천인이 능력 면에서 동료 집단 중 상위 5%/10%/25%/50%에 해당하는지 묻곤 한다.

이 영역의 연구자들은 추천인이 평가(즉, 질문에 대답할 수 있는 충분한 자료를 가지고 있는지 여부)에 대한 확신을 보일 수 있도록 지원자에 대해 구체적으로 질문할 것을 추천한다. 비구조화된 추천서는 지원자보다는 추천인에 대해 더 많이 드러낼 수 있다.

추천인이 지닌 문제 중 하나는 본질적으로 면접관이 지닌 문제와 동일하다. 즉, 추천인의 성격이 추천서에 영향을 미친다. 추천인은 얼마나 통찰력 있고 정직하며 문해력이 있는가? 사람들에 대해 모든 추천인이 똑같이 인식하는 것은 아니다. 가령, 기술적 유형은 (모든) 사람들에게 문제점을 발견할 수 있다. 추천인이 완고한 성격을 가져 타인의 정서와 동기에 대해 거의 통찰하지 못할 수 있다. 그렇다면 이들의 추천서는 가치가 없을 것이다.

추천인들은 심지어 동일한 사람의 동일한 자료를 가지고도 매우 다른 '견해'를 가질 수 있다. 일부는 예리하고 임상적인 평가를 하여 표면적인 행동 아래에서 무슨 일이 일어나는지 이해하지만, 다른 이들은 함께 일하는 사람들의 신념, 가치, 동기에 둔감할 수 있다.

다음으로 문해력의 문제가 있다. 추천은 글로 작성되거나 구두로 발화된다. 그러나 아무리 통찰력이 있는 사람이라도 어휘가 제한적이거나 아마추어적인 단어를 사용한다면 자신의 인상을 제대로 전달하지 못할 수 있다.

셋째, 추천인의 기분을 고려해야 한다. 실제로 추천인의 기분이 영향을 미칠 수 있다. 운수 나쁜 날에 추천서를 쓰게 되면 추천인의 '부정적 감정 상태'가 타인에게 투사된다. 추천인이 성공하여 사기가 진작된 후 그를 찾아라! 그러면 추천에도 파급효과가 나타날 수 있다. 추천서는 행동을 설명하기 위한 것이지만, 당연히 호감과 '적합도'의 지표가 될 수 있다. 대체로 우리는 우리와 유사한 사람들에게 끌린다. 외향적인 사람들은 재미를 추구하고 낙천적인 파티광을 찾는다. 마음이 여리고, 공감적이고, 우호적인 유형도 마음이 잘 맞는 친구를 찾는다.

그러므로 추천인의 성격은 추천서의 스타일, 어조, 그리고 실제 작성된 메시지에 강력한 영향을 미친다. 동일한 사람에 대한 6개 추천서를 비교하고 차이점을 기록해 보면 이를 쉽게 알 수 있다.

한 흥미로운 회의적 논문에서, 세 명의 미국 학자들은 다음과 같은 추천인 유형을 제시했다(Guduguntla et al., 2020).

쿠키커터(틀에 박힌 사람)는 글쓰기에서 너무 익숙한 접근법인 복사-붙여넣기를 사용한다.

그들은 추천서 작성에 표준화된 양식과 템플릿을 사용한다. 그 결과는 종종 오타투성이의 일반적이고 모호한 작품이다. 대명사 실수, 부정확한 이름, 템플릿 어구의 반복과 같은 오류가 많다. 이들은 또한 남성과 여성에 대해 고정관념적인 형용사를 사용할 가능성이 가장 높다. 종종 남성은 능력으로, 여성은 노력으로 묘사하여 무의식적인 성 편향을 전파한다. 추천서 중 많은 것이 표절이거나 미심쩍기에, 일부 선발자들은 지원자의 전체 포트폴리오의 진실성을 의심하게 될 수 있다. 당신이 쿠키커터 추천서 하나를 본 적이 있다면 전부 다 본 것이나 마찬가지이다.

3) 추천서의 신뢰도

고용 추천서의 신뢰도에 대한 초기 연구는 추천인들 간 합의가 이루어지지 않는다는 비관적인 결과를 보여 주었다(Muchinsky, 1979). 미국 공무원의 추천서를 검토한 한 연구에서는, 개별 추천인의 평가 간 상관관계가 .40에 불과하였다(Mosel & Goheen, 1959). 이 값은 평가자 간 신뢰도가 .60에 달하는 다면평가 혹은 '360도' 피드백에서의 값(다음 섹션 참조)보다 (여전히 비견될 만하지만) 다소 낮다(Murphy & Cleveland, 1995).

사람들은 서로 다른 사람에게 '자신의 서로 다른 측면'을 보여 줄 수 있으므로 이 결과를 어느 정도 예상할 수 있다. 모든 출처가 동일한 정보를 제공할 것으로 예상한다면 다중출처(다면평가)를 사용하는 것은 의미가 없다. 이는 교수진이 이중으로 채점을 하여 결과적으로 비슷한 점수로 일치시키고자 하는 시험 채점 과정에서 잘 알려진 모순이다(Baird et al., 2004). 그러나 평가자 간 합의도는 .40으로 낮고, .40의 합의도는 오직 지원자 특성 분산의 20%만을 설명할 뿐 상당한 비율의 분산을 설명하지 못한다는 것을 의미한다.

추천서의 낮은 신뢰도는 부분적으로는 추천인의 성격 특성으로 인한 평가 편향의 관점에서 설명할 수 있다(Feldman, 1981). 추천서 작성 시 추천인의 기분 상태는 추천서가 얼마나 긍정적인지에 영향을 미친다(Judge & Higgins, 1998). 추천인이 지원자에 대한 정보를 회상할 때 이미 ('좋음' 또는 '나쁨'과 같이 단순하고 일반적인) 정서적 정보로 인해 판단이 흐려진다. 이러한 기분 상태의 원인 중 일부는 틀림없이 기질 때문이다(예: 정서적으로 안정적이고 외향적인 사람들은 긍정적 감정 상태를 더 자주 경험하는 반면, 신경증적이고 내성적인 사람들은 그 반대를 경험한다). 성격 특성 역시 평가에 (비-감정적인) 영향을 미칠 수 있다.

만약 여러 평가자가 시험 결과나 승진 속도와 같은 동일한 정보에 근거하여 평가하고 결론을 내린다면, 추천서의 신뢰도는 더 높을 것이다. 예를 들어, 1940년대 초반 영국 공무원선발위원회(Civil Service Selection Board: CSSB)는 동일한 지원자에 대한 다양한 추천인의 여러 추천서(예: 학교, 대학, 군대 및 이전 직장)를 조사하였다. 그 결과, 5~6명 패널의 평가자 간 신뢰도는 .73까지 높아질 수 있었다(Wilson, 1948). 그러나 이러한 상세한 정보를 조사할 여유가 있는 고용주는 거의 없다. 게다가 평가자 간 신뢰도와 같은 내적 일관성이 충분하더라도, 이는 고용 추천서가 직무 관련 결과의 타당한 예측변인이라는 것을 의미하지는 않는다. 사실, 인사 선발 시 추천서의 실용성을 평가할 때 추천서의 타당도는 신뢰도만큼 중요한 관심사였다.

4) 추천서의 타당도

직무성과를 예측하는 데 있어 추천서는 얼마나 타당한가? 추천서는 지원자가 어떤 (교육)과정이나 특정 직무에서 얼마나 잘할지 예측하는가? 이 질문들은 의심의 여지없이 준거 변인이 불분명하기 때문에도 제기된다. (매우 가변적이고, 정의상 표준화하기 어렵고 비구조화된 추천서와 비교할 때) 구조화된 추천서의 타당도를 정량화하는 것이 더 쉽기 때문에 대부분의 연구는 구조화된 추천서에 초점을 맞췄다.

ERQ에 대한 초기 연구에서는 평판조회(reference checks)가 이후 성과와 .00에서 .30의 상관관계를 가진다는 것을 보여 주었다. Reilly 등의 메타분석에서는 상사평가와 .18, 이직과 .08, 전반적 준거와 .14의 평균 상관관계를 보고했다(Reilly & Chao, 1982). Hunter와 Hunter(1984)의 메타분석에서 제공된 (비신뢰성과 범위 제한을 교정한) 더 관대한 추정치는 .26이었으며, (마찬가지로, 교정된) 가장 높은 타당도는 학교장 추천서와 해군에서의 훈련 성공 간 관계에서의 .36이었다(Jones & Harrison, 1982). Jones 등은 (전 직장 고용주보다) 교사(또는 교수)의 추천서가 더 정확한 경향이 있으며, 이는 이들이 앞으로도 추천서를 작성할 것이기에 신뢰를 유지하고자 하는 동기가 더 높기 때문이라고 지적했다.

Kuncel 등(2014)은 학업 장면에서의 추천서를 대상으로 메타분석을 수행하여, 추천서가 지능점수 및 이전 성과(평균 학점)에 더해 추가로 설명하는 증분 타당도가 있는지 확인했다. 추천서 점수는 지원자들의 자기소개서, 평균 학점은 물론 자기소개서 평가등급 및 면접 평가등급과 상관관계가 있었다. 게다가 추천서는 관심, 끈기, 동기의 유용한 측정치를 제공할 수 있기에 저자들이 '희망의 이유'라고 해석한, 작지만 유의한 증분 타당도를 가졌다.

한편, 추천서를 신뢰할 수 없다면 높은 타당도를 기대하는 것은 어리석은 일일 것이다. 그러나 평가 및 선발 방법의 타당도를 위협하는 몇 가지 다른 수렴 요인은 다음과 같다.

1. 추천서는 매우 관대한 경향이 있어, 왜곡된 자료를 생성한다. 종종 **폴리아나 효과**(Pollyanna Effect)로 불리는 이 효과는 "대부분의 지원자가 제법 바람직한 사람으로 특징지어진다."는 것을 의미하며, 지원자 간의 실제 편차를 줄인다(Paunonen et al., 1987, p. 97). 지원자 스스로가 추천인을 지명하기 때문에 이 현상은 별로 놀랍지 않다. 추천서를 요청받은 추천인들은 가혹한 평가를 할 동기가 없으며, 지원자로부터 고소당할 위험 때문에 실제로 지나치게 가혹하게 굴지 않으려 한다. 또한 가혹한 평가는 매우 드물고 '죽음의 키스'로 간주된다(일반적으로 긍정적 논평보다 부정적 논평에 가중치가 더 많이 부여된다). 이 때문에 긍·부정 논평을 혼합할 때 더 진실하다고 인식되고 심지어 더 긍정적인 고용 결정으로 이어진다는 연구들이 있음에도 불구하고, 추천인들은 부정적인 평가를 하는 데 훨씬 더 민감하다(Knouse, 1983). 또한 추천인이 지원자에 대해 매우 긍정적이기 어렵다면 추천서를 쓰지 않을 가능성이 높으며, 응답률이 낮은 이유는 이것 때문이다(Schneider & Schmitt, 1986).
2. 추천인들은 모든 지원자에 대해 **유사한 추천서**를 쓰는 경향이 있다. 실제로 추천서, 특히 구조화되지 않은 추천서는 지원자보다 추천인에 대해 더 많은 정보를 제공한다는 것이 지적되었다(Baxter et al., 1981). 더욱이 앞서 언급한 바와 같이 기질적 특성(성격 요인)과 감정 상태(기분)는 추천서를 상당히 왜곡한다(Judge & Higgins, 1998). 이는 신뢰도뿐만 아니라 준거 관련 타당도를 낮춘다.
3. (종종 조직의 이익을 위해 행동하는) 추천인은 **훌륭한 종업원을 유지**하기를 원하며 긍정적인 추천서가 정반대의 효과를 가질 수 있다는 것을 알고 있다. 더 나아가 동일한 이유로 쫓아내고 싶은 직원에게는 과도하게 긍정적인 추천서를 쓸 수도 있다. 이러한 '숨겨진 목적'은 입증하기 어렵지만 고용주의 동기가 추천서 내용에 큰 영향을 미칠 수 있다는 것을 분명히 보여 준다.

현재 추천서와 관련된 심각한 법적 문제가 많아 일부 조직에서는 추천서를 제공하기를 거부한다. 사람들은 직장에서 지원자의 고용 기간 외 다른 어떤 것도 말하지 않도록 지시받는다. 부분적으로 추천을 근거로 직원을 고용한 조직에서, 고용된 직원이 직무에서 극도로 미흡하여 소송을 제기한 적도 있다. 이 사례는 종업원을 '제거'하기 위해 추천서를 과도하게 긍정적으로 작성한 경우였다. 그러나 더 최근에는 지원자가 문제(예: 범죄적 혹은 반사회적 경향)가 있다는 것을 알면서도 추천서 제공을 거부한 사람과 조직이 고소를 당하는 경우도 발생하고 있다. 이런 의미에서 일부 고용주들은 추천서와 관련하여 '해도 욕먹고 안 해도 욕먹는다'고 주장한다.

Gatewood 등(2015)은 추천서의 여섯 가지 문제를 제시했다.

- 추천서에 무엇이 포함되어야 하는지 결정하기 어렵다.
- 추천서의 질이 작성자의 능력과 노력에 달려 있다.
- 추천서는 보통 지나치게 긍정적이고 일반적이다.
- 추천서를 비교하기 어렵다.
- 중요하고 적절한 정보가 무시된다.
- 추천서에 점수를 매기기 매우 어렵다.

5) 추천서의 타당도를 개선하는 방법

여러 방법을 사용하여 추천서 속 자료의 질을 개선하려는 시도들이 있었다(Cook, 2016).

- **강제 선택형**: '이 지원자는 (a) 동료들에게 도움을 제공할 가능성이 더 높다 (b) 작업을 제시간에 완료할 가능성이 더 높다' 또는 '이 사람은 (a) 출근률이 낮거나 결근기록이 많다 (b) 사무실에서 잡담을 많이 한다'와 같은 강제 선택형 방식은 관대성을 감소시킨다.
- **역량 기반**: 회복탄력성-이 사람은 스트레스에 잘 대처했습니까? 시간관리-이 사람은 시간을 얼마나 효율적으로 씁니까?
- **상대 백분위**: 유사한 직무의 다른 근로자들과 비교했을 때, 창의성에서 (또는 다른 성격 특성에서) 낮은 점수를 받는 직원의 비율은 몇 %입니까?
- **성격 기반 구조화 면접**: 신경증과 같은 특정 특성에 대해 아마도 기존 설문 문항('그들은 걱정이 많은가?')을 사용하여 구체적으로 질문한다.

연구자들은 추천서의 타당도를 개선할 수 있는 몇몇 유용한 지침을 제공한다. 즉, 고용주는 직무분석을 기초로 사전에 결정된 '키워드'(예: 능력 있는, 창의적, 신뢰할 만한)를 정해야 한다. 추천인 스타일의 영향을 피할 수는 없지만, 이 기법을 통해 비구조화된 추천서에도 일정한 구조를 만들 수 있다. 거의 60년 전에 Peres와 Garcia(1962)는 600개 이상의 추천서를 면밀하게 조사하여, 키워드 빈도를 체계화하기 위해 사용될 수 있는 5개의 핵심 영역을 확인했다. 이것은 협업, 지능, 외향성('세련된 태도'), 열의, 및 성실성('믿을 만함')이다. 그러므로 오늘날 우리는 다음과 같이 모든 동의어와 반의어를 간단히 점수화한 프로그램을 만들 수 있다.

협력적인/기꺼이 돕는/지지적인
지적인/똑똑한/영리한/빠릿빠릿한
외향적인/사교적인/활발한
열의/에너지/열정적인
성실성/직업윤리/근면한

Aamodt와 동료들은 학생들의 추천서를 분석하여 이 범주 분류체계를 지지하는 결과를 발견했다(Aamodt et al., 1993). 비록 이들 범주가 진정으로 추천서의 내용을 구성하고 명료화하는 최고의 방법인지에는 의문이 제기되지만[특히 성격 5요인과 같은 기존의 성격 분류체계 및 인지능력 모형(각각 7장, 6장 참조)은 더 강력하고 일반화 가능한 이론적 기반을 가진다], 비구조화된 추천서를 평가하기 위한 분류체계 혹은 프레임워크가 도움이 된다는 것은 분명하다.

지금은 '긍정적인 감정' 또는 주체성을 찾도록 프로그래밍할 수 있는 언어 조사 및 단어 세기(Linguistic Inquiry and Word Count: LIWC)를 수행하는 프로그램이 많이 있다.

추천서의 예측 타당도는 '상대 백분위', 추천인이 주어진 영역에서 참조하는 집단 대비 지원자가 잘하는 정도를 순위로 매길 때 증가하는 경향이 있다. 비록 백분위는 정규분포가 아니며 부풀려져 있지만(80번째 백분위 수가 평균이다; McCarthy & Goffin, 2001), 추천인이 피추천인들을 강제로 변별하도록 한다.

마지막으로, 추천인의 익명성이 보장되면 추천서의 관대성이 낮아지고, 변산이 더 커지며, 더 정확하고/타당할 것이라는 주장이 제기되어 왔다(Ceci & Peters, 1984).

또한 한 연구에서는 지원자의 특성에 대한 진술 시 구체적인 예를 사용해서 뒷받침하고, 추천서에 지원자에 대한 긍·부정적 정보를 모두 포함하면 추천서가 개선된다고 설명했다. 이것은 Knouse(1983)의 연구 결론이다. 반면, 추천서상의 최악의 시나리오는 어떤 예시도 없이 약간의 부정적 정보를 포함하는 것이다.

Gatewood 등(2015)은 다음과 같이 언급했다.

1. 추천서 정보는 직무와 밀접한 관련이 있을 때 가장 좋다.
2. 직무에 따라 매우 구체적인 지원서가 필요하다(즉, '하나가 모든 것에 다 적용되지' 않는다).
3. 평판조회는 차별지침(discrimination guidelines)의 적용을 받는다.
4. 적절히 계획되고 구조화된 평판조회는 차별 문제를 덜 일으킨다.
5. 추천인에게 연락할 수 있도록 지원자에게 서면 허가를 받아야 한다.
6. 대면 혹은 전화 면접 시 훈련을 받아야 한다.
7. 모든 평판조회 정보는 서면으로 기록해야 한다.
8. 지원자가 지명한 추천인이 추천서를 제공하지 않을 때 다른 추천인을 소개받아야 한다.
9. 가능한 경우 모든 지원서 정보를 검토해야 한다.
10. 직무 관련성이 있고 검증이 필요한 부정적인 정보에는 매우 민감하게 반응하라.

6) 진화적 관점

추천서의 신뢰도와 타당도가 낮기 때문에 선발 장면에서 추천서가 이렇게 많이 사용되는 이유를 이해하기 어려울 수 있다. 고용주들이 이러한 문제를 인식하지 못한다는 것이 한 가지 이유가 될 수 있지만, 경영학 또는 심리학 학위과정(추천서의 신뢰도와 타당도가 낮다는 사실을 인식하기 쉬운 곳)에서도 추천서가 여전히 사용된다는 점을 고려할 때 다른 이유가 있을 수 있다.

Colarelli 등(2002)은 진화론에서 비-친족 사이의 협력의 기초가 되는 '상호적 이타주의'(동등한 교환/보상, quid pro quo)의 관점(Buss, 1995)에서 추천서가 광범위하게 사용되는 이유를 설명했다. 연구자들은 추천인과 지원자 간의 관계, 구체적으로 그들 사이의 친밀성이 추천서의 호의도를 결정하는 방식에 상호적 이타주의 원리를 적용했다. 그들은 "추천인이 피추천인을 가치 있는 자원이거나 상호호혜적인 사회교환 이력을 가지고 있다고 인식할 때 호의적으로 추천서를 쓰는 경향이 있을 것이다. 진화심리학적 관점에서는 협력, 지위경쟁, 및 짝짓기에 대한 관심이 추천서의 어조에 영향을 미칠 것이다." (p. 325)라고 제안한다.

진화론에서 파생된 두 번째 가설은 남성이 젊은 여성을 선호하여 여성에 대한 추천서를 더 호의적으로 쓴다는 것이다. 구체적으로 저자는 "젊음과 아름다움은 건강과 다산의 단서가 되기 때문에, 남성은 일반적으로 매력적이고 젊은 여성을 짝짓기 파트너로 원한다…… 따라서 남성은 젊은 여성들에게 가장 열렬하고 그들을 긍정적인 방식으로 바라볼 가능성이 높다. 이러한 긍정적인 평가는 결국 추천서에 반영될 가능성이 높다." (p. 328)고 설명했다.

7) 요청의 수락

추천인이 추천서를 써 달라는 요청을 무시하거나 추천서 쓰기를 원하지 않는다고 말하는 것은 어떤 의미일까? Hedricks 등(2017)은 지원자의 실제 (아마도 저조한) 직무 성과, 지원자와의 관계 또는 추천서 요청 방법 때문일 수 있다고 가정하며 이 질문을 던졌다. 이 세 가지의 요인 모두 중요하였고, 그들은 몇 가지 실무적 함의를 제공했다.

첫째, 우리의 연구는 지원자에 대한 합리적 고용결정을 하기 위해 추천인에게 질문할 때, 고용주들이 반드시 일관성을 가지는 것은 아니라는 점을 보여 주었다. 예를 들어, 대부분의 고용주들(73.7%)은 지원자의 업무 관련 영역에서의 개선점(혹은 약점)에 대해 묻지 않았다. 따라서 이 질문을 하는 고용주는 인재 전쟁에서 경쟁 우위를 점할 수 있다.
둘째, 참여자 중 소수만이 평판조회 관련 온라인 조사를 위한 이메일 링크를 받았다고 보고했다. 온라인 평판조회 방법은 전화나 서면 LOR보다 빠르고 효율적인 것으로 입증되었다. 더 느리고 덜 효율적인 방법을 사용할 때 필연적으로 선발 프로세스가 길어지고 최고의 유망주를 잃을 가능성이 있다.
셋째, 우리 연구와 과거 자료에 따르면 추천인의 요청 수락률은 85%에서 100% 사이일 것으로 예상된다. 요청 수락률은 추천서 피드백과 함께 그 자체로 변인으로 사용되어 관련된 업무 성과를 예측하는 데 이용될 수 있다.
넷째, 고용주들은 지원자들에게 다음과 같은 지침을 제공할 것을 고려해 보아야 한다. (a) 추천인 후보가 귀하의 업무 행동을 관찰할 충분한 기회가 있었는지 확인하라. (b) 보다 최근에 함께 일했던 추천인 후보를 선택하라. (c) 추천인 후보에게 미리 연락하여 지원 직무(직위)에 대해 유용한 정보를 제공하라.
마지막으로, 고용주들이 추천인의 수락 여부를 걱정하는 경우 LOR의 사용을 피해야 한다. 전반적으로 사람들은 본 연구의 세 가지 방법 중 LOR을 가장 적게 수락했다.

(p. 149)

8) 결론

추천서는 오직 다음 세 가지 기준이 충족될 때에만 유용하다.

> 첫째, 추천서를 작성하기 적합한 사람들은 바로 '알고 있는' 사람들이다. 추천서 작성을 요청받는 사람은 대개 상사이다. 그러나 그/그녀가 알고 있는 것은 무엇인가? 동료, 부하 및 고객은 무엇을 아는가? 부하는 항상 상사보다 더 많이 안다. 그들은 관리 방식, 단점, 선호 및 사소한 잘못에 대해 알고 있다. 그들은 보통 상사보다 10배는 더 많이 접촉한다. 동료는 능력과 야망에 대해 알고 있다. 고객은 약속을 지키는지를 알고 있다. 이는 다면(360도) 피드백과 평가가 매우 흥미로운 이유이다. 강사는 종종 10년 전에 100명 이상의 수업에서 가르쳤던 학생에 대한 추천서를 요청받는다. 그리고 많은 대학에서 강의는 자발적이다. 따라서 우선적으로 추천인이 지원자를 잘 아는지 확실히 하라. 어떤 맥락(직장 내, 직장 밖)에서 얼마나 오래 아는 사이인가? 관계의 유형은 무엇인가? 요컨대, 그들의 데이터 뱅크는 무엇인가? 지원자의 모든 측면(성격, 능력, 업무 방식, 가치관)에 대해 더 많이 알수록 좋다.
>
> 둘째, 그들은 당신에게 진실을 말할 준비가 되어 있는가? 그들은 자신이 믿고 알고 있는 것을 말하거나 작성할 준비가 되어 있는가? 많은 사람에게는 그렇게 할 유인이 거의 없거나 전혀 없다. 그리고 실제로 어떤 유인(저조한 직원을 내보내거나, 친족을 돕거나, 재능 있는 동료를 해치우거나, 복수하거나)은 심각하게 반생산적일 수 있다. 추천인들은 당연하게도 나중에 증거물 A로 판명될 수 있는 추천서를 작성하는 것을 불안해한다. 추천서 작성에 노력이 덜 요구되고, 기록되지 않는다고 생각되면, 아마도 추천서는 훨씬 더 개방적일 수 있을 것이다. 실제로 모른다면 '모른다'고 말하도록 권장해야 한다. 그들은 자신의 답변에 얼마나 확신이 있는지 및/또는 정보의 출처가 무엇인지 말하도록 요청받을 수 있다.
>
> 셋째, 알고 싶은 행동과 가치에 대해 직접적이고 구체적으로 질문하라. 그리고 당신이 알고 싶은 것과 그것을 알고 싶은 이유를 분명히 하라. 따라서 만약 당신이 능력에 대해 알고 싶다면 지원자의 업무 속도 및 정확성, 서면 작업의 질, 학습 능력 및 일반지식에 대해 질문하라. 만약 당신이 지원자의 직업윤리를 알고 싶다면(당신은 이것을 알아야 한다), 지원자의 성취의욕과 더불어 얼마나 그들이 체계적인지 질문하라. 그들이 중요한 일에 얼마나 잘 준비되어 있는지, 열심히 일한다는 평판을 가지고 있는지 알아보라. 그들이 스트레스에 어떻게 대처했는지 질문하라. 질병이나 결근이 잦은지, 성미가 까다로운지 질문하라.

Moustafa(2018)는 다음과 같이 지적했다.

추천서 또는 주관적인 개인적 판단에 근거하여 사람들을 떨어뜨리는 것은 과학자와 더불어 일반적으로 과학적 지식에 부정적 결과를 가져온다. 만약 추천서 사용을 고수해야 한다면, 멘토(또는 지도교수)와 피교육생이 공동으로 추천서를 작성해 잠재적인 오류와 편향된 언어를 방지하고 자기성찰을 촉진하는 좋은 멘토링 기회가 될 수 있도록 해야 한다. 그럼에도 불구하고 앞에서 언급된 결함을 제거하지는 못하므로, 학계에서 연줄 효과를 감소시키기 위해 이러한 교육적 부속물을 제거하고, 학계를 가능한 한 객관적인 영역으로 남길 필요가 있다.

(pp. 3-4)

참고문헌

Aamodt, M. G., Bryan, D. A., & Whitcomb, A. J. (1993). Predicting performance with letters of recommendation. *Public Personnel Management, 22*(1), 81-90.

Aamodt, M. G., Nagy, M. S., & Thompson, N. (1998, June). *Employment references: Who are we talking about*. Paper presented at the annual meeting of the International Personnel Management Association Assessment Council, Chicago, IL.

Baird, J.-A., Greatorex, J., & Bell, J. F. (2004). What makes marking reliable? Experiments with UK examinations. *Assessment in Education: Principles, Policy et Practice, 11*(3), 331-348.

Baxter, J. C., Brock, B., Hill, P. C., & Rozelle, R. M. (1981). Letters of recommendation: a question of value. *Journal of Applied Psychology, 66*(3), 296-301.

Buss, D. M. (1995). Evolutionary psychology: a new paradigm for psychological science. *Psychological Inquiry, 6*(1), 1-30.

Ceci, S. J., & Peters, D. (1984). Letters of reference: a naturalistic study of the effects of confidentiality. *American Psychologist, 39*(1), 29-31.

Colarelli, S. M., Hechanova-Alampay, R., & Canali, K. G. (2002). Letters of recommendation: an evolutionary psychological perspective. *Human Relations, 55*(3), 315-344.

Cook, M. (2016). *Personnel selection: Adding value through people - A changing picture* (6th ed.). Chichester, UK: John Wiley & Sons.

Gatewood, R., Feild, H. S., & Barrick, M. (2015). *Human resource selection* (8th ed.). Boston, MA: Cengage Learning.

Guduguntla, V., Adzemovic, T., & Chopra, V. (2020). Writing Wrongs. *The American Journal of Medicine, 133*(1), 14-16.

Hedricks, C. A., Rupayana, D. D., Fisher, P. A., & Robie, C. (2019). Factors affecting compliance with reference check requests. *International Journal of Selection and Assessment, 27*(2), 139-151.

Hunter, J. E., & Hunter, R. F. (1984). Validity and utility of alternative predictors of job performance. *Psychological Bulletin, 96*(1), 72-98.

Jones, A., & Harrison, E. (1982). Prediction of performance in initial officer training using reference reports. *Journal of Occupational Psychology, 55*(1), 35–42.

Judge, T. A., & Higgins, C. A. (1998). Affective disposition and the letter of reference. *Organizational Behavior and Human Decision Processes, 75*(3), 207–221.

Knouse, S. B. (1983). The letter of recommendation: specificity and favorability of information. *Personnel Psychology, 36*(2), 331–341.

Kuncel, N. R., Kochevar, R. J., & Ones, D. S. (2014). A meta-analysis of letters of recommendation in college and graduate admissions: reasons for hope. *International Journal of Selection and Assessment, 22*(1), 101–107.

Madera, J. M., Hebl, M. R., & Martin, R. C. (2009). Gender and letters of recommendation for academia: agentic and communal differences. *Journal of Applied Psychology, 94*(6), 1591–1599.

McCarthy, J. M., & Goffin, R. D. (2001). Improving the validity of letters of recommendation: an investigation of three standardized reference forms. *Military Psychology, 13*(4), 199–222.

Mosel, J. N., & Goheen, H. W. (1959). The employment recommendation questionnaire: III. Validity of different types of references. *Personnel Psychology, 12*, 469–477.

Murphy, K. R., & Cleveland, J. N. (1995). *Understanding performance appraisal: Social, organizational, and goal based perspectives*. Thousand Oaks, CA: Sage.

Moustafa, K. (2018). Recommendation letters and contacts: an implicit pull string to end within academia. *Arabic Science Archive, 14*, 1–4.

Muchinsky, P. M. (1979). The use of reference reports in personnel selection: a review and evaluation. *Journal of Occupational Psychology, 52*(4), 287–297.

Nicklin, J. M., & Roch, S. G. (2008). Biases influencing recommendation letter contents: physical attractiveness and gender 1. *Journal of Applied Social Psychology, 38*(12), 3053–3074.

Nicklin, J. M., & Roch, S. G. (2009). Letters of recommendation: controversy and consensus from expert perspectives. *International Journal of Selection and Assessment, 17*(1), 76–91.

Paunonen, S. V., Jackson, D. N., & Oberman, S. M. (1987). Personnel selection decisions: effects of applicant personality and the letter of reference. *Organizational Behavior and Human Decision Processes, 40*(1), 96–114.

Peres, S. H., & Garcia, J. R. (1962). Validity and dimensions of descriptive adjectives used in reference letters for engineering applicants. *Personnel Psychology, 15*(3), 279–286.

Reilly, R. R., & Chao, G. R. (1982). Validity and fairness of some alternative employee selection procedures. *Personnel Psychology, 35*(1), 1–62.

Saudek, K., Saudek, D., Treat, R., Bartz, P., Weigert, R., & Weisgerber, M. (2018). Dear program director: deciphering letters of recommendation. *Journal of Graduate Medical Education, 10*(3), 261–266.

Schneider, B., & Schmitt, N. (1986). *Staffing Organizations* (2nd ed.). Glenview, IL: Scott Foresman.

방법 9. 다면(360도)평가

무엇인가?

주변 사람들은 특정한 사람에 대해 서로 다른 면을 알고 있기 때문에 상사, 동료, 부하, 고객을 포함하여 함께 일하는 다양한 사람으로부터 능력, 동기, 성격, 성과에 대한 복합적인 평정을 받는 것이 더 신뢰할 만하다는 아이디어에 근거한다.

어떻게 작동하는가?

직원에게 직장에서 비교적 잘 아는 사람에 대해 묻는 잘 설계된 평정 양식을 제공한다. 이 평정을 분석하고, 차이와 불일치하는 내용을 기록하여, 개발 활동으로서 당사자에게 피드백한다.

증거가 있는가?

잘 작동하기 위해 충족되어야 하는 네 가지 요소가 있다. 평정 양식이 잘 설계되고(질문지 참조), 관찰 가능한 내용을 담고 있고 직무분석에 기반해야 하며, 평정자들은 대상자를 잘 알아야 한다. 또한 세심하고 정직하게 평가해야 한다.

실무적 문제: 비용, 윤리, 정치적 이슈

컨설팅 회사(평가자를 포함하여 프로세스를 설계하는 회사)가 주도한다면 비용이 많이 들지만, 다면평가는 지난 40년 동안 매우 인기 있는 평가 방법이었다. 주요 윤리적·정치적 문제들은 평정자의 신원이 공개되지 않으며 (심지어 공개될 수 없으며) 그래서 평정자가 평가 시 매우 솔직할 것이라는 (또한 정확하리라는) 확신 또는 보장과 관련이 있다.

사용 관련 제안

만약 잘 시행된다면 개인에 대한 자료를 얻는 매우 유용한 방법이 될 수 있지만, 개발 관점에서 보면, 효과가 다소 빠르게 사라진다.

1) 도입

다음과 같이 질문해 보라. 누가 당신을 가장 잘 알고 있는가? 대부분은 자신의 파트너(배우자)라고 답한다. 그 이유는 분명하다. 사람들은 일반적으로 매우 다양한 상황에서 자신의 파트너와 매우 장시간 함께한다. 또한 사람들은 파트너에게 희망과 꿈, 걱정과 우려, 강점과 약점에 대해 상세히 이야기하곤 한다.

확실히 어떤 사람을 헤아리고 평가할 최고의 사람은 직장에서 그 사람을 가장 잘 아는 사람이다. 가장 많은 자료를 가지고 있는 사람들이 평가해야 한다. 다면평가의 전제는 여러 평정자를 활용함으로써 평가의 신뢰도가 훨씬 증가하리라는 것이다.

이는 추천서를 선호하는 사람들이 가진 가정과 유사하다. 동료, 부하 또는 고객 등 대상자와의 관계에 따라 그 사람에 대한 경험이 달라진다. 당신은 직장에 있는 사람들과 각기 다르게 상호작용하고 자신을 노출한다. 그렇다면 평가하기에 최고의 자료를 가진 사람은 누구인가? 상사는 성과(생산성, 수익)를, 동료는 능력, 야망 및 가치를, 부하는 업무방식과 성격을, 고객은 사회적 기술을 잘 파악하는 편이다. 따라서 그들 모두가 대상자를 평가하게 하고 그에 더하여 스스로 평정하게 하는 것이 현명하지 않을까? 확실히 여러 평정치를 결합하면 평정자 간 신뢰도가 높아질 것이다.

다면평가 혹은 360도 피드백에 대한 관심은 심리학의 두 영역에서 출발했다. 심리측정학자들은 평정자 편향과 평정자 신뢰도에 항상 관심을 가졌다. 핵심 문제는 왜 동일한 사람, 행동, 수행에 대한 두 사람의 평정이 다른지, 이 두 사람이 더 유사하고 정확한 평정을 하도록 훈련될 수 있는지(혹은 훈련되어야 하는지)이다. 유사성 혹은 평정자 일치도가 반드시 정확성을 의미하는 것은 아니다. 물론 개별 평정을 비교할 명확하고 객관적인 행동 측정치가 항상 존재하는 것도 아니다.

대인지각(person perception)연구는 개인이 특정한 인상을 얻기 위해 특정 정보를 결합하고 축소하고 강조하는 방법에 관심이 많았다. 1960년대 사회심리학을 지배한 대인지각연구는 면접이나 평가센터에서 전문 평가자나 선발자가 사람들을 평정하는 방법과도 관련될 수 있다.

두 번째 쟁점은 평정자 간 차이가 나타나는 이유가 평정자들이 대상자로부터 얻는 정보가 다르기 때문인지 여부이다. 이 차이가 다양한 '데이터베이스'의 관점에서 설명되는가? 누가 당신을 가장 잘 아는가? 그들이 실제로 당신에 대해 아는 것은 무엇인가? 상사가 알지 못하는 것 중 당신의 부사수/부하들이 아는 것은 무엇인가? 그들과 상호작용을 얼마나 많이 했는가? 당신의 자료는 순수하게 관찰에 의거한 것인가, 아니면 자기보고 과정에서 보충된 것인가? 사람들이 평정을 완료하기 위해 어떤 종류의 자료가 있어야 하는가? 만약 사람들이 근본적으로 상이한 자료를 가진다면, 이것은 질적·양적으로 평정에 영향을 미치고 평정상 차이와 불일치의 주요 원인이 될 수 있음은 분명하다.

응용심리학에서는 성과관리와 교육 개발 과정에서 다양한 평정을 활용하는 것에 대한 폭넓은 연구가 있다(Church et al., 2019; Furnham, 2019). 초기 연구는 성과에 대한 자기평정의 유용성을 살펴보았다. 사람들은 자신의 적성, 행동, 기술을 정확하게 보고할 만큼 충분히 정직하고 통찰력 있는가?

그런 다음, 이 연구는 개인의 자기평정과 타인(상사)평정 간 차이의 원인과 결과를 조사하는 단계로 나아갔다. 이것은 (자기평정과 상사평정 간 차이뿐만 아니라) 동료, 부하, 고객의 평가 간 차이에 대한 관심, 이어 360도 평가 개념으로 이어졌다. 거의 동시에 이들 평정치를 잠재적 교육 및 개발 도구로 사용하는 것이 인기를 끌기 시작했다. 1990년경 이후에 출판된 논문은 이러한 관심을 반영한다.

여기에 한 가지 사례가 있다.

다음 차원에서 상사를 '매우 그렇다(10)'에서 '전혀 그렇지 않다(1)'까지 평정하라는 요청을 받는다고 상상해 보라. 만약 당신이 알지 못하거나 확신이 없다면 0점을 부여하라.

- **사고의 명료성**: 논리적이고 일관되며, 명료하고 경제적인 화술
- **지적 호기심**: 직장에서 노력이 필요한 인지적 활동에 참여하고 이를 즐기려는 욕구
- **생산성**: 업무 스타일이 잘 조직화되고 준비되고 체계적임(성실성, 계획적인)
- **세부 지향**: 주요 정보를 꾸준히 세밀하게 분석하고 보고하려는 경향성
- **적응성과 유연성**: 선호하는 아이디어나 행동 방식을 포기할 수 있는 능력과 의지
- **위험 성향**: 장단점을 충분히 평가한 후에 받아들일 준비가 된 위험의 수준
- **불확실성에 대한 편안함**: 명확성의 부족이나 모호성에 대한 충분한 인내력
- **정서조절**: 정서 경험을 관리하고 대응하는 능력(안정적이고 확신을 유지하는 능력)
- **대인민감성**: 타인의 동기와 신념을 정확하게 평가하고 다루는 능력
- **설득력**: 다른 사람들을 자신의 사고방식에 매료시키고, 영향을 주고, 설득하는 능력
- **자신감**: 스스로의 능력에 대해 적절하고 현실적인 자신감을 가지는 것
- **비관습적이고 독립적인**: 대담하고 반항적이며 규범을 위반하는 행동을 보이는 경향
- **진실성과 정직성**: 건전하고 성숙한 도덕적 나침반을 가지고 있는 것
- **자기인식**: 자신의 동기, 사고패턴, 행동을 관찰하고 분명히 표현하는 능력

조직에 고유한 특정 역량모델을 기반으로 하곤 하는 이러한 평정은 말 그대로 수백 개가 있다. 이러한 평정의 명확성에 따라 많은 것이 달라지고, 여러 이유로 인해 평정은 중요하다. 때때로 사람들은 평가대상이 성공하기 위해 각 특성이 얼마나 중요한지 평정하도록 요청받는다.

2) 찬성과 반대

사람들은 360도 피드백이 개인과 집단이 목표를 성취하기 위해 보여 주는 행동과 역량

을 상세하게 측정한다고 주장한다. 참가자들은 자신, 상사, 직원, 팀 구성원, 내부/외부 고객, 공급업체, 가족과 친구로부터 정확하고 비밀리에 평가받을 수 있다. 평정자들은 대상의 행동 이면의 의도가 아닌 실제 행동, 즉 자신이 지각한 것에 대해 판단한다. 통합된 피드백 자료는 개발, 평가, 팀빌딩, 훈련의 타당화, 조직 개발, 및 보수를 포함하여 많은 곳에 사용된다. 결과에는 강점과 개발 영역, 기대되는 것과 기대되지 않는 것이 포함된다. 360도 피드백은 조직이 직원들에게 기대하는 바의 변화, 성과 측정에 대한 강조, 경영 개념의 변화, 보다 수용적인 태도로 인해 최근 대중화되기 시작했다.

Edwards와 Ewen(1996, p. 52)은 360도 피드백을 평가에서 사용하는 것에 대한 찬성 의견과 반대 의견을 제시했다(〈표 5-1〉, 〈표 5-2〉).

이후(p. 59) 그들은 개발에 사용되는 기존 시스템을 임금/평가 방법에 사용하려는 조직을 위한 지침을 제공한다.

〈표 5-1〉 360도 피드백의 평가 및 임금 적용에 대한 찬성과 반대

반대	해결책
개발(교육) 방해	성과에 영향을 주지 않는 부문을 제공한다.
평정 부풀리기	정밀한 채점체계(intelligent scoring)와 응답자 책임을 적용한다.
사용자의 시스템 조작	정밀한 채점체계와 응답자 책임을 적용한다.
찬성	**설명**
이미 사용 중	많은 조직에서는 이미 이 정보를 사용하고 있다.
시장 주도적	사용자는 자발적으로 자체 시스템을 개발하고 있다.
신뢰성과 타당성	경험과 연구를 통해 프로세스 타당성이 밝혀졌다.
종업원 주도적	종업원들이 360도 피드백 시스템의 사용을 요구하고 있다.

〈표 5-2〉 360도 피드백을 개발에서 임금 및 평가로 전환하기 위한 지침

- **사용자 조사**: 만족도 조사에서 사용자 지지율이 75%를 초과해야 한다.
- **익명성**: 사용자는 자신의 개별 평가가 절대적으로 기밀로 유지된다는 확신을 가져야 한다.
- **구분**: 높은 성과, 중간 성과, 낮은 성과가 점수 분포상에서 명확히 구별되어야 한다.
- **타당한 차이**: 앞의 구분이 진정한 높은 성과, 중간 성과, 낮은 성과를 나타내야 한다.
- **응답률**: 피드백 응답률은 75% 이상이어야 한다.
- **간접관리비용**: 응답 및 프로세스 관리에 필요한 시간이 최소화되고 합리적이어야 한다.

- **타당하지 않은 응답**: 응답자는 정직한 평가에 대한 책임을 가져야 한다. 타당하지 않은 응답(다른 평가자의 일치된 답변과 40% 차이)은 5% 미만이어야 한다.
- **다양성 공정성**: 응답자는 보호 집단을 체계적으로 부당하게 차별하지 않으며, 보호 집단의 구성원들은 다른 집단과 유사한 성과 점수를 받아야 한다.
- **훈련**: 사용자들은 행동 피드백을 제공하고 받는 방법에 대해 훈련을 받아야 한다.
- **안전장치**: 편향을 최소화하는 정밀한 채점체계와 같이 공정성을 위한 안전장치를 사용자가 이해하고 지원한다.

3) 피드백의 본질

360도 평가의 주요 발상은 평가대상자에게 피드백을 제공하는 것이다. 실제로 대상자뿐만 아니라 다른 사람들도 (익명화된 것으로 추정되지만) 평정을 볼 수 있다는 사실 자체가 평정에 큰 영향을 미칠 수 있고 실제로도 영향을 미친다. 사람들은 보복을 두려워하는 경우가 많아 실제만큼이나 '부정적'일 가능성은 훨씬 낮다. 그 결과는 평정 자체에 매우 큰 영향을 미친다. 다면평가는 다양한 목적으로 사용되지만 주로 개발/코칭 자료로 사용된다. 그뿐만 아니라 기초자료는 성과관리 시스템에서도 사용된다.

또한 가장 기본적인 수준에서 단순한 질문이 있다. 누군가에게 (질이 어떻든) 피드백을 주는 것이 성과에 영향을 미치는가? 이에 대해서는 당연히 받아들여지고 있으며 (근거가 부족하더라도) 다면평가라는 방법의 근간이 되는 측면이다. Fletcher 등(1998)은 다중 평정자 피드백에 사용되는 평정 중 어떤 것이든지 편향적이고, 오류와 왜곡으로 가득 차 있다면, 이것이 개발에 사용되든 평가에 사용되든 심각하게 오도된 평가를 제공할 가능성이 있다고 주장했다.

다중 평정자 피드백(Multiple Rater Feedback: MRF)은 경영진 개발, 팀빌딩 및 코칭에 사용되어 왔다. 이것은 영어권 세계에서 여러 다른 나라로 '퍼졌다.' 그러므로 번역과 문화적 적절성 문제가 있다. 일부 국가에서는 부하/부사수가 자신의 윗사람/상사를 평가하기를 기대하는 것은 '터무니없다.' 즉, 문화적으로 상당히 부적절하고 만약 시행된다면 상당한 어려움과 편향을 만들 것이다.

Bracken 등(2001)은 효과적으로 작동하기 위해 필요한 피드백의 8가지 특징을 명시하고 있다.

- **신뢰성.** 피드백은 신뢰할 만한 출처로부터 제공되어야 한다. 신뢰할 만한 출처란 직무 관련 행동을 관찰할 수 있는 충분한 기회가 있고 피드백을 정직하게 제공할 동기가 있는 사람이다.
- **적시성.** 피드백은 가능한 한 심각한 시간 지연 없이 제공되어 정확성을 감소시키지 않아야 한다. 또한 적시성은 최소한 관련된 기간 범위(예: 작년)에 대해 평가자에게 구체적으로 알려야 할 필요성을 나타낸다.
- **공정성.** 이 맥락에서, 피드백이 공정하다는 인식(혹은 실제 공정성)은 측정도구 내용과 일관적 관리에 의해 참여자 모두에게 공통 표준을 적용하는 데서 시작한다.
- **명료성.** 피드백 관련 모호성은 망설임을 낳고 잘못된 행동 방향성을 가져온다. (피드백 보고서에서) 피드백을 완전히 이해할 수 있도록 제시된 명확한 행동 문항은 발전적 수용에 도움이 된다.
- **관련성.** 피드백은 직무 관련성을 가지고, 개인 및 궁극적으로 조직의 효과성에 중요한 행동으로서, 명확하게 소통될 수 있는 행동에 국한되어야 한다.
- **합의.** 다면 출처 피드백(Multiple Source Feedback: MSF)이 행동 변화의 원인인 주요 근거는 여러 출처에서 오는 일관적 피드백의 힘 덕분이다. 여러 신뢰할 수 있는 관찰자의 공통적 메시지를 담은 피드백을 무시하기는 매우 어렵다.
- **실행가능성.** 피드백은 참가자가 건설적인 행위를 통해 해결할 수 있는 행동을 나타내야 한다.
- **구체성.** MSF 프로세스는 평가자의 구체적인 행동 피드백을 장려해야 한다. 행동문항과 더불어 평정자가 평정의 근거에 대한 통찰력을 제공하는 의견을 작성하도록 교육함으로써 이를 뒷받침해야 한다.

(p. 489)

그들은 이 논문에서 360도 평가 시스템을 소개하며 다양한 '치명적 오류'를 지적했다. 여기에는 관련자들과의 불충분한 소통, 훈련의 부족이나 부재, 프로젝트를 중단시키려는 독재적이고 위계적인 조직, 시의적절하지 않은(늦은) 피드백, 명백한 데이터 오류, 빈약하거나 오래 걸리는 비용-편익 분석, 응답자와 관리자의 시간을 지나치게 소모하는 것, 시스템을 사보타주하거나 속이려는 사람들 때문에 발생하는 오류 등이 있다.

동시에 그들은 참가자와 사용자가 측정도구의 설계와 평가에 참여하는 것을 포함하는 '성공적인 시스템'의 특성을 제시한다. 즉, 프로세스가 공정하고, 정확하고, 단순하고, 신뢰할 수 있고, 시간 효율적으로 보이는 것, 사용자가 훈련을 받는 것, 완전한 익명성이 보장되는 것, 시스템이 자동화되어 있는 것, 다양한 안전장치가 마련되어 있는 것, 전체 프로세스 동안 기대사항이 적절하게 관리되는 것이다.

360도/MRF 방법은 이제 30년 이상 인기를 끌어왔다. 설문실시 방법이 점점 더 쉬워지고 보고서가 정교해지면서 더 많은 회사들이 널리 사용하고 있다. 유사하게, 학계에서는 이 영역에서 심각한 문제들을 조사해 왔으며, 이 중 가장 근본적인 문제는 평정자 간 불일치이다.

4) 평정자 일치도: 중대한 학술적 질문

초기에 연구자들은 자기평가(self-appraisal) 혹은 자기평정(self-rating)의 문제에 관심을 가졌다. 이것은 본질적으로 자신의 행동에 대한 스스로의 정직하고 정확한 평가와 관련이 있었다. 연구자들은 다음 두 가지에 합의하였다.

① 자기평정은 다음과 같은 체계적인 문제를 가지는 경향이 있다. 즉, **관대화 오류**(사람들은 스스로에게 엄격하지 않다), 범위 제한(전체 척도 범위를 모두 사용하는 경우가 드물다), **후광효과**(자신의 강점과 약점을 구별하거나 식별하지 않는 경향이 있다)가 있다.
② 자기평정/평가는 실제로 오직 매우 특수한 조건에서만 유용하다.

자기평가 문헌에 대한 고전적인 개관이자 여전히 자주 인용되는 논문에서, Mabe와 West(1982)는 자기평가가 특정 기준이 충족될 때만, 즉 특정한 조건에서만 성과 결과를 예측한다는 것을 발견하였다. 따라서 조건을 충분히 고려하지 않으면 직무 수행에 대한 자기평정이 상사평정에 비해 부족하다는 잘못된 결론을 낼 수 있는데, 여기서 불일치를 초래하는 것은 실제로는 (자기평정 그 자체가 아니라) 자기평정이 이루어진 조건이다.

Mabe와 West가 제시한 아홉 가지 기준 중 중 다섯 가지는 특히 자기가 평가한 직무 성과와 관련된 것으로 보인다. 이것은 (1) 자기평가와 상사평정과 같은 준거 측정 간의 일치 정도(즉, 유사한 능력이 측정되는 것), (2) 일반적 능력보다는 실제 성과와 관련된 기술의 측정, (3) 자기평가와 준거 간의 시간적 연속성을 유지하여 과거, 현재, 미래의 성과 등 동일한 기간을 참조하도록 하는 것, (4) 자기평가 경험이 있는 사람의 이용, (5) 기준 집단, 즉 동료와 비교한 상대적인 자기평가 등이다.

수년에 걸쳐, 일치도에 대한 증거는 혼재되어 있다. 일부 연구에서는 자기평정과 상사평정 간 주요 불일치(즉, 일치도의 부족)의 증거를 거의 발견하지 못했다. 그러나 당연하게도 평정자 간 차이가 크다는 것을 보여 준 결과들이 대부분 주목을 받고 있다.

이후 연구자들은 자기평정과 상사평정 간 차이를 매우 구체적으로 살펴보기 시작했다. 이것은 조직이 자기평정을 권장했기 때문이기도 하지만 성별 차이 때문이기도 하다. 이제는 종합적인 개관 연구가 있다(Bracken et al., 2016; Good & Coombe, 2009; Valle & Bozeman, 2002).

조직 내 서로 다른 수준의 평정자들은 평가대상자의 직무 성과에 대해 서로 다른 측면을 관찰할 수 있기에 이들의 평정은 이러한 차이를 반영해야 한다. 이 때문에 **일치도가 높아야 한다는 요구는 잘못된 것일 수 있다.** 따라서 평정자를 조직 내 위계에 따라 하위 집단으로 분류하여 각 수준에 적합한 차원에 대해서만 성과평가를 할 것을 요구해야 한다.

Harris와 Schaubroeck(1988)의 초기 메타분석에서는 동료평정과 상사평정 간 상대적으로 높은 상관관계를 발견한 반면, 자기-상사 평정 및 자기-동료 평정 간에는 중간 정도의 상관만을 발견했다. 그들은 또한 평정 형식(차원 vs. 종합)과 평정 척도(특성 vs. 행동)는 조절 효과가 거의 없고, 직무 유형(관리직/전문직 vs. 블루칼라/서비스)이 자기-동료 및 자기-상사평정을 조절하는 것을 발견했다. 이 분석에서 관찰자(동료와 상사) 평정 간 일치도는 자기-관찰자 간 일치도보다 더 높았으며 자기-동료 평정 및 자기-상사 평정은 특히 관리직/전문직 직원들에게서 낮은 상관관계를 보였다.

몇몇 연구에서는 자기 대 부하평정 일치도와 비교하여 자기 대 상사평정 간 차이를 살펴보았고, 360도 원의 다섯 구성요소(상사, 동료, 부하, 고객, 자기) 간의 일치도도 조사하였다. Furnham과 Stringfield(1994)는 세 평정 집단(상사, 자기, 부하)에 대한 연구에서 자기 대 나머지의 평정 간 관계보다 부하 및 상사평정 간 유사성이 높다는 것을 발견했다. 이 발견은 두 번째 연구에서 확증되었는데, 이번에는 컨설턴트 평정의 효과가 추가되었다(Furnham & Stringfield, 1998). 즉, 관찰자들의 수준이 어떠하든 자기평정보다는 관찰자들의 평정이 서로 더 일치한다.

평정자 합의/일치도에 대한 이슈는 단순히 학술적이거나 사소한 것이 아니다(Atkins & Wood, 2002; Carless & Roberts-Thompson, 2001). 이 질문은 이 방법의 핵심 이슈이다. 피드백 그 자체가 인지적 · 행동적으로 유용하다면(즉, 변화를 가져온다면), 피드백은 정확해야 한다. 만약 상이한 출처로부터의 피드백이 매우 다르다면, 이것은 피드백의 정확성 수준을 반영하는 것일 수 있다. 피드백이 서로 다른 출처에서 상당히 다르거나 심지어 모순되더라도 여전히 정확할 수 있지만, 이런 상황은 다소 드물게 나타나는 것으로 인식되어야 한다.

5) 합의가 중요한가

Atwater 등(1998)은 일치도와 관련된 핵심 논쟁을 다루었다. 일치도가 중요한가? 자기-타인 일치도가 훈련 목적으로는 유용하고 바람직할 수 있지만 개인의 성과나 효과성을 이해하는 것과는 관련이 없다고 주장할 수 있다. 이들은 복잡하고 세밀한 연구를 통해 합의/일치도가 중요하기는 하지만 그 관계가 복잡하다는 것을 보여 주었다.

한 가지 분명한 문제는 평정이 보완적인지 아니면 모순적인지 여부이다. 조직 내 위계에서 같은 수준의 사람들(즉, 부하 또는 동료)이 동일한 행동에 대해 근본적으로 다른 평정을 내릴 때 문제가 발생한다. 즉, 어떤 사람이 상사를 '계획적이고 체계적인' 정도에서 약하다고 평정(2/7)하는 반면, 다른 사람은 강하다고 평정(6/7)할 수 있다.

합의가 부족한 이유에 대해 여러 가지 설명이 가능하다.

① 사람들은 서로 다른 맥락 및 상이한 요구사항을 가진 과제에서 상사와 상호작용한다는 점에서 서로 다른 데이터베이스를 가지고 있다. 둘 다 정확하지만 다르다.
② 사람들은 계획적이고 체계적인 것이 무엇인지에 대해 서로 다른 정의를 가지고 있다. 비록 같은 관찰 데이터를 가지고 있더라도 어떤 사람에게 계획적인 것이 다른 사람에게는 그렇지 않은 것일 수 있다.
③ 사람들은 근본적으로 다른 평정 방식과 준거를 가지고 있다. 매우 관대한 사람이 있는가 하면 엄격한 사람이 있다.
④ 평정 결과는 상사와의 관계 및 상사에 대한 호감을 더 많이 나타낼 뿐, 상사의 실제 행동과는 거의 관련이 없다.
⑤ 평정자들은 평정의 결과로 영향을 미치려고 노력한다. 즉, 평정이 어떤 용도로 사용될지를 알면(예: 급여 보너스) 그 목적을 달성하기 위해 평정을 체계적으로 변경할 것이다.

Yammarino와 Atwater(2001)는 관찰자 평정이 서로 일치할 때, 관찰자 평정에 비해 스스로를 훨씬 높거나(과잉추정) 낮게(과소추정) 자기평정하는 것에는 개발과 관련한 중요한 함의가 있다고 지적했다.

그들은 다음과 같이 설명한다.

이러한 자기-타인 평정 유형과 이들의 차별적인 개인 및 조직 수준 결과는 리더십 훈련과 개발에 대한 몇 가지 시사점을 제공한다.

첫째, 여기서 주목한 대부분의 쟁점은 훈련 및 교육 프로그램으로 해결할 수 있다.
둘째, 리더십 훈련 및 개발 프로그램에서 피드백을 사용하여 자기지각의 정확성과 자기-타인 일치도를 높이는 것도 마찬가지로 중요하다.
셋째, 높은 자기-타인 평정 일치도는 피드백을 개발 도구로 사용하는 모든 리더십 훈련 프로그램의 목적이 되어야 한다.
넷째, 리더십 훈련 프로그램과 직원 경력 경로 추적 모두에서 시간에 따른 자기-타인 평정 간 불일치의 감소는 자기인식 정확도 개선의 지표로 사용될 수 있다.
다섯째, 자기평정과 행동을 변화시키려는 의도로 MSF를 사용할 때는 조심스럽게 접근할 필요가 있다.
여섯째, 기대한 것보다 부정적인 피드백을 받는 사람(과잉추정자)에게는 특별한 주의가 필요할 수 있다.

(pp. 218-220)

이 영역의 주요 문제 중 하나는, 모든 평정이 주관적이라는 점에서 객관적 측정치가 부족하다는 것이다. 둘 혹은 그 이상의 평정자 간 일치도가 높다는 것이 반드시 이 평정이 정확하다는 것을 의미하는 것은 아니다. 예를 들어, 어떤 사람이 과제를 완료하는 데 시간을 얼마나 효율적으로 쓰는지 평가해야 하는 시간 관련 문제를 생각해 보자. 평균적인 사람이 과업을 완료하는 속도에 대한 좋은 규범 데이터를 가지고 있지 않은 한, 서로 합의할 수는 있지만, 판단에는 오류가 있을 수 있다.

6) 평정자 훈련

한 가지 분명하고 실질적인 문제는 평정자 선정 및 훈련에 관한 것이다. 효과적으로 평가자가 되는 법을 학습하기는 쉽지 않다. 이 어려움은 스포츠 심판, 차나 와인 감정가, 그리고 다른 인간 활동에 들어가는 훈련과 노력의 양으로 예시될 수 있다. 평가자/평정자에게는 자신이 평정하는 것이 **무엇**인지에 대한 인식과 이해가 필요하다. 평정 기준을 이해하고 척도 점수 간 차이를 민감하게 사용해야 하며, 그리고 무엇보다 차등적으로 사용하여 개인 내, 개인 간 차이를 구별할 필요가 있다. 자료를 가지고 있지 않을 때는 평정하지 않아야 한다. 지나치게 관대하거나 엄격하거나 동일한 점수를 주는 것은 피해야 한다. 이것은 어려운 요구이다. 모든 평가자가 알고 있듯이 신뢰할 만한 평정을 해내기 위해서는 상당한 노력이 필요하다.

이러한 훈련은 필수적이지만, 실제로 이 훈련에 필요한 노력과 비용을 투입할 준비가 되어 있는 조직은 별로 없다. 정확하고 공정하고 수용할 만한 평정을 가장 잘할 수 있는 사람은 누구인가?

분명히 평정자에게는 훈련이 필요하다. Antonioni와 Woehr(2001, p. 121)는 다음과 같이 언급했다.

> 많은 연구가 평정자 훈련이 성과평정의 효과성과 실용성을 개선할 큰 잠재력을 가지고 있음을 보여 준다. MSF 절차에 참여하는 사람 중 많은 수가 처음으로 업무 행동이나 역량을 평가하기 때문에 평정자 훈련이 중요하다. 다른 사람을 평정하는 과정을 가볍게 여겨서는 안 된다. 평정자는 자신이 맡은 책임을 이해해야 한다. 이것은 평정자가 평정대상자를 얼마나 좋아하는지에 영향을 받거나 매우 제한적인 관찰에 의존해서 평정하기보다 실제 행동과 결과에 기반하여 편향에서 자유로운 평정을 제공해야 한다는 것을 의미한다. 조직은 평정자의 책임감을 높이기 위해 이들을 훈련하고 지원해야 한다. 평정자 훈련에는 다음 여섯 가지 영역이 포함되어야 한다.
>
> 1. 평정자가 각 성과 차원에 익숙해지기
> 2. 평정할 각 차원에 대해 기준을 설정하기
> 3. 행동 관찰 스킬을 개선하기
> 4. 동일 평정 오류(common rating error)를 방지하기
> 5. 평정을 뒷받침하기 위해 평가적인 의견이 아닌 기술적인 의견을 작성하기
> 6. 마지막으로, 평정 실습을 할 시간과 연습 평정에 대해 피드백을 받을 기회를 훈련에 포함시키기

자기평정 및 상사평정 간 합의/일치도를 증가시킬 수 있는가? Schrader와 Steiner(1996)는 비교 기준이 더 명확하고 객관적일수록 평정자 간 합의 수준이 높다는 것을 보여 주었다.

문제를 개선하기 위해 그들이 제공한 지침이 〈표 5-3〉에 제시되어 있다.

몇몇 조직에서는 사람들이 유사한 판단을 내릴 수 있도록 평정자 훈련 세션을 제

공한다. 평정되는 행동에 대해 설명하고, 사람들의 평정 방식에 대한 피드백을 준다. Furnham(2019)은 다음과 같은 세 가지 평정자 유형을 제시했다.

(1) 부드러운 관리자(모두가 승자/지나치게 관대함)

부드러운(softy) 관리자는 사람들의 좋은 면을 보려고 한다. 그는 평정할 때 모든 사람에게 높은 점수를 주면 갈등과 분노를 피하고 그들 모두를 동기부여할 수 있다고 믿는다. 그는 부하들에게 높은 점수를 줌으로써 인기를 유지하려고 한다. 항상 사람들의 좋은 면을 보기를 좋아하는 사람은 아닐 수도 있지만, 보통은 소심하고 나약하다.

이 평정 전략은 다음과 같은 이유로 실패한다. 즉, 실제로 성과가 훌륭한 직원의 동기를 떨어뜨리고, 스스로 성과가 우수하다고 믿지만 실제로는 그렇지 않은 대상자들을 안일하게 만들 수 있다. 또한 차상위/선임 평정자는 부드러운 관리자를 찾아내 부정확한 평정자로 지목할 수 있다. 부드러운 관리자는 높은 평정을 받으려는 주장과 요구가 많은 평정대상자에게 취약하며, 직원들은 높은 평정에 따른 보상을 기대하지만, 추후 점수가 조정되거나 표준화되어 보상을 받지 못하면서 동기가 떨어진다.

〈표 5-3〉 자기와 상사 간 일치를 증진하기 위한 지침

비교 기준	지침
내적	당신의 개인적 · 내적 가치와 기준을 준거로 사용하라. 즉, 지난 6개월 동안 개인적으로 자신의 능력과 과거 성과에 비해 얼마나 잘했다고 느끼는지에 따라 평정하라. 당신이 잘했다고 느끼는 정도를 넘어서는 다른 준거는 전혀 고려하지 말라.
절대적	[조직이 차원에 대해 정의한 수치로서]의 적절한 성과 수준에 대한 최소 요구사항을 준거로 사용하라. 즉, 각 차원에 대해 회사 또는 집단의 정책에서 정의된 최소 성과 수준과 비교하여 스스로를 평정하라. 이 최소 요구사항을 충족했다고 스스로 판단하는 것 외의 다른 기준을 고려하지 말라.
상대적	동료 성과를 기준으로 사용하라. 즉, 동료가 수행한 것을 생각하고 스스로를 그들과 비교하라. 동료와 직접적으로 비교했을 때 자신이 잘했다고 판단하는 정도를 넘어서는 다른 기준을 고려하지 말라.
다중적	앞에서 정의된 개인적 기준, 목표와 최소 요구사항의 성취 정도, 동료와의 비교를 준거로 사용하라. 즉, 이 세 가지 규준을 모두 고려하라. 세 가지 기준 모두를 동등하게 고려하라.

(2) 중도적 관리자(모두가 평범함/중앙집중 경향)

중도적(midway) 관리자는 평균의 개념을 지나치게 심각하게 받아들인다. 그는 모든 평정대상자가 모든 면(KPI/KRA)에서 상당히 평균적이라고 믿는다. 그들은 거의 모든 사람에게 평균점수를 주는 것이 최선의 전략이라고 생각한다. 그러면 높은 평가에 대한 기대나 낮은 평가들의 실망의 문제를 다룰 필요가 없기 때문이다. 따라서 중도적 관리자는 중립적인 태도를 취하고 모든 것에 평균점수를 준다. 본질적으로 그들은 사람들 내, 또는 사람들 간을 구별하지 않기 때문에 그들의 피드백은 거의 활용되지 않는다.

이 평정 전략은 다음과 같은 이유로 실패한다. 즉, 직원들은 모두 평균이라고 평정되기 때문에 자신의 성과에 대한 피드백을 받지 못하며, 자신의 상사가 자신과 동료들의 강점과 약점을 인식하지도, 이해하지도 못한다고 생각한다. 차상위 평정자는 중도적 관리자가 자신의 직원을 제대로 알지 못한다고 생각할 수 있으며, 그의 자료는 누가 승진해야 하는지 등과 같은 정보에 대해 어떤 것도 알려 주지 않는다.

(3) 고약한 관리자(모두가 못함/지나치게 엄격함)

고약한(nasty) 관리자는 '물에 빠진 사람 구해 주니 보따리 내놓으라 한다'고 믿는 매서운 사람이다. 그는 사람들이 보상보다는 처벌의 위협에 더 잘 반응하기 때문에 당근보다는 채찍이 효과적이라고 생각한다. 그래서 고약한 관리자는 실제 성과와는 상관없이 대부분의 KRA에 낮은 점수를 준다.

이 기법은 다음과 같은 이유로 심각하게 실패한다. 모든 직원에게는 질책뿐만 아니라 격려가 필요하다. 만약 자신의 능력이나 노력이 보상받거나 인정받지 않는다고 생각하면 직원들의 동기가 떨어질 것이다. 오직 처벌만 하는 관리자들은 호감을 받지도, 존경받지도 못한다. 그들은 두려움을 유발하지만 공정하다고 인식되지는 않을 것이다. 고약한 관리자의 직원들은 아마도 최소 수준(0)의 성과 관련 보상을 받을 것이고, 동기가 바닥으로 떨어질 것이다. 차상위 평정자들은 고약한 관리자의 부서 또는 섹션이 전반적으로 취약하고 무능하다고 생각할 수 있다.

7) 일치도의 결과

Bass와 Yammarino(1991)는 미국 해군 장교들의 자기 및 타인의 리더십 평가 일치도를 구체적으로 살펴보았다. 한 가지 흥미로운 발견은 비록 리더십 행동에 대한 자기평정이 부하평정에 비해 부풀려지는 경향은 있지만, 성공적인 리더일수록 리더십 행동에 대한 자기평정이 덜 과장된다는 것이다.

Furnham과 Stringfield(1993)는 이 발견을 부분적으로 지지하는 결과를 발견하였다. Bass와 Yammarino(1991)에 따르면, 이것은 부하의 리더십 평정은 성과 및 승진 관련 상사평정과 유의한 관련이 있지만, 리더십에 대한 자기평정은 이들 측정치와 관련이 없기 때문이다. 그들은 리더십에 대한 보다 정확한 자기평정이 성공적 직무성과와 관련된다고 지적했다. 그러나 저자들은 또한 지원자를 선별할 때 리더십 행동에 대한 자기평가를 사용하지 말 것도 제안한다. 이는 리더십의 성공을 이해하는 데 도움이 되지 않고, 부하평정과 최적의 조합으로 결합하더라도 성공을 최대한으로 설명하는 데 도움이 되지 않기 때문이다.

평정자에 따라 평정에서 차이가 있는가? Antonioni와 Park(2001)는 평정자와 평정대상자의 연령, 성별 및 직무 재직기간이 평정에 영향을 미치는지 살펴보았다. 더 이례적으로 그들은 '감정'도 살펴보았는데, '감정'은 단순히 평정자가 평정대상자를 좋아하는지 여부였다. 그들은 호감도의 극적인 효과를 발견했는데, 평정자 감정(얼마나 그들이 평정대상자를 좋아하는지)이 평정 관대성에 미치는 효과는 하향 피드백(상사가 부하를 평가할 때)보다는 상향 및 동료 피드백에서 유의하게 더 컸다.

이 영역에서 확실히 평정의 신뢰도, 타당도, 의미 및 유용성이 핵심 문제이다. MSF의 영향을 어떻게 측정해야 하는가? 이 가장 근본적인 질문에 대해서는 거의 다뤄지지 않았다. Smither와 Walker(2001)는 개입 이후의 변화에 대한 문제를 지적한다. 마찬가지로, Seifert 등(2003)은 두 가지 단순하지만 중요한 질문을 했다. 피드백은 경영 개선을 촉진하는가? 피드백을 받는 방법이 중요한가? 그들은 먼저 시간(3~48개월)에 따른 성과 변화를 측정한 14개의 연구를 개관하였다. 그중 다섯 개에서는 **개선이 있었고**, 네 개에서는 **변화가 없었으며** 나머지 다섯 개는 **결론을 내리지 못했다**. 이러한 문제 때문에 저자들은 자체 연구를 수행하였다. 이 연구에서는 피드백 없는 통제집단, 피드백 보고서 집단, 피드백 워크숍 집단 등 세 개의 조건이 있었다.

피드백 워크숍 집단의 관리자들에게서는 부하직원과의 핵심적인 영향력 책략의 사용이 증가하였지만, 통제집단이나 비교집단의 행동에는 변화가 없었다. 촉진자(facilitator)를 포함한 워크숍에 참여한 관리자들은 문서로 된 피드백 보고서만 받은 관리자보다 피드백이 더 유용하다고 인식했다.

그들은 다음과 같이 지적한다.

요약하자면, 우리는 스킬 훈련이 거의 없고, 지지적인 풍토가 아니고, 외부 유인책이 없을지라도 다면 피드백 워크숍이 관리 행동을 개선할 수 있다는 것을 발견했다. 우리 연구에서 달성한 수준 이상으로 피드백의 효과성을 높이려면 아마도 촉진 조건이 더 많이 필요할 것이다. 행동적 피드백 프로그램에 관한 향후 연구의 주된 목적은 이들 조건을 형성하는 방법을 배우는 것이어야 한다.

(p. 568)

360도 피드백이 '효과가 있는지'에 대한 핵심 질문은 피드백을 사용하는 목적과 관련되어야 한다. 자기인식 향상, 팀 내 관계의 개선, 평가시스템의 수용, 측정가능한 개인 행동의 변화, 그리고 아마도 가장 가치 있고 중요한, 수익/이익의 증가 또는 비용 감소로 측정되는 조직 효율성의 증진과 같은 여러 측정하기 어려운 성공의 기준이 있을 수 있다. 이것들은 단일요인으로 합치기 어려울 뿐만 아니라 측정하기도 어렵다. 실제로 일부 마케팅 전문가가 믿는 것처럼, 훈련프로그램 피드백 이상으로 360도 피드백의 효과성을 입증하는 것은 본질적으로 불가능하다.

8) 결론

행동에 대한 자기평정 및 타인평정은 매우 주관적인 경우가 많다. 평정되는 행동이 관찰 가능하고 구체적일수록 (예: '말쑥하게 차려입은' vs. '리더십 잠재력을 보이는') 평정의 일치도가 높다. 학계에서는 학술논문에 대한 동료 심사의 '최상의 평가기준'으로 평가하여도 평정자 간 신뢰도는 놀라울 정도로 낮다고 지적하는 경우가 많은데, 고도로 훈련된 전문가가 동일한 논문을 평정한다는 점에서 이는 무척 실망스러운 일이다.

이 장에서는 동일한 행동에 대해 평정자 간 중요하고도 결정적인 차이가 발생할 수 있는 이유를 다루었다. 자기평정 시 관리자의 자기인식에서부터 사람들이 평정 척도를 사용하도록 훈련받은 적이 없다는 사실에 이르기까지 다양한 설명이 가능하다. 아마도 불일치가 발생하는 가장 흔한 원인은 평정 척도 표현이 부적절하거나, 평정자가 평정대상자에 대해 가지고 있는 자료/정보가 서로 다르거나, 평정이 어떻게 쓰이는지를 알고 있어 자신의 목적을 달성하기 위해 평정을 조정할 수 있기 때문이다.

참고문헌

Antonioni, D., & Park, H. (2001). The relationship between rater affect and three sources of 360-degree feedback ratings. *Journal of Management, 27*(4), 479–495.

Antonioni, D., & Woehr, D. J. (2001). Improving the quality of multi-source rater performance. In D. W. Bracken, C. W. Timmreck, & A. H. Church (Eds.), *The handbook of multi-source feedback* (pp. 114–130). San Francisco, CA: Jossey-Bass Inc.

Atkins, P. W., & Wood, R. E. (2002). Self-versus others' ratings as predictors of assessment center ratings: validation evidence for 360-degree feedback programs. *Personnel Psychology, 55*(4), 871–904.

Atwater, L. E., Ostroff, C., Yammarino, F. J., & Fleenor, J. W. (1998). Self-other agreement: does it really matter?. *Personnel Psychology, 51*(3), 577–598.

Bass, B. M., & Yammarino, F. J. (1991). Congruence of self and others' leadership ratings of naval officers for understanding successful performance. *Applied Psychology, 40*(4), 437–454.

Bracken, D. W., Rose, D. S., & Church, A. H. (2016). The evolution and devolution of 360 feedback. *Industrial and Organizational Psychology, 9*(4), 761–794.

Bracken, D. W., Timmreck, C. W., & Church, A. H. (2001). *The handbook of multisource feedback*. San Francisco, CA: Jossey-Bass Inc.

Carless, S. A., & Roberts-Thompson, G. P. (2001). Self-ratings in training programs: an examination of level of performance and the effects of feedback. *International Journal of Selection and Assessment, 9*(3), 217–225.

Church, A. H., Bracken, D. W., Fleenor, J. W., & Rose, D. S. (2019). *Handbook of strategic 360 feedback*. Oxford, UK: Oxford University Press.

Edwards, M. R., & Ewen, A. J. (1996). 360-degree feedback: royal fail or holy grail?. *Career Development International, 1*(3), 28–31.

Fletcher, C., Baldry, C., & Cunningham-Snell, N. (1998). The psychometric properties of 360 degree feedback: an empirical study and a cautionary tale. *International Journal of Selection and Assessment, 6*(1), 19–34.

Furnham, A. (2019). Rater congruency: why ratings of the same person differ. In A. H. Church, D. W. Bracken, J. W. Fleenor, & D. S. Rose (Eds.), *Handbook of strategic 360 feedback* (pp. 291–308). Oxford, UK: Oxford University Press.

Furnham, A., & Stringfield, P. (1993). Personality and occupational behavior: Myers-Briggs type indicator correlates of managerial practices in two cultures. *Human Relations, 46*(7), 827–848.

Furnham, A., & Stringfield, P. (1994). Congruence of self and subordinate ratings of managerial practices as a correlate of supervisor evaluation. *Journal of Occupational and Organizational Psychology, 67*(1), 57–67.

Furnham, A., & Stringfield, P. (1998). Congruence in job-performance ratings: a study of 360 feedback examining self, manager, peers, and consultant ratings. *Human Relations, 51*(4), 517–530.

Good, D., & Coombe, D. (2009). Giving multisource feedback a facelift. *Journal of Change Management, 9*(1), 109–126.

Harris, M. M., & Schaubroeck, J. (1988). A meta–analysis of self–supervisor, self–peer, and peer–supervisor ratings. *Personnel Psychology, 41*(1), 43–62.

Mabe, P. A., & West, S. G. (1982). Validity of self–evaluation of ability: a review and meta–analysis. *Journal of applied Psychology, 67*(3), 280–296.

Schrader, B. W., & Steiner, D. D. (1996). Common comparison standards: an approach to improving agreement between self and supervisory performance ratings. *Journal of Applied Psychology, 81*(6), 813–820.

Seifert, C. F., Yukl, G., & McDonald, R. A. (2003). Effects of multisource feedback and a feedback facilitator on the influence behavior of managers toward subordinates. *Journal of Applied Psychology, 88*(3), 561–565.

Smither, J., & Walker, A. (2001). Measuring the impact of multisource feedback. In D. W. Bracken, C. W. Timmreck, & A. H. Church (Eds.), *The handbook of multi–source feedback* (pp. 256–271). San Francisco, CA: Jossey–Bass Inc.

Valle, M., & Bozeman, D. P. (2002). Interrater agreement on employees' job performance: review and directions. *Psychological Reports, 90*(3), 975–985.

Yammarino, F. J., & Atwater, L. E. (2001). Understanding agreement in multisource feedback. In D. W. Bracken, C. W. Timmreck, & A. H. Church (Eds.), *The handbook of multi–source feedback* (pp. 205–220). San Francisco, CA: Jossey–Bass Inc.

방법 10. 감시, 추적 및 웨어러블

무엇인가?

직장 안팎에서 사람들의 행동을 모니터링하는 다양한 기술로서, 관찰, 카메라 녹화 또는 직장에서 다양한 센서를 착용하도록 요구하는 것을 포함한다. 이러한 기술은 시간에 걸친 행동 및 생리학적 증거를 제공한다.

어떻게 작동하는가?

말보다는 실제 행동과 상황에 어떻게 반응하는지를 통해 그 사람의 동기와 성격을 더 순수하게 잘 측정한다는 발상에 기인한다. 매우 다양한 생리적 자료를 결합하여 대상자의 생활방식과 업무방식을 이해하려고 시도할 수 있다.

증거가 있는가?

이런 유형의 생리적 자료가 성격이나 능력을 측정한다는 증거가 많지는 않다. 또한 많은 사람은 생리적 자료의 사용 및 남용을 매우 언짢아한다.

실무적 문제: 비용, 윤리, 정치적 이슈

감시장비의 비용은 빠른 속도로 낮아지고 있다. 그러나 언제, 어떻게, 그리고 왜 사람들이 감시를 받는지, 사람들이 감시되는 것에 대해 알거나 이를 승인하는지, 그리고 수집된 자료로 무엇을 하는지와 관련된 윤리적 우려가 있다.

사용 관련 제안

평가나 선발에서 감시 자료를 사용하는 것은 위험하고 현명하지 못하며 비윤리적일 수 있다.

1) 도입

당신이 직장에 있을 때뿐만 아니라 출퇴근 시간의 많은 부분에서 '감시' 당하고 있을 가능성이 높다. 당신의 행동은 카메라, 열 감지기, 얼굴인식 장치, 컴퓨터 추적 등 다양한 기술을 통해 모니터링되고 있다.

새로운 기술을 통해 종업원을 모니터링하고 공개적 혹은 비밀리에 감시하는 값싸고 쉽게 이용할 수 있는 여러 방법이 있다. 이 기술은 한때는 사립탐정이나 첩보기관의 전유물이었지만, 이제는 온라인에서 충분히 이용될 수 있다.

열이나 무게 감지기는 당신이 의자에 얼마나 오래 앉아 있는지 정확하게 감지할 수 있다. 또한 이제는 간단하게 키를 누르는 것에서, 이용하는 웹사이트 및 사용하는 단어의 빈도에 이르기까지 컴퓨터를 사용하는 방식을 상세하게 추적할 수 있는 장치가 매우 다양하게 존재한다.

20년 전에 연구자들은 비디오카메라(CCTV 등), 컴퓨터 샘플링(computer sampling), 이메일 가로채기(email intercept), 접속 코드(access codes), 전문가 시스템, 거래 감사(transaction audits), 전화 도청, 비밀 녹음 등 직장에서 컴퓨터를 이용한 여덟 가지 전자감시 방법을 열거하였다. 감시의 증가는 이와 관련된 윤리적 문제에 대한 논란을 불러일으켰다.

어떤 도시나 국가든 CCTV 카메라의 수와 성장세 측면에서 정확한 수치를 얻기는 어렵다. CCTV는 민간과 공공, 건물 내부와 외부 모두에 설치되어 있다.

전통적으로 (전자) 감시는 주로 범죄 예방을 위해 행정당국에서 사용하였지만, 이 분야의 발달로 인해 더 널리 사용되기 시작했다. 여기에는 카메라, 빛 감지 장치 또는 좌석의 열 모니터도 포함된다. 전 세계적으로 4억 대 이상의 감시 카메라가 있을 것으로 추정된다. 과거에는 때때로 '사람'이 필요했기 때문에 비쌌지만, 이제는 **안면인식기술**로 인해 사용 방법에 큰 차이가 생겼다. 경비원 혹은 '프런트' 직원이 24시간 감시가 가능한 안면인식 카메라로 대체된다면 어떻게 느끼겠는가?

당신이 직장에 도착하는 순간부터 당신이 어디를 가는지, 누구와 이야기하고 누구에게 이메일을 보내는지 감시되고 기록될 수 있다. 종업원은 언제, 어떻게, 왜 감시를 받는지 알 수도 있고 모를 수도 있다. 더 나아가, 그들은 그것을 설치한 사람이 말한 감시 이유를 믿을 수도, 믿지 않을 수도 있다. 실제로 피고용인이 고용주를 감시 문제로 법정에 제소한 사례가 많고, 틀림없이 더 증가할 것이다.

결과적으로, 반감시(counter-surveillance)와 역감시(inverse suveillance)에 관심을 가지는 사람들이 있다. 이는 감시를 피하려는 시도 혹은 자신을 감시하는 사람을 실제로 '감시하는' 것을 의미한다. 예를 들어, 과속단속카메라나 다른 공공 모니터링 장치를 감지하는 장치를 구매하여 자동차에서 사용하는 것이다.

개인정보보호 및 권리 침해에 대한 우려가 크다. 건물 및 대중교통에서 촬영되는 것이 '당신을 보호하기 위해서'라는 주장을 거부하는 사람들이 많다. 그들은 '빅브라더'[1]가 항상 감시하고 있다는 것이 불편하다. 우리 대부분은 쇼핑을 하고 오락을 즐기는 장소와

---

1 조지오웰의 소설 『1984』에 나오는 얼굴 없는 독재자이다. 텔레스크린으로 끊임없이 감시당하는 사회에서 시민들은 '빅브라더가 당신을 보고 있다'라는 문구를 통해 이를 상기하게 된다.

같이 다른 사람에게 알리고 싶지 않은 것들이 있다. 우리는 적극적으로 새로운 일자리를 찾고 있다는 것을 상사에게 꼭 알리고 싶지는 않다.

실제로 온라인 기술의 성장으로 서로가 서로를 감시하고 있다는 주장이 있다. 즉, 이제는 수직적인 감시와는 달리 수평적인(동료 간, peer to peer) 감시가 많아졌다. 어떤 사람에게는 오래된 동독 STASI[2] 철학과 방법론이 살아서 작동하며 '자신의 지역에서 운영되는' 것처럼 보인다.

거리, 대형 호텔, 백화점 등 어디를 가든 효과적으로 추적될 수 있다. 가장 일반적인 방법은 폐쇄회로 텔레비전(CCTV 카메라) 혹은 전자전송정보(인터넷 트래픽 혹은 전화 등)를 엿보는 것이다. 아마도 가장 흔한 것은 컴퓨터를 통한 자동화된 인터넷 감시일 것이다. 이는 특정 트리거 단어나 구문에 대한 신호, 특정 웹사이트의 방문, 이메일/온라인 채팅 기반 의사소통을 통해 작동한다. 따라서 소프트웨어를 설치해서 개인의 컴퓨터 사용을 직접적이고 원격으로 모니터할 수 있다. 전화를 모니터링하기 위해 흥미로운 단어, 구문, 코드를 검색하도록 프로그래밍할 수 있다. 우리는 오래전부터 통화를 추적할 수 있었고 이제 통화자의 위치 정보를 매우 쉽게 수집할 수 있다. 우리는 이것을 도청이라고 불렀다.

2) 감시의 유형

① **소셜 네트워크 분석**: (직원들이 알든 모르든) 보통 직장에서 매일 혹은 매달 접촉하는 사람을 추적하는 기술이 탑재된 배지를 착용해야 한다. 특정 범위 안에 있을 때 배지가 서로 신호를 주고, 이 데이터를 통해 필요시 전체 조직에 대해 매우 중요한 네트워크 분석을 할 수 있다. 사람들이 서로 접촉하는 이유나 실제로 의사소통하는 내용에 대해 알 수는 없지만, 이 감시방법은 전체 조직에 대한 매우 흥미로운 그림을 제공한다. 이 기술은 바이러스를 추적하는 데 사용되어왔다.

② **생체인증**: 여기에는 지문, 얼굴 패턴, 보행, DNA, 목소리 패턴이 포함된다. 생체인증은 현재 공항, 쇼핑몰, 유명한 공공장소에서 긴장의 징후 혹은 특정 사물에 대한 비

---

2 STASI는 동독의 국가 안보 기관으로서 구소련의 KGB와 마찬가지로 악명 높은 비밀 경찰이었다. STASI는 도청장치 설치, 통신수단의 모니터링뿐만 아니라 약 18만 9천 명의 비공식 협조원(동독 시민 90명 중 1명)을 활용하여 상호감시체계를 구축하였다.

정상적인 관심 같은 기이한 행동을 탐지하기 위해 널리 사용되고 있다. 동영상 사진은 불안, 분노 혹은 기타 극단적 정서에 대한 잘 알려진 징후를 탐지하는 데 사용될 수 있다. 부정확성과 오식별에 대한 우려는 여전히 심각하지만, 안면인식기술은 '눈부시게 발전'하여 현재 많은 장면에서 사용되고 있다.

③ **데이터 마이닝과 프로파일링**: 여기에는 신용카드 사용, 이메일 및 전화통화, 그리고 가장 일반적으로 소셜미디어와 같이 공적으로 사용 가능한 데이터를 통해 개인의 프로필을 형성하는 것이 포함된다. 이것은 서류상의 흔적이 아니라 전자적 흔적이다. 또한 이 자료는 인구통계적 자료(연령, 주소, 출생지)와 결합될 수 있다. 이들 정보를 수집하고 통합하는 것이 점점 더 쉬워지고 있으며, 정교한 알고리즘을 통해 개인의 가치와 습관에 대한 '풍부한 그림'을 만들 수 있다. 이러한 유형의 데이터와 데이터가 오용될 수 있는 방식을 둘러싼 여러 스캔들이 있다.

④ **업무 감시**: 회사 중 40% 이상이 직원의 이메일 트래픽을 모니터링하는 것으로 추정된다. 우리는 '부적절하거나 공격적인 언어' 때문에, 그리고 '부적절하거나 공격적인 콘텐츠를 보거나 다운로드하거나 업로드'하여 해고당한 사람들의 사례를 익히 알고 있다. 공공장소와 주차장에는 카메라가 있다. 열감지기와 빛감지기를 통해 누군가가 특정 공간에 있는지 여부를 판단할 수 있다.

⑤ **스파이와 탐정**: 일부 조직에서는 사립탐정이나 조직에 잠입하여 조직의 특별한 데이터를 가져가는 사람을 고용한다. 이는 매우 드물고 비용이 많이 들지만, 특정 정치집단 혹은 매우 구체적인 목표(세계지배와 같은!)를 가진 조직이나 '그림자' 조직에 침투하기 위해 여러 번 시행됐다.

⑥ **위성 이미지**: 야외 이동의 탐지에 사용되며, 훨씬 저렴한 드론으로 보완할 수 있다. 보안업계에서는 외부에 있는 모든 사람의 움직임을 추적할 수 있는 매우 다양하고 값비싼 기술을 제공한다.

⑦ **기계 판독 신원확인**: 가장 단순한 형태 중 하나는 서류(여권), 카드 및 기타 식별자료를 휴대하는 것이다. 몇몇 국가는 신원확인을 위한 신분증 시스템을 가지고 있는 반면, 다른 나라는 이를 고려하고는 있지만 대중적 반발을 겪고 있다. 특히 사진이 포함된 경우, 여권, 운전면허증, 도서관 카드, 현금카드나 신용카드와 같은 문서도 신원확인에 사용되곤 한다.

만약 신분증이 인코딩된 마그네틱이나 식별번호(사회 보장 번호 등)를 통해 '기계 판독'이 가능한 형태로 되어 있다면 이는 소유자의 신원확인 자료로 사용된다. 이 경우 검사 및 스캔을 통해 전자 흔적이 생성되고, 앞서 언급된 것처럼 이는 프로파일링에 사용될 수 있다.

⑧ **휴대폰**: 휴대폰은 위치 데이터를 수집하기 위해 흔히 사용된다. 전원이 공급되는 휴대폰의 (그리고 휴대폰을 소유한 사람의) 지리적 위치는 (사용 여부에 상관없이) 쉽게 확보될 수 있다. 공항 요원들이 휴대폰을 통해 최근에 연락한 사람에 대한 모든 세부 정보를 보겠다고 (법적으로) 요구하는 것은 드문 일이 아니다.

⑨ **인체 마이크로칩**: 건강문제, 병력, 약물, 알레르기나 범죄자와 같은 특정 유형의 사람들을 모니터링하기 위해, 외부 데이터베이스에 포함된 정보와 연결될 수 있는 고유한 ID 번호를 가진 인체 마이크로칩을 신체에 이식할 수 있다.

⑩ **도청장치 등**: 녹화장치 또는 '도청장치'는 경찰과 같은 수신자에게 데이터를 캡처, 녹화 및 전송하는 데 사용되는 숨겨진 전자장치이다.

기술 발전, 비용 감축 그리고 불법적이거나 '부적절한' 행동에 대한 우려 때문에 기업 감시 문화가 생겨났다. 이것이 선발에 사용되는 경우는 드물지만, 직장에서 일할 때는 훨씬 더 일반적으로 사용된다.

3) 감시에 대한 태도와 반응

20여 년 전 Oz 등(1999)은 컴퓨터를 이용한 여덟 가지 전자감시 방법을 열거했으며 이들 중 가장 기술적으로 진보된 것은 전문가 시스템이라고 하였다. 전문가 시스템은 더 일반적으로는 '전자수행감시(EPM: Electronic Performance Monitoring)'로 알려져 있다.

기술평가국(Office of Technological Assessment)은 EPM을 "종업원 활동에 대한 정보를 컴퓨터로 수집, 저장, 분석 및 보고하는 것"이라고 설명했다. 몇 가지만 예로 들자면, EPM은 종업원의 시간엄수, 휴식 시간, 유휴 시간, 분당 작성되는 단어 수, 거래 건수, 전화통화 수(통화당 시간, 통화당 수익) 등과 같은 대부분의 정량적 변인을 모니터링하는 데 사용할 수 있다. 사실상, 이것은 전통적인 방법으로는 불가능했던 종업원의 매일의 구체적 행동을 모니터링할 수 있다는 것을 의미한다.

새로운 감시법을 통해 종업원의 근무시간을 지속적으로 모니터링할 수 있기 때문에, 이러한 통제가 도덕적으로 옳은지 또는 조직 차원에서 현명한 일인지에 대해 뜨거운 논쟁이 촉발되는 것은 놀랍지 않다. 지금까지 수많은 연구에서는 스트레스, 생산성, 직무

만족, 이직 등과 같은 요인을 측정함으로써 EPM과 비-EPM 조건을 비교하고 EPM의 잠재적 효과를 탐구하려 하였다. 이는 주로 횡단연구, 관찰연구, 그리고 소수의 실험실 연구로 진행되었다. 그러나 감시에 대한 사람들의 태도, 및 그와 관련된 요인과 특성을 조사하는 연구는 많지 않았다.

Kolb와 Aiello(1996)는 모니터링 여부에 따라 참가자들을 두 집단으로 나누어 내부/외부 통제 소재가 스트레스 수준에 미치는 영향을 구체적으로 살펴보았다. 모니터링이 스트레스를 증가시키는 경향이 있다는 선행연구와는 달리(Amick & Smith, 1992), 이 연구에서 모니터링을 받는 집단과 받지 않는 집단 모두 스트레스가 상승하지는 않았다. 그러나 모니터링은 외부통제 소재를 가진 참가자의 스트레스 수준을 낮추는 반면, 내부통제 소재를 가진 참가자의 스트레스 수준은 높였다(Kolb & Aiello, 1996).

Oz 등(1999)은 823명의 정규직 일자리를 가진 시간제 학생들을 대상으로, 성별 차이 및 상사와 부하의 태도 차이를 조사하였다. 상사는 전자감시가 도난을 줄이리라 믿었으며, 전자감시를 지지할 가능성이 높았다. 한편, (상사 역할을 하지 않는) 부하들은 전자감시가 직장 내에서 긴장을 야기하고 부정적인 영향을 미칠 것이라고 응답하였으며, 감시를 한다면 이를 직원들에게 알려야 한다는 데 동의하였다. 성별 차이와 관련하여 여성은 남성보다 감시가 도난을 낮출 가능성이 높다는 데 더 많이 동의하는 경향이 있었다(Oz et al., 1999).

Samaranayake와 Gamage(2012)는 전자감시가 종업원 만족에 어떤 영향을 미치는지 살펴보았다. 그들은 소프트웨어 회사에서 380명의 종업원을 대상으로 데이터를 수집했다. 이들은 5점 리커트 척도로 된 75문항의 설문지를 사용하여 직무만족, 업무관련성, 프라이버시 침해, 법규 위반 수준, 고용주의 근거, 효과성 판단에 대한 인식을 조사했다. 직무만족은 전자감시에 대한 긍정적 태도와 정적 관계를 가졌다. 이는 전자감시가 공정하고 편향적이지 않으며, 직원에 대해 더 완전한 이미지를 제공한다는 생각과 관련된다. 그러나 프라이버시 침해에 대한 인식이 높을수록 직무만족도 낮아졌으며 전자감시가 업무를 복잡하게 만든다고 느낄 때도 마찬가지였다. 흥미롭게도, 하위집단을 살펴보면 경력이 높은 종업원일수록 전자감시가 직무만족에 미치는 영향은 약해지는 것으로 나타났다.

Furnham과 Swami(2015)는 대규모 영국 표본을 대상으로 감시에 대한 긍정적, 부정적 태도를 반영하는, 통계적으로 두 가지 명확한 요인을 가진 16문항의 '직장 내 감시' 척도를 새로 만들었다. 감시의 부정적 측면에 대한 점수가 높을수록 직무만족과 직무자율성이 유의하게 낮았으며, 직장에서의 차별 인식, 권위에 대한 부정적 태도와 좌익 성향이 유의하게 높았다. 반면에 감시의 긍정적 측면에 대한 점수가 높을수록 직무만족과 권위에 대한 긍정적 태도가 유의하게 높았다.

매우 유사하게, Jacobs 등(2019)은 미국 근로자 1,273명에게 웨어러블에 대한 신념과 착용의도를 질문했다. 종업원들은 웨어러블이 단순히 작업장에서 추적될 정보를 제공한다고만 생각했을 때보다, 안전 개선이라는 목표를 가진다고 들었을 때 더 행복했다. 저자들은 다음과 같이 지적했다.

> 웨어러블 기술을 사용하려는 조직은 (a) 작업장 안전 개선에 초점을 맞추고 (b) 긍정적 안전 풍토를 진전시키고 (c) 웨어러블이 이 목표를 달성할 것이라는 믿음을 뒷받침할 충분한 증거를 제공하고 (d) 웨어러블 기술을 선택하고 구현하는 과정에 종업원을 참여시키고 그들에게 정보를 제공해야 한다.
>
> (p. 148)

여기에는 다음 세 가지 시사점이 있다. 첫째, 사람들은 직장 내 감시에 대해 여전히 회의적이고 이를 의심한다. 둘째, 일반적으로 소외되고, 만족하지 못하며, 불행한 사람들일수록 감시에 더 부정적이다. 셋째, 조직이 감시의 목적과 특성에 대해 더 철저하고 정직하고 명확하게 소통할수록 사람들은 더 잘 수용한다.

4) 웨어러블 기술

지원자들이 면접 한 달 전에 '스마트워치'나 피트니스 트래커를 착용하라는 요청을 받았다고 상상해 보라. 웨어러블 기술은 최소 25년 전으로 거슬러 올라가며, 감정 상태를 측정하기 위해 컴퓨터를 사용하였기 때문에 원래는 감성 컴퓨팅(affective computing)이라고 불렸다.

직장에서 종업원들은 센서가 있는 스마트워치와 피트니스 트래커와 같은 웨어러블 장치를 가지고 있으며, 행동패턴을 분석하고 이해하는 데 사용될 수 있는 방대한 디지털 족적을 남긴다.

웨어러블은 옷, 시계 및 기타 액세서리에 내장될 수 있으며, 심리적 웰빙과 감정에 영향을 줄 수 있는 유용한 피드백을 제공하는 효과적인 건강 행동 변화 도구로 판매되는 경우가 많다. 이러한 의미에서 사람들은 자발적으로 웨어러블 데이터를 사용하고 모니터링하며 결과적으로 웨어러블에 대해 긍정적 태도를 보인다(Ryan et al., 2019).

Al-Eidan 등(2018)이 지적한 바와 같이 '웨어러블', 즉 웨어러블 기술과 장치는 신체 외부에 착용하는 제품에 내장된 컴퓨터 하드웨어를 기반으로 하는 소비자 가전 기술의 한 형태이다. 그들은 가장 많이 조사된 웨어러블 장치가 (i) 스마트워치, (ii) 스마트 아이웨어(예: 스마트 안경과 머리장착 디스플레이), (iii) 자기중심시각 장치, (iv) 광 기반 장치, (v) 직물, 옷감 및 피부 기반 장치, (vi) 촉각 장갑, (vii) 모발 및 손톱 기반 장치, (viii) 마그네틱 입력(예: 구글 카드보드)이라고 하였다.

그들에 따르면 이러한 기술은 스포츠, 건강, 교육, 보안과 같은 다양한 영역에서 여러 차례 연구됐다. 그들은 관련 연구를 개관하면서, 웨어러블 기술의 주요 과제가 배터리 수명, 사용자 수용, 안전성, 무게, 고장 허용 범위 및 개인정보보호 문제라고 결론 내렸다.

웨어러블 센서가 개인차와 집단행동을 평가하는 데 사용될 수 있는지 확인하려는 여러 연구가 있었다. 이에 Olguin 등(2009)의 초기 연구에서는 신체활동, 언어활동, 대면 상호작용 및 물리적 근접성을 측정할 수 있는 사회측정 배지를 사용하여 67명의 간호사 집단을 측정하였다. 즉, 신체 및 언어활동, 대면 상호작용, 타인과의 근접성 및 소셜 네트워크 자료가 생성되었다. 수집된 데이터를 사용하여 그들은 서로 다른 성격 특성을 식별하고 업무부담에 대한 전반적 집단인식, 정보획득의 어려움, 집단 상호작용의 질, 생산성과 스트레스, 평균 환자 회복 시간 및 일일 지연 횟수를 추정하려고 하였다. 그 결과 신경증은 대면 측정치와, 외향성은 근접성과, 우호성은 언어활동과, 성실성은 소셜 네트워크와 관련이 있었다. 상관관계는 크지 않았다. 그들은 다음과 같이 결론내렸다. "우리는 낮은 수준의 센서 데이터를 통해 개인의 성격 특성 및 주관적이고 객관적인 집단 성과 지표를 식별할 수 있음을 보여 주는 실험 결과를 제시했다."(p. 73).

Sano 등(2015)은 휴대폰, 웨어러블 센서, 설문지를 사용하여 30일 동안 66명을 모니터링하여 데이터를 수집하고, 학업 성취도, 수면의 질, 스트레스 수준 및 정신건강과 같은 것들을 평가했다. 웨어러블 센서는 주로 우리가 어떻게 움직이고, 자고, 활동하는지를 포착하는 반면, 휴대폰은 주로 다른 사람과 소통하는 방법을 포착한다. 그들은 1,980일의 데이터를 기반으로 사람들을 성격 유형 혹은 다른 여러 집단으로 분류할 수 있다는 것을 발견하였다.

또 다른 연구에서 Cai(2019)는 Emotive Insight, Spire Stone, Huawei Fit Watch 등 세 가지 웨어러블 장치를 통해 50명의 학생에게서 수집한 생리학적 데이터를 토대로 특정 정서 상태에서 성격 특성이 개인의 행동과 어떤 관계에 있는지 검증했다. 그들은 군중 앞에 있을 때와 영화를 볼 때 웨어러블을 통해 생리학적 데이터를 측정했다. 눈 깜박임, 윙크, 놀람, 주름, 미소 및 이를 악무는 것은 흥분, 이완, 스트레스, 열의, 흥미 및 주의 관련 정서 상태에서 성격 특성과 관계가 있었다. 높지는 않지만 일부 유의한 상관관계가 있었으며(예: 우호성은 눈 깜박임과 매우 관련되어 있었다), 정서가 성격과 측정행동 간 관계를 매개하였다.

50명의 참가자를 대상으로 성격 5요인 측정도구(Big Five Inventory: BFI)를 통해 성격 특성을 파악하고, 군중 앞에서 발표하거나 영화를 보는 동안 웨어러블을 통해 생리학적 데이터를 측정하여 실험데이터를 수집하였다. 그 결과 정서 상태에 따라 성격 특성과 개인행동 간 상관관계가 크게 달라지는 것으로 나타났다.

직장에서 추적 배지의 사용이 증가하는 추세이다. 이를 통해 고용주들은 직장에서 종업원의 행동을 추적하고 대화 빈도, 교대, 사무실에서 가장 많이 머무는 위치를 기록할 수 있다. MIT 연구소는 IR 송수신기, 마이크 및 두 개의 진동센서를 통해 사람들 간 대면 상호작용을 측정하는 웨어러블 센서인 SocioMeter라는 새로운 기술을 개발했다(Choudhury & Pentland, 2010). 이 새로운 기술을 통해 수집된 데이터는 네트워크의 중심 노드를 구분하기 때문에 소셜 네트워크 분석에서 매우 유용하다(Woolley et al., 2010). 또한 이것은 사람들이 어디서 조언을 구하는지, 조직 내에서 아이디어와 정보가 어떻게 확산되는지 보여 주는데, 이러한 지표는 팀 효과성을 예측한다.

여기서 웨어러블 데이터를 수집, 분석 및 저장하기 위해 어떻게 그리고 언제 종업원들에게 동의를 받는지는 중요한 문제이다. 예를 들어, 고용 기간 초반에 서명하는 길고 복잡한 법률문서에 동의 내용이 숨겨질 수 있다. 많은 종업원은 이들 문서를 읽거나 완전히 이해하지 못한 상태에서 이것이 의미하는 바를 이해하지 못하고 동의 버튼을 누를 수 있다. 이러한 기법의 윤리문제와 감시에 대한 종업원 태도를 고려하는 사람은 별로 없다(Furnham & Swami, 2015).

5) 결론

웨어러블의 아이디어는 개인의 성격과 동기에 대한 깊이 있는 통찰력을 제공하는 광범위한 생리적 데이터를 수집할 수 있다는 것이다. 비록 개인의 지능에 대해서는 수집하기 어렵지만 말이다. 이 발상이 새로운 것은 아니며, 거짓말탐지기에서 가장 논란이 되는 내용과 관련될 수 있다(7장 참조).

선발과 감시의 '웨어러블 논쟁'에서 이 쟁점이 중요하다. 이것은 우리에게 친숙한 심리측정의 신뢰도와 타당도 문제이다. 웨어러블 기술이 제공하는 생리적 증거와 착용자의 성격 및 동기 사이에는 어떤 관계가 있는가? 다시 한번, 우리는 아직 '입증되지 않았음'이라는 판결을 내렸다. 더 간단하고, 더 중요한 것은 아마도 다음 질문일 것이다. 관심변인(능력, 동기, 성격)을 더 저렴하지만 여전히 동일하게 타당한 서로 다른 측정도구를 통해 윤리적인 문제 없이 평가/측정할 수 있는가?

참고문헌

Al-Eidan, R., Al-Khalifa, H., & Al-Salman, A. (2018). A review of wrist-worn wearables. *Journal of Sensors, 2018*, 1-20.

Amick, B. C., & Smith, M. J. (1992). Stress, computer-based work monitoring and measurement systems: a conceptual overview. *Applied Ergonomics, 23*(1), 6-16.

Cai, R. (2019). Correlation analyses between personality traits and personal behaviours under specific emotion states using physiological data from wearable devices. *Hosei University Graduate School of Information Science, 14*, 1-6.

Choudhury, T., & Pentland, A. (2010). *The sociometer: A wearable device for understanding human networks*. Cambridge, MA: Human Design Group.

Furnham, A., & Swami, V. (2015). An investigation of attitudes toward surveillance at work and its correlates. *Psychology, 6*(13), 1668-1675.

Jacobs, J. V., Hettinger, L. J., Huang, Y. H., Jeffries, S., Lesch, M. F., Simmons, L. A., Verma, S. K., & Willetts, J. L. (2019). Employee acceptance of wearable technology in the workplace. *Applied Ergonomics, 78*, 148-156.

Kolb, K. J., & Aiello, J. R. (1996). The effects of electronic performance monitoring on stress: locus of control as a moderator variable. *Computers in Human Behavior, 12*(3), 407-423.

Olguin, D. O., Gloor, P. A., & Pentland, A. S. (2009). *Capturing individual and group behaviour with wearable sensors* (pp. 68-74). Palo Alto, CA: Spring Symposium on Human Behaviour Modelling at Association for the Advancement of Artificial Intelligence.

Oz, E., Glass, R., & Behling, R. (1999). Electronic workplace monitoring: what employees think. *International Journal of Management Science, 27*(2), 167-177.

Ryan, J., Edney, S., & Maher, C. (2019). Anxious or empowered? A cross-sectional study exploring how wearable activity trackers make their owners feel. *BMC Psychology, 7*(42), 1-8.

Samaranayake, V., & Gamage, C. (2012). Employee perception towards electronic monitoring at work place and its impact on job satisfaction of software professionals in Sri Lanka. *Telematics and Informatics, 29*(2), 233–244.

Sano, A., Phillips, A. J., Amy, Z. Y., McHill, A. W., Taylor, S., Jaques, N., Czeisler, C. A., Klerman, E. B., & Picard, R. W. (2015). Recognizing academic performance, sleep quality, stress level, and mental health using personality traits, wearable sensors and mobile phones. In *Proceedings of the 12th International Conference on Wearable and Implantable Body Sensor Networks* (pp. 1–6). Cambridge, MA: Institute of Electrical and Electronics Engineers.

Woolley, A. W., Chabris, C. F., Pentland, A., Hashmi, N., & Malone, T. W. (2010). Evidence for a collective intelligence factor in the performance of human groups. *Science, 330*(6004), 686–688.

방법 11. 평가센터

무엇인가?

평가센터(Assessment Centres: ACs)는 여러 지정된 직무 역량에 대해 다양한 검사/방법을 조합하여 지원자를 평가하고 관찰자 및 평가자 팀이 이를 기록/평가하는 검사 세션을 가진다. 평가 기간은 3시간부터 3일까지 다양할 수 있다.

어떻게 작동하는가?

평가의 신뢰도와 타당도를 모두 향상시키기 위해 다양한 방법(1장 참조)과 다양한 평가자를 사용하는 것이 최선이며, 동일한 것을 측정하기 위해 다양한 검사를 사용하는 것이 최선이라고 보는 다중특성, 다중방법 접근을 기반으로 한다.

증거가 있는가?

다양한 방법을 사용하여 많은 자료를 수집하기 때문에 최고의 평가 방법 중 하나라는 많은 증거가 있다.

실무적 문제: 비용, 윤리, 정치적 이슈

주요 문제는 윤리나 정치보다는 비용이다. 즉, 다른 방법과 비교할 때 편익 대비 비용 비율이 문제가 된다.

사용 관련 제안

직무의 성격과 중요성에 비례하여 비용을 지출하는 것은 항상 좋은 생각이다. 대규모 조직에서 AC 방법론에 투자하고 이를 업데이트하는 것은 이득이 되는 접근이다.

1) 도입

평가센터는 개발 및 선발 절차 모두에 널리 사용된다(Woodruffe, 1995). 추천서, 업무표본, 성격검사, 인지능력 검사, 평가센터 점수 등 다양한 평가 방법의 예측 타당도를 비교했을 때, 대부분에서 AC는 가장 타당도가 높은 측정도구였다(1장 참조).

평가센터는 대부분 다양한 방법(예: 주관적 자기보고, 객관적 수행검사, 관찰자료)으로 매우 구체적이고 조직에 고유한 '역량'을 측정하도록 설계된다. 평가센터는 서로 다른 방법으로 서로 다른 특성과 역량을 측정하려 한다는 점에서 유명한 다중특성(multi-trait), 다중방법(multi-method) 접근을 사용한다. 다양한 기준을 정확하고 민감하게 측정하기 위해 모든 종류의 활동과 데이터(리뷰 또는 설문을 통한 자기보고, 동료 및 평가자의 관찰자료,

모든 종류의 검사자료)가 사용된다.

평가센터의 설계에는 거의 항상 역량(예: 사회적 영향력, 수리능력, 위임 역량)을 행으로, 활동(예: 역할연기, 발표, 비즈니스 시뮬레이션)을 열로 하는 격자형의 계획이 포함된다. 평가자들은 평가점수 합의를 위해 평가센터 이후 '회의'를 가진다. 이를 통해 전체 순위뿐만 아니라 지원자를 역량별로 평가하고 역량별 순위를 매길 수 있다.

AC는 맞춤형으로, 다양한 방법으로 다양한 속성을 평가할 수 있다. 그러나 Cook(2016)이 지적했듯이 AC 타당도에는 순환적 요소가 있을 수 있는데, 이는 AC를 진행하는 동안 경영진의 지원자에 대한 평가는 이후 '실제 업무에서' 지원자에 대해 경영진이 어떻게 생각하는지와 관련되는 경향이 있기 때문이다. AC는 다수의 활동에서 나타난 역량을 평가하기 위한 것(수렴 타당도)이다. 구성 타당도에 대한 연구에서는 AC가 다른 방법과 상당히 강한 상관을 가진다는 것을 보여 주었다. 또한 AC는 부작용이나 법적 문제의 가능성이 적어 고용주에게 매력적으로 다가가고 있다.

전통적으로 AC는 시간, 노력, 비용 측면에서 고비용임에도 불구하고 예측 타당도 때문에 사용할 만한 가치가 있는 것으로 여겨진다(Krause et al., 2006). AC의 역사와 철학에 대한 상당한 연구가 있으며(Woodruffe, 1995), 수년에 걸쳐 다소 변화는 있었지만 원래 목적과 절차를 유지해 왔다(Howard, 1997; Moerdyk, 2014).

2) 평가 또는 선발

AC의 큰 문제는 AC가 개발센터(DC)와 동일한 것인지 여부이다. 어떤 사람들은 대부분의 개발센터가 AC의 위장이라고 주장한다. 하지만 다양한 차원에서 이들 둘을 구별할 수 있다.

다음 표는 개발 초점 AC와 선발 초점 AC를 비교하고 있다.

	개발 초점	혼합	선발 초점
목적	개발경력계획	승진 개발	선발센터
이름	개발센터		선발센터
철학	참가자를 위해 수행됨	참가자와 함께 수행됨	지원자에게 수행됨
방법	자기평가/동료평가자와 평가자의 견해	피드백을 포함한 평가	검사/피드백 없음

평가자 역할	촉진자		심사위원
포함 내용	자기 통찰 자료		인지검사
결과	개인별 개발 계획	보고서	선발 결정
정보 제공	공개		비공개
피드백	각 활동 후 제공	평가센터 완료 후 제공	비제공
정보 소유자	참가자	정보 소유자	조직
기간	일주일		하루

혼란의 이유는 두 가지이다. 첫째, 개발은 대개 평가 및 진단을 통해 이루어진다. 즉, 개발해야 할 것은 무엇이며 전후의 개선이 나타날 수 있는가? 반면, AC에 참여할 때 사람들은 불안하며 좋은 인상을 남기고 싶어 하는데, 이로 인해 '자연스러운' 행동이 나타나지 않는다. 이 때문에 일부는 AC를 개발센터(DC: development centre)로 제시하고자 한다.

AC를 계획하고 운영하는 데, 그리고 수집된 자료를 분석하는 데 시간과 비용이 많이 들기에, AC 운영은 조직의 입장에서는 만만치 않은 투자이다. 그러나 AC는 여전히 모든 평가 방법 중 가장 효과적이고 효율적인 것으로 간주되고 있다. 이것은 각 개인에 대해 수집된 자료의 양과 질, 그리고 전통적으로 평가자가 훈련받는 방식 때문이다.

3) AC가 측정하는 것은 무엇인가?

AC는 직무와 관련되어 있고 가능하다면 조직에 특화된, 종종 역량이라고 불리는 개인의 특성을 측정하도록 설계된다. 보통 역량은 일반역량과 특수역량의 두 유형으로 구분된다. 일반역량은 거의 모든 직무에서 필요로 하며 측정될 가치가 있는 것을 의미한다. 또한 이는 동일한 자료를 사용하여 모든 종류의 직무에서 사람들을 배치할 수 있음을 의미한다.

아마도 가장 잘 알려진 모델은 **8대 역량**(Great Eight)일 것이다.

8대 역량

- **리딩 및 결정**(leading and deciding). 통제권을 가지고 리더십을 발휘한다. 활동을 주도하고 방향을 제시하고 책임을 진다.
- **지원 및 협력**(supporting and cooperating). 다른 사람들을 지원하고 사회적 상황에서 존중과 긍정적 관심을 보여 준다. 사람을 우선시하고 개인과 팀, 고객, 직원들과 효과적으로 일한다.
- **상호작용 및 표현**(interacting and presenting). 효과적으로 소통하고 네트워킹한다. 성공적으로 설득하고 영향을 미친다. 자신 있고 여유로운 태도로 타인을 대한다.
- **분석 및 해석**(analysing and interpreting). 명확하고 분석적인 사고의 증거를 보여 준다. 복잡한 문제와 이슈의 핵심을 파악한다. 전문성을 효과적으로 활용한다. 새로운 기술을 신속하게 소화한다.
- **창의성 및 개념화**(creating and conceptualising). 새로운 아이디어와 시도에 열린 태도가 요구되는 상황에서 업무를 잘한다. 배움의 기회를 추구한다. 혁신적 · 창의적으로 문제와 상황을 처리한다.
- **조직화 및 실행**(organising and executing). 미리 계획하고, 체계적이며 조직화된 방식으로 일한다. 방침 및 절차를 준수한다. 고객만족에 초점을 두고 정해진 서비스 품질 기준을 맞춘다.
- **적응 및 대처**(adapting and coping). 변화에 적응하고 적절히 대응한다. 압박이 있는 상황을 효과적으로 관리하고 좌절에 잘 대처한다.
- **사업가적 마인드 및 실행**(enterprising and performing). 결과 및 개인 업무 목표의 성취에 집중한다. 결과와 밀접하게 관련되며 개인 노력의 효과가 분명한 업무에서 최선의 결과를 낸다. 비즈니스, 통상(무역), 재무에 대한 이해를 보여 준다.

Bartram과 동료들은 성과에 대한 보편적 역량 프레임워크(Universal Competency Framework: UCF)를 도출하기 위해 방대한 데이터에서 자기 및 관리자 성과 평정을 요인분석하였다(Bartram et al., 2002; Kurz & Bartram, 2002). 가장 낮은 수준의 프레임워크에서는 기존 성과 모형의 내용분석을 통해 112개의 요소 역량(상위 수준 성과 역량의 기본 단위로 정의됨)을 식별하였다. 이 요소는 8대 역량 프레임워크로 알려진 8개 요인으로 통합되었다.

Bartram(2005)는 성과 영역에서 8가지 핵심요인이 성격 5요인 모형(Five Factor Model: FFM)과 동일한 계층적 수준을 가진다고 주장하였으며, 이 주장은 다른 역량평가 및 모형에 대한 요인분석에서 입증되었다(Kurz et al., 2004). 8가지 핵심요인을 사용한 다양한 연구가 있다(Furnham et al., 2012).

AC 설계자에게는 8개 모두를 신뢰할 수 있게 측정하는 도구를 선택하거나 고안해야 하는 문제가 있다. 이 작업이 완료되었는지 여부는 확실하지 않지만, 여전히 중요한 과제로 남아 있다.

당연히 8가지 핵심역량이 역량의 유일한 포괄적 목록은 아니다. 따라서 비즈니스 심리 컨설팅 회사들은 자기만의 역량 세트와 AC를 고안하여 자신의 고객에게 판매한다. 다음 목록은 KAISEN이라는 영국 컨설팅 회사에서 사용된 것으로, 여러 타당화 연구를 통해 검증되었다(Furnham et al., 1997).

- **성취 욕구**: 이전 수행이나 다른 곳에서의 수행보다 더 효율적으로 수행하려고 함.
- **주도 욕구**: 다른 사람에게 영향을 줄 수 있는 권한과 책임을 맡으려는 욕구. 지위와 중요성이 있어 보이는 업무를 하려고 함.
- **개념적 능력**: 사실적이거나 추상적인 정보로부터 주요 주제와 쟁점을 개념화하는 능력. 복잡한 정보에서 핵심 원칙의 패턴을 파악하는 능력. '지도'나 모형의 생성 및 사용에 관심을 가짐.
- **직관**: 판단을 내릴 때 자신의 직관에 대한 확신. 과거의 의식적, 무의식적 학습을 잘 이용하는 것.
- **대인민감성**: 타인의 의견, 가치, 관점, 행동 및 성격에 대해 관심을 가지고 개방적인 태도를 보이는 것.
- **사회적 적응**: 영향을 미치는 스타일과 관련된 광범위한 레퍼토리를 사용하여 다양한 사회적 상황에서 다양한 사람과 능숙하게 관계를 맺는 능력.
- **낙관성**: 일이 잘 풀릴 것이라는 믿음. 삶에 대해 전반적으로 긍정적이고 열정적임.
- **회복탄력성**: 스트레스에 대처하고, 불만족스러운 상황에 적응하는 능력. 압박 속에서도 정서적 균형을 유지하고, 좌절 후 '반등하는' 능력.
- **비즈니스에 대한 관심**: 비즈니스가 작동하는 방식에 매력을 느낌. 상황을 설명하는 데 도움이 되는 사실, 수치, 사건 및 이야기에 관심을 보이는 것. 관련될 수 있는 사항에 '소극적'으로 주의를 기울이고, 누락된 정보를 찾기 위해 '적극적'으로 조사하는 것.
- **내부통제 소재**: 개인의 판단을 이끄는 원칙과 신념에 대한 명확한 내적 프레임워크를 가지고 있음.

일부 조직은 고유한 자체 역량을 가지고, AC 전문가에게 평가도구를 고안하도록 의뢰한다. 각각의 역량 개념에는 어느 정도 문제가 있기 때문에, AC의 장점 중 한 가지는 동일한 역량을 여러 사람이 여러 방법을 사용하여 평가할 수 있다는 점이다. 이들 역량은 평가 격자의 '행'을 구성한다(다음 내용 참조).

4) 전형적 활동

AC의 요점은 사람들이 다양한 활동(exercise)에서 광범위한 평가를 받는다는 것이다. 이 때문에 AC에는 비용과 시간이 많이 소요된다. 너무 많은 사람이 관련되기 때문에 종종 '물류상의 악몽(logistic nightmare)'을 겪기도 한다.

어떤 종류의 것들을 평가해야 하는지에 대한 합의된 목록은 없다. Moerdyk(2014)는 다음과 같이 제안했다.

① **성격 평가**: 대상자들의 도착 전후에 온라인으로 수행될 수 있다. 선택할 수 있는 검사는 매우 다양하지만 실제로는 약 10개 정도의 검사가 가장 많이 사용된다.

② **일반적성**: 가장 널리 사용되는 도구는 일반지능을 문화적으로 공정하게 측정한다고 알려진 레이븐 지능검사(Ravens Standard Progressive Matrices: RPM)이다. 적성검사 역시 매우 다양하다. 지능의 특정 측면(수학, 공간)을 측정하기 위해 매우 특정한 배터리를 사용하는 경우도 있다.

③ **서류함 활동**: 전형적인 관리자의 미결서류함을 본 떠 업무를 수행하고 다양한 결정을 내려야 하는 시뮬레이션을 의미한다. 가령, 지원자는 방금 특정 부서/조직을 인계받았다는 안내를 받을 수 있다. 복잡성 수준에서 차이가 있는 20~30개의 다양한 과제로 구성되며, 많은 과제는 복잡한 알고리즘으로 연결되어 있다. 이 활동을 통해 평가자는 현실적 직무 상황에서 다양한 인지, 의사결정 및 관리 역량을 평가할 수 있다.

④ **리더 없는 집단 기법**: 4~6명으로 구성된 집단으로 이해관계가 상충되고 자원이 제한된 상황에서 과제를 수행한다. 지원자는 필요한 자원을 얻기 위해 다른 사람들을 매료시키고 영향을 미치고 설득해야 한다. 이 과제는 실제로 평가받는 직무와 비슷할 때 가장 좋다.

⑤ **역할연기**: 대인관계 기술을 확인하는 데 사용된다. 부하직원을 상담하거나 징계해야 하는 상황이 전형적이다. 숙련되고 경험이 풍부한 배우를 상대 연기자로 쓰곤 하기 때문에 비용이 상당히 증가할 수 있다.

⑥ **서면 활동**: 전략적으로 사고하거나 논리적인 방식으로 문서를 구성할 수 있는 능력, 언어적 기술 및 요령을 평가하기 위해 사용된다. 일부 직무에서는 작문 기술이 많이 필요하기 때문에 AC에서는 다양한 활동을 통해 유창성, 어휘 및 논리를 검사한다.

⑦ **구두발표**: 지원자는 파워포인트를 가지고, 또는 파워포인트 없이 다양한 길이의 구두발표를 진행해야 한다. 이를 통해 창의성, 일관성, 자신감, 영향력 등 다양한 유형의 준비 특성을 평가할 수 있다.

⑧ **면접**: 거의 모든 경우에, 다양한 인지적 · 대인적 역량 및 기타 역량을 평가하는 구조화된 면접이 사용된다. 신뢰도를 확인하기 위해 서로 다른 면접관들과 여러 번 면접하는 것이 일반적이다.

⑨ **사회적 상호작용**: 상당수의 AC는 상당수에서 식사를 하거나 칵테일 파티와 같은 사교행사 중에 서로, 그리고 관찰자들과 상호작용하는 동안 평가대상자를 관찰하곤 한다. 이는 전자적으로 혹은 함께 참석한 평가자에 의해 기록될 수 있다. 보통은 정서지능, 겉으로 드러내는 진실성 및 재치를 평가하는 데 사용된다.

⑩ **분석문제**: 일반적으로 신제품 개발, 공장 이전, 생산 라인 통합 등의 특정한 문제 상황에 대한 심층분석이 포함되어 있다. 문제는 확산적(예: 브레인스토밍)이거나 수렴적(문제해결) 특성을 가질 수 있다.

⑪ **팀 역할, 선호 및 상호작용**: 팀에서 일하는 방식과 더불어 팀 리더, 창의적 아이디어를 내는 사람, 자원 조사자와 같이 팀에서 선호하는 역할을 알기 위해 구성된다. 설문과 모의 집단 활동을 혼합하여 수행될 수 있다.

AC 활동은 가능한 한 직무 현실을 반영해야 한다. 따라서 각 활동을 직무 및 기업 문화에 맞게 조정하는 것이 필수적이다.

다음은 성격검사, 지능검사 및 두 개의 면접을 완료한 후 수행된 비교적 짧은 AC 과제의 예이다.

- **미결서류함**. 지원자들은 해당 직무에서 사람들이 맞닥뜨릴 수 있는 15개의 상당히 전형적인 관리 문제를 받았다. 위임, 성과관리, 팀 구축 등과 같은 관리기술 평가를 목표로 하는 상황이었다. 각 솔루션을 작성하는 데 45분이 주어졌으며, 전체 결과로 효율성에 대한 단일 점수가 측정되었다.
- **우선순위 정하기**. 지원자들은 또한 15개의 상황을 살펴보고 우선순위를 정하도록 요청받았다. 즉, 각각에 투입해야 하는 노력, 에너지, 자원에 따라 순위를 매겼다. 이전 문제를 해결한 후 이 과제를 완료하는 데 5분이 주어졌다. '올바른' 순서 목록과 비교하여 점수가 측정되었다.

- **문제해결.** 지원자들은 아주 까다롭고 복잡한 비즈니스 문제와 관련된 30~35쪽의 문서 파일을 받고, 문제의 특성을 요약한 서면 보고서와 해결책에 대한 권고사항을 제출하도록 요청받았다. 이 과제는 분석 기술을 측정하는 것을 목표로 하였으며, 45분이 주어졌다.
- **문서작성.** 해결책의 질과 관련된 문제해결 활동이 진행되었다. 이 활동은 〈기안 및 문서작성 기술에 관한 것이었다. 문제와 해결책을 명확하고 간결하게 작성하는 것이 과제였다. 과제 완료 시간은 25분이었다. 제출된 문서를 종합적으로 판단하였다.
- **문서교정.** 지원자들은 25개의 문법 및 맞춤법에 오류가 있는 400단어 문서를 받고 5분 안에 이들 오류를 발견하고 교정하였다.
- **언론 대응.** 지원자들은 내부고발자 보고서와 같이 심각하게 브랜드 가치를 훼손하는 여러 정보를 듣고 300자 이내로 답변하도록 요청받았다. 3명의 평가자가 평가하였다.
- **의제 숨기기.** 지원자들은 짝을 지어 카드로 간단한 질문을 받았다(예: 개나 고양이를 좋아하는가? 당신은 저축을 선호하는가, 소비를 선호하는가? 학교에서 가장 큰 업적은 무엇이었나?). 그들의 임무는 상대방에게 자신의 질문을 숨긴 채로 질문에 대한 답을 얻고, 상대방의 질문이 무엇인지를 알아내는 것이었다. 그들은 질문을 숨기는 것, 답을 얻는 것, 상대방의 질문을 알아내는 것에 대해 점수를 받는다.

동일한 평가자들이 모든 평가를 수행하였으며, 점수의 일관성을 보장하기 위해 신뢰도 검사를 하였다. 활동을 설계한 사람이 주요 평가자였다. 신뢰도를 위해 활동의 약 80%를 이 영역의 두 번째, 세 번째 전문가가 독립적으로 평가하였다. 극단 점수(예: 1 또는 5)에 대해서는 의견 불일치가 거의 없었으며, 전반적 신뢰도 수준은 .90가 넘었다. 각 과제는 5점 척도로 평가되어(1: 훌륭함, 5: 부족함) 종합 성과(overall performance)를 나타냈다.

(1) 채점

대부분의 AC는 조직에서 사용되는 실제 격자(grid)를 기반으로 다음과 같은 격자 채점 시스템을 갖추고 있다. 행은 역량을, 열은 평가 방법을 의미한다. 각 역량은 적어도 하나, 바람직하게는 두세 개의 서로 다른 방법으로 평가된다.

다음의 예에서는 19개의 역량이 평가된다.

역량	면접	집단활동	1대1 비즈니스 미팅	사례연구 발표	개인 개발 계획 활동
추진력	×		×		×
강한 팀 구축 능력	×				
상업주의와 성장 초점			×	×	
자신감과 회복탄력성			×	×	
영향력				×	
실행지향	×				×
기민함				×	
고객 초점	×			×	
전략적 비즈니스 이해			×	×	
사고의 명확성			×	×	×
창의성, 독창성과 혁신				×	×
탐색 질문			×		
경청과 이해			×		
집단논쟁에서의 긍정적 기여		×			
자기 및 타인 인식		×			
타인 관점 추구		×			
개념적 사고		×	×		
발표 기술				×	
서면 정보 분석		×			

Moerdyk(2014)은 전형적 역량에 대한 점수식 평가 척도의 예를 제시하였다. 이러한 척도를 사용하면 서로 다른 평가자 간 합의/신뢰도를 상대적으로 쉽게 평가할 수 있다.

점수	해석
0	존재하지 않음, 탐지할 수 없음
1	부족한, 개발되지 않은, 현재 지위에 적합하지 않음
2	성과를 위한 최소 요구치를 충족함
3	적절함-좋은 성과를 위해 추가 개발 필요
4	좋음-좋은 성과를 위한 필요조건을 충족함

5	매우 좋음–좋은 성과가 거의 보장됨
6	탁월함–다음 단계로의 승진이 가능함
6+	과도함–지나치게 잘함–불균형적인, 좋은 성과를 방해할 것

그는 평가자 채점표의 예도 제시하고 있다.

긍정적	4 부정적
☑ 문제를 논리적 요소로 세분화한다	[ ] 큰/부적절한 요소를 다룬다
☑ 정보를 철저히 조사한다	[ ] 정보를 액면 그대로 받아들인다
☑ 진단적 질문을 한다	[ ] 수사적/폐쇄적 질문만 한다
☑ 원인과 결과 간 관계를 확인한다	[ ] 증상에 초점을 맞춘다
☐ 우선순위를 정한다.	[ ] 열거하기
문제가 처음 발생했을 때 다음 질문을 한다. 그다음에는 무엇을 했죠? 이것이 왜 일어났다고 생각하시나요? 처음에는 그것들이 쓸모가 없다고 하셨고, 그다음에는 어떻게 하셨죠?	월요일에 그는 나에게 이렇게 말했고 화요일에 그는 그렇게 했고 목요일에 그는…….

이를 통해 각 활동의 채점 난이도를 어느 정도 알 수 있기 때문에 이러한 평가척도는 흥미롭고 중요하다. 평가자에게 종종 전형적인 행동에 대한 설명과 채점방법을 제공하여, 신뢰할 수 있는 점수를 얻을 수 있다. 어떤 평가는 다른 평가보다 훨씬 쉬울 수밖에 없다. 이를 통해 활동별로 신뢰성을 확보하는 데 필요한 평가자 훈련의 양을 정할 수 있다.

5) 타당도

당연히 평가센터의 구성 타당도, 예측 타당도 및 증분 타당도에 많은 관심이 있었다 (Donahue et al., 1997; Kleinmann & Koller, 1997; Kudisch et al., 1997; Thornton et al., 1997).

평가센터 중 일부는 이미 확립되고 검증된 검사를 사용하기도 했지만, 대부분은 해당 집단이나 직무에 핵심적이고 관련성이 높도록 특별히 고안된 검사/과제를 사용한다. 즉, 다양한 역량을 평가하기 위해 대부분은 맞춤 **제작**된다. 또한 이는 이러한 맞춤형 검사가 경험적 연구로 검증되기 전까지는 **안면** 타당도만 가질 뿐 **예측** 타당도는 가지고 있지 않다는 것을 의미하며, 이것이 경험적 연구가 이루어져야 하는 이유이다. 이러한 연구를 수행하기 위해서는 강력하고 두드러지며 민감한 한 가지 준거를 찾거나 좋은 준거 여러 개를 찾아 측정하고 평가센터 과제 점수와의 관계를 확인하여 타당도를 입증해야 한다.

지난 20년 동안 다양한 연구자가 인지능력 검사, 면접, 업무 표본 등과 같은 다양한 평가 방법의 타당도를 비교하기 위해 노력해 왔다(Anderson & Cunningham-Snell, 2000; Cook, 2016; Schmitt, 1989). 그리고 많은 연구자는 타당도 측면에서 대부분의 방법(예: 성격검사)보다 평가센터를 우위에 놓는다. 그러나 상대적으로 복잡한 평가 방법인 평가센터에서는 인지능력이나 성격검사(면접뿐만 아니라) 등을 과제의 일부로 사용하는 경향이 있기 때문에 항상 다른 방법과 구분할 수 있는 것은 아니다.

성격, 인지능력, 평가센터 점수를 조사한 많은 연구가 있었다. 일부는 성격 특성 점수와 평가센터 점수 사이의 관계를 매우 구체적으로 살펴보았다(Craik et al., 2002; Furnham & Crump, 2005; Haaland & Christiansen, 2002; Kolk et al., 2004; Lievens et al., 2001; Riggio et al., 2003; Waldman & Korbar, 2004). 그 결과, 자기보고 특성 점수와 평가센터 과제에 대한 관찰자 점수 사이에 낮지만 유의하고 예측 가능한 상관관계가 있었다.

다른 연구에서는 인지능력 및 성격 특성 점수의 결합 관계가 평가센터 점수에 미치는 영향을 조사했다(Carless & Allwood, 1997; Dayan et al., 2002; Hardison, 2006; Krajewski et al., 2006; Lievens et al., 2003; de Meijer et al., 2006). 대부분의 연구는 개인차 측정치와 평가점수 간 관계에 관심을 가졌지만, 업무 결과를 예측할 때 개인차 측정치를 넘어선 평가점수의 증분 타당도가 있는지에 대해서도 관심을 가졌다.

Hermelin 등(2007)은 평가센터의 선발 타당도에 대한 메타분석을 수행했다. 그들은 상사 직무성과평가와 **종합평가점수** 간 관계에 대한 26개의 연구와 27개의 타당도 계수를 조사했다. 종합점수와 상사 직무성과평가 간 $r=.28$의 교정상관관계가 있었다. 연구자들은 이러한 평가센터의 타당도 추정치($r=.28$)가 간접적인 범위 제한 때문에 보수적으로 추정된 것일 가능성이 있다고 제안한다.

AC의 준거관련타당도에 대한 증거가 많다(Gaugler et al., 1987; Klimoski & Brickner, 1987; Lance, 2008; Lievens & Thornton, 2005). 준거관련타당도는 본질적으로 AC에서 도출된 다양한 점수와 조직에서 수집된 실제 행동적 업무 기반 준거 간 관계이다. Dayan 등(2002)은 초기 메타분석에서 준거관련타당도를 보여 주었다. Schmitt 등(1984)은 .41의 평균 타당도를, Gaugler 등(1987)은 .37의 평균 타당도를 발견하였다. 전반적으로 이들 타당도는 매우 높고, 이것이 AC의 가치가 높은 이유이다.

AC의 높은 준거관련타당도에도 불구하고 구성개념 차원(역량)을 의도한 대로 측정하는지와 관련된 **구성 타당도**는 잘 검증되지 않았다(Lance, 2008; Lievens & Thornton, 2005). 선행연구(Lance, 2008; Lievens, 2009; Lievens & Thornton, 2005)에 따르면 AC가 항상 의도한 대로 작동하지 않는 것은 다중특성-다중방법 설계의 잘못된 적용 때문일 수 있다. AC는 내용적으로 타당하게 모사된 성과 상황에 따라 행동을 평가하도록 설계되었기에 상황에 따라 행동 결과가 다르고 활동별로 일관되지 않는다. 구성 타당도 검증에서 발견되는 전형적인 방법론적 제약을 교정한 한 연구에서는 활동의 종류가 분산의 대부분(33%)을 설명하고 그다음으로는 차원(22%)이 설명하는 것으로 나타났다(Bowler & Woehr, 2006).

AC의 여러 활동에서 '동일한 특성과 관련된 행동'을 관찰할 수 있다면 서로 다른 활동에서도 평가 간 일치도(convergence)가 높을 것이다. 또한 각 차원이 서로 다른 기저 특성을 측정할 때 동일한 활동 내에서도 차원 간 변별력이 높을 것으로 예상된다(Lievens, 2009). 이 이론과 일관되게 Haaland와 Christiansen (2002)은 활동의 특성활성화 잠재력(trait activation potential)에 따라 활동 간 차원을 평정한 점수의 일치도가 달라진다는 것을 발견했다. 기존 AC 연구를 재분석한 결과, 이 이론의 제언이 확증되었다(Lievens, 2009).

AC가 적성검사 이상의 **증분 타당도**를 가지는지에 대한 연구도 몇 개 있다(Lievens & Thornton, 2005). 이것은 다른 측정도구가 행동준거를 설명하는 것에 더해 AC 점수가 더 예측하는 부분이 있는지를 나타낸다. 이들 연구는 인지능력 검사(Dayan et al., 2002; Schmidt & Hunter, 1998; Schmitt et al., 1984, Dayan et al., 2002 재인용) 및 행동기술면접(Lievens & Thornton, 2005)에 대한 AC의 증분 타당도를 입증하였다. 이러한 고무적인 연구에도 불구하고 이들 연구에서 증분 타당도는 상대적으로 크지 않았고, 일반적으로 잘 확립되지 않았다.

Hoffman 등(2015)은 최근 개관 연구에서 규범적 관계망(nomological network) 분석 시 AC 활동은 지능(GMA) 및 외향성과 중간 정도로 관련되며 경험에 대한 개방성과 다소 관계가 있는 반면, 우호성, 성실성, 정서적 안정성과는 관련이 없다고 지적했다. 또한 활동(exercise)에 나오는 설명을 내용분석하였을 때, 복잡성, 모호성, 대인상호작용 및 충실도를 정확하게 측정한다는 일부 증거를 얻었지만 상호의존성에 대한 증거는 없었다.

1장에서 주목한 바와 같이 잘 설계되고 운영되는 AC의 전반적 심리측정적 속성은 대부분의 다른 방법들에 비해 인상 깊게 높다. 이들 중 다수는 AC에도 사용된다.

6) 결론

Moerdyk(2014)에 따르면 AC는 많은 이점을 가지고 있다. AC 활동은 조직 및 산업 요구에 맞게 조정되기 때문에 대부분은 역량에 기반하고 직무 및 조직과 관련되어 있다. 또한 대부분은 업무 상황에서 마주칠 수 있는 전형적인 실제 상황을 기반으로 한다(따라서 안면 타당도가 있다). AC는 훈련된 심리학자의 지시에 따라 적절하게 훈련된 관찰자들을 사용하며(또한 사용해야 하며), 그들 중 일부는 실제 일선관리자이다. 실제로 일선관리자들이 동원될 때, 이들의 결정은 다른 일선관리자들에게 쉽게 수용될 수 있다. 서로 다른 역량에 대해 서로 다르지만 동일한 것을 측정하는 활동을 서로 다른 평가자가 채점하고 점수를 합산하여 단일점수를 부여한다. 이 삼각측량(triangulation) 절차가 예측 타당도를 강화시킬 수 있다.

이상적으로 AC는 참가자와 관찰자 모두에 대해 더 많은 훈련을 제공한다. 더 중요한 것은 AC가 특정 직무 요구에 기초해 있고 역량 기반의 평가이기 때문에 법정에서 방어할 수 있다는 것이다.

마지막으로, 이들 연구에서 중요한 발견은 AC를 경험한 지원자는 선발되지 않았을 때도 조직에 대해 긍정적 관점을 가진다는 것이다.

또한 Moerdyk(2014)은 AC의 몇 가지 약점을 지적했다. AC는 노동집약적이고 시간이 많이 소요된다. AC에는 특별하게 훈련된 평가자가 필요하므로 개발, 타당화 및 실행에 비용이 많이 든다. 또한 참가자와 관찰자가 며칠간 업무를 하지 못하기 때문에 이 기간에 대체인력이 필요하다.

참고문헌

Anderson, N., & Cunningham-Snell, N. (2000). Personnel selection. In N. Chmiel (Ed.), *Introduction to work and organizational psychology* (pp. 69-99). Oxford, UK: Blackwell.

Bartram, D. (2005). The great eight competencies: a criterion-centric approach to validation. *Journal of Applied Psychology, 90*(6), 1185-1203.

Bartram, D., Robertson, I. T., & Callinan, M. (2002). Introduction: a framework for examining organisational effectiveness. In I. T. Robertson, M. Callinan, & D. Bartram (Eds.), *Organisational effectiveness: The role of psychology* (pp. 1-10). Chichester, UK: Wiley.

Bowler, M. C., & Woehr, D. J. (2006). A meta-analytic evaluation of the impact of dimension and exercise factors on assessment center ratings. *Journal of Applied Psychology, 91*, 1114–1124.

Carless, S. A., & Allwood, V. E. (1997). Managerial assessment centres: what is being rated? *Australian Psychologist, 32*, 101–105.

Cook, M. (2016). *Personnel selection: Adding value through people*. Chichester, UK: Wiley.

Craik, K. H., Ware, A. P., Kamp, J., O'Reilly, C., Staw, B., & Zedeck, A. (2002). Exploration of construct validity in a combined managerial and personality assessment programme. *Journal of Occupational and Organizational Psychology, 75*, 171–193.

Dayan, K., Kasten, R., & Fox, S. (2002). Entry-level police candidate assessment centre: an efficient tool or a hammer to kill a fly? *Personnel Psychology, 55*, 827–829.

de Meijer, L. A. L., Born, M. P., Terlouw, G., & van der Molen, H. T. (2006). Applicant and method factors related to ethnic score differences in personnel selection: a Study at the Dutch Police. *Human Performance, 19*(3), 219–251.

Donahue, L., Truxillo, D., Cornwell, J., & Gerrity, M. (1997). Assessment centre construct validity and behavioural checklists. *Journal of Social Behavior and Personality, 12*, 85–107.

Furnham, A., & Crump, J. (2005). Personality traits, types, and disorders: an examination of the relationship between three self-report measures. *European Journal of Personality, 19*(3), 167–184.

Furnham, A., Crump, J., & Whelan, J. (1997). Validating the NEO Personality Inventory using assessor's ratings. *Personality and Individual Differences, 22*, 669–675.

Furnham, A., Miller, T., Batey, M., & Johnson, S. (2012). Demographic and individual correlates of self-rated competency. *Imagination, Cognition and Personality, 31*, 247–265.

Furnham, A., Taylor, J., & Chamorro-Premuzic, T. (2008). Personality and intelligence correlates of assessment center exercises. *Individual Differences Research, 6*, 181–192.

Gaugler, B. B., Rosenthal, D. B., Thornton, G. C. III, & Benson, C. (1987). Metaanalysis of assessment centre validity. *Journal of Applied Psychology, 72*(3), 493–511.

Goldstein, H. W., Yusko, K. P., Braverman, E. P., Smith, D. B., & Chung, B. (1998). The role of cognitive ability in the subgroup differences and incremental validity of assessment center exercises. *Personnel Psychology, 51*, 357–374.

Haaland, S., & Christiansen, N. D. (2002). Implications of trait-activation theory for evaluating the construct validity of assessment center ratings. *Personnel Psychology, 55*, 137–163.

Hardison, C. M. (2006). Construct validity of assessment center overall ratings: an investigation of relationships with and incremental criterion related validity over big 5 personality traits and cognitive ability. *Dissertation Abstracts International: Section BL: The Sciences and Engineering, 66*, 6959.

Hermelin, E., Lievens, F., & Robertson, I. T. (2007). The validity of assessment centres for the prediction of supervisory performance. *International Journal of Selection and Assessment, 15*, 405–411.

Hoffman, B. J., Kennedy, C. L., LoPilato, A. C., Monahan, E. L., & Lance, C. E. (2015). A review of the content, criterion-related, and construct-related validity of assessment center exercises. *Journal of Applied Psychology, 100*(4), 1143-1168.

Howard, A. (1997). A reassessment of assessment centres. *Journal of Social Behavior and Personality, 12*, 13-52.

Kleinmann, M., & Koller, O. (1997). Construct validity and assessment centres. *Journal of Social Behavior and Personality, 12*, 65-83.

Klimoski, R., & Brickner, M. (1987). Why do assessment centers work? the puzzle of assessment center validity. *Personnel Psychology, 40*, 243-260.

Kline, P. (1994). *The handbook of psychological testing*. London, UK: Routledge.

Kolk, N. J., Born, M. P., & Van Der Flier, H. (2004). Three method factors explaining the low correlations between assessment center dimension ratings and scores on personality inventories. *European Journal of Personality, 18*, 127-141.

Krajewski, H. T., Goffin, R. D., McCarthy, J. M., Rothstein, G., & Johnston, N. (2006) Comparing the validity of structured interviews for managerial-level employees: should we look to the past or focus on the future? *Journal of Occupational and Organizational Psychology*, 79, 411-432.

Krause, D. E., Kersting, M., Heggestad, E., & Thornton, G. (2006). Incremental validity of assessment centre ratings over cognitive ability tests. *International Journal of Selection and Assessment, 14*, 360.

Kudisch, J., Ladd, R., & Dobbins, G. (1997). New evidence on the construct validity of diagnostic assessment centres. *Journal of Social Behavior and Personality, 12*, 129-144.

Kurz, R., & Bartram, D. (2002). Competency and individual performance: Modeling the world of work. In I. T. Robertson, M. Callinan, & D. Bartram (Eds.), *Organizational effectiveness: The role of psychology* (pp. 227-255). Chichester, UK: Wiley.

Kurz, R., Bartram, D., & Baron, H. (2004). Assessing potential and performance at work: The Great Eight competencies. In *Proceedings of the British Psychological Society Occupational Conference* (pp. 91-95). Leicester, UK: British Psychological Society.

Lance, C. E. (2008). Why assessment centres do not work the way they are supposed to. *Industrial and Organisational Psychology, 1*(1), 84-97.

Lievens, F., & Thornton, G. C. III (2005). Assessment centres: recent developments in practice and research. In A. Evers, O. Smit-Voskuijl, & N. Anderson (Ed.), *Handbook of selection* (pp. 243-264). New York: Blackwell Publishing.

Lievens, F. (2009). Assessment centers: a tale about dimensions, exercises, and dancing bears. *European Journal of Work and Organisational Psychology, 18*(1), 102-121.

Lievens, F., De Fruyt, F., & Van Dam, K. (2001). Assessors' use of personality traits in descriptions of assessment centre candidates: a five-factor model perspective. *Journal of Occupational et Organizational Psychology, 74*, 623-636.

Lievens, F., Harris, M. M., & Van Keer, E. (2003). Predicting cross-cultural training performance: the validity of personality, cognitive ability and dimensions measured by an assessment center and a behavior description interview. *Journal of Applied Psychology, 88*, 476-489.

Livens, F., & Klimoski, R. J. (2001). Understanding the assessment centre process: where are we now? In C. L. Cooper & I. T. Robertson (Eds.), *International review of industrial and organisational psychology*, vol. 16. Chichester, UK: Wiley.

Moerdyk, A. (2014). *The principles and practice of psychological assessment* (2nd ed.). Pretoria, South Africa: Van Schaik Publishers.

Murray, M. (2005). How to design a successful assessment centre. *People Management (UK), 11*(4) 24-45.

Petrides, K. V., Weinstein, Y., Chou, J., Furnham, A., & Swami, V. (2010). An investigation into assessment centre validity, fairness, and selection drivers. *Australian Journal of Psychology, 62*, 227-235.

Riggio, R. E., Mayes, B. T., & Schleicher, D. J. (2003). Using assessment center methods for measuring undergraduate business student outcomes. *Journal of Management Inquiry, 12*, 68-78.

Schmitt, N. (1989). Construct validity in personnel selection. In B. J. Fullon, H. P. Pfister, & J. Brebner (Eds), *Advances in industrial and organizational psychology* (pp. 331-341). New York, NY: Elsevier Science.

Schmitt, N., Gooding, R. Z., Noe, R. A., & Kirsch, M. (1984). Meta-analyses of validity studies published between 1964 and 1982 and the investigation of study characteristics. *Personnel Psychology*, 37, 407-422.

Schuler, H., & Funke, U. (1999). The moderating effect of raters' opportunities to observe ratees' job performance on the validity of an assessment centre. *International Journal of Selection and Assessment, 7*, 133-141.

Spector, P. E., Vance, C. A., Schneider, J. R., & Hezlett, S. A. (2000). The relation of cognitive ability and personality traits to assessment center performance. *Journal of Applied Social Psychology, 30*, 1474-1491.

Thornton, G. C., & Gibbons, A. M. (2009). Validity of assessment centers for personnel selection. *Human Resources Management Review, 19*, 169-187.

Thornton, G. C., Tziner, A., Dahan, M., Clevenger, J., & Meir, E. (1997). Construct validity of assessment centre judgements. *Journal of Social Behavior and Personality, 12*, 109-127.

Toh, S. M., & Furnham, A. (2015). The validation of assessment centres in Asia. *Asia-Pacific Journal of Business Administration, 7*, 20-33.

Waldman, D. A., & Korbar, T. (2004). Student assessment center performance in the prediction of early career success. *Academy of Management Learning and Education, 3*, 151-167.

Woodruffe, C. (1995). *Assessment Centres*. London, UK: IP.

제6장

행동검사

6

행동검사

방법 12. 지능, 인지능력, 성취도 및 적성 검사

무엇인가?

일반지능(g) 또는 공간지능이나 일반지식과 같은 특정 유형의 지능/능력을 측정하고자 하는 여러 종류의 검사이다. 이들 검사 간에 상당한 차이가 있지만, 상관관계가 매우 크기 때문에 모두 정보처리 능력을 측정하고 있다고 볼 수 있다.

어떻게 작동하는가?

대부분의 IQ 검사는 '파워 검사(power test)'로서, 시간이 엄격하게 적용되고 정답이 명확하게 있다. 점수는 일반적으로 평균 100점, 표준편차 15점의 표준점수를 기준으로 정규분포를 따른다. 전체(일반지능) 점수뿐만 아니라 검사도구를 활용하여 특수지능(언어, 공간, 수리)을 별도로 측정할 수 있다.

증거가 있는가?

타당도와 신뢰도가 있다는 증거들이 상당히 많다. 따라서 이러한 검사들은 전체 심리측정 분야에서 최고의 검사로 간주되기도 한다. 가장 중요한 것은 직장에서, 특히 복잡한 리더십 직무에서 상당한 예측 타당도를 보여 준다는 것이다.

실무적 비용, 윤리, 정치적 이슈

사용 가능성과 비용 문제도 있지만, 나이, 인종, 성별과 같은 집단 차이로 인한 윤리적, 정치적 문제는 상당히 심각하다. 검사의 타당도에도 불구하고, 법적 · 윤리적 · 정치적 문제 때문에 많은 담당자가 이를 사용하지 않고 있다.

사용 관련 제안

교육 및 직장 맥락에서 상당한 예측 타당도가 있지만, 적절하게 사용하기 위해서는 극복해야 할 어렵고 민감한 '정치적' 문제들이 많이 있다. 검사의 효과를 고려할 때, 가능한 이러한 문제를 해결하여 널리 사용되어야 하며, 특히 전문직 및 고위직 리더 평가에 활용할 수 있도록 해야 한다.

1) 도입

지능검사는 성취도, 적성 또는 일반정신능력(General Mental Ability: GMA) 검사를 뜻한다. 능력, 성취도, 인지능력, 정신능력 및 지능검사와 같은 다양한 용어를 사용하지만 동일한 영역을 측정하는 검사이다. 또한 이 검사들은 사고양식과 사회적 기술과 관련된 사회지능검사, 창의성 또는 확산적 사고검사와는 구별된다.

지능이란 무엇이고, 또 측정할 수 있는 것인가? '지능검사가 측정하는 것이 바로 지능이며, 그 이상도 이하도 아니다.'라는 말이 있다. 일반적으로 사람들은 지능검사를 사용하는 것에 대해 매우 회의적이다. 과연 그 생각이 옳을까? 이러한 지능검사를 직장이나 학교에서 선발에 사용할 수 있으며, 또 사용해야 하는가?

백 년 전, Thorndike 등(1921)은 14명의 전문가에게 지능을 정의하도록 요청했다. 그들이 제시한 답의 일부는 다음과 같다.

- 추상적 사고를 수행하는 능력
- 환경에 적응하는 능력
- 삶의 새로운 상황에 적응하는 능력
- 지식을 습득하는 능력
- 경험을 통해 배우거나 이익을 얻을 수 있는 능력
- 심리적 진실 또는 사실의 관점에 의거한 올바른 반응(good responses)

전문가의 정의 관련 연구 중 가장 유명한 것은 『교육 심리학 저널(Journal of Educational Psychology)』의 편집자들이 쓴 논문 「Intelligence and its measurement」 (1921)에서 찾을 수 있다. 해당 호(issue)에 참여한 저자들은 다음과 같은 몇 가지 다른 정의를 제시하였다.

① 진실 또는 사실의 관점에서 올바르게 반응하는 능력
② 추상적으로 사고하는 능력

③ 감각 능력, 지각 재인 능력, 신속성, 연합의 범위 또는 유연성, 재능 및 상상력, 주의 범위, 반응의 신속성 또는 민첩성
④ 환경 적응을 위한 학습 능력 또는 학습된 능력
⑤ 비교적 새로운 삶의 상황에 적절하게 적응하는 능력
⑥ 지식을 얻는 능력과 보유하고 있는 지식
⑦ 복잡한 자극을 통합하여 행동에 통일된 효과가 나타나게 하는 생물학적 메커니즘
⑧ 본능적 적응을 억제하는 능력, 상상 속 시행착오를 통해 억제된 본능적 적응을 재정의하는 능력, 이러한 수정된 본능적 적응을 사회적 동물인 개인의 이익에 부합하는 외현적 행동으로 실현하는 능력[1]
⑨ 능력을 획득할 수 있는 능력
⑩ 경험을 통해 배우거나 이익을 얻을 수 있는 능력
⑪ 감각, 지각, 연합, 기억, 분별, 판단 및 추론

일반적으로 사람들은 누군가를 설명하기 위해 지능이라는 용어를 사용하지만, 사람 간의 중요한 차이를 추론할 수 있는 지능의 메커니즘이나 프로세스를 항상 이해하지는 못한다. 다만, 지능검사를 사용하는 것과 점수가 의미하는 바에 초점을 두고 이 용어를 사용한다. 그러나 지능검사 점수가 유의한 예측력을 갖는다는 축적된 증거를 부인하기는 어렵다. 즉, 시점 1에서 시행한 검사 점수와 시점 2의 예측된 학업 및 업무 성취도 간에는 유의한 정적 상관이 나타난다(Deary, 2000, 2001; Mackintosh, 1998).

학술 연구에 따르면, 인지능력이 모든 직무, 특히 복잡한 직무에서 직무성과를 정확하게 예측한다는 결과가 꽤 일관되게 나타났다. 이 분야에 종사하는 많은 심리학자는 지능이 업무성과(고위, 관리직)를 가장 잘 예측하는 단일 지표라고 믿는다. 최근 연구들은 대부분 인지능력의 예측력을 지지하기 때문에 선발에 이러한 검사를 사용하는 것이 중요하다고 언급한다.

1 Louis L. Thurstone은 1938년에 발표한 논문 「Primary Mental Abilities」에서 지능을 다양한 요소로 분해하고, 이러한 요소들이 어떻게 상호작용하면서 추상화된 사고 능력을 형성하는지 설명하였다. 본능적 적응을 억제하는 능력으로서의 지능은 추상화된 사고 능력, 즉 본능적인 반응을 억제하는 대신, 더 복잡하고 추상적인 사고를 수행하고 실현하는 능력을 뜻한다. 예를 들어, 어떤 음식을 보고 본능적인 반응(입에 단것을 먹기)을 따르는 대신, 건강한 식습관을 떠올리고 그러한 습관을 유지하는 행동을 생각해 볼 수 있다.

지능검사는 기억, 언어 이해, 추론 및 공간 지각 능력과 같이 서로 다르지만 관련된 변인들을 측정한다. 인지능력 검사 외에도 기계 능력 검사, 사무 능력 검사 및 신체 능력 검사 등이 있으며, 이 검사들은 다르지만 서로 관련된 변인들을 측정한다.

25년 전, 지능에 관한 논란을 불러일으킨 『The Bell Curve』[2](Hernstein et al., 1994)라는 책이 출판되면서, 지능에 관한 세계적 전문가 50인 이상이 1994년 12월 15일자 『월스트리트 저널』에 글을 썼다. 이 글은 심리학자들이 지능에 대해 생각하는 바에 대한 (아마도 여전히) 훌륭하고 명확한 진술이다.

그들은 '실용적 중요성'으로 다음 다섯 가지 사항에 주목한다.

1. 단일 지표로 측정할 수 있는 다른 어떤 인간 특성보다 IQ는 교육, 직업, 경제 및 사회적 성과와 같은 많은 중요한 결과와 밀접한 관련이 있다. IQ와 개인의 복지 및 성과와 관계는 삶의 일부 영역(교육, 군사훈련)에서는 매우 강하게 나타나고, 다른 영역(사회적 역량)에서는 약하지만 견고하며, 또 다른 영역(법 준수)에서는 약하지만 일관적이다. IQ 검사가 측정하는 것이 무엇이든, 그것은 매우 실용적이고 사회적으로 중요하다.
2. 사실상, 모든 활동에는 다소간의 추론과 의사결정이 필요하므로 높은 IQ는 삶에 유리하다. 반대로, 낮은 IQ는 무질서한 환경에서 특히 불리하다. 물론, 높은 IQ가 성공을 보장하는 것은 아니며, 낮은 IQ가 인생의 실패로 이어지는 것도 아니다. 예외가 많지만, IQ가 더 높은 사람들이 우리 사회에서 성공할 가능성이 훨씬 크다.
3. 삶의 환경이 더 복잡해질수록(새롭고, 모호하며, 변화무쌍하고, 예측할 수 없거나 다면적인 경우) IQ가 높을때 얻는 실질적인 이점이 커진다. 예를 들어, 일반적으로 매우 복잡하거나 유동적인 직무(전문직, 관리직)를 잘 수행하기 위해 높은 IQ가 필요하다. 적당히 복잡한 직무(숙련 작업, 사무직, 경찰 업무)에도 상당한 이점이 있지만, 일상적인 의사결정이나 간단한 문제해결(비숙련 업무) 정도만 필요한 환경에서는 그 이점이 크지 않다.

2 하버드 대학의 심리학자 Richard Hernstein과 정치학자 Charles Murray가 쓴 책으로, 지능검사 결과가 종 모양의 정규분포를 이룬다는 사실에 착안하여 제목을 붙였다. 주요 내용은 사람의 지능이 유전과 환경의 영향을 모두 받지만 주로 유전적 영향이 크다는 점, 개인의 지능은 삶의 여러 가지 측면을 잘 예측한다는 것이다. 가장 논란이 된 부분은 인종 간 지능의 차이가 유전적 요인에 기인하며 인종에 대한 미국의 정책을 바꿀 필요성을 주장한 부분이다. 출판 직후 엄청난 파장을 불러일으키며 책에 대한 수많은 비판과 지지가 이어졌고, 많은 비판을 엮은 책 『The Bell Curve Debate』(Jacoby & Glauberman, 1995)가 이어 발간되었다.

4. 지능의 차이가 교육, 훈련 및 고도로 복잡한 직무의 성과에 영향을 미치는 유일한 요인은 아니지만(아무도 그렇다고 주장하지 않음), 지능이 가장 중요한 경우가 꽤 많다. 대학원(또는 특수교육)과 같이 높은(또는 낮은) 지능을 가진 이들이 선발되어 개인 간 IQ에 큰 차이가 없는 경우에는, 다른 요소들이 성과에 크게 영향을 미친다.
5. 특정 성격 특성, 특별한 재능, 적성, 신체 능력, 경험 등은 많은 직무에서 성공적인 수행을 위해 중요하고 때로는 필수적이지만, 일반지능에 비해 과업 및 환경 전반에 걸친 적용가능성 또는 '전이가능성(transferability)'이 적거나 알려진 바가 없다. 일부 학자들은 이러한 인간의 다른 특성들을 모두 포함하여 '지능들(intelligences)'이라고 부르기도 한다.

최근 연구에서 도출된 증거는 매우 명확하다. 지능은 복잡하고, 변화가 많은 관리직의 성공에 대한 최선의 예측변인이다. 명석한 사람들이 더 빨리 배우고, 더 많은 지식을 보유하며, 지적으로 더 자신감이 있는 경향이 있다. 그들은 더 효율적으로 문제를 분석하고 변화에 따른 위협을 덜 받는다. 또한 선발 전문가들은 검사가 유용하고, 저렴하고, 빠르고, 쉽고, 다양하고, 점수화할 수 있으며 이해하기 쉽다고 주장한다(Gatewood et al., 2016).

그러나 미국에서 수행된 광범위한 연구를 통해 정신능력 검사가 일부 소수 민족 집단에게 큰 불리효과(adverse impact)가 있다는 것이 알려져 있지만, 다른 나라에서는 이 문제에 대한 정보가 적다. 미국에서는 불리효과 문제를 해결하기 위해 불리효과를 감소시키는 정신능력 검사의 특징을 파악하고자 하였다. 또 다른 해법으로 점수 구간 설정(score banding)이 있다. 이는 같은 구간 내의 지원자들의 점수가 동등하다고 간주하고 구간 내에서 선발함으로써 다양성을 확보할 수 있게 한다(2장 참조).

Furnham(2008)은 논란이 되는 몇 가지 문제를 고려하여 다음과 같이 언급했다.

- 지능검사는 적절한 타당도를 가지는가? 그렇다. 지능검사는 학교에서의 성공(약 $r=.50$)과 수학 기간($r=.70$) 외에도 많은 다른 교육, 조직, 사회적 변인을 예측한다.
- 지능검사는 직무성과와 학업 성취를 예측하는가? 그렇다. 그러나 이 질문과 관련해서는 다양한 주의사항이 있으며, 이는 이 장(6장)과 이 책의 핵심 내용으로 다음에 자세히 논의할 것이다.
- 하지만 다중지능이 있는 것이 아닌가? 아니다. 사람들이 어떤 인지적 과제에는 매우 능숙하고, 다른 과제에는 매우 서툴다는 의미에서라면 그렇지 않다. 일반적으로 모든 종류의 IQ 검사 점수가 서로 정적이며 유의한 상관관계가 있다. 즉, 모든 과제

(어휘, 수학 등)에서 대체로 유사한 수준의 수행이 나타난다.

- 모든 IQ 검사가 똑같이 우수한가? 그렇지 않다. 개인의 인지 기능에 대한 종합적인 그림을 제공하는 검사를 개발하고 정교하게 만들기 위해서는 상당한 노력이 필요하다.

지능검사의 사용에 대해 빈번하게 제기되는 반대 의견들이 많이 있다. 다음의 내용을 살펴보자, **모두 잘못된 내용이다.**

> 모든 검사는 문화적 구속력이 매우 강하다. 백인 중산층(남성)에 의해, 또 그들을 위해 고안되었으며, 그들에게 유리하다.
> 검사는 결국 그 사람의 부모가 얼마나 부유한지/부유했는지, 그리고 부모가 얼마나 많은 교육을 받았는지를 측정한다.
> 매우 다양한 유형의 지능이 있으며, 어떤 검사도 (심지어 검사 배터리도) 다양한 지능을 제대로 측정할 수 없다.
> 많이 연습할수록 점수가 더 높아진다. 따라서 지능검사는 능력이 아니라 노력을 측정할 뿐이다.
> 우리는 학교나 직장에서 성적이나 성과가 뛰어나지 않음에도, 매우 명석한 사람들이 있다는 것을 안다. 검사 점수는 아무것도 예측하지 못한다.
> 검사 점수는 변한다. 지능을 향상시킬 수 있다. 검사 점수는 오늘 얼마나 잘했는지를 측정하는 것이 아니라 잠재력을 측정해야 한다.

또 다른 질문은 연습 및 코칭 관련 질문으로, '코칭을 받거나 연습을 통해 점수를 크게 높일 수 있는가'이다. 대부분의 연구에서, 연습과 코칭은 표준편차의 1/3 미만(약 IQ 5점) 정도의 점수를 올릴 뿐 효과가 거의 없는 것으로 나타났다. 문제는 점수가 올라간다는 것인데, 이는 검사 형식에 대한 이해, 검사 불안의 감소, 특히 어휘에서 점수를 올리는 구체적인 기술의 습득 때문이다. 연습과 코칭은 IQ 검사 경험이 적은 집단에 더 영향을 미치지만, 그 경우에도 효과가 그리 크지는 않다(Gatewood et al., 2016).

Hough 등(2001)은 중요하고 광범위한 검토를 통해 불리효과와 관련된 모든 쟁점, 증거 및 교훈을 살펴보았다. 그들은 맥락, 표본 및 측정된 구성개념이 개별적으로 또는 결합하여 집단 간 차이의 크기를 조절한다는 점에 주목하였다. 일의 성격이 자세히 명시되고, 더 명확하고 검증된 도구를 선택할수록 결과는 더욱 정확해진다. 결정지능(언어 능력, 수리 능력, 과학 성취도)과 유동지능(공간 능력, 기억력, 정신 처리 속도)을 모두 살펴본 데이터에서는 체계적이고 재현 가능한 인종, 성별 및 연령 차이가 드러났다. 또한 집단 간에 성격 및 생리학적 차이도 나타났다. 저자들은 지원자들을 위한 검사 코칭, 검사 응시 여건 개선, 지원자의 동기부여, 과업수행과 맥락수행[3]을 구별하면서 집단에 따른 서로 다른 준거의 사용 등 부정적인 영향을 줄일 수 있는 다양한 방법을 제안한다. 또한 검사 점수 구간이나 예측변인이나 준거변인에 가중치를 부여하는 방법 등 불리효과를 감지하고 줄이기 위한 통계적 방법을 자세히 고려한다.

지능검사의 과학적 측면이 아니라 실제 현장에서의 적용과 관련된 실무적인 어려움 때문에 조직심리학에서 지능검사는 논쟁적인 주제가 되었다.

2) 구별점, 차이점 및 불일치

지능검사와 관련하여 온갖 종류의 열띤 논쟁들이 있다. 이는 특히 특정 집단에 대한 편향과 연습 효과의 가능성에 관련된 것들이다. 또 다른 중요한 문제는 지능검사가 직업 종류나 국가에 상관없이 동일하게 타당한 예측변인인지, 그리고 다른 기법들에 더해 증분 타당도를 가지는지에 대한 것이다(Cook, 2016).

(1) 천성 대 양육

지능 관련 가장 논란이 되는 측면 중 하나는 천성 대 양육 문제이다. 지능의 어디까지가 유전에 의한 것일까? 이 내용은 계속되는 논쟁으로, 이 책의 범위를 넘어서는 부분이므로, 이 분야의 신간에서 가져온 다음의 인용구를 언급하는 것으로 충분할 것이다(Plomin, 2018).

---

3 과업수행은 본인에게 주어진 업무와 직결되는 활동을 의미하는 한편, 맥락수행은 조직시민행동, 친사회적 행동과 같이 담당 업무의 기능과 관련되지는 않으나 조직에 기여하는 활동 및 노력을 의미한다.

천성-양육 전쟁에서, 천성이 우세하다. 우리가 태어나자마자 입양되어 다른 가정에서 자라도, 우리는 본질적으로 같은 사람일 것이다. 환경의 영향은 개인차 변량의 절반을 차지할 정도로 중요하지만, 대체로 비체계적이고 불안정하며 특이하다……. 환경은 일시적으로 인간의 발달 계획을 바꿀 수 있지만, 환경적 굴곡을 겪은 이후 우리는 다시 유전적 궤적으로 돌아간다. DNA가 전부는 아니더라도, 그것은 우리가 누구인지를 결정하는 안정적인 심리적 특성들을 다 합친 것보다 중요하다.

Kaufman(2019)[4]은 이러한 생각들에 대해 비판하였고, 이것이 이 논쟁의 성격을 어느 정도 보여 준다.

Eysenck는 일찍이 유전과 그 영향 사이의 연관성을 추적했다. 기본적으로 유전이 생물학적 특성에 영향을 미치고, 이것이 IQ 검사의 점수와 관련이 있으며, 이 점수가 사회적 결과에 영향을 미친다고 가정하였다.

(2) 성별, 인종 및 세대 효과

이 역시 방대하고 매우 논쟁의 여지가 많은 주제이다. 이 역시 논란의 여지가 있으나, 핵심은 다음과 같다. 성별 간 하위 척도별 약간의 차이가 있지만(즉, 남성이 시공간 검사에서 점수가 높음), 전반적으로 지능검사에서 성별 차이는 거의 없다. 한편, 그 원인은 불분명하지만, 확실히 재현 가능한 인종 간 차이가 있다. 유동지능(다음 내용 참조)은 나이가 들면서, 특히 40세가 넘으면 감소한다. 따라서 분명한 연령 차이가 있다. 이러한 차이를 인식하고 받아들이면 다양한 '교정'이 가능하며, 이를 선발에 활용할 수 있다(2장 참조).

(3) 통합론자와 세분론자

이러한 논쟁과 더욱 밀접한 관련이 있는 것은 지능의 단면(facet) 혹은 영역(domain)에 대한 것이다. Sternberg에 따르면, 지능 분야의 연구자들은 통합론자(lumpers)와 세분론자(splitters)로 나눠는 경향이 있다. 전자는 하나의 IQ 검사에서 두각을 나타내는 경향이 있는 사람이 실질적으로 다른 모든 검사에서도 그러하다고 강조한다. 이들은 일반지능

4 Scott Barry Kaufman(2019)은 40년간 인간행동의 유전자와 환경의 영향을 연구한 선도적인 심리학자 Robert Plomin의 발언(statements) 중 특히 문제가 된다고 생각하는 12가지에 대해 비판하는 기사를 썼다.

(g)을 언급하면서 좋은 IQ 점수가 교육, 사업 및 인생의 성공을 매우 잘 예측한다고 본다. 일부 통합론자들은 g에 구별 가능한 단면이 있다는 데 동의한다. 하지만 지능의 다양한 측면을 평가할 수 있으나 그것들은 모두 매우 관련성이 높다. 여기에는 결정화된(crystalised)/일반지식, 시각 및 청각 정확도, 기억 및 정보처리 효율성(유동지능)이 포함된다.

한편, 세분론자는 다중지능을 대변한다(〈표 6-1〉 참조). Sternberg는 유명한 세분론자로, 실용적(practical) 혹은 성공적(successful) 지능의 옹호자로 잘 알려져 있다(Sternberg, 1997). 그러나 의심의 여지 없이 가장 유명한 세분론자는 Gardner인데, 서로 구별되며 밀접하게 관련되어 있지 않은 7가지 지능이 있다고 최초로 주장하였다. 그러나 이 주장에 대해서는 여전히 의견이 분분하다.

다중의 구별된 지능이 있다는 생각은 서로 다른 직업이 서로 다른 유형의 지능을 필요로 한다는 생각으로 이어졌다. 이는 합리적이고 상식적인 가정으로 보이지만, 이들 지능이 고유하고 서로 관련이 없다는 증거가 존재하지는 않는다.

통합론자(일반지능 파)와 세분론자(다중지능 파)의 논쟁은 계속되고 있지만, 아마도 지능 분야에 종사하는 모든 사람은 (교육 분야와는 달리) 일반지능에 대한 근거가 가장 설득력 있다고 판단할 것이다.

〈표 6-1〉 Gardner의 다중지능 모형과 정의(Gardner, 1983, 1999)

Gardner 다중지능	Gardner의 정의(1983, 1999)	측정 정의
언어지능 (Verbal/ Linguistic)	이 영역은 발화 및 서술 어휘와 관련이 있다. 언어지능이 높은 사람은 어휘 및 언어에 대한 능력을 보여준다. 일반적으로 읽기, 쓰기, 이야기하기 및 날짜와 함께 단어 암기 등을 잘한다. 읽기, 메모하기, 강의 듣기, 토론을 통해 가장 잘 배우는 경향이 있다. 언어지능을 가진 사람은 언어 기억력이 뛰어나고 구문과 구조를 이해하고 조작하는 능력이 있어 외국어를 쉽게 배운다. 이 지능을 가진 사람에게 적합한 직업은 작가, 변호사, 경찰, 철학자, 저널리스트, 정치가, 시인, 교사 등이다.	어휘 사용 능력

수리지능 (Mathematical/ Logical)	이 영역은 논리, 추상화, 추론 및 숫자와 관련이 있다. 이러한 지능을 가진 사람은 수학, 체스, 컴퓨터 프로그래밍 및 기타 논리적 또는 수리적 활동에서 선천적으로 탁월하다고 가정하지만, 정확하게는 전통적인 수학적 능력보다는 추론 능력, 추상적 패턴 재인, 과학적 사고와 조사 및 복잡한 계산을 수행하는 능력에 더 중점을 둔다. 이는 전통적인 '지능' 또는 IQ 개념과 강한 상관관계를 가진다. 이 지능을 가진 사람들에게 적합한 직업에는 과학자, 물리학자, 수학자, 논리학자, 엔지니어, 의사, 경제학자, 철학자가 있다.	논리적 추론 능력 및 숫자 문제 풀이 능력
공간지능 (Spatial)	이 영역은 공간 판단 및 마음의 눈(mind's eye)으로 시각화하는 능력을 다룬다. 이러한 유형의 지능을 가진 사람들에게는 예술가, 디자이너, 건축가와 같은 직업이 적합하다. 공간지능이 높은 사람들은 퍼즐도 잘한다.	주어진 환경에서 길을 찾는 능력 및 정신적 이미지를 형성하는 능력
음악지능 (Musical)	이 영역은 소리, 리듬, 음색, 음악에 대한 민감성과 관련이 있다. 높은 음악지능을 가진 사람들은 보통 음정이 좋고 절대음감을 가질 수 있으며, 노래하고 악기를 연주하고 음악을 작곡할 수 있다. 이 지능에는 강한 청각적 요소가 포함되기 때문에, 이 지능이 가장 높은 사람들은 강의를 통해 가장 잘 배울 수 있다. 언어 능력은 일반적으로 음악지능을 기본으로 가진 사람들에게서 고도로 발달된다. 더욱이 이러한 사람들은 학습에 노래나 리듬을 사용하기도 한다. 리듬, 음정, 박자, 음색 및 선율에 민감하며, 이들에게는 연주가, 가수, 지휘자, DJ, 연설가, 작가 및 작곡가와 같은 직업이 적합하다.	음정과 리듬을 인지하고 창작하는 능력
신체-운동지능 (Body- Kinaesthetic)	신체-운동지능의 핵심요소는 신체 움직임의 제어와 물체를 능숙하게 다루는 능력이다(206). Gardner는 이 지능에 타이밍 감각, 신체활동 목표에 대한 명확한 감각 및 반응을 반사 작용처럼 되도록 훈련하는 능력도 포함된다고 설명한다. 이론적으로 신체-운동지능을 가진 사람들은 근육의 움직임(예: 일어나고 돌아다니면서 학습)을 포함했을 때 더 잘 배우며, 일반적으로 스포츠나 춤과 같은 신체적 활동에 능숙하다. 그들은 연기나 공연을 즐길 수 있고 일반적으로 무엇을 만드는 것(build/make)을 잘한다. 읽고 듣는 것보	신체 기능 또는 운동 동작을 활용하는 능력

	다 신체적으로 무언가를 함으로써 가장 잘 학습한다. 강한 신체-운동지능을 가진 사람들은 근육 기억이라고 불리는 것을 사용하는 것으로 보인다. 그들은 언어 기억과 같은 것들을 몸을 통해 기억한다. 이러한 사람들에게 적합한 직업은 운동선수, 무용가, 음악가, 배우, 외과의사, 의사, 건축가, 경찰, 군인 등이다.	
대인 간 지능 (Inter-personal)	이 영역은 다른 사람들과의 상호작용과 관련이 있다. 이론적으로 대인 간 지능이 높은 사람들은 외향적인 경향이 있고, 다른 사람들의 기분, 감정, 기질 및 동기에 민감하며 집단의 일원으로 일하기 위해 협력하는 능력이 특징이다. 그들은 다른 사람들과 효과적으로 의사소통하고 쉽게 공감하며, 리더나 팔로워가 될 수 있다. 그들은 일반적으로 다른 사람들과 협력을 통해 가장 잘 배우고 토론과 논쟁을 즐긴다. 이러한 지능을 가진 사람들에게 적합한 직업에는 영업, 정치인, 관리자, 교사 및 사회복지사가 있다.	다른 사람들을 이해하는 능력
개인 내 지능 (Intra-personal)	이 영역은 내성적이고 자기 성찰적인 능력과 관련이 있다. 개인 내 지능을 가진 사람들은 직관적이고 일반적으로 내향적이다. 그들은 자신의 감정과 동기를 판독하는 데 능숙하다. 이는 자아에 대한 깊은 이해를 가지는 것으로, 자신의 강점과 약점, 자신을 특별하게 만드는 것, 또 자신의 반응과 정서를 예측할 수 있다. 이 지능을 가진 사람에게 적합한 직업에는 철학자, 심리학자, 신학자, 변호사 및 작가가 있다. 또한 개인 내 지능을 가진 사람들은 혼자 일하는 것을 선호한다.	자신을 이해하는 능력 및 스스로의 정체성에 대한 감각을 개발하는 능력
자연지능 (Naturalistic)	이 영역은 자연, 양육 및 자연환경 관련 정보와 관련이 있다. 이 지능을 가진 사람들에게 적합한 직업에는 동식물연구가, 농부, 정원사 등이 있다.	자연계의 다양한 차원을 식별하고 사용할 수 있는 능력(예: 동식물 분류)
실존지능 (Existential)	무한대와 무한소 등 감각 데이터 너머의 현상이나 질문을 관조하는 능력이 있다. 이상적인 직업으로는 우주학자, 철학자가 있다.	삶과 죽음의 의미 및 사랑의 경험을 이해하는 능력
[영적지능] (Spiritual)	이 능력은 형이상학적 및 영적 세계의 측면을 이해하는 것과 관련이 있다.	[우주 문제에 대해 사고하는 능력, 존재론적 상태의 달성 및 다른 사람에게 영적 영향을 미치는 능력]

(4) 유동지능과 결정지능

세기의 전환 이후, 더 중요하고 널리 받아들여지는 또 다른 구분으로 Cattell(1987)에 의한 유동지능(fluid intelligence)과 결정지능(crystalized intelligence)이 있다. 이는 물에 대한 비유와 같은데, 액체 상태의 물은 어떤 모양도 가질 수 있지만, 얼음 결정은 모양이 정해진 것과 같다. 유동지능은 효과적으로 추론하고 정보를 처리하는 능력이다. 이는 관계를 지각하고, 익숙하지 않은 문제들을 다루고, 새로운 유형의 지식을 얻는 능력을 포함한다. 결정지능은 개인의 경험에서 습득한 기술과 특수지식으로 구성된다. 따라서 결정지능에는 회계사, 변호사, 기계공 및 영업사원에게 필요한 기술이 포함된다.

유동지능은 20세 이전에 정점에 이르고 유지되다가 중년(약 40세)을 기점으로 감소하는 경우가 많다. 반면, 결정지능은 지속적으로 증가한다. 따라서 익숙하지 않은 문제의 경우, 초등학생이 노인보다 해결 속도가 빠르겠지만, 매우 평범한 노인이라도 과거 자신의 직업 전문영역의 문제를 푸는 속도는 더 빠를 것이다. 아이들은 스도쿠를 잘하고 어른들은 십자말풀이(crosswords)를 잘한다.

어떤 경우 사람들은 자신에게 익숙한 용어로 생각하여 문제를 해결하려고 한다. 즉, 결정지능을 사용하여 문제를 풀고자 한다. 유동지능검사에 대한 명확한 선호도가 있지만, 대부분의 지능검사는 두 가지 유형의 지능을 모두 사용한다. 다음을 참고하자.

① 다음 숫자 중 다른 숫자들과 어울리지 않는 것은?

625, 361, 256, 193, 144

② 다음 도시 중 특징이 다른 하나를 고른다면?

오슬로, 런던, 뉴욕, 카이로, 봄베이, 카라카스, 마드리드

①은 유동지능을, ②는 결정지능을 측정한다.

이 두 가지 유형의 지능은 개념적으로 다르지만 높은 상관을 보인다. 대개 **학습한 것**(결정지능)은 **얼마나 잘** 학습하는지(유동지능)에 따라 결정된다. 따라서 결정지능을 측정해야 하는 타당한 이유는 열심히 일(공부)하는 경향이 학업 및 사업 성공의 좋은 척도가 되기 때문이다. 노력을 통해 결정지능검사에서 더 좋은 점수를 받을 수 있다. 또 다른 이유는 짧은 시간을 요하는 **어휘 시험**조차 매우 신뢰할 수 있는 점수를 제공하기 때문이다.

기술 변화로 결정지능의 가치는 떨어질 수 있다. 결정지능은 나이와 경험에서 나오는데, 그러한 지식이 컴퓨터에 의해 더 저렴하고 정확하고 효율적인 저장과 접근이 가능해

진다면 결정지능의 가치는 떨어질 수 있다.

회의론자들은 컴퓨터가 유동지능 관련 문제해결에도 도움을 줄 수 있으므로, 유동지능 역시 덜 중요해질 수 있다고 주장할 수 있다.

Furnham(2008)은 기업 CEO의 유동지능, 성격 및 동기(부여)가 성공의 열쇠로 보인다고 주장하였다. 이전 시대에, 도제 제도를 통해 교육이 이루어졌을 때는 결정지능의 가치가 특히 컸다. 일부 분야에서는 여전히 그렇다고 할 수 있다. 와인 애호가나 골동품 전문가 또는 숙련된 음악가(연주자)가 된다는 것은 모두 지혜를 축적하기 위한 오랜 시간의 노력을 전제로 한다.

(5) 지능과 사고/인지 양식

놀랍게도, 인지능력(지능), 인지(지적) 양식(다음 단락 참조) 및 동기(motivation) 간의 관계를 살펴보는 연구는 별로 없다(Furnham, 2008). 그러나 지적 양식은 유동지능보다 결정지능과 더 밀접한 관련이 있다고 가정하는 것이 합리적일 것이다.

이 분야에서 가장 오래된 연구는 개인이 생각하는 방법(생각의 효율성이나 생각의 양이 아님), 정보를 처리하고 주변 세계를 이해하려고 시도하는 방법과 관련된 인지 양식(cognitive style)에 관한 것이다. 광범위한 인지 양식 목록이 있다. Messick(1984)은 19개의 인지 양식 변인을 그룹화하여 8가지 차원으로 제시하였다. 각 차원은 ① 넓은–좁은 범주화(broad–narrow categorising), ② 인지적 복합성–단순성(cognitive complexity–simplicity), ③ 장 의존성–독립성(field dependence–independence), ④ 단순화–선명화(levelling–sharpening), ⑤ 훑어보기–집중하기(scanning–focusing), ⑥ 수렴적–확산적(converging–diverging), ⑦ 자동화–구조화(automatisation–restructuring), ⑧ 숙고성–충동성(reflection–impulsivity)으로, 이는 혼란스러운 영역이다.

실제로 양식이 지능에 영향을 미치는 과정을 설명하는 모형을 개발하는 것이 가능할 수 있다. 예를 들어, 교육을 중시하는 중산층 가정에서 자란 명석하고(높은 유동지능을 가진) 안정적이며 양향적(ambivert)[5]인 사람은 심층적 학습 접근 방식과 분석적 또는 입법적(legislative) 사고 양식을 자연스럽게 발전시킬 수 있다. 그렇게 되면 그들은 풍부한 어휘력과 광범위한 일반지식을 습득한다. 이러한 의미에서 'g'와 덜 관련된(less 'g' loaded) IQ 검사는 지적 양식과 더 강한 상관관계가 있을 수 있다.

---

5 외향성과 내향성의 두 가지 특성을 모두 가진 사람들로, 최근 주목을 받고 있다.

이러한 인지 양식과 관련된 인지 전략 선호도에는 개인차가 있다. 일례로 동화자-탐험가(Assimilator-Explorer: A-E) 인지 양식을 들 수 있다. **동화자(assimilator)**는 문제해결 행동 시 규칙에 더 집착하며 새로운 사건을 기존 지식의 관점에서 해석하는 것으로 보인다. **탐험가(Explorer)**는 외부 압력 없이도 새로운 유형의 해결책과 문제해결 방법을 찾음으로써 명백히 참신함을 추구하는 경향이 있다. 결과적으로, 동화자-탐험가 양식은 높은 점수가 탐험가를, 낮은 점수가 동화자를 나타내는 연속선으로 정의된다. 이들은 종합적-분석적(Wholist-Analyst) 인지 양식 구성개념 범주에 대응된다. 이 범주의 여러 가지 다른 인지 양식 구성개념들과 마찬가지로, 동화자-탐험가 양식은 성격 5요인 모형의 모든 요소와 상관관계가 있지만, 관련성이 크지는 않으며, 일반지능과는 상관관계가 없다(Martinsen & Kaufmann, 2000). 또한 Martinsen과 Furnham(2016)은 동화자-탐험가 양식과 창의적 활동 체크리스트 점수 및 유창성(fluency)[6] 사이에 유의하지만 강하지 않은 상관관계가 있음을 확인했다(탐험가의 창의성 및 유창성 점수가 더 높았다).

어떤 양식 척도를 사용하느냐에 따라 많은 것이 달라진다. 서로 중복되기는 하지만, 일부 척도는 다른 척도들보다 심리측정적으로 더 타당한 것 같다. 게다가 전부는 아니더라도, 대부분은 다차원적인데, 어떤 차원은 지능과 더 밀접하게 관련될 가능성이 있다. 예를 들어, 수렴적-확산적 사고는 지능(창의성과 별개로)과 약한 정도로만 관련이 있는 반면, 심층적 학습 양식은 지능과 더 명확한 상관관계가 있을 수 있다.

특히 흥미롭고 중요한 것은 시간의 흐름에 따른 지능과 지적 양식의 발달 및 변화의 문제이다. 시간에 따른 성격과 지능의 변화에 관한 연구는 있지만, 지적 양식의 변화에 대한 종단연구는 없는 것으로 보인다. 전반적으로 이 변화는 작지만, 예측 가능해 보인다. 실체(entity)이론 또는 본질주의(essentialist) 연구자들은 청소년들의 지능(및 다소간의 성격 특성)이 고정되고 불변적이라고 주장하지만, 증진(incremental) 이론가들은 지능(및 시험 점수)을 향상시킬 수 있고 변화시키는 것이 가능하다고 주장할 것이다.

사고 양식에는 약간의 차이가 있다. 창의성의 수렴적 사고와 확산적 사고 간 차이를 참고하라(방법 15 참조). 그러나 사고 양식에 차이가 있다는 것이 사실이더라도, 사고 양식 간 인지적 차이가 존재하는지에 대한 근거는 충분하지 않다. 즉, IQ와 인지/사고 양

6 창의성 척도인 확산적 사고(divergent thinking) 검사의 채점을 위해 Guilford(1975)는 유연성(flexibility), 유창성(fluency), 독창성(originality), 정교성(elaboration)의 네 가지 기준을 제공했다. 자세한 내용은 방법 15 참조.

식 간 상관관계는 약하다.

3) 기타 검사

성격검사가 그러한 것처럼 지능검사에도 많은 종류가 있다. 그러나 성격검사와 다른 점은, 거의 모든 지능검사 점수 간에는 정적 상관이 나타나는 경향이 있다는 것이다.

(1) 검사 배터리

잘 알려진 여러 가지 IQ 검사 배터리가 있다. 대부분 이러한 배터리들은 개인의 전반적인 지능과 학습 능력을 포괄적으로 파악하기 위해 교육 분야에서 개발되었다. 따라서 각 배터리는 10~20개의 검사로 구성될 수 있다. 세계에서 가장 유명한 세 가지 지능검사는 유동지능검사 중 비언어적 검사인 레이븐 지능검사(Raven's Progress Matrices, 1965), 웩슬러 성인 지능검사-개정본(Wechsler Adult Intelligence Scale-Revised; WAIS-R, Wechsler, 1958), 그리고 업데이트된 스탠퍼드-비네 검사(Stanford-Binet test; Terman & Merrill, 1960)일 것이다. Kline(1996)은 웩슬러 성인 지능검사와 스탠퍼드-비네 검사가 "지능검사에서 기준으로 자리매김하고 있다"고 주장했다(p. 49). 두 검사 모두 여러 가지 척도를 포함하고 있다.

웩슬러 성인 지능검사-개정본(WAIS-R)은 언어 척도와 수행 척도로 구분되는 11개의 검사로 구성되며(〈표 6-2〉 참조), 스탠퍼드-비네 검사는 12개의 하위 척도로 나뉘는데, 이 중 상당 부분이 WAIS-R의 검사와 유사하다. 최근 연구에 따르면, 다양한 인구 집단이 WAIS-R에 호의적으로 반응하며, 대부분의 하위 척도가 지능을 측정하는 공정한 검사라고 믿는 것으로 나타났다(Beglinger et al., 2000).

최신판 WAIS는 4가지 점수를 측정하는 10개의 검사로 구성된다.

- **언어 이해**: 질문을 듣고, 공식 및 비공식 교육에서 학습한 정보를 활용하고, 답변을 통해 추론하고 생각을 소리 내 표현하는 능력
- **지각 추론**: 문제를 조사하고, 시각-운동 및 시각-공간 기술을 사용하고, 사고를 조직화하고, 해결책을 만들어 내고 검사하는 능력
- **작업 기억**: 단기 기억에 새로운 정보를 기억하고, 고차원적 사고 및 학습과 성취에 중요한 정보에 집중하고 이를 조작하는 능력

- **처리 속도 지표:** 주의력을 집중하고 시각 정보를 훑어보며, 구별하고 순차적으로 정렬하는 능력

따라서 하위 점수와 총점을 얻을 수 있다. 검사는 대개 개별적으로 진행되고 한 시간가량 소요된다. 이는 심리학에서 가장 일관되고 엄격한 타당화를 거친 검사라고 할 수 있다.

〈표 6-2〉 웩슬러 성인 지능검사(WAIS)

검사	설명
언어 척도	
정보	정보의 일반적인 범위를 활용함
이해	사회적 관습에 대한 이해와 과거 경험을 평가할 수 있는 능력을 검사함
산수	언어 문제를 통해 산술적 추론을 검사함
공통성	특정 사물이나 개념이 어떤 방식으로 유사한지 질문함. 추상적 사고를 측정함
숫자 외우기	일련의 숫자를 구두로 제시하여 제시된 순서 또는 역순으로 반복하게 함으로써 주의력과 기계적 암기력을 검사함
어휘	점점 어려워지는 단어의 뜻을 정의하는 능력을 검사함
수행 척도	
바꿔 쓰기	제한된 시간에 다양한 모양의 기호와 숫자를 연결해야 하는 코딩 과제를 통해 학습 속도를 검사함
빠진 곳 찾기	불완전한 그림을 제시하여 시각적 기민성과 시각기억력을 검사함. 그림을 완성하고 제목을 제시해야 함
토막 짜기	제시된 디자인을 따라 블록(토막)을 짜 맞추게 함으로써 패턴을 인식하고 분석하는 능력을 검사함
차례 맞추기	이야기를 전달하기 위해 올바른 순서로 배열되어야 하는 만화 형식의 그림을 통해 사회적 상황에 대한 이해를 검사함
모양 맞추기	전체를 완성하기 위해 맞춰야 하는 퍼즐 조각을 제시하여 부분/전체 관계를 다루는 능력을 검사함

일반지능을 단시간 내에 측정하려는 다른 검사들도 있다. 가장 잘 알려진 것 중 하나는 원더릭 검사(Wonderlic Personnel Test; Wonderlic, 1992)이다. 50개 항목으로 구성된 이 검사는 12분 안에 시행할 수 있으며, 일반지능을 측정한다. 점수 범위는 0~50점이고,

검사 문항으로는 단어와 숫자 비교, 뒤섞인 문장, 기하학적 도형 연속 분석, 수학적/논리적 해결책이 필요한 이야기 문제가 있다. 이 검사는 훌륭한 규준(norms)을 가지고 있으며 WAIS-R과 매우 높은 상관관계(r=.92)를 가지고 있다.

이 검사에는 기하학, 수학 및 언어에 대한 질문이 있다. 원더릭 검사의 가장 초기 버전의 질문 유형에는 유추, 기하학적 도형 분석, 산술, 지시 따르기, 뒤섞인 문장, 판단, 논리, 속담 맞추기, 공통성, 단어 정의하기가 있었다. 연습 문제의 예시는 다음과 같다. '2피트당 20센트인 밧줄이 있다, 30달러로 몇 피트를 살 수 있는가?' '다음 숫자 중 가장 작은 수는? (a) 0.3 (b) 0.08 (c) 1 (d) 0.33' '시계가 78일 동안 2분 36초 늦어졌다. 하루에 몇 초가 늦어진 것인가?'

연구자에게 원더릭 검사는 검사를 받은 모든 사람의 IQ에 대한 훌륭한 지표를 제공하고, 두 가지 버전이 있기 때문에 시간에 따른 IQ 변화를 측정할 수 있어 유용하다.

(2) 자기 추정치/ 지능의 평가

사람들은 자신이 얼마나 똑똑한지 알까? 스스로를 공정하게 평가할까? 이러한 자기 평가가 지능검사를 대신할 수 있을까? 관련 분야의 연구에 따르면 실제 지능검사 결과와 자기 추정점수의 상관계수는 r=.30 정도로 나타나고, 이보다 높더라도 r=.50을 넘는 경우는 거의 없다. 이는 자기 추정 점수가 실제 검사 점수를 대신할 수 없음을 의미한다. 중요한 점은 성별 차이에 초점을 맞춘 연구들에서 체계적인 차이를 보여 준다는 것이다.

당신은 얼마나 똑똑한가? IQ 검사는 사람의 지능을 측정한다. 이 검사들의 평균 점수는 100점이다. 대부분 인구(전체 인구의 약 2/3의 사람들)는 85점에서 115점 사이의 점수를 받는다. 매우 똑똑한 사람들은 약 130점을 받고, 더러 145점 이상이 나오기도 한다. 당신의 점수는 118점, 97점 혹은 123점일지 모른다. 당신의 전반적인 IQ와 10가지 기본 지능 유형 점수를 추정해 보라(〈표 6-3〉 참조).

〈표 6-3〉 자기 추정 지능의 측정

	추정 점수
1. **전반적인 지능**	
2. **결정지능**(습득한 지식의 깊이와 폭, 지식 전달 능력, 이전에 배운 지식과 경험을 활용하여 추론하는 능력)	
3. **유동지능**(추론, 개념 형성, 문제해결의 광범위한 능력)	
4. **정량적 추론**(양적 개념과 관계를 이해하는 능력)	

5. **읽기 및 쓰기 능력**(기본적인 읽기와 쓰기 능력)
6. **단기 기억**(즉각적 인식으로 정보를 파악, 보유하고 신속하게 사용하는 능력)
7. **장기 저장 및 검색/추출**(정보를 저장하고 이후 쉽게 검색/추출하는 능력)
8. **시각 처리**(시각적 표상 저장 및 회상 능력, 시각적 패턴으로 사고하는 능력)
9. **청각 처리**(청각 자극을 분석하는 능력)
10. **처리 속도**(자동 인지 작업 수행능력, 특히 압박이 주어진 상황에서 측정 시)
11. **결정/반응 시간/속도**(자극 및 과제에 반응할 수 있는 즉각성을 반영)

Furnham(2017)은 이 분야의 연구들을 다음과 같이 요약하였다.

첫째, 연령과 배경에 상관없이 남성은 여성보다 자신의 일반지능을 높게(IQ 점수 5~15점 정도) 추정하는 경향이 있다. 이러한 추정치는 항상 평균 이상이고, 일반적으로 규준점수보다 1 표준편차 높다.

둘째, '다중지능'을 판단할 때, 남성은 여성보다 공간지능과 수학(수리)지능을 높게, 정서지능을 낮게 추정한다. 일부 다중지능(언어, 음악, 신체운동)에는 성차가 거의 없다.

셋째, 사람들은 이러한 성차가 세대를 거쳐 나타난다고 믿는다. 즉, 할아버지가 할머니보다 똑똑하다(했다)고 믿고, 아버지가 어머니보다, 남자 형제가 여자 형제보다, 아들이 딸보다 똑똑하다고 생각한다. 가족의 세대를 통틀어 남성이 여성보다 더 똑똑하다고 판단한다는 것이다.

넷째, 성차는 문화에 걸쳐 일관되게 나타난다. 아프리카인들이 더 높게, 아시아인들은 더 낮게 자기 점수를 추정하는 경향이 있지만, 성별 차이는 모든 문화에 걸쳐 나타난다. 지능이나 겸손, 오만과 관련된 규범에 대한 문화적 정의에서 비롯되는 차이일 수 있다.

다섯째, 자기 추정치와 검사로 측정된 IQ 점수 간에는 낮은 (상관계수 .2~.5) 정적 상관이 나타난다. 이는 추정 점수를 실제 점수의 대용(proxy)으로 사용할 수 없다는 것을 의미한다.

여섯째, 극단치(outlier)의 경우, 측정된 IQ 점수가 높지만 자기 추정점수는 낮은 사람은 거의 항상 여성이고, 반대 패턴(높은 자기평가, 낮은 실제점수)을 가진 사람은 남성인 경향이 있다.

(3) 결정지능

일반지식 결정지능(Gc)의 측정에는 주로 어휘 및 일반지식(GK)이 포함된다. 그러나 지능의 핵심요소로서 GK 영역과 이에 대한 신뢰할 수 있는 측정에 대해서는 여전히 논란의 여지가 있다(Chamorro-Premuzic et al., 2006a, b). 다양한 참가자 집단에 대해 두루 일반지식으로 간주할 수 있는 것이 무엇인지가 논쟁의 핵심이다. 또 다른 문제는 GK 검사의 'g-부하량(g-loaded)', 즉 g에 영향을 받는 정도와 관련이 있다.

모든 주요 IQ 검사에 GK 하위 척도가 포함되는 것은 아니다. WAIS(Wechsler, 1981)에는 GK 검사와 유사한 **정보** 척도가 있지만 스탠퍼드-비네 검사에는 없다. 그러나 GK와 지능의 관계는 Vernon(1969)의 학문적·교육적 능력에 관한 연구에 상당히 잘 정리되어 있다.

GK 검사 중 사용량이 증가하고 있는 것은 Irwing 등(2001)이 개발한 216개 문항 (및 단축판 72개 문항) 검사이다. 총점과 특수 영역 지식을 평가하는 6개의 하위 점수가 있다. 이 GK 검사는 우수한 심리측정적 특성을 가지며, 최신 정보를 상당히 반영하고 있다. Furnham과 Chamorro-Premuzic(2006)도 유사한 품질의 단축판 72문항 GK 검사를 사용하였다.

GK 검사(Irwing et al., 2001)는 72개의 개방형 설문지로(Batey et al., 2009), 문학, 일반과학, 의학, 게임, 패션 및 금융 등 6개 주제 영역의 각 12개의 문항으로 구성된다. 대부분 20분의 응답 시간을 주고, 정답(1점)과 오답(0점)의 합산으로 점수가 계산된다. 몇 가지 문항 예시는 다음과 같다.

1. 『1984』의 작가는 누구인가?
2. 『샤이닝(The Shining)』의 작가는 누구인가?
3. '호머와 제임스 조이스'에 등장하는 인물은 누구인가?
4. 『호밀밭의 파수꾼』의 작가는 누구인가?
5. 가스(gas) 중 가장 가벼운 것은 무엇인가?
6. 정상적인 인간 세포에는 몇 개의 염색체가 있는가?
7. 기체의 부피와 압력이 반비례한다는 내용의 법칙은 무엇인가?
8. 물의 화학성분은 무엇인가?
9. 혈액 응고를 멈추게 하는 질병은 무엇인가?
10. 말라리아를 퍼뜨리는 곤충은 무엇인가?
11. 인슐린 생성 부족으로 야기되는 질병은 무엇인가?
12. 녹내장으로 손상되는 장기는 무엇인가?
13. 폰(pawn)이 퀸(queen)으로 등극할 수 있는 게임은 무엇인가?
14. 말(piece)에 왕관을 씌울 수 있는 게임은 무엇인가?
15. 그랜드 슬램을 달성할 수 있는 게임은 무엇인가?
16. 모든 카드가 같은 모양인 포커 패의 이름은 무엇인가?

17. 1997년 마이애미에서 총격을 당한 이탈리아 디자이너는 누구인가?
18. 미국을 대표하는 운동화 제조사는 어디인가?
19. 최고의 양복점이 있는 런던의 거리 이름은 무엇인가?
20. 나팔바지가 유행한 시기는 언제인가?
21. 일본의 통화는 무엇인가?
22. 미국 주가지수는 무엇인가?
23. 세계에서 경제 규모가 두 번째로 큰 나라는 어디인가?
24. 유럽에서 가장 큰 금융 중심지는 어디인가?

많은 연구에서 일반지식이나 결정지능이 다른 지능검사들과 상관관계가 나타났다.

비교적 간단하게 지능을 측정하는 또 다른 방법은 개인의 어휘의 수준(depth)이다. 예시는 다음과 같다.

어휘 다음 각 그룹은 하나를 제외하고 거의 같은 의미를 가진 단어들이다(동의어). 각 그룹에서 다른 의미를 가진 하나에 동그라미 표시하라.

1. 노곤함(languor), 고요함(quiescence), 나른함(lassitude), 무기력함(lethargy)
2. 담담한(phlegmatic), 우둔한(stolid), 멍청한(stupid), 부진한(sluggish)
3. 비통한(dolorous), 음울한(dismal), 애절한(mournful), 비음악적인(unmusical)
4. 완강한(obstinate), 부지런한(assiduous), 근면한(diligent), 끈기 있는(persevering)
5. 신랄한(astringent), 무자비한(ruthless), 가혹한(severe), 엄격한(austere)
6. 부조리한(incongruous), 불편한(inconvenient), 모순된(incompatible), 모순되는(discrepant)
7. 꼼꼼한(punctilious), 세심한(scrupulous), 일관된(consistent), 성실한(conscientious)
8. 돌출된(protuberant), 팽창된(distended), 부어오른(tumid), 정신 나간(demented)
9. 치명적인(virulent), 악성의(malignant), 고지식한(jejune), 독성의(toxic)
10. 억압적인(oppressive), 탐욕스러운(ravenous), 강탈하는(rapacious), 게걸스러운(voracious)
11. 당당한(debonair), 멋쟁이의(modish), 도시적인(urbane), 상냥한(suave)
12. 허위의(mendacious), 변덕스러운(fickle), 거짓된(untruthful), 허구의(fictitious)
13. 밀접한(germane), 적절한(apposite), 적합한(pertinent), 이바지하는(conducive)
14. 유독한(mephitic), 유해한(noxious), 외설적인(salacious), 건강에 좋지 않은(insalubrious)
15. 조숙한(precocious), 개구쟁이의(naughty), 조기의(premature), 진보적인(advanced)
16. 명쾌한(perspicuous), 분별력 있는(discriminating), 뚜렷한(lucid), 명백한(explicit)
17. 산만한(desultory), 난해한(refractory), 반항적인(contumacious), 저항하는(recalcitrant)

18. 불협화음의(cacophonous), 부정합의(discordant), 무례한(indecorous), 부조화의(dissonant)
19. 그럴싸한(specious), 설득력 있는(convincing), 이치에 맞는(plausible), 표면상의(ostensible)
20. 무관심한(insouciant), 지독한(egregious), 굉장한(prodigious), 괴물 같은(monstrous)
21. 의미하다(imply), 암시하다(insinuate), 부합하다(correspond), 힌트를 주다(hint)
22. 시초의(incipient), 초기의(inchoate), 비일관적인(incoherent), 초보적인(rudimentary)
23. 동시의(concurrent), 공존하는(co-existent), 수반하는(concomitant), 우발적인(contingent)
24. 면죄하다(exculpate), 격리하다(sequestrate), 면제하다(exonerate), 방면하다(acquit)

결정지능 측정에서 주요 문제는 문화와 언어의 영향을 상당히 받기 때문에 문화적으로 공정하지 않다는 것이다. 또한 이것은 개인의 정보처리(정보저장의 반대 개념) 능력보다는 교육수준과 관련성이 더 크다.

(4) 유동지능

유동지능은 정보처리의 효율성(속도와 정확성)에 관한 것이다. 이 영역에도 역시 많은 검사 방법이 있다. 그중 두 가지를 살펴보자.

1. 배들리 추론 검사(Baddeley reasoning test: BRT, Baddeley, 1968)(<표 6-4> 참조): 64문항으로 구성된 이 검사는 3분 안에 시행할 수 있으며 논리적 추론을 통해 일반지식(GK)을 측정한다. 수년에 걸친 수많은 연구에서 검사의 예측 타당도 및 동시 타당도의 증거를 제시해 왔다(Chamorro-Premuzic et al., 2004). 예를 들어, Batey 등(2009)은 BRT가 GK와 정적 상관관계(r=.40, N=72)가 있음을 확인하였고, Furnham 등(2006)은 원더릭 검사와 유의한 상관(r=.56, N=70)이 있음을 확인하였다. 이에 앞서 Furnham과 Chamorro-Premuzic(2006)는 BRT가 원더릭 검사(r=.40, N=112) 및 GK(r=.29, N=110)와 상관관계가 있음을 확인한 바 있다.
2. 암산 검사(Mental arithmetic, Lock, 2008)(<표 6-5> 참조): 이 검사는 30개 항목 검사로, 한 사람이 한 항목당 10개의 산술 계산(곱하기, 나누기, 더하기, 빼기)을 수행해야 한다. 때로 어떤 사람은 손으로 쓰면서 계산을 시도하기도 하지만, 이 검사는 암산으로 계산해야 한다. 30개 항목의 전체 검사를 위해 총 10분이 주어진다.

〈표 6-4〉 배들리 추론 검사

지시문

다음 검사에는 각각 뒤에 한 쌍의 문자(AB 또는 BA)가 따르는 여러 개의 짧은 문장이 있다. 문장은 두 단어의 순서, 즉 어느 것이 먼저인지 설명한다.

순서는 여러 가지 방법으로 제시될 수 있다. AB의 경우 ① 'A가 B에 앞선다', ② 'B가 A를 뒤따른다', ③ 'B는 A 앞이 아니다' 또는 ④ 'A는 B를 뒤따르지 않는다'라는 식으로 기술될 수 있다. 네 가지 기술은 AB 쌍에 대해 모두 옳은 설명이지만, 반대로 BA에 적용하면 틀리다.

다음의 각 문장을 읽고 뒤에 각 문장이 뒤따라 나오는 문자 쌍에 대해 참인지 거짓인지 결정해야 한다. 문장이 문자 쌍을 올바르게 설명한다고 생각되면 첫 번째 열에 체크 표시하고(참), 문자 순서를 제대로 설명하지 못한다고 생각되면 두 번째 열(거짓)에 체크 표시한다.

	참	거짓		참	거짓
1. A는 B 다음에 옴 – BA			17. A 다음 B가 뒤따르지 않음 – AB		
2. B는 A 앞에 오지 않음 – AB			18. A 다음 B가 뒤따름 – BA		
3. A 다음에 B가 오지 않음 – BA			19. B 앞에 A가 없음 – BA		
4. B는 A 다음에 옴 – BA			20. B 다음에 A가 옴 – AB		
5. A 다음에 B가 옴 – AB			21. A 다음에 B가 없음 – BA		
6. A는 B를 뒤따르지 않음 – AB			22. A 앞에 B가 있음 – AB		
7. B는 A 다음에 오지 않음 – AB			23. B는 A를 뒤따르지 않음 – AB		
8. B는 A를 뒤따름 – AB			24. A 앞에 B가 없음 – BA		
9. A가 B 앞에 옴 – BA			25. A는 B를 뒤따름 – BA		
10. B는 A를 뒤따르지 않음 – BA			26. A 앞에 B가 없음 – AB		
11. B는 A 앞에 옴 – AB			27. A는 B를 뒤따름 – AB		
12. B 다음에 A가 옴 – AB			28. A는 B를 앞서지 않음 – AB		
13. B 다음에 A가 오지 않음 – BA			29. A가 B를 앞섬 – AB		
14. B 앞에 A가 옴 – AB			30. B는 A를 뒤따름 – BA		
15. B 다음에 A가 뒤따름 – BA			31. B는 A보다 앞서지 않음 – BA		
16. B가 A를 앞섬 – BA			32. A는 B보다 앞서지 않음 – BA		

검사를 시작하면 최대한 실수 없이 빠르게 진행하라. 문장 1부터 시작하여 빈칸을 남기지 않고 순서대로 진행하되, 시작 신호가 있을 때까지 검사를 시작하지 않는다. 3분 안에 최대한 많이 완료해야 한다. 단, 하나도 놓치지 않도록 하라.

〈표 6-5〉 암산 검사

암산 계산 1 이름:

이 검사는 30개의 간단한 산술문제가 포함된다. 각 문제는 동일한 형식이며, 정답을 얻으려면 문제당 간단한 계산을 10회 해야 한다. 주어진 시간은 단 10분으로, 최대한 빠르고 정확하게 해야 한다.

1.	24	의 1/2	×3	÷4	제곱	+3	의 1/2	÷6	×4	−9	=
2.	8	×4	두 배	−1	÷7	×3	+3	의 반	÷3	제곱	=
3.	십	제곱	−1	÷3	빼기 1	의 반	÷4	×9	+4	÷8	=
4.	7	제곱	+5	÷6	×5	+3	÷4	+1	×3	+9	=
5.	70	의 반	+1	÷4	제곱	−9	의 반	−9	두 배	÷9	=
6.	28	의 1/4	×8	−2	÷6	×11	−4	÷5	+2	÷3	=
7.	29	+7	의 1/2	÷3	×9	+2	÷7	두 배	두 배	×4	=
8.	8	×6	+1	÷7	×5	두 배	+2	÷9	제곱	−9	=
9.	34	의 반	+8	÷5	×11	더하기 1	÷8	제곱	−1	÷6	=
10.	77	+4	÷9	×7	+1	÷8	×9	두 배	÷12	+9	=

4) 지능 연구 및 직장에서의 검사

검사가 직장에서의 행동을 예측하는가? 만약 예측한다면 이를 어떻게 설명할 수 있을까? 그리고 또 어떤 것이 업무 관련 행동과 성공을 예측하는가? IQ와 교육에 관한 매우 오래되고 중요한 연구들이 있으며, 이는 직장에서의 교육이나 훈련에도 적용할 수 있다. 교육을 통한 학습의 효율성, 속도 및 일반화 가능성은 실제로 지능과 관련이 있다. 그 추정치는 약 $r=.30$에서 $r=.60$ 정도로 다르게 나타난다(Ree & Carretta, 1998).

지능검사의 예측 타당도에 관한 연구는 오랫동안 지속되어 왔다. Harrell과 Harrell(1945)은 높은 교육수준을 요구하는 높은 지위의 '화이트칼라' 직종에는 IQ가 낮은 사람이 드물다고 언급하였다. 그들은 IQ의 상위보다 하위에서 변동성이 더 큰 것을 발견했다. 즉, 명성과 숙련도가 낮은 직업군에 속한 사람들의 IQ 범위가 상위 직업군보다 더 넓게 나타났다. 그러나 Ghiselli(1966)의 연구와 검토에 따르면, IQ 점수는 일부 특정 직업에서 시간에 따른 직무성과를 보통(혹은 보통 이하) 수준으로 예측하는 것으로 나타났다.

군대는 지능과 직무성과에 관한 데이터를 얻기에 좋은 원천이다. 실제로 많은 사람이 미군직무적성검사(American Armed Services Vocational Aptitude Battery: ASVAB)와 같은 독자적인 지능검사를 개발했다. 병력 모집 인원 증가와 기술 훈련의 필요성으로, 심리학자들은 비교적 쉽게 대규모 모집 인원을 대상으로 직무성과와 지능검사의 관련성을 검증해 볼 수 있었다(Campbell et al., 1990).

Jones(1988)는 25,000여 명의 군인을 대상으로 다양한 교육(기계, 행정, 기술 및 전자)에 대한 전반적인 g 점수와 훈련 결과를 살펴보았다. 이들의 상관계수는 r=.75였다. Ree와 Earles(1992)는 대규모 표본(274~3,939명)을 사용하여 89개의 군사 직무에 대해 유사한 분석을 수행했고 r=.76의 상관관계를 확인했다. McHenry 등(1990)은 9개의 육군 직무를 조사하여 IQ 검사 점수와 '핵심 기술 숙련도' 및 '일반적 병기 숙련도' 사이에 약 r=.64의 상관관계를 확인하였다.

Ree와 Earles(1992)는 항공 교통 관제사, 실험실 과학자, 무기 통신 전문가, 지상 장비 정비사, 제트 엔진 정비사, 무선 통신사 및 인사 전문가 등 7개의 육군 직무를 대상으로 조사했다. 각 직무군의 참가자들은 IQ 하위 검사로 ASVAB를 받았다. 전체 g 점수와 준거 측정치 간 상관분석 결과, 상관계수(r)는 .21(항공 교통)에서 .72 사이, 평균 .44로 다양하게 나타났다. 선행연구와 일관되게 이 연구는 일반지능이 (특수지능보다) 대부분의 업무 결과에 대한 가장 좋은 예측변인이라는 것을 아주 간단하게 보여 준 것이다.

연구자들은 IQ 점수의 상당한 상관관계에 주목했다. Ree와 Earles(1992)는 심리학적 결과변인의 10개 범주를 다음과 같이 제시하였다.

- 능력(반응 시간, 분석 양식, 탁월함)
- 창의성/예술성(공예, 음악적 능력)
- 건강 및 피트니스(유아 사망률, 식단 선호도, 장수)
- 흥미/선택(결혼 파트너, 스포츠 참여, 흥미의 폭과 깊이)
- 도덕성[비행(−), 인종 편견(−), 가치관]
- 직업[사회경제적 지위(SES), 직업 상태, 소득]
- 지각(근시안, 장-독립성, 짧은 자극에 대한 인지능력)
- 성격[성취동기, 이타주의, 독단주의(−)]
- 실용성(사회적 기술, 실용적 지식) 및 기타(운동 능력)
- 말하는 속도, 사고 경향성(−)

1960년대와 1970년대에 출간된 다양한 개관 논문에 따르면, 지능(및 성격) 검사가 조직의 결과변인을 잘 예측하지 못한다. 게다가 당대의 사회-정치적 상황은 기업가들이 지능을 측정하려는 시도를 자제하게 했다. 지능과 인종에 관한 주요 논쟁들은 검사가 상당한 편향을 가지고 있으며 예측 타당도가 부족하다는 것을 시사하였다.

그러나 초기 데이터에 기타 데이터베이스를 통합하여 재분석한 Hunter와 Hunter(1984)의 논문으로 인해 상황이 극적으로 바뀌었다. 그들은 분석 시 상관관계의 크기에 영향을 미치는 다양한 통계적 요인(표본 크기, 범위 제한[7] 및 데이터의 신뢰도)을 함께 고려하였다. 30,000명의 데이터와 425개의 상관관계를 바탕으로 감독자 평정 직무성과와 IQ의 상관관계의 '최종(bottom-line)' 수치는 $r=.53$이었다. 이를 다양한 직군으로 세분화했을 때, 가장 높은 상관관계는 판매원($r=.62$)에게서 나타났고 거의 모든 직군에서 상관관계는 $r=.40$ 이상이었다(서비스직 $r=.49$, 무역 및 기능공 $r=.50$, 차량 운전자 $r=.46$).

Brody(1992)가 지적했듯이, 그들의 연구방법에 대한 일부 비판에도 불구하고 Hunter와 Hunter(1984)는 IQ 점수가 많은 종류의 직무성과와 논리적이고 일관되게 관련되어 있음을 아주 분명하게 보여 주었다. 20세기 말, Ree와 Carretta(1998)와 같은 연구자는 다음과 같이 결론 내릴 수 있다고 하였다. "직업에서의 성과는 직무에 필요한 지식과 기술을 배우는 것에서 시작하여 현장(on-the-job) 직무성과와 그 이상의 것으로 연결된다. 우리를 포함한 여러 연구자들은 g가 훈련 성과, 직무성과, 생애 생산성(lifetime productivity) 및 조기 사망률(mortality)을 예측한다는 것을 증명하였다."(p. 179) 최근의 개관논문들에서는 지능이 삶 전반에 걸쳐 더 긍정적인 역할을 한다고 더욱 강조한다.

핵심적이지만 확실한 답을 찾지 못한 질문은 지능이 어떻게 전반적으로 또는 특정한 직무성과를 예측하는가이다. 우선 경로 분석을 통해 이를 가장 잘 확인할 수 있다. Hunter(1986)는 지능이 직무지식을 강력하게 예측함을 보여 주었는데, '객관적' 직무성과와 상사 평정을 모두 예측했다. Borman 등(1993)은 다음의 모형을 검증하였다. IQ(능력)는 관리자로서의 직무 경험을 얻을 기회를 제공하며, 또한 직무지식의 증가를 예측한다. 경험은 또다시 직무지식의 추가적 향상으로 이어지고, 경험, 능력 및 지식은 숙련도를 예측한다. 따라서 지능은 직무성과를 예측한다.

---

7 범위 제한(restriction of range)은 상관관계의 크기에 영향을 미치는 요인 중 하나로 특정 점수 이상을 받은 사람의 자료만 모을 수 있거나(대입 합격자, 신입사원 등), 특정 점수 이상의 사람을 대상으로 연구한 경우(고도비만 환자 대상 연구, 우울장애 환자 대상 연구 등), 변수의 값이 제한되어 그렇지 않았을 경우와 비교하여 상관값이 크게 달라질 수 있다.

따라서 지능은 학습, 지식 및 숙련도를 예측하며, 이러한 요소들은 보통 경험을 통한 학습의 예측으로 이어진다. 즉, 똑똑한 사람들이 더 빨리 배우고, 뛰어난 기술을 보여 주며, 승진한다. 이로써 그들은 지식과 경험을 더 쌓게 되는데, 이 모든 것이 상사의 평정 또는 기타 직무성과 지표에 영향을 미친다.

이들 분석은 서로 다른 검사를 사용했지만 모두 신뢰할 수 있고 상호 관련성이 높았다(Hulsheger et al., 2007). 그러나 이 검사들은 본질적으로 특수 인지능력이 아닌 일반 정신능력을 측정하는 검사로 분류될 수 있다.

이전에도 몇 차례 연구가 있었지만, 1980년대 가장 잘 알려진 메타분석은 Hunter와 Hunter(1984) 및 Hunter(1986)의 분석이다. 몇 가지 경향성 중 가장 눈에 띄는 것은 IQ 검사 점수와 직무성과 간 상관관계의 변산성이었는데, 매우 높거나 낮은 결과가 모두 나타났다. 이는 특정 직무, 직무성과의 준거 및 IQ 검사 자체에 따라 그 관계가 달라진다고 주장하는 '상황적 특수성 원리(doctrine of situational specificity)'로 이어졌다. 그러나 이는 다시 메타분석의 발전으로 이어졌고, 이 발전된 방법에서는 다양한 통계 및 '교정' 기법을 통해 일반 정신능력(GMA)과 직무성과 사이의 진정한 운영 타당도(operational validity)[8]를 보여 주었다(Hunter, 1986; Hunter & Hunter 1984; Hunter & Schmidt, 1990; Schmidt & Hunter, 1998).

Ones, Viswesvaran과 Dilchert(2006)는 인지능력, 선발 결정 및 직장에서의 성공과 관련된 메타분석에 대한 매우 우수하고 포괄적인 최신 리뷰를 제공했다. 그들은 다양한 영역을 조사하여 다음과 같은 명확한 결론에 도달했다.

- 백만 명 이상의 학생 데이터를 바탕으로 GMA가 특정 전공이나 과목과 관계없이 학교/대학에서의 시험 성공, 학습 및 결과에 대한 강력하고 타당한 예측변인임을 언급한다.
- GMA는 상사 평정 또는 획득한 직무지식 등으로 측정되는 직장에서의 훈련 성공을 예측하며, 직무가 복잡할수록 더 강력하게 예측한다.
- 직무성과와 관련하여 인지능력검사는 직무, 상황 및 결과 유형 전반에 걸쳐 결과를 예측한다. 즉, 타당도는 직군 전체에 걸쳐 적용 가능하며 여러 문화에 걸쳐 일반화할 수 있다.

---

8 운영 타당도는 준거의 비신뢰성과 범위 제한 효과를 교정한 후, 예측변인과 준거 간의 상관관계의 정도를 나타낸다.

- 특수(specific) 능력을 측정하는 검사는 일반적인(general) 측정에 비해 증분 타당도를 가지지는 않는다. 특수 능력 검사들이 구직자의 수용도가 상대적으로 높을 수 있지만, 시간이 지남에 따라 이들 능력의 상대적 중요도는 달라진다.
- 지능은 학습의 속도와 질, 적응력, 문제해결 능력과 연결되어 있으므로 직무성과를 잘 예측한다.
- 인지능력검사는 소수 집단에 대해서도 공정한 예측력을 갖지만 불리효과를 가질 수 있으며, 이는 민감한 정치적 문제이다.
- 요컨대, GMA는 응용 장면에서의 성공에 대한 최고는 아니지만, 최선의 예측변인 중 하나이다.

지난 5년간 지능(때로는 일반 정신능력 또는 인지능력 검사로도 불림)이 업무 관련 결과를 예측하는 데 어떤 역할을 하는지에 대해 비판적이고 포괄적으로 살펴보기 위해 여러 메타분석이 수행되었다(〈표 6-6〉 참조).

일부 연구자들은 미국(Schmidt & Hunter, 2004), 영국(Bertua et al., 2005), 독일(Hulsheger et al., 2007)과 같이 단일국가의 데이터에 집중하기도 하고, 또는 유럽 공동체(Salgado et al., 2003)와 같이 보다 넓은 지역의 데이터를 분석하기도 하였다. 이러한 차이점에도 불구하고 결과는 본질적으로 동일했으며, 모든 연구자는 인지능력검사의 실용적 사용을 주장하였다. 인지능력검사는 훈련 성공과 전반적 직무성과 모두에 대한 좋은 예측변인이다.

Salgado 등(2003)은 GMA와 더불어 언어, 계산, 공간-기계(mechanical), 지각 및 기억과 같은 특수 인지능력이 측정 가능한 직무성과 및 훈련 성공을 예측하는지 예측 타당도를 조사하고자 하였다. 그들은 미국과 유럽의 서로 다른 선발 및 인사 관행이 차이를 초래할 수도 있다고 주장한다. 메타분석의 엄정한 요구조건에 따라 유럽인 25,000명 이상에 대한 250개 이상의 연구를 확인하였다. 메타분석를 통해 .62의 운영 타당도를 확인하였고, 이에 대해 'GMA가 직무성과의 훌륭한 예측변인임을 의미'(p. 585)하며 'GMA가 직무성과의 최선의 예측변인'(p. 585)이라고 설명했다. 다섯 가지 구체적 측정치에 대한 타당도는 .35(언어)에서 .56(기억)까지 다양하게 나타났다. 훈련 평정 데이터에 대해서도 다소 낮지만 대체로 비슷하게 나타났다(GMA=.54, 언어=.44, 기억=.34).

그들의 결론은 GMA 측정치가 업무성과에 대한 최고의 예측변인이라는 것이다. 즉, 사용된 검사, 직무성과 및 훈련의 측정도구/개념화의 차이, 실업률, 문화적 가치, 인구 통계적 차이에도 불구하고 GMA는 여전히 최고의 개인차 심리측정 도구로 자리매김한다.

실제로 이 결과는 이전의 미국 데이터와 놀라울 정도로 유사하다. 그들은 GMA가 문화를 넘어 직장에서의 예측 타당도로 인해, 과학적으로 실현 가능한 인사 선발의 일반 이론을 쉽게 도출할 수 있을 것으로 결론 내린다. 또한 다음과 같이 지적한다. "…… 언어, 계산, 공간-기계, 지각 및 기억과 같은 특수 능력 검사는 GMA 검사보다 더 높은 타당도를 입증하지 못했다. 따라서 이 발견의 주요한 실질적 함의를 재차 강조하는 것이 옳다. GMA 검사가 이 두 가지 준거를 가장 성공적으로 예측했다는 사실이다."(p. 594)

〈표 6-6〉 전반적 및 특수 능력 측정의 운영 타당도에 대한 메타분석 결과

	성과	훈련
GMA	.62	.54
언어	.35	.44
수리	.52	.48
공간-기계	.51	.40
지각	.52	.25
기억	.56	.43

〈표 6-7〉 전반적 및 특수 IQ와 직무성과 및 훈련의 상관계수

	성과	훈련
GMA	.48	.50
언어	.39	.49
수리	.42	.54
지각	.50	.50
공간	.35	.42
평균	.42	.49

영국 데이터를 중심으로 또 다른 메타분석이 수행되었다. 총 13,000명 이상의 283개 표본이 포함되었다(Bertua et al., 2005)(〈표 6-7〉과 〈표 6-8〉 참조). 이 분석은 7개 주요 집단(사무직, 엔지니어, 전문직, 운전사, 운영자, 관리자, 영업직)에 대한 GMA와 특수 능력(즉, 언어, 계산 등)의 예측 타당도를 조사하였다(〈표 6-7〉 참조). 다른 메타분석과 마찬가지로, GMA와 능력이 직무성과와 훈련 성공을 예측하였다(성과 $\rho = .48$, 훈련 $\rho = .50$). 또한 직무 복잡성이 높을수록 다양한 인지 검사와 직무성과 및 훈련 성공 간 운영 타당도가

더 높게 나타났다.

〈표 6-8〉 8개 직업 집단에 대한 GMA의 메타분석 결과

	수행	훈련
사무직	.32	.55
엔지니어	.70	.64
전문직	.74	.59
운전사	.37	.47
오퍼레이터	.53	.34
관리자	.69	.41
영업직	.55	.49
기타	.40	.55

따라서 이러한 결과는 유럽과 미국에서 얻은 결과와 대체로 일치하는 것으로 볼 수 있다. 다시 한번, 결론은 GMA 측정치가 모든 직업의 인사 선발을 위한 최고의 단일 예측변인일 수 있다는 것이다. 그들은 "직무 유형, 위계적 연공서열, 직무 역할 구성의 변화 가능성과 관계없이 또한 검사가 일반/특수 인지능력에 대한 것인지에 관계없이"(p. 403) 심리측정적으로 입증된 GMA 측정도구를 선발에 사용할 것을 권장하였다.

Hulsheger 등(2007)은 독일 데이터를 이용해 훈련 성공(11,969명)과 직무성과(746명)를 조사한 메타분석에서, 훈련 성공에 대해 .47의 타당도를, 직무성과에 대해 .53의 타당도를 확인하였다. 예상대로 직무 복잡성이 이 관계를 조절하였다. 따라서 그들의 결과는 다른 국가에서 나타난 것과 놀랍도록 유사했다.

Ones 등(2017)은 다음 표를 제시하였다(〈표 6-9〉 참조). 이 데이터에서 놀라운 점은 프랑스를 제외하고, 서로 다른 국가의 연구 결과 간 밀접한 유사성이다.

〈표 6-9〉 국제적 맥락에서 직무성과 예측을 위한 인지능력검사의 타당도

유럽 국가들	k	N	r	p
고-복잡도 직무	14	1,604	.23	.64
중-복잡도 직무	43	4,744	.27	.53
저-복잡도 직무	12	864	.25	.51

국가별 분석				
벨기에/ 네덜란드	15	1,075	.24	.63
프랑스	26	1,445	.48	.64
독일	8	746	.33	.53
일본	126	26,095		.20
대한민국	8	1,098		.57
스페인	11	1,182	.35	.64
영국	68	7,725	.26	.56

지난 사반세기 동안 지능이 직장에서 직무성과와 훈련 숙련도 모두에 대한 훌륭한 예측변인임을 보여 주는 '대규모의 설득력 있는 문헌'이 있다(Dragow, 2002). 광범위한 메타분석 리뷰에 따르면 지능은 특히 복잡한 직무에서 직무성과를 예측하는 좋은 예측변인이었다. 논쟁의 여지는 있지만, 연구자들은 지능과 직무성과 간 상관계수가 약 $r=.50$이라고 제안한다(Schmidt & Hunter, 1998). 여기서 제기할 수 있는 핵심 질문은 성격이나 사회적/정서적 지능(혹은 '사회적 기술')과 같이 남은 분산을 설명하는 다른 요인이 무엇인가이다. 그러나 g 또는 일반지능과 관련하여, Dragow(2002)는 "직장에서의 성과, 특히 과업 성과 및 훈련 성과를 이해하기 위해서는 g가 핵심이다... g는 훈련 및 직무성과를 예측할 때 설명된 분산의 압도적인 비율을 차지한다"(p. 126)는 결론을 내려야만 했다.

이 분야의 선도적인 연구자 Schmidt와 Hunter(2004)도 100년간의 연구를 바탕으로 다음의 명확한 결론에 이르렀다.

> GMA가 개인이 선택한 직업 내에서 달성한 직업 수준과 성과를 모두 예측하고, 다른 능력, 특성 또는 기질보다 잘 예측하며 직무 경험보다도 더 잘 예측한다는 증거가 있다. GMA와 이들 간 관련성의 크기는 심리학 연구에서 발견되는 대부분의 관련성보다 크다. 개별 직무에 맞게 조정한 특정 적성의 가중 조합이 GMA 단독보다 직무성과를 더 잘 예측하지 못한다는 증거가 제시되어, 특수 적성 이론은 반증되었다. 대신 직업 세계에서 GMA의 중심적인 역할을 설명하는 직무성과 이론이 제기된다. 이러한 결과는 GMA가 인간사에 매우 중요하다는 Spearman의 주장을 지지한다.
>
> (p. 162)

따라서 복잡한 직무 및 고위직 직무의 경우 GMA와 직무성과 간의 상관은 약 .50이다. 또한 지능은 성격보다 더 강력한 예측변인이다. GMA가 높은 사람이 직무지식을 보다 효율적으로 습득하기 때문에 지능은 경력 성공의 좋은 지표가 된다. 직무 경험은 직무성과와 관련이 있지만, 지능–성과 관계가 증가하는 것과는 달리 시간이 지남에 따라 그 관계는 약해진다.

밀레니엄 전환기 이후 직장에서의 지능이라는 주제에 대한 몇 가지 훌륭한 개관이 있었다. 다음은 일부 인용문이다.

광범위한 직업 및 다양한 장면에서, 일반 인지능력과 성과 간의 관계에 대한 풍부한 증거가 있으며, 이는 일반 인지능력이 성과를 가장 잘 예측하는 예측변인일 수 있음을 나타낸다. 능력–성과 관계는 본질적으로 선형적이며 일반 인지능력과 성과 간의 상관관계는 서로 다른 직무들에서도 유사하게 나타난다. 직무가 복잡해질수록 능력–성과 상관관계가 증가하는 경향이 있다는 증거가 있지만, 능력–성과 상관관계를 일관되게 조절하는 다른 변인들도 보고되었다. 마지막으로, 성과 또는 훈련 결과의 예측에 대한 특수 능력(일반 요인과 무관한 능력 요인으로 정의됨)의 증분 기여도는 미미할 수 있다(Murphy, 2002, p. 175).

일반 인지능력(GCA)과 직무성과 간의 강한 연관성을 보여 주는 압도적인 연구 증거를 고려할 때, 산업 및 조직(I/O) 심리학자들이 직무성과에서 GCA의 중요성에 대해 심각한 논쟁을 벌이는 것은 논리적으로 불가능하다. 그러나 이러한 증거가 I/O 심리학에 존재하지 않더라도 GCA의 본질 및 다른 변인과의 관계에 대한 개인차 심리학의 연구 결과들은 GCA가 직무성과와 밀접한 관련이 있다는 충분한 근거를 제공한다. 우리가 살고 싶은 이상적인 세상이라는 관점에서–그리고 우리가 실제로 살고 있다고 믿고 있는 관점에서–GCA에 대한 연구 결과는 대부분 우리가 바라는 바와 다르고 환영받지 못한다. 그러나 우리가 과학의 한 분야로 남기 원한다면, 우리가 진실이라고 알고 있는 것을 우리가 원하는 것으로 대체할 수 없다(Schmidt, 2002, p. 187).

'…… g의 효용' 즉 더 높은 'g' 수준을 가질 때 모든 종류의 업무와 직무별 경험 수준에 걸쳐 가치가 있지만, ① 업무가 복잡할수록, ② 보다 핵심적인 성과 준거일 때(부수적인 맥락수행보다는 본연의 과업수행에서의 성과), ③ 더 객관적으로 성과가 측정될수록(예: 감독자 평정보다 업무 표본에 의한 평가) 그 가치는 더 증가한다. 다양한 통계적 인공물들을 교정했을 때, g의 예측 타당도는 민간 분야(civilian job)에서는 약 .2에서 .8의 범위이며 평균은 .5에 가깝다. 군대의 중간급 직무에서 비교정 타당도는 .3에서 .6의 범위를 가지며, 이는 상당히 큰 수준이다. 예를 들어 설명하면, 이러한 수준의 타당도를 가진 검사는 무작위로 고용하는 것 대비 완벽한 타당도를 가진 검사(그런 검사는 없음)를 사용하여 고용했을 때 직원들이 실현할 수 있는 직무성과 총합 수준의 30~60% 정도의 이득을 제공할 것이다(Gottfredson, 2003).

5) 직장에서 검사의 적용과 함의

선발, 훈련 및 승진 결정을 내리기 위해 인지 검사를 사용하는 것이 바람직한가? 만약 그렇다면, 어떤 목적으로 누구에게 어떤 검사를 시행해야 하는가? 잠재적인 부정적 결과가 이익보다 더 큰가? 직장에서 이 검사를 사용하는 것에 대해 법적 주장이 아니라 경제적 주장을 할 수 있는가?

새로운 지능검사, 특히 컴퓨터로 관리할 수 있는 검사가 빈번하게 개발되고 있다. 선발자는 언제나 더 짧고 정확하며 덜 편향된 검사를 요구한다. 이러한 검사는 거의 항상 중간 정도의 정적 상관관계가 있으며, 이는 이 검사들이 모두 동일한 능력, 즉 정보처리의 효율성을 측정한다는 것을 시사한다.

직장에서 성공하기 위해 지능이 필요하지만, 그것만으로는 충분하지 않다는 것에 거의 모든 사람이 동의한다. 똑똑하지만 동기부여가 되지 않은 직원은 평균 지능이지만 동기 수준이 높은 직원보다 성과가 훨씬 낮을 수 있다.

많은 사람이 선형 가설 대 역치 가설의 문제를 제기한다(Cook, 2016). 역치 가설은 '충분히 명석해야 한다'는 개념으로, 특정 범위를 넘어서는 점수(가령 120점, 또는 표준보다 1.5 표준편차 이상)가 어떤 직무에서든 업무성과를 보장하기에 충분하다는 것이다. 선형 가설은 '높을수록 좋다'고 제안하며, 지능이 높을수록 모든 성과 지표가 선형적으로 증가한다고 주장한다. 반면, 곡선 가설(역 U자 형태)은 성과가 어느 지점까지 증가하다가 그 이후로는 감소하여 특정 점수 이상의 높은 지능이 오히려 핸디캡이 될 수 있다고 제안한다. 데이터는 '역치/충분한 수준의 명석함(threshold/bright-enough hypothesis)' 가설을 지지하지만 앞서 언급했듯이, 기준점(cut-off) 또는 평준화 점수는 관련 업무성과의 복잡성에 따라 달라진다.

6) 온라인 검사

많은 형태의 평가(면접, 성격검사)가 온라인으로 진행되고 있다. 능력 검사도 마찬가지이다. 하지만 온라인 검사가 일반적인 지필검사나 감독관이 있는 검사와 동등한가 하는 것이 문제이다. 여기에는 차이점과 잠재적인 문제가 있다. 컴퓨터 '로딩 시간' 때문에 응답 시간을 빼앗길 수 있고, 컴퓨터 시험 응시자들은 지시 사항을 잘 읽지 않으며, 때로는 스크린에 색상과 그래프가 제대로 나타나지 않을 수 있다. 또한 이전 화면으로 돌아가거나 메모를 하는 것이 어렵고, 나이든 사람들은 젊은 사람들만큼 컴퓨터 기반 검사를 잘 수행하지 못한다. 또 실제로 검사를 누가 수행했는지 항상 확인할 수 있는 것은 아니므로 감독 없는 검사에서 부정행위가 더 발생될 우려가 있다.

지난 10년 동안, 특히 태도와 신념에 대한 온라인 평가가 크게 증가했다(Barak & English, 2002; Schroeders et al., 2010). 다양한 플랫폼이 있으며 각각의 장단점을 가지고 있다. 온라인 데이터를 사용하는 사람들의 주요 관심사는 자료의 대표성(representativeness)뿐만 아니라 정확성이다(Buhrmester et al., 2011). 한 가지 중요한 질문은 누가, 어떤 동기로, 어떤 조건에서 검사를 수행하는가이다. 또 다른 이슈는 사람들이 불규칙하거나 부주의하거나 단순히 무작위로 반응하는 정도와 관련이 있다(Furnham et al., 2015).

성격 및 태도 연구에서 나타나는 자기보고 데이터와 관련된 문제, 즉 왜곡과 자기인식 문제는 이러한 유형의 데이터에서도 여전히 나타난다(Arthur et al., 2009). 또 다른 주요 문제는 부정행위에 대한 것으로, 실제로 누가 검사를 수행하는지, 어떤 방법들로 부정행위를 할 수 있는지에 대해 명확히 하는 것이다(Arnold, 2016). 컴퓨터 친숙도, 언어 능력 및 일반적인 인터넷 사용과 같이 검사의 타당도를 위협하는 부수적인 문제가 더 있을 수 있다.

문항별 응답 지연 시간 및 검사 총 소요시간과 같은 일부 요인은 온라인으로 측정할 수 있다. 검사 소요시간 자체가 응답자 성격에 대한 흥미로운 지표라는 것이 입증되었다(Furnham et al., 1998, 2013). 거의 모든 지능검사에는 시간 제한이 있지만, 결정지능(Gc)을 평가할 때는 응답자가 정답을 알고 있는지 여부에 따라 판단할 수 있기 때문에, 시간 제한이 상대적으로 덜 중요할 수 있다. 결정지능은 기본적으로 장기기억과 중기기억(long and medium-term memory)에 접근하여 정확한 답을 찾는 것 외에는 복잡한 처리과정이 필요하지 않다.

온라인 IQ 검사에 여전히 많은 어려움과 문제가 남아 있지만, 현재도 사용되고 있으며 점차 발전하면서 문제는 줄어들 것이다(Furnham, 2020).

7) 결론

심리학 분야 중 지능만큼 많은 토론과 논쟁을 불러일으키는 주제는 거의 없다. 많은 학계 연구자가 지능에 대해 쓴 글로 인해 (물리적으로) 공격을 받고, 괴롭힘을 당하고 해고를 당하거나 비방을 받았다. 가장 뜨거울 수밖에 없는 영역은 연령, 성별, 인종의 지능 차이이다. 교육 장면에서 지능검사의 역할에 대해서도 여전히 상당한 논쟁이 있다.

본질적으로 경험적 문제와 사회 정책적 문제 두 가지가 있다. 직장 맥락에서 지능검사의 예측력에 대한 상당한 논란이 여전히 남아 있지만, 대부분의 논쟁은 전자가 아닌 후자에 관한 것이다.

그러나 업무 관련 행동의 예측변인으로서 일반지능에 대한 데이터는 매우 명료하다. 최근 메타분석을 실시한 연구자들은 지능이 직장에서의 성공(특히 고위직의 복잡한 직무)에 대한 가장 좋은 단일 예측변인이라는 사실에 깊은 인상을 받았을 것이다. 이는 다른 중요한 요인을 부정하거나, 모든 똑똑한 사람이 직장에서 특별히 더 잘할 것이라는 의미는 분명히 아니다. 그러한 의미에서 지능은 필요하지만 충분하지는 않다. 지능은 비교적 신뢰성 있고 정확하게 측정하기 쉽다. 지능검사 점수는 다른 요인(성격 등)의 영향을 받지만, 그 영향이 크지는 않다. 지능은 본질적으로 인지능력에 관한 것이며, 효율적인 문제해결뿐만 아니라 축적된 지식 모두를 의미한다.

지능검사의 과학적 측면과 실무적 활용은 오해, 잘못된 적용 및 정치적 요소로 인해 간극이 여전하다. 그러나 미래에는 개인차 심리학자들과 현업에 있는 사람들이 직장에서 가장 타당하고 예측력 있는 측정도구를 활용하여 혜택을 취할 수 있는 희망적 전망이 엿보인다.

Dilchert(2018)의 글로 마무리하고자 한다.

우리 분야가 배운 한 가지 교훈은 준거 관련 타당도의 증거만으로는 조직과 실무자들을 설득하기 어렵다는 것이다. 만약 그것이 가능했다면, 모든 조직은 기회가 있을 때마다 모든 입학 또는 직무 채용 과정에 표준화된 인지능력 평가를 사용했을 것이다. 궁극적으로, 예측변인의 구성개념 및 평가 방법의 결정 시에는 과학적 증거, 조직의 가치, 경제적 · 사회적 맥락을 고려해야 한다.

IWO(Industrial, Work, Organizational) 심리학자들의 책임은 그러한 증거를 제공하고 조직이 주어진 상황에서 가장 책임 있는 결정을 내릴 수 있도록 돕는 것이다. 인지능력 검사는 IWO 심리학의 가장 강력한 무기 중 하나이다. 이 비유가 엉성할 수는 있지만 적절하다. 우리는 효과성, 효율성 및 결과(지원자 반응 및 인력 다양성 포함) 등 그들의 배치와 관련된 다양한 요인을 가늠해야 한다. 그러나 특히 분배할 자원(교육 기회, 일자리)이 부족할 때 우리는 신뢰할 수 있고 타당한 예측 도구를 사용하지 않아서 발생할 수 있는 부정적 결과(객관성 감소, 생산성 저하, 사회적 혜택 부족 등)도 함께 고려해야 한다.

(p. 268)

참고문헌

Arnold, I. (2016). Cheating at online formative tests. *Internet and Higher Education, 29*, 98–106.

Arthur, W., Glaze, R., Villado, A., & Taylor, J. (2009). Unprotected internet-based tests of cognitive ability and personality. *Industrial and Organizational Psychology, 2*, 39–45.

Baddeley, A. D. (1968). A 3 minute reasoning test based on grammatical transformation. *Journal of Social and Clinical Psychology, 4*, 359–373.

Barak, A., & English, N. (2002). Prospects and limitations of psychological testing on the internet. *Journal of Technology in Human Services, 19*, 65–89.

Batey, M., Chamorro-Premuzic, T., & Furnham, A. (2009). Intelligence and personality as predictors of divergent thinking: the role of general, fluid and crystallised intelligence. *Thinking Skills and Creativity, 4*(1), 60–69.

Beglinger, L. J., Gaydos, B., Tangphao-Daniels, O., Duff, K., Kareken, D. A., Crawford, J. F., et al. (2005). Practice effects and the use of alternate forms in serial neuropsychological testing. *Archives of Clinical Neuropsychology, 20*, 517–529.

Bertua, C., Anderson, N., & Salgado, J. (2005). The predictive validity of cognitive ability tests. A UK meta-analysis. *Journal of Occupational and Organisational Psychology, 78*, 387.

Borman, W., Hanson, M., Oppler, S., Pulakis, E., & White, L. (1993). Role of early supervisory experience in supervisor performance. *Journal of Applied Psychology, 78*, 443–449.

Brody, N. (1992). *Intelligence*. London, UK: Academic Press.

Buhrmester, M., Kwang, T., & Gosling, S. D. (2011). Amazon's Mechanical Turk a new source of inexpensive, yet high-quality, data? *Perspectives on Psychological Science, 6*(1), 3–5.

Campbell, P., McHenry, J., & Wise, L. (1990). Modeling job performance in a population of jobs. *Personnel Psychology, 43*, 313–333.

Carroll, J. (1993). *Human cognitive abilities*. Cambridge, UK: Cambridge University Press.

Cattell, R. (1987). *Intelligence: Its structure, growth and action*. New York: North Holland.

Chamorro-Premuzic, T., Furnham, A., & Ackerman, P. (2006a). Incremental validity of typical intellectual engagement as predictor of different academic performance measures. *Journal of Personality Assessment, 87*, 261–268.

Chamorro-Premuzic, T., Furnham, A., & Ackerman, P. (2006b). Ability and personality correlates of general knowledge. *Personality and Individual Differences, 41*, 419–429.

Chamorro-Premuzic, T., Furnham, A., & Moutafi, J. (2004). The relationship between estimated and psychometric personality and intelligence scores *Journal of Research in Personality, 38*, 505–513.

Deary, I. (2000). *Looking down on human intelligence*. Oxford: Oxford University Press.

Deary, I. (2001). *Intelligence: A very short introduction*. Oxford: Oxford University Press.

Dilchert, S. (2018). Cognitive ability. In D. S. Ones, N. Anderson, C. Viswesvaran, & H. K. Sinangil (Eds.), *The SAGE handbook of industrial, work & organizational psychology: Personnel psychology and employee performance* (pp. 248–276). New York: Sage.

Dragow, F. (2002). Intelligence and the workplace. In W. Borman, D. Ilgen, & R. Klimozki (Eds.), *Handbook of psychology* (Vol. 12, pp. 107–130). New York: Wiley.

Furnham, A. (2008). *Personality and intelligence at work*. London, UK: Routledge.

Furnham, A. (2017). Whether you think you can, or you think you can't – you're right. Differences and consequences of beliefs about your ability. In Robert Sternberg, Susan Fiske, & Don Foss (Eds.), *Scientists making a difference: The greatest living behavioral and brain scientists talk about their most important contributions*. Cambridge, UK: Cambridge University Press.

Furnham, A. (2020). *The Assessment of General Knowledge Online: Two studies using two platforms examining demographic, self-assessment and internet usage correlates*. Paper under review.

Furnham, A., & Chamorro-Premuzic, T. (2006). Personality, intelligence and general knowledge. *Learning and Individual Differences, 16*, 9–90.

Furnham, A., Forde, L., & Cotter, T. (1998). Personality scores and test taking style. *Personality and Individual Differences, 24*(1), 19–23.

Furnham, A., Hyde, G., & Trickey, G. (2013). On-line questionnaire completion time and personality test scores. *Personality and Individual Differences, 54*(6), 716–720.

Furnham, A., Hyde, G., & Trickey, G. (2015). Personality and value correlates of careless and erratic questionnaire responses. *Personality and Individual Differences, 80*, 64–67.

Furnham, A., Rawles, R., & Iqbal, S. (2006). Personality, intelligence and proofreading. *Personality and Individual Differences, 41*, 1457–1467.

Gardner, H. (1983). *Frames of mind: The theory of multiple intelligences*. New York: Basic Books.

Gardner, H. (1999). *Intelligence reframed*. New York: Basic Books.

Gatewood, R., Feild, H. S., & Barrick, M. (2016). *Human Resource Selection*. Scarborough, ON, Canada: Nelson Education.

Ghiselli, E. (1966). *The validity of occupational aptitude tests*. New York: Wiley.

Gottfredson, L. (2003). g jobs and kife. In J. Nyborg (Ed.), *The science of mental ability* (pp 293–342). Oxford, UK: Pergammon.

Harrell, T., & Harrell, M. (1945). Army general classification test scores for civilian occupations. *Educational and Psychological Measurement, 5*, 229–239.

Hough, L., Oswald, F., & Floghart, R. (2001). Determinants, detection and amelioration of adverse impact in personal selection procedures. *International Journal of Selection and Assessment, 9*, 152–194.

Hulsheger, U., Maier, G., & Stumpp, T. (2007). Validity of general mental ability for the prediction of job performance and training success in Germany. *International Journal of Selection and*

Assessment, 15, 3–18.

Hunter, J. (1986). Cognitive ability, cognitive aptitudes, job knowledge and job performance. *Intelligence, 29*, 340–362.

Hunter, J., & Hunter, R. (1984). Validity and utility of alternative predictors of job performance. *Psychological Bulletin, 96*, 72–98.

Hunter, J. E., & Schmidt, F. L. (1990). *Methods of meta–analysis: Correcting for error and bias in research findings*. Newbury Park, CA: Sage.

Jones, G. (1988). Investigation of the efficacy of general ability versus specific abilities as predictors of occupational success. Unpublished thesis. St Mary's University of Texas.

Kaufman, S. (2019). There is no Nature–Nurture War. *Scientific American*.

Kline, P. (1996). *The new psychometrics*. London, UK: Routledge.

Irwing, R., Cammock, T., & Lynn, R. (2001). Some evidence for the existence of a general factor of semantic memory and its components. *Personality and Individual Differences, 30*, 857–871.

Mackintosh, N. (1998). *IQ and human intelligence*. Oxford: Oxford University Press.

Martinsen, Ø. L., & Furnham, A. (2016). The Assimilator–Explorer styles and creativity. *Personality and Individual Differences, 98*, 297–299.

Martinsen, Ø. L., & Kaufmann, G. (2000). The Assimilator–Explorer cognitive styles and their relationship to affective–motivational orientations and cognitive performances. In R. Riding & S. Raynor (Eds.), *International perspectives on individual differences: Vol. 1. New developments in learning/cognitive styles* (pp. 3–41). Stamford, CT: Ablex Publishing Corporation.

McHenry, J., Hough, L., Toquam, J., Hanson, M., & Ashworth, S. (1990). Project A validity results. *Personnel Psychology, 43*, 335–354.

Messick, S. (1984). The nature of cognitive styles: problems and promises in educational practice. *Educational Psychologist, 19*, 59–74.

Murphy, K. (2002). Can conflicting perspectives on the role of g in personnel selection be resolved? *Human Performance, 15*, 173–186.

Ones, D., Dilchert, S., Viswesvaran, C., & Salgado, J. (2017). Cognitive ability: masurement and validity for employee selection. In James Farr, & Nancy Tippins (Eds.), *Handbook of employee selection* (pp. 251–276). New York: Routledge.

Plomin, R. (2018). *Blueprint: How DNA makes us who we are*. London: Allen Lane.

Ree, M. J., & Earles, J. A. (1992). Intelligence is the best predictor of job performance. *Current Directions in Psychological Science, 1*, 86–89.

Ree, M., & Carretta, T. (1998). General cognitive ability and occupational performance. *International Review of Industrial and Organisational Psychology, 13*, 161–189.

Schmidt, F. (2002). The role of general cognitive ability and job performance. *Human Performance, 15*, 187–210.

Schmidt, F. L., & Hunter, J. E. (1998). The validity and utility of selection methods in personnel psychology: practical and theoretical implications of 85 years of research findings. *Psychological Bulletin, 124*, 262–274.

Schmidt, F., & Hunter, J. (2004). General mental ability in the world of work. *Journal of Personality and Social Psychology, 86*, 162–173.

Schroeders, U., Wilhelm, O. & Schipolowski, S. (2010). Internet-based ability testing. In S. D. Gosling, & J. A. Johnson (Eds.), *Advanced methods for behavioral research on the Internet* (pp. 131–148). Washington, DC: American Psychological Association.

Sternberg, R. (1997). *Successful intelligence*. New York: Plume.

Terman, L., & Merrill, M. (1960). *Stanford-Binet intelligence scale*. New York: Houghton Mufflin.

Thorndike, E. L., Henmon, V. A. C., & Buckingham, B. R. (Eds.) (1921). *Intelligence and its measurement: A symposium*. Baltimore, MD.

Vernon, P. (1969). *Intelligence and cultural environment*. London, UK: Methuen.

Wechsler, D. (1958). *Measurement of adult intelligence* (4th ed.). Baltimore, MD: William & Wilkins.

Wechsler, D. (1981). *Manual for the adult intelligence scale* (revised). New York: Psychological Corporation.

Wonderlic Personnel Test, Inc. (1992). *Wonderlic Personnel Test and Scholastic Level Exam: User's manual*. Libertyville, IL: Author.

방법 13. 비개입 측정

무엇인가?
동기, 가치 및 성격을 추론하기 위해 비반응적(non-reactive) 정보의 원천인 개인의 글, 행동 또는 기록을 조사하는 방법을 뜻한다.

어떻게 작동하는가?
기본 개념은 개인 행동의 '족적'을 찾거나, '실제' 성격과 동기를 드러내는 개인에 대한 '비반응' 데이터를 실험적으로 얻기 위한 조건을 설정하는 것이다.

증거가 있는가?
사용기법과 측정대상에 따라 이러한 방법이 특정 가설을 검증하는 데 좋은 데이터를 제공할 수 있다는 몇 가지 증거가 있다.

실무적 비용, 윤리, 정치적 이슈
데이터 수집과 관련하여 중대하고 심각한 윤리적 문제가 있을 수 있다. 또한 비용-편익 관점에서 이러한 기법은 매우 구체적인 이슈에 한정해서 사용하는 것이 현명할 것이다.

사용 관련 제안
이러한 방법은 개인이 가진 편견, 이타주의, 중독 등과 같은 민감한 이슈를 평가하고자 할 때 다른 데이터에 더해 훌륭한 보완 자료가 될 수 있다.

1) 도입

사람들의 일상은 교통카드를 이용해 대중교통으로 출근하는 것에서 시작될 수 있다. 은행이나 매장에 정보를 남기는 신용카드, 직불카드 혹은 선불카드(매장용) 등으로 구매를 한다. 또한 온라인에 접속할 것이며, 특히 소셜미디어를 사용하는 동안 많은 데이터가 기록된다. 어떤 게시물에, 얼마나 자주 '좋아요(like)'를 누르는지와 댓글은 개인의 관심사에 대해 많은 것을 보여 주고, 게시물은 개인의 성격과 자아상을 크게 반영하는 것일 수 있다. 대부분의 사람들이 휴대폰을 가지고 다니며, 거기에는 사진, 연락처, 심지어 피트니스 어플에 기록된 건강 상태 등의 풍부한 데이터가 쌓여 있다. 우리 대부분은 거리나 가게에서 카메라에 노출된다. 사람들이 집 앞으로 물건을 배달하고, 집 앞에서 쓰레기를 수거해 간다. 요약하면, 개인과 관련된 데이터의 양이 계속 증가하고 있다(9장 참조).

일부 국가에서는 신분증이나 여권을 가지고 다녀야 하는데, 그 안에는 많은 전자 기록 데이터가 들어 있다. 이 모든 것들은 분석할 수 있는 엄청난 데이터 흔적을 남긴다.

입사 선발 과정에서 여권을 제출하라는 요청을 받는다면 어떻겠는가? 회사가 서비스 업체에 비용을 지불하고 당신에 대해 알 수 있는 모든 온라인 정보를 검색하게 하면 괜찮겠는가? 온라인 정보를 통해 확인하고자 하는 것은 개인의 위험 선호도, 자신감 또는 낙관성일 것이다. 이러한 특성들은 특정 직무에서 직무 관련성이 매우 높게 나타난다.

'매장용 선불카드'나 항공사 카드는 개인의 생활양식에 대해 무엇을 말해 줄까? 직무면접에서 악수하는 방식이나 악력, 옷차림이 유행을 따르는지, 격식을 갖추었는지에서 무엇을 '읽어' 낼 수 있고, 읽어 내야 하는가?

요컨대, 주로 전자로 기록되고 저장되는, 개인의 디지털 족적(digital footprint)이라 할 수 있는 데이터뱅크가 지속적으로 증가하고 있다. 의료인, 고용주, 경찰 및 자동차 면허 당국은 우리에 대한 많은 양의 데이터를 가지고 있다. 그들은 우리의 이동 경로, 친구, 구매 이력 등에 대해 쉽게 알 수 있다. 우리가 파산한 적이 있는지, 운전면허에 벌점은 몇 점이나 되는지, 어떤 나라들을 방문했는지, 술값으로 얼마나 지출하는지 등의 정보를 알 수 있다.

습관과 신념에 대한 데이터를 얻는 것 역시 가능하다. 예를 들어, 술(상점, 술집)에 지출한 내역을 파악하거나, 심지어 쓰레기를 통해 정보를 수집하고 걸러내는 것도 어렵지 않을 것이다.

실제로 어떤 사람이 이기적이거나 인종차별적이라거나 기만적이고 부정직하다는 증거가 있더라도, 두려움 혹은 자기기만으로 인해 자신이 그렇다고 인정하는 사람은 거의 없다. 더욱이 '도덕성 과시(virtue signalling)'가 매우 강조되면서, 모든 사람은 자신이 친절하고 사려 깊고 공감하는 등 좋은 사람이라고 믿고 싶어 한다. 사람들이 관찰자, 특히 평가자에게 어떻게 '비추어질지'에 그렇게나 민감하다면, 이러한 것들을 어떻게 측정할 수 있을까? 성경에는 "그들의 열매로 그들을 알지니"라는 구절이 있다. 그러나 지원자에 대한 정보가 너무 많아서 무엇을 수집하고 읽어 내야 할지를 알기가 어려울 수 있다.

오늘날 대부분의 사람들, 특히 젊고 기술에 정통한 사람들(techno-savvy)에 대한 방대한 데이터가 있다. 그들은 블로그나 브이로그 형태로 문자 메시지나 이메일을 보낸다. 이는 한 사람의 생활양식과 사용하는 언어에 대해 풍부한 데이터를 제공하는데, 두 가지 모두 교육과 지능에 대한 좋은 지표일 수 있다. 컴퓨터를 이용해 이러한 데이터에서 주제, 어휘 및 개인 네트워크 등에 대한 내용분석을 정확하게 수행할 수 있다.

또한 개인이 작성한 문서의 레이아웃, 글씨체, 공식 제목이나 사용된 사진을 통해서도 판단할 수 있다.

2) 비반응성

단순히 자신 또는 지인에게 물어보는 것과 비교해 비개입 '빅 데이터'가 가지는 이점은 무엇일까? 그에 대한 답은 Webb 등(1966)이 반응성이 나타나지 않는 행동을 추적하여 『비개입 측정(Unobtrusive measure)』이라는 책을 쓴 50년 전으로 거슬러 올라간다. 이 책은 흥미롭고 독특한 아이디어들이 담긴 고전이다.

평가 상황에서 질문을 받거나 관찰을 받게 되면, 사람들은 죄책감을 느끼거나 당황하거나 허둥지둥하거나 혹은 단순히 긴장할 수 있다. 그래서 비개입 측정을 사용한다. '비개입(unobtrusive)'이라는 단어는 **눈에 띄지 않거나 관심을 끌지 않는** 것을 의미한다. 이는 어떤 특성에 대해 평가를 받는 사람들이 자신이 모니터링되고 있다는 사실을 모른다는 뜻이다.

자신이 관찰되고 평가되고 있다는 것을 알게 되면 사람들의 행동이 바뀔 가능성이 매우 크다. 즉, 좋은 인상을 주기 위해 '선량함을 내세우며' 자신의 행동을 스스로 감시하고 변화시킨다. 이러한 개입적 평가의 잠재적인 문제는 반응적이라는 것인데, 이는 **평가 절차가 결과에 영향을 미치는 것**을 의미한다.

따라서 더 정확한 데이터를 얻기 위해 비개입 측정이 고안되었다. 이 방법은 개인으로부터 데이터를 노골적으로 직접 끌어내지 않는다. 이는 면접이나 질문지 형식의 전통적인 평가 방법을 대체하기보다 보완하는 역할을 한다. 큰 틀에서의 취지는 면접에서 나타나는 것과 같은 많은 종류의 편향을 줄이고자 하는 것이다. 사람들은 쓰고 말하고 행동할 때 '흔적'을 남긴다. 디지털 세상 및 소셜미디어는 비개입 측정을 위한 여러 가지 새로운 기회를 제공하였고, 그중 많은 부분이 빅 데이터와 관련이 있다(9장 참조).

조직 연구에서 비개입 측정의 사용에 대한 철저한 검토가 이루어져 왔고, 일반적으로 신중하게 그리고 다른 방법들과 함께 사용할 때, 비개입 측정은 중요하고 다른 방법으로는 얻기 어려운 정보를 얻게 해 준다는 결론을 내렸다(Hill et al., 2014).

3) 초기 연구들

가장 유명한 것 중 하나는 '분실된 편지' 기법으로, 심리학자들이 지역 주민이나 외국인에게 보낸 편지를 '흘린' 후 그 편지를 발견한 사람이 '도움을 주기 위해' 편지를 발송하는지 혹은 그냥 버리거나 찢는 등 편견을 드러내는 행동을 보이는지 확인하는 방법이다. 신분증과 같은 '분실물'에 대해서도 마찬가지이다. 사람들은 같은 인종집단의 분실물을 더 많이 찾아 주려고 노력하게 될까? 잃어버린 지갑(관찰자가 놓아둔)을 발견하면 어떻게 행동할까?

일부 심리학자들은 사람들이 무엇을 버리는지 알아보기 위해 쓰레기를 뒤지는 '가볼러지(garbology)'를 주창하기도 하였다. 이는 정치인들의 음주 습관을 조사하기 위해 언론인들이 했던 것처럼, 버려진 자료를 확인하는 것으로 수행할 수 있다. 집이든 사무실에서든 사람들이 먹은 음식, 읽은 자료 등 버려진 내용물을 통해 확인할 수 있다. 가볼러지는 사람들의 식단이나 어쩌면 생태 및 환경에 대한 사회정치적 신념에 대해서도 훌륭한 통찰을 제공한다.

다양한 종류의 광고에 대한 반응도 조사하였다. 이러한 관점에서 컴퓨터화된 세상(9장 참조)은 놀라운 기회를 제공한다.

이 분야의 연구는 매력적일 수밖에 없다. 한 사회심리학자는 신호등이 빨간색에서 녹색으로 바뀌었는데도 외지인의 차가 출발하지 않았을 때 얼마나 빨리 경적을 울리는지를 측정하여 국가적 편견을 측정하고자 하였다(Forgas, 2003). 일군의 연구자들은 개인공간에 대한 선호도를 살펴보았다(Reid & Novak, 1975). 초기 연구들은 '마모 정도'를 활용도로 보고, 왜 어떤 학생의 교과서가 다른 교과서보다 더 낡아 보이는지, 사무실의 특정 책상 주변에 깔린 카펫이 더 낡은 이유는 무엇인지 살펴보았다.

일부 연구자들은 불법 약물 오남용 빈도를 파악하기 위해 남성/여성, 직원/임원 화장실의 하수와 배수를 분석할 것을 제안하기도 하였다.

비평가들은 이러한 측정들이 그렇게 신뢰할 만한 경우가 드물다는 점, 그리고 사람들을 속이는 것과 같은 윤리적인 문제를 지적한다. 또한 통제요인이 없으므로 어떤 사건(우연)이 조사된 행동에 영향을 미쳤는지 확신할 수 없다. 더욱이 이러한 결과는 개인보다는 집단행동에 더 가깝다. 따라서 가볼러지를 측정도구로 사용하는 경우, 아무리 혼자 사는 사람이라고 하더라도 버려진 모든 물건이 당사자가 직접 사용한 것인지는 분명하지 않다.

비개입 측정 사용의 주요 *이점*은 일반적으로 개입적 측정 방법에 따르는 자의식 조작이 없다는 것이다. 음주로 예를 들어 보면, 사람들 대부분은 자신이 마시는 양을 과소평가하고, 평소에 많이 마시는 사람일수록 자신의 음주 정도를 완강하게 부인할 수 있다. 그러나 실제로 버린(다 마신) 병의 개수를 세어 보면 음주 습관의 정도에 대한 매우 현실적인 지표를 얻을 수 있다.

주류 사업의 일부 조직은 직원에게 정기 간 검진을 요구하고 입사 시 이에 동의해야 한다. 그러나 알코올 남용이 우려되는 개인에 대한 데이터를 얻는 것은 일반적으로 흔하지 않다.

장애인의 이동성을 측정하기 위해 휠체어의 타이어 마모를 측정하는 것과 같은 비개입 측정의 가장 큰 단점은 행동을 유발한 것이 무엇인지 절대적으로 확신할 수 없다는 것이다. 다르게 말하면, 파악할 수 없는 온갖 종류의 기타 요인들이 측정하고자 하는 것에 영향을 미쳤을 수 있다. 측정한 행동에 대한 대안적 설명을 배제할 수 있을까?

또한 어떤 행동이 얼마나 반응적인지 항상 분명하지는 않다. 예를 들어, 어떤 사람은 매우 제한된 일부 색상의 옷만 입는 반면, 다른 사람은 매우 다채롭고 선명한 색상을 입는다는 것을 파악했다면, 이를 통해 무엇을 측정할 수 있는가? 창의성? 나르시시즘? 색맹? 그 사람에 대한 추가적인 정보 없이는 확실하게 알 수가 없다.

4) 기타 기법

이 영역에는 기본적으로 세 가지 기법이 있다.

(1) 직접 관찰

직접 관찰에는 개인의 행동을 모니터링하고 관찰하는 두 가지 방법이 있다.

- **자연주의적 관찰**: 집, 회사, 교실 등에 있는 사람에 대한 기록이다. 이는 인류학자가 되는 것과 비슷하다. 관찰자들은 사회적 상호작용의 패턴에 관심이 있다. 누가 누구와 얼마나 자주 대화를 나누는가? 사무실에 깔린 카펫의 마모 정도를 보고 사람들이 어떤 책상(누구 자리)에 가장 자주 들렀는지 알 수 있는가?
- **인위적 상황**: 개인이 특정한 자극에 어떻게 반응하는지 보기 위해 '인위적인' 상황을 설정하는 것이다. 전통적인 사회심리학 분야의 '재미와 게임(fun-and-games)' 방식을 평가 상황에

서도 사용할 수 있다. 예를 들어, '공모자(stooge)'는 면접을 기다리는 지원자들과 함께 대기하면서 그들이 어떻게 행동하는지 확인할 수 있다. 어떤 신문을 읽는지, 불안의 징후가 보이는지, 또는 다른 지원자가 지갑을 떨어뜨리면 어떻게 반응하는지 등을 볼 수 있다.

(2) 내용분석

이것은 인공물, 문서 및 데이터 세트의 내용분석이다. 이는 본질적으로 측정하고자 하는 것과 관련된 데이터에서 주제를 찾는 것을 뜻한다. 양적 분석, 질적 분석 또는 둘 다 가능하며, 분석의 목적은 텍스트에서 패턴을 찾아내는 것이다.

다음 내용이 포함된다.

① **텍스트의 주제 분석**(thematic analysis). 주제 범주를 찾기 위한 것이다.

② **색인화**(Indexing). 특정 키워드에 대해 컴퓨터를 통한 텍스트 및 인덱스 검색이 포함될 수 있다. '상사' '친구' '돈'과 같은 단어를 검색하는 것이 가능할 것이다.

③ **양적 기술 분석**(quantitative descriptive analysis). 텍스트에서 가장 자주 사용되는 단어 또는 문구를 세는 것과 같은 작업이다. 앞서 말한 바와 같이, 이러한 유형의 분석은 대부분 컴퓨터 프로그램으로 수행된다.

이 방법은 텍스트 형식으로 제공되는 정보 유형에 제한된다. 또한 문서-표집(document-sampling) 문제는 쉽게 여러 가지 편견으로 이어질 수 있으며, 자동화된 내용분석 결과를 잘못 해석하는 경향도 나타난다. 그러나 내용분석은 많은 양의 텍스트를 비교적 빠르게 분석할 수 있는 방법이다.

(3) 행동 데이터

많은 사회에서 인구 조사국으로부터 범죄 기록, 건강 기록, 경제 및 소비자 데이터와 같은 개인정보를 비교적 쉽게 확보할 수 있다. 이러한 정보를 활용한 2차 분석에는 주로 여러 데이터베이스에서 얻은 정보를 결합하여 개인에 대한 복잡하고 철저한 그림을 구성하는 작업이 포함되며, 이는 효율적이고 비용이 적게 든다. 그러나 복잡한 대규모 데이터베이스에서 필요한 데이터에 접근하고 필요한 정보를 얻고 연결하는 것은 어려울 수 있다.

5) 스누핑(Snooping): 최신 연구 및 온라인 행동

지난 20년 동안, 비개입 측정의 특정 측면이 다시 관심을 끌기 시작했다. Gosling과 동료들(Gosling, 2009; Gosling et al., 2002)은 '당신의 물건이 당신에 대해 알려 주는 것'에 관한 연구를 주도했다. 그들은 사람들이 침실이나 사무실과 같은 환경을 어떻게 '배치'하는지, 그리고 그것들이 그 사람의 성격을 드러내는 타당한 지표인지에 관심을 가졌다. 이러한 데이터는 사람들이 집에서 줌(Zoom)이나 스카이프(Skype)를 사용하면서 더 잘 드러나게 되었다.

만약 다양한 종교적 혹은 국가적 상징을 발견한다면 어떻겠는가? 어떤 사람이 집안에 잘 가꾼 식물이 많다는 사실은 무엇을 의미하는가? 왜 책이 많은 사람도 있고, 적은 사람도 있으며, 무엇에 관한 책들인가? 사진 속에는 누가 있는가? 이 개념은 우리가 선택하고 배치한 환경이 우리의 진짜 성격이 '드러나게(leakage)' 한다는 것이다.

방이나 사무실에는 비교적 점수를 매기기 쉬운 다양한 특징이 있다. 정리/정돈의 정도, 조명의 질, 장식의 유쾌함, 예술성, 이국적인 독특함, 희소성, 책의 수, 선호하는 소품(사진, 국기, 스포츠 장비)이 제시하는 의미 등과 같은 특징들이다. 이를 잘 설명한 연구로, Gosling 등(2002)은 관찰자들에게 어떤 사람의 사무실이나 침실에 대해 냄새가 강한지 약한지, 시끄러운지 조용한지, 조도가 적당한지 어두운지, 통풍이 잘되는지 답답한지, 더운지 추운지, 어질러져 있는지 아닌지, 특이한지 평범한지 등 40가지 이상의 특징에 대해 평정하게 하였다. 그런 다음, 그 공간의 주인에게는 성격검사를 수행하게 하였고, 관찰자들에게는 관찰한 데이터를 기반으로 그 사람에 대해서도 평정하게 하였다. 그 결과, 환경(사무실과 침실 모두)이 일부 성격 특성에 대해 유용한 단서를 제공하는 것으로 나타났는데, 우호성과 신경증보다 개방성과 성실성에 대해 더 많은 단서를 파악할 수 있었다.

온라인 활동, 특히 소셜미디어에서의 활동 또한 성격 연구자들의 많은 관심을 끌었다. 외향성은 소셜미디어 활동과 관련된 특성으로, 오프라인에서 더 사교적인 사람이 온라인에서도 사교적이라는 것을 나타낸다. 외향성은 자기제시 또는 게시 행동(상태 메시지 업데이트, 사진 업로드), 소속 행동(게시물에 친구 태그하기, 댓글 달기) 및 전반적인 사용량과 관련이 있다(Keep & Amon, 2017; Ong et al., 2011; Seidman, 2013). 외향적인 사람들은 단순히 게시할 게 많아서 더 많은 게시물을 올리는 것일 수 있다. 더 활동적이기 때문에, 전반적으로 셀피(셀카), 친구 사진, 주변 환경 사진을 더 많이 찍을 수 있다.

반대로, 성실성은 온라인 게시에 조심스러워하는 것과 관련이 있으며(Seidman, 2013), 온라인에서 자기제시 행동을 부적으로 예측했다. 이에 대해 성실성이 높은 사람들은 페이스북이나 인스타그램과 같은 소셜미디어 사이트에서 시간을 보낼 가능성이 적다고 간단히 설명할 수도 있을 것이다. 하지만 다르게 설명하면, 성실성이 매우 높은 사람들은 소셜미디어에 게시하는 것이 그들의 사회적 · 직업적 삶에 미치는 파급효과를 이해하고, 소셜미디어에 남긴 흔적이 자신의 정체성과 어떻게 연결되어 있는지를 알기에 자신의 가장 나은 모습을 보여 주는 도구로 소셜미디어를 사용할 가능성이 크다는 것이다.

또 다른 성격 5요인 중 하나인 우호성은 온라인에서 솔직하게 자신을 드러내는 경향뿐만 아니라 소속 행동과 관련이 있다(Keep & Amon, 2017; Seidman, 2013). 신경증은 외향성과 함께 자기제시 행동을 더 자주 하는 것과 관련이 있지만, 소속 행동과는 관련이 없다. 우호성과는 반대로 신경증은 온라인에 이상적 자기와 실제 자기를 모두 게시하고 드러내는 것과 관련이 있다(Seidman, 2013). 이는 하나의 연구에서 나온 두 개의 모순적인 결과처럼 보이지만, 실질적으로 신경증이 높은 사람들은 여러 개의 게시물을 올리거나, 하나의 게시물에 여러 개의 사진을 올려 이상적인 자신과 진정한 자신의 모습을 모두 게시한다는 의미일 수 있다. 인기 있는 '인스타그램 대 현실(#instagramvsreality)' 트렌드를 예로 들면, 사람들은 적어도 두 장의 사진을 게시한다. 하나는 가장 매력적으로 보이도록 특별히 연출한 포즈로 찍은 사진이고, 다른 하나는 편안한 포즈로 찍은 사진이다. 여기서 두 번째 사진은 자신의 불완전함을 강조하면서 보는 사람들의 불안감에 공감대를 형성하려는 의도가 있다.

높은 외향성과 낮은 우호성과 관련된 어두운 성격 특성인 나르시시즘 특성도 소셜미디어 활동과 관련이 있는 것으로 나타났다(Paramboukis et al., 2016). 외향성을 통제했을 때에도, 나르시시즘은 페이스북 상태 메시지 업데이트 빈도가 높은 것을 예측하였고, 프로필 사진에서 자신의 매력을 더 높게 평정하는 것을 예측하였다(Ong et al., 2011). 이는 나르시시즘이 높을수록 자신이 보통 더 매력적이라고 생각하기 때문일 수도 있지만, 나르시시즘이 높은 사람들은 자신이 더 잘 나온 사진을 프로필 사진으로 선택하고, 친구들보다 못나 보이는 사진은 선호하지 않기 때문일 수 있다.

가장 중요한 것은 아마도 취업과 관련된 소셜미디어 사이트일 것이다. 가장 잘 알려진 것은 **링크드인(Linkedin)**이다. 여기에서 인상관리와 자기제시는 더 철저하게 조사될 것으로 예상할 수 있다. 개인의 프로필은 주로 경력 및 업무성과에 초점을 맞추기 때문에 실수와 일탈은 일반적인 CV보다 잠재적으로 더 불리한 요소가 될 수 있다(Paliszkiewicz &

Madra-Sawicka, 2016). 결과적으로, 자기 감시를 더 많이 할 수 있고, 그로 인해 성격 차이가 드러나지 않을 수 있다. 그러나 **링크드인**에서 알 수 있는 개인의 다양한 기술 및 인맥(connections)과 같은 객관적인 요소들은 성격 특성(성실성과 개방성 및 외향성)과 관련이 있다(Bhardwaj et al., 2016). 이 논문의 저자들은 개인의 성격을 포괄적으로 추정하기 위해 페이스북과 링크드인을 함께 사용하여 평가할 것을 제안하였다. 그러나 전반적으로 미리 정의된 통계 모델을 사용하지 않는 한, 성격 특성 추측을 위해 이 접근방식은 사용하지 않는 것이 좋다. 누군가의 프로필만 보고 외향적 특성을 추측하는 것은 실제 외향성 수준과 약한 상관관계만을 가지기 때문이다(r=.24~.29; van de Ven et al., 2017). 다른 특성들도 비슷한 추정치를 가질 것이다.

개인의 특성을 파악하기 위해 소셜미디어를 사용하는 것의 문제는 소셜미디어 사용에 대한 개인의 선호도를 알 수 없다는 것에 있다. 앞서 내린 모든 결론은 집단 평균 데이터에 기반한 것으로, 사람들이 개인적인 이유로 소셜미디어를 의도적으로 피하는 것과 같은 개인차는 무시한다. 소셜미디어 사용을 피하는 지원자의 경우, 그 사람은 계정이 없거나 계정이 있어도 활동이 적을 것이므로, 해당 지원자가 매우 내성적이라는 섣부른 결론에 이를 수 있다. 따라서 성격 특성의 많은 영향이 중첩되거나 상쇄될 수 있으므로, 이러한 방법을 단독으로 사용해서는 안 된다. 기업이 취할 수 있는 더 나은 접근법은 전통적인 방법으로 지원자들의 성격 특성을 측정한 후 그들의 소셜미디어의 흔적을 확인하는 것이다. 기업들은 현재 연구에 비추어 볼 때 주목할 만한 가치가 있는 이상 행동을 찾을 수 있었다. 예를 들어, 매우 외향적인 사람이 온라인에서 거의 활동이 없다면, 그렇게 된 사유가 있을 수 있으며 면접에서 그 이유를 물어볼 수 있다. 이를 통해 지원자를 더 잘 파악할 수 있을 것이다.

6) 결론

비개입 측정을 사용하는 이유는 이 방법이 사람 혹은 집단이 측정되는 것을 알지 못한 상태에서 비반응적으로 또는 자연스럽게 행동을 측정할 수 있기 때문이다. 그러나 이 방법 역시 일반적인 평가와 관련된 문제 및 실제로 비개입적으로 측정되는 것인지의 문제가 있을 수 있다. 근본적인 문제는 다른 모든 측정도구와 마찬가지이다. 첫째, 타당도의 문제이고, 둘째, 윤리적 문제이다. 극단적인 경우 온라인 프로필로 지원자를 선발 과정에서 제외할 만한 이유를 파악할 수도 있겠지만, 소셜미디어 활동에 기초한 성격 평가는 적어도 면접 이전 선발 과정에서 사용될 만큼 충분히 신뢰할 만하거나 정확하지 않을 수 있다.

참고문헌

Bhardwaj, S., Atrey, P. K., Saini, M. K., & El Saddik, A. (2016). Personality assessment using multiple online social networks. *Multimedia Tools and Applications, 75*(21), 13237–13269.

Forgas, J. P. (2003). Affective influences on attitudes and judgments. In R. J. Davidson, K. R. Scherer, & H. H. Goldsmith (Eds.), *Handbook of affective sciences* (pp. 596–618). New York City, NY: Oxford University Press.

Gosling, S. (2009) *Snoop: What your stuff says about you*. London, UK: Profile Books Limited.

Gosling, S. D., Ko, S. J., Mannarelli, T., & Morris, M. E. (2002). A room with a cue: personality judgments based on offices and bedrooms. *Journal of Personality and Social Psychology, 82*(3), 379–398.

Hill, A. D., Kern, D. A., & White, M. A. (2014). Are we overconfident in executive overconfidence research? An examination of the convergent and content validity of extant unobtrusive measures. *Journal of Business Research, 67*(7), 1414–1420.

Keep, M., & Amon, K. L. (2017). Follow me: exploring the effect of personality and stranger connections on Instagram use. *International Journal of Virtual Communities and Social Networking, 9*(1), 1–16.

Ong, E. Y. L., Ang, R. P., Ho, J. C. M., Lim, J. C. Y., Goh, D. H., Lee, C. S., & Chua, A. Y. K. (2011). Narcissism, extraversion, and adolescents' self-presentation on Facebook. *Personality and Individual Differences, 50*(2), 180–185.

Paliszkiewicz, J., & Madra-Sawicka, M. (2016) Impression management in social media: the example of LinkedIn. *Management, 11*(3), 203–212.

Paramboukis, O., Skues, J., & Wise, L. (2016). An exploratory study of the relationships between narcissism, self-esteem and Instagram use. *Social Networking, 5*(2), 82–92.

Reid, E., & Novak, P. (1975). Personal space: an unobtrusive measures study. *Bulletin of the Psychonomic Society, 5*(3), 265–266.

Seidman, G. (2013). Self-presentation and belonging on Facebook: how personality influences social media use and motivations. *Personality and Individual Differences, 54*(3), 402–407.

van de Ven, N., Bogaert, A., Serlie, A., Brandt, M. J., & Denissen, J. J. (2017). Personality perception based on LinkedIn profiles. *Journal of Managerial Psychology, 32*(6), 418–429.

Webb, E., Campbell, D., Schwartz, R., & Sechrest, L. (1966). *Unobtrusive measures*. New York: Rand-McNally.

방법 14. 상황판단검사(Situational Judgement Tests)

무엇인가?

이것은 전형적으로 문제가 있는 업무 상황을 제시하여 사전에 최고점부터 최저점까지 점수가 부여된 여러 가지 가능한 응답 중 하나를 선택하게 하고 총점을 산출하는 방법이다.

어떻게 작동하는가?

이상적으로는, 전형적인 업무 시나리오에 대해 최상의 응답을 선택한 고득점자가 실제 업무 수행능력이 더 뛰어난 것으로 나타난다.

증거가 있는가?

구성이 잘 갖춰지고, 적절하게 업데이트되며 타당도가 검증되는 경우, 지원자들의 수용도 또한 높아져 매우 효과적이다.

실무적 비용, 윤리, 정치적 이슈

몇 가지 윤리적, 정치적 문제가 있을 수 있지만, 그러한 문제들은 특정 조직, 부문, 문화 및 기간에 매우 국한된 것이다.

사용 관련 제안

다른 기법들을 훌륭하게 보완하는 좋은 방법이 될 수 있다.

1) 도입

이 검사는 약 100년 전에 처음 개발되었고 사회지능검사로 불렸다. 많은 검사가 그러한 것처럼, 2차 세계대전 중 다양한 분야의 선발에 활용되었고, 이후 주로 관리자 선발에 사용되었다. 1990년대에 들어 **암묵지(tacit knowledge) 검사**라고도 불리며 재유행을 맞이했다. 이 방법의 장점은 준거에 따라 매우 다양할 수 있지만, 몇 가지 구체적인 장점이 있다. 첫째, 다양한 집단에 대한 불리효과가 낮고, 둘째, 사회적 판단과 같은 소프트 스킬을 잘 평가할 수 있으며, 셋째, 지원자들로부터 긍정적 평가를 받고, 마지막으로 다른 방법으로는 평가할 수 없는 매우 구체적인 직무 관련 스킬을 평가할 수 있다.

상황판단검사(SJT)와 업무 표본 검사(work sample test)를 구별하는 것이 중요하다. 후자는 사실상 직무 체험(job tryout)이며 며칠에 걸쳐 진행될 수 있다. 이는 시뮬레이션 검사라고도 한다(Gatewood et al., 2015). 업무 표본 검사는 직무성과를 예측할 수 있는 신호(signals), 징후(signs) 또는 데이터를 제공하는 것이 아니라 오히려 실제 직무 행동의 표본을 제공한다.

상황판단검사는 고도로 유능한 인재의 행동을 가려 낼 수 있는데, 여러 대안을 제시할 수 있는 전형적 상황을 제공하여 '무엇이 최선인가?' 또는 '당신이라면 어떻게 하겠는가?'와 같은 질문을 한다. 전자의 질문은 지능과 관련이 있고 후자는 성격과 관련이 있다(Cook, 2016).

상황판단검사는 "업무 환경에서 판단(능력)을 측정하기 위해 만들어진 지필검사"로 정의된다(McDaniel et al., 2001, p. 730). 실제로, SJT는 사람들에게 선택지가 있는 시나리오 및 중대 사건을 제시한다. Whetzel 등(2020)이 성실성을 측정하기 위해 제시한 상황의 예시는 다음과 같다.

회사로부터 이사회에서 발표하라는 요청을 받았다. 발표를 준비할 시간과 자원은 충분하다. 당신은 무엇을 해야 하겠는가?

A. 압박감을 느낄 때 가장 잘 해내므로 발표 한 시간 전에 준비를 시작한다.
B. 2~3일 전부터 발표 준비를 시작하고, 발표를 시작하기 몇 분 전에 연습한다.
C. 발표를 미리 잘 준비하고 정확성을 꼼꼼하게 확인하고 발표 직전에 연습한다.
D. 발표를 미리 잘 준비하고 정확성을 꼼꼼하게 확인하고 이사회 앞에서 말하는 것이 자연스럽게 느껴지도록 여러 번 연습한다.

SJT는 컴퓨터(비디오) 또는 서면 방식으로 진행될 수 있으며, 전자는 (개발) 비용이 더 들지만 보다 현실적이다. 이는 전형적이고 이해하기 쉬운 업무 상황을 보여 주는 것을 목표로 한다. 이러한 상황은 먼저 현직자와 감독자로부터 얻으며, 직원들에게 도전적이고 해당 직무에 중요한 상황들이 제시된다. 제시된 상황들은 검토, 편집 및 그룹화 후 직무분석 데이터와 비교를 거친다. 이는 직원들이 해당 상황에 어떻게 반응할 것인지, 어떻게 반응해야 하는지 또는 반응할 수 있는지를 나타내는 설문의 기초가 된다. 그런 다음, 이 내용들은 알려진 구성원(known employees)[9]에게 제공되어 채점 프로세스가 만들어진다.

9 '알려진 구성원'은 조사나 평가 등의 과정에서 해당 조직에 이전에 경험이 있는 구성원을 뜻한다. 이들은 조직의 목표와 요구사항, 문화 등에 대해 잘 이해하고 있으므로 이러한 검사 과정에서 평가 및 점수화 과정에 참여할 수 있다.

이 방법은 지원자가 상황을 보고 여러 가지 가능한 선택지를 통해 응답(구두 혹은 서면)하는 것이다. 예시로는 '당신이 할 가능성이 가장 높은/낮은 일을 쓰시오' '제공된 답변 중 최고/최악의 답변을 고르고 각 응답별로 효과성에 대한 점수를 매기시오.' 등이 있다. 각 응답에 가중치를 부여하여 총점을 얻을 수 있다.

심리측정적으로 타당한 검사의 구성은 일반적으로 다음과 같은 단계를 거친다.

① 어떤 직무 또는 직군(예: 영업, 서빙, 감독)에 SJT를 활용할지 지정한다.
② 우수-보통-미흡 성과자를 구별하는 중대 사건(과도한 업무, 무례하고 게으르며 부패한 문제적 상사, 동료, 부하직원 및 고객 등)을 범주별로 작성 및 분류한다.
③ 우수한 직원 및 미흡한 직원이 제시할 만한 일반적인 응답을 4~6가지 생성한다. 이러한 응답은 현실적이고 섬세하고 실현 가능한 것이어야 한다.
④ 어떤 사건과 문항이 직원들을 구별하는지 확인하기 위해 성과가 알려진 대규모 직원 집단에 해당 상황 및 문항을 제공한다.

도출된 점수는 바이오 데이터 문항들과 마찬가지로 가중치가 부여될 수 있다(9장 참조).

여러 연구는 업무성과를 설명할 때, 상황판단검사의 예측 타당도 및 성격과 지능을 넘어서는 증분 타당도에 대한 추가적인 근거를 제시하였다. Chan과 Schmitt(2002)는 160명의 싱가포르 공무원 데이터를 분석하여, 세 가지 특정 성과 차원(과업, 동기부여 또는 맥락 및 대인관계 성과)뿐만 아니라 전반적인 직무성과가 성격검사 및 지능검사 이상으로 SJT 점수와 관련된다는 것을 확인하였다. 지능과 주요 성격 차원을 함께 고려하더라도 상황판단검사 점수는 대인관계 수행(.17), 과업수행(.24) 그리고 특히 맥락수행이나 직무 헌신(job dedication; .30)과 관련이 있었다. 주목할 만한 점은 이 연구에서 이전 직무 경험에 대해서도 통제했으나, 다른 측정치들을 고려했을 때 이전 직무 경험은 어떤 준거와도 유의한 관련이 없었다는 것이다.

오만(Oman)에서 교사를 선발하기 위해 수행된 최근 연구(Al Hashmi & Klassen, 2019)와 같이, 상황판단검사의 개발에 대해 설명하는 논문들이 많다. 이러한 연구는 때로 의학과 같은 매우 특정한 맥락에서 수행된다. 예를 들어, Pangallo 등(2016)은 완화 치료 종사자의 회복탄력성을 측정하기 위해 설계된 상황판단검사도구 개발에 대해 설명했다. 이 논문에는 다음과 같은 검사의 예시가 있다.

샤리프(Sharif)는 극심한 통증에 시달리고 있고 가족을 찾고 있다. 그는 약물 남용 전력이 있는 20세 남성으로, 진통제가 듣지 않아 엄청난 고통을 겪고 있다. 샤리프는 가족에게 연락해 달라고 간곡히 부탁한다. 당신은 그의 부탁대로 가족에게 연락하여, 그가 죽어 가고 있다고 알렸지만 그 가족들은 그를 보러 올 수 없다고 통지한다. 삶의 끝자락에 이르자 샤리프는 부모님을 애타게 찾는다.
이 상황에서 당신이 취할 수 있는 가장 효과적인 세 가지 행동을 선택하라.

A. 샤리프에게 일상적인 관리를 제공한다.
B. 그의 가족이 올 수 없는 것에 대해 변명한다.
C. 샤리프와 항상 함께 있어 줄 수 있는 사람을 준비한다.
D. 샤리프의 가족이 그를 만날 수 있는 모든 방법을 탐색한다.
E. 당신이 가족과 연락하고 있다는 것을 샤리프에게 알려 준다.
F. 당신이 할 수 있는 것은 오직 그 정도밖에 없는 상황을 있는 그대로 받아들인다.
G. 샤리프에게 가족이 오고 있다고 말해 준다.
H. 샤리프가 자초한 일이라 어쩔 수 없다고 생각한다.

Key: 3점 (D); 2점 (C, E); 1점 (A, F); 0점 (G, H, B)

2) 상황판단검사가 실제로 측정하는 것은 무엇인가

상황판단검사는 구성개념이라기보다 하나의 기법이지만, 개인차를 측정하므로 잠재적인 심리학적 구성개념을 측정한다고 볼 수 있다. 이론적으로 직장에서 개인차를 결정짓는 요인을 더 잘 이해하고 이러한 차이를 평가하는 가장 좋은 방법을 파악하기 위해 SJT 결과에 차이를 가져오는 근본적인 심리적 속성이 무엇인지 파악하는 것이 중요하다.

앞서 언급한 바와 같이, 초기 상황판단검사는 '예리한 판단력과 내면의 동기'를 측정하는 것으로 여겨졌고(Moss & Hunt, 1926, p. 26), 이는 '사회적 지능' 또는 대인관계 능력 영역에 속했다. 그 후로 SJT 연구의 핵심 쟁점은 학문적 역량과 비학문적 역량의 구분이었는데, 전자는 IQ 또는 인지능력의 범주에 속하고 후자는 IQ나 인지능력과는 독립적이며 거의 관련이 없는 것으로 가정하였다. 그러나 반복적으로 SJT가 g와 밀접한 관계가 있다는 연구 결과가 보고되었고(Northrop, 1989; 4장 1절 2) 참조), 특히 지필검사 형식에서 더욱 그러하다는 것이 드러났다(Lievens & Sackett, 2006). 전통적인 능력 검사와 SJT 간 관련성에 대한 명확한 증거가 확인되었음에도, 두 가지 방법/척도로 평가되는 구성개념들의 독립성에 대한 가정이 반복되었다.

McDaniel 등(2001)은 SJT가 '다양한 구성개념'을 측정하지만, 대부분 '논리적 추론보다는 상식, 경험 및 일반 지식'을 평가하도록 설계되었다고 밝혔다(2001, p. 731). 이는 틀림없이 직무 관련 스킬이나 능력을 측정한다(Weekley & Jones, 1997). 심리학에서는 '상식'과 실용적 기술–'사회적 지능'(Peterson & Seligman, 2004), '실용지능'(Sternberg et al., 2000), '정서지능' '대인 간 기술' 혹은 '사회적 기술'(Furnham, 1986) 또는 '암묵지'(Sternberg & Horvath, 1999)로도 불림–이 '학업 능력'이나 지적 능력과 독립적인 정도에 대해 오랜 논쟁이 있다. 앞서 언급한 대로, 이는 SJT의 타당화 검증에서 우려되는 문제였다. 인사 선발에서 SJT의 유용성은 지능 및 성격 척도와 독립적으로 업무 관련 결과를 예측하는 정도에 따라 크게 달라질 것이다.

SJT의 몇 가지 예시를 보자.

상황 A

당신의 상사가 당신을 회의에 불러 현재 작성 중인 보고서의 마감에 영향을 미칠 만한 변경 사항을 이야기하였다. 당신은 이미 보고서 작성을 거의 완료했고 정해진 마감일보다 약간 일찍 제출하려던 참이었다. 변경 사항으로 인해 보고서 중 한 부분에 상당량의 재작업이 필요하고 이로 인해 마감일을 놓칠 위험이 있다.

	가장 효과적	가장 덜 효과적
마감일에 맞게 업무를 재조정할 수 있도록 작업을 신중하게 재검토하고 수정해야 할 사항과 작업에 걸리는 시간을 계획한다.		
보고서의 변경될 부분을 파악하고 마감일을 맞추기 위해 하나씩 작업해 나간다.		
작업 수행에 동의하기 전에 변경이 필요한 이유를 먼저 이해하려고 노력한다.		
변화가 업무에 미치는 영향을 고려하여 진행 방법에 대해 상사의 조언을 구한다.		

상황 B

당신은 새로운 프로젝트를 받아 계획과 관리 책임을 맡았다. 그런데 일부 프로젝트 수행에 필요한 사항이 명확히 정의되지 않았다. 프로젝트의 마감 일정은 현재 알 수 없고, 부서장이 승인할 때까지 프로젝트와 관련된 사람들은 이를 확인하지 않을 것이다. 프로젝트는 승인되는 즉시 시작되어야 할 것으로 보인다.

	가장 효과적	가장 덜 효과적
당신의 상사와 프로젝트에 대해 논의하고 마감일이 언제일지 예측하여 작업 날짜를 잡는다.		
프로젝트의 범위를 파악할 수 있도록 추가 설명이 필요한 작업을 논의하기 위해 주요 관련자들과 1차 미팅을 잡고 진행한다.		
프로젝트 상의 어떤 작업이든지 완료하기 전에 주요 관련자들에게 추가 정보를 요청한다.		
알고 있는 사실을 기반으로 정보가 누락된 부분을 강조하면서 계획 초안을 작성한다.		

3) 거짓 응답(Faking) 및 사회적 바람직성

상황판단검사는 사람들에게 특정한 상황에서 무엇을 할 것인지 또는 하지 않을지를 응답하도록 요구한다.

SJT를 개발하기 위해 고민해 본 사람이라면 누구나 알고 있을 듯이, 최고와 최악이 명백하게 드러나지 않으면서도 합리적이면서 그럴듯해 보이는 문항/응답을 찾는 것이 어렵다. 또한 SJT에서 거짓 응답 가능성(fakeability)에 대한 우려도 적지 않다. 실제로 SJT 문항들이 사회적 바람직성(social desirability) 문제에 노출되어 있다는 것이 확인되었지만(Kaminski et al., 2019), 표준 성격검사보다는 그 정도가 덜한 것으로 밝혀졌다(Kasten et al., 2018). 또한 의료 분야에서 SJT가 널리 사용되고 있는데, 연구자들은 이러한 보편적인 사용으로 인해 지원자들이 코칭을 받으면 점수를 높일 수 있는지에 대해 의문을 품게 되었다(Stemig et al., 2015).

Corstjens 등(2017)은 상황판단검사가 특히 지식 기반인 경우 거짓 응답 및 검사-재검사 효과에 덜 취약한 점에 주목하였다.

(1) 정직성(Integrity) 상황판단검사의 예시

A. 제인(Jane)은 고속도로변 한 가게에서 판매원으로 일한다. 가게에 오는 고객은 대부분 휘발유, 과자, 기념품 등을 사기 위해 들르는 관광객들이다. 하루는 고객이 20달러짜리 지폐를 냈는데 10달러를 받은 것으로 착각해 거스름돈을 덜 주게 되었다. 고객이 떠난 뒤 금전출납기에 20달러 지폐가 10달러 지폐 칸에 있는 것을 보고서야 실수를 깨달

았다. 이에 대해 제인은 여러 가지 방법으로 반응할 수 있을 것이다. 다음의 각각 가능한 반응에 동의하는지를 표시하라.

① 제인은 고객이 덜 받은 거스름돈을 가지고 다시 오면 덜 거슬러 준 일이 없다고 부인하기로 한다. 그렇게 하면 그녀는 당혹감을 훨씬 덜 수 있을 것이다. 동의하는가? 그렇다/아니다

② 제인은 후회는 되지만 나쁜 상황을 최대한 이용하기로 한다. 금전출납기에서 10달러를 꺼내고 상사에게 아프다며 남은 하루를 쉬어야겠다고 말한다. 동의하는가? 그렇다/아니다

③ 제인은 고객을 다시 만난다면 기꺼이 10달러를 돌려줄 것이다. 한편, 그 여분의 돈을 가게의 관리자에게 넘기고 자신의 돈 10달러를 지역 자선단체에 기부하여 실수를 만회하기로 한다. 동의하는가? 그렇다/아니다

④ 제인은 고객이 돌아오기를 기다렸지만 오지 않아서 교대 시간에 그 여분의 돈을 가게에 넘긴다. 그 고객의 인상착의에 대해 기억할 수 있는 모든 내용을 적어 둔다. 언젠가 그 고객이 가게에 다시 들르면 자신의 돈으로 고객에게 갚을 것이다. 동의하는가? 그렇다/아니다

B. 당신의 팀은 신제품 판매 방법에 대해 논의 중이다. 이번 달 안에 신제품을 출시해야 한다는 것에 모두가 동의하는 것 같다. 당신의 상사도 이에 전적으로 동의하고 있고, 당신은 그가 의견 차이를 드러내는 것을 좋아하지 않는다는 것을 알고 있다. 그러나 연구 부서의 최근 보고서에 해당 신제품에 몇 가지 잠재적인 안전 문제가 언급되어 있어 우려가 있다. 당신은 다음 중 어떤 행동을 할 것 같은가?

① 다른 사람들이 이번 달 안에 신제품 출시를 원하는 이유를 이해하려고 노력한다. 어쩌면 당신의 걱정이 잘못된 것일 수 있다. [-1]

② 제품에 대한 우려를 말하고 안전 문제를 의논해야 한다고 생각하는 이유를 설명한다. [1]

③ 모두가 팀에 대해 긍정적으로 느낄 수 있게 다른 사람들이 원하는 대로 따른다. [-1]

④ 나중에 팀의 몇몇 구성원들에게 당신의 우려에 대해 공감하는지 이야기를 나눠 본다. [0]

C. 당신은 제리(Jerry)의 성과 평가를 해야 하는 관리자이다. 제리는 올해 성과가 그다지 좋지 않았다. 그는 당신이 업무 수준(quality)에 3점(기대에 부응)을 준 것에 화가 났고, 자신은 5점(기대 이상)을 받아야 한다고 믿고 있다. 당신은 3점이 공정하고 정확하다고 생각하지만, 제리는 당신의 상사에게 가서 불만을 표시하겠다고 위협한다. 당신은 어떻게 할 것 같은가?

① 제리에게 지옥에나 가라고 한다. [-1]
② 제리에게 왜 그 점수를 줬는지 설명하되, 점수를 바꿔 주는 것은 거절한다. [1]
③ 타협점을 찾아 제리에게 4점을 준다. [-1]
④ 상사와 논의하여 어떤 점수가 가장 적절한지 결정할 수 있도록 상사와 회의 일정을 잡는다. [1]

D. 당신은 옷 가게의 신입사원이고 베테랑 직원인 앤지(Angie)에게 교육을 받고 있다. 앤지는 직원들이 최저임금을 받고 있어서 대부분이 가끔 상품을 집에 가져간다고 넌지시 말해 준다. 그렇게 하지 않는 직원들을 멍청하고 오만하다고 보는 분위기다. 문 닫을 시간 즈음 앤지가 집에 가져가라며 스카프를 건넨다. 당신은 다음 중 어떤 행동을 할 것 같은가?

① 스카프를 가져가고 비밀로 한다. [-1]
② 스카프를 가져가지만, 나중에 다른 직원들이 보지 않는 틈을 타 다시 돌려놓는다. [-1]
③ 앤지에게 스카프가 더 필요하지 않다고 정중하게 말한다. [0]
④ 앤지에게 지금도 앞으로도 가게의 상품을 집으로 가져가고 싶지 않다고 말한다. [1]

E. 며칠 전, 한 고객이 선적 화물의 도착 일정을 문의했다. 당신은 화물이 도착하려면 적어도 2주는 더 걸린다는 것을 알았지만 고객이 화를 낼 것 같아 일주일 정도면 도착한다고 말했다. 이후에 당신은 어떻게 할 것인가?

① 이번에는 그냥 넘어가고 앞으로는 그렇게 하지 않겠다고 다짐한다. 당신이 믿을 수 있는 여러 사람에게 이 일에 대해 털어놓고 조언을 듣는다.

② 선적사에 문의하여 2주일 이내로 도착을 앞당길 수 있는지 확인한다. 10일 이내로 도착해야 한다는 점을 분명히 이야기한다.

③ 고객에게 다시 전화를 걸어 당신이 실수했으며, 화물이 도착하려면 적어도 2주가 더 걸릴 것이라고 알려 준다.

④ 이런 일은 사업상 어쩔 수 없는 일이라는 것과 이런 약속은 지켜지지 않을 수도 있다는 것을 모두가 아는 일이라고 생각한다.

4) 평가

McDaniel 등(2001)은 상황판단검사와 업무 준거 및 인지능력 간 상관관계에 관해 널리 인용되는 메타분석 추정치를 발표했다. 그들은 SJT가 구성개념이라기보다 평가 측정 방법이며, 측정도구에 따라 다양한 구성개념을 평가한다고 결론지었다. 또한 대부분의 SJT가 서면 형태로 시행되는 표준형 지필검사 도구이며, 유사한 유형의 문항, 특히 가상의 업무 시나리오 등으로 구성되어 있다고 하였다. 선행연구에 대한 초기 조사에서는 SJT가 일반적으로 인지능력검사 또는 지능검사와 상관관계를 보이는 경향이 있지만, **업무 관련 준거**의 적절한 예측변인이라는 제안으로 이어졌다(비록 어떤 두 척도가 개념적으로 '너무 유사하다'라고 하려면 상관계수가 얼마나 커야 하는지에 대한 객관적인 통계치는 없지만, 상관계수가 .6보다 큰 것은 일반적으로 문제가 있다고 볼 수 있다).

McDaniel 등이 정리한 내용의 대부분은 후속 증거에 의해 지지되었으며, '지필' 형태가 상황판단검사를 시행하는 가장 전형적인 방법이라는 언급을 제외하고는, 그의 결론은 여전히 타당하다. 한 연구는 인터넷의 인기로 SJT의 온라인 시행이 늘고 있다고 하였다. 결과를 더 구체적으로 살펴보면, 시행된 특정 검사에 따라 SJT의 타당도 추정치에 흥미로운 차이가 드러난다.

감독자 판단 검사(Supervisory Judgement test)는 'RBH(Richardson, Bellows, & Henry)' 검사 그리고 특히 'How to Supervise test' 보다 타당도가 높았다. 직무분석을 바탕으로 특정 직무 특성을 고려한 상황판단검사가 그렇지 않은 것보다 타당도가 더 높았고, 일반적인 질문을 포함한 SJT가 세부적인 질문으로만 구성된 경우보다 타당도가 약간 더 높았으며, 인지능력검사나 지능검사와 상당한 상관관계가 있는 g-부하량이 높은 SJT가 지능과 무관한 경우보다 타당도가 더 높게 나타났다. 마지막으로, 타당도 연구에서 흔히 볼 수 있듯이, SJT와 준거를 동시에 평가하는 동시 타당도 연구가 예측 타당도 연구(SJT를 시점

1에서 평가한 후 관련 업무 결과를 시점 2, 예를 들어 3년 후 평가함)보다 높은 타당도를 보여 주었다.

McDaniel 등은 응용/인사 선발 관점에서 SJT와 인지능력검사 간 실증적 관련성을 조사하였다. 세부적인 질문보다 새롭거나 다른 질문의 타당도가 지능과 관련성이 더 높기 때문에 이 질문은 중요하다. 저자들은 범위 제한을 교정하지 않았기 때문에 추정치가 보수적일 수 있으며, SJT와 지능검사 간 모집단 기반 상관관계를 과소평가했을 가능성이 있다고 언급하였다. 더욱이 SJT가 업무 관련 결과를 설명할 때 인지능력검사 이상의 증분 타당도가 있다고 주장하였다. 실제로, 그들은 SJT와 인지능력검사의 조합이 둘 중 하나만 측정하는 것보다 업무 관련 결과 분산의 추가 5~6%를 더 설명할 것으로 추정하였다. 따라서 McDaniel 등의 결론은 다음과 같다.

> [상황판단검사]가 직무성과의 좋은 예측변인인 것은 분명하다. 우리의 데이터는 일반 인지능력(GCA)이 모든 분산을 설명하는 것은 아니지만, 일반 인지능력이 SJT 측정도구들에 부분적으로 반영되어 있는 구성개념임을 시사한다... 향후 연구에서는 더 큰 데이터 세트에 대해 우리가 분석한 조절효과를 반복 검증하고 상황판단검사의 측정과 관련된 규범적 네트워크(nomological network)를 더 완전하게 이해할 수 있도록 또 다른 조절변인을 찾는 시도를 해야 한다.
>
> (p. 738)

최근 SJT에 대한 포괄적인 검토가 두 차례 있었다. Corstjens 등(2017)은 맥락화(contextualisation) 이슈를 강조한다. 즉, 모든 상황판단검사는 특정한 사회적 및 조직적 맥락 안에서 설계되고 작동한다. 그들은 가장 중요한 심리측정 문제에 대해서도 논하였다. 그들이 평가하기로는 '충분히 신뢰할 만한' 증거가 제시되어 기쁘다고 하였다. 더욱 중요한 것은 준거 관련 타당도의 관점에서 SJT는 다른 선발 기법과 견줄 수 있으며, 성격 및 지능검사 이상의 증분 타당도를 제공한다고 결론을 내렸다. 그들은 다른 반응들도 확인하였는데, 하위집단(인종, 성별)의 차이가 상대적으로 적고, SJT가 직무와 관련되고 상호작용적이기 때문에, 특히 상황이 비디오로 제공되는 경우 더욱, 지원자들이 이러한 방법을 선호하는 것을 확인하였다. 향후 연구와 관련하여 다양한 제안을 하였는데, 왜 특정 SJT가 직장의 다양한 준거를 더 잘 예측하는지 이해하기 위해 일반 SJT와 세부직무별 SJT를 구별하고, 비교문화적 타당도를 탐색할 것을 제안하였다.

Whetzel 등(2020)은 SJT의 사용과 관련하여, 다섯 가지 중요한 문제를 지적한다. 이 다섯 가지는 준거 관련 타당도 및 구성 타당도, 집단 차이, 문항 제시 방법, 거짓 응답 그리고 코칭 문제이다.

5) 트렌드 및 발전

수년간 상황판단검사에는 몇 가지 중요한 동향이 나타났다. 첫 번째는 비디오나 3D 애니메이션을 사용하여 상황을 제시하는 것이다. 이는 실제 상황에서 배우들이 참여하기 때문에 매우 현실적이다. 또한 지원자가 응답한 선택지 그 이상을 평가할 수 있다. 따라서 검사 과정 전체를 촬영하거나 물리적으로 장비를 연결하여 레코딩하는 것이 가능하다. 또 다른 방법으로는 단순히 상황을 나열하는 것이 아니라 응답의 흐름을 볼 수 있다. 즉, 지원자의 응답에 따라 조금씩 변경된 상황이 제시되도록 하는 것이다. 이 방식은 게임화(gamifications)와 분명한 관련이 있다.

또 다른 주제는 SJT를 사용하여 맥락 의존도가 낮은 일반적인 영역 지식을 측정하는 것이다.

Whetzel 등(2020)은 매우 유용한 '모범사례 지침(Review of Best Practice Guidelines)' (p. 12)을 제공하였다.

시나리오

- 중대 사건은 시나리오의 현실성을 강화한다.
- 구체적인 시나리오는 피검자가 가정을 덜 하게 하므로 타당도가 더 높은 경향이 있다.
- 간단한 시나리오는 지원자의 읽기 부담(reading load)을 줄여 집단 차이를 줄일 수 있다.
- 민감한 주제를 피하고 등장인물의 다양성을 균형 있게 유지하라.
- 그럴듯한 응답을 제시할 수 있는, 지나치게 단순한 시나리오를 피하라.
- 응답에 필요한 정보보다 더 많은 정보를 제공하는, 지나치게 복잡한 시나리오를 피하라.

응답 선택지

- 선택지의 실행 가능성을 보장하기 위해 주제전문가(SME)에게 그들이 어떻게 할지 질문하라.
- 각 시나리오에 대해 효과성 수준의 다양한 범위가 포함된 선택지를 만들라.
- 구성개념 기반 SJT를 개발하는 경우, 선택지에서 정답이 쉽게 드러나는 것에 주의하라.
- 각 응답 선택지에 하나의 행동만 나열하라(두 가지 내용이 담긴 응답(double-barreled response)을 피하라).
- 능동적인 나쁜 행동(잘못을 행하는 것)과 수동적인 나쁜 행동(아무것도 하지 않는 것)을 구별하라.
- 어조를 확인하라(유도된 어휘 사용 시 효과성에 대한 단서를 얻을 수 있음).

응답 지시문

- 고부담(high-stakes) 상황에는 '어떻게 해야 할지(should do)'의 지식 기반 지시를 사용하라(지원자는 지시에 상관없이 응답할 것이다).
- 비인지적 구성개념(예: 성격) 평가 시 '어떻게 할 것인지(would do)'의 행동 경향 지시를 사용하라.

응답 형식

- 각 선택지에 대해 지원자가 평정하는 평정(rating) 형식을 사용하라, 이 형식은 (a) 주어진 시나리오에 대해 가장 많은 정보를 제공하고, (b) 더 높은 신뢰도를 가지며 (c) 가장 호의적인 지원자 반응을 끌어낸다.
- 단일 응답 SJT는 쉽게 차원들로 분류되고 다른 SJT들에 필적하는 신뢰도와 타당도를 가진다. 그러나 각 시나리오가 단일 응답으로만 제시되면 읽기 부담이 더 높을 수 있다.

채점

- 경험적 답(keys)과 합리적 답은 신뢰도와 타당도 수준이 유사하다.
- 주제전문가(SME) 의견에 기반한 합리적인 답이 가장 자주 사용된다.
- '초과 길이(overlength)' 양식을 마련하라(필요한 것보다 많은 시나리오 및 선택지의 수).

- 다양한 관점을 가진 10~12명의 평가자를 두라. 평가자의 수가 더 적으면 극단치가 결과를 왜곡할 수 있다.
- 평균과 표준편차를 사용하여 선택지를 선정하라(평균은 효과성 수준, 표준편차는 SME 동의 수준을 제공한다).

신뢰도

- 알파 계수(내적 일관성)는 다차원 SJT에는 적합하지 않다.
- 내용이 균형을 이룬다면, Spearman-Brown 교정으로 반분 신뢰도[10]를 사용하라.

타당도

- 지식과 행동 경향 지시는 유사한 수준의 타당도를 가진다.
- SJT는 인지능력 및 성격을 넘어 약간의 증분 타당도를 가진다.
- SJT는 군대 장면에서 선발 및 승진에 사용되었다.
- SJT는 일반 성격 요인을 측정할 수 있다.
- SJT는 인지능력 및 성격과 같은 다른 구성개념과 상관관계가 있다.

집단 차이

- SJT는 인지능력검사보다 집단 차이가 덜 나타난다.
- SJT는 여성이 남성보다 약간 더 잘 수행한다.
- 지식 경향 지시보다 행동 경향 지시에서 집단 차이가 덜 나타난다.
- 순위 및 최고/최악을 선택하는 형식과 비교할 때 평정 형식에서 집단 차이가 덜 나타난다.

제시 방법

- 아바타와 비디오 기반 SJT는 높은 안면 타당도와 준거 관련 타당도 측면에서 이점을 가지지만, 신뢰도는 낮을 수 있다.
- 아바타를 사용하는 것은 비용이 덜 들 수 있으나, 개발자는 3D 인간 이미지를 사용

---

10 하나의 검사를 두 개로 나누어 그 둘 사이의 상관관계를 확인하여 신뢰도를 추정하는 방법이다.

할 때 불쾌한 골짜기 효과(uncanny valley effect)[11]를 고려해야 한다.

거짓 응답(Faking)

- 거짓 응답은 지원자와 선발된 사람들의 서열에 영향을 미친다.
- 거짓 응답은 고부담 상황에서 행동 경향(would do) 응답 지시를 사용하는 경우에 특히 더 문제가 된다.
- SJT는 일반적으로 전통적인 성격 측정도구보다는 거짓 응답에 덜 취약한 것으로 보인다.

코칭(Coaching)

- 지원자들은 SJT 응답에서 점수를 극대화하는 방법에 대해 지도를 받을 수 있다.
- 범위 조정(key stretching)이나 개인 내 표준화 등의 점수 조정으로 코칭 효과를 줄일 수 있다.

6) 결론

좋은 상황판단검사를 개발하는 데는 오랜 시간이 소요되며, 특정 직무(영업, 보안)뿐만 아니라 특정 조직, 문화 및 기간에 국한될 수 있다. 이것은 다른 영역에 잘 전이되지 않으며, '기성품'처럼 적용하기 쉽지 않다는 것을 의미한다. 맞춤화되고 타당화된 상황판단검사는 지원자의 능력과 성격을 측정하기 위한 훌륭한 방법이 된다.

다음과 같은 질문은 여전히 남아 있다(Gatewood et al., 2015). 불리효과가 있는가? 속일 수 있는가? 더 잘 수행하는 방법을 배울 수 있는가? 이에 대한 답은 어느 정도까지는 '그렇다'이다. 그러나 이러한 상황판단검사가 단일 구성개념(즉, 팀워크, 협상)을 평가하도록 설계되고, 지원자들이 각 응답이 얼마나 우수한지 평정하고, 우수/보통/미흡 직원들 간 확연한 차이가 나타나고, 다양한 통계적 인공물로 점수가 교정된다면 훌륭한 선발 장치가 된다.

---

11 '불쾌한 골짜기(uncanny valley) 효과'는 인간과의 유사성(human likeness)과 인간이 느끼는 호감도(familiarity) 그래프에서 '거의 인간에 가까운' 로봇에 대해 오히려 호감도가 떨어지는 현상을 나타낸다.

참고문헌

Al Hashmi, W., & Klassen, R. M. (2019). Developing a situational judgement test for admission into initial teacher education in Oman: an exploratory study. *International Journal of School et Educational Psychology, 7*(1), 1-12.

Chan, D., & Schmitt, N. (2002). Situational judgment and job performance. *Human Performance, 15*(3), 233-254.

Cook, M. (2016). *Personnel selection: Adding value through people – A changing picture* (6th ed.). Chichester, UK: John Wiley & Sons.

Corstjens, J., Lievens, F., & Krumm, S. (2017). Situational judgement tests for selection. In H. W. Goldstein, D. E. Pulakos, C. Semedo, & J. Passmore (Eds.), *The Wiley Blackwell handbook of the psychology of recruitment, selection and employee retention* (pp. 226-246). Chichester, UK: John Wiley & Sons.

Furnham, A. (1986). Social skills training with adolescents and young adults. In C. R. Hollin & P. Trower (Eds.), *Handbook of social skills training* (pp. 33-57). Oxford, UK: Pergamon Press.

Gatewood, R., Feild, H. S., & Barrick, M. (2015). *Human resource selection* (8th ed.). Boston, MA: Cengage Learning.

Kaminski, K., Felfe, J., Schäpers, P., & Krumm, S. (2019). A closer look at response options: is judgment in situational judgment tests a function of the desirability of response options? *International Journal of Selection and Assessment, 27*(1), 72-82.

Kasten, N., Freund, P. A., & Staufenbiel, T. (2018). 'Sweet little lies': an in-depth analysis of faking behavior on Situational Judgment Tests compared to personality questionnaires. *European Journal of Psychological Assessment, 36*(1), 136-148.

Lievens, F., & Sackett, P. R. (2006). Video-based versus written situational judgment tests: a comparison in terms of predictive validity. *Journal of Applied Psychology, 91*(5), 1181-1188.

McDaniel, M. A., Morgeson, F. P., Finnegan, E. B., Campion, M. A., & Braverman, E. P. (2001). Use of situational judgment tests to predict job performance: a clarification of the literature. *Journal of Applied Psychology, 86*(4), 730-740.

Moss, F. A., & Hunt, T. (1926). Ability to get along with others. *Industrial Psychology, 1*, 170-178.

Northrop, L. C. (1989). *The psychometric history of selected ability constructs*. Washington, DC: US Office of Personnel Management.

Pangallo, A., Zibarras, L., & Patterson, F. (2016). Measuring resilience in palliative care workers using the situational judgement test methodology. *Medical Education, 50*(11), 1131-1142.

Peterson, C., & Seligman, M. E. P. (2004). Social Intelligence. In *Character strengths and virtues: A handbook and classification* (pp. 337-353). Washington, DC: American Psychological Association.

Stemig, M. S., Sackett, P. R., & Lievens, F. (2015). Effects of organizationally endorsed coaching on performance and validity of situational judgment tests. *International Journal of Selection and Assessment, 23*(2), 174–181.

Sternberg, R. J., & Horvath, J. A. (Eds.). (1999). *Tacit knowledge in professional practice: Researcher and practitioner perspectives*. Mahwah, NJ: Lawrence Erlbaum Associates Inc.

Sternberg, R. J., Forsythe, G. B., Hedlund, J., Wagner, R. K., Horvath, J. A., Williams, W. M., Snook, S. A., & Grigorenko, E. (2000). *Practical intelligence in everyday life*. Cambridge, UK: Cambridge University Press.

Weekley, J. A., & Jones, C. (1997). Video–based situational testing. *Personnel Psychology, 50*(1), 25–49.

Whetzel, D. L., Sullivan, T. S., & McCloy, R. A. (2020). Situational judgment tests: an overview of development practices and psychometric characteristics. *Personnel Assessment and Decisions, 6*(1), 1–16.

방법 15. 창의성

무엇인가?

새롭고 유용한 아이디어나 결과물을 만들어내는 능력으로 정의되는 창의성을 측정하는 검사들로, 성격 유형, 자기 평가, 사고 양식 및 능력 검사 등 다양한 검사가 포함된다.

어떻게 작동하는가?

검사의 형식은 체크리스트, 성격검사, 또는 심지어 지능검사와 유사하고, 개인의 일반 또는 특정 창의성(상상력)의 지표가 되는 점수를 생성한다.

증거가 있는가?

매우 혼재된 결과를 보이지만, 창의성을 평가하는 준거에 대한 합의가 거의 이루어지지 않았기 때문에 타당도를 검증하는 데 심각한 문제가 있다.

실무적 비용, 윤리, 정치적 이슈

검사의 타당도 입증 문제 외에 실질적 문제는 많지 않다. 단, 일부 소수의 평가자들은 창의성 측정에 관심이 있지만, 대부분은 별 관심이 없다.

사용 관련 제안

일련의 검사 배터리를 사용하여 창의성에 대한 몇 가지 지표를 제공하는 집계 점수를 사용하는 것을 추천한다.

1) 도입

어떤 직원들은 다른 사람들보다 창의적이다. 그들은 독창적인 생각과 새로운 해결책을 생각해 내고 혁신적인 사고로 조직에서 두각을 나타낼 가능성이 크다. 그들은 모방보다 혁신을 선호하며, 때로는 대중을 거스르는 것을 즐기는 것처럼 보인다.

인간의 다른 특성들과 마찬가지로 창의성은 정규분포를 이룬다. 일부 사람들은 매우 창의적이고, 대부분의 사람들은 말 그대로 '평균'에 속한다. 이는 '모든 사람은 창의적이다'라는 주장이나 혹은 교육으로 창의적으로 될 수 있다는 주장에 어긋난다.

많은 조직은 창의성이 **혁신의 아버지**이며, 혁신은 **변화의 동력**이기 때문에 창의성을 중시한다고 말한다. 따라서 창의적 프로세스와 비용이 덜 들고 더 나은 강력하고 색다른 산출물(products)이나 업무 프로세스를 추구하는 사람을 찾고자 연구 개발에 수십억 달러의 비용을 들이기도 한다. 그러나 창의성의 중요도는 직무의 특성에 따라 달라진다.

사람들은 누구나 자신이 (특별히, 출중하게) 창의적이라고 믿고 싶어 한다. 조직은 창의적인 사람에게서 나오는 창의적인 아이디어가 필요하다고 믿고 싶어 한다. 이러한 생각들은 어떤 조직의 경영자인지에 따라 맞을 수도 틀릴 수도 있다. 누군가는 창의성은 비교적 쉽게 가르칠 수 있다고 믿지만, 증거는 여전히 부족하다. 많은 연구자가 창의성을 가르친다는 다양한 강의(교육과정)에 대해 회의적이다.

전문가만이 '진정한' 창의성을 평가하거나 이해할 수 있는가? 이 능력을 가르칠 수 있는가? 그리고 특정 영역에서 더 그러한가? 이 문제에 대해 전문가들의 의견이 분분한 것 같다(Kaufman et al., 2013).

창의성에 대해 말도 안 되는 이야기들이 회자된다. 창의성은 여전히 일말의 과학적 변방으로 남아 있다. 문제는 측정이다. 간단하고 합의에 이르렀으며 강건하고 타당화된 창의성 측정 방법이 없다. 이는 창의성의 원천이 무엇인지, 가르칠 수 있는지와 같은 이론이나 연구 질문을 검증하는 것이 어렵다는 것을 의미한다. 창의적인 사람들과 사람을 더 창의적으로 만드는 방법에 대한 많은 아이디어가 있고, 이 중 일부만 검증되었을 뿐, 대부분은 그렇지 않다. 어떤 내용은 확실히 특이한 면도 있다.

창의성은 규칙이 아닌 예외이다. 예를 들어, 클래식 음악의 경우 36명의 작곡가가 크게 인정받는 모든 클래식 음악의 75%를, 16명의 작곡가가 50%를, 10명의 작곡가가 40%를 작곡했으며, 3명의 작곡가(모차르트, 베토벤, 바흐)가 20%를 작곡했다. 진정으로 창의적이라는 것은 무척 예외적인 일이다. 그러나 위대하고 저명하며 생산적인 창의성과 작고 일상적인 창의성 사이에는 차이가 있다.

창의성에 대해 얼마나 이해하고 있는가? 다음 각 항목을 읽고 동의하는 정도를 표시해 보라, 단순히 그렇다, 모른다, 아니다로 표시해도 된다.

- 창의적인 천재는 대개 왼손잡이이다.
- '상자 밖에서 생각'하는 창의적인 사람들은 수평적 사고(lateral thinking)를 한다.
- 창의적인 사람들은 머리가 그렇게 좋지 않은 경향이 있다.
- 창의적인 사람들은 일반 대중보다 새로운 경험으로부터 영감을 받고 배우는 것에 훨씬 더 열정적이다.
- 군중 속에서도 옷차림과 특이한 헤어스타일로 창의적인 사람을 알아볼 수 있다.
- 무용가나 배우와 같은 창의적인 사람들은 더 사교적이고 외향적인 경향이 있다.
- 작가, 시인, 화가와 같은 창의적인 사람들은 내성적이고 혼자 있는 것을 더 좋아한다.

- 창의적인 사람들은 대개 에너지가 넘치고 활력을 북돋우는 경향이 있다.
- 독창적인 사고를 하는 사람만이 창의적일 수 있다.
- 창의적인 사람들은 자기 일에 열정적이다.
- 어린이들도 어른들만큼 창의적이다.
- 창의적인 천재들은 공연을 통해 자신의 내적인 사고와 감정을 작품으로 표현하는 삶을 산다.
- 창의적인 사람들은 비관습적이며, 끊임없이 사회의 경계를 허물어 나간다.
- 창의적인 사람일수록 문제해결을 더 잘한다.
- 창의적인 천재/신동은 거의 항상 남성이다.
- 창의적인 사람은 행복한 사람이다.
- 철저함(intensiveness)은 창의적인 성격 특성에 해당한다.
- 누구나 창의적일 수 있다.
- 창의적인 사람들은 언제나 한 걸음 앞서 있다.
- 창의적인 사람들은 영감을 추구할 때 미래 지향적이며 호기심이 많다.
- 창의적인 사람들은 사후까지는 아니더라도 삶의 후반까지 인정받지 못하는 경향이 있다.
- 창의적인 사람들은 자신이 획득한 지식과 경험을 전혀 상관없는 새로운 상황에 적용할 수 있다.
- 창의적인 사람들은 너무 자주 오해를 받거나 가치를 인정받지 못한다.

여기서 생각할 수 있는 한 가지 핵심적인 질문은 창의성을 어떻게 측정하느냐 하는 것이다. 잘 알려진 문제 중 하나인 종이에서 펜을 떼지 않고 직선을 4개만 그려 점을 연결하는 것을 생각해 보라. 이는 '상자 밖에서, 즉 고정관념에서 벗어나 생각하라'는 구호를 만들어 냈지만, 해결책을 찾는 데 걸리는 시간을 측정한다면, 이 측정치가 무엇을 예측하는지에 대한 질문이 될 것이다.

창의성이라는 주제가 심리학에서 오랜 역사(약 100년도 넘는 지능검사를 시작하던 시점으로 거슬러 올라감)를 가지고는 있지만, 창의성 연구자들은 이 분야에 관심이 부족하다는 점을 거듭 호소해 왔다(Barbot et al., 2019; Furnham, 2018, 2019; Guilford, 1950).

1950년 Guilford는 데이터베이스에 있는 121,000개의 심리학 연구 중 186개만이 창의성을 다루었다는 점을 지적하면서 창의성을 더 연구해야 한다고 그 중요성을 강조하였다. 전반적으로 창의성에 대한 응용 연구가 부족한 현상은 산업화된 선진국에서 창의적인 직원에 대한 투자가 중요하다는 합의가 이루어진 것과는 극명한 대조를 이룬다. Porter(1990, p. 73)는 "국가적 번영은 상속되는 것이 아니라 창조되는 것"이라 하였고, Amabile(1990)는 개인의 창의성을 조직 혁신의 구성 요소로 보았다. 실제로 지식 기반 사회는 창의성을 경영전략 및 거시 경제 전략의 공통된 개념이자 경쟁력의 핵심 동인으로 삼아 왔다.

기술의 급속한 발전은 제품의 수명 주기를 단축시키고 혁신적인 아이디어를 위한 치열한 경쟁을 유발한다(Amabile et al., 1996; Andriopoulos, 2003). 더욱이 산업화된 국가 경제의 문화적 · 미적 · 창의적 측면은 전례 없는 속도로 빠르게 성장하고 있다. 이러한 환경의 변화는 이제 창의적 잠재력을 가진 직원을 선발하는 것이 경제의 많은 부문에서 우선순위일 뿐만 아니라 신규 인력에 대한 수요 증가와 다양한 작업팀을 도입해야 하는 원인으로서(Perretti & Negro, 2007), 인사 선발에 불가피한 영향을 미친다는 것을 의미한다.

창의성 과정(creativity process)에 대한 설명 중에는 사람(personal account)과 관련된 흥미로운 내용들이 있다. 연구자들은 창의성 과정이 네 단계라고 제안한다. 첫째는 **준비기**(preparation)로 문제에 익숙해지는 것을 뜻한다. 이는 의식적이고 노력이 들어가며 체계적이고 목적이 있지만 때로는 문제와 관련된 성과는 없을 수 있다. 둘째는 **부화기**(incubation)로서 이 단계는 문제에 대한 의식적인 작업이 이루어지지 않는 단계이다. 셋째는 **조명기**(illumination)로, 아하(aha!), 번쩍하고 생각이 떠오르거나 열쇠가 자물쇠에 들어맞는 것과 같은 경험, 행복한 생각 또는 완전하지는 않지만 올바른 방향으로 향하는 것, 그리고 우연 구성(chance configuration), 정교화 선택(elaboration selection) 및 보유(retention)의 단계이다. 마지막 **검증기**(verification)는 떠오른 아이디어를 개발하고 검증하는 단계이다.

예상할 수 있는 바와 같이, 신경과학자들은 그들의 이론과 방법론을 활용하여 창의성을 연구하고 있다. Benedek 등(2019)은 사건관련전위(ERP), 진동소파전위, 혈중 산소 수준 및 fMRI 검사와 같은 창의적 인지 과정의 신경학적 상관관계를 검토하였다. 그들은 대부분의 연구가 구두, 서면, 그림 또는 음악적 산물과 같은 질적 반응을 측정하기 때문에, 이를 통해 신경과학자가 창의적 수행과 관련된 뇌 활성화를 분석할 수 있다고 하였다. 이러한 연구들은 일반적으로 반응 관련 운동 활동과의 혼동 가능성을 제한하기 위해 창의적 발상과 반응 생산 시점을 분리하는데, 이는 향후 유망한 연구 방향이다.

이 장은 창의성 측정에 관한 것이며, 창의적 잠재력, 창의적 성과 또는 성취에 초점을 맞출 것이다. 그러나 Barbot 등(2019)이 제안한 바와 같이 창의성을 평가하는 가장 일반적인 세 가지 방법은 확산적 사고 평가, 제품(산물) 기반 평가 및 고전적인 자기보고(창의적 활동, 성격)를 활용하는 것이다.

2) 예술과 과학에서의 창의성

예술과 과학에서 창의성과 성격의 상관관계를 구분하는 것이 또 하나의 중요한 문제이다. 오래전부터 예술가들과 과학자들의 서로 다른 사고 양식은 관심의 대상이었다. 이 논쟁은 C. P. Snow의 1959년 '두 문화(The Two Cultures)'라는 제목의 강연으로 거슬러 올라간다. 그는 과학 분야와 인문학 분야 사이의 차이와 소통의 부족을 강조했으며, 이 논쟁은 50년 동안 계속되었다.

Hudson(1966)은 이 분야에 대한 심리학 연구를 자극했다. 그는 수렴적 사고 편향을 가진 사람들은 자연과학으로, 확산적 사고 편향을 가진 사람들은 인문학으로 움직였다고 하였다(Hudson, 1973). 그의 책은 1980년까지 225회(Hudson, 1980), 그 이후 수백 회 이상 인용되는 고전이 되었다.

Hudson의 책과 그의 결론은 비판을 받았지만(Kinsbourne, 1968), 반복 검증과 확장연구로 이어졌다(Hartley & Beasley, 1969; Hocevar, 1980). Hartley와 Greggs(1997)는 순수예술, 예술과 사회과학, 사회과학, 순수과학의 네 개 집단의 학생들에게 확산적 사고 과제를 주었다. 전체적으로 예술계 학생들이 과학계 학생들보다 네 가지 검사에서 유의하게 높은 점수를 받아, 확산적 사고가 예술-과학 연속선(continuum)을 따라 감소할 것이라는 가설이 지지되었다.

연구자들은 예술과 과학 분야 학생들의 성격과 사고 양식 차이가 창의성에서의 차이를 설명한다는 아이디어를 검증하였다(Haller & Courvoisier, 2010). 그러나 116명의 영국 대학생들을 대상으로 한 연구에서는 예술과 과학 분야 학생들의 학습 방식의 작은 차이와 문제해결에서 차이가 없다는 것을 확인함으로써, 특화된 이전 세대 선배들보다 오늘날의 학생들이 더 균형 잡힌 교육 프로필을 가지고 있다는 결론을 도출하였다(Williamson, 2011).

비즈니스 또는 상업적 측면의 제3의 창의성이 있다는 주장이 있다. 이는 새롭고 차별성을 가진 성공적인 제품과 서비스의 개발 및 마케팅과 관련된 것이다. 이러한 창의성은 예술적 창의성과 과학적 창의성의 조합일 수 있다.

3) 창의성의 정의와 개념화

창의성은 일상적인 용어 중 하나이며 일반적으로 사람들은 창의성을 어떻게 정의할지 잘 알고 있다. Sprecher(1959)는 대기업 엔지니어들에게 우수한 동료(연구 집단, 서비스 및 프로젝트 집단)들의 창의성 결정요인을 설명해 달라고 요청하여 창의성의 일반적인 개념을 조사하였다. 참신함과 아이디어의 가치가 창의성과 가장 관련성이 높은 요인으로 꼽혔고, 문제해결의 독립성과 포괄적 해결안의 성취 역시 높은 평가를 받았다. 창의성에 대한 일반인의 견해에 대해서도 유사한 결과가 보고되었다(Sternberg & O'Hara, 2000). 그러나 보통 사람들은 종종 창의성과 지능을 혼동하거나, 이 둘을 같은 것으로 여기기도 한다. 실제로 Sternberg(1985)는 가상의 인물에 대해 사람들이 **평정**한 창의성과 지능 사이에 $r=.69$의 상관관계가 나타나는 것을 확인하였다.

전문가들(실무자와 연구자 모두) 사이에서 창의성은 **독창성**(originality) 측면에서 정의되지만, 이는 창의성의 한 측면일 뿐이다. 창의성을 독창성으로 개념화하는 것을 비판하는 사람들은 창의성이 인구(모집단) 평균과 비교하여 단순히 반응의 기이함과 특이함으로 평가되어 왔다고 지적하였다. 창의적인 제품은 독창적일 뿐만 아니라 유용해야 한다. Amabile는 창의성을 "새롭고 유용한 아이디어의 생산"(1988, p. 126)으로 정의했으며, 이후 많은 연구자로부터 지지를 받아 왔다(Chamorro-Premuzic, 2007; Kaufman, 2019).

창의성 정의에 대한 합의에도 불구하고 이 용어는 맥락에 따라 다르게 사용되기도 한다. 모든 직업에서 어떤 사람들은 다른 사람들보다 더 창의적일 것이지만, 더 (그리고 덜) '창의적인' 사람, 아이디어, 행동, 작품, 심지어 직업(예: 건축가, 그래픽 디자이너, 광고기획자 vs 판사, 도서관 사서, 엔지니어)도 있다. 따라서 창의성은 **단일 현상이 아닌 신드롬 또는 복잡한 개념으로 개념화**되어 창의적 사람, 창의적 과정, 창의적 제품 및 환경적 영향 또는 압력(press)을 지칭한다(Rhodes, 1987; Runco, 2004).

본질적으로 창의성은 개인(팀), 업무 영역/환경 그리고 청중(동료, 평가자, 소비자) 간 상호작용에서 비롯된다.

창의성은 고전적으로 사람(person), 과정(process), 산출물(product) 및 환경/상황(press)의 4P로 보았다. 그 결과, 창의성 측정에 사용된 검사 중 일부는 사람, 과정 또는 산출물을 측정한다(Snyder et al., 2019).

4) 창의적인 사람과 성격

창의성이라고 하면 사람들은 창의성의 개인 차이에 초점을 맞추고 어떤 사람이 다른 사람보다 더 창의적일 수 있는 요인을 밝히고 설명하려는 접근방식을 취한다. 전통적으로 창의성에 영향을 주는 요인에는 인지능력, 성격 특성 및 동기가 포함되지만, 최근에는 인지 양식과 지식도 강조되고 있다. 이와 같은 개인의 창의성에 대한 다중결정적(multi-determined) 관점은 특히 선발에 있어 중요한 시사점을 가진다. 타당화된 심리측정 검사를 활용해 창의성 및 지능과 같은 모든 개인차 구성개념을 측정할 수 있기 때문이다. 평가 및 선발의 과정에서 한 가지 중요한 점은 창의성을 성격검사로 효율적이고 효과적으로 측정할 수 있다는 것이다.

그런데 개인의 창의적 잠재력을 두드러지게 하는 특정 점수의 조합이 있을까? 지난 세기 동안 심리학자들은 다양한 기질과 능력에 대해 창의성과의 상관관계를 살펴봄으로써 이 질문에 답을 찾고자 하였다.

(1) 성격 특성

Barron(1963)은 창의적인 사람들의 성격과 능력 특성에 대한 최초의 포괄적인 목록을 제공했다. 그는 창의적인 사람들 중 지적 능력이 낮은 경우 "감정적이고, 공격적이며, 요구적이고, 의존적이고, 지배적이며, 강압적이고, 참을성이 없으며, 주도적이고, 노골적이고, 냉소적이고, 강하며, 도발적"인 반면, 지능이 높은 비창의적인(non-creative) 사람들은 "온화하고, 낙관적이며, 유쾌하고, 조용하고, 이타적(unselfish)"이라고 하였다(p. 22). 적어도 Barron의 설명은 창의성의 정신병리학적 측면과 창의성에서 성격 차이를 설명하는 인지능력의 조절 효과에 관한 심리학 연구의 동향을 예상했다는 두 가지 측면에서 시대를 앞선 것이었다(Peterson & Carson, 2000).

그러나 창의적인 사람들을 프로파일링하려는 대부분의 시도는 성격 특성에 초점을 맞추었다. 성격 5요인 또는 빅파이브(Big Five) 성격 모형으로 통합되기 전까지, 창의적인 사람으로 구분할 수 있는 주요 특성을 밝히려는 심리학자들의 시도는 다소 체계적이지 않았다. 동일한 특성을 다르게 명명하거나, 넓은 범주에서 세부적 단면이나 차원에 이르는 서로 다른 수준의 일반성이 제대로 파악되지 않았다. 그럼에도 연구자들은 대체로 현재 창의성의 핵심적인 성격 지표로 간주되는 '다수'의 특성을 확인하였다.

Torrance(1979, p. 360)는 "창의성은 본질적으로 경험에 대한 개방성, 모험심 그리고 자신감을 포함하는 성격 신드롬"이라고 지적했다. 시간이 지나면서 창의적인 사람들은 위험을 감수하고, 자신감이 넘치고, 동조하지 않으며, 자율적이고, 모호함을 인내하며, 개인적 및 경제적 목표 달성을 추구하는 사람으로 묘사되었다. 그러나 연구들은 창의성과 성취욕 사이에 부적 연관성도 발견하였다.

Eysenck의 3요인 모델을 사용한 연구는 정신증(P: psychoticism)을 창의성의 주요 성격 결정요인으로 판단하였다. Eysenck(1994, 1995)는 정신증과 창의성이 어떻게 관련되어 있는지 설명하는 모델을 만들었다. 그 데이터에 따르면, 유전적으로 정신병(psychosis)과 관련된 사람은 일반적으로 창의적이라는 것이다. 정신증 특성(P)은 창의적 성취 검사에서 창의성(독창성)과 관련이 있었고, 창의적인 사람들은 정신병리로 고통을 겪곤 한다. 정신병, 높은 P점수 그리고 창의적 성취를 이룬 사람들은 동일한 인지 양식을 가진다.

그는 성취로서의 창의성과 상호 연관이 있는 세 가지 주요 변인을 제시하였다. Eysenck는 과다포괄적(over-inclusive) 사고 과정 또는 암시적(allusive) 사고 과정이 정신병적 사고와 창의적 사고의 공통된 특성이라고 하였다.

정신병과 창의성 간에 연관성이 있다면 추가적인 설명이 필요하다. 만약 정신증(P)이 정신질환에 대한 취약성을 기반으로 하는 단일 차원을 측정한다면, 이론상으로는 창의성 특성을 나타내는 확산적 사고(DT)와 시너지를 내는 중요한 성격 요인이 정신증이라고 주장할 수 있다. 이는 유리한 환경 조건에서 실제 창의적 성취로 이어질 수 있다. 여전히 이 분야에서 가장 포괄적이고 정교한 이론 중 하나인 아이젱크 이론(The Eysenckian theory)은 유전학에서 창의성으로의 연관성을 추적하여, 신경과학에서 사회심리학에 이르는 다양한 수준에서 창의성 과정을 탐구하고 이해할 수 있게 하는 많은 기회를 제공한다.

> 창의성은 유창성과 독창성을 증가시키는 특정 인지 양식[과다포괄성, 암시적 사고, 느슨함 또는 발상의 '누수(slippage)']으로 분류된다. 이러한 유형의 인지 양식은 정신증과 밀접한 관련이 있으며, 정신병과 창의성 간 연관성의 상당 부분을 설명한다. 물론 정신병은 창의성의 특성과 관련이 있음에도 불구하고, 창의적 성취를 저해할 가능성이 있다. 이는 창의적 성취를 만드는 요인들 간 곱셈 관계(multiplicative relationship)에서 음의 요인을 구성한다. 정신증은 특성 창의성 및 창의성 성취 모두와 직접적으로 연결되어 있으며, 그 연결고리는 과다포괄성이다.
>
> (Eysenck, 1994, p. 232)

그러나 대부분의 최신 연구는 성격 5요인과 관련된다(4장 참조). Chamorro-Premuzic와 Furnbam(2005) 및 Batey와 Furnham(2006)은 창의성과 성격 5요인의 상관관계를 살펴보고 개방성이 창의적인 사람과 비창의적인 사람을 구별하는 가장 중요한 요인이라고 결론지었지만, 외향성과 우호성 역시 조금 덜할지언정 창의성의 개인차를 설명하는 데 유용하다.

개방성은 새로움(novelty)과 지적 경험과 관련된 미적 선호도, 가치관, 환상, 느낌, 행동 및 생각의 개인차를 평가하며 종종 창의성에 대한 자기보고(self-report)로 해석되기도 하므로, 개방성과 창의성 간 강한 연관성은 놀랍지 않다(Chamorro-Premuzic & Furnham, 2005; Matthews & Deary, 1998).

Feist(1998)는 성격 5요인 분류법에 따라 성격 특성을 코딩하고 과학자와 비과학자, 예술가와 비예술가, 창의적인 과학자와 덜 창의적인 과학자를 비교하여 창의성과 성격 특성 사이의 연관성을 보고한 83개 연구를 메타분석하였다. 그 결과, 개방성, 외향성 및 성실성이 과학자와 비과학자를 구별하는 것으로 나타났다. 창의적인 과학자와 덜 창의적인 과학자를 가장 강력하게 구별하는 특성은 신경증과 개방성이었으며, 한편 예술가는 비예술가보다 성실성에서 약 1 표준편차 낮았고, 개방성에서 .5 표준편차 더 높았다.

〈표 6-10〉은 성격 5요인 모형과 아이젱크 정신증을 이용하여 성격과 창의성 문헌을 요약한 것이다. 예술과 과학 분야 비교 연구에서는 예술가들이 비예술가들에 비해 유의한 수준으로 신경증이 높고, 외향성은 낮으며, 개방성이 높고, 우호성과 성실성이 낮고, 정신증이 높았다. 한편, 과학자들은 비과학자들보다 지능이 유의하게 높고, 신경증이 낮으며, 성실성이 높았다. 또한 일상에서 창의성을 발휘하는 일반인들은 예술가나 과학자들보다 외향성과 우호성이 유의하게 높았다.

따라서 사람 관점(person perspective)을 취하는 경우, 가령 정신증이나 개방성 척도에서 2 표준편차 이상 더 높은 사람들을 창의적인 사람으로 분류하는 것이 합리적일 것이다.

<표 6-10> 성격과 3가지 창의성 유형 간 상관관계

특성	예술적 창의성	과학적 창의성	일상의 창의성
지능			
유동지능	+	+++	+
결정지능	++	+++	+

성격			
N(신경증)	+++	−−	−
E(외향성)	−−	−	++
O(개방성)	+++	+++	++
A(우호성)	−−	−	+
C(성실성)	−−	+++	+
P(정신증)	+++	++	+

참고: +/−표시: 변인 간 정적/부적 관계의 방향 및 강도(−−−에서 +++의 범위)

(2) 성격 장애

창의성과 정신질환에 관하여 특정 증후군이 높은 수준의 창의성과 관련이 있음을 시사하는 방대한 문헌이 있다. 창의성과 관련성이 가장 높은 성격 장애가 조현형(schizotypal) 성격 장애라는 것은 분명해 보인다. 이 성격 장애는 여성보다 남성에게 더 흔하게 나타나고, 전체 인구의 약 3%가 가지고 있는 것으로 추정된다. 한편으로 '경미한 또는 준임상적 조현병 환자'이지만 조현병 환자와 같이 사고와 감정의 극심한 분열이나 심각한 증상을 보이지는 않는다.

이러한 결과가 나타난 것에 대해 양성−음성 조현형(schizotypy: 조현병 스펙트럼)을 구분할 수 있는 것으로 설명할 수 있다(Kwapil et al., 2012). 양성 조현형은 부정적 정서, 사고 장애(thought impairment), 의심증, 현재 활동에 대한 부정적 믿음 및 거부감 증가와 관련이 있으나 사회적 무관심이나 긍정적 정서의 감소와는 관련이 없다. 음성 조현형은 일상생활에서 긍정적 정서와 즐거움의 감소, 부정적 정서의 증가, 사회적 접촉 및 관심의 감소와 관련이 있다. 서로 다른 조현형 성격 장애(SPD) 측정도구가 서로 다른 측면을 측정할 수 있으며, 이 연구(Kwapil et al., 2012)에서 사용된 측정도구에는 부정적 문항보다 긍정적 문항이 더 많았을 수 있다.

조현형은 가장 일관적으로 창의성과의 관련성이 나타났다(Batey & Furnham, 2008; O'Reilly et al., 2001). 일부 연구자들은 연극성 성격 장애, 자기애성 성격 장애 및 공격성 성격 장애가 모두 창의성 과정과 관련되어 있다고 제안하였다. Furnham 등(2009)은 나르시시즘은 정적으로, 강박은 부적으로 창의성과 관련됨을 보여 주었다. Furnham 등(2013)의 연구에서도 유사한 결과를 보였다.

창의성과 모든 성격 장애 간 관계에 대한 몇 가지 연구가 있다(Furnham & Crump, 2014;

Furnham et al., 2009). Furnham과 Crump(2014)는 대규모 표본을 대상으로 확산적 사고를 종속변인으로 사용하여, 성격 장애 변인이 분산의 약 4~9%를 설명한다는 것을 발견했다. 상상/조현형(Imaginative/Schizotypal), 극적/연극성(Colourful/Histrionic) 성격 장애가 가장 정적인 예측변인이었으며, 강박성(OCD), 의존성(Dependent) 성격 장애 및 의심/편집성(Sceptical/Paranoid) 성격 장애가 가장 부적인 예측변인이었다.

양극성 장애가 있는 사람들의 창의성에 관한 연구는 매우 풍부하고 다양하다. Jamison(1993)은 1705년에서 1805년 사이에 태어난 영국의 주류 시인 36명의 자서전, 전기 및 가능한 경우 의료 기록을 조사하였다. 그들은 전체 인구 대비 양극성 장애를 앓았을 가능성이 30배 높았고, 순환성 (기분) 장애가 있을 가능성이 10~20배, 정신 병원에 입원할 가능성이 20배 이상, 자살 가능성이 최대 5배 더 높았다(Jamison, 1993, pp. 61-72). Jamison은 이 결과를 기분장애와 예술적 창의성 간 관계에 대한 설득력 있는 증거로 해석하였다.

Jamison은 Touched with Fire(천재들의 광기: 예술적 영감과 조울증)에서 1709년의 Samuel Johnson과 1899년의 Ernest Hemingway 사이에 태어난 13명의 작가, 작곡가 및 예술가 표본을 사용하여 양극성 장애와 창의성을 보이는 인물을 중심으로 가족 내 유전되는 질병 경향성을 설명하였다(Jamison, 1993, pp. 192-237). 양극성 장애와 창의성 분야에서 가장 유명한 Jamison의 발언은 객관적 비판 없이 결정적인 것으로 받아들여지곤 한다.

광기/정신이상/정신질환 및 어떤 종류이든 창의성을 측정하는 데는 어려움이 있으며, 앞으로도 그럴 것이다. 그러나 지난 몇 년 동안 이 두 요인을 연결하는 연구의 양과 질이 극적으로 증가했다.

앞서 언급했듯이 학계 비평가들은 광기의 천재(mad genius) 가설을 강하게 부정해 왔다. 다음 두 가지를 고려해 보자. "예술가들이 실제로 다른 어떤 직업 집단보다 더 많은 심리적 문제를 겪고 있다는 명확하고 설득력 있는 과학적 근거는 아직 없으며, 아마도 그러한 증거를 얻을 가능성은 거의 없을 것이다."(Schlesinger, 2009, p. 69) "소규모의 특화된 표본, 일관성 없는 방법론, 주관적이고 일화적인 출처에 대한 편향된 의존성을 토대로 과학적 연구기반을 구축하는 것 역시 불가능하다. 기분장애나 창의성 연구를 위해 자원하는 사람들은 해당 분야에 대한 개인적인 관심과 경험이 있을 수 있다는 점을 고려할 때 자발적인 참여자를 대상으로 연구하는 것도 문제가 된다."(Schlesinger, 2009, p. 70)

이 모든 연구는 특정 성격 장애와 같은 매우 특정한 증후군을 측정하는 것이 창의성을 측정하는 한 가지 방법이라는 것을 시사한다.

(3) 지능

초기 유명한 연구에서 Getzels와 Jackson(1962)은 약 500명의 초등학생을 대상으로 다섯 가지 '창의성' 측정도구로 검사를 시행한 후 IQ 검사 결과와 상관관계를 살펴보았다. 연구의 주요 목표는 두 가지 유형의 학생들을 식별하여 그 학생들 간의 차이점을 확인하는 것이었다. 첫 번째 집단은 IQ 점수가 높고 창의력이 낮은 학생들(High-IQ 집단)이었고, 두 번째 집단은 IQ 점수가 낮으나 창의성 검사에서 높은 점수를 받은 학생들(High-C 집단)이었다.

Batey와 Furnham(2006)은 이 연구의 다섯 가지 중요한 특징을 지적하였다. 첫째, 검사에 참여한 학생들의 평균 IQ는 132였다. 둘째, 저자들은 High-IQ와 High-C 집단을 비교하고자 하였는데, 이는 두 가지 검사에서 모두 높거나 낮은 점수를 받은 학생이 최종 분석에서 제외되었음을 의미한다. 셋째, 저자들은 측정치 간 상호 상관관계의 다수를 보고하지 않았다. 넷째, 검사가 모두 IQ 검사와 유사한 방식으로 교실 환경에서 시행되었다. 다섯째, '창의성' 검사로 창의성 자체를 측정했다고 할 수 없고, 단지 확산적 사고(DT)를 검사하였다.

가장 유명한 창의성 연구자 중 한 명인 Torrance(1967)는 지능과 토랜스 창의성 검사(TTCT: Torrance Tests of Creative Thinking) 간 388개의 상관에 대한 메타분석을 수행했다. 분석 결과, 언어 DT 검사와 IQ 간 상관계수는 약 $r=.21$로 나타났고, 도형 DT 검사의 경우 $r=.06$으로 나타났다. Guilford(1967)는 IQ 측정치와 언어 DT 검사 $r=.22$, 상징 DT 검사 $r=.40$, 의미 DT 검사 $r=.37$의 평균 상관을 보고하였다.

Batey와 Furnham(2006)은 이러한 결과가 놀랍지 않다고 하였다. 왜냐하면 Guilford(1967)가 원래 지능의 하위요인을 측정할 목적으로 DT 검사를 만들었기 때문이다. 따라서 어떤 개념이 사용되든지 DT와 IQ 사이에는 약 $r=.20$에서 $r=.40$ 정도의 상관관계가 예상된다. Batey와 Furnham(2006)은 창의성과 지능 간 관계에 관한 연구의 주요 문제 중 하나는 무엇을 창의성의 준거로 삼느냐에 대한 혼란과 변산성이라고 지적했다. DT 검사를 창의성의 척도로 사용한 실험 연구들(Getzels & Jackson, 1962; Guilford, 1967; Torrance, 1967; Wallach & Kogan, 1965)은 비판을 받아 왔다(Amabile, 1996; Lubart, 2001). 비평가들은 확산적 사고검사가 창의적 지능의 일부 측면들을 측정하는 것이기 때문에, 창의성 측정 도구로서는 적합하지 않다고 주장한다. 특히 창의성이 사회적으로 가치 있는 산출물을 생산하는 것을 의미한다면 더욱 그렇다.

지능, 창의적 사고 기술 및 창의적 성취를 명확하게 구별하지 못한 한계로 인해 창의성에 대한 심리측정 연구의 대부분에 문제가 발생했다. 그렇지만 규준(norm) 점수보다 대략 1~2 표준편차 높은 지능은 실제로 창의적이기 위한 필요조건(충분조건은 아니지만)으로 보인다.

5) 창의적 과정

창의적 과정을 설명하기 위해 창의적 사고를 특징짓는 인지적 메커니즘을 연구하였다. 따라서 연구자들은 더 창의적이거나 덜 창의적인 사람들을 프로파일링하는 것이 아니라 보통 사람들의 창의적 사고의 일반적 과정을 설명하고자 하였다. 그런 의미에서 창의성에 대한 과정적 접근은 창의적-비창의적 사람들의 차이보다 한 개인의 창의성에 더 관심을 둔다.

광범위한 연구에 따르면 창의적 과정은 특정한 주의 패턴에 의해 시작되는데, 이 패턴은 자극에 대한 필터링 감소, 낮은 잠재적 억제(latent inhibition) 및 과다포괄적 사고(over-inclusive thinking)의 관점에서 설명될 수 있다. 따라서 Wallach(1970)는 느슨한(defocused) 주의력이 광범위한 감각 자극을 제공하며, 이것이 창의적 아이디어 생성의 원재료가 되어 창의성에 도움이 된다고 주장하였다. 같은 맥락에서, 압박(예: 평가 위협)이 없을 때 더 넓은 주의력이 생기고, 이로 인해 개인이 주의력 자원을 과업 관련 자극과 무관련 자극으로 나눌 수 있다는 연구 결과도 있다(Smith et al., 1990).

지각 검열 또는 주의 검열이 낮으면 창의적 과정에 유리하다는 아이디어는 브레인스토밍 기법의 아이디어 생성 및 인지적 과정에서 검열이 없어야 한다는 내용과도 일치한다. 브레인스토밍에서는 반응의 유창성과 독창성을 높이기 위해 판단을 미루고, 어떤 한 주제에 대해 (아이디어를 검열하지 않고) 떠오르는 모든 생각을 말하도록 한다(Chamorro-Premuzic, 2007).

창의성에 대한 과정 중심의 또 다른 연구는 기존 지식(잠재적으로 독창적 아이디어를 제한 및 제거할 수 있음)과 창의적 성과 간의 부적 상관을 보고하였다(Hayes, 1978; Simon & Chase, 1973). 전문 지식이 유연성을 감소시킴으로써 창의적 사고에 해로운 영향을 미칠 수 있다는 의미이다. 실제로 브레인스토밍 세션에서 다른 사람들의 지각된 전문 지식 수준으로 인해 해당 그룹/세션이 개인의 창의성을 제한할 수 있다. Collaros와 Anderson(1969)은 자신이 속한 브레인스토밍 집단의 다른 사람들이 전문가라는 이야기를 들으면 참여자들이 억제감을 더 느꼈으며, 지각된 억제의 정도에 따라 독창성과 실용성이 달라진다는 것을 발견하였다.

한편, 창의적 과정은 외적 동기가 아닌 내적 동기 수준에 의해 촉진된다는 것을 보여주는 포괄적인 문헌이 있다. 이 문헌에서는 각 과제의 완수 여부에 따른 잠재적인 보상이나 처벌(당근과 채찍!)보다는 과제 자체에 관심이 있을 때 창의적 아이디어가 더 쉽게 생성된다고 한다. 내적 동기가 해당 활동에 대한 개인의 지향성 또는 열정 수준을 나타내는 지표이기 때문에 그럴 가능성이 크다(Amabile, 1990). Csikszentmihalyi(1988, p. 337)가 언급한 바와 같이, "아무리 독창적인 사람이라도 그 분야에 지루함을 느낀다면, 창의적 기여를 할 만큼 충분한 관심을 갖기 어려울 것이다." 반대로, 사람들이 단순히 급여, 승진 또는 사회적 인정을 위해 창의적 업무를 수행한다면, 창의적 사고는 다른 사람들의 평가에 의해 제약될 가능성이 높다(Amabile, 1990).

현재까지 창의적 과정을 이해하기 위한 가장 포괄적인 모델은 Amabile(1990, 1997)의 **조직 혁신의 요소 모델(Componential Model of Organizational Innovation)**로, 창의적 과정을 설명하는 세 가지 개인 내 변인인 영역 관련 지식(domain-relevant knowledge), 창의성 관련 기술(creativity-relevant skills), 동기 성향(motivational orientaion)으로 구성된다. 또한 Amabile의 모델은 개인의 창의성과 관련된 과정을 촉진하는 환경 특성(예: 조직 또는 회사)으로 혁신에 대한 조직의 동기(organizational motivation to innovate), 환경의 자원(environmental resources) 및 경영 관행(management practices)을 개념화하였다. 따라서 창의적 과정은 개인의 동기에서 지식으로 이어지는 인지 과정의 조합에 따라 달라질 뿐만 아니라, 다음 섹션에서 논의되는 적절한 환경적 자극에도 영향을 받을 것이다.

6) 창의적 업무 환경: 창의성에 대한 환경 접근

창의성에 대한 환경(Press) 접근은 창조자로서 개인과 그를 둘러싼 환경의 관계에 주목한다. 따라서 창의성의 상황 및 맥락적 결정요인, 즉, 개인의 창의성에 대한 타인 및 집단의 영향에 대해 다룬다. 창의적 환경은 창의성의 개인 간 차이보다 개인 내 차이를 설명하면서 개인이 더 창의적일 수 있는 조건을 제공할 수 있다. 예를 들어, "자유, 자율성, 훌륭한 역할모델, 독창성을 위한 자원 제공 및 비판으로부터의 자유"(Runco, 2004, p. 662)는 모두 창의적 생산 및 창의적 사고를 촉진할 것으로 기대할 수 있는 맥락 요인이다. 반대로, 다운사이징을 자주 하는 조직은 구성원의 '지각된 직무 불안정성'을 증가시켜 창의성을 떨어뜨린다(Probst et al., 2007).

창의성의 맥락적 결정요인에는 집단 및 개인의 성과에 대한 리더십과 리더십 스타일의 효과와 역할이 포함된다. 연구에 따르면, 참여적(participatory) 리더가 있는 집단은 적어도 아이디어의 유창성이나 창의적 산출물의 양에서 우수한 경향이 있지만, 감독적(supervisory) 리더가 이끄는 집단은 더 나은 품질의 창의적 아이디어를 생성하는 경향이 있다(Anderson & Fielder, 1964). 보다 최근의 연구에서는 팀(집단)에 창의적인 동료들이 포함되어 있으면 감독(supervision)이 팀 창의성과 개별 구성원의 창의성에 부정적인 영향을 미쳤으며, 특히 덜 창의적인 성격 특성을 가진 구성원들에게 그 영향이 더욱 크게 나타났다(Zhou, 2003). 그러나 부하의 자기효능감을 높여 주는 리더십 스타일은 개인 및 집단 창의성을 높이는 경향이 있다(Mumford et al., 1993). 또한 사람들은 독특함과 독창성을 독려하는 경향이 있기 때문에 특히 창의력을 발휘하도록 지시받는 경우 창의성을 촉진하는 조직 가치를 선호하는 것으로 나타났다(Goncalo & Staw, 2006).

7) 창의적 산물

창의성에 대한 산물 접근은 창의적인 것의 특성을 연구한다.

결과물 또는 산물은 예술작품(예: 그림, 디자인, 조각), 과학 출판물(예: 이론, 실험, 발견), 실제 현장(직장)에서의 창의적 작업 수행으로 구성된다. 따라서 이 접근법은 주로 생산성과 성취를 다루며, 개인의 성격이나 창의적 산물을 촉진하는 과정보다는 개인의 창작에 초점을 맞춘다(Simonton, 2004). 이러한 연구는 창의적 천재 및 정신병리학 연구와 밀접한 관련이 있으며 종종 '천재와 광기 사이에는 경계가 모호하다'라는 의미를 내포하고 있다. 실제로, "플라톤에서 프로이트에 이르기까지 창의적 산물은 '확산적이고 충동적이며 정돈되지 않은' 것으로 여기는 오랜 "서양" 전통이 있다."(De Bono, 1992, p. 2)

그러나 문헌을 더 자세히 들여다보면, 창의성 측정과 비정상적 행동의 다양한 지표 간의 관계에 대한 연구 결과는 일관적이지 않다. 더욱이, 창의성과 정신병리학을 구별하는 것이 중요하다. 적어도 은유적으로 볼 때 창의적 산물이 창의성의 증상으로 간주될 수 있지만, 정신병리학적 개념에서 증상이란 견디기 힘들고 고통스러우며 통제 불능의 심리적 또는 신체적 결과의 표현을 의미한다. 따라서 창의적인 사람은 독창적인 연합을 만들어 내려는 강한 의도를 가질 수 있지만, 정신병적인 사람은 자신의 독창적이고 특이하거나 기이한 아이디어에 대해 대안이나 통제가 없을 수 있다. 따라서 Barron은 '통제된 이상함(controlled weirdness)'의 관점에서 창의성을 설명하였다. 반면, 정신병 환자들은 그들의 아이디어가 가진 창의적 특성을 아예 인식하지 못할 수 있다(Merten & Fischer, 1999, p. 941).

8) 창의성의 평가와 측정

앞서 살펴본 창의성을 정의하고 이해하기 위한 접근법들이 개념적으로 유용함에도 불구하고, 이 분야의 심리학 연구는 창의성을 평가하고 측정하는 방법에 대한 확실한 심리측정 정보를 제공하는 경우에만 인사 선발에 적용되거나 실무적 함의를 가질 수 있다. 실제로 심리측정 연구는 창의성의 개인차를 포착하는 방법에 대한 질문을 탐구해왔으며, 여기에서 몇 가지 주요 방법과 검사 도구에 대해 다루고자 한다.

Batey(2012)는 창의성을 평가하는 12가지 방법을 제안하는 3×4 조합을 만들었다(〈표 6-11〉 참조).

〈표 6-11〉 개인 창의성 측정을 위한 객관적 평가, 자기평정 및 타인평정 측정도구

척도	수준	측면	가능한 척도
객관	개인	특성(trait)	확산적 사고의 유창성 점수
객관	개인	과정(process)	문제해결 방안 구상의 소요시간
객관	개인	환경(press)	창작 중 공간의 소음 수준
객관	개인	산물(product)	특허 부여 건수
자기평정	개인	특성(trait)	지각된 개인적 창의성의 자기 평정
자기평정	개인	과정(process)	다양한 아이디어 결합 수준에 대한 자기 평정
자기평정	개인	환경(press)	환경 내 지각된 평가 위협의 자기 평정
자기평정	개인	산물(product)	산물의 창의성 자기 평정
타인평정	개인	특성(trait)	창의성에 대한 전문가 평정
타인평정	개인	과정(process)	문제해결 소요시간에 대한 전문가 평정
타인평정	개인	환경(press)	창의성을 위한 환경 적합성에 대한 전문가 평정
타인평정	개인	산물(product)	산물의 창의성에 대한 전문가 평정

(1) 자기보고 측정도구

수년간 많은 수의 검사가 개발되고 평가되었다(Silvia et al., 2019).

창의적 행동 검사(CBI: Creative Behaviour Inventory)는 Hocevar(1979)가 개발한 것으로,

대학생들에게 여러 영역에서 가장 창의적인 성과와 행동을 나열하도록 요청하여 문항 풀(pool)을 생성하였다. 그런 다음, 전문가들이 각 문항을 평가하여 미술, 공예, 문학, 수학, 과학, 공연 예술 및 음악의 창의적 행동을 측정하는 90문항 척도를 완성하였다. CBI 원문항은 과거 여러 연구에서 사용되었고, Dollinger(2003)가 개발한 단축형도 있다. Dollinger의 단축형은 원문항을 단순히 축약한 것이 아니라 새로운 척도로 기본적인 구성개념을 변화시켰다. Silvia 등(2012)에 따르면 단축형은 일상적 창의성 척도로 간주되어야 하는 반면, 원본의 긴 형태는 일상적 창의성과 탁월한 창의적 성취를 모두 포함한다.

창의적 행동의 전기적 검사(BICB: Biographical Inventory of Creative Behaviours; Batey, 2007)는 광범위한 영역에 걸쳐 일상적 창의성을 평가하는 34문항 척도이다. BICB는 '예/아니오'의 강제 선택 응답 형식을 사용한다. 척도의 지시문은 응답자에게 지난 12개월 동안 어떤 활동에 적극적으로 참여했는지를 표시하도록 요구한다. 34개의 활동이 주어지고 응답자는 자신이 적극적으로 참여한 활동에 표시하면 된다. 예를 들면, '짧은 이야기 쓰기' '만화 그리기' '누군가에게 선물하기' 등이 있다.

Smith와 동료들은 스탠더드 에스디(Standard SD)의 연구소에 고용된 석유 연구 과학자 집단에 전기적 검사를 시행하여 적절한 변별 타당도를 보고하였다(Smith et al., 1961). McDermid(1965)는 엔지니어와 기술자를 대상으로 창의성에 대한 동료 및 자기 평정을 분석한 결과, 특히 창의적 관심사 및 성과와 관련된 자기보고와 전기적 데이터가 실제 상황에서 창의적 성과를 효과적으로 예측한다고 결론을 내렸다. 그러나 Tucker 등(1967)은 제약회사 직원들의 창의성에 대한 자기 평정과 타인 평정 간 낮은 수렴 타당도를 보여 주었다. Jones는 관리자 및 산업 과학자로부터 자기보고 데이터를 수집하여, 성과와 자기보고 간의 편향 교정 상관계수가 .67까지 나타나는 것을 확인하였다(Jones, 1964). 마찬가지로, Datta(1964a)는 미국 엔지니어 표본에서 원격 연상 검사(Remote Associate Test: RAT) 점수와 창의성에 대한 관리자 평정 간 .31의 상관관계를 보고했다.

창의적 성취 설문지(Creative Achievement Questionnaire: CAQ; Carson et al., 2005)는 시각 예술, 음악, 무용, 건축 디자인, 창의적 글쓰기, 유머, 발명, 과학적 발견, 연극/영화, 및 조리 예술(culinary arts)의 10개 영역에서 창의적 성취를 측정한다. 이는 중요하면서도, 관찰 가능한 성과에 초점을 맞추며 혁신적이고 복잡한 채점 방식을 사용한다.

창의성 영역 설문지(Creativity Domain Questionnaire: CDQ)는 다양한 영역에서 자신의 창의성 수준에 대한 사람들의 믿음을 측정하고 사람들의 자기개념에 초점을 둔다. 응답자들은 '…… [연기/컴퓨터/무용/리더십/글쓰기]에서 자신을 얼마나 창의적이라고 평가하는가?'라는 질문을 받는다. 이는 자기 평정 창의성의 구조와 상관관계를 탐구한 Kaufman과 Baer(2004)의 연구에서 비롯되었다. 그들은 다영역 창의성 척도(Creativity Scale for Different Domains: CSDD)로 알려진 간단한 11문항 척도를 개발하였다. 응답자들은 다양한 영역에서, 예를 들어 '당신은 신체/물리적 움직임(예: 무용, 스포츠)에서 얼마나 창의적인가?'와 같은 질문에 5점 척도(1=전혀 아니다, 5=매우 그렇다)를 사용하여 평정하였다. 10개 문항은 각각 창의성의 다른 영역을 나타내며, 마지막 문항은 응답자에게 자신의 창의성에 대한 전반적인 점수를 평정하도록 한다.

Kaufman(2012)의 K-DOCS(Kaufman Domains of Creativity Scale; Kaufman, 2012; Kaufman et al., 2019)는 ⓐ 일상, ⓑ 학술, ⓒ 수행/공연, ⓓ 과학, ⓔ 예술의 5개 영역을 평가하는 50문항 자기보고 척도이다. 지시문은 다음과 같이 주어진다.

> 당신과 대략 비슷한 나이와 인생 경험이 있는 사람들과 비교했을 때 다음 각 행동에 대해 자신을 얼마나 창의적이라고 평가하겠는가? 구체적으로 해 본 적 없는 행동의 경우, 유사한 상황(과업)에서의 성과를 바탕으로 창의적 잠재력을 추정하여 응답하라.

문항들은 5점 척도(매우 창의적이지 않음~매우 창의적)로 평가된다. 예시 문항으로는 '신문, 뉴스레터, 잡지를 위한 논픽션 글쓰기'(학문) 또는 '조각이나 도자기 만들기'(예술) 등이 있다. 신뢰도(Cronbach's alpha: 0~1 사이의 척도 신뢰도, 1은 모든 항목이 정확히 동일한 것을 측정함을 나타냄)는 일상 .81, 학술 .85, 수행(공연) .92, 과학 .90 및 예술 .89로 나타난다.

또 다른 예시로 <표 6-12>를 참조하라.

<표 6-12> Runco의 아이디어 행동 척도(Runco Ideational Behaviour Scale: RIBS)

다음 질문들은 아이디어 및 문제해결에 접근하는 방법에 대한 이해를 높이기 위해 고안되었다. 이것에 대한 정답이나 오답은 없다.

지난 12개월 동안 당신은……

1. 짧은 이야기를 쓴 적이 있는가
2. 소설을 쓴 적이 있는가
3. 이벤트, 쇼(show), 공연 또는 활동을 조직한 적이 있는가
4. TV/연극 대본을 제작한 적이 있는가

5. 섬유 제품(의류 및 생활용품)을 디자인하고 제작한 적이 있는가
6. 침실, 주방, 개인 공간 등을 새롭게 디자인하거나 다시 꾸민 적이 있는가
7. 사용 가능한 어떤 제품을 발명하고 제작한 적이 있는가

자기 평정은 놀라운 타당도를 보여 주었다(Martinsen et al., 2019). Silvia 등(2012)은 다음과 같이 언급하였다.

> 창의성 연구는 수년간 창의성 평가에 대한 많은 검토를 해 왔고, 때로는 암울한 결과로 끝나기도 한다……. 우리의 경험상 많은 창의성 연구자들이 현장의 창의성 측정에 사용한 도구에 대한 암울함을 알고 있다……. 과거 연구와 우리가 실시한 척도별 분석(scale-specific analyses) 및 척도의 수렴 타당도에 대한 분석을 바탕으로 우리는 일련의 척도들이 창의적 행동, 성취 및 자기인식의 자기보고 척도에 관심이 있는 연구자들에게 좋은 선택지를 제공한다고 생각한다.
>
> (p. 14)

(2) 확산적 사고

확산적 사고(Divergent Thinking: DT) 검사는 가장 널리 사용되는 창의성 척도이고, 다양한 환경(Barron & Harrington, 1981; Harrington, 1972)과 모든 교육수준에서 창의적 성취를 잘 예측하는 변인으로 확인되었다. 매우 대중적이고 매력적이지만, 검사의 채점 방법에 대해서는 여전히 논란이 있다(Reiter-Palmon et al., 2019).

창의성 평가의 선구자 중 한 명인 Guilford(1967)는 120개 이상의 능력을 포함하는 포괄적이고 다차원적인 지능 모델을 제안했다. Guilford(1967)가 설명한 핵심 지적 활동(intellectual operation) 중 하나로 확산적 사고(DT) 생성이 있는데, 이는 하나의 정확한 응답을 찾아내는 것이 아니라 문제에 대한 여러 가지 해법을 생성하는 것을 의미한다. 수렴적 사고와 달리 확산적 사고는 정의상 객관식 문항으로 측정할 수 없다. 미리 정의된 정답이 없는 한 객관적 채점이 불가능하기 때문이다. 그러나 Guilford(1975)는 수행(performance) 차이를 측정하기 위해 **유연성(flexibility)**, **유창성(fluency)**, **독창성(originality)** 및 **정교성(elaboration)**이라는 네 가지 채점 기준을 제시했고, 이는 이후 창의성 검사의 토대가 되었다. 예를 들어, 대안 또는 '특이 용도' 검사는 다양한 물체(종이 클립, 벽돌, 펜 등)에 대해 '가능한 많은 용도'를 제시하도록 한다. 피검사자들은 얼마나 많은 응답을 제시하는지(여기에서는 독창성/적절한 유창성 여부와 관계없이), 응답이 서로 얼마나 이질적이고 유연한지, 얼마나 자세한지(정교성), 마지막으로 표본 혹은 모집단(규준 데이터가 주어진 경우)과 비교하여 각 응답이 얼마나 독특하고 독창적인지를 기준으로 비교할 수 있다.

확산적 사고는 수렴적 사고의 반대로서, 가장 유명한 DT 검사는 Guilford(1967년 개관 연구 참조), Wallach와 Kogan(1965) 및 TTCT(Torrance's Tests of Creative Thinking)이다. 또 다른 가용한 검사는 Finke 등(1992)의 도형(figural) 검사가 있다. 피검사자들은 실제로 무언가를 만들고, 그에 대한 평정이 이루어진다.

두 가지 형태의 검사가 있는데, 하나는 **도형**(그림 형태로 아이디어를 생성함) 검사이고 다른 하나는 **언어**(단어 형태로 아이디어를 생성함) 검사이다. 언어 검사는 시행과 채점이 더 용이하다. 더욱이 언어 차원만이 실생활 창의적 성취를 예측하는 것으로 밝혀졌다(Plucker, 1999).

일반적으로 DT 검사는 문항당 약 1분에서 3분 정도가 주어지며, 유창성, 독창성 및 때로는 유연성과 정교성을 기준으로 채점할 수 있다.

Guilford(1967)의 결과 상상 검사(Consequences test)도 잘 알려져 있다. 피검사자들은 어떤 일어날 것 같지 않은 사건에 대해 생각할 수 있는 모든 결과를 나열한다. 예를 들면, '사람들이 더 이상 잠을 잘 필요가 없다면' '어느 날 자고 일어나 보니 키가 두 배로 커진 것을 발견한다면' '모든 사람이 못 듣고 못 보게 된다면' '모든 사람이 색맹이라면' 등의 사건이 제시된다.

또 다른 검사들로는 **제목 붙이기**(주어진 짧은 이야기에 영리한 제목을 붙여야 함)나 **대안 용도**(벽돌, 연필, 클립, 옷걸이 등과 같은 일상적인 물건에 대해 가능한 한 많은 다른 용도를 써야 함) 검사가 있다.

Wallach와 Kogan(1965) 검사는 세 가지 언어 검사로 구성된다. **예시 들기**(소리를 내는 것, 바퀴로 움직이는 것 등에 대해 가능한 한 많은 것을 나열해야 함), **대안 용도**(Guilford 대안 용도와 동일), 그리고 **유사점**(개와 고양이 사이에 생각할 수 있는 모든 유사점을 나열해야 함) 검사가 있다.

DT 중 가장 잘 알려져 있고 널리 검증된 검사 배터리는 TTCT(Torrance, 1974)로, 의미론적 단위의 확산적 생성(예: 생각할 수 있는 빨갛고 먹을 수 있는 모든 것의 이름을 말하라), 대안적 관계(예: 개와 고양이는 어떤 방식으로 서로 관련될 수 있는가), 그리고 체계 생성(예: '비' '역(station)' '여름'이라는 단어를 사용하여 최대한 많은 문장을 쓰라) 등을 측정한다. Torrance는 지능과 창의성이 중간 정도 강도로만 관련되어 있어 '어떤 IQ 측정을 선택하더라도, IQ만 가지고 영재를 가려낸다면 우리는 가장 창의적인 아이의 약 70%를 제외하게 될 것이다'라고 보고했다(Torrance, 1963). 이러한 발견은 창의성을 검사하기 위해 (성격 및 수렴적 사고의 검사 배터리가 아닌) 실제 창의성 측정을 포함할 필요성을 강조한다는 점에서 중요하다.

TTCT는 1966년부터 2008년까지 많은 변형이 있었다. 이는 다른 확산적 사고검사와 유사하지만, 더욱 정교한(복잡한) 채점 절차를 가지고 있다.

도형 검사와 언어 검사로 이루어지고, 두 검사 모두 A형과 B형의 병렬 형태로 이루어진다.

도형(figural):

그림 구성 – 주어진 기본 모양을 사용하여 그림으로 확장하기

그림 완성 – 간단한 그림을 완성하고 제목을 제시하기

선(A형)/원(B형) – 원/선(쌍)의 간단한 자극 도형을 최대한 수정하기

언어(verbal):

질문하기 – 주어진 그림에 대해 가능한 한 많은 질문하기

원인 추측하기 – 주어진 그림에 대한 원인을 가능한 한 많이 나열하기

결과 추측하기 – 주어진 그림의 결과에 대해 가능한 한 많이 나열하기

마지막 네 가지 검사는 독립적(self-contained)이다. 제품 개선–주어진 장난감을 개선할 수 있도록 바꿔 보기, 특이 용도–다른 변형검사와 동일, 특이 질문–평범한 사물(예: 택배 상자)에 대해 가능한 한 많은 질문을 하기, 그리고 다른 검사들과 거의 유사한 방식의 결과 추측 검사가 있다.

이러한 검사의 채점 및 표준화는 세부적으로 이루어지고 시간이 많이 소요된다. 검사 제작자로부터 광범위한 규준을 얻을 수 있다.

문제해결/발견 시나리오는 Chand와 Runco(1993) 및 Runco 등(2006)을 활용할 수 있다. 문항의 예를 보면, '요트를 타기 아주 좋은 날씨이다. 때마침 친구 Kelly가 혹시 요트를 타러 가고 싶은지 물어온다. 유감스럽게도 당신은 내일까지 끝내야 하는 큰 프로젝트가 있고, 이를 완성해 내려면 꼬박 하루가 필요한 상황이다. 당신은 요트를 타러 가는 게 더 좋겠지만, 이 상황에서 어떻게 할 것인가? 가능한 한 많은 아이디어를 생각하라.'와 같다.

또 다른 널리 사용되는 창의성 측정도구는 Mednick과 Mednick(1967)의 원격 연상 검

사(Remote Associate Test: RAT)이다. 전통적인 일반 정신능력(GMA)검사와 마찬가지로, 이 30문항 심리측정 검사는 개방형 질문이 아닌 정답이 있는 문항으로 구성된다. 이들은 원격(remote) 또는 비일상적(unusual) 연상(연합)이 새로운 아이디어를 생성하는 능력을 나타낸다고 생각하였다. 원격(원거리) 조합은 일반적으로 더 독창적이다. 예를 들어, 다음과 같은 세 가지 단어와 관련된 네 번째 단어를 찾아야 한다.

(a) rat−blue−cottage−???
(b) railroad−girl−class−???
(c) surprise−line−birthday−???
(d) wheel−electric−high−???
(e) out−dog−call−???

문항에 대한 답이 표준 IQ 검사 문항보다 객관적인 것은 아니지만, Mednick과 Andrews (1967)는 IQ와 RAT 간에 $r=.55$의 상관관계를 발견하였다.

(3) 합의적 평가 기법(CAT; Amabile, 1982, 1996; Hennessey & Amabile, 1988)

Amabile(1982)는 창의성의 조작적 정의에 기초하여 합의적 평가 기법(Consensual Assessment Technique: CAT)을 개발하였다. 평가는 독립적인 전문가 평가자들의 합의에 의해 이루어진다. Amabile는 CAT를 사용하여 30회 이상의 조사를 수행하였으며, CAT가 어린이와 성인 모두의 창의성을 평가하는 신뢰할 수 있는 방법임을 입증하였다(예: Amabile & Gitomer, 1984; Hennessey & Amabile, 1988). 여기에서는 Hennessey와 Amabile (1988b)에 기초하여 CAT를 설명한다.

CAT를 적용할 때 세 가지 중요한 가정이 있다. 첫째, 산물이 창의적이라는 평가를 받기 위해 어떤 객관적인 특징을 가질지 알 수 없다. 객관적인 특징이 이미 알려진 경우, 이러한 특징을 가진 산물은 새롭지 않기 때문에 창의적인 것으로 평가되지 않을 것이다. 따라서 CAT의 전문가 평가자들에게 준거가 주어지지 않는다. 둘째, 창의성은 어떤 정의나 준거가 주어지지 않아도 전문가 평가자들이 알아볼 수 있고 동의할 수 있다. 셋째, 창의성의 수준은 다양하며, 더 창의적인 것과 덜 창의적인 것이 있다. Hennessey와 Amabile(1988b, p. 15)는 CAT를 사용하기 위한 절차를 다음과 같이 제안하였다.

피검사자들은 특정 영역(예: 시)에서 어떤 과제를 완성하도록 요청을 받은 다음, 해당 영역의 전문가(예: 시인)가 산물의 창의성을 독립적으로 평가한다. 평가자 간 합의 수준을 검토하여 수용 가능한 수준(일반적으로 .70 이상)이면 타당한 것으로 간주된다.

CAT를 적용하려면 몇 가지 조건이 충족되어야 하며, 그중 세 가지가 중요하다. 첫째, 평가자는 해당 영역의 전문가이며 창의성에 대한 암묵적 준거를 가지고 있다. 둘째, 평가자들은 연구자의 추가적인 지침 없이 독립적으로 평가한다. CAT의 온전함은 "연구자가 특정 준거를 부과하려는 시도나 평가자가 서로 영향을 미치려는 시도 없이 합의에 도달하는 것"에 달려 있다(Hennessey & Amabile, 1988b, p. 16). 셋째, CAT를 실행하기 전에 산물의 기술적 우수성과 미적 매력에 대한 사전 평가가 유용한 정보를 제공할 것이다. CAT가 평가자들의 주관적 의견을 끌어내는 반면, 사전 평가는 평가자가 객관적으로 또는 적어도 덜 주관적으로 수행할 수 있다. 따라서 평가자들이 CAT와 사전 평가를 모두 할 수 있다면, 두 평가를 비교하여 서로 관련이 있는지, 독립적인지 비교하는 것이 좋다고 하였다.

Amabile 이외의 여러 연구(예: Amabile & Gitomer, 1984; Hennessey & Amabile, 1988a)는 CAT가 시각 예술(예: 콜라주)과 글쓰기(예: 이야기)의 창의성을 평가하는 데 신뢰성 있게 사용될 수 있음을 보여 주었다.

(4) 능력(power)/수행(performance) 척도(사고/산출물의 측정)

이러한 유형의 많은 검사가 높고-낮음, 옳고-그름의 방식으로 채점되는데, 이는 모두 능력 검사 방식이다.

단어의 의미. 다음 10개 단어는 각각 하나 이상의 의미를 가진다. 각 단어의 의미를 가능한 한 많이 써 보라.

Bit	Pink
Bolt	Pitch
Duck	Port
Fair	Sack
Fast	Tender

배런-웰시 미술 척도(Barron-Welsh Art Scale; Barron & Welsh, 1952). 이 척도는 86개의

서로 다른 흑-백 그림이 페이지당 8개로 번호가 매겨져 제시된다. 피검사자는 각 그림을 보고 좋다-아니다를 이분법적으로 빠르고, 본능적으로 결정해야 한다. 주어진 답안지에 해당 그림의 번호에 맞춰 좋다면 L, 좋지 않다면 D라고 쓴다. 이 검사는 언어 능력이 필요하지 않고, 어린이와 성인 모두에게 사용할 수 있으며, 단순하고 광범위한 집중력을 요구하지 않는다.

창의적 사고 · 그림검사(Test for Creative Thinking-Drawing Production: TCT-DP; Urban & Jellen, 1995). 이것은 다양한 연령 및 능력 집단에 적용할 수 있다. 전통적인 DT 검사와는 달리 창의성에 대한 보다 수렴적인 개념을 포함한다(Urban, 2005). 문화 및 젠더 공정성/민감성이 높다고 인정받아 왔다(Jellen & Urban, 1988). 연속성, 완성도, 새로운 요소 첨가, 연결성(그림 간 선 연결), 주제 관련성, 경계선의 해체, 경계선 밖 도형의 종속성, 유머 및 정서성, 네 종류의 비관습성과 속도 등의 다양한 준거에 따라 창의성을 평가한다(Urban, 2005).

특히 Sternberg와 동료들에 의해 창의성 검사에 몇 가지 흥미로운 혁신이 있었다. 예를 들어 Sternberg(1982)는 Goodman(1955)의 귀납 수수께끼(induction riddle)를 각색하여 피검사자에게 bleen(2004년까지 blue, 이후 green) 또는 grue(2004년까지 green, 이후 blue)와 같은 상상의 개념을 조작하도록 하였다. 이와 유사한 방식으로 Sternberg와 Gastel (1989)은 '사자는 날 수 있다'와 같이 논리적으로 타당하지만 실제로는 거짓인 진술을 평가하도록 요구하는 검사를 설계하였다. 이러한 문항들이 개인의 유연성 검사에 유용하다고 가정한다면, Sternberg의 귀납 수수께끼는 창의성의 중요한 구성 요소를 측정한다. 실제로 이러한 측정치와 유동지능검사 간 중간 정도의 상관은 Sternberg 검사의 변별 타당도를 나타내는 것일 수 있다. 다만, 이러한 검사가 창의성, 유연성 또는 다른 어떤 것을 측정하는지는 해석의 문제이다.

9) 요약 및 결론

급속한 기술 발전은 점점 더 복잡한 세상을 만들며, 지속적으로 변화하는 환경에 적응하는 것은 매우 중요하다. 이러한 문화적 진화는 생물학적 진화와는 달리 개인에게 더 많은 유연성을 요구한다. 창의성이 더 큰 유연성에 기여한다는 점을 고려할 때, 창의적인 개인은 일상생활의 변화에 적응할 준비가 더 잘 되어 있으며 환경에 대한 반응에서 유연성을 유지할 수 있다. 그러므로 "창의성은 진화적 변화에 대한 유용하고 효과적인 반응이다……. 왜냐하면 나이가 들어감에 따라 성인들은 더욱 일상적 규칙에 의존하는 경향이 있고, 의도적으로 창의적이고자 하지 않으면 유연성은 떨어진다."(Runco, 2004, p. 658) 이것은 여러 연구에서 창의성 지표들이 후기(노년기) 적응 및 성장과 상관관계를 발견한 이유를 설명할 수 있다.

그러나 개인차 심리학자와 검사 개발자들은 성격 및 지능검사에 비해 창의성 연구에 관심을 덜 기울여 왔다.

Snyder 등(2019, p. 142)은 이 분야의 향후 연구를 위해 네 가지를 제안하였다. 첫째, 창의성을 기여변인으로 사용하는 것이다. 창의성은 주로 종속변인으로 간주되었다. 창의성을 기여/예측변인으로 더 많이 측정한다는 것은 학업 성취도 및 직무(진로) 준비도와 같은 대학생의 심리적 및 교육적 결과와의 연관성을 살펴보는 것을 의미한다. 둘째, 창의성의 자기보고 척도를 탐구해야 한다. 셋째, 창의성에서 영역 및 과제(과업) 다양성을 구별한다. 부분적으로는 창의성이 영역 특수적이라는 증거가 있다. 향후 연구는 영역 특수성과 학습 과제의 유형을 보다 면밀히 조사해야 한다. 넷째, 창의성의 단일 척도에 과도하게 의존하는 것을 방지하기 위해 다중방법(multimethod) 및 혼합방법(mixed methods)을 사용한다.

참고문헌

Amabile, T. A. (1996). Creativity and innovation in organizations. *Harvard Business School Press*, Harvand Business School Product#396-239, 1-15.

Amabile, T. M. (1982). Social psychology of creativity: a consensual assessment technique. *Journal of Personality and Social Psychology, 43*(5), 997-1013.

Amabile, T. M. (1988). From individual creativity to organizational innovation. In K. Grønhaug & G. Kaufmann (Eds.), *Innovation: A cross-disciplinary perspective* (pp. 139-166). Oslo, Norway: Norwegian University Press.

Amabile, T. M. (1990). Within you, without you: the social psychology of creativity, and beyond. In M. A. Runco & R. S. Albert (Eds.), *Theories of creativity* (Vol. 115, pp. 61-91). New York City, NY: Sage Publications, Inc.

Amabile, T. M. (1997). Motivating creativity in organizations: on doing what you love and loving what you do. *California Management Review, 40*(1), 39-58.

Amabile, T. M., Conti, R., Coon, H., Lazenby, J., & Herron, M. (1996). Assessing the work environment for creativity. *Academy of Management Journal, 39*(5), 1154-1184.

Amabile, T. M., & Gitomer, J. (1984). Children's artistic creativity: effects of choice in task materials. *Personality and Social Psychology Bulletin, 10*(2), 209–215.

Anderson, L. R., & Fielder, F. E. (1964). The effect of participatory and supervisory leadership on group creativity. *Journal of Applied Psychology, 48*, 227–236.

Andriopoulos, C. (2003). Six paradoxes in managing creativity: an embracing act. *Long Range Planning, 36*(4), 375–388.

Barbot, B., Hass, R. W., & Reiter–Palmon, R. (2019). Creativity assessment in psychological research: (Re) setting the standards. *Psychology of Aesthetics, Creativity, and the Arts, 13*(2), 233.

Barron, F. (1963). The needs for order and disorder as motives in creative action. In C. W. Taylor & F. Barron (Eds.), *Scientific creativity: Its recognition and development* (pp. 139–152). New York City, NY: John Wiley & Sons.

Barron, F., & Harrington, D. M. (1981). Creativity, intelligence, and personality. *Annual Review of Psychology, 32*(1), 439–476.

Barron, F., & Welsh, G. S. (1952). Artistic perception as a possible factor in personality style: its measurement by a figure preference test. *The Journal of Psychology, 33*(2), 199–203.

Batey, M. (2007). *A psychometric investigation of everyday creativity* (Unpublished doctoral dissertation). University College, London.

Batey, M. (2012). The measurement of creativity: from definitional consensus to the introduction of a new heuristic framework. *Creativity Research Journal, 24*(1), 55–65.

Batey, M., & Furnham, A. (2006). Creativity, intelligence, and personality: a critical review of the scattered literature. *Genetic, Social, and General Psychology Monographs, 132*(4), 355–429.

Batey, M., & Furnham, A. (2008). The relationship between measures of creativity and schizotypy. *Personality and Individual Differences, 45*(8), 816–821.

Benedek, M., Christensen, A. P., Fink, A., & Beaty, R. E. (2019). Creativity assessment in neuroscience research. *Psychology of Aesthetics, Creativity, and the Arts, 13*(2), 218–226.

Carson, S. H., Peterson, J. B., & Higgins, D. M. (2005). Reliability, validity, and factor structure of the creative achievement questionnaire. *Creativity Research Journal, 17*(1), 37–50.

Chamorro–Premuzic, T. (2007). *Personality and individual differences*. Oxford, UK: Blackwell Publishing.

Chamorro–Premuzic, T., & Furnham, A. (2005). *Personality and intellectual competence*. Mahwah, NJ: Erlbaum.

Chand, I., & Runco, M. A. (1993). Problem finding skills as components in the creative process. *Personality and Individual Differences, 14*(1), 155–162.

Collaros, P. A., & Anderson, L. R. (1969). Effect of perceived expertness upon creativity of members of brainstorming groups. *Journal of Applied Psychology, 53*(2), 159–163.

Csikszentmihalyi, M. (1988). Society, culture, and person: a systems view of creativity. In R. J. Sternberg (Ed.), *The nature of creativity: Contemporary psychological perspectives* (pp. 325–

339). New York City, NY: Cambridge University Press.

Datta, L. E. (1964a). Remote associates test as a predictor of creativity in engineers. *Journal of Applied Psychology, 48*(3), 183.

De Bono, E. (1992). *Serious creativity: Using the power of lateral thinking to create new ideas*. London, UK: Harper Collins.

Dollinger, S. J. (2003). Need for uniqueness, need for cognition, and creativity. *The Journal of Creative Behavior, 37*(2), 99–116.

Eysenck, H. J. (1994). Creativity and personality: word association, origence, and psychoticism. *Creativity Research Journal, 7*(2), 209–216.

Eysenck, H. J. (1995). *Genius: The natural history of creativity* (Vol. 12). New York City, NY: Cambridge University Press.

Feist, G. J. (1998). A meta-analysis of personality in scientific and artistic creativity. *Personality and Social Psychology Review, 2*(4), 290–309.

Finke, R. A., Ward, T. B., & Smith, S. M. (1992). *Creative cognition: Theory, research, and applications*. Cambridge, MA: The MIT Press.

Furnham, A. (2018). From fascination to research progress and problems in creativity research. In R. J. Sternberg & J. C. Kaufman (Eds.), *The nature of human creativity* (pp. 77–93). Cambridge, UK: Cambridge University Press.

Furnham, A. (2019). Creativity and psychopathology. In M. A. Runco & R. S. Pritzker (Eds.), *Encyclopedia of creativity* (3rd ed.). New York City, NY: Elsevier.

Furnham, A., Crump, J., Batey, M., & Chamorro-Premuzic, T. (2009). Personality and ability predictors of the 'Consequences' Test of divergent thinking in a large non-student sample. *Personality and Individual Differences, 46*(4), 536–540.

Getzels, J. W., & Jackson, P. W. (1962). *Creativity and intelligence: Explorations with gifted students*. Oxford, England: John Wiley & Sons.

Goncalo, J. A., & Staw, B. M. (2006). Individualism-collectivism and group creativity. *Organizational Behavior and Human Decision Processes, 100*(1), 96–109.

Goodman, N. (1955). *Fact, fiction and forecast* (pp. 72–83). Cambridge, MA: Harvard University Press.

Guilford, J. P. (1950). Creativity. *American Psychologist, 5*, 444–454.

Guilford, J. P. (1967). *The nature of human intelligence*. New York City, NY: McGraw-Hill Publishing.

Guilford, J. P. (1975). Creativity: A quarter century of progress. In I. A. Taylor & J. W. Getzels (Eds.), *Perspectives in creativity* (pp. 37–59). Chicago, IL: Aldine Publishing Company.

Haller, C. S., & Courvoisier, D. S. (2010). Personality and thinking style in different creative domains. *Psychology of Aesthetics, Creativity, and the Arts, 4*(3), 149.

Harrington, D. M. (1972). *Effects of instructions to 'Be creative' on three tests of divergent thinking abilities* (PhD thesis). University of California Berkeley.

Hartley, J., & Beasley, N. (1969). Contrary imaginations at Keele. *Higher Education Quarterly, 23*(4), 467–471.

Hartley, J., & Greggs, M. A. (1997). Divergent thinking in arts and science students: contrary Imaginations at Keele revisited. *Studies in Higher Education, 22*(1), 93–97.

Hayes, J. R. (1978). *Cognitive psychology*. Homewood, IL: Dorsey Press.

Hennessey, B. A., & Amabile, T. M. (1988). The conditions of creativity. In R. J. Steinberg (Ed.), *The nature of creativity* (pp. 11–38). Cambridge, UK: Cambridge University Press.

Hocevar, D. (1979, April). The development of the Creative Behavior Inventory. Paper presented at the annual meeting of the Rocky Mountain Psychological Association. (ERIC Document Reproduction Service No. ED170350).

Hocevar, D. (1980). Intelligence, divergent thinking, and creativity. *Intelligence, 4*(1), 25–40.

Hudson, L. (1966). *Contrary imaginations: A psychological study of the young student*. New York City, NY: Schocken Books.

Hudson, L. (1973). *Originality*. London, UK: Oxford University Press.

Hudson, L. (1980). This week citation classic. *Social Citation, 43*, 171–172.

Jamison, K. R. (1993). *Touched with fire: Manic depressive illness and the artistic temperament*. New York City, NY: Free Press.

Jellen, H. G., & Urban, K. K. (1988). Test your observational skills and compare your creative potential with children from eleven different countries. *Creative Child and Adult Quarterly, 13*(2), 75–80.

Jones, F. E. (1964). Predictor variables for creativity in industrial science. *Journal of Applied Psychology, 48*(2), 134–136.

Kaufman, J. C. (2012). Counting the muses: development of the Kaufman domains of creativity scale (K–DOCS). *Psychology of Aesthetics, Creativity, and the Arts, 6*(4), 298.

Kaufman, J. C. (2019). Self–assessments of creativity: not ideal, but better than you think. *Psychology of Aesthetics, Creativity, and the Arts, 13*(2), 187–192.

Kaufman, J. C., & Baer, J. (2004). Sure, I'm creative – but not in mathematics!: selfreported creativity in diverse domains. *Empirical Studies of the Arts, 22*(2), 143–155.

Kaufman, J. C., Pumaccahua, T. T., & Holt, R. E. (2013). Personality and creativity in realistic, investigative, artistic, social, and enterprising college majors. *Personality and Individual Differences, 54*(8), 913–917.

Kinsbourne, M. (1968). The contrary imaginations of arts and science students: a critical discussion. *Developmental Medicine & Child Neurology, 10*(4), 461–464.

Kwapil, T. R., Brown, L. H., Silvia, P. J., Myin–Germeys, I., & Barrantes–Vidal, N. (2012). The expression of positive and negative schizotypy in daily life: an experience sampling study. *Psychological Medicine, 42*(12), 2555–2566.

Lubart, T. I. (2001). Models of the creative process: past, present and future. *Creativity Research Journal, 13*(4), 295–308.

Martinsen, Ø. L., Arnulf, J. K., Furnham, A., & Lang-Ree, O. C. (2019). Narcissism and creativity. *Personality and Individual Differences, 142*, 166–171.

Matthews, G., & Deary, I. J. (1998). *Personality traits*. Cambridge, UK: Cambridge University Press.

McDermid, C. D. (1965). Some correlates of creativity in engineering personnel. *Journal of Applied Psychology, 49*(1), 14–19.

Mednick, M. T., & Andrews, F. M. (1967). Creative thinking and level of intelligence. *Journal of Creative Behavior, 1*, 428–431.

Mednick, S. A., & Mednick, M. T. S. (1967). *Examiner's manual: Remote associates test*. Boston, MA: Houghton Mifflin Harcourt.

Merten, T., & Fischer, I. (1999). Creativity, personality and word association responses: associative behavior in 40 supposedly creative persons. *Personality and Individual Differences, 27*, 933–942.

Mumford, M. D., Gessner, T. L., Connelly, M. S., O'Connor, J. A., & Clifton, T. C. (1993). Leadership and destructive acts: individual and situational influences. *The Leadership Quarterly, 4*(2), 115–147.

O'Reilly, T., Dunbar, R., & Bentall, R. (2001). Schizotypy and creativity: an evolutionary connection? *Personality and Individual Differences, 31*(7), 1067–1078.

Peretti, F., & Negro, G. (2007). Mixing genres and matching people: a study in innovation and team composition in Hollywood. *Journal of Organizational Behaviour, special issue: Paradoxes of Creativity: Managerial and Organizational Challenges in the Cultural Economy, 28*(5), 563–586.

Peterson, J. B., & Carson, S. (2000). Latent inhibition and openness to experience in a high-achieving student population. *Personality and Individual Differences, 28*(2), 323–332.

Plucker, J. A. (1999). Is the proof in the pudding? Reanalyses of Torrance's (1958 to present) longitudinal data. *Creativity Research Journal, 12*(2), 103–114.

Plucker, J. A., Runco, M. A., & Lim, W. (2006). Predicting ideational behavior from divergent thinking and discretionary time on task. *Creativity Research Journal, 18*(1), 55–63.

Porter, M. E. (1990). The competitive advantage of nations. *Harvard Business Review, 68*(2), 73–93.

Probst, T. M., Stewart, S. M., Gruys, M. L., & Tierney, B. W. (2007). Productivity, counterproductivity and creativity: the ups and downs of job in security. *Journal of Occupational and Organizational Psychology, 80*(3), 479–497.

Reiter-Palmon, R., Forthmann, B., & Barbot, B. (2019). Scoring divergent thinking tests: a review and systematic framework. *Psychology of Aesthetics, Creativity, and the Arts, 13*(2), 144–152.

Rhodes, M. (1987). An analysis of creativity. In S. G. Isaksen (Ed.), *Frontiers of creativity research:*

Beyond the basics (pp. 216–222). Buffalo, NY: Bearly.

Runco, M. A. (2004). Creativity. *Annual Review of Psychology, 55*, 657–687.

Schlesinger, J. (2009). Creative mythconceptions: a closer look at the evidence for the 'mad genius' hypothesis. *Psychology of Aesthetics, Creativity, and the Arts, 3*(2), 62–72.

Silvia, P. J., Wigert, B., Reiter–Palmon, R., & Kaufman, J. C. (2012). Assessing creativity with self–report scales: a review and empirical evaluation. *Psychology of Aesthetics, Creativity, and the Arts, 6*(1), 19–34.

Simon, H. A., & Chase, W. G.(1973). *Skill in chess. American Scientist, 61*(4), 394–403.

Simonton, D. K. (2004). *Creativity in science: Chance, logic, genius, and zeitgeist*. New York City, NY: Cambridge University Press.

Smith, K. L., Michael, W. B., & Hocevar, D. (1990). Performance on creativity measures with examination–taking instructions intended to induce high or low levels of test anxiety. *Creativity Research Journal, 3*(4), 265–280.

Smith, W. J., Albright, L. E., & Glennon, J. R. (1961). The prediction of research competence and creativity from personal history. *Journal of Applied Psychology, 45*(1), 59–62.

Snyder, H. T., Hammond, J. A., Grohman, M. G., & Katz–Buonincontro, J. (2019). Creativity measurement in undergraduate students from 1984–2013: a systematic review. *Psychology of Aesthetics, Creativity, and the Arts, 13*(2), 133–143.

Sprecher, T. B. (1959). A study of engineers' criteria for creativity. *Journal of Applied Psychology, 43*(2), 141–148.

Sternberg, R. J. (1982). Nonentrenchment in the assessment of intellectual giftedness. *Gifted Child Quarterly, 26*(2), 63–67.

Sternberg, R. J. (1985). Natural, unnatural, and supernatural concepts. *Cognitive Psychology, 14*(4), 451–488.

Sternberg, R. J., & Gastel, J. (1989). Coping with novelty in human intelligence: an empirical investigation. *Intelligence, 13*(2), 187–197.

Sternberg, R. J., & O'Hara, L. A. (2000). Intelligence and creativity. In R. J. Sternberg (Ed.), *Handbook of Intelligence* (pp. 611–630). New York City, NY: Cambridge University Press.

Torrance, E. P. (1963). Creativity. In F. W. Hubbard (Ed.), *What research says to the teacher*. Washington, DC: Department of Classroom Teachers American Educational Research Association of the National Education Association.

Torrance, E. P. (1967). The Minnesota studies of creative behavior: national and international extensions. *The Journal of Creative Behavior, 1*(2), 137–154.

Torrance, E. P. (1974). *Norms–technical manual: Torrance tests of creative thinking*. Lexington, MA: Ginn & Company Publishers.

Torrance, E. P. (1979). *The search for satori and creativity*. Buffalo, NY: Bearly.

Tucker, M. F., Cline, V. B., & Schmitt, J. R. (1967). Prediction of creativity and other performance measures from biographical information among pharmaceutical scientists. *Journal of Applied Psychology, 51*(2), 131–138.

Urban, K. K. (2005). Assessing creativity: The Test for Creative Thinking–Drawing Production (TCT–DP). *International Education Journal, 6*(2), 272–280.

Urban, K. K., & Jellen, H. G. (1995). *Test for Creative Thinking–Drawing (TSD–Z)*. Frankfurt, Germany: Swets Test Services.

Wallach, M. A. (1970). Creativity. In P. Mussen (Ed.), *Carmichael's Handbook of Child Psychology* (pp. 1211–1272). New York City, NY: John Wiley & Sons.

Wallach, M. A., & Kogan, N. (1965). A new look at the creativity–intelligence distinction. *Journal of Personality, 33*(3), 348–369.

Williamson, P. K. (2011). The creative problem solving skills of arts and science students – the two cultures debate revisited. *Thinking Skills and Creativity, 6* (1), 31–43.

Zhou, J. (2003). When the presence of creative coworkers is related to creativity: role of supervisor close monitoring, developmental feedback, and creative personality. *Journal of Applied Psychology, 88*(3), 413–422.

방법 16. 게임화(Gamification)

무엇인가?

이것은 '게임'을 이용하여 지원자의 속도, 정확성, 검사 점수 및 플레이 스타일 등을 평가하며, 주로 비디오 게임(이 방법만 사용하는 것은 아님)을 사용한다.

어떻게 작동하는가?

지원자들은 전통적인 방법(지원서, 면접, 추천서) 대신, '게임'에 참여한다. 이 게임은 지원자의 능력, 동기, 성격에 대한 효율적이고 신뢰할 수 있으며 타당한 데이터를 제공하는 것으로 본다. 이 방법은 지원자가 게임을 '즐기는' 동안 실제 행동에 대한 정확한 측정치를 얻을 것으로 기대한다.

증거가 있는가?

효과가 없다는 증거가 있다기보다는 (심리측정 특성의) 증거가 별로 없다. 이것이 특정 이슈를 측정하는 데 있어 타당한 데이터를 산출할 수 있지만, 다른 행동들에 대한 점수의 예측 타당도는 아직 확립되지 않았다(또는 많이 검증되지 않았다).

실무적 비용, 윤리, 정치적 이슈

현재 평가용 게임화 도구의 구매 비용이나 사용 수수료가 매우 비쌀 수 있다. 또한 누군가(노령층, 제3세계 출신 등)에게는 차별이 될 수 있는 윤리적 문제들도 있다.

사용 관련 제안

아직은 타당도가 증명되고 상업적 활용에서의 주의점이 확인되기까지 기다려야 할 것이다. 초기에는 참여자들(gamers)에게 매력적이고 동기부여가 될 수 있지만, 이는 빠르게 사라질 수 있다.

1) 도입

우리는 기술이 평가 방법의 변화와 개발의 주요 동인이라는 것을 알고 있다. 사람들은 오랫동안 전자 게임을 하는 방식에서 그들의 동기, 능력 및 성격을 파악할 수 있다는 아이디어에 흥미를 가지고 있었다. 또한 우리는 특정 사람들이 게임에 중독(인터넷 게임 장애라고도 불림)되어 있다는 것을 알고 있다(Kircaburun et al., 2020).

일부 선발 담당자들은 스포츠 종류 선택(팀 vs. 솔로), 팀에서의 포지션(공격 vs. 수비), 팀 리더십 역할 선출(주장) 등이 개인에 대한 유용한 정보를 제공한다고 믿는다. 즉, 테니스를 하는 사람들은 수영이나 사이클, 하키, 럭비나 크리켓을 하는 사람들과 심리적으로 다르다. 이는 전자 게임뿐만 아니라 브리지, 체스, 포커 등과 같은 게임을 선택하는 사람들에게도 마찬가지로 적용될 수 있다.

어떤 게임은 고도로 지적이고 다른 게임들은 체력이나 반응 시간에 더 의존한다. 그렇다면, 어떤 사람이 선호하는 게임의 종류와 게임에 임하는 방법을 알고 있는 것이 그 사람의 능력, 성격 및 동기에 대한 유용한 정보를 얻을 수 있는지 질문해 볼 수 있을 것이다.

선발 장면에서의 게임화는 대부분 전자 혹은 컴퓨터 기반이다. 게임화는 조직의 매력도(attractiveness)를 증가시켜 고용 제안에 대한 수용 의도를 높일 수 있다는 논의가 있었다(Collmus et al., 2016). 채용 과정에서 게임화를 사용하는 조직은 기술에 초점을 두고, 진보적이며, 좋은 조직 문화를 가지고 있다는 이미지를 강조한다. 게임화는 인지능력, 성격 및 사람-조직 적합도(P-O fit)와 같은 직무성과의 예측변인을 규명하기 위한 새로운 도구를 제공함으로써 기업의 선발 과정을 향상시키는 데 도움이 된다.

오락(entertainment) 이외의 교육적 가치(Garris et al., 2002), 임상적 응용(Griffiths, 1997) 그리고 인지적 용량, 가소성 및 다른 인지 과정을 이해하는 데 기여하는 것과 같이 게임의 잠재적 기능에 대한 관심이 증가하고 있다(Boot, 2015).

게임화는 비-게임 맥락에서 게임 디자인 요소(예: 적응, 평가, 갈등, 도전(challenge), 열중, 규칙/목표, 피드백)를 적용하는 것으로 정의할 수 있다(Deterding et al., 2011). 성인들이 사적인 시간에 게임을 즐기는 일이 증가함에 따라 직장 내 게임화 요소가 폭발적으로 증가했다. 예를 들어, 2014년 미국 소비자들은 비디오 게임에 224억 달러를 지출했다(Entertainment Software Association, 2015). 그 수치는 이미 두세 배로 증가했을 것이다. 대부분의 사람들은 아바타, 퀘스트와 챌린지, 배지, 포인트, 레벨과 같은 게임의 특징에 대해 알고 있다.

게임이라고 하면 재미있고 역동적인 것으로 생각하기 때문에, 직원 훈련과 같은 직장의 다양한 상황에서 게임은 구성원 동기부여를 위한 '완벽한 도구'이다(Alsawaier, 2018; Collmus et al., 2016). 게임화는 신규 구직자의 모집과 선발, 성격검사 시에도 활용할 수 있기에 더 즐겁게 선발 과정을 경험할 수 있다. 연구자들의 핵심적 딜레마는 이러한 접근이 검사의 타당도에 영향을 미치는지 여부이며, 개발자나 검사 사용자들에게는 게임화 개발에 비용을 들일 가치가 있는지가 중요한 문제이다.

조직에서 게임화 선발 시험은 준거 관련 타당도를 개선할 수 있는 잠재력으로 인해 전통적인 평가 방법보다 더 유익하다는 주장이 있다. 일부 연구자들은 게임화 검사의 유용성을 강조하며 PwC의 상황판단검사와 같은 게임화 평가가 단순 선택 설문지보다 미래 행동을 더 잘 예측할 수 있다고 제안하였다(Lievens & Patterson, 2011).

게임화가 잠재적으로 평가의 타당도를 높일 수 있는 또 다른 예는 거짓 응답(faking)이나 부정행위가 더 어렵다는 점이다(Armstrong et al., 2015). 연구자들은 복잡하고 표준화된 컴퓨터 게임의 점수가 표준화된 IQ 검사에서 측정된 인지능력의 좋은 측정치라는 것을 보여 주었다(Sin & Furnham, 2018). 그렇다면 우리는 게임화 검사가 구성 타당도와 예측 타당도 면에서 표준검사들보다 더 나은지 질문해야 한다.

전통적인 평가에서, 개인은 종종 사회적 바람직성 편향에 취약하고, 자신의 반응을 고용주가 원한다고 믿는 반응으로 바꿀 수 있기에, 지원자들의 진정한 특성을 반영하지 못한다. 그러나 잘 설계된 게임화 검사에서는 어떤 행동 또는 특성을 평가하는지 파악하기 어렵기 때문에 이러한 편향이 줄어든다.

지난 20~30년간 컴퓨터 게임의 출현은 모든 종류의 행동을 측정할 수 있는 경이롭고 독특한 기회를 제공한 것으로 보인다. 이 게임들은 사람들이 모든 종류의 시나리오에 몰입할 수 있는 놀라운 기회를 제공하며 '매우 현실적'으로 발전했다. 그렇다면, 게임을 할 때 하는 행동이 선발 또는 평가 상황에서 필요한 유용한 정보를 제공하는가?

교육 부문에서뿐만 아니라 직장 맥락에서도 게임화의 사용이 급격히 증가하는 추세이다(Attali & Arieli-Attali, 2015; Dichev & Dicheva, 2017; Fetzer et al., 2017; Kim & Shute, 2015; Landers, 2014; Mavridis & Tsiatsos, 2017; Nacke & Deterding, 2017; Rabah et al., 2018; Seaborn & Fels, 2015). 비용 절감 외에도, 게임화는 학생들에게 더 매력적이며 동기를 부여하는 것으로 보인다. 그러므로 게임은 평가보다는 기술 교육에 더 유용할 수 있다. 그러나 교육 맥락에서 게임화가 전통적인 방법 대비 장기적인 이점을 가지고 있다는 근거는 아직 충분하지 않다.

2) 근거

게임화에 대한 연구 결과는 매우 일관적이지 않다. Fiore(2016)는 게임화가 상대적으로 거짓 응답이 어렵다는 증거가 있지만, 개인차를 예측할 수 있다는 근거를 찾지 못했고, 지원자들 역시 게임화 방법이 표준적인 기법들보다 타당도가 떨어진다고 생각하는 경향이 있음을 확인하였다.

게임화를 찬성하는 측의 한 가지 주장은 게임이 사람들을 몰두하게 하기에 긍정 및 부정 정서를 끌어내는 데 매우 뛰어나다는 것이다(Mullins & Sabherwal, 2018). 인지-정서

과학을 통해 우리는 후자(정서)가 주의력, 기억력, 추론의 측면에서 전자(인지)에 지대한 영향을 미칠 수 있으며, 따라서 개인을 평가하는 독특한 기회를 제공한다는 것을 알고 있다.

이 분야의 학술 연구는 거의 없지만 조직 현장에서는 게임화의 효과를 입증했다. 예를 들어, 헝가리의 PwC는 잠재적인 구직자들이 실제 비즈니스 문제를 해결하기 위해 가상으로 팀을 이루어 일하면서 회사에서 일할 준비가 되어 있는지 구직자들의 준비도(readiness) 수준을 검사할 수 있는 멀티폴리(Multipoly)를 개발하였다(PwC, 2015). 이 프로그램을 시작한 이후, 이 회사의 지원자는 190% 증가했으며, 사용자의 78%가 PwC에서 일하는 데 관심이 있다고 보고하여 게임화가 조직의 매력도에 미치는 영향을 입증하였다. 이뿐만 아니라 멀티폴리 경험이 있는 입사자들은 이미 게임을 통해 조직 문화를 경험했기 때문에 PwC에 더 쉽게 적응(on-boarding)했다는 것을 확인했다.

또 다른 게임화의 사례로 Mekler 등(2013)은 인기 있는 게임화 요소인 포인트와 순위표(leader boards)의 사용을 강조하였다. 사람들이 온라인 이력서를 업로드할 수 있는 웹사이트인 링크드인(LinkedIn)이 대표적이다. 사용자는 사람들의 기술에 대한 추천으로 리더십 능력과 같은 특정 영역에서 등급을 높일 수 있다. 이 도구는 점수를 얻는 게임 요소와 유사하다. 점수가 높을수록 더 좋은 결과를 의미한다.

3) 능력 측정

게임은 정보처리 속도와 정확성에 대한 데이터를 제공할 수 있기 때문에 지능을 측정하는 탁월한 방법으로 여겨져 왔다. 40년 동안 '전략 게임은 일부 보편적인 지적 특성의 불변적인 표현'이라고 제안되어 왔다(Spitz, 1978).

이상적으로 이러한 측정은 간단하고, 강건하며, 문화적으로 타당해야 한다. 예를 들어, 교정 판독 검사(proof reading)는 지능을 검사하는 좋은 측정도구로 밝혀졌다(Furnham, 2010). 일부 연구자들은 주로 오락 목적으로 설계된 많은 컴퓨터 게임들이 정보처리의 효율성을 측정하기 때문에 지능검사를 위한 훌륭한 대체제 역할을 할 수 있다고 제안했다(Foroughi et al., 2016; Gnambs & Appel, 2017). 사람들은 게임 수행을 요청받았을 때와 검사 수행을 요청받았을 때 반응이 다를 것이다. 게임에 대해서는 시험 불안이 덜하고, 덜 지루해하며, 저항감이 적다. 한편, 어떤 과제가 게임이라고 하면, 참가자는 자신의 능력을 충분히 발휘하지 않아, 자신이 가진 능력을 완전히 보여 주지 못할 수도 있다. 인지능력 과제를 게임이라고 설명할 때와 시험이라고 설명할 때 참여자들의 동기와 성과에 영향을 미치는 것이 문제인 것이다.

게임을 사용하여 인지를 이해하려는 체계적인 시도로, 학습 전략 프로그램의 연구원들은 연구도구로서 주의력, 기억력 및 멀티태스킹과 같은 기술을 포함하도록 설계된 비디오 게임을 개발했다(Mané & Donchin, 1989). Sajjadi 등(2017)의 또 다른 연구는 Gardner의 다중지능 차원과 게임 역학 사이의 매핑(mapping), 즉 연관성에 대한 증거를 제공한다. 이는 게임이 특정 능력과 성향을 가진 참가자(player)에게 맞게 게임을 설계할 수 있음을 시사한다.

게다가 게임은 높은 열의와 수행에 대한 내적 동기를 유도할 수 있다는 이점이 있다. Hoffman과 Nadelson(2010)은 특히 플레이어가 게임을 진행함에 따라 점점 더 복잡하고 어려워지는 다수준(mulit-level) 게임에서, 실패에 대한 긍정적 반응이 게임에 대한 동기부여에 어느 정도 영향을 미친다는 것을 발견하였다.

Quiroga 등(2015)의 연구에서 참가자들은 실험실에서 Wii 콘솔 게임을 하고, 유동지능과 결정지능을 측정하는 일련의 검사를 받았다. 그 결과, 비디오 게임의 잠재 요인과 다양한 검사에서 얻은 지능 간 매우 높은 상관관계가 있었다. 이 연구에서 사용된 게임은 '암기' '시각화' '계산(compute)'과 같은 여러 질문 범주에서 화면을 통해 정답을 선택하는 검사와 거의 유사한 형식이었다.

Foroughi 등(2016)은 비디오 게임과 레이븐 지능검사 간 그리고 비디오 게임과 유동지능의 잠재변인 간 높은 상관관계를 보고했다. 그리고 그들이 만든 검사(Puzzle Creator)를 사용하여 유동지능 척도를 만드는 것이 가능하다고 주장하였다.

두 가지 예를 들어 설명하면, Sin과 Furnham(2018)은 100명 이상의 군대 신병을 검사하였다. 이 연구에서 사용된 게임은 ⓐ 언어 추론 게임인 Taboo와 ⓑ 공간 추론 게임인 Portal이다(다음 단락 참조). Taboo를 사용한 이전의 경험 연구는 Taboo가 높은 정신적 통제력을 필요로 하기 때문에, 이 과제에서 작업 기억이 성과를 예측한다는 것을 발견하였다(Hansen & Goldinger, 2009). 또한 Taboo는 제약에 적응하고 효과적으로 의사소통하는 능력을 검사하는데, 이 능력은 부분적으로 지능에 의해 결정되는 것으로 본다. 게임을 사용한 이전의 한 연구에서 Portal은 문제해결, 시각화 및 조망수용 기술의 사용을 요구한다고 언급된 바 있다. 그들은 Portal과 Taboo에서의 전반적 수행이 표준화된 지능 점수와 상당한 상관관계가 있음을 발견했다.

Adams와 Mayer(2014)는 Portal 게임을 플레이하는 것이 학생들이 물리학 내용에 대한 학습 능력을 향상시키지는 않았지만, 공간 인지 기술의 발달을 촉진한다는 것을 발견했다. 그들의 방법론은 Portal을 조작 요인으로 사용했지만, Sin과 Furnham(2018)은 결과 변인으로 Portal의 수행에 관심이 있다.

그러나 게임화는 아직은 초기 단계이다. 우리는 어떤 게임이 가장 좋은 결과를 내는지와 관련된 프로세스를 알지 못한다.

4) 세 가지 예시

(1) 언어 게임 - Taboo (by Hasbro)

Taboo는 대화형 언어 추론 게임으로, 화자가 '금기(taboo)' 단어를 사용하지 않고 팀원들이 대상 단어를 맞추도록 단서를 제공한다. 금기어는 일반적으로 두드러진 연관성을 가지기 때문에 화자가 단어를 맞혀야 하는 사람들에게 정답 단어로 유도하면서도 제한(금기)된 표현은 사용하지 않아야 하는 어려움을 만든다. 이 게임의 성과는 어휘와 말하기, 듣기 등의 언어능력(verbal ability)에 크게 좌우되므로, 이 연구의 참가자는 영어가 모국어인 사람들로 제한되었다.

팀 효과의 한계를 극복하기 위해 이 연구는 4인 1조 내에서 팀을 체계적으로 순환(rotation)시키는 방법을 사용하였다. 참가자들은 건강검진이 완료된 시간을 기준으로 모집된 순서에 따라 무작위로 그룹에 배정되었다. 실험은 맞추는 사람(guesser)들끼리의 경쟁 효과를 제거하기 위해 각 팀은 두 명의 구성원으로 진행되었다. 각 참가자는 1분 이내에 가능한 한 많은 단어를 파트너에게 설명하고, 금기 단어가 사용되는 경우 카드는 무효화되었다. 모든 참가자가 한 번씩 화자가 되어 설명하고 난 후, 모든 참가자와 파트너 역할을 경험하도록 팀을 교대하여 특정 파트너의 능력이 개인 성과에 미치는 영향을 최소화하였다. 세 번의 라운드가 모두 끝나면 각 참가자의 점수는 설명하기와 맞추기 각각의 평균으로 산출되었다.

(2) 공간 게임 - Portal (by Valve)

Portal은 1인칭 시점 퍼즐 게임으로, 플레이어는 각 테스트 챔버(test chamber) 내 위치를 연결하는 포털을 사용하여 테스트 챔버를 통과해 출구에 도달해야 한다. 이 게임에는 주의 깊은 관찰, 문제해결 및 조망수용 기술이 필요하다. 플레이어는 도전 과제를 완료하고 다음 단계로 나아가기 위해 두 표면을 연결하는 포털 건(portal gun)을 사용한다. 포털을 통해 다른 방법으로는 갈 수 없는 장소(퍼즐이 있는 방)로 접근할 수 있으며, 퍼즐은 기존의 틀을 벗어나 창의적으로 (수준에 따라서는 상식선에서) 생각하도록 한다. 참가자들은 별도의 안내 없이 난이도가 점점 높아지는 4단계를 완료하되, 각 단계를 최대한 빨리 통과하라는 지시를 받는다. 마지막에 4단계를 모두 완수하는 데 소요된 시간이 기록되고, 분석의 편의를 위해 소요시간은 초 단위로 변환된다.

(3) 풍선 유사 위험 과제(Balloon Analogue Risk Task: BART)

Lejuez 등(2002)이 개발한 BART는 참가자들에게 공기를 채워 넣을 수 있는 풍선을 화면에 보여 주는 컴퓨터 시뮬레이션이다. 풍선 옆에는 '풍선 펌핑'과 '$$$ 모으기'라고 쓰인 두 개의 버튼과 '직전 라운드 상금'과 '총액'을 나타내는 두 개의 숫자가 있다. '풍선 펌핑' 버튼을 누르면 풍선이 부풀어 오르고 참가자는 펌프당 1달러를 번다. '$$$ 모으기' 버튼은 현재 라운드에서 획득한 금액을 저장하고 풍선을 초기화한다.

일반적으로 첫 번째 풍선을 보기 전에 다음의 지시문이 제시된다.

다음 페이지에서는 16개의 풍선이 차례로 화면에 표시된다. 각 풍선을 부풀어 오르게 할 수 있지만, 어느 순간 풍선은 터진다. 풍선이 터지는 시점은 랜덤이며, 어떤 풍선은 한 번의 펌핑으로도 터질 수 있지만 어떤 풍선은 화면을 가득 채울 때까지 터지지 않을 수도 있다. 펌프를 한 번 할 때마다 1달러를 벌게 된다. 그러나! 획득한 금액을 저장('$$$ 모으기'를 눌러야 함)하기 전에 풍선이 터지면 해당 풍선 펌핑으로 모은 금액을 모두 잃게 된다. '$$$ 모으기' 버튼을 누르거나 풍선이 터지고 나면, 새로운 라운드를 시작하라는 메시지가 표시되고 새로운 풍선이 나타난다. 게임이 끝나면 획득한 총액에 따라 25파운드 상당의 아마존 상품권 당첨 확률이 결정된다. 100달러를 획득하면 무작위 경품 추첨을 위한 100장의 티켓을 받게 되고, 티켓이 많을수록 25파운드 당첨 확률이 높아진다. (당첨되면 연락할 수 있는 이메일 주소를 요청받을 것이다. 이메일 주소는 당신의 응답과 별개이며 기밀로 유지된다.) 계속하려면 아래 버튼을 누르라.

BART의 풍선은 1~128회의 펌핑 사이에 무작위로 터지도록 설정되어 있다. 풍선이 터지면 폭발음 효과가 있는 애니메이션이 화면에 나타나고 해당 라운드에서 획득한 돈을 모두 잃게 된다. 이어서 화면에 새로운 풍선이 나타난다. 풍선이 터질 가능성에 대한 상세한 정보는 제공되지 않는다. 참가자들이 게임이 끝날 때까지 현금을 받는 것이 아니라는 점을 상기시키기 위해 스털링(£: 영국 파운드 기호) 대신 달러가 사용되었다. 목표는 참가자들이 가능한 한 많은 돈을 모으는 것이다. 금액이 많을수록 더 많은 티켓을 얻어 25파운드 바우처를 받을 확률이 높아진다.

각 참가자는 16개(풍선 숫자는 달라질 수 있음, 연구들은 10개 내외를 사용했지만 원래 연구는 30개를 제안했음) 풍선을 보게 되고, 64회의 펌핑 변동 비율(variable ratio)에 따라 터지도록 설정되었다. 이 수준이 손익분기점으로, 64회의 펌핑까지는 위험보다 보상이 크지만 64회 이후의 펌핑은 보상보다 위험이 커진다. 이 과제의 목표는 과도한 위험(64회 이상의 펌핑)으로 수익이 감소하는(즉, 풍선이 터져 돈을 잃게 될 가능성이 높아짐) 실제 위험감수 상황을 가정하는 것이다. 예를 들어, 첫 번째 펌핑 후 임시로 보유하는 금액은 1달러인데, 두 번째 펌핑은 이 금액을 100% 증가시킬 수도, 1달러를 잃는 손실을 발생시킬 수도 있다. 그러나 62번째 펌핑 이후에는 임시 보유금액이 62달러가 되므로 63번째 펌핑 1달러는 보유금액의 1.6% 증가를 의미할 수도 있지만 이미 획득한 62달러를 잃는 위험을 의미할 수도 있다.

각 참가자에 대해 모은 금액 총액, 라운드별 펌핑 수, 풍선이 해당 라운드에서 터졌는지 여부의 정보가 기록된다. 이 데이터에서 터지지 않은 풍선의 평균 펌핑 수인 조정된 위험감수(adjusted risk-taking) 점수를 계산할 수 있다. 이 조정된 위험감수 점수가 선호되는 이유는 풍선이 터진 경우 해당 라운드에서는 펌핑 수의 상한선이 생성되기 때문이다. 더불어 풍선이 터진 횟수는 더 과도한 위험감수 행동을 나타내는 변인으로 사용될 수 있다.

많은 연구에서 BART가 활용되었다. 이 방법은 적절한 검사-재검사 신뢰도를 갖는 것으로 밝혀졌으며 흡연(Lejuez et al., 2003) 및 약물 사용(Hopko et al., 2006)과 같은 실제 위험감수 행동을 예측한다. BART의 가장 큰 문제를 꼽는다면, 위험감수에 대한 자기 응답과 그 사람을 알고 있는 타인의 응답 간에 상관관계가 그렇게 크지 않다는 것이다.

5) 결론

이 분야는 빠르게 발전하고 있는 연구 분야이다(Ángeles Quiroga et al., 2015; Attali & Arieli-Attali, 2015; Dichev & Dicheva, 2017; Fetzer et al., 2017; Fiore, 2016; Foroughi et al., 2016; Furnham, 2010; Gnambs & Appel, 2017; Hoffman & Nadelson, 2010; Kim & Shute, 2015; Landers, 2014; Mané & Donchin, 1989; Mavridis & Tsiatsos, 2017; Mekler et al., 2013; Mullins & Sabherwal, 2018; Nacke & Deterding, 2017; PricewaterhouseCoopers, 2015; Rabah et al.,

2018; Sajjadi et al., 2017; Seaborn & Fels, 2015).

이전에 우리는 기술이 종종 평가를 주도하는 현상을 목도해 왔다. 특히 지난 20년간 즐거움과 재미를 위한 전자 게임의 개발과 마케팅이 폭발적으로 증가했다. 그러나 평가 업계는 이를 개인차 평가에 사용할 수 있으며 실제로 설계가 가능하다는 점에 주목했다. 따라서 게임을 활용하여 평가하도록 설계된 게임화 산업이 존재한다. 그러나 게임화 관련 연구는 뒤처져 있고, 투자를 위해 생성된 데이터가 주장하는 것만큼 게임화에 의한 평가가 심리측정적으로 타당한지는 여전히 불분명하다.

참고문헌

Adams, D. M., & Mayer, R. E. (2014). Cognitive consequences approach: what is learned from playing a game? In R. E. Mayer (Ed.), *Computer games for learning: An evidence-based approach* (pp. 171-224). Cambridge, MA: MIT Press.

Alsawaier, R. S. (2018). The Effect of Gamification on Motivation and Engagement. *International Journal of Information and Learning Technology, 35*(1), 56-79.

Ángeles Quiroga, M., Escorial, S., Román, F. J., Morillo, D., Jarabo, A., Privado, J., Hernández, M., Gallego, B., & Colom, R. (2015). Can we reliably measure the general factor of intelligence (g) through commercial video games? Yes, we can! *Intelligence, 53*, 1-7.

Armstrong, M. B., Landers, R. N., & Collmus, A. B. (2015). Gamifying recruitment, selection, training, and performance management: Game-thinking in human resource management. In D. Davis & H. Gangadharbatla (Eds.), *Emerging research and trends in gamification* (pp. 140-165). Hershey, PA: IGI Global.

Attali, Y., & Arieli-Attali, M. (2015). Gamification in assessment: do points affect test performance? *Computers et Education, 83*, 57-63.

Boot, W. R. (2015). Video games as tools to achieve insight into cognitive processes. *Frontiers in Psychology, 6*(3), 1-3.

Collmus, A. B., Armstrong, M. B., & Landers, R. N. (2016). Game-thinking within social media to recruit and select job candidates. In R. N. Landers & G. B. Schmidt (Eds.), *Social media in employee selection and recruitment: Theory, practice, and current challenges* (pp. 103-124). Basel, Switzerland: Springer International Publishing.

Deterding, S., Dixon, D., Khaled, R., & Nacke, L. (2011, September). From game design elements to gamefulness: defining 'gamification'. In *Proceedings of the 15th International Academic Mindtrek Conference: Envisioning Future Media Environments* (pp. 9-15), Tampere, Finland.

Dichev, C., & Dicheva, D. (2017). Gamifying education: what is known, what is believed and what remains uncertain: a critical review. *International Journal of Educational Technology in Higher*

Education, 14(9), 1–36.

Entertainment Software Association. (2015). *Essential facts about the computer and video game industry*. Washington, DC: Entertainment Software Association.

Fetzer, M., McNamara, J., Geimer, J. L., Goldstein, H. W., Pulakos, E. D., Passmore, J., & Semedo, C. (2017). Gamification, serious games and personnel selection. In H. W. Goldstein, E. D. Pulakos, C. Semedo, & J. Passmore (Eds.), *The Wiley Blackwell handbook of the psychology of recruitment, selection and employee retention* (pp. 293–309). Chichester, UK: John Wiley & Sons.

Fiore, C. A. (2016). Gamification of individual differences. *Culminating Projects in Psychology*. Paper 4. London: UCL.

Foroughi, C. K., Serraino, C., Parasuraman, R., & Boehm–Davis, D. A. (2016). Can we create a measure of fluid intelligence using Puzzle Creator within Portal 2? *Intelligence, 56*, 58–64.

Furnham, A. (2010). Proofreading as an index of crystallised intelligence. *Educational Psychology, 30*(6), 735–754.

Garris, R., Ahlers, R., & Driskell, J. E. (2002). Games, motivation, and learning: a research and practice model. *Simulation et Gaming, 33*(4), 441–467.

Gnambs, T., & Appel, M. (2017). Is computer gaming associated with cognitive abilities? A population study among German adolescents. *Intelligence, 61*, 19–28.

Griffiths, M. (1997). Computer game playing in early adolescence. *Youth et Society, 29*(2), 223–237.

Hansen, W. A., & Goldinger, S. D. (2009). Taboo: working memory and mental control in an interactive task. *The American Journal of Psychology, 122*(3), 283–291.

Hoffman, B., & Nadelson, L. (2010). Motivational engagement and video gaming: a mixed methods study. *Educational Technology Research and Development, 58*(3), 245–270.

Hopko, D. R., Lejuez, C. W., Daughters, S. B., Aklin, W. M., Osborne, A., Simmons, B. L., & Strong, D. R. (2006). Construct validity of the balloon analogue risk task (BART): relationship with MDMA use by inner–city drug users in residential treatment. *Journal of Psychopathology and Behavioral Assessment, 28*(2), 95–101.

Kim, Y. J., & Shute, V. J. (2015). The interplay of game elements with psychometric qualities, learning, and enjoyment in game–based assessment. *Computers et Education, 87*, 340–356.

Kircaburun, K., Pontes, H. M., Stavropoulos, V., & Griffiths, M. D. (2020). A brief psychological overview of disordered gaming. *Current Opinion in Psychology, 36*, 38–43.

Landers, R. N. (2014). Developing a theory of gamified learning: linking serious games and gamification of learning. *Simulation et Gaming, 45*(6), 752–768.

Lejuez, C. W., Aklin, W. M., Jones, H. A., Richards, J. B., Strong, D. R., Kahler, C. W., & Read, J. P. (2003). The balloon analogue risk task (BART) differentiates smokers and nonsmokers. *Experimental and Clinical Psychopharmacology, 11*(1), 26–33.

Lejuez, C. W., Read, J. P., Kahler, C. W., Richards, J. B., Ramsey, S. E., Stuart, G. L., Strong, D. R., & Brown, R. A. (2002). Evaluation of a behavioral measure of risk taking: the Balloon Analogue Risk Task (BART). *Journal of Experimental Psychology: Applied, 8*(2), 75–84.

Lievens, F., & Patterson, F. (2011). The validity and incremental validity of knowledge tests, low-fidelity simulations, and high-fidelity simulations for predicting job performance in advanced-level high-stakes selection. *Journal of Applied Psychology, 96*(5), 927–940.

Mané, A., & Donchin, E. (1989). The Space Fortress game. *Acta Psychologica, 71*(1–3), 17–22.

Mavridis, A., & Tsiatsos, T. (2017). Game-based assessment: investigating the impact on test anxiety and exam performance. *Journal of Computer Assisted Learning, 33*(2), 137–150.

Mekler, E. D., Bruhlmann, F., Opwis, K., & Tuch, A. N. (2013). Disassembling gamification: the effects of points and meaning on user motivation and performance. W. E. Mackay (Conference Chair), P. Baudisch, & M. Beaudouin-Lafon (Technical Program Chairs), *Proceedings of CHI' 13 extended abstracts on human factors in computing systems* (pp. 1137–1142). New York: Association for Computing Machinery.

Mullins, J. K., & Sabherwal, R. (2018, January). *Beyond enjoyment: A cognitive emotional perspective of gamification*. Paper presented at the 51st Hawaii International Conference on System Sciences, Honolulu, Hawaii.

Nacke, L. E., & Deterding, S. (2017). The maturing of gamification research [Editorial]. *Computers in Human Behavior, 71*, 450–454.

PricewaterhouseCoopers. (2015). *Multipoly: A selection game*. Budapest, Hungary: Author.

Rabah, J., Cassidy, R., & Beauchemin, R. (2018). *Gamification in education: Real benefits or edutainment?* Paper presented at the 17th European Conference on e-Learning, Athens, Greece.

Sajjadi, P., Vlieghe, J., & De Troyer, O. (2017). Exploring the relation between the theory of multiple intelligences and games for the purpose of player-centred game design. *Electronic Journal of e-Learning, 15*(4), 320–334.

Seaborn, K., & Fels, D. I. (2015). Gamification in theory and action: a survey. *International Journal of Human-Computer Studies, 74*, 14–31.

Sin, J., & Furnham, A. (2018). Do commercial games tap into cognitive ability? *Computer Games Journal, 7*, 27–37.

White, T. L., Lejuez, C. W., & de Wit, H. (2008). Test-retest characteristics of the Balloon Analogue Risk Task (BART). *Experimental and Clinical Psychopharmacology, 16*(6), 565–570.

제7장

생리적 지표

7

생리적 지표

방법 17. 뇌영상: EEG와 fMRI

무엇인가?

EEG는 두개골에 부착된 전극으로 뇌의 상태를 측정하는 뇌파도(electroencephalogram)의 줄임말이며, fMRI는 피검자가 커다란 스캐너 안에 누워 강력한 자기장에 노출되는 기능적 자기공명영상(functional magnetic resonance imaging)을 뜻한다.

어떻게 작동하는가?

EEG는 진동하는 뇌 리듬 주파수를 측정한다. MRI 기계에 의해 생성된 자기장은 혈중 산소 농도의 차이를 측정한다. 산소 수준의 큰 변화는 뇌 활동을 추론하는 데 사용된다. 왜냐하면 뇌 활동이 활발하면, 호흡 중에 뉴런과 신경교세포(뉴런을 위한 스캐폴딩과도 같은 세포 지원 시스템)로부터 에너지를 생성하기 위해 더 많은 산소가 필요하기 때문이다.

증거가 있는가?

(다른 방법과 비교하면) 상당히 객관적인 증거가 있음에도 불구하고 생태학적 타당도가 부족하다. 뇌의 특정 부분에서 증가한 활동이 피검자와 뇌 활동 전반에 무엇을 의미하는지를 정확히 구별하는 것은 쉽지 않다. 능력이나 성격 측정에 있어 이러한 기술의 진단력에 대한 증거는 아직 초창기 수준에 머물고 있다.

실무적 문제: 비용, 윤리, 정치적 이슈

객관적이기는 하나 데이터 수집에 비용이 많이 들고, 선발에 사용하기에는 매우 부적절할 것이다. 결과적으로, 조직구성원 선발에서 사용되지는 않는다. 그러나 만약 사용된다면 인사 담당자가 정신적 및 신체적 건강이나 성격 장애를 바탕으로 채용을 결정한다는 윤리적 문제가 발생할 수 있다. 더 나아가, 단순히 뇌의 한 영역이 활성화되었다고 해서 그것이 구체적이고, 규정된 행동으로 직접 변환되는 것은 아니다. 사람들은 부정적인 정서나 충동을 다루는 방법과 자신의 행동을 통제하기 위해 환경을 활용하는 방법을 익혔을 가능성이 있다. 실험실 조건에서는 이러한 것들이 쉽사리 측정되지 않는다.

사용 관련 제안

조직구성원의 선발이 아닌 오직 의학적 진단 용도와 법의학 조사(성격 장애를 입증하기 위한) 용도로 사용하라.

1) 도입

의학에는 생물심리사회(BioPyschoSocial) 모형이 있다. 이 모형에 따르면 건강과 질병은 생물학적, 심리학적, 그리고 사회적인 요인으로 구성된 세 요인들 간의 상호작용에 좌우된다. 질병 전문가들은 이 사실을 인정하지만, 다른 요인에 비해 특정 요인을 더 강조하는 경향이 있다. 그 요인은 가장 유망하고 '과학적'인 것으로 간주되며, 그것을 강조한 모형이 바로 생물학적/생리학적 모형이다. 이는 건강과 질병은 근본적으로 생리학적 현상에 의해 정의된다는 의학 모형의 기초이다. 한편, 일부 사람들은 생물학적 요인만큼이나 사회적 요인들 역시 많은 정신질환의 원인인 동시에 치료 방법이 된다고 주장하였다.

제1장과 2장에서 언급한 바와 같이 평가에 관심을 둔 사람들은 사람에 대한 더 나은 통찰을 얻고자 당대의 기술을 사용해 왔다. 또한 우리에겐 언제나 인상관리, 관찰자의 기벽이나 체계적인 편향에 오염되지 않는, 개인에 대한 정확하고, 미묘하며, 신뢰할 수 있는 측정이 가능할 것이라는 희망이 있었다. 이러한 희망은 신경심리학 및 신경 과학에 대한 지대한 관심 속에서 지속되고 있다.

Atabaki와 Sperling(2014)은 인지 신경과학 분야의 발전으로 뇌 기능연구에 대한 갈증이 촉발되었다고 하였다. 이 분야는 공통의 목표를 위해 정보과학, 물리학, 공학, 생물학, 심리학에서 의학에 이르기까지 다양한 배경의 과학자를 단결시켰다. 가장 중요한 동인은 fMRI와 같은 현대적 뇌 영상 기술의 사용이었다.

1980년대를 시작으로 fMRI를 활용한 과학 논문의 수가 기하급수적으로 늘어났다. 1983년에 고작 200개였지만, 2013년에 발간된 동종 출판물은 28,600개에 달했다. 이처럼 고가의 영상 장치는 임상 및 의학적 환경(이제는 심리학 연구실)에서 활용되고 있고, 이를 통해 연구자들은 뇌 활동의 근사치를 간접적으로 측정할 수 있게 되었다. 이들의 주장에 따르면, 새로운 데이터가 통찰력 있고 가치 있음에도 불구하고, 기술의 보급과 비전문가의 해석은 때로 사람의 뇌가 어떻게 작동하는지에 관한 수많은 오해를 낳기도 한다. 이러한 오해는 신경심리학 훈련의 설계와 적용에 관한 컨설턴트들의 말과 뇌 기능에 대한 임원들의 사고방식을 통해 기업 세계에까지 이어졌다.

몇몇 심리학자는 이 분야의 신화와 오해에 관심을 두었다. Jarrett(2014)이 저술한 『뇌에 관한 대단한 신화들(Great Myths of the Brain)』에는 사라진 신화, 불멸의 신화, 뇌의 물리적 구조에 대한 신화와 같은 다양한 제목을 가진 41개의 신화가 나열되어 있다. Furnham(2018)은 이러한 신화들을 검증했고, 응답자의 40% 이상이 '뇌는 매우 잘 설계되어 있다'(57%) '머리를 다치면, 사람들은 자신이 누구인지 잊어버리고, 다른 사람들을 알아볼 수도 없다. 그러나 다른 모든 면에서는 매우 정상적이다'(51%) '뇌는 다섯 개의 독립적인 감각기관으로부터 정보를 받는다'(43%) '뇌의 세포들은 함께 결합하여 거대한 신경망을 형성한다'(41%)와 같은 문항에 '사실'이라고 응답하였다.

또한 다음의 다양한 문항에 대해 응답자 중 1/4 이상이 '모르겠다'고 응답했다. 신경교세포는 뇌의 '풀'보다 조금 진보한 것이다(54%), 거울 뉴런은 우리를 인간이게 한다(52%), 간질은 뇌의 비정상적 혈류에 의해 야기된다(34%), 여성의 뇌는 남성의 뇌에 비해 더 균형 잡혀 있다(25.9%). 이러한 결과는 일반인들이 이 분야에 대해 매우 무지한 상태임을 보여 준다. 따라서 정신의학적 타당도가 확보되지 않은 채 판매되는 상품이나 과정들에도 취약할 수밖에 없다.

이 장에서는 이러한 기술 중 두 개를 대략적으로 검토할 것이다. 첫 번째는 약 50여 년간 심리학자들에 의해 연구된 것이고, 두 번째는 상대적으로 새롭고, 여전히 발전하고 있는 기술이다. 이 책은 **이 방법이 개인의 능력, 성격 및 동기에 대한 정확한** (윤리적이고 비용 효율적인) **그림을 제공할 수 있다는 증거가 있는가**(1장 참조)에 대해 답을 제공하고자 한다.

2) 뇌파도

뇌파도(EEG)는 뇌의 각성과 성격 차원 간의 관계를 살펴보는 연구에 사용될 수 있다. 많은 초기 연구는 Eysenck가 제안한 성격의 생물학적 모형에 의해 자극을 받았다. 성격의 생물학적 모형은 피질 자극과 상행성 망상활성계(ARAS) 시스템을 설명한다. EEG는 전극을 두피 위에 올려놓음으로써 측정되는데, 이 전극은 뉴런의 동기화에 의해 달라지는 진동 주파수나 뇌 리듬을 측정한다.

이 이론은 근본적으로 내적 진동 현상의 속성이 뇌의 구조 및 기능과 관련된다고 가정한다. 즉, EEG 밴드의 서로 다른 속성은 뇌의 기능과 구조상의 개인차를 예측한다. 따라서 만약 성격과 지능이 뇌 구조에 나타난다면(3.4장의 골상학 참조), EEG와 같은 측정은 예측변인으로써 유용할 것이다.

초기 연구자 중 한 명인 Gale(1983)은 Eysenck의 이론을 검증하고 물리적 각성을 매개하는 사회적 환경의 종류를 제안하였다. 그는 뇌의 알파 속성과 외향성 간의 관계를 예측했고, 이 관계는 중간 수준의 각성을 불러일으키는 특수한 장면에서만 나타났다. 그는 눈을 감아 낮은 각성을 불러일으키도록 하는 휴식 조건, 눈 여닫기를 반복하게 하여 중간 수준의 각성을 불러일으키는 조건, 마지막으로 다양한 과제 수행을 통해 높은 각성을 불러일으키는 조건을 사용했다. 이 이론에 따르면 외향적인 사람과 내향적인 사람은 이러한 다양한 각성 조건에서 EEG를 통해 측정되는 반응에서 차이를 보일 것이다. 그러나 이 이론을 지지하기에는 결과가 다소 혼재되어 있었다.

20년 전, Robinson(1999, 2000, 2001)은 델타파, 세타파, 알파파가 각각 뇌간, 변연계, 그리고 시상피질각성계의 활동(모두 성격과 관련)과 관련되어 있다고 주장하였다. 이 관점을 지지하는 주요 증거는 뇌간과 시상각성 시스템에 직접적인 자극이 가해지면, 두개골 EEG 기록에서 각각 4Hz와 10Hz의 고유주파수가 발생했다. 반면, 변연계가 자극을 받으면, 7Hz의 해마파가 발생하였다(Gray, 1991).

Robinson(2001)은 EEG 활동의 자발적 알파 주파수는 시상피질의 자유 진동의 자연적인 주파수이며, 시상피질 알파 시스템은 뇌간 델타 시스템에 억제 효과를 행사한다고 주장했다. 이는 확산 시상 투여 시스템이 일반적인 방식으로 ARAS에 억제 효과를 발휘한다는 사실(Samuels, 1959)과 Robinson이 분석한 평균 유발 전위의 결과에 기반을 두고 있다. Knyazev 등(2003)은 절대 스펙트럼의 파워 측정 결과를 통해 억제 이론[1](inhibition theory)을 지지했다.

최근 Anokhin(2016)은 신경 전기 신호와 성격 특성 및 정신병리학적 증상 간의 관련성을 보여 주는 몇 개의 연구를 발표했다. 그들은 전두 EEG 비대칭-전두 두개골의 좌측과 우측 간의 알파 대역 파워 차이(머리의 뒤쪽에서 발생하는 전극 차이에 대해 읽어 보라)에 집중했다. 많은 알파 대역 진동(8~13Hz)은 피질의 비활성화를 반영한다. 왜냐하면 최소한의 진동은 활성화와 관련되기 때문이다.

검사의 신뢰도 및 중간 크기의 유전율을 지지하는 좋은 증거가 있다. 그러나 측정과

---

1 억제 과정이 뇌파의 주파수과 관련되어 있다는 주장이다.

성격 간 관계에 대한 증거는 다소 혼재되어 있다. 많은 연구자는 여전히 EEG를 **감정적인 방식** 및 **정신병리의 내면화에 대한 위험**의 지표로 간주한다. 또한 발달 연구들에 의하면, 우측 전두 활성화는 유아와 어린이의 불안 및 회피 기질과 관련된다. 또한 좌측 전두 알파 대역 파워는 전전두 활성화에서 우측보다 좌측의 수준이 더 낮음을 의미하는데, 이는 더 강한 철회 동기(회피)와 더 높은 우울 취약성과 관련된다. 비대칭의 반대 패턴은 더 강한 접근 동기 및 우울에 대한 낮은 위험도와 관련된다.

그러나 '신경 평가(neuro-assessment)'라는 이름으로 많은 연구가 등장하고 있으며, 이 연구들은 EEG의 타당도와 선발 및 교육에서의 유용성을 주장하고 있다. 따라서 Fingelkurts 등(2019)은 정량적인 EEG(qEEG)를 사용하여 비즈니스상의 코칭을 희망하는 11명의 중년의 개인 프로필을 작성했다. 연구자들은 '효과적인 행동을 증진하고 비효과적인 행동을 최소화하는 코칭 개입을 개발하기 위해' EEG를 사용하여 '사회성'과 '불안 경향성'과 같은 다양한 기본적인 특성을 평가했다. 대상 프로필을 근거로 넉 달간의 코칭 프로그램이 실행되었다.

qEEG 정보를 바탕으로 개별적으로 설계된 코칭 프로그램에 참여한 결과, (i) 경계 수준, 인지 및 기억 수행의 속도, 정서적-동기적 경향성, 사회성, 불안 경향성이 상당히 최적화되었고, (ii) 스트레스 저항성 및 회복(회복탄력성), 전반적인 뇌 자원이 향상되었으며, (iii) qEEG 프로필의 계량에 의해 표시되는 최적의 뇌 상태로부터의 편차가 최소화되었다. 이러한 최적화는 성공적인 변혁적 리더십의 특징이 되는 특성들과 관련되었다. 예를 들어, 성공적인 변혁적 리더들은 불안 수준을 낮게 유지하고, 자신의 정서를 통제할 수 있고, 어렵고 스트레스가 높은 상황에서도 어느 정도의 긍정성을 유지하는 경향을 보인다.

(p. 21)

이러한 연구에는 많은 문제가 있다. 예를 들어, 연구자들이 상당 부분 인정한 바와 같이 자발적인 연구 참여자의 수가 매우 적다. 가장 중요한 것은, 어떤 전문적인 코칭 없이 플라시보(위약) 활동을 받은 통제집단이 없다는 것이다.

EEG 연구는 계속되고 있으나, 이것이 섬세하고 신뢰성 있게 성격, 지능, 정신질환을 잘 읽어낼 것이라는 초기의 희망은 구체화되지 않고 있다.

분명, 직무 선발 평가 장면에서 EEG는 한 번도 사용된 적 없는 것으로 보인다. 또한 더 새로운 기술에 의해 상당 부분 대체되어 버렸다(다음 내용 참조).

3) 기능성 자기공명영상

기능성 자기공명영상(fMRI)는 뇌 활동 중에 발생하는 혈류의 작은 변화를 측정한다. 이는 다른 영상 기술을 통해서는 발견되지 않았던, 뇌의 이상을 발견할 수 있으므로 뇌의 기능적인 해부학을 조사할 때 가장 많이 활용된다.

전문용어로 '혈중 산소 농도에 의존적인(blood oxygen level dependent: BOLD)' 기능적 자기공명영상(fMRI)은 과제에 의해 유도된 또는 신경대사의 자발적 조절에 의한 디옥시 헤모글로빈 농도 변화를 나타낸다. 1990년에 시작된 이후로 이 방법은 수술 계획, 치료 결과 모니터링, 약리학 및 훈련 프로그램의 바이오마커와 같은 임상 응용을 위한 수천 개의 인지 연구에 널리 사용되어 왔다(Glover, 2011, p. 133).

기술 발전의 가속화로 수술 전 계획, 기본적인 인지 신경과학 조사, 행동 수정 및 훈련과 같은 임상 용도로 흔히 사용되고 있다.

심리학자에게 fMRI는 모든 종류의 행동과 관련한 뇌 해부학 및 기능을 연구할 훌륭한 기회를 제공하였다. 따라서 사람들은 뇌의 특정 중추가 어디에 있고, 다른 행동과 어떻게 연결되어 있으며, 구체적인 조건하에 어떻게 기능하는지를 알 수 있게 되었다.

성격과 지능에 관심을 둔 차이 (개인차) 심리학자들이 특성과 지적 기능을 연구하기 위해 이 기술을 사용한다는 것은 전혀 놀랍지 않다. 결과적으로, '뇌 활동'에서 성격 및 능력 간의 상관관계를 살펴보는 차이 (개인차) 심리학자들이 관심을 가질 만한 많은 연구가 있다.

〈표 7-1〉에는 이러한 뇌의 좌우반구에 걸친 부위와 관련된 연구 중 일부 (통계적으로) 유의한 결과가 요약되어 있다.

지난 10여 년 동안 수행된 몇몇 연구를 살펴보자. Gao 등(2013)은 외향성 특질이 노드 상호 연결성의 측정치인 군집화와 정적인 상관관계가 있음을 밝혔다. 연구자들은 이 결과를 외향적인 사람들이 더 높은 각성 역치를 가졌거나(즉, 노드들을 관여시키기 위해 더 많은 활동이 필요하거나), 외향적인 사람들이 더 높은 각성 내성을 가졌을 수 있다고 해석했다. 즉, 외향적인 사람들의 뇌는 별로 자극적이지 않은 것을 흥미롭다고 여기지 않거나 흥분하지 않는 것이다.

〈표 7-1〉 몇몇 fMRI 연구에 대한 요약

표본 크기	나이	성격 측정	주요 발견
265	20~85	5요인 모형	신경증(N) → 적은 총 뇌 용적 외향성(E) → 얇은 하전두회 두께 성실성(C) → 측두정 접합부의 작은 국소화
65	21~56	5요인 모형	E → 총 회백질 부피, 더 큰 우측 안와전두피질
62	20~40	5요인 모형	우호성(A) → 더 작은 국소 소뇌 부피 개방성(O) → 더 큰 좌측 상전두피질
87	64~80	5요인 모형	N → 더 큰 복측의 시각 관련 영역 E → 더 큰 배측 전전두 및 측두 영역 O → 더 작은 우측 내측 전전두피질 및 좌측 뇌섬엽 A → 더 작은 배측전전두 피질 C → 운동 (움직임) 계획과 관련된 영역이 더 큼
116	18~40	5요인 모형	N → 광범위한 뇌 영역에서 차이를 보임 E → 더 큰 내측안와전두 피질 A → 더 큰 방추형 뇌회, 더 작은 상측두엽 C → 더 작은 좌측 중간 전두 뇌회와 후방 방추형 뇌회
113	23~50	5요인 모형	N → 뇌 유래 신경영양인자인 Val66Met 동질이상(노인성 우울과 관련된 특정 유전적 변이; Hwang et al., 2006)의 메티오닌 대립유전자 운반체 내의 더 작은 해마와 관련됨
186	21~40	기질	피해회피(HA) → 모든 성별에서 더 작은 해마의 우측 부위, 여성에게서는 더 작은 전방전전두 피질
56	22~40	기질	HA → 여성에게서는 더 큰 편도체의 좌측 부위 새로움 추구(NS) → 더 큰 좌측 내측 전전두 뇌회 보상 의존성 → 더 큰 우측 미상핵(꼬리)
100	20~40	기질	HA → 더 큰 우측 전방 띠이랑(대상회) NS → 더 큰 좌측 후방 대상피질 영역
114	18~53	행동적 활성 및 억제	행동적 억제 → 더 작은 우측 및 내측 안와전두엽 피질과 쐐기앞소엽

출처: Anokhin(2016).

Anokhin(2016)은 보상 추구와 관련된 성격 특성에 관심이 있었다. 보상에 대한 기대와 즐거움 모두 뇌의 특정 영역, 즉 "복측 및 배측 선조체의 활성화와 안와전두피질, 성하 및 복측 간에 정적 상관관계"(p. 81)를 가졌다. 철회-회피 성격 특성은 부정적인 것에 대한 편도체의 활성화(공포, '동물 정서'와 관련된, 뇌간의 편도체)와 관련이 있었고, 전전두엽 피질, 측좌핵과 해마(보상 회로망)와 편도체 간의 연결성이 감소되었다. 그의 결론에 따르면, "신경증은 전대상피질(Anterior Cingulate Cortex: ACC), 시상, 해마/해마상융기주위, 선조체 및 몇몇 측두, 두정, 후뇌 영역의 활성화 감소와 더불어 해마/해마상융기주위 및 전두엽 및 빙상 영역의 활성화 증가와 관련이 있었다. 흥미롭게도, 서로 다른 유형의 연구들은 신경증과 부적>중성 활성화 간의 '부적 대 정적' 상관에 이바지하는 경향을 보였다."(p. 81)

Dubois 등(2018)은 성격 5요인 특성들을 뇌의 알파파와 연결 지었다. 세 가지 통계적 방법을 사용한 분석에 따르면, '휴식상태(휴지기)'의 기능적 뇌 연결성은 오직 개방성 척도의 신뢰도를 예측하였다. 또한 그들은 상위 수준의 성격 유형(알파/베타)을 살폈고, 휴지기의 연결성이 베타, 개인적 성장 및 가소성(plasticity)을 예측함을 밝혔다.

fMRI는 성격 장애를 진단하기 위해 사용되었다. Tang 등(2013)의 연구, '휴지기 fMRI를 활용하여 반사회적 성격 장애(ASPD)를 가진 사람 규명하기'에서 연구자들은 fMRI를 활용하여 86.57%의 정확도로 32명의 ASPD 진단을 받은 참여자와 35명의 통제 참여자에 대한 집단 간 차이를 식별했다.

Soloff 등(2017)은 fMRI를 사용한 연구에서 충동과 분노가 경계성 성격장애(borderline personality disorder: BPD)를 가진 참여자들의 지역적 뇌 반응을 어떻게 매개하는지에 관심을 두었다. 이들은 31개의 BPD 사례와 25명의 통제집단을 사용했다. BPD의 발병률이 남성에 비해 여성에서 높기 때문에 모든 참여자는 여성으로 구성하였다. 결과에 따르면, 충동의 효과에 있어 BPD 집단과 통제집단 간에 차이가 있었다. 연구자들은 "BPD 참여자들에게는 특성 충동성이 배전두피질(dorsal anterior cingulate cortex), 안와전두피질(orbital frontal cortex: OFC), 기저신경절(basal ganglia: BG), 배측 전전두피질의 활성화와 정적으로 관련되었고, 그 어떤 부위와도 부적 상관은 보이지 않았다. 반면, 분노는 OFC, 해마, BG와 부적 상관이 나타났고, 어떤 부위와도 정적 상관은 나타나지 않았다. 우울한 기분은 전반적으로 감쇠 효과를 가져왔다."(p. 390)

van Schie 등(2020)은 BPD를 가진 26명, 32명의 건강한 통제집단, 낮은 자존감을 가진 22명의 통제집단을 사용했다. 모든 참가자는 fMRI 스캐너 안에서 사회적 피드백 과제(긍정 및 부정 메시지)를 수행했다. 분석 결과, 전대상피질(Anterior Cingulate Cortex: ACC), 인슐라, 쐐기전소엽, PCC, 그리고 측두정 접합부(Temporoparietal Junction: TPJ)가 긍정적이고 부정적인 피드백을 처리했다. 연구자들은 두정 및 측두 뇌 부위 사이에 위치하여 자기와 타인 구분, 통합, 정보처리에 관여하는 TPJ에 관심을 두었다. 그들은 건강한 통제집단 참가자들(HC)은 긍정이 아닌 부정 피드백을 받았을 때 더 높은 쐐기전소엽 활성화를 보임을 발견했다. BPD는 긍정과 부정 피드백에서 모두 낮았다. 건강한 통제집단의 참여자들은 부정이 아닌 긍정 피드백에서 TPJ 활성화가 증가했지만, BPD 참가자들은 부정적인 피드백에서 더 높은 TPJ 활성화를 보였다. 그들은 다음과 같이 결론 내렸다. "BPD 참가자들이 가진 부정적인 자기관은 부정적인 피드백을 비판적으로 검토하는 것을 방해했고, 더 낮은(부정적인) 기분을 초래했다. 또한 HC는 긍정적인 피드백에 집중했으나(TPJ 활성화에 근거), BPD 참여자들은 아마도 부정적인 자기관을 유지한 채, 부정적인 피드백에 더 집중하는 듯 보였다. 더 균형 잡힌 자기관을 가진 BPD 참가자는 잠재적인 부정적 피드백을 더 잘 처리하며, 긍정적인 상호작용에 더 개방적인 것으로 보인다."(p. 1)

이 분야에는 흥미로운 연구가 많다. Mameli 등(2016)은 거짓말을 하려면 인지적 통제력이 높아야 하므로 더 많은 뇌의 활성화가 요구된다고 했다. 진실을 말하는 것과 대조적으로, 거짓말하는 행동은 전전두엽의 강한 활동을 유발한다. 전두엽피질이 발달한 사람들에 비해 관련 뇌 영역이 온전하게 발달하지 못한 어린이는 남을 속이는 능력이 떨어졌다.

공감에 대한 주요 이론들은 타인의 정서를 볼 때, 우리가 스스로 같은 사건을 겪을 때 활성화되는 뇌의 특정 부위가 활성화된다고 제안한다. 그러나 대리 통증은 동일한 뇌활동 패턴을 보여 주지 않는다. 자신의 통증에 대해서는 뇌섬엽의 뇌 활동에 경사도가 나타나는데, 다른 사람의 통증을 볼 때는 나타나지 않는다. 대인 간 차이를 측정하는 흔한 방법은 공감 또는 정서지능의 심리측정적 측정에서 사람들 간에 뇌 활동 수준 차이가 있는지를 살펴보는 것이다. 이는 뇌의 뇌섬엽, 측좌핵, 감각운동피질 등으로 구성된 뇌의 '공감 네트워크'의 활성화 증가로 나타난다.

우리는 뇌파를 사용하여 지능을 측정할 수 있을까? 몇몇 연구를 통해 건강한 피험자 데이터를 사용한 휴지기 fMRI가 유동지능을 측정하는 레이븐스(Ravens) 검사 결과를 예측한다는 것이 밝혀졌다(Finn et al., 2015; Noble et al., 2017).

4) 결론

많은 심리학자는 새로운 기술 사용을 통한 우리의 뇌 구조 및 기능에 대한 이해가 혁명적인 발전이라고 보기 때문에 자신이 심리학자가 아닌 신경과학자라고 불리는 것을 선호한다. 반면, 회의론자들에게 그것은 행동 패턴을 결정하는 특정 구조와 과정이 뇌의 어디에서 발생하는지를 확립하려는 골상학처럼 보인다.

필연적으로 이 장비의 가격은 점차 낮아지고 정교함은 높아지고 있다. 하지만 선발 전에 면접 후보자들이 능력, 동기 및 잠재력을 이해하기 위해 fMRI(또는 동등한) 검사에 동의하거나 필수적으로 통과해야 하는 날이 올까? 또한 그러한 검사의 윤리적 의미는 무엇인가? 시간이 지나면 알게 될 것이다.

참고문헌

Atabaki, A., & Sperling, J. (2014). *Learning – Neuromyths and Reality*. McKinsey Consulting.

Anokhin, A. P. (2016). Genetics, brain, and personality: searching for immediate pheontypes. In J. R. Abscher & J. Cloutlier (Eds.), *Neuroimaging Personality, Social Cognition, and Character* (pp. 71–90). Academic Press.

Dubois, J., Galdi, P., Han, Y., Paul, L. K., & Adolphs, R. (2018). Resting–state functional brain connectivity best predicts personality dimension of openness to experience. *Personality Neuroscience*, 5;1:e6

Fingelkurts, A., Fingelkurts, A., & Neves, C. (2020). Neuro–assessment of leadership training. *Coaching, 13*, 107–145.

Furnham, A. (2018). Myths and misconceptions in developmental and neuro–psychology. *Psychology, 9*, 249–259.

Gale, A. (1983). Electroencephalographic studies of extraversion–introversion: a case study in the psychophysiology of individual differences. *Personality and Individual Differences, 4*, 371–380.

Gao, Q., Qiang, X., Duan, X., Liao, W., Ding, J., Zhang, Z., Li, Y., Lu, G., & Chen, H. (2013). Extraversion and neuroticism relate to topological properties of restingstate brain networks. *Frontiers in Human Neuroscience, 7*, 257.

Glover, G. H. (2011). Overview of functional magnetic resonance imaging. *Neurosurgical Clinics of North America, 22*, 133–139.

Gray, J. A. (1991). Neural systems, emotion and personality. In J. Madden IV (Ed.), *Neurobiology of learning, emotion and affect* (pp. 273–306). NewYork: Raven Press.

Hwang, J.–P., Tsai, S.–T., Hong, C.–H., Yang, C.–H., Lirng, J.–F., & Yang, Y.–M. (2006). The Vall66Met polymorphism of the brain–derived neurotrophic–factor gene is associated with geriatric depression. *Neurobiology of Aging, 27*(12), 1834–1837.

Jarrett, C. (2014). *Great myths of the brain*. New York: Wiley–Blackwell.

Mameli, F., Sartori,G., Scarpazza, C., Zangrossi, A., Pietrini, P., Fumagalli, M., & Priori, A. (2016). Honesty. In J. R. Abscher & J. Cloutlier (Eds.), *Neuroimaging personality, social cognition, and character* (pp. 305−322). London, UK: Academic Press.

Robinson, D. L. (1999). The technical, neurological, and psychological significance of 'alpha', 'theta', and'delta' waves confounded in EEG evoked potentials: 1. A study of peak latencies. *Electroencephalography and Clinical Neurophysiology, 110*, 1427−1434.

Robinson, D. L. (2000). The technical, neurological, and psychological significance of 'alpha', 'delta' and 'theta' waves confounded in EEG evoked potentials: a study of peak amplitudes. *Personality and Individual Differences, 28*, 673−693.

Robinson, D. L. (2001). How brain arousal systems determine different temperament types and the major dimensions of personality. *Personality and Individual Differences, 31*, 1233−1259.

Samuels, I. (1959). Reticular mechanisms and behaviour. *Psychological Bulletin, 56*, 1−22.

Soloff, P. H., Abraham, K., Burgess, A., Ramaseshan, K., Chowdury, A., & Diwadkar, V. A. (2017). Impulsivity and aggression mediate regional brain responses in Borderline Personality Disorder: an fMRI study. *Psychiatry Research: Neuroimaging, 268*, 76−85.

Tang, Y., Jian, W., Liao, J., Wang, W., & Luo, A. (2013). Identifying individuals with antisocial personality disorder using resting−sate fMRI. *PLoS ONE, 8*(4), e60652.

van Schie, C. C., Chiu, C.−D., Rombouts, S. A. R. B., Heiser, W. J., & Elzinga, B. M. (2020). Stuck in a negative me: fMRI study on the role of disturbed self−views in social feedback processing in borderline personality disorder. *Psychological Medicine, 50*(4), 625−635.

방법 18. 거짓말 탐지기(polygraph)

무엇인가?
이것은 심장박동, 피부 전도성 등의 신체 기능상의 생리학적 변화를 측정하는 장비이다. 사람들은 그 기계에 '연결(wired up)'된 상태에서 면접에 참여하게 된다. 연구자들은 서로 다른 질문에 대한 반응을 관찰한다.

어떻게 작동하는가?
거짓말을 하거나 거짓말이 들통나서 불편하거나 불안할 때, 진실을 말할 때는 발생하지 않던 생리학적인 반응이 나타날 것이라는 가정에 기반을 두고 있다. 따라서 매우 구체적이고 미리 계획된 범위의 질문들에 대한 반응을 관찰함으로써 거짓말의 지표가 될 수도 있는 불안 및 스트레스와 관련된 신체적 변화를 감지할 수 있다.

증거가 있는가?
학술 단체와 정부 기관이 후원하는 산더미 같은 증거는 이 검사가 사용하기에 너무 신뢰롭지 않다는 것을 시사한다. 즉, 개인의 운명을 좌우하는 진지한 의사결정에 사용하기에 그것은 진실을 거짓말로 잘못 식별하고 그 반대로 거짓말을 진실이라고 잘못 식별하기도 한다.

실무적 문제: 비용, 윤리, 정치적 이슈
대충 작동하는 거짓말 탐지기를 구입하는 것은 가능하나, 더 나은 장비는 매우 비싸고, 기술적으로 정교하며, 사용과 해석에서 상당한 기술을 요구한다. 따라서 거짓말 탐지기 데이터를 얻으려면 큰 비용이 필요할 수 있다. 또한 전형적인 면접 상황 속 후보자들은 거짓말 탐지기 사용을 불쾌하게 여긴다. 더욱 중요한 것은, 검사 결과가 법정 조사에서 효력을 가지지 못할 가능성이 크다는 것이다.

사용 관련 제안
거짓말 탐지기가 평가나 선발에서 반드시 사용되어야 하는 상황은 찾기 어렵다. 만약 사용된다면, 데이터는 다른 방법들로 증명되어야 한다.

1) 도입

예민한 데이터를 다루는 정부 기관에 면접이 잡혔다. 그곳에서는 당신이 선발 과정 중에 거짓말 탐지기 사용에 노출될 수 있고, 직무 수행 중에도 거짓말 탐지기가 사용될 수 있다고 했다. 당신은 이에 기꺼이 동의할 수 있겠는가?

당신은 선발 담당자인데, 몇몇 매우 구체적인 문제에 대해 지원자로부터 솔직한 응답을 얻고 싶다. 당신은 거짓말 탐지기를 사용하겠는가? 만약 아니라면, 질문들에 대한 답변이 정확하고 솔직하다는 것을 어떻게 확신할 수 있는가?

사람들은 신뢰할 수 있는 생리학적인 근거로 거짓말쟁이를 잡아낸다는 아이디어에 매료됐다. 생리학의 매력은 '몸은 거짓말을 하지 못하니' 이러한 검사에서 거짓말을 해낼 방법이 없다고 가정한다는 점이다. 사람들은 거짓말을 하며 죄책감을 느낄 때 발생하는 생리학적 변화를 억누를 수 없다고 가정한다. 우리는 거짓말의 잠재지표인 이러한 변화들을 쉽고 확실하게 기록할 수 있다.

2) 배경과 역사

폴리그래프(또는 거짓말 탐지기)는 지난 세기의 많은 시간 동안 열정적으로 논의되었고 토론의 주제가 되었다. 그러나 과학자들은 이 문제에 대해 여전히 의견이 갈린다(Iacono & Ben-Shakhar, 2019; Iacono & Lykken, 1997). 준거짓말 탐지기로 볼 수 있는 최초의 기록은 고대 힌두 문화와 '진리 찾기' 방법을 고안한 중세 교회에서 발견되었다. 용의자들에게 다양한 물질을 씹고 뱉어 내도록 했다. 그들의 주장에 따르면 침을 뱉기 쉬운 정도와 침이 끈끈한 정도는 죄를 반영했다. 그들이 관찰한 바에 따르면 공포는 침의 용량을 감소시켰고, 끈적거리게 만들었다. 오늘날 우리는 '불안은 침 분비를 통제하는 자율 신경계의 활동에 영향을 미친다'고 할 수 있겠다. 그러나 무엇이 공포를 촉발했는지는 알 수 없다는 것을 명심하라.

19세기에 과학자들은 공포에 따른 신체적 특징(변화)을 측정하려고 시도했다. 여기에는 용의자를 조사하는 동안 수행된 플레티모그래프(plethysmograph: 사지의 맥박과 혈압을 기록하는 것), 손가락 떨림, 반응 시간, 단어 연관성 등이 포함된다.

유명한 연구자이자 비평가이자 회의론자인 Lykken(1998)은 거짓말 탐지기의 사용과 남용에 대해 개관했다. 그에 따르면, William Marston이 『거짓말 탐지기 검사(The Lie Detector Test)』라는 책을 1938년에 출간하였고, 이것은 이 용어가 처음 사용되고, 이 기계를 대중에게 널리 알리려고 한 지 거의 20년이 지난 후였다. Marston은 이 영역에 관심을 둔 많은 사람처럼 홍보 담당자였을 뿐, 과학자는 아니었다.

캘리포니아의 경찰관(John A. Larson: 이후 법의학 정신과 의사가 됨)은 심문 동안 지속적인 혈압 측정과 호흡 변화를 관찰하는 과학적인 작업을 시작했다. Larson은 1932년에 책을 썼는데, 이는 거짓말하기와 거짓말 탐지기에 대한 첫 학술서이다. 그는 다른 많은 사람과 달리 끝까지 회의적이었다.

그의 두 명의 동료인 버클리 경찰서의 Lee와 Keeler가 그의 작업을 이었다. Lee는 '현장용' 휴대용 폴리그래프를 개발했고, 폴리그래프 사용자를 위해 설명서를 만들었다. Keeler 역시 스스로 휴대용 기계를 개발했고, 자신의 이름을 붙였다. 킬러는 시카고로 옮겨서 그 사업을 설파할 대상인 다른 사람들을 만났는데, 그중에는 자신의 가명을 딴 기계를 개발한 John Reid도 포함되어 있었다. 변호사였던 Reid는 **기만 탐지 대학**(College of Detection of Deception)을 세우고, 거짓말 탐지기에 의한 심문에 대한 새로운 생각들을 발전시켰다.

제2차 세계대전까지 선호되던 기술은 R/I(관련/비관련 질문) 접근을 취하고 있었다. 이는 관련이 없는 질문과 관련이 있는 질문들을 번갈아 제시하는 것이다. 예를 들면, '오늘은 무슨 요일입니까?' '수상은 누구입니까?'와 '당신은 그 문제의 밤에 어디에 있었습니까?' '피해자를 알고 있었습니까?'와 같은 질문들이 포함되었다. 이는 무고한 사람에게도 관련 질문만으로 스트레스를 유발할 수 있을 것(실제로 스트레스를 주었음)이라는 생각에서였다.

Reid는 지금은 널리 알려진 **통제 질문 검사**(Control Question Test)를 개발했다. 통제 질문 검사에서는 심문받는 자들에게 다음과 같은 질문을 한다. '무언가를 훔친 적이 있나요?' '예약 시간에 늦은 적이 있나요?' '당신이 하지 않은 일에 대해 공로를 가로챈 적이 있나요?' 만약 이 질문들에 대해 '아니오'라고 응답한다면, 그 상대는 높은 확률로 거짓말을 하는 것이다. 따라서 정말 흥미로운 질문들에 대한 응답과 비교해 볼 수 있는 '기저율(base rate)' 또는 기준을 가지고 있는 셈이다. 사람들이 이러한 상황에서 매우 다르게 반응한다는 것은 알고 있기에, 이는 매우 중요한 개념이다. 신경증이 높은 사람과 사이코패스의 반응을 비교해 보면, 후자의 정서적 결백(guiltlessness)이 그들의 반응에 중요한 효과를 미침을 알 수 있다.

Reid는 완전히 허구적이면서도 범죄와 관련된 '유죄 복합 질문(guilt complex questions)'을 줬을 때 대상이 어떻게 반응하는지를 살폈다. 이것은 좋은 통제 질문이었다. 논란의 여지가 있지만, Reid는 진실된 대상과 거짓말하는 대상의 흔한 행동 징후를 나열했는데, 오늘날 이 목록은 매우 자의적으로 보인다.

중립적인 질문, 관련된 질문, 통제된 질문을 사람들에게 묻는다. 후자는 범죄와 관련이 있으나 그것을 언급하고 있지는 않다. 이 기법의 가장 심각한 문제는, 유죄인 사람에 비해 무고한 사람에게서 더 강한 반응을 유발하는 질문을 고안하는 것과 혐의가 있는 범죄와 관련된 질문을 고안하는 것이 매우 다르다는 것이다.

이후에 Cleve Backster는 두 가지 중요한 아이디어를 선보였다. 첫 번째는 **비교영역**(zone of comparison) 형식으로, 검사 전반에 걸쳐 그 사람이 보이는 반응성을 살피기 위해 완전히 인접한 관련 질문과 통제 질문만을 비교하는 것이다. 또한 Backster는 전 채널에 걸친 피평가자의 검사 관련 반응을 채점하는 기법과 동일한 문항을 반복적으로 질문하여 총점을 얻는 방식도 개발했다. 전체 평결은 입증된 사실, 행동적 증상 등이 아닌 전적으로 거짓말 탐지기 기록에 근거하였기 때문에, 필연적으로 거짓말 탐지기는 사전에 형성된 아이디어를 검사한 것이다.

1960년대가 되어서야 경찰 법의학 실험실에서만 사용되던 거짓말 탐지기가 시중에 나왔다. 거짓말 탐지기 검사자들은 은행과 대여점과 같은 많은 기업에 접근했고, 자신의 기계는 **직무 지원자**들을 검열하여 그들의 지원서가 진실한지 아니면 이전의 고용주로부터 훔치거나, 불법적인 약물을 사용한 적이 있는지, 미지불 채무가 있는지, 아니면 기재하지 않은 범죄 기록이 있는지 등을 밝힐 수 있다고 주장했다.

또한 그들은 현직자들의 횡령, 자금 유용, 절도도 효과적이고 효율적으로 심사할 수 있다고 말했다. 이것은 다른 어떤 기술도 따라올 수 없는 중요한 정보를 제공하는, 믿을 수 없을 정도로 유용한 '최첨단' 과학처럼 보였다.

얼마 지나지 않아 200만 명 이상의 미국인들이 매해 검사를 받게 되었다. 이것은 수백만 달러에 육박하는 사업이었다. 또한 몇몇 대학 소속 연구자들도 이 기법을 받아들이는 듯 보였다. 실제로 이 책에서 논의된 다른 기술들(예: 게임화)에도 같은 현상이 나타날 수 있다.

그러나 1970년대 중반부터 다양한 심리학자가 거짓말 탐지기에 관해 진지한 연구를 수행하기 시작하였는데, 모두가 거짓말 탐지기 검사를 비난했다. 1988년에 「폴리그래프 보호법」은 미국인 고용주가 고용인을 대상으로 폴리그래프를 요청하는 행위를 금지했다. "수백 명의 전문 폴리그래프 검사자들은 다른 직업을 구해야 했고, 수백만 명의 시민들은 더는 폴리그래프 6주 과정을 졸업한 사람들에게 한 시간 동안 자신의 성격을 조사받는 굴욕을 겪지 않아도 되었다."(Lyken, 1998, p. 37) 사용이 제한적이긴 하지만, 폴리그래프는 캐나다에서 태국, 이스라엘, 대만에 이르기까지 여전히 전 세계에서 사용되고 있다. 또한 이 검사는 인기 있는 텔레비전 프로그램에서 커플들이 서로에 대해 말하는 것이 얼마나 진실한지를 확인하기 위해 사용되기도 한다.

20여 년 전, 거짓말에 관한 연구를 선도하던 연구자 Ekman(2001)은 미국에서 여전히 매해 백만 건의 폴리그래프 검사가 시행되고 있다고 언급했다. 개인 고용주, 범죄 수사관, 연방 정부와 국방부가 주요 사용자이다.

Oswald(2020)는 다음과 같이 결론 내렸다.

> 오늘날 단순히 이 개념을 사용하지만, 거짓말 탐지기의 발명가는 한 명이 아니다. 또한 '거짓말 탐지기'라는 용어는 "언어적 블랙박싱(blackboxing)'의 형태이다. 과학적인 복잡성과 인간의 주체성을 간소화한 것이다." 그러나 근본적으로, 모든 사람은 폴리그래프 방법이 다음의 동일한 전제를 공유한다고 인정한다. "특정 심리적 과정은 생리적 신호를 야기하는데, 이 생리적 신호는 속임수를 탐지하기 위한 폴리그래프에 의해 측정되고 해석될 수 있다." 측정은 Keeler의 원래의 모형에서 크게 변하지 않았다.
>
> (p. 218)

3) 폴리그래프는 어떻게 작동하는가

폴리그래프는 몸의 서로 다른 부분(가슴, 배, 손가락)에 장착된 센서를 통해 자율신경계의 활동을 측정하고자 한다. 이러한 센서는 호흡(깊이와 속도), 심장 활동(혈압), 땀을 측정한다. 또한 뇌의 전기 활동(사건관련전위: ERP)도 측정할 수 있다. 실제로 대부분의 발전은 바로 이 자율신경계 활동 측정에서 이뤄졌다.

지표들은 주로 정서 때문에 유도된 생리학적 변화만을 보여 준다. 기계는 몸의 특정 부분에 있는 센서로부터 전달받은 신호를 증폭시킨다. 이 기계는 거짓말을 탐지하는 것은 아니다. 다만 분명하지는 않지만, 구체적인 정서(공포, 화, 죄책감)의 결과인 신체적 변화를 측정하는 것이다. 사람들에게는 '핫한(hot)' 또는 관련 질문, 그리고 '흥미로운(cool)' 또는 통제 질문들을 준다. 관련 질문과 통제 질문에 대해 응답할 때 무고한 사람에게서는 물리적 차이가 발생하지 않을 것이라는 가정이다.

그런데 개인차 문제가 발생한다. 어떤 사람들은 다른 사람보다 더 반응적이다. 약물을 사용하면 자율신경계 활동을 억제할 수 있지만, 이렇게 되면 생리적 기록은 결정적인 것이 될 수 없다. 더 걱정되는 부분은, 훈련으로 일련의 기술을 사용하여 검사를 통과할 수 있다는 점이다.

따라서 검사는 매우 신뢰할 수 없을 뿐 아니라 반생산적일 수 있다. 무고한 사람들을 소외시키고 잘못 분류할 수 있고, 죄를 지은 사람들이 처벌을 모면하도록 할 수도 있다. 심리측정적 용어를 사용하자면 이 검사는 신뢰할 수도 없고, 타당하지도 않은 것이다.

거짓말 탐지기는 범죄 수사, 안보 조사, 종업원 선발의 서로 구분되는 세 가지 맥락에서 여전히 사용되고 있다. 누군가는 선발에서 폴리그래프는 사용할 가치가 없다고 말한다. 왜냐하면 폴리그래프는 미래가 아닌 과거에 대한 정보만 제공하기 때문이다. 누군가는 과거가 실제로 미래를 예측한다고 주장한다. 만약 당신이 과거에 거짓말했다면, 당신이 미래에도 거짓말을 할 가능성은 더 크다. 몇몇 사람들은 '습관적인 거짓말쟁이'이다!

고용 전 검열에 관한 연구는 매우 적다. 일부에서는 거짓말쟁이의 경우 기저율이 너무 낮아서 정확할 수가 없다고 주장한다. 또 다른 이는 검사가 나쁜 인상을 형성한다고 주장한다. 그러나 몇몇은 사람들이 검사를 받거나 검사를 받아야 한다는 위협에 처하게 될 때, 이런 상황이 아니라면 인정하지 않았을 법한 중요한 것들을 인정하기도 한다고 주장한다. 따라서 이 검사는 정확성은 없더라도 효용성을 가지는 것이다.

Ekman(2001)에 따르면 폴리그래프에는 '폴리그래프는 정확하지는 않지만 어떻게 유용할 수 있는가'와 같은 중요한 문제가 많이 있다. 거짓말 탐지가 시행된다는 위협은 억제 작용을 하며, 절차가 잘못되더라도 거짓말을 억제할 수 있다.

거짓말 탐지기는 점점 더 과학적이고 정교해져 왔다. 본질적으로, 사람들은 더 민감한 기술을 사용하여 같은 일을 하려고 시도하고 있다.

4) 거짓말 탐지기의 타당도

> 대규모 관련 연구들을 고려할 때 주목할 만한 것은, 거짓말 탐지기의 정확성에 대한 오늘날의 주장은 거짓말 탐지기의 역사를 통해 만들어진 주장들과 닮았다는 것이다. 실무자들은 항상 매우 높은 수준의 정확성을 주장해 왔고, 이러한 주장은 경험적 연구에 의해 거의 뒷받침되지 않았다.
>
> **미국 국립과학원 국가연구위원회(2003, p. 107)**

검사로서 수용되기 위해서는, 다른 장치와 마찬가지로 거짓말 탐지기는 최소한 몇몇 준거를 충족해야 한다.

첫째, 온전하게 기술된, 분명하고, 반복 가능한 표준화된 운영 방법이 있어야 한다.
둘째, 개인적 경험에 의한 주관적 채점이 아닌 객관적 채점이 이뤄져야 한다.
셋째, 외부적으로 타당한 준거가 있어야 한다. 이는 진실과 거짓을 구분할 수 있어야 한다.

비판가들은 거짓말 탐지기는 준표준화되어 있고, 임상적인 관찰을 요구하고, 타당도 데이터가 부족하므로 검사가 아닌 심문 장비에 불과하다고 주장한다. 거짓말 탐지기의 데이터는 두 개의 출처에서 온다. 첫째는 임상적인 사례 연구이고 둘째는 실험적인 증거이다.

반드시 지적해야 할 점은, 많은 범죄의 경우 제대로 해결되지 않고 종종 거짓일 수도 있는 자백만이 현실적으로 유일한 피드백이기 때문에 실제 사례에서는 타당도를 확보하기가 매우 어렵다는 것이다. 그러나 학생들을 대상으로 한 실험실 연구를 사용하는 것은 가능하다. 그러나 Lykken(1998, pp. 84–85)이 관찰한 바와 같이 여기에도 문제점이 있다.

실제 범죄 수사에서 거짓말 탐지기의 정확성을 실험실 연구를 통해 예측할 때에는 몇 가지 심각한 단점이 존재한다.

1. 자발적인 참가자들은 실제 범죄 용의자를 제대로 대표하지 못한다.
2. 자발적인 참가자들은 그들이 저지르도록 지시받은 모의 범죄와 그들이 말하도록 지시받은 거짓말을 하는 과정에서 실제처럼 우려나 불안을 느끼지 않을 수 있다.
3. 거짓말 테스트에 실패하면 진짜 곤경에 처할 수 있다는 것을 알고 있는 범죄 용의자들과 비교하면, 자발적인 참가자들은 검사 결과와 상관없이 처벌받지 않을 것이기에 '모의 범죄에 대해 검사받는 것'을 별로 걱정하지 않는다.
4. 거짓말 탐지기 검사는 실제 수행되는 절차와 유사하지 않게 시행되는 경향이 있다. 예를 들어, 실제 검사는 보통 범죄가 발생한 후에 수행되지만, 실험실 연구 대상자들은 일반적으로 모의 범죄를 저지른 직후에 검사받는다. 더욱이, 실험실 연구에서는 연구를 과학적으로 수용할 수 있도록 절차를 표준화하려는 시도가 있다(예: 모든 피험자에게 동일한 질문을 한다). 이것이 실제 검사와 구별되는 요소이다.

이 분야의 대다수의 연구자들은 거짓말을 탐지하는 보다 널리 알려진 방법을 평가하기 위해 노력하고 있다. 통제 질문 기법에서는 범죄 관련 질문을 받은 사람들과 마찬가지로 통제 질문을 받은 무고한 사람들의 정서를 불러일으켜야 한다. 그렇지 않으면 오류가 되고 만다.

물론 무고한 사람을 잘못 분류한다거나 죄를 지은 것으로 판단하는 것에 대한 우려가 크다. 특히 긴장과 불안 수준이 높고, 폴리그래프의 오류 가능성을 믿으며(당연히 틀릴 수도 있지만) 관련 질문과 통제 질문 간의 차이를 (비교적 쉽게) 감지할 때, 이러한 문제가 쉽게 발생할 수 있다. 무고한 사람들은 기계가 그러하듯 경찰이나 폴리그래프 검사자들도 실수하거나 불공평하다고 생각할 수도 있다. 두렵고, 죄의식이 있고, 적대적이고, 충동적이고, 변덕스러운 사람들은 권위자에 대해 부정적으로 반응한다. 그 반응으로 인해 그들은 좋지 않은 상황에 처할 수 있다. 또한 무고한 사람들은 자신이 행하지 않은 범죄로 인해 당황하거나 불쾌함을 느낄 수 있다. 그러나 시체를 찾았거나 피해자를 아는 것만으로도 마치 죄를 지은 것처럼 극적인 생리적 반응을 보일 수 있다.

Vrij(2000)는 통제 질문 검사에 대해 많은 비판을 남겼다. 첫째로는 무고한 피해자들은 관련 질문이 아닌 통제 질문에 더 강한 생리적 반응을 보일 가능성이 있다는 것이다. 다음으로, 죄를 지은 용의자는 관련 질문이 아닌 통제 질문에 더 동요하지 않을 수 있다. 또한 검사자는 질문을 선택하고 만드는 과정에서 경험이 있어야 하고 영리해야 한다. 쉽사리 다른 사람을 놀라게 하고, 당황스럽게 만들고, 겁을 주고, 자신의 신념이나 의심이 비언어적으로 새어 나갈 수 있다. 다음으로, 판단 문제가 있다. 통제 대 관련 질문에서 억압하기 위해 보인 반응에서 나타나는 차이를 어떻게 해석할 것인가? 이는 반응에서의 차이 크기뿐만 아니라 기저율에 달려 있다. 반응이 낮은 사람은 반응이 높은 사람과 동일한 절대적인 신체적 차이를 보일 수는 있지만, 전자에게서 그 효과는 더 강할 수 있다. 관련된 이슈는 폴리그래프 차트를 채점하는 것이 여전히 '정밀한 과학'이기보다는 '주관적인 예술'에 가깝다는 것이다. 마지막으로, 몇몇 통제 질문에서 사람들을 속이는 것에 대한 윤리적이고 법적인 문제들도 존재한다.

반면, 유죄 지식 검사(Guilty Knowledge Test)는 거짓말 탐지기 검사자가 죄를 지은 사람의 경우 저지른 범죄에 관한 정보를 가지고 있다는 가정하에 실시한다(예: 구체적으로 얼마를 훔쳤는지, 지폐의 액면가). 구체적으로 질문하게 되면 죄를 지은 사람은 사건, 물건, 범죄에 연루된 사람들에 대한 묘사를 알아차릴 것이고, 이는 그 사람을 자극하므로 결과적으로 폴리그래프 기록상에 나타날 것이라는 발상이다.

Miner와 Capps(1996)는 개관 연구를 통해 현장 연구에서 71~99%의 확률로 거짓말을 한 사람이 올바르게 식별되었고, 통제 질문 기법을 사용한 아날로그 방식의 연구에서 35~100%, 유죄 지식 검사를 사용한 아날로그 방식의 연구에서 61~95%의 확률을 보였다. 진실한 사람이 올바르게 식별될 확률은 현장 연구에서는 13~94%, 통제 질문 기법을 사용한 아날로그 방식의 연구에서 32~91%, 그리고 유죄 지식 검사를 사용한 아날로그 방식의 연구에서 80~100%였다. 진실한 사람이 잘못 식별된 확률은 현장 연구에서 0~75%, 통제 질문 기법을 사용한 아날로그 방식의 연구에서 2~51%, 그리고 유죄 지식 검사를 사용한 아날로그 방식의 연구에서 0~12%였다. 거짓말을 한 사람이 올바르게 규명될 확률은 현장 연구에서 0~29%, 통제 질문 기법을 사용한 아날로그 방식의 연구에서

0~29%, 그리고 유죄 지식 검사를 사용한 아날로그 방식의 연구에서 5~39%였다.

또한 모든 세부사항은 감추면서도 적절한 질문을 찾기가 항상 쉽지만은 않다. 때로는 무고한 사람이 범죄 현장에서 알아차린 세부사항을 범죄자는 알아차리지 못했을 수도 있다. 질문 안에 문제가 있을 수 있고, 사람들은 죄를 짓지는 않았으나 유죄 지식을 가질 수 있다. 그러나 이 영역의 전문가들은 통제 질문 검사와 비교하면 유죄 지식 검사를 더 신뢰할 가능성이 있다는 것은 분명하다.

언급된 바와 같이 폴리그래프의 정확성과 타당도 연구는 실제 현실의 사건을 다루는 현장 연구와 아날로그 방식 또는 실험 연구의 두 개 유형으로 범주화될 수 있다. 두 가지 모두 서로 다른 장단점을 가진다. 흔하지는 않은 유형이나 연구자가 연구 중에 실제로 범죄가 일어나도록 준비하는 '하이브리드 연구'도 있다.

Ekman(2001)은 10개의 현장, 14개의 아날로그 방식, 6개의 하이브리드로 구성된 총 30개의 연구를 개관했다. 그의 결론에 따르면, 현장 연구에서의 정확도가 더 높았다. 그 이유는 정서적 동요가 더 크고, 사람들의 교육 수준이 낮고, 실체적 진실(ground truth)에 대한 확신이 낮기 때문이다. '사실을 믿지 않는' 실수와 '거짓말에 속아 넘어가는' 실수는 유죄 사실 지식에서 가장 높았다.

Ekman(2001)에 따르면 몇몇 비판자들은 이 수치가 정확성을 과소평가한다고 믿는 반면, 일부 비판자는 정확히 반대라고 주장한다고 말한다. 그는 거짓말이 아닌 무고를 보여 주는 검사에 더 많은 무게를 두어야 한다고 주장한다. 또한 검사 결과가 거짓말을 암시하더라도, 이것은 기소나 유죄 판결을 진행하기에 충분한 증거로 삼기보다는 수사를 진행하기 위한 용도로만 사용되어야 한다. 그는 일부 기본 개념을 이해하지 않고서는 폴리그래프를 제대로 평가할 수 없다고 주장했다. 핵심적인 네 개의 개념은 다음과 같다.

① **정확성과 유용성 간의 차이**: 폴리그래프는 어떻게 정확하지 않을 때도 유용할 수 있을까?

② **실체적 진실에 대한 임무**: 누가 거짓말쟁이인지를 확신할 수 없는 상황에서 폴리그래프의 정확성을 밝히는 것이 얼마나 어려운가?

③ **거짓말의 기저율**: 용의자 집단 안에 거짓말쟁이가 거의 없을 때, 매우 정확한 검사가 어떻게 많은 실수를 보일 수 있을까?

④ **거짓말을 그만두게 하기**: 검사 과정이 거짓일지라도 검사를 받게 될 것이라는 위협만으로도 몇몇 사람들은 거짓말을 멈출 수 있을까?

Vrij(2000)는 다양한 연구를 개관하였는데, 통제 질문 검사를 사용한 실험실 연구에서 죄를 범한 사람들 중 73%와 무고한 사람들 중 66%가 정확하게 범주화되었음을 확인했다. 또한 죄를 범한 사람들 중 9%가 무고한 것으로 판단되었고, 무고한 사람들 중 13%가 잘못 기소되었다. 유죄 지식 검사를 사용한 실험실 연구의 결과는 더 나았다. 무고한 사람들 중 96%가 제대로 규명되었고, 오직 4%만이 잘못 기소되었다. 유사하게, 죄 지은 사람들 중 82%가 제대로 분류되었고, 18%가 무고한 것으로 판단되었다.

영국의 평가

영국심리학회에서는『폴리그래프 검사: 거짓, 진실 그리고 과학(The Polygraph Test: Lies, Truth, and Science)』이라는 편집된 장서(Gale, 1988)를 발간했다. 약 30년 전에 발간된 것이지만, 문제들은 변하지 않았다.

책의 도입부에 등장하는 결론은 영국의 과학적인 신중함과 소심함을 보여 주는 좋은 사례이다. 편집자는 다음과 같이 기술하였다.

> 진실은 우리가 폴리그래프 방식의 거짓말 탐지에 대한 완전한 이해에 이르지 못했다는 것이다. (p. 2)
>
> 과학과 기술의 발전은 우리의 삶에 영향을 미치지 않을 가능성이 낮으며, 폴리그래프도 마찬가지이다. 폴리그래프는 몸의 반응 및 몸의 반응과 심리적 과정 간의 관계를 연구할 때 사용될 수 있는 과학적인 도구이다. 도구로써 폴리그래프는 신체적 사건을 신뢰롭게 기록한다. 그러나 이 기록은 폴리그래프가 어디에서 쓰임새가 있을지, 그리고 얼마나 신뢰성 있는지를 시사하지는 않는다. 영국심리학회의 일부 회원은 거짓말 탐지를 위해 폴리그래프를 사용하는 것이 기초 연구에서의 폴리그래프 사용에 부정적인 영향을 미칠 수 있다고 우려를 표명했다. 거짓말 탐지 절차에 과학적 도구와의 연관성을 부여하는 잘못된 명칭인 '폴리그래프 검사'라는 용어에 대한 비판도 있었다.
>
> (p. 9)

다양한 절차, 정확성과 타당도, 진실과 정직의 의미, 그리고 실제로 검사가 그것을 측정하는지, 검사가 무엇을 측정하는지, 검사의 사용이 국가 안보 조사에서 실제로 유용하고 비용적인 면에서 효율적일지, 이외에도 이 검사의 많은 법적 문제와 민권 문제에 대한 곤란한 사안들도 고려되었다.

Bull(1988)은 거짓말을 탐지하기 위한 데이터는 관찰만으로도 명확하다고 지적한다. 이것은 매우 어렵고, 상당히 신뢰할 수 없으며, 쉽게 훈련될 수 없다. 누구도 Ekman(2001)이 보여 준 것과 같이, 누군가가 거짓을 말하는지 혹은 진실을 말하는지에 대한 최종 결론에 다다르기는 어렵다. Bull(1988)은 다른 비평가와 마찬가지로, 잘못된 범주화, 특히 무고한 사람을 유죄로 판단하는 것을 염려했다. 온갖 종류의 문제가 발생한다. 그 사람은 자신이 거짓말하고 있다는 것을 인지하고 있는가? 폴리그래프가 얼마나 타당하다고 믿는가? 폴리그래프 검사자는 얼마나 능숙한가? 그의 결론에 따르면 "피검사자의 행동과 반응 중 무엇으로 인해 속임수에 관한 결정이 내려지는지 명확하게 밝혀질 때까지, 폴리그래프 절차의 타당도에 대한 적절한 과학적 연구는 있을 수 없다."(Bull, 1988, pp. 17-18)

Carroll(1988)은 신뢰도(검사자 간의 일치도와 시간에 걸친 피험자 일관성)와 타당도를 근거로 폴리그래프의 정확도에 대해 초기 개관을 시도했다. 그는 신뢰도와 타당도 데이터 모두 설득력이 높지 않다며, 다음과 같이 결론을 내렸다.

> 만약 과학계에 폴리그래프 거짓말 탐지의 장점을 납득시키고 싶다면, 나는 폴리그래프 지지자들이 현재 제안된 사례보다 더 설득력 있는 사례를 개발해야 한다고 생각한다. 그들의 사례는 반드시 비-폴리그래프 방식의 정보 출처에 대한 필수적 통제를 포함하는 연구, 즉 사건 파일 자료에서 파생된 검사의 정확성과 이러한 출처들과 폴리그래프 기록에 기초한 심문 도중 피험자의 태도를 비교하는 연구에 근거해야 한다. 나는 이러한 연구가 현재 사용 가능한 데이터가 시사하는 바가 무엇인지를 확인해 줄 것으로 생각한다. 거짓말 탐지는 질문과 평가에 대한 기존의 접근방식에 그 어떤 이점도 보태지 않는다.
>
> **(Carroll, 1988, p. 28)**

BBC의 보고서에서 미국의 유명한 라이벌인 Raskin과 Lykken은 자신의 입장을 설명하고 방어했다. 찬성론자 측에서, 『과학이 폴리그래프 검사를 지지하는가?』라는 자신의 에세이를 언급한 Raskin(1988)은 찬성 증거를 수집하기 시작했다. 그는 다음과 같이 결론 내렸다.

이용가능한 증거를 세심하게 고려하면, 폴리그래프 기법의 특정 적용에 대한 과학적인 지지가 있음을 확인할 수 있다. 범죄 수사나 법의학적 적용에서 숙련된 전문가에 의해 적절하게 사용되는 이러한 기법들은 범죄 과학 등과 같은 다른 유형의 증거보다 더 나은 정확도를 보이며, 목격자의 신원확인과 같은 흔한 유형의 증거보다 더 나은 결과를 보였다.
폴리그래프 검사는 채용 전 모니터링과 같은 흔한 상업적인 적용 장면에서 심각한 부정확성 문제를 낳는다. 폴리그래프의 광범위한 적용은 엄청난 사회적 및 개인적 피해를 초래할 정도로 높은 오류율을 나타낼 가능성이 크다. 폴리그래프의 그러한 사용에는 과학적인 지지가 매우 적은 듯 보인다.
국가 안보 프로그램 맥락에서의 폴리그래프 검사는 가장 복잡한 문제들을 불러일으킨다. 생활양식 및 이력에 대한 평가는 상업적 고용 검열에서 불거지는 것과 유사한 문제들을 만들어낸다. 스파이를 식별하지 못하는 데에는 막대한 국가 안보 및 금전적 비용이 따르므로, 방첩 상황에서 스파이의 낮은 기저율과 관련된 문제는 스파이를 식별할 필요성과 균형을 이루어야 한다. 종종 국가 안보 요구는 개인을 보호하는 사회적 · 윤리적 요구와 맞선다. 오류를 최소화하기 위한 연구 개발과 가장 신중한 프로그램 및 기술만이 이러한 문제를 줄이는 데 도움을 줄 수 있다. 궁극적으로, 정부가 폴리그래프 방법을 사용하는 것의 미래는 정치적 및 사회적 고려사항에 의해 결정될 것이며, 가능하다면 객관적이고 철저한 과학적 평가에 의해 밝혀질 것이다.

(Raskin, 1988, pp. 109-110)

오랫동안 폴리그래프를 반대해 온 Lykken(1998)은 동일한 측정에서 이 문제에 대한 그의 분석 결과를 제시하였다. 그의 결론이 얼마나 다른지 보도록 하자.

허구의 피노키오와 달리, 우리에게는 거짓말할 때만 생성되는 독특한 생리학적 반응이 없다. 속임수 이외에도 수많은 이유로 진실한 사람들이 취조 질문에 대해 생리적 장애를 보일 수 있다. 폴리그래프 검사자들은 무고한 용의자가 관련 문제에서 두려워할 게 없지만 '통제 질문'에 대해서는 두려워할 중요한 무언가가 있다고 믿도록 속일 수는 없다. 사실을 말하자면, 여러 취조 질문 중 하나에서 내 심장이 더 강하게 뛰고, 손바닥에 땀을 더 흘리고, 다른 질문들에서는 그렇지 않다고 해서 내가 해당 취조에서 유죄라는 것을 입증하지 않는다. 거짓말 탐지기에 대한 다양한 가정은 타당해 보이지 않도록 명료하게 설명되기만 하면 된다.
폴리그래프 문헌에는 엉성하게 설계되고 잘 통제되지 못한 연구가 많이 포함되어 있다. 소수의, 상대적으로 좋은 연구들은 이론을 바탕으로 예측할 수 있는 것에 대해 상호 동의하고 있다. 폴리그래프 방식의 거짓말 탐지는 전체의 1/3은 틀린다. 진실된 대상에 대해 심각하게 편향적이다. 최소한의 코칭을 받은 기만적인 사람은 의도적으로 증가된 반응들을 보일 수 있고, 검사 시행자들은 이를 잘 발견하지 못한다. 이로써 거짓말쟁이는 거짓말 검사에서 최소한 한 유형은 통과할 수 있게 되는 것이다.
나는 이제 우리가 이러한 심리생물학의 적용이 실패라는 점을 인정해야 한다고 생각한다. 폴리그래프 방식의 거짓말 탐지는 과거에도 그리고 아마 근접한 미래에도, 현장에서의 지속적 사용을 충분히 정당화하지 못할 것이다. 완전히 다르고 더 그럴듯한 가정에 기반을 둔 폴리그래프의 유죄 지식 탐지(polygraphic detection of guilty knowledge)는 실험실에서 그 효용을 입증하였고, 범죄 수사 현장에서 통제된 연구를 수행할 가치가 있어 보인다.

(Lykken, 1998, pp. 124-125)

5) 거짓말 탐지기 통과하기

당신은 거짓말 탐지 검사를 통과할 수 있는가? 기본적으로 **신체적 방법과 정신적 방법**의 두 가지가 있다. 신체적 방법은 자해성 고통을 수반할 수 있다(혀를 깨물거나, 신발 속에 압정을 숨겨 둔 채 발을 차거나, 근육을 긴장시키고 이완하는 것). 정신적 방법은 거꾸로 세거나 공상하는 것을 포함한다. 전자는 실제적이고 극단적이지만 폴리그래프가 발견할 만한 오해의 소지가 있는 생리적 반응을 의미한다. 후자는 질문들을 차단하여 그것들을 희미하게 만드는 것이다. 연구들은 이 두 가지 방법이 똑같이 효과적이라는 것을 보여 주었고, 국가 안보 관련 직무에 종사하는 사람들은 이 방법들을 효과적으로 사용하는 방법을 이미 배웠다는 몇몇 증거도 존재한다. 그러나 여기에는 한계도 있다. 첫째, 사람들은 자신이 하는 것을 주의 깊게, 정밀하게 숨겨야 한다. 둘째, 유죄 지식 검사는 통제 질문 검사와 비교하면 속이기가 더 어렵다.

Gudjonsson(1988)은 폴리그래프를 어떻게 통과할 것인지에 대한 문제를 다루고 있다. 그는 다음과 같은 결론을 내렸다.

문헌에서는 서로 다른 종류의 대응책을 사용하고 있다고 보고하고 있다. 가용한 증거에 따르면, 정신적 대응책과 약리학 물질(예를 들어, 신경안정제)의 사용은 최대로 추정해도 중간 수준 정도로 효과적이었고, 신체적 대응책은 특정 조건에서 매우 효과적이었다. 신체적 대응책의 효과적인 사용에서는 다음 두 조건이 중요해 보인다. 첫째, 동시에 여러 가지 대응책을 사용할 때 그 사람이 폴리그래프 검사에서(최소한 통제 질문 기법이 사용된 검사에서) 통과할 가능성이 높아진다. 둘째, 특수한 훈련을 받은 것이 아니라면 신체적 대응책은 상대적으로 효과적이지 않은 것으로 보인다. 대체로 사람들에게 단순히 폴리그래프의 기법이나 대응책을 설명해 주는 것으로는 충분해 보이지 않는다.
대응책을 효과적으로 적용하는 능력에는 분명한 개인차가 있지만, 신체적 대응책 사용에 대한 전문가 훈련은 폴리그래프 기법의 타당도에 중요하고 심각한 위협을 가한다. 이러한 이유에서 폴리그래프 검사자가 대응책 사용을 바로 알아차리는 것이 매우 중요하다. 안타깝게도, 미묘하고 효과적인 물리적 대응책은 전문가나 특수 장비(대개 현장 검사자에게는 가용하지 않음) 없이는 손쉽게 관찰되지 않는다.

(Gudjonsson, 1988, pp. 135-136)

물론 누구나 쉽게 이용할 만한 방법으로 속임수를 탐지할 것으로 믿는 것은 너무 순진한 것이다. 분명히, 어떤 상황에서는 거짓말 탐지기가 매우 유용하고 인상적인 진단일 수 있다. 하지만 걱정되는 것은 오분류, 즉 무고한 사람을 유죄로, 유죄인 사람을 무고한 것으로 판단하는 것에 따르는 대가이다. 합리적인 질문이란 대안을 요구하는 질문이다. 심각한 상황에서 그리고 의사결정에서 다른 도구도 활용할 수 있을 때, 폴리그래프 사용을 최소한으로 고려해 보는 것이 합리적인 것으로 보인다.

성범죄와 같은 특정 범죄가 증가하고 이에 대한 염려로 연구자들은 다시금 폴리그래프에 집중하게 되었다. Gannon 등(2008)은 '폴리그래프 활용 리스크 평가'를 다시 살펴보았다. 그들은 **유죄 판결 이후**에, 폴리그래프 검사는 훌륭한 진실 **촉진제**가 될 수 있다고 언급했다. 그것은, 유죄 판결을 받은 범죄자들이 판결 이후에 폴리그래프 검사를 받게 되면 더 많은 정보를 제공할 수 있으며, 이는 그들의 치료 요법(treatment regimen)에 도움을 줄 수 있다. 이로써 더 나은 리스크 평가를 할 수 있으며, 특히 특정 사례에는 이것이 매우 중요하다.

6) 최근 연구 개관 및 발달

Iacono와 Ben-Shakhar(2019)는 관련 연구를 새롭게 개관하면서 다음과 같이 결론 내렸다.

> 거짓말 탐지 검사는 수검자의 신뢰성과 진실성에 대한 대중의 인식에서부터 직업 안정성 및 징역에 미치는 영향에 이르기까지 삶을 바꿀 만한 심오한 결과를 가져온다. 2003년 미국 국립 과학원(National Academy of Sciences)은 폴리그래프 검사가 과학적 근거가 약하고 오류율이 알려지지 않았다고 결론지었다. 지난 15년 동안 수행된 연구를 분석한 결과, 이러한 결론은 여전히 유효한 것으로 나타났다. 폴리그래프 검사는 북미를 비롯한 국가들의 법 집행 기관에서 일상적으로 사용되고 있으므로, 대중이 그 검사의 단점을 인식하는 것이 필수적이다.
>
> (p. 86)

로봇은 당신이 거짓말하는 것을 잡아낼 수 있을까? Gonzalez-Billandon 등(2019)도 이와 같은 질문들을 던졌다. 이들은 사람들에게 도둑질에 대한 짧은 영화를 보여 주고, 사람과 휴머노이드 탐정 로봇의 심문을 받도록 했다. 연구 참여자들은 절반 정도의 질문에 대해 솔직하고 진실한 반응을 보였고, 나머지 절반에 대해서는 잘못된, 진실이 아닌 답변을 했다. 연구자들은 눈동자 움직임, 반응까지 소요된 시간과 화술을 측정하였는데, 참여자의 행동은 사람과 소통할 때와 로봇과 소통할 때 매우 유사했다는 것을 발견했다. 이러한 행동특징은 거짓말 탐지 알고리즘을 학습시키고 검증하는 데 사용되었다. 연구자들에 따르면 선정된 행동 변인들은 인간-인간 상호작용 및 인간-로봇 상호작용에서 속이기의 타당한 지표이며, 로봇이 거짓말을 효과적으로 탐지할 수 있도록 이용될 수 있었다. 이것은 오늘날의 공상 과학인가?

Meijer 등(2016)은 개관 연구에서 향후 연구의 주요 도전은 거짓말과 관련된 독특한 뇌 활동을 찾는 것이 아니라 속이기와 관련된 인지적 요소를 구별하는 패러다임을 찾는 것이라고 주장했다. 연구자들에 따르면 비교 질문 검사는 많은 나라에서 적용되고 있으나 과학적 타당도가 약하다. 신경 영상 측정을 사용한다고 해도 타당도 이슈는 해소되지 않을 것으로 보인다. 다른 패러다임도 유망해 보이지만, 생태학적으로 타당한 연구의 데이터가 없으므로 결과에 대한 법적 허용 가능성에서는 도전 거리가 남아 있다.

결론은 늘 같다. 신경심리학의 새롭고 정교한 방법은 더 많은 것을 약속하는 듯하지만, 증거가 부족하다. 또한 윤리적인 문제도 남아 있다. Toscano(2019)는 미국 중심적인 개관을 통해 연방 법원에서는 폴리그래프 검사를 용인해서는 안 된다고 결론 내렸다. 증명서 요구와 관련된 문제들로 인해 검사자들은 연방 증거 규칙에 따른 임계 요건을 충족시키기 못할 수 있다. 많은 연구와 법정에서 검사 그 자체, 그리고 검사가 시행되는 방식에 대해 질문을 던져 왔다. 그리고 현재로서는 배심원단에게 제공되기에 충분히 신뢰롭지 않아 보인다. 또한 폴리그래프 검사의 결과와 결과에 대한 검사 시행자의 증언은 본질적으로 편견에 극도로 취약하다. 따라서 현재 상태에서 발생하는 많은 문제를 고려하면, 연방 법원이 폴리그래프 검사 시행자들은 의견 증언을 제공할 수 없다는 규정을 계속해서 유지해야 한다고 주장했다.

7) 음성 스트레스 분석

음성은 단어가 발음되는 방식, 어조와 같은 많은 데이터를 포함한다. 대부분의 사람은 '가장 좋아하는 라디오 디제이'를 실제로 만나면 놀란다. 왜냐하면 그 디제이는 자신이 상상한 사람처럼 생기지 않았기 때문이다. 음성만으로 다른 사람의 성별과 나이를 짐작하는 것이 언제나 가능한 일은 아니다. 그러나 우리는 몇몇 음성이 다른 음성에 비해 더 진실하고 더 성적 매력을 풍기는 것으로 판단된다는 것을 알고 있다. 따라서 사람들은 감정에 영향을 미치기 위해 자신의 음성을 바꾸려 노력한다. Broness Thatcher는 더 천천히 말하고 더 권위적으로 보이도록 깊은 소리를 내도록 권유받은 것으로 유명하다. 그러나 많은 사람은 의회(the House of Commons)에서 그녀가 화가 났거나 흥분했을 때의 날카로운 고음의 연설을 떠올릴 것이다(Beattie et al., 1982).

음성 분석에는 분명하고 흥미로운 '사람 간' 분석이 있고, '사람 내' 분석이 있다. 만약 당신이 누군가를 잘 알고 있다면, 듣는 것만으로도 그 사람이 피곤한지, 스트레스를 받았는지, 또는 취했는지 알 수 있을 것이다. 사람들이 사용하는 다양한 소리 단서가 있다. 여기서 핵심적인 질문은 우리가 다른 사람의 목소리만으로 그 사람이 얼마나 스트레스를 받았는지 정확하게 탐지할 수 있는가이다.

우리가 음성에서 '스트레스'를 탐지할 수 있다는 증거는 예전부터 발견되어 왔다(Cestaro, 1996; Fuller, 1984; Laukka et al., 2008; Smith, 1977). 다음 문제는 목소리에서 스트레스를 정확하고 예민하게 측정할 수 있는 장비를 만들어 낼 수 있는가이다. 만약 그렇다면, 다음 문제는 이것이 의미하는 바가 무엇인가와 관련된다. 폴리그래프에서처럼 다음과 같은 논리가 적용된다. 대다수 사람에게 거짓말이나 남을 속이는 행위는 불안과 스트레스를 야기한다. 왜냐하면 이것을 행하기 위한 노력과 더불어 거짓말에 수반되는 죄책감 또는 들통날 것에 대한 두려움이 어느 정도 생기기 때문이다. 따라서 만약 우리가 목소리의 변화를 측정할 수 있고, 이것을 스트레스의 지표로 본다면, 이는 (아마도) 그들이 거짓말을 하고 있기 때문일 수 있다.

몇 년에 걸쳐 언어학자들과 컴퓨터 전문가들이 개발한 음성 스트레스 분석(Voice Stress Analysis: VSA)은 전형적인 거짓말 탐지기처럼 주로 스트레스에 의한 목소리 변화를 측정한다. 이 아이디어는 즉각적인 상업적 매력을 가졌다. 보험 회사에서는 전화 너머 들려오는 말이나 주장을 연구할 때 VSA를 사용할 수 있다. 유사하게, 경찰서에서도 유죄 여부를 판단하기 위해 대상을 심문할 때 이 기술에 매료됐다.

VSA라는 소프트웨어 프로그램은 스트레스, 신체적 노력 또는 기만적인 반응을 숨기기 위한 노력으로 발생하는 음성 패턴의 변화를 측정한다. VSA 프로그램은 음성 패턴의 변화를 해석하고, 폴리그래프 검사와 매우 유사한 그래프를 보여 주며, 호흡, 심박수 및 전기피부반응을 측정한다. 폴리그래프는 소리 또는 영상 기록, 그리고 전화기 너머 또는 경찰서 또는 상점과 같은 원격 장면에서 만들어진 진술을 검사하지 않는다. 이것이 VSA가 가진 매력이다.

또한 이 기술을 사용하게 되면 비용 효익이 발생한다. Damphousse(2008)는 다음과 같이 언급했다.

> VSA 프로그램을 구매할 것인지 혹은 유지할 것인지를 결정할 때에는 설비와 숨은 비용을 모두 살펴보는 것이 중요하다. 금전적인 비용이 상당하다. LVA를 구매할 때 20,000달러까지 들 수 있다. CVSA 장비와 훈련의 평균 가격은 $11,500이다. 국가적 차원의 현재 투자를 산출하자면, 이것을 사용하기 위해 소요되는 인건비를 제외해도 총 비용이 1,600만 달러를 넘는다(제작자에 따르면 1,400개 이상의 경찰서에서 현재 CVSA를 사용하고 있다). 당연히 숨은 비용은 정량화하기 더 어렵다. VSA 프로그램이 더 큰 검토를 받게 됨에 따라 (부분적으로 VSA를 사용한 수사 중에 거짓 자백이 보고됨에 따라) 기술의 전반적인 가치는 점차 의문에 빠지게 되었다.

중요한 개관 연구에서 Damphousse(2008)는 본인이 출간한 보고서(Damphousse et al., 2007)를 인용하여 'VSA는 실제 목표한 결과를 내는가?'라는 질문을 하고 대답하였다. 그는 당시 미국의 1,400개 법 집행 기관에서 VSA 기기를 사용했고, 국가 사법 기관에서는 그 당시 가장 유명했던 두 기기의 분석에 기금을 조달했다(NAC, 2003). 그의 연구진이 VSA 프로그램을 사용하여 최근 약물 사용으로 체포된 300명을 심문할 때, 그는 근본적인 질문에 답하려 했다. VSA 산출물의 결과는 체포자들의 소변 검사 결과와 대조되었다. 연구자들은 소변 검사에서는 양성의 결과가 나왔으나 약물을 사용하지 않았다고 응답한 사람 중 15%를 VSA가 '거짓'이라고 제대로 규명했다는 것을 발견했다. 또한 소변 검사도 그들의 진술과 일치하고 진실을 말한 사람 중 8.5%는 VSA 프로그램에 의해 '거짓'으로 잘못 분류되었다.

또한 그들은 VSA 도구를 사용하여 심문받은 체포자들은 면접관이 지필 형식으로 반응을 기록한 체포자들에 비해 불법 약물 사용과 관련하여 거짓말을 할 가능성이 적었다. 연구자들은 VSA가 최근의 약물 사용에 대한 거짓을 정확하게 탐지할 수 있는 능력은 50% 정도라고 결론 내렸으며, 이는 수용 가능한 수준에 미치지 못했다.

Damphousse와 그의 연구진은 319명의 체포자 무선 표본을 두 개의 서로 다른 데이터 분석 패키지를 사용하여 면접했다. 체포자들에게 지난 30일 동안 마리화나를 사용했는지, 그리고 지난 72시간 이내에 헤로인, 메타암페타민, PCP를 사용했는지 물었다. 다음으로 체포자들의 소변 표본을 얻었고, 이후 소변 표본 내 다섯 개 약물의 존재를 검사했다. 이러한 결과를 VSA 산출물 결과와 대조하여, VSA가 진실 혹은 거짓에 대해 동일한 결과를 제공하는지 살펴보았다. 그들은 감도율(거짓을 말하는 체포자들이 VSA 장치에 의해 거짓이라고 제대로 규명될 확률)과 특이성 비율(거짓을 말하지 않는 체포자가 VSA에 의해 속임수가 없다고 제대로 규명될 확률)을 산출했다.

그들은 체포자 중 평균적으로 15%(한 검사에서 21%, 다른 검사에서 8%)가 다섯 개 약물의 최근 사용에 관해 거짓말을 했음을 발견했다. 다섯 개 약물에 대한 특이성 비율은 평균 91.5%의 정확도를 보였다. 그들은 속임수 탐지에 대한 VSA 프로그램의 전반적 '적중률'을 산출하기 위해 감도율과 특이성 비율을 대조했고, 다섯 개 약물에 대한 평균 정확률이 약 50%임을 밝혔다.

또한 이들은 '취조 중 VSA를 사용하면 응답자가 더 진실해질까?'라는 질문에 관심을 두었다. 자신의 반응이 정확하게 검사될 것이라고 믿으면 더 진실하게 응답할 것이라는 아이디어는 '가짜 파이프라인' 효과라고도 불린다. 그들은 동일한 VSA 연구자들이 동일한 프로토콜을 사용하여 동일한 감옥에서 수행한 데이터와 거짓 응답의 확률을 대조했다. 두 연구에서 체포자들에게 약물 사용과 관련한 질문에 응답하도록 한 다음, 소변 표본을 제출하도록 요청했다. VSA 연구에서 체포자들에게 거짓 응답을 탐지하는 컴퓨터 프로그램이 사용되고 있다고 알려 주었다. VSA 연구의 체포자 중 14%가 최근 약물 사용과 관련하여 거짓 응답을 했지만, 다른 체포자 중에서는 40%가 거짓 응답을 했다.

다른 연구에서도 근본적으로 동일한 결과가 나타났다(Harnsberger et al., 2009; Hopkins et al., 2005). 예를 들어, Horvath 등(2013)은 다음과 같이 결론 내렸다.

속임수 탐지에서 LVA의 가치에 대한 현장 평가 결과는 낙관적일 수 있는 이유를 하나도 제공하지 못했다. 폴리그래프 검사 결과로 확인했을 때, LVA가 거짓을 정확하게 판정할 확률은 평균적으로 겨우 25%였다. 거짓이 없을 때, 그리고 폴리그래프 검사 결과상 사람들이 진실할 때, LVA가 옳을 확률은 오직 49%였다. '유죄'인 사람이 조사 중인 문제에 자신이 관여했음을 고백하고 거짓말을 한 사실을 인정했을 때 LVA 분석의 정확도는 평균 48%에 불과했다. LVA가 우연의 수준을 넘어 올바른 결정을 내린 사례는 없었다.

따라서 음성 분석의 결과는 거짓말 탐지 시도에서 폴리그래프의 결과와 매우 유사하다. 잘못된 위양성과 위음성이 너무 많다. 그러나 이 기술은 거짓말을 지연시키는 데 유용할 수 있다. 면접에서 음성 스트레스 검사를 받아야 할 것이라고 듣게 되면, 거짓말쟁이들의 거짓말이 감소하는 듯 보인다. 그러나 이것은 사람들이 면접에서 더 솔직해지도록 장려하는 비싸고, 매우 의심스러운 방법이다.

8) 결론

'직무에서의 기본 원칙이 진실성'이라고 생각하는 사람을 선발하는 것에 관심을 둔 사람은 진실한 사람들을 선발하고 타협할 사람들을 배제하는 데 도움을 주는 간단하고, 값싸고, 유효한 검사를 원한다. 인사 담당자들은 간단한 설문지에서 전화 통화를 분석하는 데 사용될 수 있는 새로운 음성 스트레스 분석기에 이르기까지 인상적인 선택을 하고 있다.

연구자와 의사결정자들에게 주요한 문제는 신뢰도와 타당도이다. 유죄인 사람을 무죄로 분류하거나, 심리병적인 사람을 믿음직한 사람으로 표현하거나, 속임수를 쓰는 직원을 모범 근로자로 '명명'하는 검사도 분명히 주요한 임무에서 실패한 것이다. 도덕성과 명예훼손 관점에서 볼 때, 더 심각한 것은 무고한 사람들을 유죄로, 또는 진실성이 있는 사람들을 진실성이 없는 것으로 잘못 판단하는 검사이다. 어떤 이들은 약 10~20%의 확률로 유죄를 무고로, 무고를 유죄로 잘못 분류된다고 주장한다. 이것은 받아들일 수 없는 수준이다.

좋은 검사와 나쁜 검사가 있다. 적절하게 고안되고 검증된 것들도 있지만, 제작자들이 큰돈을 벌기 위해 '신속하고 불순한' 시도를 한 것들도 있다. 분명히 어떤 사람들은 이런 검사에 완강히 반대하지만 또 다른 사람들은 검사가 유용하다고 생각할 수 있다. 비평가들은 지필검사가 유용할 수 있다고 결론 내리는 듯하다. 검사 결과는 의사결정에 유용할 수 있다. 즉, 검사 결과 및 유/무죄 입증 증거를 통해 반생산적인 업무 행동을 저질렀거나 저지를 사람을 탐지할 확률을 크게 향상시킬 수 있다.

검사는 탐지율을 향상시키지만, 이를 위해 검사에만 의존해서는 안 된다. 특히 광범위하게 검증된 폴리그래프의 사례에서 더욱 그러하다. 누군가에게는 자기보고가 아닌 심리적 반응에 관한 아이디어가 매우 매력적이다. 설문지를 통해 설득력 있게 보이는 것보다 '거짓말 탐지기를 통과하는 것'이 훨씬 더 어려워 보인다.

그러나 검토 결과, 어떤 기법이 사용되건 간에, 범주화의 오류는 존재한다. 낙관주의자들은 올바른 분류의 압도적인 우위를 강조하고, 비관주의자들은 오류에 더 집중한다.

Oswald(2020)는 다음과 같이 언급했다.

> 폴리그래프 기계는 거짓말 자체를 탐지하는 것은 아니다. 이 기계는 단순히 신체적 변화를 기록하며, 거짓 진단이라는 것은 결국은 사람의 해석 문제다. 기계 학습(machine learning) 도구조차도 독립적으로는 개인의 미래나 리스크를 예측하지 못한다. 대신, 현실 세계의 경험은 변인들과 확률에 기반을 두어, 패턴이나 유사성을 탐지하기 위해 훈련된 알고리즘일 뿐이다. 예측변인 또는 리스크를 평가하는 데에 기여하는 산출물의 해석은 사람의 몫이다…….
> 지금까지의 경험에 의하면, 비록 일부 맥락에서는 금지되었지만, 거짓말 탐지기가 제대로 작동하는지의 여부와 상관없이 이것은 계속 사용될 것이다. 기계 학습과 관련하여 우리가 유사한 위치에 있지 않으려면, 우리는 과학적 타당도, 유관성 표준, 공정성 원칙 및 적법한 의사결정자의 역할에 기초한 총체적 감시 프레임워크를 개발해야 한다. Brown 신부는 "어떤 기계도 거짓말을 할 수 없다. …… 또한 그것은 진실을 말할 수도 없다."고 말했다. 만약 우리가 기계는 단지 기계에 불과하며, 기계가 인간의 판단과 재량에 맡겨야 하는 법률적 결정을 내릴 수 없다는 것을 기억한다면 절반은 성공한 것이다.
>
> (p. 222)

참고문헌

Beattie, G. W., Cutler, A., & Pearson, M. (1982). Why is Mrs Thatcher interrupted so often. *Nature, 300*(5894), 744–747.

Bull, R. (1988). What is the lie-detection test? In A. Gale (Ed.), *The polygraph test: Lies, truth and science* (pp. 10–19). London, UK: Sage Publications, Inc; British Psychological Society.

Carroll, D. (1988). How accurate is polygraph lie detection? In A. Gale (Ed.), *The polygraph test:*

Lies, truth and science (pp. 19−28). London, UK: Sage Publications, Inc; British Psychological Society.

Cestaro, V. L. (1996). A comparison between decision accuracy rates obtained using the polygraph instrument and the Computer Voice Stress Analyzer (CVSA) in the absence of jeopardy. *Polygraph, 25*, 117−127.

Damphousse, K. (2008). Voice stress analysis. National Institute of Justice. July.

Damphousse, K., Pointon, L., Upchurch, D., & Moore, R. K. (2007). Assessing the Validity of Voice Stress Analysis Tools in a Jail Setting. Department of Justice.

Ekman, P. (2001). *Telling lies: Clues to deceit in the marketplace, politics and marriage*. New York City, NY: W. W. Norton.

Fuller, B. F. (1984). Reliability and validity of an interval measure of vocal stress. *Psychological Medicine, 1984*, 159−166.

Gale, A. (Ed.). (1988). *The polygraph test: Lies, truth and science*. London, UK: Sage Publications, Inc; British Psychological Society.

Gannon, T. A., Beech, A. R., & Ward, T. (2008). Does the polygraph lead to better risk prediction for sexual offenders? *Aggression and Violent Behavior, 13*(1), 29−44.

Gonzalez−Billandon, J., Aroyo, A., Pasquali, D., Tonelli, A., Gori, M., Sciutti, A., Sandini, G., & Rea, F. (2019). Can a robot catch you lying? A machine learning system to detect lies during interactions. *Frontiers in Robotics and AI, 6*(64), 1−12.

Gudjonsson, G. H. (1988). Compliance in an interrogative setting: a new scale. *Personality and Individual Differences, 10*, 535−540.

Harnsberger, J. D., Hollien, H., Martin, C. A., & Hollien, K. A. (2009). Stress and deception in speech: evaluating layered voice analysis. *Journal of Forensic Science, 54*(3), 642−650.

Hopkins, C. S., Ratley, R., Benincasa, D., & Grieco, J. (2005). Evaluation of Voice Stress Analysis Technology. Proceedings of the 38th Annual Hawaii International Conference on System Sciences. Honalulu, HI.

Horvath, F., McCloughan, J., Weatherman, D., & Slowik, S. (2013). The accuracy of auditors' and Layered Voice Analysis (LVA) operators' judgments of truth and deception during police questioning. *Journal of Forensic Sciences, 58*(2), 385−392.

Iacono, W. G., & Ben−Shakhar, G. (2019). Current status of forensic lie detection with the comparison question technique: an update of the 2003 National Academy of Sciences report on polygraph testing. *Law and Human Behavior, 43*(1), 86−98.

Iacono, W. G., & Lykken, D. T. (1997). The validity of the lie detector: two surveys of scientific opinion. *Journal of Applied Psychology, 82*(3), 426−433.

Kleinberg, B., van der Toolen, Y., Arntz, A., & Verschuere, B. (2018). Detecting concealed information on a large scale: possibilities and problems. In J. P. Rosenfeld (Ed.), *Detecting concealed information and deception: Recent developments* (pp. 377−403). New York:

Elsevier Academic Press.

Larson, J. (1932). *Lying and its detection: A study of deception and deception tests*. Chicago, IL: University of Chicago Press.

Laukka, P., Linnman, C., Åhs, F., Pissiota, A., Frans, Ö., Faria, V., Michelgård, Å., Appel, L., Fredrikson, M., & Furmark, T. (2008). In a nervous voice: acoustic analysis and perception of anxiety in social phobics' speech. *Journal of Nonverbal Behavior, 32*(4), 195–214.

Lykken, D. (1998). *A tremor in the blood: Use and abuse of the lie detector*. New York City, NY: Plenum Publishing Corporation.

Meijer, E. H., Verschuere, B., Gamer, M., Merckelbach, H., & Ben–Shakhar, G. (2016). Deception detection with behavioral, autonomic, and neural measures: conceptual and methodological considerations that warrant modesty. *Psychophysiology, 53*(5), 593–604.

Miner, J. B., & Capps, M. H. (1996). *How honesty testing works*. Westport, CT: Greenwood Publishing Group.

National Research Council. (2003). *The polygraph and lie detection*. Washington, DC: National Academies Press.

Oswald, M. (2020). Technologies in the twilight zone: early lie detectors, machine learning and reformist legal realism. *International Review of Law, Computers et Technology, 34*(2), 214–231.

Raskin, D.C. (1988). Does science support polygraph testing? In A. Gale (Ed.), *The polygraph test: Lies, truth and science* (pp. 96–110). London, UK: Sage Publications, Inc; British Psychological Society.

Toscano, M. J. (2019). *Polygraph examiners: history, modem status, and admissibility in court*. Law School Student Scholarship. 1020. https://scholarship.shu.edu/student_scholarship/1020

Vrij, A. (2000). *Detecting lies and deceit: The psychology of lying and implications for professional practice*. Chichester, UK: John Wiley & Sons.

제8장

개인이력

방법 19. 바이오 데이터 및 개인이력 데이터

8

개인이력

방법 19. 바이오 데이터 및 개인이력 데이터

무엇인가?

지원자의 '미래'(향후 능력/성과)를 추정할 수 있는 가장 좋은 변인은 과거라고 할 수 있다. 개인이력의 속성들은 미래 행동을 예측하는 미묘하고, 강력하고, 타당한 요인이다.

어떻게 작동하는가?

개인의 삶의 역사와 관련된 실증적으로 타당한 다양한 범주의 사실들은 직무 성공의 측정치와 관련성을 보인다. 이는 CV나 개인이력 또는 자서전을 점수화하는 알고리즘의 기반이 된다.

증거가 있는가?

일부는 모호하지만 증거는 많다. 직무 유형과 같은 특정 제약을 고려하면, 이 방법은 타당한 것으로 보인다. 개인의 역사는 미래 행동을 예측한다.

실무적 문제: 비용, 윤리, 정치적 이슈

장기간에 걸쳐 타당화하는 데 많은 비용이 들고, 의도하지 않은 차별이나 개인정보 문제와 관련한 윤리적 문제들이 종종 발생한다.

사용 관련 제안

직무의 본질과 지원자의 유형에 상당 부분이 달려 있지만, 신중하게 사용하면 효과적인 선발 도구가 될 수 있다는 것이 100여년 전부터 밝혀져 왔다.

1) 도입

우리는 과거의 피해자가 아닌 산물이다. 성장 시기 및 장소, 부모의 사회적 계층, 양육 방식, 교육 수준 등이 우리의 과거이다. 지난 몇 년간 개인의 역사를 근거로 사람들의 프로필을 작성하려는 시도들이 있었다. 개인의 생애사와 그들의 교육적 · 업무적 · 사회적 역사 간의 연결이다. 이는 미래를 가장 잘 예측하는 요인이 과거라는 단순한 가정에 따른 것이다.

이것은 프로파일링으로도 알려져 있다. 가장 많이 알려진 것은 범죄자 또는 범죄 프로파일링으로, 다양한 형태(임상적 · 지리적 · 유형학적 접근)가 있을 수 있으나 대다수 사례의 주요 목적은 범죄자 또는 범죄 집단을 규명하는 것(그리고 체포하는 것)이다.

단순한 개인이력을 넘어서, 심리학적 이론들을 사용하여 (생존해 있거나 사망한) 개인의 행동을 해석, 설명 및 기술하는 심리분석 전기(Psychobiography)도 있다. 심리분석 전기는 동기와 특정 사건이 사람에게 어떤 영향을 미쳤는지에 초점을 맞추는 경향이 있다. 이 기법은 프로이트(Freud)로 거슬러 올라간다. 다양한 유명인의 심리적 구성에 대해 심리학자들과 비심리학자들이 저술한 책이 많이 있다.

프로파일링은 많은 양의 정보를 수집하고, 그것을 검증하여, 의미 있는 방식으로 결합하는 것을 포함한다.

여기에는 기본적으로 세 가지 방법이 있다.

① **유형학적(typological) 접근법**: 이 접근은 이미 존재하는 유형 또는 범주를 바탕으로, 대상자가 어디에 가장 잘 부합하는지를 찾는다. 이는 아주 단순하지만 중요한 데이터를 간과하며, 명료화하기보다는 단순화하는 경향성이 있다. 아주 쉽게 '사전에 마련된' 상자에 끼워 맞추는 것이다. 그래서 행동의 비일관성이나 복잡성과 같은 중요한 정보를 충분히 포착하지 못한다.

② **알고리즘(algorithm) 접근법**: 이 방법은 구체적인 데이터를 수집하고 특정한 방법으로 가중치를 부여하고, 처리하고, 결합하는 수학적 모델을 적용하는 다변량 통계학자들이 제안한 것이다. 여기에는 사전에 마련된 공식, 구체적으로는 보험계리사들이 계산할 때 사용하는 종류의 공식이 있다. 이것은 매우 과학적인 것처럼 보이지만, '입력'되는 것의 성격과 특정 알고리즘에 대한 증거로 인해 잘못된 정보를 제공할 수 있다. 모든 것은 공식의 정확성에 달려있다. 이러한 공식은 사람의 동기와 같은 데이터를 쉽게 처리하지 못한다.

③ **주제(thematic) 접근법**: 이 접근법은 준임상적이며, 요인들의 가중치에 기반을 둔 경

험적 판단을 내리는 것이다. 게슈탈트 판단[1]은 임상적 판단에 기반을 두어야 하므로, 이 주제 접근법은 알고리즘 접근과는 다르다. 판단과 결론이 신뢰롭고 통찰력이 있어야 하므로, 이 접근법을 사용하기 위해서는 현장에서 상당한 훈련을 쌓아야 한다.

이 장에서 우리는 서로 다르지만 상호 관련된 몇 가지 기법들을 소개할 것이다. 이러한 기법들은 개인의 과거를 이해하는 것이, 그 사람이 앞으로 무엇을 할지를 가장 잘 예측하는 방법이라는 단순한 가정에 근거한다.

2) 바이오 데이터

개인이력 데이터는 간단하게 바이오 데이터라고 불리는데 이는 개인의 배경과 생애 역사(예를 들어, 고등 교육을 받은 연수, 첫 직장을 가진 시기와 마지막 직장에서 보낸 시간 등)에 대한 정보이다. 개인이력 데이터의 기본 개념은, 학업 또는 직무 성과 및 이직과 같은 몇몇 주요한 결과와 관련성이 높은 개인이력 정보를 찾아내어 평가자들이 더 나은 의사결정을 하는 것이다(Song et al., 2019). Cook(2016)이 언급한 것처럼, 많은 부분에서 이것은 '전적으로 실증적'이다.

일반적으로 바이오 데이터는 대다수의 서구 국가들에서 널리 사용되고 있는 지원서를 통해 얻을 수 있다. 바이오 데이터 용어로, 이 지원서들은 가중치 적용 지원서(weighted application blanks: WABs)라고 한다. 목적은 구체적인 업무 관련 성과를 예측하는 것으로 알려진, 그리고 실제로 성과를 예측하는 데이터만을 수집하는 지원서를 설계하는 것이다. 지원서는 바람직한 업무 준거(특히 직무 성과)와 관련된 것으로 밝혀진 개인이력 관련 정보를 수집한다. 또한 질문들을 관련 업무 준거의 개인 예측변인으로 코딩하고 처리하

1 게슈탈트 판단은 개체 또는 현상을 전체적인 구성 요소와 패턴으로 인식하는 인지적 접근방식으로, 개체를 세부적인 구성 요소(예: 눈 코 입 등)가 아닌 하나의 전체(예: 얼굴)로서 인식하려는 인지적 경향성을 뜻한다. 예를 들어, 게슈탈트 심리학에서는 얼굴을 인식하는 것이 얼굴의 개별적인 특징(눈, 코, 입 등)을 인식하는 것이 아니라, 얼굴 전체의 패턴을 인식하는 것으로 이루어진다고 주장한다. 임상심리학에서 게슈탈트 판단은 개인의 행동, 정서, 인지 및 인간관계의 이해에 적용된다. 즉, 환자의 문제를 개별적인 증상이 아닌, 그 문제를 구성하는 전반적인 요소들을 인지하여 그들이 어떻게 상호작용하고 영향을 미치는지를 이해하려는 것이다.

는 '가중치가 부여된 채점'을 포함한다. 가중치를 부여하는 이유는 특정 속성이 더 중요하고 높은 예측력을 가지기 때문이다.

따라서 만약 교육이 직무 성공을 예측하지 못하는 것으로 나타났다면, 개인이 받은 교육의 유형이나 양(초등학교부터 대학원 과정)에 대한 정보는 수집할 필요가 없다. 마찬가지로, 만약 가족의 규모(형제의 수) 또는 스포츠에서의 성공이 예측변인으로 밝혀졌다면, 이와 관련된 구체적인 정보가 수집되어야 한다.

예를 들어, Sulastri 등(2015)은 직업을 찾는 청년들의 바이오 데이터 표지(marker)에 관심을 두었다. 예상대로, 시험 성적(평점)은 심리학 기반의 일자리를 성공적으로 찾는 것과 유의한 상관을 보였다. 업무 경험은 전반적으로 성공적으로 일자리를 찾는 것을 예측했지만, 과외 활동, 외국어 능력, 전반적인 심화학습 프로그램에 참여한 것은 심리학 기반의 일자리를 찾는 데 성공하는 것과 유의한 상관관계를 보였다. 그러나 컴퓨터 기술은 일자리를 가지는 것의 결정변인이 되지 못했다.

Gatewood 등(2015)은 지원서에서 흔히 묻는 정보의 예시를 제공했다. 이름, 나이, 성별, 혼인상태, 자녀, 교육, 민족성, 신체적 특성(키와 몸무게), 종교, (신체적, 정신적) 건강상태, 시민권(과거와 현재), 군필 여부, 체포/전과 기록, 취미 및 가입 단체, 신용 등급, 운전 면허, 긴급 연락처 등이 이에 해당한다. 또한 그들은 이러한 정보를 얻는 용인된 방법과 용인되지 않는 방법에 대해서도 언급했다. 따라서 만약에 생일을 묻는 것이 권고되지 않는다면, '귀하는 18세 이상입니까?'라고 질문하고, 종교에 관해서는 '고용주는 당신이 일해야 하는 요일, 시간, 교대 근무를 지정할 수 있습니다'라고 말하면 된다.

공시적 또는 명시적인 방법으로 이루어지든 아니든, 지원서에서 수집한 정보는 능력(특히 리더십, 언어, 수학, 신체적 능력), 대인 간 기술, 그리고 동기를 평가하는 데 사용된다(Gatewood et al., 2015).

3) 전형적인 질문들

다음은 전형적인 바이오 데이터 문항들이다.

성장하면서 학교에 대해 어떻게 생각했나요?

매우 좋아했다.

대부분 좋아했다.

필요한 것으로 받아들였다.

종종 약간 불만족스러웠다.

진짜 싫어했고, 끝나서 기뻤다.

졸업이 아닌 다른 이유로 16세 이전에 몇 번이나 학교를 바꿨나요?

전혀

한 번 또는 두 번

세 번에서 다섯 번

여섯 번 또는 그 이상

기억이 나지 않는다.

작년에 새로운 친구들 몇 명 정도 사귀었나요?

새로운 친구를 만들 필요가 없다.

한 명 또는 두 명

세 명 또는 네 명

여섯 명 또는 그 이상

정확하게 기억할 수 없다.

18세가 되기 전에 당신의 가족은 몇 번이나 이사했나요?

전혀 이사하지 않았다.

한 번

두 번 또는 세 번

네 번 또는 다섯 번

매해 혹은 그 이상 이사했다.

성장하면서 당신의 가족은 어떤 동네에서 가장 오래 살았나요?

가장 부유한 지역 중 하나

가장 부유한 지역은 아니지만 좋은 곳

평균 지역

빈곤한 지역 중 하나

시골

학교에 다니는 동안 귀하가 수업 시간에 무엇을 하는지에 대해 당신의 아버지나 보호자가 얼마나 자주 관심을 보였습니까?

전혀

아주 가끔 한 번씩

꽤 자주

언제나

고등학교에 다니는 동안 일주일에 몇 번 정도 밤에 놀러 나갔습니까?

1회 미만

1회

2회

3회

4회 혹은 그 이상

좋은 바이오 데이터 문항을 어떻게 구성할 수 있을까? 여기에는 간결할 것, 선택지는 숫자로 표현되며 모든 대안을 포함할 것, 문항들은 중립적 또는 긍정적 의미를 전달할 것, 응답자의 기억을 넘어선 정보를 얻으려 시도하지 말 것, 연속선상의 선택지에서 극단치는 중간 위치보다 더 일관적일 수 있다는 점, 진술문이 긍정적으로 표현되어야 한다는 것, 응답 연속선은 '드물게' '가끔' '자주'와 같은 질적인 용어로 정의되지 않는 것 등의 몇 가지 권장되는 기준이 있다.

일부 바이오 데이터는 인구통계적 정보와 마찬가지로 채점하기 쉽다. 그러나 지원자의 직무 경험, 지원자가 받은 훈련의 양과 질 등 선발자 대다수가 관심을 두는 것들은 채점하기에 훨씬 더 어렵다.

(1) 타당한 데이터의 중요한 차원들

개인이력에 대한 모든 질문이 다 타당하지는 않다. 타당한 개인이력 관련 질문에는 아홉 가지 특징이 있는데, 바이오 데이터로 명시적 또는 암묵적으로 평가되는 실제 구성요소는 워낙 다양하여 바이오 데이터에 대한 공통 정의가 없을 정도이다.

1. 확인 가능한(대 확인 불가능한): 모든 응답은 서로 다른 출처로부터 확인이 가능하다.
2. 과거(대 미래지향적): 미래가 아닌 과거와 관련된다.
3. 실제(대 가상) 행동: 모든 데이터는 이미 벌어진 실제 행동과 관련된다.
4. 기억(대 추측): 관여된 많은 이의 기억에 의해 확인이 가능하다.
5. 사실(대 해석): 모든 데이터는 해석이 아닌 사실에 기반을 두어야 한다.
6. 구체적(대 일반적): 모든 것은 실제 구체적인 행동에 관한 것이다.
7. 반응(대 반응 경향성): 질문들은 상황에 대한 실제 반응과 관련된다.
8. 외적인 사건(대 내적인 사건): 질문들은 관찰 가능한 실제 행동에 관한 것이다.
9. 철저하게 개인이력과 관련된(대 태도와 관련된): 이것은 신념이나 태도가 아닌 행동에 관한 것이다.

Gatewood(2015)은 이와 관련하여 〈표 8-1〉과 같은 예시를 제공하였다.

실제로, "바이오 데이터 척도는 기질, 업무 조건, 가치, 기술, 적성 및 능력 검사와 같은 수많은 구성개념을 측정하는 것으로 나타났다."(Mount et al., 2000, p. 300) 일부는 바이오 데이터가 전통적인 성격검사에 비해 직업적 성공을 더 타당하게 예측하며(Mumford et al., 1996), 인지능력 또는 지능검사와 비교해서 불리 효과를 감소시킨다고 주장했다(Stokes et al., 1994).

〈표 8-1〉 좋은 바이오 데이터 문항의 여덟 가지 준거

1. 확인 가능: 당신은 대학을 졸업하였습니까?	1. 확인 불가능: 고등학교생활을 얼마나 즐기셨습니까?
2. 과거: 지난 5년간 몇 개의 직업을 가지셨습니까?	2. 미래지향적: 앞으로 5년 동안 몇 개의 직업을 가지겠습니까?
3. 실제 행동: 고장난 라디오를 수리한 적이 있습니까?	3. 가상 행동: 만약 선택권이 있다면, 지금 어떤 직업을 가지고 싶습니까?
4. 기억: 성장하는 동안 집에서의 귀하의 삶을 어떻게 묘사하시겠습니까?	4. 추측: 다시 대학에 간다면 어떤 전공을 선택하시겠습니까?

5. 사실적: 당신은 보통 일주일에 직장에서 (일하는 데) 몇 시간을 보냅니까?	5. 해석적: 만약 상사를 선택할 수 있다면, 그 상사가 어떤 성격을 가지길 바랍니까?
6. 구체적: 성장하면서 동전을 모았습니까?	6. 일반적: 성장하면서 어떤 활동을 가장 즐겼습니까?
7. 반응: 다음 취미활동 중 당신이 즐긴 것은 무엇입니까?	7. 반응 경향성: 직장에서 문제가 생겼을 때 누구에게 도움을 요청합니까?
8. 외적인 사건: 십 대였을 때 아버지와 얼마나 많은 시간을 보내셨습니까?	8. 내적인 사건: 컴퓨터로 일했을 때 당신이 경험한 느낌을 가장 잘 표현한 것은 무엇입니까?

(2) 바이오 데이터의 구조

바이오 데이터가 수집한 데이터 포인트들의 전형적인 집단 또는 군집은 다음과 같다. 취미 및 태도, 건강, 대인관계, 돈, 부모 및 가정 그리고 유년기 및 청소년기 경험, 개인의 특성, 현재 가정 그리고 배우자 및 자녀, 오락/취미/관심사, 학교 및 교육, 자기 인상, 가치관과 의견 및 선호도, 업무 경험 등이다.

Mumford 등은 생태학적 모형(Mumford et al., 1990)에서 사람들이 직장과 그 너머에서 자신의 특징적인 적응 패턴을 발전시킨 방법을 설명하는 핵심 지식, 기술, 능력, 가치 및 기대 변인들로 바이오 데이터를 구성할 수 있다고 가정했다. 이 구성요소들은 "특정 상황에서 보상 가능성을 높여 미래 상황 선택을 조건화하는 동시에 원하는 결과의 달성을 촉진한다."(Mumford & Stokes, 1992, p. 81)

특히 Dean과 Russell(2005)은 확립된 구성개념들(대인 간 기술, 성격, 가치관)에 따라 문항들을 조직화했기 때문에, 그들의 연구 결과는 일관성 있게 구성되고 채점된 바이오 데이터 척도의 타당성을 지지하는 강력한 증거가 되었다. 바이오 데이터의 다양한 척도나 측면 중에는 지적 자원이 직무 성과를 가장 잘 예측했고, 그다음으로 직무 성과를 잘 예측한 것은 선택 과정과 사회적 · 성격적 자원이었다. 필터링 과정은 직무 성과와 약한 연관성을 보였다.

연구들에 따르면, 정의된 구조(다른 척도)를 포함하는 목적에 따라 설계된 바이오 데이터는 입학시험 성적(SAT)과 성격 요인을 통제했을 때에도 대학에서의 성적을 성공적으로 예측하였다(Oswald et al., 2004).

Oswald 등(2004)은 654명의 대학생 표본으로 구성된 바이오 데이터(115문항)를 살펴보았고, 이후 최종 학업 성적을 예측하는 12개의 차원을 규명했다. 차원 예시는 다음과 같다.

지식 ('어떤 것에 대한 개념이나 새로운 사실을 학습했던 최근 몇 사례를 떠올려 보라. 얼마나 학습하는 경향을 보였는가?')

시민의식 ('얼마나 자주 당신이 옳다고 믿는 탄원서에 서명했는가?')

리더십 ('지난해 당신이 이끌고 있거나 관여하고 있는 활동에 몇 명이나 가입시키려 노력했는가?')

윤리 ('만약 공연장을 떠나려다가 신원확인이 불가능한 지갑을 발견했다면, 당신은 어떻게 하겠는가?')

이들은 성격 점수와 SAT를 통제한 후에 12개의 바이오 데이터 요인들이 학점(GPA), 결근 및 동료 평가를 예측하는 정도를 분석했다. 과거의 학업 성과 및 심리측정적으로 추출된 특성 점수들이 회귀 모형에 포함된 후에도, 여섯 가지 측면은 이러한 결과들과 여전히 유의하게 관련되었다. 리더십과 건강은 GPA를, 시민의식, 대인관계 및 학습은 동료 평가를, 건강과 윤리는 결근을 예측하였다.

(3) 바이오 데이터 채점하기

바이오 데이터가 지원서, 평판 또는 이력서(고용주가 단순히 이러한 문서를 눈으로 확인하는 것만으로 후보자를 탈락시킬 수 있음)의 비공식적 사용과 구별되는 이유는 '채점' 때문이다. 데이터를 채점하는 데에는 서로 연관된 세 가지 방법이 있다. 세 가지 방법은 다음과 같이 서로 대조된다(Cucina et al., 2012).

바이오 데이터를 채점하는 엄격하고 효과적인 접근은 경험적 점수화(empirical keying) 방법이다. 경험적 점수화는 각 문항 또는 질문을 예=1, 아니요=0으로 코딩하고, 준거(기존 표본 또는 현재 표본의 부분집합으로부터 추출)와의 상관을 바탕으로 가중치를 부여한다. 문항 점수들은 지원자별로 합산한다.

경험적 점수화는 성격 척도와 인지능력 측정치를 넘어서 직업적 성공을 예측하는 증분 타당도(incremental validity)가 있는 것으로 밝혀졌다(Mount et al., 2000). 경험적 점수화는 측정하는 준거와의 관련성이 아닌 신뢰도 또는 내적 일관성 측면에서 채점되는 일반적인 성격검사들과는 다르다. 그런 의미에서, 성격 측정치들은 내적으로 구성되어 있지만, 바이오 데이터 문항들은 외적으로 구성되어 있다.

성격 측정치들이 구체적인 특성에 따라 질문들을 분류하듯, 바이오 데이터는 문항 집단에 내재되어 있는 고차 영역 또는 공통 주제를 규명하는 요인적(factorial)/내적 점수화(internal keying)를 통해 채점될 수 있다. Mumford와 Owens(1987)는 20개 이상의 연구에서 적응, 학업 성과, 외향성, 리더십과 같은 요소들을 규명했다. 다른 연구자들은 가족 또는 사회 지향성(Carlson et al., 1999)과 자금 관리(Stokes & Searcy, 1999) 측면에서 바이오 데이터 문항들을 채점했다.

이 밖에도 요인적으로 점수화된 바이오 데이터(factorial-keyed biodata)는 "내용, 반응 형태 및 채점에서 성격 문항들과 구분되지 않는다. 성격검사들은 일반적으로 가치 및 태도와 관련한 문항들을 포함하고, 바이오 데이터 문항들은 전반적으로 행동을 통한 과거 성취에 집중한다. 그러나 오늘날의 많은 바이오 데이터 응용 프로그램에서 이러한 구분은 명확하지 않다."(Schmitt & Kunce, 2002, p. 570)

셋째, 합리적 점수화(rational keying)는 특정 직무 요구 또는 특성에 의거한 바이오 데이터 검사를 설계할 때 사용된다. Fine과 Cronshaw(1994)가 제안한 바에 따르면, 철저한 직무분석은 바이오 데이터 문항을 선정하는 데 필요한 정보를 제공한다. 합리적 점수화는 바이오 데이터의 분석 또는 점수화 단계가 아닌 구성개념을 뜻하며, 요인적 점수화와 결합되지 못할 이유가 없다. Drakeley는 합리적 점수화가 경험적 점수화에 비해 더 타당하다고 밝힌 바 있으며(Drakeley et al., 1988), 이후의 견고한 조사에서는 두 방법이 유사한 타당도를 가진다고 추정하기도 하였다(Stokes & Searcy, 1999).

각 방법에는 장점과 단점이 있다. 경험적 점수화는 바이오 데이터를 '가시적이지 않게' 하여 응답자가 위조하기 어렵다는 점에서 유리하다. 왜냐하면 직업적 성공의 많은 예측 변인은 직관에 반하며, 순수하게 실증적 근거에 의해 규명되기 때문이다. 경험적 점수화의 부가적인 문제점은 이것이 다른 표본에 잘 일반화되지 않고, 특정 문항이 직업적 성공을 예측하는 이유를 설명하는 이론 구성에 기여하지 않는다는 것이다(Mount et al., 2000).

합리적 점수화는 이론적 관점에서 정당화되기 쉽고, 불리 효과[2]를 가지는 문항을 제거할 수 있다(Hough & Paullin, 1995; Schmitt et al., 1999). 그러나 합리적 점수화의 이러한 이

2 연구나 실험에서 의도치 않게 발생하는 부정적인 결과나 영향

점은 응답자들에게 '정답'이 무엇인지 너무 분명하게 드러나며, 위조 가능성이 증가한다는 단점으로도 작용한다(Lautenschlager, 1994).

특히 요인적 점수화는 태도적 또는 주관적 문항이 포함되면 성격검사와 같아진다. 전문가들조차 성격 척도와 요인 점수 기반 바이오 데이터를 구별하지 못할 것이라는 주장이 제기되었다(Robertson & Smith, 2001). 성격 척도는 바이오 데이터에 비해 더 '이론 중심적'이고, 더 고차원적이고 안정적인 성향을 평가하며, 어떤 맥락에서도 쉽게 일반화가 가능하다는 장점이 있다.

그러나 특정 질문에 대한 자유 응답을 코딩하는 것과 같은 다른 방법이 있다. 이는 위조 가능성을 낮추고, 언어 능력을 잘 측정하는 것으로 나타났다(Levashina et al., 2012). 실제로 기업은 고도로 정교화된 웹 기술을 바탕으로 개인의 페이스북 페이지를 분석하여 그들의 가치관과 라이프스타일에 대한 많은 아이디어를 얻고 있다.

이 분야에서 많은 발전이 있었고, 그건 아마도 이것이 더 많이 사용되리라는 것을 의미한다(Speer et al., 2020).

(4) 바이오 데이터의 검증 가능성과 위조

성격과 바이오 데이터 검사 간의 주요 차이점은 후자가 기본적인 인구통계적 또는 배경 정보와 같은 검증 가능한 또는 '하드'한 문항을 더 많이 포함한다는 것이다. 태도나 행동을 측정하는 문항처럼 더 '소프트'하고 통제 가능하며 검증 불가능한 문항들에 비해 이러한 문항들은 통제 불가능하며(출생 장소나 민족은 통제 불가능) 프라이버시를 침해하는 경향이 있다. 예를 들어, 재활용에 대한 당신의 견해는 어떠한가? 얼마나 자주 헬스장에 가는가? 당신은 사람들이 음주를 줄여야 한다고 생각하는가? 당신은 컨트리 음악을 좋아하는가?

그러나 검증할 수 없는 문항들은 위조 가능성을 높인다는 문제가 제기되었다(Becker & Colquitt, 1992). 비록 검증 가능한 문항에서도 어느 정도의 과장이 존재하기는 하지만, 초기 연구에 따르면, 서로 다른 고용주들에게 제공된 응답 간의 상관이 .95 범위로 나타났다(Keating et al., 1950). 즉, 검증 가능한 문항들은 직무들에 걸쳐 매우 일관적인 반응을 나타냈다. 그러나 문헌 개관을 통한 결론에 따르면, 위조는 검증 가능한 문항뿐만 아니라 검증 불가능한 문항에도 영향을 미치며, 경험적 점수화가 다른 점수화 유형에 비해 위조를 더 잘 방지함에도 불구하고 이를 통제하기 위한 시도는 대부분 성공적이지 않았다(Lautenschlager, 1994).

바이오 데이터는 지원서를 통해 수집할 수 있다. 일부는 상당히 복잡하며, 많은 정보를 수집한다. 종종 나타나는 문제는 사람들이 거짓말을 한다는 점에서 비롯된다. 왜냐하면 모든 세부 항목을 다 확인하는 것은 매우 어렵고 비용이 많이 들기 때문이다. 따라서 오늘날에는 이러한 서비스를 제공하는 회사도 있다. 다음을 살펴보자.

고용 이력 조회 확인

채용할 때는 관련 경력과 해당 경력이 있는 지원자를 찾고 있을 가능성이 높습니다. 당신은 지원자가 자신의 이전 역할을 자세히 설명하지 않았거나, 더 나쁘게도, 완전히 위조하지 않았는지 확인할 필요가 있습니다.

그러나 고용 이력 추적은 시간이 많이 걸리고, 어렵고, 실수하기 쉽습니다. 그러니 고용 검증에 관해서는 전문가들을 믿으십시오.

하이어라이트(HireRight)에서는 숙련된 연구원들이 제작한 연락처 데이터베이스를 사용하여 지원자의 고용 이력에 대한 정확한 개요를 제공합니다. 지원자의 이전 고용주 또는 공인 에이전트에 연락하여 적합한 인재를 채용하는 데 필요한 중요한 정보를 제공해 드립니다.

누군가의 고용 이력을 철저히 확인하고 검증함으로써 우리는 당신의 지원자가 모집 중인 역할에 적합한 기술과 경험을 가지고 있는지를 보여 줄 것이며, 당신이 정보에 입각한 현명한 결정을 내릴 수 있도록 도울 것입니다.

콜센터 재직자 및 지원자들을 대상으로 수행된 한 연구에서는 검증 가능한 바이오 데이터 문항과 검증 불가능한 바이오 데이터 문항 간의 타당도를 비교했다(Harold et al., 2006). 분석 결과, 지원자가 재직자보다 전체 바이오 데이터 문항에서 유의하게 높은 점수를 받지는 않았지만, 검증 불가능한 문항의 타당도는 지원자 표본에서 더 낮았다. Harold 등(2006)은 "좋은 소식은 조사된 준거에 관계없이 검증 가능한 문항들로만 구성된 바이오 데이터 검사는 재직자 표본과 지원자 표본에 걸쳐 동등하게 타당하다는 것이다."라고 결론 내렸지만, "나쁜 소식은 지원자 표본에서 검증 불가능한 문항의 타당도가 감소했다는 것이다."(p. 343)

결과와 상관없이, 손님 또는 고객 서비스와 팀워크가 중요한 오늘날의 직업에서 성공 여부를 예측하기 위해서는 태도 및 대인관계 관련 구성개념의 측정이 필요하다. 따라서 어쩔 수 없이 검증 불가능하고, 소프트하고, 주관적인 문항들이 현대의 바이오 데이터 척도에 통합되어야 한다. Schmitt와 동료들이 제안한 바에 따르면, 위조 및 사회적 바람직성을 낮추기 위해서는 응답자들이 정교한(자세한) 대답을 하도록 해야 한다(Hough,

1984). 기존 '성취 기록'에 사용되었던 방법의 예로는, '당신이 압박 속에서도 업무를 잘 수행했던 상황의 예시를 세 가지 적으세요' 또는 '당신이 강점과 리더십을 보였던 과거 경험을 떠올려 보세요'가 있다.

결과에 따르면, 응답자들은 자세하고 정교한 답변을 요구하는 문항에서 낮은(상대적으로 미미한) 점수를 받았다(Schmitt & Kunce, 2002). 실제로 정교한 문항에 대한 점수의 표준편차(SD)가 0.6으로 낮았는데, 이는 실험실에서 솔직하게 응답하도록 요구받은 피험자와 '좋아 보이도록 위조'하라고 요구받은 피험자 간의 차이와 유사하다(Ellingson et al., 1999; Ones et al., 1996). 또한 이후의 연구들은 정교한 문항들의 타당도가 표준 바이오 데이터 문항들과 거의 동일하거나 어떤 경우에는 더 높다는 것을 밝혔다(Schmitt et al., 2003). 정교한 문항에서 평균값이 더 낮게 나타났지만, 타당도(자기 평가, 자기기만, 인상관리, GPA 및 출석 예측)는 정교화 지침의 영향을 받지 않았다.

응답자들의 위조 가능성을 낮추는 다른 방법은 '제공하신 정보가 정확하지 않거나 위조된 것으로 확인되면, 당신은 지원 자격을 잃게 됩니다'와 같은 주의를 주거나(Schrader & Osburn, 1977), 좋게 보이려고 위조하려는 응답자들을 속일 수 있는 창의적인 가짜(bogus) 문항들(예: HYU-P2 소프트웨어를 몇 년간 사용하셨습니까?)을 사용하는 것이다. 그러나 가짜 문항을 사용하는 것은 비윤리적인 것으로 간주된다.

Cook(2016)은 바이오 데이터의 위조 가능성은 여전히 주목을 끌고 있고, 가짜 문항을 포함하거나 거짓말 탐지 문항이 포함되어 있다고 주의를 주는 것과 같은 다양한 방법을 통해 위조 가능성을 낮추려 시도하고 있다고 하였다.

많이 논의되고 있지는 않지만, 다른 중요한 문제가 있다. 그것은 형평성과 차별이다. 여기에는 모든 종류의 미묘한 문제들이 있을 수 있다. 스포츠(럭비/축구)가 예측변인일 때, 특정 성별이 다른 성별보다 훨씬 더 많이 하는 스포츠이거나, 가족 규모 또는 학교 교육 유형이 사회적 지위와 관련된 강력한 예측변인이라는 사실을 발견했다고 상상해 보라.

(5) 바이오 데이터의 타당도

이것은 언제나 중대한 질문이다. 바이오 데이터의 타당도에 대한 초기의 실증적 증거는 England(1961)가 제공했는데, 가중치 적용 지원서와 이직 간의 상관은 평균 .40이었다. Wernimont(1962)가 수행한 또 다른 조사에서는 유사한 정확도로 1954년부터 1959년까지 여성 근로자의 재직 기간을 예측하는 세 가지 주요 변인들을 규명했다. 세 가지 변인은 ① 속기(short-hand) 능숙도, ② 임신, 결혼, 질병 또는 가정 문제로 이전 직장을 떠났는지 여부, ③ 다음 주 내에 뉴스 업무를 시작할 의향이 있는지 여부였다.

서로 다른 바이오 데이터 연구 간의 이질성과 타당도가 표본 간에 일반화되는지를 검증하는 것이 중요하기에 바이오 데이터 연구에서는 메타분석이 특히 중요하다. 바이오 데이터에 대한 타당도는 .20대의 조금 낮은 수준(Hunter & Hunter, 1984; Schmitt et al., 1984)에서 .50대(Reilly & Chao, 1982)에 이르기까지 상당히 다양했다. 하한 타당도 추정치조차 대부분의 성격 척도에 대해 보고된 타당도보다 높았고(4장 2절 참조), 85년간의 타당도 연구들에 대한 Schmidt와 Hunter의 최초 메타분석에서는 바이오 데이터의 타당도를 .35로 추정했다(Schmidt & Hunter, 1998). 다만, 앞으로도 바이오 데이터의 타당도에 대한 정확한 추정치를 제공하는 것이 중요하다. 여기에는 직업상의 준거들에 대한 바이오 데이터 예측변인의 영향을 조절하는 변인을 찾는 것이 필요하다.

Bliesener(1996)는 이전에 보고된 메타분석들을 메타분석하여 다양한 타당도 연구 간의 방법론적 차이에 주의를 기울였다. 106,302명의 참가자를 포함하는 100개 이상의 표본을 사용하여 추정된 (교정되지 않은) 타당도는 .38(SD=.19)이었다. 그러나 방법론적 인공물과 통계적 오류를 보정할 때, 바이오 데이터 검사의 전체 타당도는 .22로 떨어졌다(보통 교정된 추정치는 더 높은 타당도를 산출하는 경향이 있다). 이는 여전히 효용성 및 증분타당도의 준거를 충족한다(Barthel & Schuler, 1989). Bliesener의 결과는 바이오 데이터가 남성(.27)보다 여성(.51)의 직업적 성공에 대해 더 타당한 예측변인임을 보여 주었다. 모든 측정을 동시에 시행한 연구에서 평균보다 높은 타당도(.35)가 발견되었다. 그는 "바이오 데이터는 지원자의 적합성에 대한 유효한 예측변인이다. 이는 높은 경제성 및 보편적인 적용 가능성과 더불어 다른 예측 방법과도 쉽게 결합되기에 인사 선발에 있어 귀중한 도구이다."(Bliesener, 1996, p. 118)라고 결론 내렸다.

바이오 데이터의 일반화 가능성과 관련하여, Carlson 등(1999)은 5요인 바이오 데이터 검사를 구성했다. 그들은 이 검사가 한 조직 내 직업적 성공과 .52의 상관이 있음을 보여 주었다. 그들은 동일한 검사를 24개 조직(7,334명의 종업원 포함)에 실시하였고, 전반적 타당도가 .48임을 밝혔다. 이는 바이오 데이터 척도는 서로 다른 조직에 일반화가 가능함을 뜻한다. 그럼에도 불구하고, 바이오 데이터 척도의 타당도는 직업 유형에 따라 달라지는 것으로 나타났다. 바이오 데이터는 사무직 다음으로 관리직에 더 타당한 것으로 밝혀졌다. 판매직에서는 더 이질적인 결과가 나타났고, 군사직에서는 일관적으로 낮은 타당도가 산출되었다.

또 다른 연구에서는 바이오 데이터 문항으로 측정한 변화 대처 능력과 변화 및 과거 경험에 대한 자기 효능감이 인지능력을 넘어 직업적 성공을 예측하였다(인지능력이 더 강력한 예측변인이기는 했다; Allworth & Hesketh, 2000).

성격과 관련하여, 연구들은 바이오 데이터 척도가 미육군 사관생도(q)의 성과 결과를 증분적으로 예측함을 보여 주었다 (반복 검증 결과는 McManus와 Kelly(1999)를 참조). 또한 Mount 등(2000)은 성격 5요인(섹션 4.3.3 참조)과 일반적인 인지능력(섹션 4.2.2 참조)을 동시에 통제하고도, 바이오 데이터가 여전히 네 가지 직업적 준거에서 고유한 변량을 설명함을 발견했다. 바이오 데이터는 문제해결 성과에서 2%의 고유한 변량 (이 제한적인 증분 타당도에도 불구하고 유의함), 작업의 양과 질에서 5%의 고유한 변량, 대인관계에서 7%의 추가 변량, (고용) 유지 확률에서 17%의 추가 변량을 설명했다.

Gatewood 등(2015)은 큰 표본(거의 모두 3,000개 이상)으로부터 다양한 준거의 바이오 데이터 마커를 조사한 여러 연구를 검토했다. 평균 타당도 계수는 .21에서 .37 사이였다. 다양한 유형의 타당도(구성, 증분, 일반화)를 조사한 Cook(2016)은 직무 유형(사무, 영업, 관리)에 따라 다르지만 대체로 타당도가 .30에서 .40 사이에 있으므로 매우 수용 가능하다고 했다.

또한 연구들은 이미 확립된 성격 및 인지능력 측정에 대한 바이오 데이터의 증분 타당도에 대한 증거를 제공했다. 관련 연구들은 이러한 측정치와 바이오 데이터가 중복되는 것으로 알려졌기에 중요하며, 성격과 지능의 측정치를 고려하더라도 바이오 데이터 척도는 예측하고자 하는 결과에 대해 유용한 추가 정보를 제공한다는 것을 보여 준다. 인지능력 시험에 대한 바이오 데이터의 증분 타당도는 육군 신병 표본(Mael & Ashforth, 1995)과 항공 교통 관제사 표본(Dean et al., 1999; Karas & West, 1999)에서 입증되었다.

(6) 바이오 데이터의 평가

이 분야의 최근 발전은 키워드를 이용한 인터넷 기반 이력서 심사이다. 바이오 데이터를 찬성하는 데에는 다양한 주장이 있다. 그 주장은 그것이 이론적이기보다 경험적이고, 지원자들이 선호하며, 사람들의 비인지적인 측면을 평가할 수 있다는 점에 근거한다. 또한 바이오 데이터는 사람들을 비교할 수 있고, 거짓말을 할 가능성이 적으며, 객관적이며 일관적이고, 소수집단 구성원이 식별되고 공정한 대우를 받을 수 있다. 그러나 일부 사람들은 그것이 조직의 동질성으로 이어진다고 주장한다. 즉, 과거를 복제하는 경향이 있다는 것이다. 비평가들은 바이오 데이터는 이론적 기반이 없고, 시간이 많이 소요되며, 거짓 응답에 취약하다고 주장한다. 또 다른 반대 의견에 따르면, 바이오 데이터는 잘 전달되지 않고, 시간이 지남에 따라 타당도가 감소하며, 법의 공정성이 보장될 수 없다.

바이오 데이터는 구조, 형태, 수집 및 채점 방법 면에서 다양하지만, 주로 객관적(하드하고 검증 가능)이고 주관적(소프트하고 검증 불가능)인 문항들을 포함한다. 물론 위조는 모든 형태의 바이오 데이터에 영향을 미치지만, 후자는 전자에 비해 더 위조하기 쉽다. 그리고 사회적으로 바람직한 반응이나 인상 관리에 더 영향을 받는다. 위조를 줄이기 위한 한 가지 방법은 응답자들에게 바이오 데이터 문항에 대한 자신의 대답을 더 자세히 설명하도록 요구하는 것이다.

가장 중요한 결론은 바이오 데이터가 의심할 여지없이 다양한 형태의 직업적 성공을 예측하는 타당한 접근법으로 보인다는 것이다. 실제로 메타분석 연구들에 따르면 바이오 데이터의 타당도는 .25 범위였고, 이는 아마도 보수적인 추정치일 것이다. 어쨌든, 바이오 데이터 척도가 성격 및 인지능력 척도 모두와 겹친다는 사실이 바이오 데이터의 매력을 제한하지만, 이것은 바이오 데이터가 최고의 성격 척도만큼이나 타당한 예측변인이라는 것을 의미한다. 증분 타당도 연구는 확립된 성격과 지능 측정을 고려하더라도 바이오 데이터가 여전히 직무 성과를 예측한다는 것을 보여 주었다. 일부 연구자에게 바이오 데이터 연구는 비주류 연구 주제로 여겨지지만, 바이오 데이터는 무시되기보다는 앞으로 점점 더 좋은 연구 주제가 될 것으로 보인다.

요약하자면, 장점은 다음과 같다.

- **목적**: 모든 지원자들에게 동일한 문항들로 물을 수 있고, 응답은 일관적인 방식으로 평가된다. 각 문항에 대한 후보자들의 응답을 모니터하여 몇몇 사회적 집단에 대한 차별의 증거를 보이는 문항들을 삭제할 수 있다.
- **비용**: 꽤 광범위한 연구 개발 비용이 들 수 있지만, 일단 준거가 확정되면, 바이오 데이터는 매우 저렴하다. 바이오 데이터 양식은 기계 채점 또는 컴퓨터 단말기에 직접 입력할 수 있는 다중 선택 형식으로 개발될 수 있다. 따라서 많은 수의 지원자를 처리하는 것이 일상적인 사무 활동이 되어, 인사 전문가나 일선 관리자의 귀중한 시간을 자유롭게 할 수 있다.
- **대조 가능성**: 이론적으로 응답자들의 답변을 확인하는 것은 가능하다. 이 사실은 위조를 줄일 수 있다.
- **타당도**: 거의 모든 연구는 바이오 데이터가 개인을 선발하는 타당하고 신뢰할 수 있는 방법이라는 것을 보여 주었다. 연구 결과들을 살펴보면, 확실히 바이오 데이터가 면접이나 성격

설문지보다 낫고 능력 검사만큼이나 좋아 보인다.

유사하게, 다음과 같은 **단점**도 나타난다.

- **동질성 대 이질성**: 많은 개인이력 문항이 선발에 사용될 경우, 조직은 필연적으로 더 동질적이 되며, 이는 장점과 단점을 모두 가진다. 다른 준거를 가진 부서 간에는 이질성이 발생할 수 있지만, 부서 내에서는 이질성이 발생하지 않을 수 있다.
- **과거를 복제하기**: 바이오 데이터는 과거의 행동이 현재의 성과를 예측한다는 아이디어에 따라 작동하지만, 현재 준거가 매우 불안정하면(예: 빠르게 변화하는 시장에서) 이는 영원히 뒤떨어질 것이다. 바이오 데이터는 안정적인 조직과 환경에서 가장 적합할 수 있다.
- **위조**: 바이오 데이터는 위조 가능한 것으로 나타났다. Goldstein(1971)은 간호 보조원 지원자가 제공한 정보와 이전 고용주의 말을 비교했다. 표본의 절반은 자신이 이전 직장(고용주)에서 일한 기간을 과대 추정했다. 이전 연봉을 높게 추정하고 아르바이트를 정규직으로 묘사하는 것도 비일비재했다. 더 심각한 것은, 표본의 4분의 1이 고용주가 동의하지 않는 퇴사사유를 적었고, 적어도 17%는 완전 무관한 사람을 자신의 이전 고용주라고 적었다.
- **법적 공정성**: 바이오 데이터 문항에 성별, 인종, 종교, 나이 등 주요 개인이력과의 연관성이 드러나면, 누군가는 특정 개인을 선택하거나 거부하고 싶을 수 있는데, 이는 불법이다. 연령, 성별, 혼인 여부 등의 문항이 종업원 선발 목적으로 검사에 포함될 경우, 사실상 법원이 이의를 제기할 수 있다. 이 경우, 이러한 항목의 포함을 통해 얻을 수 있는 예측력 향상은 법적 방어에 소요되는 비용과 비교하여 검토해야 한다.
- **선발 준거가 그 자체로 유용하다는 것을 발견하기**: 많은 조직이 선발을 실제로 자세히 검토하는 경우는 별로 없다. 시간이 지남에 따라 기준이 높아졌거나, 채용 담당자의 개인적인 선호도가 반영된 것이다. 바이오 데이터 시스템 구축에 앞서 명확한 선발 준거를 진단하는 과정은 선발 과정 전반에 상당한 이익을 가져다줄 것이다.

4) 심리분석 전기

서점에는 영웅과 악당, 정치인, 영화와 스포츠 스타의 전기를 다루는 섹션이 별도로 있다. 자신의 삶의 이야기를 들려주는 자서전도 있다. 생략하고, 과장하고, 사실관계를 단순하게 만드는 작가들의 동기 때문에 종종 냉소주의자들과 회의론자들은 자서전을 경멸하기도 한다.

그러나 정확한 개인 생애나 개인이력은 그 사람에 대해 무엇을 말해 줄까? 과거는 진정 미래를 예측하는가? 그러나 어떤 정보가 관련성이 있고 또 어떤 정보가 예측력을 가질까?

데이터는 ⓐ 자서전, ⓑ 일기, ⓒ 편지, ⓓ 표준화되지 않은 개방형 질문지, ⓔ 면접과 같은 구두 보고, ⓕ 특정 문학적 산물을 포함할 수 있다. Allport는 이것들을 1인칭 문서라고 칭했고, 이외에도 ⓖ 사례 연구, ⓗ 인생 이야기, ⓘ 전기와 마찬가지로 제3자로부터 얻은 보고서를 사용할 수 있다(Kővári, 2011).

심리분석 전기(psychobiography)라고 불리는 연구 분야가 있다. 그것은 개인의 삶과 그것을 특징짓는 요소들을 살펴봄으로써 개인을 이해하려고 한다. 심리학자들이 작성한 많은 전기가 있는데, 눈에 띄는 것으로는, 프로이트가 레오나르도 다빈치의 매우 치열한 삶을 분석한 경우이다. 그것은 특정 사건의 결과를 이해하려고 노력한다는 점에서, 기존의 전기와는 많은 면에서 다르다. 따라서 다음과 같은 특정 가설을 찾아 검증할 수 있다.

- **첫째(맏이)**: 첫째들은 완벽주의, 리더십, 추진력의 삶을 위해 훈련되며, 리더십의 역할을 맡을 책임감이 있다.
- **이동의 빈도/일시성**: 자급자족, 독립성, 인내심, 미지의 상황에 대처할 수 있는 능력을 심어준다. 아이들은 모호함을 효과적으로 다루는 법을 배운다.
- **약간의 정규 교육**: 과도한 성취욕구를 심어준다. 불안감은 아이들이 더 열심히 노력하게 만든다. 기숙학교는 여전히 자율성, 독립성, 그리고 자신감을 심어 준다.
- **판타지 영웅 멘토**: 아이들에게 무의식적인 전능함을 각인시키고 잠재적 성취를 위한 모든 한계를 제거한다. 성취를 위한 훌륭한 역할모델이 된다.
- **초기 트라우마**: 초기의 위기는 아이들에게 남다른 결단력을 심어주고 그들에게 평균보다 더 높은 위험을 감수하는 성향과 추진력을 부여한다.
- **긍정적인 역할 멘토**: 독립적이고 자영업을 하는 아버지는 자율적인 정신을 가지며 안전한 기업 울타리 밖의 세계에서 해내는 능력을 보여 준다.
- **허용적인 가족**: 즉흥성과 독립성을 심어 준다. 후회 없이 위험을 감수하고 실수할 수 있는 자유는 대처 능력과 미지의 것에 대한 긍정적/낙관적 시각을 구축한다.

앞의 내용은 흥미롭고 타당한 가설들이지만 그 이상도 이하도 아니다. 실제로 많은 개인이력 전문가들은 이러한 주장이 많은 결과를 초래하는 다른 중요하고 복잡한 생애사적 요인들을 경시하는 단순하고 지나친 일반화라고 비난해 왔다. Runyan처럼 공인된 전문가들도 있지만, 많은 심리학자들이 주저하는 분야이기도 하다. 예를 들어, 유명한 논문에서 Runyan(1981)은 반 고흐가 왜 귀를 잘랐는지에 대한 13가지 설명들을 살펴보았다. 이런 종류의 평가에 대한 그의 결론은 다음과 같다.

단일 사례에 대한 해석은 때때로 자신의 이론적 선호를 자의적으로 적용하는 것에 불과하다. 의심할 여지없이 이런 일이 가끔 일어나지만, 어떤 방법이든 잘못 사용될 수 있다. 사례 연구 방법을 효과적으로 사용하려면 일부 증거와 일치하는 설명을 공식화할 뿐만 아니라 선호되는 설명을 사용 가능한 모든 증거에 비추어 비판적으로 검토하고 이를 대안적인 설명의 타당성과 비교해야 한다. 타당하지 않은 대안들이 제거된 후, 가용한 증거와 일치하는 하나 이상의 설명이 남아 있을 수 있지만, 이것은 어떤 이론적 추측의 관점에서 그 사실들을 적절하게 설명할 수 있다고 말하는 것과는 크게 다르다.
이러한 어려움에도 불구하고, 개인의 삶에서 일어나는 사건에 대한 설명들을 발전시키는 문제는 일상에서 필연적으로 마주하게 되며, 성격학, 심리분석 전기 및 임상 전문직 내에서 중요한 과제이기 때문에 우리는 비판적인 관심을 가질 필요가 있다. 개인의 삶에서 일어나는 사건에 대한 설명에서 어느 정도의 확실성을 얻을 수 있는지의 흥미로운 인식론적 질문과 그러한 설명을 발전시키는 최선의 방법론이 무엇인지의 질문 모두에 대해서는 추가 연구가 필요하다.

(p. 1076)

그렇다면, 심리분석 전기 전문가들이 개인을 이해하거나, 평가하고 판단하려고 시도할 때 어떤 종류의 질문을 해야 하는가? Taylor 등(2014)은 『Revealed』라는 저서에서 다음과 같은 질문들이 흥미롭고 중요한 정보, 즉 개인을 온전히 이해할 뿐만 아니라 그들의 미래를 예측하는 데 도움이 되는 정보를 제공할 것이라고 제안하였다.

(1) 연구 문제

가족과 생애 초기:

- 기본적인 개인이력 세부사항:
  - 태어난 날과 장소는?
  - 그 장소의 사회정치적 상태는 어떠했습니까?
  - 15세가 되기 이전에 주요한 지리적 이동이 있었습니까?

- 부모:
  - 부모는 사이가 좋았습니까?/별거했습니까?/이혼했습니까?
  - 부모의 양육 방식은 거칠었습니까? 다정했습니까? 방치됐습니까?
  - 보호자의 역할을 다른 누군가가 맡았습니까?

- 사회적 지위:
  - 부유한 또는 가난한 배경 출신입니까?
  - 소수집단 출신입니까? 만약 그렇다면 어떤 소수집단입니까?

- 학습에 대한 부모의 접근
  - 부모는 지적으로 우수하며, 아동기에 지적으로 자극이 되는 환경을 제공했습니까?

- 형제:
  - 형제는 몇 살이며 성별은 어떻게 됩니까?
  - 형제와의 관계는 어떠합니까?

- 불운:
  - 초기 아동기(15세까지) 어떤 주요한 불운이나 트라우마로 인해 고통받았습니까? 예를 들어, 부모 상실, 복잡하게 꼬인 이혼, 전쟁 중 또는 집 인근에서 끔찍한 죽음 목격, 성적 학대 등이 있다.

- 정서적 및 실질적 지지:
  - 지지적인 친구 및 가족 또는 누군가가 주변에 있었습니까?
  - 생애 초기에 가장 중요하고 영향력을 끼친 사람은 누구였습니까?
  - 박탈감을 느꼈습니까?

- 교육:
  - 어떤 학교에 다녔습니까?
  - 선생님들은 유능하고 지지적이었습니까?
  - 공부에 있어 성공적이었습니까? 리더의 지위에 선정되었습니까?

- 사회적:
  - 문화적으로 또는 사회적으로 다른 배경의 친구들이 많은 풍부한 환경에서 성장했습니까?
  - 여행을 많이 했습니까?

성인기의 삶:

- 교육:
  - 고등 교육에서 어떤 주제 및 전공(과목)을 공부했습니까? 어디에서 공부했습니까?
  - 대학원 과정에 다녔습니까? 성적은 어떠했습니까?
  - 다른 개인적 자기계발 활동을 이수했습니까?

- 일:
  - 첫 번째 직업은 무엇이었습니까?
  - 가족 기업 또는 지인의 기업에서 일했습니까?
  - 직장을 자주 바꿨습니까?
  - 어떻게 평가받았습니까? 얼마나 빠르게 승진했습니까?

- 경험:
  - 주요한 외상 또는 이례적이거나 어려운 경험(심하게 아팠거나, 학대를 당했거나, 거절당한 경험)을 겪었습니까? 만약 그랬다면 어떻게 극복했습니까?
  - 해외에서 살거나 일한 적 있습니까? 만약 그렇다면 단기입니까, 장기입니까? 얼마나 잘 정착했습니까?

- 자신의 가정:
  - 미혼/기혼/동거인이 있습니까?
  - 이혼했습니까?
  - 자녀가 있습니까?
  - 양육 방식은 무엇입니까?

- 관심:
  - 여가시간 또는 휴일을 어떻게 보냅니까?
  - 어떤 클럽(동호회, 동아리)이나 협회의 구성원입니까?
  - 독서를 많이 합니까? 사교적인 시간을 보냅니까?

그들의 질문은 어떤 전기 정보가 우리에게 단서를 제공하느냐는 것이었다. 도시의 부유한 지역 대신 시골의 가난한 지역에서 자라난 것은 개인에게 영향을 미칠 것이다. 중요한 지표는 건강과 영양 상태, 가정환경, 아동과 부모와의 상호작용, 부모의 정신건강 및 주변 환경이다. 형편없는 식습관, 교육 또는 다른 자원에의 제한된 접근, 높은 범죄율 지역의 비좁은 거주 상태, 긴 시간의 업무로 인해 스트레스 받은 부모의 장기적인 결과는 무엇일까?

Taylor 등(2014)은 다음의 몇몇 요인을 제안했다.

① **부모의 영향**: 이것은 부모의 기부금과 투자의 관점에서 볼 수 있다. 부모는 그들 자신의 행동을 통해 아이들에게 영향을 미친다. 그들은 아이들에게 특정한 행동을 유도하는 상황을 제시한다. 예를 들어, 좌절은 공격성으로 이어진다. 그들은 동일시를 위한 역할모델이 되고, 그들은 행동에 선택적으로 보상을 한다. 양육 방식은 개인의 이후 삶의 동기와 가치관에 상당한 영향을 미치는 것으로 나타났다.

② **심각한 불운**: 이것은 많은 형태를 띨 수 있다. 죽음은 가장 많이 연구된 불운이다. 일반적인 불운에는 부모 부재, 신체적 허약, 결핍, 전쟁 또는 테러 행위의 공포, 부모의 사랑 부족, 이혼, 질병, 알코올 중독 또는 약물 중독이 포함된다. 다음은 전형적인 요인들이다.

- 불안정성/열등감[정체성 혼란]
- 관계 문제[고립/고독/권한]
- 정서적 문제[불안, 우울, 분노, 질투]
- 가족 문제[부모의 무능, 형제간의 경쟁, 거부]
- 건강 문제[장애, 둔한 손놀림]
- 사회 문제[차별-반유대주의, 가톨릭주의, 젠더]
- 사망 경험[부모, 형제자매]

Therivel(1998)은 불행의 발생률과 당시 아동이 받을 수 있는 지원의 수준, 아동의 지적 및 유전적 재능을 결합했다. 그의 GAM(Genetic, Assistances and Misfortune: 유전, 지원, 불행) 이론은 훌륭한 자질과 기술을 가진 몇몇 사람에 대한 대단히 흥미로운 연구를 제공한다. Therivel은 유사한 역사적, 사회적 및 지적 배경에도 불구하고 왜 모차르트가 살리에리에 비해 더 훌륭한 작곡가였는지에 대해 설득력 있는 이론을 제공한다. 그의 사례 연구에는 도스토옙스키, 발자크, 괴테, 톨스토이 등이 포함되었다.

Therivel의 묘사에 따르면, 보통의 사람들은 불행을 적게 겪는다. 이것이 대부분의 사람들이 속한 곳이다. Therivel은 어릴 때 역경을 겪었으면서도 좋은 유전적 재능을 가진 사람들에게 관심이 있었고, 그들이 이후 재능과 진정한 창의성을 발현할 가능성이 큰 사람들이라고 보았다.

③ **출생 순서**: 이 주제에 대한 관심은 1세기 전으로 거슬러 올라간다. 최신 연구를 주도한 이는 Sulloway(1996)이다. Sulloway(1996)는 맏이들은 어린 형제들과는 다르게 행동함을 보여 주었다. 그의 논문에 따르면 아이들은 자신만의 영역(niche)을 만듦으로써 부모의 주의를 끌기 위해 경쟁한다. 맏이들은 책임감 있고, 경쟁적이며, 전통적인 반면, 이후에 태어난 아이들은 더 쾌활하고, 협력적이며, 반항적이다.

- **첫째 아이**: 가장 높은 학업적 성공을 보이고, 동기 수준이 높으며, 리더나 정치가가 될 가능성이 가장 높다. 가장 충실하고, 권위로부터 가장 영향을 받으며, 성숙한 행동을 보이고, 자율적이며, 가장 덜 감정적이다.
- **중간 출생 아이**: 소속감이 없다고 느끼고, 사교적이며, '돌출 행동' 문제가 가장 적고, 팀 스포츠에서 성공하기에 적합하고, 나이 든 사람 및 어린 사람과 잘 어울리고, 맏이와는 다른 분야에서 경쟁하고, 일부일처제 관계에서 더 충실하다.
- **막내 아이**: 높은 사회적 관심, 우호성, 더 반항적이고 더 공감적이며, 정신질환 유병률이 높다, 더 예술적이고 덜 과학적이며, 가장 높은 자존감, 가장 낮은 IQ를 보이기도 한다.
- **외동**: 높은 성취/지능, 성취에 대한 가장 높은 욕구, 대학에 갈 가능성이 높으며, 행동 문제를 가장 많이 보이고, 소속에 대한 욕구가 가장 낮으며, 이기적이고, 스트레스 상황에서 소속에 대한 욕구를 경험한다.

④ **사회적 계급 및 카스트**: 모든 문화는 역사적 · 종교적 발전과 관련된 계급과 카스트에 기초하여 구분을 짓는다. 특정 국적을 아는 것과 마찬가지로, 만일 누군가 어떤 계급에 속하는지를 안다면 우리는 그 대상이 어떤 영향을 받아 왔는지와 어떠한 지배적인 행동 및 태도 경향성을 가질지에 관해 가정할 수 있다. 특정 계층이나 카스트

에 속한다는 것은 당신이 같은 집단 내에서 결혼하거나 사회화하고, 비슷한 정치적 견해, 미적 선호도를 가지며, 비슷한 지위의 직업을 갖는 경향이 있음을 뜻한다. 힌두교와 이슬람교와 같은 종교에서는 구분이 꽤 명백하고 지속적인 반면, 계급은 결정하기가 훨씬 더 어렵고 변경될 수 있다.

⑤ **업무 경험**: 학창시절 아르바이트, 기술이 별로 요구되지 않았던 대학교 여름 방학 일자리나 첫 직장 중 하나일 수 있다. 어떤 사람에게는 지루함이나 단조로움 때문에 앞으로 그와 비슷한 일을 피하게 되는 강력한 동기가 되기도 한다. 다른 사람들에게 그것은 그들이 평생 유지해 온 특정 업무 방식이나 과정이다. 사람들은 누구나 이러한 것들을 식별하고 선택할 수 있다.

다양한 종류의 고난

이것은 직업적이거나 개인적인 위기에 대처하기 위한 노력에 관한 것이다. 고난은 기술, 충성스러운 직원, 지지적인 본사와 같은 것들의 진정한 가치를 알려준다. 경험들은 전투로 단련된 군인들 또는 '이미 겪어 본' 부대가 겪은 것이다. 고난은 어떤 사람들이 얼마나 지혜롭고 강인한지, 다른 사람들은 얼마나 당황하고 움츠러드는지와 같은 많은 교훈을 준다. 어떤 사람들은 건강하고 행복한 조직을 보고 감탄하기도 한다. 필요와 욕구를 구분하는 법을 배우기도 한다. 스트레스 관리와 금욕주의, 강인함, 그리고 강인한 태도의 미덕을 가르친다.

⑥ **(정신적 및 심리적) 질병**: 모든 사람은 삶의 어떤 단계에서 신체적 질병을 경험한다. '병약한' 아이들이 자신의 경험을 바탕으로 기술을 익혔다는 이야기는 많다. 유사하게, 죽음에 가까운 경험들, 사지 또는 다른 신체 부위의 상실 또는 내부 상처를 남기는 질병은 사람들에게 영향을 미친다. 분명히 질병은 개인의 관점에 큰 영향을 미칠 수 있으며 그들의 동기, 의사결정 및 일반적인 행동을 이해하기 위해 고려될 필요가 있다.

다음의 예를 살펴보자. Taylor 등(2014)은 특정 프레임워크를 사용하여 많은 역사적 인물을 이해하고자 했다. 영국 최초의 여성 총리에 대한 그들의 분석이 대표적 예이다.

5) 브로니스 마가렛 힐다 대처(Baroness Margaret Hilda Thatcher)의 예시

(1) 개요

우리는 대처의 정치인으로서의 성공과 실패를 그녀의 성격과 과거 경험에 귀인할 수 있을까?

(2) 문화

애국심이 강하고, 열심히 일하는 것에 대한 신념, 현 상태 및 기존 방식에 대해 도전하고자 하는 의지와 결합된 개인적 책임감을 지녔다.

'하나의 나라가 되기 위해 우리는 다시 학습해야 한다. 그렇지 않으면 언젠가 우리에게 나라는 없을 것이다.'

아동 및 청년기에 대처는 1, 2차 세계대전 사이의 시기와 제2차 세계대전에서 보통 사람들의 투쟁과 정치적으로 공동체의 엄청난 회복력과 기지를 목격했으며, 어린 나이부터 그녀의 관점과 행동에 지속적인 영향을 미친 징고주의(민족주의)적 논쟁과 영국의 핵심 가치에 노출되었을 것이다.

- **권력 거리**(power distance): (영국은 해당 차원에서 낮은 순위이다). 그녀는 평등에 관한 근본적인 신념을 가졌다. 이는 당시 주로 남성 및 상류층의 영역이었던 정치권으로 진입하기로 결심하는 계기가 되었다. 옥스퍼드 대학교에 합격함으로써 정치적 지위에 오른 그녀는 스스로를 '비교적 평범한 출신에도 불구하고, 기회와 노력으로 모든 사람이 진보를 이루어 낼 수 있다는 사실'의 살아 있는 증거라고 생각했다.
  그녀는 특권적인 배경의 이점에 대해 솔직하게 말했다. 그러나 그것에 대해 경외심을 갖지 않았다. 그녀는 동료와 다른 사람들을 판단할 때 그들이 얼마나 자신의 역할을 잘 수행하는지 또는 그녀의 야망에 얼마나 유용한지를 고려했다. 이로 인해 자신의 배경과 지위가 더 많은 인정을 받을 가치가 있다고 생각했던 사람들은 속상함과 혐오감의 혼합된 감정과 존경심을 느꼈다. 심지어 총리가 된 후에도 그녀는 양말을 손질하거나 간단한 저녁을 만드는 것과 같은 노력이 드는 일도 직접 했기에, 그녀는 예의 바르고 사려 깊다는 평가를 받았고, 하급 직원들로부터 큰 존경과 충성을 얻었다.
- **남성성**(masculinity): (영국은 해당 차원에서 높은 순위이다.) 그녀의 개인적 욕구와 성공

에 대한 열망은 전설적이다. 학교에서 그녀는 열심이었고, 토론을 즐기고, 권위 있는 자리에 자원했다. 그리고 그녀는 학업과정에서나 주니어 국회의원으로서 엄청난 끈기를 보여 주었다. 그녀는 어렸을 때부터 발달된 강한 경쟁의식을 가지고 있었다. 심지어 데니스와의 결혼은 그녀가 정치적 사다리를 오를 수 있는 더 쉬운 경로를 제공해 주었기에, 어떤 사람들은 그녀의 결혼 역시 매우 전략적이었다고 생각한다.

그녀의 초점은 언제나 가족이나 여가보다는 일이었다. 그녀는 임신 및 초보 쌍둥이 엄마 시절에 변호사 훈련을 받고 인정을 받았으며, 나중에서야 자신의 가족과 시간을 적게 보낸 것에 대해 일부 후회한다는 것을 인정했다. 다른 사람들이 영국적이지 않다고 여길지 모르지만, 겸손하고 절제된 태도를 취하기보다는 자신의 신념과 업적을 숨기지 않음으로써 특히 영국 교육을 받은 계층에 널리 퍼져 있는 '평등에 대한 믿음'을 강화했다. 그녀는 정치와 사업에서 여성을 위해 더 많은 것을 하지 않는다는 비판을 종종 받았지만 그렇게 했다면 거의 틀림없이 그녀의 지위는 약화되었을 것이다. 사실, 남성이 지배하는 예의 바른 상류 사회에서 그녀는 위협적이었고 반대하기 어려웠다. 이것은 나중에 그녀가 더 큰 우월감과 무오류성을 발달시키는 데 기여했을 수도 있다.

- **개인주의**(Individualism): (영국은 해당 차원에서 가장 높은 순위이다) 대처는 진심을 다해 개인의 주도성, 즉 개인적 성취가 곧 행복이라는 발상을 찬양했다. 그리고 이는 우리가 각각 자신만의 방법으로 사회에 기여하도록 영향을 미쳤다. 그녀의 부친은 정치계, 교회, 지역사회에 활발하게 참여했으므로, 이런 측면에서 특별히 영향력이 있었다. 그는 몸소 자신이 믿는 것을 옹호하도록 가르쳤고, 행동을 통해서만 변화가 일어날 수 있다는 것을 알려 주었다. 게다가, 그때는 사회가 모든 사람에게 자신의 역할을 다하고 독립성을 키우라고 권유했던 전쟁 시기였다. 그녀가 태어난 마을인 그랜빌을 작위로 선택한 것 역시 이후 그녀를 성공으로 이끈 성격 및 신념을 형성하는 데 있어 어린 시절의 역할이 매우 중요했다는 것을 보여 준다.
- **불확실성 회피**(uncertainty avoidance) (낮음): 이 차원에서 낮은 순위는 사회가 무엇을 지향하는지에 대한 분명한 비전을 가지지만, 이를 달성하는 방법에 있어 어느 정도의 실용주의와 창의성을 보인다는 것을 의미한다. 그 과정이 반드시 정해져야 한다는 것은 아니다.

대처는 역사와 전통에 대한 존중을 촉구했지만, 현재의 방식에 도전하는 것을 두려워하지 않았다. 그녀는 너무 게으르거나 근본적인 원칙으로 돌아가는 것을 꺼려 했고, 검증된 공식에 의존하는 사람들을 참지 못했다. 그녀는 세부적인 것에 대한 열정이 있었지만, 그것에 얽매이지 않았다. 오히려 그녀의 접근방식은 최상의 광범위한 현 정보에 비추어 상황을 분석하고 나서 어떤 조치를 할지 결정하는 것이었다.

불확실성이 높고 전례가 없는 상황에서 중요한 문제에 대해 원칙적인 입장을 취하려는 의지는 대처와 그녀에게 깊은 영향을 준 윈스턴 처칠과 같이 다른 영국 인물들이 가장 존경하는 리더십의 한 측면이다.

- **방종**(indulgence) (중상): 영국은 대처 전 총리의 초창기 영향력이 지나치게 컸기 때문인지 방종에 대한 평가가 상대적으로 높은 편이지만, 이는 대처와는 관련이 없는 항목이다. 그녀는 사치와 여가 측면에서 만족을 추구하지 않았다. 그녀는 극도로 검소할 수 있었다. 그녀가 방종할 수 있었던 의상이나 외모에 있어서는 재봉사였던 어머니의 영향에 의해 어느 정도의 기능성이 더해져 올바른 인상을 심어 주었다. 그녀가 생각하는 휴식은 구두를 닦고, 옷을 수선하거나 정리하는 것이었고, 가끔 오페라나 뮤지컬을 듣고 TV에서 영화나 스릴러를 보는 것이었다. 그녀는 거의 쉬지 않았고 일을 할 때 가장 활기를 띠었다.

  어떤 면에서 대처는 1990년대까지 특히 젊은 세대들이 벗어나기를 열망했던, 엄격하고 신중한 시대를 상징하게 되었다. 이는 의심할 여지없이, 그녀의 개인적인 인기를 하락시키고 더 관대하고 관용적인 정책을 향해 움직이도록 한 요인이었다.

(3) 개인이력

강한 도덕적 의무감, 높은 야망, 자존감을 불어넣은 가족. 전쟁과 빈곤으로 고난을 겪은 실제 경험과 원로 정치권이라는 장벽 극복.

> 나는 거의 모든 것을 아버지에게 빚지고 있습니다. 아버지는 나에게 자신이 믿는 것을 먼저 정리한 다음 적용하라고 가르쳐 주었습니다. 중요한 일에 타협하지 말라고요. 인생은 즐기기 위한 것이 아닙니다. 인생은 일하고 무언가를 하기 위해 있는 것이죠.

대처가 집권했을 때, 영국의 이미지는 노동쟁의와 경제적인 문제로 인해 퇴색되었다. 그녀는 열정과 신념으로 더욱 통합되고, 존경받으며 역동적인 영국에 대한 기억을 가진 세대에게 연설하며 개인이 주도성과 책임감을 통해 예전의 그날이 재현될 수 있다는 믿음을 성공적으로 심어 주었다. 또한 그녀는 해외에서 '철의 여인'이라는 이미지를 드러내면서 초기 영국에 대한 인식을 되살리려고 노력했는데, 이는 역경에 직면했을 때의 자신을 포함한 영국 사람들의 결의를 정확하게 반영하는 것이라고 느꼈다.

마가렛 대처는 1925년 링컨셔주 그랜섬 마을의 엄격하고 친밀한 감리교 가정에서 태어났다. 가게 주인이자 목사이자 부시장이었던 그녀의 아버지는 어린 나이부터 정치적, 공동체 활동에 그녀를 참여시키면서 큰 영향을 끼쳤다. 대처의 옷에 대한 관심, 절약, 가족에 대한 의무–그녀는 데니스의 아침식사를 매일 요리했다–는 조용한 성격을 가진 그녀의 모친으로부터 비롯한 것으로 여겨진다. 그녀는 특히 언니와 10대 후반에서 20대 초 언니와 자주 연락을 하며 잘 지냈는데, 언니는 대처의 권유로 대처의 데이트 상대였던 사람 중 한 명과 결혼했다.

대처는 1951년에 그녀보다 열두 살 많은 성공적인 사업가 데니스와 결혼했다. 그는 그녀의 소망과 야망을 따르는 것에 만족했기 때문에, 그것은 좋은 인연이었다. '대단한 남편이고 진정한 친구였다.' 그녀는 특별히 사랑을 주는 부모는 아니었지만 의무를 다했고, 학교 모임과 행사에 열심히 참석했지만, 노년기에 이르러서야 손자들과 친밀한 관계를 발전시킬 수 있었다.

그녀는 옥스퍼드의 서머빌 대학에서 장학금을 받은 소수의 여학생 중 한 명이었다. 그녀는 이에 대해 첼튼햄 여자대학교에서 교육받았다고 말할 수 있었다면 좋았을 것이라고 말했다. 그녀는 링컨셔 억양을 억누르기 위해 열심히 노력했고, 그것은 그녀가 더 쉽게 받아들여지고자 하는 실질적 노력일 가능성이 크지만, 일부 사람들은 그녀가 자신의 배경을 숨기려 한다고 비판했다. 1946년 옥스퍼드 대학교 보수당 협회의 회장을 맡았는데, 그것은 그녀의 긴 정치 커리어의 시작이었다. 정부의 경제 개입을 비난한 Friderich van Hayek는 초기에 결정적인 영향을 미쳤을 것이다. 추가적인 영향은 이스라엘이었다. 아마도 어렸을 때 가족이 유대인 난민을 받아들인 탓에 이스라엘에 관심을 가지게 되었고, 1967년 그녀가 다양한 정치인과 IMF와 같은 기관들을 만난 6주간의 국제 방문자 리더십 프로그램의 영향도 받았다. 그녀는 1959년에 처음으로 하원의원이 되었고 1970년에 내각 장관, 1979년에 총리가 되었다.

(4) 지능

영리했으나 탁월하지는 않았고, 학습에 대한 강한 욕망과 함께 분석적인 뇌를 가졌다. 비슷한 사고방식을 가지고 그녀가 동조할 수 있는 주장을 내세우는 사람들에게 지나치게 의존하여 그녀가 다른 관점 또는 비판에 수용적이지 못하다는 비판을 받았다.

이류 뇌. 최선을 다하고, 절대 군중을 따르지 마라.

옥스퍼드 대학교수 중 한 명으로부터 '이류 뇌'라는 비난을 받았지만, 실제로 대처는 개인적인 발전과 야망에 대한 강한 욕구를 바탕으로 예리한 분석적 사고력을 발휘했다. 아버지의 격려로 그녀는 학교에서 좋은 성적을 거두었고, 매우 어린 나이부터 배우는 것에 대한 엄청난 학문적 훈련과 관심을 보였다.

실행지능(executive intelligence) 측면에서, 그녀의 가장 큰 강점은 상황에 대해 견고하고 세심한 이해를 얻고 이 지식을 사용하여–과업 도전을 충족시키며–정책과 전략을 형성하는 데 있었다. 정치인으로서 그녀는 상당한 양의 세부사항을 다루는 능력을 토대로 항상 세심하게 준비했다. 즉, 그녀는 종종 마음을 정하고 회의에 참석하는 것처럼 보였지만, 실제로 그녀는 논쟁을 즐겼고, 사건이 잘 뒷받침되거나 그녀로부터 충분한 신뢰를 얻으면 그녀를 설득할 수 있었다.

그녀는 사람을 대할 때 이러한 분석적인 뇌로 항상 다른 사람들의 주장에서 약점을 찾았다. 그녀는 진정으로 담론과 토론에 개방적이었고, 새로운 아이디어와 접근법을 기꺼이 채택했지만, 논쟁에서 자신과 같은 사람을 찾았다. 그녀만큼의 직업윤리나 철저함을 가진 사람이 거의 없어 실망하곤 했다. 많은 사람은 그녀가 참을성이 없고, 무시하고, 유머가 없다고 하였다. 그녀는 자신과 동등한 위치에 있다고 여겨지는 사람에게는 신랄한 재치를 효율적으로 사용했는데, 이는 그녀가 적극적으로 사용한 유일한 유머였다고 한다. 이것은 특히 공개적인 굴욕에 익숙하지 않은 남성들 사이에서 불쾌감과 불편감을 유발할 수 있으며, 많은 사람이 거리를 두거나 위축되어 침묵하도록 만들었다.

이것은 그녀의 자기 통제 능력에 해로운 영향을 미쳤다. 세월이 흐르면서, 그녀는 점점 소수의 신뢰할 만한 조언자들, 대부분 그녀의 언어(방식)로 말하거나 제안하고 그녀의 신념을 공유하는 조언자들에 의존할 수밖에 없었다. 이로 인해 다른 관점을 접하거나 수용하는 일이 줄었고, 그녀의 절대적으로 옳다는 믿음도 더 강해졌다.

(5) 성격

목표를 달성하기 위해 그녀가 사람들과 상황을 관리할 때에는 현명하고 매력적이지만, 독단성과 극도의 성실함 때문에 다른 사람들은 그녀를 무감각하고 동정심 없는 것처럼 보기도 했다. 사실, 그녀의 행동은 이기적이지 않았고, 다른 사람들에 대한 진실성, 동정심, 이해에 기반하였다.

> 패배 – 나는 그 단어의 의미를 모릅니다.
> 만약 당신이 호감을 사기 위해 노력한다면, 당신은 언제, 어떤 것에든 타협할 준비가 되어 있는 것입니다. 그러면 당신은 아무것도 성취하지 못할 것입니다.

이 인용문은 대처가 자신에 대한 타인의 의견에 무관심했다는 것을 암시하는데, 실제로 그녀에게 그런 면이 있었다. 사적인 삶 속에서 그녀는 소수의 친한 친구와 동료들에게 의존하는 경향이 있었고, 천성적으로 다소 내성적이었으며, 군중 속에서 종종 냉담하고 진지하고 강렬해 보였다. 그럼에도 그녀는 매력적이고, 사람들과 어울리고, 우익에 섞이고 토론에 참여하는 것의 중요성과 정치적 편의주의를 분명히 이해하는 듯한 인상을 주었다. 자신이 지지하는 것에 대해 자신의 행동과 신념을 분리하지 않았고, 자신의 정치적 목표를 달성하기 위해 인기를 희생할 준비가 되어 있었기 때문에 '개인적인 것'은 별로 상관이 없었다. 다른 모든 것은 이차적이었다.

대처가 하루에 겨우 다섯 시간 잠을 자거나 말거나, 그녀에 대한 사람들의 평판을 가장 잘 정의하는 것은 열정과 결단력을 가지고 가차 없이 일한 '강인한 일중독자'일 것이다. 그녀는 수많은 연설 초안을 수정했고, 모든 일에 철저하고 질서정연하며 규율을 갖췄다. 그녀는 의복, 연설 또는 충실한 아내와 어머니 역할에서 스스로 높은 기준을 세웠고, 성과에 대한 평가를 받을 준비가 되어 있었다. 그녀가 찾는 사람들은 사심이 없고 자신이 믿는 것을 옹호할 준비가 된 진실성을 가진 이들이었다. 그녀는 책임이 있음에도, 헌신이 부족하거나 열심히 일하지 않아서 실패한 자들을 극도로 싫어했다.

그녀의 강인한 공공의 페르소나 때문에, 많은 사람은 그녀의 동정심, 충성심, 배려에 대해 놀랐다. 그녀는 포클랜드 전쟁에서 친척을 잃은 모두에게 개인적으로 편지를 썼고, 영국 총리 관저가 있는 다우닝 스트리트 직원들의 복지에 항상 관심을 보였고, 생일 및 가족 구성원을 기억했으며, 그들이 부당한 대우를 받을 위험에 처했다고 느낄 때면, 반드시 그들을 지지했다. 철의 여인 이미지를 바탕으로 많은 것을 만들고 성취했지만, 자신의 부드럽고 '여성스러운' 면을 강조하는 것의 중요성은 과소평가했다.

(6) 어두운 특성

극도로 부지런하고 성실했기 때문에 그녀는 특별한 이유 없이 자신의 높은 기준에 부응하지 못한 다른 사람들에게 엄격한 잣대를 들이댔다. 생애 후반기에 그녀 자신의 견해와 능력에 대한 확고한 믿음을 갖게 됐다.

원한다면 돌아가세요. 그녀는 돌아서는 사람이 아닙니다. 스탈린/칼리굴라의 눈과 마릴린 먼로의 목소리.

대처는 국내외 많은 사람에게 강하고 결단력 있는 지도자의 전형으로 여겨졌다. 이 인용문들은 그녀가 모든 도덕적 고려를 희생시키면서 일에 집중하고, 완전히 무자비하며 어쩌면 마키아벨리 같음을 암시할지도 모른다. 실제로 그녀는 마키아벨리즘이라는 용어가 암시하는, 모든 비용을 감수해서라도 이기고야 마는 비도덕적 접근법을 가지고 있지 않았다. 사실, 그녀는 만약 도움이 된다면 자신의 여성적인 매력을 사용하는 것에 특별히 반대하지 않았다. 일을 완수하는 데 필요한 정보를 준다고 여겼을 때는 전투 중인 매기(철의 여인)의 이미지를 받아들였지만, 그녀는 항상 엄격한 의무감, 정직함, 그리고 서비스 정신에 따랐다. 그녀는 비범한 자신감을 가졌지만, 도덕적 · 지적으로 방어할 수 있는 것에 따라 행동해야 한다는 신념도 가지고 있었다.

어두운 특성에서 훨씬 더 주목할 만한 것은 그녀의 극단적인 성실성과 근면함이었다. 앞에서 강조한 바와 같이, 궁극적으로 이것은 그녀의 고립감, 오만함, 우월감 및 자신감의 고조를 초래했다.

총리로서의 임기가 끝날 무렵과 그 이후에 그녀는 David Owen 박사에 의해 확인된 휴브리스 증후군(오만 증후군)의 증상을 보였다. 성격의 강인함, 신념, 리더십은 영국이 경제 위기를 겪고 있을 때와 포클랜드 전쟁 중에는 중시되었지만, 이로 인해 그녀는 점점 고립되었고, 다른 사람들을 더 경멸하게 되었다. 그녀의 실수는 자신의 접근방식이 주변 사람들이 제안한 대안들보다 더 정보에 근거한 것이고, 건전하다고 생각하는 데 있었다. 그녀가 '우리'라는 단어를 자주 사용한 것은 그녀가 자신과 더 큰 대의를 구별하지 못한다는 것을 의미했다. 실제로 마지막에 다다랐을 때, 그녀는 마음속으로, 자신에게 동의하지 않는 사람들을 영국의 발전에 불충실하다고 낙인찍었다. 궁극적으로 그녀의 자기참조 경향, 비판에 대한 내성, 실수와 다른 관점을 인정하지 않으려는 것이 그녀를 몰락하게 만들었다.

(7) 동기

성장기에 주입된 신념과 가치를 지키기 위해 성취에 대한 동기가 강했던 그녀에게 권력과 영향력은 그 자체로 동기부여가 되기보다는 목적을 위한 수단이었다.

이러한 신념이나 가치는 행동으로 옮겨야 합니다. 중요한 건 당신이 한 일이 아닙니다. 당신이 다음에 할 일입니다.

대처는 어린 시절부터 상당히 야망에 차 있었지만, 권력이나 직책을 과시하는 것을 본질적으로 경멸했다고 알려져 있다. 그녀는 가정생활에서 검소했고, 물질적 소유나 쾌락 추구에 관심이 없었고, 위험을 감수할 준비가 되어 있었고, 다른 사람들이 그녀를 어떻게 생각하는지는 거의 신경 쓰지 않았다. 이것이 그녀에게 도움이 되거나 반대로 해가 될 때를 제외하면 말이다.

그녀의 관심은 무엇보다도 개인적인 만족이 아니라 어린 시절 그녀에게 주입된 기본적인 공동체의 가치와 믿음이었다. 그녀는 모든 면에서 오직 일을 완수하고 가치 있는 일을 성취할 수 있는 범위 내에서만 권력, 영향력, 인지도를 중요하게 여기는 소신 있는 정치인이었다.

그러나 결국, 영국이 위대함에 대한 비전을 실현할 수 있다는 그녀의 확신은 대중의 공감을 얻지 못했고, 그녀가 나라가 성공하도록 계획하는 독특한 능력을 지녔다는 확신도 얻지 못했다. 시대는 변했고, 강력한 리더십과 정부라는 그녀의 공식은 역설적으로 그녀가 장려하고자 했던 가치인 '개인의 노력과 성취'를 위해 부인되었다.

(8) 요약

대처의 초기 영향력은 그녀가 영국인들에 대한 확고한 자신감, 성실성, 의무감과 함께 정치에서 직면한 많은 장애물을-주로 남성의 지배와 국가와 조직이 개인의 노력 및 책임 부족을 어떻게든 보상해야 한다는 인식-극복하도록 이끌었다. 그녀가 성장하며 키워 온 가치와 신념에 기반을 둔 '통합되고 강한 영국'에 대한 그녀의 비전은 경제 위기와 정치적 혼란의 시기에 설득력이 있었다. 그러나 그녀가 지지했던 개인적 자유와 주도성의 가치를 바탕으로 더 큰 번영의 시기에, 합의와 토론을 배제하는 철과 같은 결단력으로 인해 그녀의 지위는 약화되었다.

6) 결론

바이오 데이터와 개인이력 연구의 기본 전제는 과거가 미래를 예측한다는 것이다. 사람들은 시간에 걸쳐 안정적이고, 강하고 일관적인 선호를 보인다. 일부 사람은 거부하지만 대부분은 이를 인정한다. 주장인즉슨 우리는 우리가 하는 선택들(누구와 결혼하고, 어디에서 일하고, 어떤 위험들을 감수할지)을 (부분적으로나마) 결정짓는 (특히 초기) 삶의 경험으로 표시되고 형성된다는 것이다.

이 접근의 주요 문제는 법적이고 도덕적인 이의 제기와 관련된다. 범죄 행위와 같은 과거 행동들이 그 사람이 다시 공격할 것이라는 지표로 사용되면 안 된다는 주장이다. 또한 차별이 불법인 다른 요인(성별, 사회 계층, 건강)과 상관관계가 있는 개인이력 요인들을 떠올리기는 어렵다.

참고문헌

Allworth, E., & Hesketh, B. (2000). Job requirements biodata as a predictor of performance in customer service roles. *International Journal of Selection and Assessment, 8*(3), 137–147.

Barthel, E., & Schuler, H. (1989). Utility calculation of personnel selection methods using the example of a biographical questionnaire. *Zeitschrift für Arbeits–und Organisationspsychologie, 33*(2), 73–83.

Becker, T. E., & Colquitt, A. L. (1992). Potential versus actual faking of a biodata form: an analysis along several dimensions of item type. *Personnel Psychology, 45*(2), 389–406.

Bliesener, T. (1996). Methodological moderators in validating biographical data in personnel selection. *Journal of Occupational and Organizational Psychology, 69*(1), 107–120.

Carlson, K. D., Scullen, S. E., Schmidt, F. L., Rothstein, H., & Erwin, F. (1999). Generalizable biographical data validity can be achieved without multiorganizational development and keying. *Personnel Psychology, 52*(3), 731–755.

Cook, M. (2016). *Personnel selection: Adding value through people – A changing picture* (6th ed.). Chichester, UK: John Wiley & Sons.

Cucina, J. M., Caputo, P. M., Thibodeaux, H. F., & Maclane, C. N. (2012). Unlocking the key to biodata scoring: a comparison of empirical, rational, and hybrid approaches at different sample sizes. *Personnel Psychology, 65*(2), 385–428.

Dean, M. A., & Russell, C. J. (2005). An examination of biodata theory–based constructs in a field context. *International Journal of Selection and Assessment, 13*(2), 139–149.

Dean, M. A., Russell, C. J., & Muchinsky, P. M. (1999). Life experiences and performance prediction: toward a theory of biodata. In G. Ferris (Ed.), *Research in personnel/human resources* (pp. 245–281). Westport, CT: JAI Press.

Drakeley, R. J., Herriot, P., & Jones, A. (1988). Biographical data, training success and turnover. *Journal of Occupational Psychology, 61*(2), 145–152.

Ellingson, J. E., Sackett, P. R., & Hough, L. M. (1999). Social desirability corrections in personality measurement: issues of applicant comparison and construct validity. *Journal of Applied Psychology, 84*(2), 155–166.

England, G. W. (1961). *Development and use of weighted application banks*. Dubuque, IO: Brown Publishing Company.

Fine, S. A., & Cronshaw, S. (1994). The role of job analysis in establishing the validity of biodata. In G. S. Stokes, M. D. Mumford, & W. A. Owens (Eds.), *Biodata handbook* (pp. 39–64). Palo Alto, CA: Consulting Psychologists Press.

Gatewood, R., Feild, H. S., & Barrick, M. (2015). *Human resource selection*. Boston, MA: Cengage Learning.

Goldstein, I. L. (1971). The application blank: how honest are the responses? *Journal of Applied Psychology, 55*, 491–492.

Harold, C. M., McFarland, L. A., & Weekley, J. A. (2006). The validity of verifiable and non-verifiable biodata items: an examination across applicants and incumbents. *International Journal of Selection and Assessment, 14*(4), 336–346.

Hough, L. M., & Paullin, C. (1994). Construct-oriented scale construction: the rational approach. In G. S. Stokes, M. D. Mumford, & W. A. Owens (Eds.), *Biodata handbook: The use of biographical information in selection and performance prediction* (pp. 109–146). Palo Alto, CA: Consulting Psychologists Press.

Hough, L. M. (1984). Development and evaluation of the 'accomplishment record' method of selecting and promoting professionals. *Journal of Applied Psychology, 69*(1), 135–146.

Hunter, J. E., & Hunter, R. F. (1984). Validity and utility of alternative predictors of job performance. *Psychological Bulletin, 96*(1), 72–98.

Karas, M., & West, J. (1999). Construct-oriented biodata development for selection to a differentiated performance domain. *International Journal of Selection and Assessment, special issue: Background Data and Autobiographical Memory, 7*(2), 86–96.

Keating, E., Paterson, D. G., & Stone, C. H. (1950). Validity of work histories obtained by interview. *Journal of Applied Psychology, 34*(1), 6–11.

Kővári, Z. (2011). Psychobiography as a method. The revival of studying lives: new perspectives in personality and creativity research. *Europe's Journal of Psychology, 7*(4), 739–777.

Lautenschlager, G. J. (1994). Accuracy and faking of background data. In G. S. Stokes, M. D. Mumford, & W. A. Owens (Eds.), *Biodata handbook* (pp. 391–419). Palo Alto, CA: Consulting Psychologists Press.

Levashina, J., Morgeson, F. P., & Campion, M. A. (2012). Tellme somemore: exploring how verbal ability and item verifiability influence responses to biodata questions in a high-stakes selection context. *Personnel Psychology, 65*(2), 359–383.

Mael, F.A., & Ashforth, B. E. (1995). Loyal fromday one: biodata, organizational identification, and turnover among newcomers. *Personnel Psychology, 48*(2), 309–333.

McManus, M. A., & Kelly, M. L. (1999). Personality measures and biodata: evidence regarding their incremental predictive value in the life insurance industry. *Personnel Psychology, 52*(1), 137–148.

Mount, M. K., Witt, L. A., & Barrick, M. R. (2000). Incremental validity of empirically keyed biodata scales over GMA and the five factor personality constructs. *Personnel Psychology, 53*(2), 299–323.

Mumford, M. D., Costanza, D. P., Connelly, M. S., & Johnson, J. F. (1996). Item generation procedures and background data scales: implications for construct and criterion-related validity. *Personnel Psychology, 49*(2), 361–398.

Mumford, M. D., & Owens, W. A. (1987). Methodology review: principles, procedures, and findings in the application of background data measures. *Applied Psychological Measurement, 11*(1), 1–31.

Mumford, M. D., & Stokes, G. S. (1992). Developmental determinants of individual action: theory and practice in applying background measures. In M. D. Dunnette & L. M. Hough (Eds.), *Handbook of industrial and organizational psychology* (2nd ed., pp. 61–138). Palo Alto, CA: Consulting Psychologists Press.

Mumford, M., Stokes, G. S., & Owens, W. A. (1990). *Patterns of life history: The ecology of human development*. Mahwah, NJ: Lawrence Erlbaum Associates.

Ones, D. S., Viswesvaran, C., & Reiss, A. D. (1996). Role of social desirability in personality testing for personnel selection: the red herring. *Journal of Applied Psychology, 81*(6), 660–679.

Oswald, F. L., Schmitt, N., Kim, B. H., Ramsay, L. J., & Gillespie, M. A. (2004). Developing a biodata measure and situational judgment inventory as predictors of college student performance. *Journal of Applied Psychology, 89*(2), 187–207.

Paunonen, S. V. (1984). Optimizing the validity of personality assessments: the importance of aggregation and item content. *Journal of Research in Personality, 18*(4), 411–431.

Reilly, R. R., & Chao, G. R. (1982). Validity and fairness of some alternative employee selection procedures. *Personnel Psychology, 35*(1), 1–62.

Robertson, I. T., & Smith, M. (2001). Personnel selection. *Journal of Occupational and Organizational Psychology, 74*(4), 441–472.

Runyan, W. M. (1981). Why did Van Gogh cut off his ear? The problem of alternative explanations in psychobiography. *Journal of Personality and Social Psychology, 40*(6), 1070–1077.

Schmidt, F. L., & Hunter, J. E. (1998). The validity and utility of selection methods in personnel psychology: practical and theoretical implications of 85 years of research findings. *Psychological Bulletin, 124*, 262–274.

Schmitt, N., Gooding, R. Z., Noe, R. A., & Kirsch, M. (1984). Meta analyses of validity studies published between 1964 and 1982 and the investigation of study characteristics. *Personnel Psychology, 37*, 407–422.

Schmitt, N., Jennings, D., & Toney, R. (1999). Can we develop measures of hypothetical constructs? *Human Resource Management Review, 9*(2), 169–183.

Schmitt, N., & Kunce, C. (2002). The effects of required elaboration of answers to biodata questions. *Personnel Psychology, 55*(3), 569–587.

Schmitt, N., Oswald, F. L., Kim, B. H., Gillespie, M. A., Ramsay, L. J., & Yoo, T.-Y. (2003). Impact of elaboration on socially desirable responding and the validity of biodata measures. *Journal of Applied Psychology, 88*(6), 979–988.

Schrader, A. D., & Osburn, H. G. (1977). Biodata faking: effects of induced subtlety and position specificity. *Personnel Psychology, 30*(3), 395–404.

Song, G., Wu, J., & Wang, S. (2019, September). Recent ten years of biodata research: hotspots, progress and prospects [Paper presentation]. In *Advances in Economics, Business and Management Research* (Vol. 94). 4th international conference on Economy, Judicature, Administration and Humanitarian Projects (JAHP 2019), Kaifeng, China (pp. 961–965). Amsterdam: Atlantis Press.

Speer, A. B., Siver, S. R., & Christiansen, N. D. (2020). Applying theory to the black box: a model for empirically scoring biodata. *International Journal of Selection and Assessment, 28*(1), 68–84.

Stokes, G. S., & Searcy, C. A. (1999). Specification of scales in biodata form development: rational vs. empirical and global vs. specific. *International Journal of Selection and Assessment, special issue: Background Data and Autobiographical Memory, 7*(2), 72–85.

Stokes, G. S., Mumford, M. D., & Owens, W. A. (Eds.). (1994). *Biodata handbook: Theory, research, and use of biographical information in selection and performance prediction*. Palo Alto, CA: Consulting Psychologists Press.

Sulastri, A., Handoko, M., & Janssens, J. M. A. M. (2015). Grade point average and biographical data in personal resumes: predictors of finding employment. *International Journal of Adolescence and Youth, 20*(3), 306–316.

Sulloway, F. (1996). *Born to rebel*. New York City, NY: Pantheon Books.

Taylor, J., Furnham, A., & Breeze, J. (2014). *Revealed: Using remote personality profiling to influence, negotiate and motivate*. Hampshire, UK: Palgrave *Macmillan*.

Therivel, W. A. (1998). Creative genius and the GAM theory of personality: Why Mozart and not Salieri? *Journal of Social Behavior and Personality, 13*, 201–234.

Wernimont, P. F. (1962). Re-evaluation of a weighted application blank for office personnel. *Journal of Applied Psychology, 46*(6), 417–419.

제9장

빅 데이터

방법 20. 빅 데이터

9

빅 데이터

방법 20. 빅 데이터(big data)

무엇인가?

스마트폰, 컴퓨터, 카메라, 센서 등과 같은 컴퓨터 기반의 기술과 네트워크를 통해 생성된 엄청난 양의 (전자) 데이터를 캡처, 저장, 분석, 공유, 연결하는 것이다. 특정인의 신념과 행동에 대해 풍부하고 정확한 프로필(profile)을 추출하기 위하여 전자적으로 저장된 행동 발자국(behavioral footprint)을 탐색하는 것이 핵심 아이디어이다.

어떻게 작동하는가?

평가자와 선발자는 수많은 유형의 빅 데이터에 접근할 수 있다. 그들은 특정 성격이나 동기 프로필을 찾기 위해 이 데이터에 AI 알고리즘을 적용하거나 단순히 특정 질문들에 답을 얻고자 데이터에서 어떤 패턴을 찾으려 조사할 수 있다.

증거가 있는가?

이런 전자 발자국에서 한 사람에 관해 뭔가를 그리고 꽤 많이 알 수 있다는 증거는 많지만, 일부 결과는 모호하고, 일부는 컨설팅사에 의해 과장된 부분도 있다.

실무적 문제들: 비용, 윤리, 정치적 이슈

주요 문제는 비용과 윤리이다. 다른 기법으로부터 동일 정보를 얻는 것과 비교하여 자료를 얻고 분석하는 데 드는 비용 문제와 지원자 허가 없이 데이터를 사용하는 심각한 윤리적 문제가 있을 수 있다.

사용 관련 제안

'기대하시라!' 즉 데이터 캡처, 저장, 분석에서 중요하고도 주목할 만한 기술적 진보가 많이 이루어지고 있다. 또한 앞으로 빅 데이터는 다른 출처의 데이터로 계속 뒷받침될 필요가 있다.

1) 도입

평가의 세계에서 가장 흥미롭고 널리 홍보된 성장 영역은 빅 데이터 탐구이다. 이제 20년이 넘었지만, 빅 데이터가 정확히 무엇으로 구성되어 있는지의 정의는 그리 분명하지 않다. 빅 데이터는 **데이터 마이닝**, 데이터베이스에서의 **지식 발견**, 또는 **예측 애널리틱스**(predictive analytics), **데이터 과학**이라고도 한다. 그것은 전통적으로 컴퓨터 과학, 통계학, 비즈니스와 연관되어 있었고, 지금은 심리학 연구와 응용에도 새로운 길을 내고 있다. 빅 데이터를 다루기 위한 인프라 구조가 확대되고 있고, 그 중 일부는 오픈 소스이고 누구나 무료로 사용할 수 있다(Harlow & Oswald, 2016).

빅 데이터와 기계학습(machine learning)을 구분하는 데 있어 실용성(practicality)을 택할지 효과성(effectiveness)을 택할지 신중히 검토해야 한다(왜냐하면, 둘 중에 하나만 택할 수 있기 때문이다). 더불어 '단순히 데이터가 많은 것'과 '빅 데이터' 간에도 차이가 있다. 기계학습은 모든 크기의 데이터 세트에 유용하게 적용될 수 있다. 빅 데이터의 주요 목표는 여러 출처에서 쉽게 얻을 수 있는 정보들로부터 전체적인 그림을 만들어 내는 것이다. 그리고 이것은 다음과 같이 새로운 테크놀로지로 확장될 수 있다. 스마트폰의 걸음 측정/만보기앱이 한 사람에 대해 무엇을 얘기해 주는가? 그는 어떻게 물건을 사는가? 정기 구독하는가 아니면 매일 구매하는가? 핸드폰이나 키보드에 입력할 때 얼마나 빠르고 정확하게 하는가?

평가자에게 이것은 이전에는 수집 가능하지 않았던 개인에 관한 정보를 축적할 새로운 기회이다. 문제는 선발 관점에서 이런 독특한 자료를 얻으려는 노력이 과연 가치가 있는지이다.

평가 비즈니스를 하는 사람들에게 이것은 웹상에 개인에 대한 엄청난 정보가 있다는 것을 의미한다. 알다시피 비즈니스 영역뿐만 아니라 미디어, 스포츠, 정치에 이르는 많은 영역에서 유명인이나 공인들에 대해 이미 많은 것이 알려져 있다. 많은 사람이 위키피디아에 등재되어 있고 구글에서 쉽게 찾을 수 있다. 한편, 스스로 프로필을 포스팅하는 페이스북이나 링크드인(LinkedIn)과 같은 매우 잘 구축된 웹사이트들이 있다. 이것들은 자신에 대한 광고이기도 하지만, 전 세계 사람들과 소통하는 방식이기도 하다.

일부 사람들은 소셜미디어에 자신의 본래 모습이 그대로 드러나지 않도록 상당한 노력을 기울인다. 사실, 후보 인물에 대한 보고서를 작성하기 위하여 웹을 뒤지고 공적인 기록을 샅샅이 조사하는 서비스를 제공하는 회사가 있다.

가장 많이 연구된 도구는 소셜미디어이다. 소셜미디어는 컴퓨터, 태블릿, 스마트폰에서 사용되는 인터넷 기반의 도구를 말한다. 이것은 사람들이 상호작용하면서 정보, 아이디어, 의견을 공유하도록 설계되어 있다. 모든 연령층의 수백만 명의 사람들이 자신의 삶을 온라인에서 꾸리고 소셜미디어를 통해 소통한다. 그래서 그들은 상당한 양의 디지털 발자국을 남기고, 다양한 사람이 여러 가지 목적과 이유로 이것을 활용할 수 있다.

빅 데이터는 "계산적 시스템을 통해 색인을 달 수 있고, 탐색(search)이 가능한 서버에 저장되어 있고, 알고리즘으로 분석이 되는 광대한 양의 전자 데이터"로 정의된다(Lane, 2016, p. 75). '더 클수록 더 좋다' 또는 '더 많을수록 진리를 드러낼 것'이라는 생각을 거부하는 냉소주의자와 회의론자들도 있지만, 그럼에도 디지털 시대의 열혈 팬들도 많다(Gonzalez, 2017). 그리고 이미 케임브리지 애널리티카(Cambridge Analytica) 사건[1]과 같은 빅 데이터 사용에서 있어서의 스캔들도 있다.

빅 데이터 분석은 대개 한 개인이 아닌 대규모 집단에 대한 것이다. 2016년 미국 대통령 선거 동안 MIT 미디어랩이 트위터 사용을 분석한 것이 예가 된다(Thompson, 2016). 10억 개 이상의 트윗에 기초한 분석에 의하면, 클린턴과 트럼프 지지자들은 각자 자신이 지지할 사람을 선택하고는 전혀 상호작용하지 않으면서 각자 별개의 미디어 버블(media bubble)[2]에서 살았다.

빅 데이터는 전형적 데이터베이스 도구들이 캡처하고, 저장하고, 관리하고, 분석하기에는 너무 거대한 것으로 정의된다(George et al., 2014). 그러나 일부 연구자들은 빅 데이터를 크기보다는 스마트함(smartness)으로 정의하는 것을 선호한다. 예를 들어, 스마트함은 데이터 세트가 매우 정교한 분석을 통해 인간행동과 그 결과를 정확히 예측하고 설명할 수 있는 재료를 제공하는 정도로 정의될 수 있다(Mahmoodi et al., 2017).

Gosling과 Mason(2015)은 다음과 같이 주장하였다.

---

1 2010년대 영국의 컨설팅 회사인 케임브리지 애널리티카(Cambridge Analytica)가 케임브리지 대학의 심리학과 교수를 통하여 수백만 페이스북 사용자 및 그의 친구들의 개인 자료를 동의 없이 수집한 사건이다. 그 회사는 미국 대통령 선거에서 트럼프 대통령을 지원하는 데 이 자료를 활용하였다.

2 (디지털) 미디어 버블은 하나의 이념적 관점만을 나타내고 다른 관점은 배제하거나 잘못 이해하는 뉴스, 엔터테인먼트, 소셜미디어 등에 노출되는 환경으로 정의된다. 그래서 이것은 자신만의 가상의 안락지대가 된다.

> 인터넷이 사회를 변혁하고 사람들이 세상에 대해 생각하고 타인들과 상호작용하는 방식을 변화시켰다. 인터넷은 새로운 형태의 행동(온라인 게임, 가상 세계, 크라우드소싱 등)과 사람들이 상호작용하는 새로운 방식(온라인 포럼, 소셜 네트워크 사이트, 사진 공유 사이트)을 만들어 내었고, 긍정적 및 부정적 효과를 모두 초래하였다. 사실, 지난 20여 년간 인터넷이 사람에 미친 수많은 형태의 효과들이 연구되었다. 예를 들어, 중독 가능성, 소외나 외로움 유발, 사이버 괴롭힘(cyberbullying), 루머 확산, 정치적 양극화와 필터 버블(filter bubbles)[3], 정치 운동에 미치는 인터넷의 영향 등이다.
>
> (p. 880)

Hariri 등(2019)은 전통적 데이터 분석 방법으로 빅 데이터를 분석하지 못하는 이유는 빅 데이터가 가진 다음의 V로 시작하는 다섯 가지 특징 때문이라고 하였다.

> (1) **양(Volume)**은 지속해서 생성되는 엄청난 양의 자료를 말하는 것으로, 데이터 세트의 크기 및 규모에 대한 것이다. 거대한 양의 데이터는 확장성 및 불확실성 문제를 가져올 수 있다(예: 하나의 데이터베이스 도구는 무한하게 큰 데이터 세트를 감당하지 못할 수 있다).
>
> (2) **다양성(Variety)**은 데이터 세트에서 구조화된 자료, 반구조화된 자료, 비구조화된 자료처럼 서로 다른 형태의 자료를 나타낸다. 구조화된 자료(예: 관계적 데이터베이스에 저장된 자료)는 가장 잘 조직화되어 있고 쉽게 분석될 수 있지만, 비구조화된 자료(예: 텍스트와 멀티미디어 콘텐츠)는 무작위적이고 분석하기 어렵다. 반구조화된 자료에는 데이터 요소들을 분리하는 몇 가지 방식이 적용된다. 서로 다른 데이터 유형 간 변환이나, 혼합 데이터 유형의 표현이나, 실행 시간(run time) 중 데이터 세트의 기본 구조 변경에서 불확실성이 두드러지게 나타날 수 있다. 전통적인 빅 데이터 애널리틱스 알고리즘은 다중양식의 완전하지 않고 노이즈가 있는 데이터를 다루는 새로운 도전에 직면하고 있다.
>
> (3) **속도(Velocity)**는 데이터 처리의 속도에 대한 것이다. 데이터가 처리되는 속도는 데이터가 생산되는 속도에 부합해야 한다.
>
> (4) **진실성(Veracity)**은 데이터의 질(예: 불확실하거나 정확하지 않은 데이터)을 나타낸다. 수많은 빅 데이터는 일관되지 않고, 노이즈가 있고, 모호하고, 완전하지 않다. 데이터 진실성은 좋음, 나쁨, 미정 중의 하나로 구분된다.

3 인터넷 정보 제공자가 이용자에게 인터넷 알고리즘에 의한 맞춤형 정보를 계속 제공함에 따라 선별된 정보에만 둘러싸이게 되는 현상.

(5) 가치(Value)는 의사결정을 위한 데이터의 유용성과 맥락을 나타낸다. 간단히 말해, 다른 방법과 비교해 볼 때 노력을 기울일 가치가 있는지이다.

지난 10여 년 동안 새로운 빅 데이터 시대에 대한 많은 개관 논문이 있었다. 개관 논문들에서는 기계학습을 적용함으로써 빅 데이터가 평가를 더 발전시킬 수 있는 아주 흥미로운 기회가 될 것으로 보았다(Bleidorn & Hopwood, 2019). 또한 연구자와 잠재적 응답자들 모두가 빅 데이터 부자이거나 빅 데이터 빈자일 수 있는 '데이터 디바이드(data divide)'[4]에 주목하였다. 대다수는 빅 데이터가 전통적인 연구를 보완하거나 확장할 것으로 믿었다. 이것이 이루어지는 세 가지 방식이 있다(Adjerid & Kelley, 2018).

- Big 'n': 매우 큰 전집으로부터 자료를 수집하는 것
- Big 'v': 인간행동을 연구하기 위하여 매우 다양한 변수에 대한 자료를 수집하는 것
- Big 't': 장기간 자료를 수집하는 것

Big N, Small V, Big T처럼 Big/Small과 N/V/T의 옵션이 가능하다면, 이것은 전통적 연구의 확장으로서 모든 종류의 연구가 가능해진다. 세 가지 모두 Big에 해당하는 NVT는 가장 흥미로운 새로운 가능성을 시도할 기회를 제공한다. 그러나 데이터에의 접근과 데이터 클리닝과 같은 기술적인 도전들도 있다. Mayer-Schönberger와 Cukier(2013)는 빅 데이터가 분명 매우 파괴적일(disruptive) 것이라고 주장하였다. 그들은 이러한 새로운 테크놀로지에 대한 열렬한 팬이면서도 이러한 자료에 과도하게 의존하는 것의 문제점과 어두운 측면에도 주목하였다.

인간의 의사결정과 달리 이해관계가 없으며 편향되지 않은 공식적 · 객관적 · 일관적인 알고리즘의 과정으로 결정이 이루어지기에 데이터 마이닝은 평가, 분류, 프로파일링하는 데 있어 객관성이 증진된다는 주장이 있다. 이런 객관성의 세부특징들은 인간의 오류와 편향을 감소시킬 것이다. 일부 문헌에 의하면, 자동적인 데이터 마이닝은 분류(classification)에 있어 차별적인 관행을 발견하고 평가하는 데에도 사용될 수 있다.

그러나 빅 데이터와 기계학습에 따르는 위험도 있다. 첫째, 비록 데이터는 풍부할 수

---

4 데이터에 대한 접근과 분석 능력의 차이가 정보 격차로 이어지는 현상으로, 데이터를 가진 자(Big Data Rich)와 못 가진 자(Big Data Poor)의 격차는 기존의 정보 격차와는 차원을 달리한다.

있지만, 가용하고 계량화될 수 있는 데이터에만 의존함으로써 편향이 생길 수 있다(연구 목적으로 한 변인을 측정하는 것과는 다른 시도의 부작용). 쉽게 계량화되지 않는 요인들을 간과할 수 있으며, 질문에 대한 대답에 가장 잘 맞는 데이터가 아닌 단순히 가용한 데이터만을 사용하는 경우가 나타난다. 둘째, '전집(population)'과 '빅 데이터로 가용한 것' 간에는 체계적인 차이가 있을 수 있고, 정확하게 그것을 확인하고 통제하지 않으면 결과가 편향될 수 있다. 셋째, 빅 데이터가 딥 러닝 알고리즘과 연결되면 그 과정은 너무 복잡해져서 사람이 그것을 제대로 평가하는 것이 불가능해진다.

(데이터를 제공하는) 수많은 사이트와 환경이 분석에 대해 개방적이지 않다는 것도 주목해야 한다. 그래서 다양한 왜곡이 생길 수 있다(Labrinidis & Jagadish, 2012). 사실 이것은 자료 공유, 재현, 가설 검증의 일상적 학술 연구에 관심 있는 학자 공동체에서의 접근처럼 프라이버시, 독점적 알고리즘, 보안 데이터와 같은 것들에 대한 수많은 우려를 포함하는 문제이다.

과거 행동은 미래 행동의 좋은(혹은 최상의) 예측변인이라는 것은 심리학의 근본 원리이다. 그 결과, 빅 데이터의 폭증과 함께 자료에서 패턴을 발견하는 데이터 마이닝 기법이 점차 인재의 마커(markers of talent)를 찾는 데에도 사용되고 있다. 소셜미디어, 스마트폰, 웨어러블 장치와 같이 연구자가 자료를 수집할 수 있는 다양한 영역이 있다(8.1을 보라).

소셜미디어 통계치들을 사용하여 선발자에게 도움이 되는 정보를 제공하려는 시도들도 있었다. 몇 년 전부터 사람을 평가하는 데 소셜미디어를 사용할 수 있을 것으로 생각하였다. 영향력의 클라우트 지수(Klout Score)[5]는 개인의 소셜미디어에서의 존재감(presence)에 기반하는 것으로 1~100척도로 평가되었다. 일부 고용주들은 후보자들을 선발하고 모집할 때 (다른 중요한 자료를 무시하면서) 클라우트 지수를 사용하였다. 그러나 법적 이슈의 가능성과 더불어, 고용주들이 그 지수가 나타내는 것을 잘못 이해하거나 잘못 사용하였기 때문에 지금은 사용되지 않는다. 클라우트 지수는 당시 매우 흥미로운 것이어서 많이 사용되었다. 많은 사람이 상식이나 기존 선발 방법들을 희생하면서 적극적으로 그것에 기초하여 중요한 결정을 한 것이다.

---

5 미국 클라우트사가 개발한 소셜미디어 평가 지표로서, 리트윗과 코멘트, 클릭률 등을 근거로 개인이 영향을 미치는 사람의 수와 영향력의 정도, 개인이 보유한 네트워크의 영향력 등을 종합해 1~100 사이의 점수로 평가한다.

위의 사례는 빅 데이터와 관련된 가장 근본적인 이슈를 보여 준다. 한 개인에 관한 모든 종류의 정보를 얻는 것이 가능해졌다고 하여도 그것이 무엇을 보여 주는지, 즉 능력, 성격 또는 동기와 어떻게 관련되는지를 선발자가 잘 알지 못한다면 유용하게 사용될 수 없다는 것이다.

2) 자기제시와 관계

약 20~30년 전에 특정 분야의 사람들은 홍보 업체(publicity agents)를 고용하였다. 그들이 하는 일은 특정 인물을 공공에 널리 노출시키면서 긍정적인 프로필을 계속 보여 주는 것이었다. 유사하게 어떤 국가에서는 주요 인사의 정보를 담고 있는『후즈 후(Who's Who)』를 발간하였다. 특정한 인물들만이 등재될 뿐 아니라 그들에 대한 정확한 프로필이 담기도록 노력하기에 아무나 포함되기 어렵고 엄격하게 선별되었다. 그런데 매우 다양한 배경의 사람들로부터 돈을 받고 등재해 주는 비즈니스 벤처사들도 있었다.

소셜미디어, 개인 홈페이지, 웹사이트, 심지어 개인 TV 채널이 생겨나면서 세상은 극적으로 변화하였다. 이것은 디지털 자기제시(digital self-representation)라고 할 수 있다. 이것은 일종의 개방된 CV나 '대중 광고'로서 자신을 타인들과 공유하는 하나의 방식이다. 페이스북의 경우를 보자. 그것은 2004년에 시작하여 이제는 20억 명 이상의 사용자가 있다.

위키피디아를 통해 이런 엄청난 성공 기업의 이야기를 살펴보자. 현재 다음과 같은 내용을 담고 있다.

> 페이스북은 인터넷이 연결된 PC, 태블릿, 스마트폰과 같은 장치로 접근이 가능하다. 등록 이후 사용자는 자신에 대한 정보를 보여 주는 프로필을 만들 수 있다. 글, 사진, 멀티미디어를 포스팅하여 '친구'가 되기로 동의한 다른 사용자들이나 프라이버시 설정으로 자신이 원하는 사람들과 그것들을 공유할 수 있다. 사용자들은 여러 내장된 앱들을 사용할 수 있고, 공통 관심 집단에 가입할 수 있고, 시장(Marketplace)에서 아이템이나 서비스를 사고팔 수 있고, 자신의 페이스북 친구들의 활동과 팔로우하는 페이스북 페이지의 활동에 대한 알림을 받을 수도 있다. 2018년 페이스북은 매달 3억 명 이상의 활성 사용자들이 있다고 주장하였다.
>
> (Wikipedia)

사람들은 자신의 페이스북 프로필을 만들고 장식한다. 그림, 사진, 비디오를 포스팅하고 자신의 친구들을 열거하면서 보여 준다. 잠재적 평가자에게 이것은 한 개인에 대해 그 어떤 것보다 많은 정보를 제공하며, 특히 자신의 자기제시 전략 및 관계망을 보여 준다. 소셜미디어 웹사이트들에는 사적 소통(즉, 일대일), 공개적 소통(일대다), 협력적 소통(다대다)과 같이 많은 선택지가 있다. 공개적 소통과 협력적 소통도 참가자 집단 내에서 사적일 수 있다(기업의 사적인 채널).

소셜미디어의 가장 흥미로운 측면 중의 하나는 디지털 관계 데이터를 사용할 수 있다는 것이다. 이것은 플랫폼의 사용자와 회원들 간의 연결과 관계를 분명하게 보여 준다. 이것은 사회적 관계 패턴과 사회적 관계망 구조를 드러낼 수 있다. 그리고 디지털 관계 및 팔로워십을 분명하게 보여 주는 자료이다. 사람들은 실제 활동 및 온라인 활동 모두에 기반한 가상 공동체를 만든다. 사람들은 다양한 사회적 플랫폼(페이스북, 링크드인, 트위터, 인스타그램)에서 팔로워와 친구를 가지고 있다. 그들은 우정이나 비즈니스 관계를 유지하기 위해, 또는 다른 관심 있는 사용자의 중요한 내용을 추적하기 위하여 누군가를 팔로우할 수 있다. 그러한 관계망의 크기 및 동질성과 이질성은 연구자와 평가자들에게 상당한 관심거리가 된다. 여기서 관심 질문은 '친구 추가나 팔로우의 이유가 무엇인가'이다.

상당한 흥밋거리는 '고정된' 웹페이지뿐만 아니라 공적 및 사적 소통의 빈도와 내용이다. 한 개인이 타인들과 어떻게 연결되는지를 보기 위해 트윗을 분석할 수 있고, 그로부터 공동체들의 관계망에 대한 전체적인 형태를 만들어 내는 것이 가능하다. 이것을 하기 위해서는 네트워크 분석(network analysis)이 필요하다.

3) 소셜미디어 애널리틱스

페이스북 또는 트위터 프로필에서 정보를 수집함으로써 (온라인에 포스팅한 것에서) 지원자의 성격을 분석할 수 있기에 선발자는 이전보다 더 선별적으로 모집할 수 있다. 또한 잠재적인 지원자가 조직과 잘 맞는지를 이해하는 데에도 도움이 된다. 기업에서는 개인-조직 적합(POF)이 매우 중요하기에 더 큰 관심 사항이 아닐 수 없다. 이런 기법을 사용하는 비즈니스가 빠르게 성장하고 있는 것으로 보인다. 예를 들어, IBM은 '왓슨(Watson)'을 만들었는데, 이것은 공개된 텍스트를 통해 성격 특성을 해석해 낸다. 외향적 성격을 가진 사람들은 내향적 성격을 가진 사람들보다 '바(bar)' '마시다' '마이애미'를 유의하게 더 자주 언급한다. 그래서 회사는 단순히 한 개인이 트위터에 올린 것들을 왓슨에 입력하기만 하면, 기본 성격 특성을 계산할 수 있다(IBM Watson Analytics).

그러나 철자법 검사 프로그램이 종종 실수하는 것처럼, 목표 단어들을 세는 알고리즘도 정확하지 않은 작업을 할 수 있다는 점을 유의해야 한다. 예를 들어, 어떤 사람이 다음과 같이 적었을 수 있다.

> '쉬는 날 우리는 **마이애미**에 가서 여러 **바**에서 술을 마셨다.' 또는
> '쉬는 날 **마이애미**에 가서 **바**에서 술을 마시는 것은 우리의 마지막(역자 주: 가장 하지 않을) 선택일 것이다.'

두 진술문 모두 외향성 또는 사교성을 나타내는 지표로 코딩될 수 있다. 지능이 있는 모든 검토 시스템은 여전히 구조 및 통사와 씨름하고 있다. 이처럼 기계적 알고리즘의 위험은 탐지되지 않아 피할 수 없는 타당도 저하의 문제가 있다는 것이며, 이는 직무 지원자 개인에게 탐지 불가능하고 추적 불가능한 '불리한(adverse)' 영향을 미칠 수 있다. 이것은 심각한 방법론적 및 법적인 문제를 제기할 수 있다.

많은 새로운 테크놀로지의 도입과 함께, 비즈니스 세계는 학술 연구를 앞서 나가는 것으로 보인다. 그러나 최근 새로운 성격 평가 도구로서의 소셜미디어 사용을 평가하는 수많은 연구가 이루어졌다(Correa et al., 2010; Park et al., 2015). 예를 들어, 트위터와 인스타그램 사용이 성격을 예측하는지를 조사한 연구(Ferwerda et al., 2015; Skowron et al., 2016)와 모바일 앱 사용과 성격 간의 관계를 다룬 연구(Xu et al., 2015)가 있다.

이 분야의 발전에 관한 좋은 사례로, Stachl 등(2019)은 스마트폰 사용이 사용자의 성격 특성을 드러내는지를 연구하였다. 그들은 743명의 참가자로부터 30일간 스마트폰 센서를 통해 소통 및 사회적 행동, 음악 청취 행동, 앱 사용 행동, 이동, 일반적인 주/야간의 활동에 대한 계량화된 변인들(15,692)의 자료를 얻었다. 이런 변인들이 요인 및 단면(facet) 수준에서 성격 5요인의 자기평가를 예측하는지를 분석하였다. 결과에 의하면, 스마트폰 센싱으로 얻은 풍부한 행동 자료를 기계학습 기법에 적용하면 외향성, 개방성, 성실성을 우연 수준 이상으로 예측이 가능하였다.

지난 10년 동안 소셜미디어 플랫폼과 성격에 관한 연구는 폭발적으로 증가하여 2020년 5월까지 성격 및 페이스북, 트위터, 링크드인 플랫폼 중의 하나에 대한 1,180편의 논문이 발간되었다. 주제의 범위는 매우 넓지만, ① 정신 건강 및 삶의 만족, ② 온라인 자기제시 및 소통, ③ 사회적 자본, 선발 및 평가, ④ 대규모의 소통의 네 가지 일반적 관심 영

역으로 크게 구분이 된다.

개관 연구의 예로서, Ihsan과 Furnham(2018)은 이 영역에서의 30개의 연구를 찾았다. 〈표 9-1〉에는 지난 10년간 소셜미디어의 서로 다른 세부 특징들(예: 프로필 사진, 상태 메시지, '좋아요'의 수, 친구의 수)이 사용자의 성격을 예측하는 데 유용할지를 평가한 다양한 연구가 제시되어 있다.

소셜미디어에 관한 연구는 증가하고 있다. 소셜미디어의 출현 이전 이 분야의 아주 초기 연구들의 초점은 하나의 완전한 상태의 인터넷이나 웹사이트의 소유권에 있었다. 2006년, Marcus 등(2006)은 자기보고 및 방문자의 평정에 근거한 성격 5요인, 나르시시즘, 자기 검열(self-monitoring), 자아 존중감에서 대규모의 개인적 웹사이트 소유자 표본과 전집 수준의 웹사이트 비소유자 표본을 비교하였다. 분석 결과, 일반적인 성인 전집 대비, 웹사이트 소유자들은 외향성, 우호성, 성실성에서 낮은 점수를 보였고, 경험에 대한 개방성 점수는 높았다. 이 연구는 자기보고에 의존하였기에, 결과의 내적 타당도에 의문이 있었다. Vazire와 Gosling(2004)은 웹사이트를 관찰한 관찰자의 정체성 주장[6]은 성격에 대한 타당한 정보를 전달하는 데 사용되며, 웹사이트 관찰자들은 일반적으로 웹사이트 저자들의 성격에 관한 평가에서 정확하다고 보고하였다.

〈표 9-1〉 페이스북 자료를 사용한 연구들

저자	연도	기술 유형	주요 발견
Kosinski 등	2014	개인 웹사이트 내용과 페이스북 활동	35만 명 미국 페이스북 사용자(및 그들의 성격 평가)의 데이터에서 사용자의 성격 특성들, 그들의 웹사이트 선호 및 페이스북 프로필 세부 특징 간에는 심리적으로 의미 있는 연관성이 나타남 • deviantART.com과 같은 웹사이트 청중 성격 프로필이 개발됨. 이 웹사이트는 보수적이고 전통적이기보다는 높은 개방성과 자유롭고 예술적인 경향을 가진, 외향적이고 적극적이기보다는 부끄러움을 타고 과묵한 경향이 있는 청중을 유인하는 것으로 나타남

6 정체성 주장(identity claims)은 자신이 외부에 보여 주고자 하는 것에 관한 상징적 진술이다. 이런 진술은 자기 자신에 지향될 수도 있고 타인에게 메시지를 전하기 위해 사용될 수도 있다. 예를 들어, 어떤 학생이 자신의 지적 면모를 타인들에게 보여 주기 위해 자기 기숙사 방에 아인슈타인 포스터를 걸어 놓을 수 있다. 또는 미묘하게 자신이 매우 사교적임을 보여 주고자 친구들의 사진을 걸어 놓을 수도 있다.

			• 페이스북 프로필 세부특징과 심리적 특성 간의 유의한 관계를 발견함. 자유롭고 경험에 대한 개방성이 높은 사람은 페이스북 게시글에 '좋아요'를 더 많이 누르고, 상태 메시지를 더 자주 업데이트하고, 집단에 더 많이 참여하는 경향이 있음. 외향성은 페이스북 친구의 수와 연관이 있음
Celli 등	2014	페이스북 프로필 그림/사진	페이스북상의 프로필 그림/사진으로부터 자동적으로 성격과 상호작용 스타일을 예측하기 위하여 Bag-of-Visual-Words 기법을 사용함 • 우호성과 외향성은 다른 성격 특성들보다 더 쉽게 예측이 되지만, 지배성과 감성성은 f1=.6보다 약간 더 높은 예측력이 나타남. 정서적 안정성은 가장 예측하기 어려운 특성임 • 외향적인 사람과 안정적인 사람은 웃는 사진이나 다른 사람들과 함께 있는 사진을 올리는 경향이 있음. 내향적인 사람은 혼자 찍은 사진을 올리고, 신경증이 높은 사람은 사진 이미지에 사람이나 클로즈업한 얼굴이 없는 경향이 있음
Kosinski 등	2013	페이스북 '좋아요'	myPersonality 데이터베이스에 기반하고 상대적으로 직접적인 방법(특이치 분해 및 선형 회귀)을 사용하여, 페이스북 '좋아요'는 성격과 성, 연령, 지능, 정치적 및 종교적 관점, 성적 지향과 같은 다른 심리인구통계적 특성들을 매우 잘 예측하는 것을 보여 줌 • 특정 성격 특성과 가장 강하게 연합된 '좋아요'의 예들이 있음. 예를 들어, '헬로 키티' 브랜드를 좋아하는 사용자는 높은 개방성과 낮은 성실성 및 우호성을 보이는 경향이 있음
Schwartz 등	2013	페이스북 상태 메시지	myPersonality로 7만 5천 명 참가자의 페이스북 상태 메시지 업데이트에서 수집한 7억 개의 단어, 구, 주제 사례들에 차별적 언어 분석을 적용하여 인구통계적, 심리적 속성들을 구분하는 세부 특징들을 발견하고자 함. 성격, 성, 연령에 따라 언어의 놀랄 만한 변이가 나타남. (신경증적인 사람이 '우울한'이라는 단어를 더 사용하는 경향처럼) 이 연구는 기존 관찰을 확증함
Hall 등	2014	페이스북 프로필 그림/사진	관찰자는 알지 못하는 프로필 소유자의 외향성, 우호성, 성실성을 정확하게 추정하는 것으로 나타남. 프로필 그림/사진은 외향성과 우호성을 추정하는 데 유용하였음

He 등	2014	페이스북 월(Wall) 게시물	페이스북 월(타임라인)에 게시된 글은 부분적으로 사용자의 자기 검열 기술을 예측하며, 전형적인 네트워킹 언어, 이모티콘, 인터넷 은어는 자기 검열 수준을 강력하게 구분해 주는 예측변인이었음 낮은 자기 검열자들이 가족 주제와 연관된 표현들을 더 많이 사용하는 경향이 있음
Quercia 등	2012	페이스북 인기	페이스북 인기(접촉의 수)와 성격 특성 간의 관계를 연구 • 외향성은 페이스북 접촉의 수를 예측함 • 인기와 자기 검열 간에는 통계적 관계가 없음(자기 검열: 새로운 형태의 소통에 적응하고 자신을 호감이 가도록 드러내어 표면적인 관계를 유지하는 능력을 묘사하는 성격 특성)
Golbeck 등	2011	페이스북 프로필	페이스북 프로필 정보에서 성격을 예측하고자 함. 페이스북 프로필 세부 특징들과 상태 메시지 업데이트에 사용된 단어들을 포함하는 매우 풍부한 세부 특징 집합을 사용함. 분석 결과, 프로필 데이터를 하나의 세부 특징 세트로 사용하여 두 기계학습 알고리즘(m5sup' Rules and Gaussian Processes)을 훈련시킬 수 있었고, 5개 성격 특성을 실제 값의 11% 내에서 예측할 수 있었음
Gosling 등	2011	페이스북 활동	성격과 자기보고된 페이스북 세부 특징 간의 여러 연관성을 발견함. 예를 들어, 외향성과 페이스북 사용 및 사이트 참여의 빈도 간의 정적 관계가 나타남. 오프라인의 맥락에서처럼, 외향적인 사람은 친구 연결 또는 그림/사진 포스팅 같은 행동적 흔적을 남기면서 가상의 사회적 관계를 찾아 나섬. 그러나 이 연구는 상대적으로 소규모 표본인 157명에 근거한 것이어서 결과의 신뢰도와 일반화 가능성에서 제약이 있음
Amichai-Hamburger와 Vinitzky	2010	페이스북 활동	여러 유의한 상관관계를 발견함. 외향성은 페이스북 친구의 수와 정적으로 상관이 있었고, 페이스북 집단의 수와는 상관이 없었음 또한 신경증은 자기 사진을 포스팅하는 것과 정적으로 상관이 있었고, 일반적인 사진을 업로드하는 것과는 부적으로 관련됨
Back 등	2010	페이스북 프로필	다양한 온라인 소셜 네트워크 사이트들에서 수집된 자료를 분석하여 온라인 프로필은 바람직한 특성의 이상화된 투사가 아닌 소유자의 실제 성격을 반영함을 보여줌. 외향성과 개방성이 가장 정확성이 높았고, 신경증이 가장 낮았음

Ross 등	2009	페이스북 프로필	이 연구는 많은 가설을 제안하지만 단 하나의 유의한 상관(외향성과 집단 멤버십 간 상관)을 보고함. 상대적으로 작은(97명) 동질적 표본(특정 대학의 동일 전공의 다수 여학생들)을 사용하고, 잠재적으로 신뢰할 수 없는 자료 수집 방법(직접 관찰이 아닌 자신의 페이스북 프로필의 세부 특징에 대한 자기 보고)을 사용하여서 더 유의한 관계들을 발견하지 못했을 수 있고, 이 연구의 발견을 일반 전집에 일반화하기 다소 어려워 보임
Evans 등	2008	페이스북 프로필	성격 판단을 하기 위해 페이스북 프로필의 어떤 측면을 사용하는지 조사함 분석 결과, 특정한 세부 특징은 파악하기 어려운 것으로 나타남. 예를 들어, 페이스북 친구의 수는 프로필에 분명하게 나타나지만, 사용자의 친구들이 서로 아는 정도를 나타내는 네트워크 밀도(network density)와 같은 세부 특징은 쉽게 알기 어려움

개인의 프로필 그림/사진으로 성격 특성을 파악할 수 있다는 것이 소셜미디어 기반 연구에서 점차 드러나고 있다. 예를 들어, Hall 등(2014)은 관찰자들이 프로필 사진/그림에 기반하여 미지의 프로필 소유자의 외향성, 우호성, 성실성을 정확하게 추정할 수 있다고 보고하였다. Celli 등(2014)은 외향적이고 안정된 사람들은 웃고 있는 사진을 더 많이 올리는 경향이 있다고 하였다. 더 나아가 다른 사람과 함께 나타나는 경향이 있었다. 반면, 내향적인 사람은 혼자 있는 사진들이 많고, 신경증이 높으면 사람이나 클로즈업한 얼굴이 없는 이미지들이 더 나타나는 경향이 있었다.

다양한 다른 소셜 네트워크 사이트의 세부 특징들이 성격 특성을 예측하는 것으로 나타났다. 일부 연구자들은 페이스북 인기(접촉의 수)와 성격 특성 간의 관계를 조사하였다. 외향성은 페이스북 접촉의 수를 예측하였지만, 이것은 통계적으로 유의하지는 않았다(Quercia et al., 2012).

유사하게 Gosling 등(2011)도 외향성과 페이스북 사용 및 참여 빈도 간의 정적인 관계를 보여 주었다. 오프라인 행동과 유사하게, 외향적인 사람은 친구 연결 또는 그림/사진 포스팅과 같은 디지털 행동 자취를 남기면서 가상 세계에서의 사회적 참여를 추구한다. 그러나 이들의 연구는 150명이 조금 넘는 상대적으로 소규모 표본에 근거한 것이어서 신뢰도와 결과의 일반화가능성에 제약이 있다. 전반적으로 소셜미디어에서 얻은 정보로 잘 예측되는 특성 중의 하나는 외향성이다. 이를 확증한 Celli 등(2014)에 따르면, 성격 특성 중에 우호성과 외향성이 더 쉽게 예측이 되지만, 정서적 안정성(낮은 신경증)은 가장 예측하기 어렵다.

다른 세부특징으로는 페이스북의 '좋아요'가 있다. 이것은 myPersonality 데이터베이스를 개발한 케임브리지의 개척적인 연구자들이 주목한 것이다(Kosinski et al., 2013). 이 데이터베이스에는 myPersonality를 설치하여 다양한 성격 및 능력 검사를 받은 6백만 페이스북 사용자들이 있다. 이것과 더불어 대다수 사용자들은 연구자들이 '좋아요'를 포함한 자신의 페이스북 정보에 접근하는 것에 동의하였다. 이러한 풍부한 정보에 근거하여 Kosinski와 동료들은 페이스북 '좋아요'가 성격과 연령, 성, 지능, 정치적 및 종교적 관점, 성적 지향과 같은 다른 심리인구통계적 특성을 매우 잘 예측함을 보여 주었다. 즉, 페이스북 프로필 세부특징과 심리적 특성 간의 유의한 관계를 보여 주었는데, 예를 들어 자유롭고 경험에 대해 개방성이 높은 사람은 페이스북의 여러 아이템들을 더 좋아하는 경향이 있고, 상태 메시지를 더 많이 업데이트하고 더 많은 집단에 가입하는 것으로 나타났다.

그러나 여러 보고서에서 브렉시트와 트럼프의 대통령 선거 승리 뒤에 숨은 '장본인(범인)'으로 빅 데이터(특히 Kosinski의 모형)를 지목하였다. Cambridge Analytica(CA)는 자신의 정보를 선거에 영향을 미치는 회사에 판매한 것으로 알려져 있다. 2015년 12월까지 CA는 2억 2천만 명이 넘는 미국인에 대한 5천여 데이터 포인트를 수집하였다고 주장했다. 9월 트럼프의 선거 운동 본부는 잠재적 투표자들을 겨냥하여 CA에게 5백만 달러를 지불하였다. 회사는 그것을 부인하였지만, 그럼에도 불구하고 그것은 빅 데이터가 가진 잠재적 위험을 분명하게 보여 준다(Doward & Gibbs, 2017). CA 스캔들의 여파로 분석이 사용된 정도 또는 단지 하나의 마케팅 술책이었는지 여부에 대한 의문이 계속 제기되고 있다. 왜냐하면 CA는 선거 운동에 사용될 정도의 정확한 결과를 도출할 수 없었기 때문이다.

성격 평가 연구에서 흔히 사용되는 또 다른 방법은 소셜미디어에서 수집된 정보에 근거한 언어 분석(*linguistic analysis*) 기법이다. 이 방법은 한 개인이 사용하는 단어(어휘)에 기반하여 성격을 이해하는 데 매우 유용하다. 예를 들어, Qiu 등(2012b)은 트윗이 성격에 대한 타당한 언어적 단서를 포함한다고 결론 내렸다. 특히 외향성은 긍정적 정서 단어 및 사회적 과정 단어와 정적인 상관을, 우호성은 부정적 단어와 부적인 상관을, 개방성은 2인칭 대명사, 찬성을 나타내는 단어, 긍정 정서 단어와 부적인 상관을 보였다.

더 나아가, Schwartz 등(2013)은 7만 5천 명 참가자들의 페이스북 상태 메시지에서

myPersonality로 수집한 7억 개의 단어, 구, 주제 사례들에서 인구통계적 및 심리적 속성들을 구분해 주는 세부 특징을 찾아내기 위하여 차별적 언어 분석(differential language analysis)을 적용하였다. 결과에 의하면 성격, 성, 연령과 연관된 언어의 놀랄만한 차이가 나타났다. 이 연구는 신경증적인 사람은 '우울한'이라는 단어를 사용하는 경향이 강하다는 것과 같은 기존 연구 결과를 확증해 주었다.

일부 조직은 소셜미디어 사이트에서 수집된 정보가 비교적 정확하고 개인의 진짜 성격을 알려 준다고 믿지만, 항상 그렇지는 않은 것 같다. 전통적인 방법에서 발생하는 이슈들은 여전히 새로운 방법들에서도 발견된다. 예를 들어, 개인은 의도적으로 또는 비의도적으로 온라인에 자신을 잘못 제시할 수 있다. 왜냐하면 사람들은 실제 성격을 솔직하게 상징화하려고 하기보다는 자신의 이상적인 자아를 드러낼 수 있는 프로필을 꾸미려고 하기 때문이다(Green, 2013).

여러 연구에서 개인적 성취와 긍정적 속성은 부정적인 것보다 온라인에서 더 과장된다는 점이 분명하게 나타났다(Qiu et al., 2012a). 이것은 선발 과정에 대해 상당한 시사점을 주고 리크루터들은 소셜미디어를 사용할 때 신중해야 한다. 사실, 역설적이게도 소셜미디어는 인터뷰나 표준 성격검사들보다 인상관리에 더 취약할 수 있다(Buffardi & Campbell, 2008).

어떤 사람들은 하나 이상의 소셜 네트워크 정체성을 가진다는 것이 분명해졌다. 더구나 소셜 네트워크 정체성이 선발 목적으로 사용된다는 것이 더 널리 알려지고 있어서 인상관리와 자기 편집(self-editing)의 가능성이 충분하고 더 커질 것이다. 그 결과로 신뢰도와 타당도는 저하될 것이다. 사실, 일정 비용을 받고 한 사람의 공적인 얼굴과 프로필을 개선해 주는 명성-방어 및 명성-회복 회사들이 있다. 그로 인해 데이터 분석은 잘못된 것이 되어 버린다. 그래서 타인에 관심을 가지는 것으로 보일 뿐만 아니라 성실성과 우호성이 높은 것과 같은 이상적인 시민 또는 직원처럼 보이도록 정교하게 설계된 개인 웹사이트를 만드는 것이 가능하다.

소셜미디어 사이트들은 지난 25년 동안 온라인(World Wide Web)에서 무료로 이용 가능하였다. 2000년대 초기에는 공개된 인터넷상에 실명을 공유하는 것은 안전하지 않은 것으로 간주되었고, 그래서 사람들은 온라인 정체성을 위해 가명을 사용하였다. 최신 기술을 터득한 사람들만이 웹사이트나 온라인 콘텐츠를 만들 수 있었기 때문에 이들은 특이한 사람으로 간주되었다. 2010년대 중반에 이르러, 개방된 플랫폼에 실시간으로 개인적인 사항들을 공유하고 광고하는 것이 일반적인 일이 되었다. 최근에는 이것에 대한 반발이 있으며, 많은 사람이 이런 방식으로 소통하는 것에 대해 우려하고 있다. 그래서 한 번 드러난 메시지들은 삭제하는 스냅챗(Snapchat), 암호화된 메시징 서비스를 제공하는 왓츠앱(WhatsApp), 그리고 다른 폐쇄적 그룹들과 같은 일부 플랫폼이 점점 더 인기를 얻고 있다.

Slack과 Microsoft Teams(2020년 3월 시점에 각각 1천 2백만 및 4천 4백만 명 이상이 매일 사용하고 있음)와 같은 다른 소셜 네트워킹 도구들도 업무 환경에서 사용되고 있다. Covid-19 펜데믹이 온라인 소통을 엄청나게 늘렸으며, 훨씬 더 많은 빅 데이터 분석이 가능해지게 되었다.

언어 양식, 표현 정서, 콘텐츠의 사적 특성 등에서의 변화와 같은 측면들을 포함하는 사용자의 콘텐츠 공유 전략들은 자신의 가상의 청중, 즉 맥락에 달려 있다. 그런데 최근의 연구는 인상관리와 그것이 맥락 붕괴(context collapse)[7]에 이르게 한 이슈를 강조하고 있다. 연구 결과는 게시물들이 가상의 청중의 최소 공분모에 지향되어 있음을 보여 준다. 여기서 사용자들은 청중이 이질적일수록 긍정적인 단어들을 더 사용하고, 개인적인 정보는 덜 공유한다(Gil-Lopez et al., 2018). 특정 시기의 특정 표본에 기반한 연구의 결과를 평가할 때는 이러한 맥락 요인들, 그리고 인구통계적 사용, 선호, 관행에서의 변화들이 고려되어야 한다.

4) 문제, 위험, 가능성

사람을 평가할 때 컨설턴트와 연구자 모두는 여러 윤리적 지침을 준수해야 한다. 판단과 검사 점수에 근거한 결정 때문에 사람들이 검사 발행사, 실시자, 조직 및 컨설턴트를 고소한 소송 사건들이 널리 알려지고 주목을 받는 경우가 있다. 그들은 대개 검사가 불

7 한 네트워크 내 서로 분리된 영역들이 결합되고 경계가 모호해질 때 맥락 붕괴가 발생한다. 소셜미디어 사용자들의 네트워크가 점점 확대되면서 맥락 붕괴의 가능성도 커지고, 그에 따라 자기 공개의 특성도 변화한다. 예를 들어, 한 소셜미디어 앱에 로그인하면 당신은 아마도 친구, 가족, 동료 등으로 구성된 별개의 네트워크들을 가질 것이다. 간혹 이런 네트워크들은 중복되기도 하지만, 대부분은 분리되어 있다. 이런 서로 다른 영역들이 동일 공간(예: 소셜미디어 플랫폼)에 존재할 때, 공유되는 것의 특성이나 확률이 변할 수 있다. 즉, 맥락 붕괴가 일어나면 공개하는 내용이 변하는 것이다. 여러 다양한 영역의 사람들의 접점을 찾다 보면, 보이고 싶지 않은 개인 정보들이 늘어나기 마련이다. 즉, 네트워크가 커지면 자기 자신에 대한 정보 검열은 더 심해진다.

공정하게 차별하는 방식으로 작용하였다고 생각하는 여러 유형의 소수집단이다.

빅 데이터는 기존과는 다른 특별한 이슈가 제기되기 쉬운가? 예를 들어, 소셜미디어를 별로 사용하지 않는 사람들을 어떻게 봐야 하는지의 질문이 있다. 그들은 어느 정도 사회적으로 불리한 대우를 받을 것인가? 이러한 검사들은 지방에 거주하는 고령자나 가난한 사람들을 차별하는가? 최신의 컴퓨팅 시스템을 사용하는 사용자들 대비 오래되고 구형인 시스템의 사용자들은 어떠한가? 이런 문제들은 의도하지 않은 결과와 법적 소송을 초래할 수도 있다.

새로운 테크놀로지와 빅 데이터는 여러 가지 새로운 문제들을 제기한다. 첫째, 동의 없이 개인 데이터를 얻는 것이다. 지원자들은 웹이나 다른 공개된 출처에서 자신에 대한 많은 자료를 수집하는 조직에 대해 어떻게 느낄 것인가? 이런 자료의 정확성과 더불어 과연 누가 자료를 제공하는지는 중요한 질문들이다. 다음으로, 감시(surveillance)와 관련된 잠재적 이슈들도 많다(Furnham & Swami, 2015).

새로운 테크놀로지의 윤리와 관련하여 두 가지가 필요하다. 첫째, 윤리 위원회는 전문가들을 통해 이런 새로운 테크놀로지와 관련된 정보들을 위원회 구성원들에게 알려 주어야 한다. 둘째, 위원회는 그러한 테크놀로지의 개발 또는 판매와 같은 이해관계가 전혀 없는 연구자와 사용자들의 통찰로부터도 도움을 받을 수 있다.

새로운 테크놀로지의 도입으로 윤리학자들에게 완전히 새로운 연구 영역이 열리고, 법률가들에게 신나는 일거리가 생기며, 테크놀로지를 사용하는 컨설턴트 같은 사람들에게는 상당한 숙제가 생긴다. 이것은 상당히 새로운 미개척 영역이다.

Favaretto 등(2019)은 다음과 같은 점에 주목하였다.

데이터 마이닝을 통한 자동적인 프로파일링, 분류 및 의사결정의 관행들은 빅 데이터 기술이 인간의 주관성과 오류를 극복하여 공정성을 높일 수 있는 (아직은 충분한 근거가 없지만) 객관적인 도구라는 믿음과 함께 도입되었다. 그러나 데이터 마이닝은 결코 '인간-오류'에서 완전히 자유로울 수 없다. 왜냐하면 인간은 항상 전의식적 편향, 개인적 가치, 또는 부주의로 인해 (당연한 것으로 여겨지는) 공정성과 객관성을 약화시키기도 하지만, 데이터 마이닝에서 부적절한 상관관계를 피하고 공정성을 보장하기 위해서는 인간이 필요하기 때문이다. 그래서 빅 데이터 기술은 인간이 흠결의 원인이기도 하지만 적절한 기능을 위한 감독자도 인간이라는 이분법적 차원과 깊이 연관된 것으로 보인다.

빅 데이터에서 차별을 적절하게 조정하는 데 있어 (법률적 관점에서) 직면하는 난관들은 오래

> 전부터 있었던 관련 분야들 간의 대화나 소통 부족과 어느 정도 연관된다. 문헌을 개관해 보면, 불공정한 차별은 훈련된 데이터 과학자들에게 난관을 가중시키는 복잡한 철학적, 법적 개념이지만, 다른 한편으로는 빅 데이터는 상당히 기술적인 분야라서 철학자, 사회과학자, 법률가들이 알고리즘이 어떤 방식으로 차별을 초래하는지를 완전히 이해하기 어려운 문제도 분명 있다.
>
> (pp. 22–23)

5) 전문가 관점

많은 전문가와 평가 비즈니스에서 일하는 사람들에게 다음과 같은 짧은 질문을 보냈다. 모두는 아니지만, 대부분은 훈련된 심리학자였고, 나머지는 검사 개발 및 판매 사업과 관련된 일을 하는 사람들이었다. 일부는 젊고(30세 이하) 기술에 대해 잘 알기 때문에 선정되었고, 일부는 나이가 많고(50세 이상) 이 비즈니스에서 수년간의 경험을 가진 이들로 선정되었다. 목적은 그들의 응답 범위를 보는 것이었고, 특히 그들이 빅 데이터를 어떻게 사용하는지에 주목하였다.

> 당신이 알고 있고 관심이 있는 누군가를 생각해 보라. 상사, 이웃, 교사일 수도 있다. 그들이 아주 잘 알려져 있거나 유명한 사람은 아니라고 가정하자.
>
> 당신이 할 일은 그 사람을 이해하는 것이다. 어떤 이유로든 그 사람에 대한 풍부한 심리적 프로필을 만들어 내는 것이다.
>
> 당신에게 충분한 시간이 있으며(1주일 정도) 적정한 예산도 있다. 이것을 해서 평가 회사로부터 보상도 받을 것이다.
>
> 당신은 프로필을 만드는 데 있어 인터넷, 빅 데이터 또는 합법적으로 접근하여 가용한 데이터를 어떻게 사용할 것인가?
>
> 당신은 어디서 시작할 것인가? 페이스북? 링크드인? 아니면 다른 어딘가?

응답 1

만약 우리가 새로운 것/기술을 찾는다면:

- TV/영화: 그들은 넷플릭스에서 무엇을 볼까? 그들은 TV 쇼를 보는 데 빠질까, 아니면 영화를 볼까? 다큐멘터리나 시트콤을 볼까?
- 음악: 스포티파이에서 어떤 음악을 듣는가? 앨범을 듣는가 아니면 선곡(playlist)을 듣는가? 자신들만의 선곡(창의적 큐레이터) 또는 누군가 만들어 놓은 선곡?
- 라디오: 팟캐스트를 듣는가? 어떤 것–사람들 얘기, 문화, 예술, 코미디? 하루 중 언제 팟캐스트를 듣는가–출퇴근 또는 집에서?
- 구매 역사: 돈을 어디서 쓰는가? 소비 패턴을 보기 위해 몬조(Monzo)와 같은 현대적 뱅킹 앱을 사용할 수 있는가? 저녁 식사에, 술 마시는데 아니면 음악 공간을 대여하는데? 매일 같은 시간과 장소에서 같은 커피를 사는가(높은 정례성)? 산발적으로 구매하는가?

소셜미디어에 초점을 두면, 이제는 너무 많은 플랫폼이 있어서 나이가 고려해야 할 핵심 조절 변인이 되었다(다음은 매우 임의적인 경험치이지만 매우 흥미로울 수 있다). 그들의 나이는?

40세 이상: 페이스북을 보라.

외향성/나르시시즘 – 얼마나 많은 사진을 게시하나? 얼마나 많은 친구가 있나?

어떤 종류의 사진을 게시하나 – 자기 자신 사진, 가족 사진, 풍경 사진, 스포츠를 하는 자기 사진들? 이것은 자신의 정체성에서 중요한 것이 무엇인지도 나타낸다.

가치 신호(value signalling) – 프로필 그림/사진들에는 얼마나 많이 정치적 배너나 지정학적 사건이 포함되어 있는가?

배너들이 정치적인가(노동당 투표 구호, 브렉시트 구호, 친 EU 구호 등) 아니면 지정학적 비극들을 언급하는가(예: 프로필 사진을 바꾸어 시위 관련하여 레바논 국기 색깔을 드러냄)? – 후자의 행위를 하는 사람들은 비극 힙스터(Tragedy Hipsters)라고 불리며, 그들은 레바논에 대해 덜 관심을 가질 수 있지만, 자신의 프로필 사진을 바꿈으로써 평균적인 사람과는 달리 자신이 비주류의 정치적 이슈들을 더 지지한다는(그래서 다른 이들보다 더 낫다는) 신호를 보내는 기회를 갖는다.

30~40세: 트위터를 보라.

팔로워–팔로잉 비율[8] – 프로젝터(projector)인지 리플렉터(reflector)인지에 대한 정보를 제

---

8 팔로워 대 팔로잉 비율(follower to following ratio)은 트위터나 인스타그램 같은 소셜미디어 플랫폼에서 팔로우하는 계정 수 대비 하나의 계정이 가진 팔로워의 수이다.

공한다(드레인(drains)과 레디에이터(radiators) 비유[9]).
무엇을 팔로우하는가? 뉴스 사이트, 스포츠, 유명인, 인플루언서, 친구?
무엇을 포스트하는가? 다른 사람들의 게시물에 대해 응답하는가? 자신만의 콘텐츠를 게시하는가? 그들만의 콘텐츠 – 그것이 무엇에 대한 것인가? 수준 높은 사회정치적 논평 또는 자신의 의식의 흐름과 같은 감각이나 기분에 대해 코멘트하는가?

30세 미만: 인스타그램과 틱톡을 보라.
팔로워–팔로잉 비율이 어떻게 되는가? 팔로잉하는 사람들과 비교하여 얼마나 자주 포스팅하였는가?
이것은 그들이 소셜미디어를 타인들을 팔로잉하고 보는 수단으로 사용하는지, 아니면 그것을 자신에 대해 얘기하는 하나의 플랫폼으로 사용하는지를 나타내 준다. 그들이 프로젝터인가 아니면 리플렉터인가?
더 많이 팔로우할수록 외부 자극을 더 많이 받기를 원하는 것이라는 주장이 있다.
무엇을 팔로우하는가? 사람들, 동물, 문화, 매거진, 인플루언서, 음악 등?

응답 2

메시지를 보내지 않고도 겉보기에 좋은 인상을 남기는 목적으로도 손쉽게 인스타그램을 사용할 수 있다.
얼마나 자주 게시했는지 그리고 어떤 종류의 사진을 게시해 왔는지가 중요하다.
내 경험에 의하면, 솔직히 너무 빈번하게 게시하는 사람은 가까이하지 않는 것이 좋다.
콘텐츠 측면에서 건전성은 감소하고 나르시시즘(그리고/또는 불안정성)은 증가하는 순서로 타인 사진, 야생동물이나 환경 사진, 타인이 찍은 자기 사진, 자신이 찍은 사진이 나온다. 사진작가가 아닌 이상 당신은 아마도 플랫폼에 자신의 사진을 올릴 것이므로 마지막 두 개를 빈도로 곱하라. 많은 사람이 자신의 이상적인 자아를 광고하기 위해 이런 사이트들을 사용하며, 따라서 게시물을 통해 그들이 무엇을 가장 가치 있게 생각하는지를 알 수 있다.
링크드인에서도 유사한 것을 볼 수 있는데 사람들은 자신이 얼마나 더 뛰어나고, 똑똑하고, 고용할 만한 사람인지 그리고 여러 시간의 강의나 컨퍼런스에 참여함으로써 자신의 전체 패러다임이 어떻게 변화되었는지에 대해 글을 남기면서 이상적인 자아를 드러낸다.
나르시시즘과 (2차적인) 정신병리적 행동도 그런 플랫폼에서는 꽤 정상적이고 쉽게 볼 수 있다.
그들의 레딧(거대한 포럼 사이트) 유저네임이 있고 그것을 얻으면 그들의 구체적인 관심사나

9 'Radiators'는 에너지와 긍정성을 발산하는 사람(타인을 자극하고 분발하게 하는 인물)을 나타내는 반면, 'Drains'는 에너지나 의욕을 저하시키고 활력을 없애는 사람을 말한다.

가치(운동, 요리, 트레이딩 카드, 목공, 철학 등)에 대한 엄청난 양의 정보를 볼 수 있을 것이다. 그들의 직무 자체는 일반적으로 그들의 테스토스테론(남자)/우호성의 상당한 표식일 가능성이 있고 그들의 관심사를 보여 준다(하나의 경력이기에). 반면, 젊은 나이에 경력이 부족한 것도 뭔가를 나타내는 것일 수 있다(그러나 그들이 낮은 사회경제적 지위에 있거나 소수집단이라면 덜 그러할 것이다).

응답 3

우선은 뻔한 소셜미디어를 적용하겠지만, 페이스북, 트위터, 링크드인, 인스타그램, 틱톡 등과 같이 그런 것들은 '매우' 많다. 이 정보는 풍부하거나, 빈약하거나, 존재하지 않을 수 있다. 어떤 경우이든지, 그것은 사람에 대해 무엇인가를 말해줄 것이다. 소셜미디어 프로필은 이후 명확하게 하는 과정에서 사용될 수 있기에 중요하다. 소셜미디어는 대개 나이, 인종, 소속을 알 수 있는 사진과 활동들을 포함하고 있고, 이후 탐색에서 여과기로 사용할 수 있다.

다음으로 나는 다양한 검색 엔진으로 이동할 것이다. 구글, 야후, 덕덕고(DuckDuckGo)는 다른 종류의 정보를 제공한다. 오늘날 이런 검색 엔진들 중 어느 하나에라도 존재하지 않는 사람을 찾기란 드문 일이다. 이제 프로필이 점차 만들어지고 있다. 찾은 것들이 뭔가를 말해 주지만, 존재감이 부족한 것도 뭔가를 말해 준다.

이제 더 나은 출처로 가자. 만약 좀 더 분명해지는 데 도움이 된다면, 우리는 신문과 다른 미디어를 탐색할 수도 있다. 지역 신문, 글로벌 매체, 전문 간행물, 클럽과 학회 보고서 등의 방대한 출처가 있다. 할아버지의 서류를 정리하면서 나는 프리메이슨(Freemasons)도 가끔 필요할 때 재무 보고서를 발행하였다는 것을 알게 되었다. 거기에는 서명인들이 있다.

이것을 가지고 이제 법적 영역 내에서의 공식적인 기록에 접근할 수 있다. 예를 들어, 학교 졸업자 명단, 재직한 회사, 비즈니스 거래, 기업 이사회, 자산 명부, 납세 기록, 공익 기부 등이다. 이런 출처는 다양하고 어렵지만, 프로필의 반을 이미 가지고 있기에 무엇을 찾아야 하는지를 알고 있다.

이제 그레이 존으로 간다. 어느 정도 정보가 있으면, 국립 문서보관소로 갈 수 있다. 영국의 경우, 큐(Kew)[10]에 있는 사람은 완벽하게 온라인으로 탐색이 가능하다. 도서관 출처도 있다. 이 정보는 문서기록이고 아주 오래된 것일 수 있지만, 생존해 있는 사람의 가족, 배경, 문화사 그리고 다른 발자국들에 대해 많은 것을 찾을 수 있다. 그리고 앞 단계의 탐색에서 수집된 정보들 중 불일치하거나 모호한 부분들에 대한 맥락을 제공해 준다.

마지막 가능성은 'MyHeritage'와 같은 웹사이트에 가상의 가족을 만들 때(이것은 불법일 수도 있지만, 꼭 그런지는 모르겠다), 대상자의 매우 가까운 사람들과 가족이 되는 것이다. 만약에

10 영국 런던 서남부의 한 지구

대상자의 가족 네트워크가 웹사이트에 등재되어 있다면, 당신은 즉각적으로 그러한 정보를 접하게 될 것이다.
이 모든 정보로부터의 프로파일링을 피하기 위해서는 대상이 아주 어리거나 의도적으로 자신을 드러내지 않아야 할 것이다. 만약 당신에게 1주일의 시간과 적정한 예산이 있다면, 이 모든 것을 해낼 수 있다. 더구나 당신이 전문적인 탐정이라면 당신은 수많은 이런 탐색 방법들을 이미 가지고 있을 것이고, 바로 착수할 수 있을 것이다.

응답 4

나는 구글로 시작해서 그들이 어떤 종류의 활동을 하고 있는지 알기 위해 수많은 프로필을 만들 것이다. 이것은 페이스북, 인스타그램, 링크드인만이 아니다. 나는 10년 전의 것이라도 그들이 시간을 들여 작업한 모든 것을 찾아볼 것이다. 즉, 구글을 사용하여 그들의 계정에 남겨진 모든 기록을 다 찾아낼 것이다.
나는 공개되고 접근 가능한 모든 정보를 누군가가 내용분석하기를 원하며, 또한 더 심층적인 정보를 얻기 위하여 친구 신청을 보낼 것이다. 그들이 초대를 거부하더라도 그것은 뭔가를 의미한다(그래서 그것은 추가적인 데이터 포인트이다). 그들이 태그된 다른 사람들의 게시물도 찾아서 보고 싶다. 그래서 페이스북과 인스타그램에서 친구를 받아들이는 것이 도움이 될 것이다.
그들에게 소셜미디어가 있다면, 나는 각 플랫폼에서 누가 그들과 상호작용하는지를 추적할 것이다. 그들이 가장 많이 상호작용하는 사람들을 요약하고 어떤 특정한 패턴이 있는지를 살펴보라.
나는 그들이 각 플랫폼에 얼마나 정기적으로 그리고 어떤 유형의 콘텐츠를 게시하는지(아마도 그들이 게시하는 날의 시간에 기반한 특정한 패턴) 분해해 보려고 할 것이다. 또한 얼마나 많은 게시물이 그 주에 조정되었는지도 추적하고 싶을 것이다. 이것은 게시물을 삭제하거나 단순히 편집하는 것을 의미할 수 있다.
어떤 것이 게시되어 있는가? 그것이 특정 행위를 요구하는 것인가(예: '내 물건을 사시오'), 아니면 의견을 공유하는 것인가? 나는 여러 가지 것을 묘사하기 위해 사용된 정서 단어들을 추적할 것이다. 그것들에서 뭔가 분명한 것이 나오는지 그리고 다른 플랫폼에서 나온 추론을 확증할 수 있는지를 볼 것이다.
만약 가능하다면, 나는 그들이 거기서 상호작용한 것들(예: 인스타그램, 페이스북, 링크드인, 트위터상의 좋아요)을 조사하기 위해 빅 데이터를 사용할 것이다.
또한 그들이 어떤 광고의 표적이 되었는지를 들여다보고 싶을 것이다. 이것이 합법적인지는 잘 모르겠다.
전반적으로 나는 모든 다양한 플랫폼의 마인드맵을 가지고 싶고 콘텐츠가 어떤 패턴을 보이는지를 보고 싶을 것이다. 세운 가설을 지지하거나 기각하기 위하여 이것을 심리측정검사와 비교해 보는 것은 매력적인 일일 것이다.

응답 5

이것은 까다로운 것이지만 많은 돈을 쓸 가치가 있다. 다만, 당사자 승인 없이 정보를 수집하지 못하도록 하는 GDPR[11]의 법적 우려를 고려해야 한다. 이것은 그 사람에게 먼저 물어보지 않고는 시작할 수 없다는 것을 의미하기도 한다.

그러고 나서 찾고자 하는 내용이 무엇인지와 정보를 분석하는 방법에 따라 서로 다른 출처들에 접근해야 할 것이다. 예를 들어, 페이스북은 아주 좋은 출처로서, Cambridge Analytica가 글에 대해 개인이 '좋아요'를 한 것에 기반하여 광고 대상을 정할 수 있었던 이유이다(특정한 수의 '좋아요'로서 그들은 그들의 파트너보다 표적 인물을 더 잘 이해할 수 있었다).

X와 Y는 맥락 분석과 텍스트 분석을 구축하였는데, 그래서 누군가 100단어의 에세이를 쓴다면 그들은 10개 이상의 특성에서 프로필을 만들 수 있을 것이다. 이 경우, 솔직한 내용을 적는 사람들에게 링크드인은 좋은 출처이다.

만약 포럼(forums) 및 블로그(blogs)와도 연계할 수 있다면, 분석의 질은 더 좋아질 것이다. 트위터는 링크드인과 페이스북 모두와 그것이 제시하는 것들을 약간 섞어 놓은 것이다. 대안으로, 당신은 유튜브에서의 인터뷰를 음성 인식과 함께 볼 수 있고, 사람들이 자신을 표현하는 방식을 볼 수도 있다.

응답 6

좋은 질문! 나는 소셜미디어 프로필로 시작할 것이다(페이스북, 링크드인, 기타). 이것들은 자기보고된 지표들이며 프로파일링을 위한 금광이다. 친구와의 연결뿐만 아니라 출생일부터 여행지, 의미 있는 삶의 사건, 좋은 것과 싫은 것과 같은 모든 종류의 정보를 얻을 수 있다. 공유하고 있는 연결들을 조사하고 그것들을 분석할 수도 있다. 기자들이 표적 인물을 조사할 때 가짜 프로필을 만들고 관심 있는 그 사람의 친구의 친구를 추가한다. 그래서 표적을 추가하고자 할 때, 그들은 친구를 공유하고 있기에 팔로우 요청을 더 잘 수락할 것이다.

예산과 프로파일링의 이유에 따라, 공식적인 자원으로부터 자료를 얻을 수도 있다—예를 들어, 신용 평가 기관이 있다. 내가 하는 일에서는 신원, 주소, 여권을 확인하기 위하여 데이터베이스를 사용한다.

---

11 General Data Protection Regulation의 약자로, 2018년 5월 25일부터 시행되고 있는 EU(유럽연합)의 개인정보보호 법령이다. 위반 시 과징금 등 행정처분이 부과될 수 있다.

응답 7

법적으로 당신이 할 수 있는 유일한 것은 구글, 페이스북, 링크드인, 그리고 다른 가능한 소셜 미디어 사이트에서 그들의 프로필을 검색하는 것이며(아마 구글 검색이 모든 것을 제공할 것이다), 공개되어 있는 정보들이 무엇인지를 보는 것이다.

만약 자료를 스크랩할 권한이 부여된 기술이 없다면 어떤 알고리즘도 돌릴 수 없을 것이다. 특정 인물에 대해 이야기할 때 대개 우리의 임상적 판단이 다른 어떤 알고리즘보다 더 나을 것이다. 그래서 대부분의 경우, 그들이 성공적이거나, 유명하거나, 자기 홍보 사업을 하지 않으면(또는 매우 부주의하지 않으면) 그리 희망적이지 않을 것이다. 분명히 나이와 문화와 성격 효과도 작용할 것이다.

응답 8

만약 분노하는 페이스북 집단(rant Facebook group)[12], 굿리즈(GoodReads), 레딧(Reddit) 또는 쿼라(Quora)에 적극적이라면, 사람들은 이런 포럼들에 꽤 광범위하게 글을 남기는 경향이 있을 것이다. 따라서 언어 분석을 위한 다양한 가능성이 있을 것이다.

그들이 참여한 집단들(예: 핀터레스트/인스타그램)에 일정한 패턴이 있는가 → 시각적
많은 것들에 적극적인가 → 개방성?
신속하게 반응하는가 → 성실성?
주로 동의하는가 아니면 다른 의견을 제시하는가 – 특정 패턴이 있는가 → 우호성?
링크드인에서 공유하는 관계망을 볼 수 있는가 – 그것이 삼각측량을 가능하게 하는가?
그들의 취미에 관한 내용이 있다면, 외향성과 스릴 추구(thrill-seeking)에 대해 무엇을 얘기해 주는가?
무엇을 차단하고 받아들이고 있는지 – 그리고 이것이 소셜미디어에 어떻게 나타나고 있나?
그들에게 팔로워들이 있나 – 그것이 점차 중요해지는 특정 역할이 있는가? – 그들의 역할은 세간의 주목을 끌어야 하는가, 아니면 그렇지 않은가?
스냅챗과 같은 일부 앱들에는 정보적 가치가 있는 다양한 평정치가 있다.
그들은 논쟁을 야기하고 진행시키기 위하여 전문적으로 소셜미디어를 사용하는가 아니면 에코 체임버[13]에 앉아 편안하게 있는가?
그들은 정치적 견해(예: 상시적인 #FBPE 해시태그)에 몰입하고 있는가?

---

12 서로 불만이나 분노를 공유하는 집단.

13 자신이 선호하는 관점이 반대되는 관점에의 노출을 차단함으로써 같은 입장을 지닌 정보를 수용하여 기존 관점이 강화되는 현상.

그들의 프로필에 얼마나 많은 자기-검열(self-monitoring)이 나타나는가?

그들의 정체성이 다양한 미디어에 걸쳐 통합되어 있는가 아니면 분열되어 있는 것으로 보이는가?

만약 당신이 그들의 CV를 가지고 있다면, 거기에 자신의 성취가 어떻게 기술되어 있는가? 그들이 폭넓은 사람들과 연결(연합)되어 있는가, 아니면 좁은 범위의 사람들과 연결되어 있는가 – 아마도 정서적 또는 도구적 마인드셋?

응답 9

비디오 – 유튜브, 인터넷, 웹사이트

모든 출처 중에서 나는 비디오를 가장 좋아한다(특히 주인공이 타인들과 뭔가를 할 때). 이상적으로 우리는 동일 샷에서 전신 보디 랭귀지와 타인들을 살펴보아야 한다. 카메라 인터뷰에서의 얼굴과 연설 기록은 덜 유용하다.

- **인터넷 프로필의 부재**: 오늘날 진지한 비즈니스맨은 인터넷에 프로필을 가지고 있어야 한다. 그렇지 않은 사람은 왜 없는지 설명을 해야 한다.
- **부동산(property)**: 주인공은 어디 그리고 어떤 종류의 집에 살고 있나. 인터넷(예: Companies House)에서 주소를 찾고 구글 어스에서 어떤 종류의 부동산에 살고 있는지를 확인하는 것은 아주 쉽다. 내가 연구한 한 사람은 세 개의 집을 가졌고, 각각은 막다른 골목의 끝에 있거나 숨겨져 있었다.

가족 – 본인은 인터넷에 뭔가를 남기는 것에 대해 조심할 수 있지만, 아이들, 배우자, 및 친구들은 종종 페이스북, 인스타그램 등을 통해 분별없이 자세하게 드러낼 수 있다. 도이치뱅크의 CEO는 딸들의 페이스북 계정을 통해 범죄자들의 표적이 되었다.

주인공의 회사 웹사이트 – 그것은 주인공에 대해 무엇을 얘기해 주는가 – 웹사이트는 나르시시스트에게 좋은 출처이며 그에 대해 많은 것을 드러낼 수 있다. 언젠가 나는 한 중소기업의 CEO를 조사하였는데, 웹사이트 첫 페이지에는 온통 그의 사진들이 아주 돋보이게 게시되어 있었다. 그에 관한 초기 연구를 수행한 연구자들은 이러한 나르시시즘의 표시를 주목하지 못하였다.

문서화된 작업(written work) – 트위터, 페이스북, 인스타그램 등 – 여기에서는 PR 담당자가 아닌 자기 자신이 작성한 것을 찾는 것이 관건이다. 트럼프의 트윗은 그에 대해 많은 것을 얘기해 주며 우리는 그의 풍부한 출판물에서 보리스(Boris)에 대해 많은 것을 알 수 있다.

지금까지 소개한 응답들은 각자의 빅 데이터 관련 지식과 평가 경험과 같은 많은 것을 반영한다. 어떤 이는 무엇을 평가하려고 하는지, 다른 이는 무엇을 평가할 수 있는지에 대해 분명히 이해하고 있다. 어떤 이는 법적·윤리적 제약에 대해 더 민감하다. 일부는 빅 데이터를 중심에 놓지만, 다른 일부는 검사의 잠재적인 보조 수단으로 본다. 일부는 그것을 귀납적으로 탐색하는 데 사용하지만, 다른 일부는 연역적으로 가설을 검증하는 데 사용한다.

6) 결론

빅 데이터는 평가자와 선발자에게 흥미로운 실용성-효과성의 양자택일을 요구한다. 빅 데이터에는 많은 지적 노력과 컴퓨터 연산 능력이 필요하다. 강력하고 의미 있는 프로필을 얻을 수 있으려면 그것을 제대로 실행하는 데 얼마나 많은 노력이 필요한가? 가장 큰 영향을 미치는 가장 작은 행동적 신호들은 무엇이겠는가? 일부는 그것이 아주 실용적이지 않다고 생각하지만, 학술적으로는 분명 매혹적이다.

사람에 대한 정보를 얻는 것은 그 어느 때보다 쉬워지고 있다. 그러나 많은 정보 속에서 어떤 것이 의미 있는 관련 정보인지 아는 것이 중요하다는 의미에서 평가자는 부적절한 호기심을 갖지 않아야 하고, 안목과 분별력을 가져야 한다. 빅 데이터가 제공하는 정보는 얻기가 어렵고 별로 신뢰할 수 없을 수도 있지만, 그것은 한 개인의 인상관리와 관계망에 대한 전례가 없는 정보를 제공해줄 수 있다.

빅 데이터 분석의 열정적인 활용에 비해 '과학'은 뒤처져 있다. 근본적인 질문은 당신이 무엇을 평가하기를 원하고 이를 가능하게 하는 가장 효과적이고 타당한 방법이 무엇인지이다. 간단한 설문지를 제시하는 것과 달리 한 개인의 5요인 성격 특성을 밝히기 위해 웹을 스캐닝하여 자료를 얻는다는 아이디어는 일부 사람들에게는 뻔한 것으로 보인다. 반면, 어떤 매체로도 개인을 조사하는 것이 불가능한 상황에서 평가를 진행해야만 할 때도 있다. 바로 이때 빅 데이터가 진가를 드러낸다.

그러나 일부 사람이 주목했듯이, 빅 데이터에 대한 윤리적 및 법적 질문은 여전히 남아 있다. 사실, 법은 새로운 평가 방법의 정당성에 관한 판단에 있어 과학보다 더 뒤처져 있다. 회의론자와 냉소주의자들은 빅 데이터를 한 개인에 대한 정보를 얻는 데 있어 전통적인 방법보다 비용이 많이 들고 신뢰할 수 없는 방법으로 본다. 그러나 열혈 팬들은 빅 데이터를 선발 비즈니스에 실질적으로 도움이 되며, 개인에 관한 가치 있는 정보를 제공하는 전례가 없는 기회라고 보면서, 새로운 평가의 시대가 도래하였음을 알리고 있다.

참고문헌

Adjerid, I., & Kelley, K. (2018). Big data in psychology: a framework for research advancement. *American Psychologist, 73*(7), 899–917.

Amichai–Hamburger, Y., & Vinitzky, G. (2010). Social network use and personality. *Computers in Human Behavior, 26*(6), 1289–1295.

Back, M. D., Stopfer, J. M., Vazire, S., Gaddis, S., Schmukle, S. C., Egloff, B., & Gosling, S. D. (2010). Facebook profiles reflect actual personality, not selfidealization. *Psychological Science, 21*(3), 372–374.

Bleidorn, W., & Hopwood, C. J. (2019). Using machine learning to advance personality assessment and theory. *Personality and Social Psychology Review, 23*(2), 190–203.

Buffardi, L. E., & Campbell, W. K. (2008). Narcissism and social networking web sites. *Personality and Social Psychology Bulletin, 34*, 1303–1314.

Celli, F., Bruni, E., & Lepri, B. (2014). Automatic personality and interaction style recognition from Facebook profile pictures. In *Proceedings of the 22nd international conference on multimedia* (pp. 1101–1104). Glasgow, UK: ACM. http://dx.doi.org/10.1145/ 2647868.2654977.

Correa, T., Hinsley, A., & De Zuniga, H. (2010). Who interacts on the web? *Computers in Human Behavior, 26*, 247–253.

Doward, J., & Gibbs, A. (2017, March 4). Did Cambridge Analytica influence the Brexit vote and the US election? *The Guardian*. www.theguardian.com/polit ics/2017/mar/04/nigel–oakes–cambridge–analytica–what–role–brexit–trump

Evans, D. C., Gosling, S. D., & Carroll, A. (2008). What elements of an online social networking profile predict target–rater agreement in personality impressions? In *Proceedings of the international conference on weblogs and social media* (pp. 1–6). Seattle, WA.

Favaretto, M., De Clercq, E., & Elger, B. S. (2019). Big Data and discrimination: perils, promises and solutions. A systematic review. *Journal of Big Data, 6*(12), 1–27.

Ferwerda, B., Schedl, M., & Tkalcic, M. (2015, September). Predicting personality traits with instagram pictures. In *Proceedings of the 3rd workshop on emotions and personality in personalized systems 2015* (pp. 7–10). Vienna, Austria: ACM.

Furnham, A., & Swami, V. (2015). An investigation of attitudes toward surveillance at work and its correlates. *Psychology, 6*(13), 1668–1674.

George, G., Haas, M. R., & Pentland, A. (2014). From the editors: big data and management. *The Academy of Management Journal, 57*(2), 321–326.

Gil–Lopez, T., Shen, C., Benefield, G. A., Palomares, N. A., Kosinski, M., & Stillwell, D. (2018). One size fits all: context collapse, self–presentation strategies and language styles on Facebook. *Journal of Computer–Mediated Communication, 23*(3), 127–145.

Golbeck, J., Robles, C., & Turner, K. (2011, May 7–12). Predicting personality with social media.

[Paper presented at the 2011 annual conference on human factors in computing systems], Vancouver, Canada.

Gonzalez, R. J. (2017). Hacking the citizenry? Personality profiling, 'big data' and the election of Donald Trump. *Anthropology Today, 33*(3), 9–12.

Gosling, S. D., Augustine, A. A., Vazire, S., Holtzman, N., & Gaddis, S. (2011). Manifestations of personality in online social networks: self-reported Facebookrelated behaviors and observable profile information. *Cyberpsychology, Behavior, and Social Networking, 14*(9), 483–488.

Gosling, S. D., & Mason, W. (2015). Internet research in psychology. *Annual Review of Psychology, 66*, 877–902.

Green, K. (2013). The social media effect: are you really who you portray online? *HuffPost*. Retrieved from www.huffingtonpost.com/r-kay-green/the-socialmedia-effect-a_b_3721029.html

Hall, J. A., Pennington, N., & Lueders, A. (2014). Impression management and formation on Facebook: a lens model approach. *New Media et Society, 16*(6), 958–982.

Hariri, R. H., Fredericks, E. M., & Bowers, K. M. (2019). Uncertainty in big data analytics: survey, opportunities, and challenges. *Journal of Big Data, 6*(44), 1–16.

Harlow, L. L., & Oswald, F. L. (2016). Big data in psychology: introduction to the special issue. *Psychological Methods, 21*(4), 447–457.

He, Q., Glas, C. A., Kosinski, M., Stillwell, D. J., & Veldkamp, B. P. (2014). Predicting self-monitoring skills using textual posts on Facebook. *Computers in Human Behavior, 33*, 69–78.

Ihsan, Z., & Furnham, A. (2018). The new technologies in personality assessment: a review. *Consulting Psychology Journal: Practice and Research, 70*(2), 147–166.

Kosinski, M., Bachrach, Y., Kohli, P., Stillwell, D., & Graepel, T. (2014). Manifestations of user personality in website choice and behaviour on online social networks. *Machine Learning, 95*(3), 357–380.

Kosinski, M., Stillwell, D., & Graepel, T. (2013). Private traits and attributes are predictable from digital records of human behavior. *Proceedings of the National Academy of Sciences, 110*(15), 5802–5805.

Labrinidis, A., & Jagadish, H. V. (2012). Challenges and opportunities with big data. *Proceedings of the VLDB Endowment, 5*(12), 2032–2033.

Lane, J. (2016). Big data and anthropology: concerns for data collection in a new research context. *Journal of the Anthropological Society of Oxford, 3*(1), 74–88.

Mahmoodi, J., Leckelt, M., van Zalk, M. W., Geukes, K., & Back, M. D. (2017). Big Data approaches in social and behavioral science: four key trade-offs and a call for integration. *Current Opinion in Behavioral Sciences, 18*, 57–62.

Marcus, B., Machilek, F., & Schütz, A. (2006). Personality in cyberspace: personal Web sites as media for personality expressions and impressions. *Journal of Personality and Social Psychology, 90*(6), 1014–1031.

Mayer-Schönberger, V., & Cukier, K. (2013). *Big data: A revolution that will transform how we live, work, and think*. New York: Houghton Mifflin Harcourt Publishing Company.

Park, G., Schwartz, H. A., Eichstaedt, J. C., Kern, M. L., Kosinski, M., Stillwell, D. J., Ungar, D. J., Seligman, M. E., & Martin, E. P. (2015). Automatic personality assessment through social media language. *Journal of Personality and Social Psychology, 108*(6), 934-952.

Qiu, L., Lin, H., Leung, A. K., & Tov, W. (2012a). Putting their best foot forward: emotional disclosure on Facebook. *Cyberpsychology, Behavior, and Social Networking, 15*(10), 569-572.

Qiu, L., Lin, H., Ramay, J., & Yang, F. (2012b). You are what you tweet: personality expression and perception on Twitter. *Journal of Research in Personality, 46*(6), 710-718.

Quercia, D., Lambiotte, R., Stillwell, D., Kosinski, M., & Crowcroft, J. (2012, February). The personality of popular facebook users. In *Proceedings of the ACM 2012 conference on computer supported cooperative work* (pp. 955-964). Seattle, DC.

Ross, C., Orr, E. S., Sisic, M., Arseneault, J. M., Simmering, M. G., & Orr, R. R. (2009). Personality and motivations associated with Facebook use. *Computers in Human Behavior, 25*(2), 578-586.

Schwartz, H. A., Eichstaedt, J. C., Kern, M. L., Dziurzynski, L., Ramones, S. M., Agrawal, M., Shah, A., Kosinski, M., Stillwell, D., Seligman, M. E., & Ungar, L. H. (2013). Personality, gender, and age in the language of social media: the openvocabulary approach. *PLOS ONE, 8*(9), 1-16.

Skowron, M., Tkalčič, M., Ferwerda, B., & Schedl, M. (2016). Fusing social media cues: personality prediction from Twitter and Instagram. In *Proceedings of the 25th international conference companion on world wide web* (pp. 107-108). Geneva, Switzerland: International World Wide Web Conferences Steering Committee.

Stachl, C., Au, Q., Schoedel, R., Buschek, D., Völkel, S., Schuwerk, T., Oldemeier, M., Ullmann, T., Hussmann, H., Bischl, B., & Bühner, M. (2019, June 12). Behavioral patterns in smartphone uage predict Big Five personality traits. Retrieved from https://doi.org/10.31234/osf.io/ks4vd.

Thompson, A. (2016, December 8). Journalists and Trump voters live in eparate online bubbles, MIT analysis shows. *Vice News*. www.vice.com/en_us/article/ d3xamx/journalists-and-trump-voters-live-in-separate-online-bubbles-mitanalysis-shows

Vazire, S., & Gosling, S. D. (2004). e-Perceptions: personality impressions based on personal websites. *Journal of Personality and Social Psychology, 87*(1), 123-132.

Xu, R., Frey, R. M., Vuckovac, D., & Ilic, A. (2015). Towards understanding the impact of personality traits on mobile app adoption - a scalable approach. In *Proceedings of the 23rd European conference on information systems* (pp. 1-12). Münster, Germany.

제10장

평가의 미래

- 도입
- 미래 평가 기술과 마케팅
- 징글쟁글 효과를 인식하라
- 비교하고 대조하라
- 회의론자의 반응
- 결론

10

평가의 미래

도입

기술적 · 사회적 · 경제적 · 법적 힘이 사람 평가의 미래에 어떤 영향을 미칠 것인가? 평가 및 선발 산업은 기술 변화와 연구자들의 기술 검증 노력을 어떻게 받아들이고 있는가?

기술 발전과 인터넷이 우리의 일상생활에 점점 파고들고 있다. 이런 흥미로운 시기에 우리는 평가를 최적화하고 혁신할 새로운 방법들을 찾고 있다. 더 저렴하고, 더 정확하며, 모든 종류의 편견이 줄어들 것이다.

새로운 기술에는 스마트폰 및 모바일 감지, 외래 평가(ambulatory assessment) 및 생태적 순간 표집(Ecologizal Momentary Sampling), 텍스트 마이닝(예: 트위터 또는 페이스북), 센서 및 웨어러블, 가상 및 증강 현실이 포함된다.

평가에서는 '어떻게'가 아니라 '무엇'이 핵심 질문이다. 즉, 사람이 얼마나 열심히 일하는지, 스트레스에 잘 대처하는지, 성실성을 가지고 있는지 등 우리가 예측하고 이해하려고 하는 것이 무엇인지가 중요하다. 평가에 관심이 있는 사람들은 종종 변하지 않는 '무엇'에 대한 질문보다는 변하는 '어떻게'라는 질문에 더 신경을 쓰는 것처럼 보인다.

마찬가지로, 자료를 수집하고 정제하는 새로운 방법이라는 데 열광하기보다는 우리가 정말로 필요로 하는 새롭고 관련성 있는 추가 정보를 더 많이 제공하는지를 확인하는 것이 중요하다. 선발 사업과 관련된 많은 사람은 기술 덕분에 자료 해석보다 자료 수집의 혁신을 꾀할 수 있다는 것을 알게 되었다. 그렇다면 심리측정적으로 타당한 자료를 수집하는 사람들은 그것을 현명하게 사용하는 방법을 알고 있는가, 아니면 자동화된 헤드헌팅에 불과한가?

학자들은 서로 다른 특성들(성실성과 신경증)이 어떻게 상호작용하는지에 관심을 갖고 있으며, 필연적으로 더 미묘하고 더 복잡한 해석을 제시한다. '어떻게'에 대한 질문과 마찬가지로, '무엇'에 대한 질문도 점점 정교해지고 있다.

세계가 더 많이 교류하고 개발도상국에서 선진국으로의 이동이 많기 때문에, 교차 문화적 타당도에 대한 의문이 제기된다. 예를 들어, 심리적 구성개념이 문화에 따라 어떻게 바뀌고 그것이 평가도구의 타당도에 어떤 영향을 미치는지와 같은 것이다. 이 문제는 다양한 문화권의 사람들을 진단하고 선발해야 하는 국가에서 특히 중요하다. '특정 평가 기법이 문화적 영향을 받기 쉬운가, 그리고 우리가 그것에 대해 무엇을 할 것인가?'와 같은 문제들이 있다.

어떤 평가 기법을 사용하든 전보다 많은 법적 결과를 초래하기 때문에 선발의 예측 타당도를 입증하는 것이 더 중요해졌다. 신기술(AI 알고리즘)을 사용하는 사람들은 많은 소송을 예상해야 하며 예측 타당도를 기반으로 방어할 준비를 시작하는 것이 좋다.

신기술이 폭이나 깊이를 향상시키느냐 하는 문제도 있다. 물론 평가를 구매하는 사람들은 예측 타당도에 가장 관심이 많지만, 좋은 팀 구성원이 될 수 있는지, 좋은 리더가 될 수 있는지, 충분히 전략적인지와 같은 다른 문제에 대해서도 생각하기 시작하였다.

50년, 25년 혹은 심지어 10년 전에 비해 상황이 어떻게 달라졌을까? 우리는 아직도 다양한 방법을 사용하고 있는데, 그 이유는 무엇인가? 빅 데이터, 신경과학 및 AI라는 멋진 신세계는 우리가 사람들을 평가하는 방식을 어떻게 완전히 바꿀 것인가? 범죄 이력이나 병력과 같이 인터넷 및 조직 데이터 뱅크에서 검색할 수 있는 정보는 무엇인가? 지나치게 과장된 것으로 판명난 것은 무엇이고 앞으로는 어떨 것인가?

사람에 대한 심리적 평가에는 많은 발전이 있다(Bersin & Chamorro-Premuzic, 2019). 이제 지원서, 면접, 추천서 등 기존의 3종 세트는 시대에 뒤떨어진 것 같다. 심지어 온라인으로 하는 성격검사도 마찬가지이다. 기술은 타당도와 상관없이 유행을 타거나 사라진다.

더 빠르고, 더 싸고, 더 정확하고, 거짓 응답을 막는 평가 방법이 필요해졌다. 두개골 모양부터 내면의 생각이 무엇인지 개인의 다양한 측면을 측정해야 한다는 요구도 있었다. 대중 매체들은 새로운 모바일 기술을 기반으로 한 새로운 검사를 소개하면서 기존의 자기 응답이나 면접을 어떻게 대체했는지 보도하고 있다. 많은 논평가는 직장 내 개인을 보다 정확하고 세밀하게 평가하기 위해 모바일 기기(Arthur et al., 2014; Ilingworth et al., 2015; Morelli et al., 2014)와 빅 데이터(Guszcza & Richardson, 2014)의 사용에 대해 논의했다.

근본적인 변화가 있었는가?

1. **우리가 평가하려는 것:** 답은 '아니오'인 것처럼 보인다. 평가도구를 선택하는 사람들은 개인의 능력, 성격, 동기와 더불어 정직성과 건강에도 여전히 관심이 있다. 새로운 개념이 자주 등장하지만, 사람들이 평가하려는 것의 근본적인 특징에는 큰 변화가 없었다.
2. **개인을 평가하는 방법:** 과거에 사용된 것보다 우수한 새로운 측정 기술의 개발에 관한 것이라면, 항상 큰 변화가 있었고 여전히 변화가 있을 것이다.
3. **평가에 소요되는 비용:** 선발자들이 비용 대비 신뢰도와 타당도를 신경 쓰는 것처럼 보이지만, 필연적으로 가장 비용 효율적인 방법을 원한다. 이와 관련된 질문은 조직 예산과 관련된 것으로, 일부 조직에서는 선발 오류의 비용을 깨닫고 더 나은 평가와 선택을 위해 더 많은 비용을 지출할 용의가 있는 것으로 보인다.
4. **평가가 허용되는 것:** 법률적인 이슈가 많아지고 있는데, 많은 질문과 세부사항들이 차별 금지법과 관련될 수 있으므로 질문하는 것이 바람직하지 않고 법에 위배될 수 있다. 이것은 다양한 정치적 요인에 따라 국가마다 다르다.
5. **평가 주체:** 기업이 평가를 전문가에게 아웃소싱해야 하는지, 아니면 사내에서 해야 하는지에 대한 것이다. 대체로 이 문제는 무엇을 평가하고 어떻게 수행되는지에 따라 다르다.
6. **평가 자료의 사용:** 자료가 복잡하고 정교한 알고리즘에 입력되는가, 아니면 개인 또는 소규모 팀에 의해 주관적으로 사용되는가? 검사 도구와 의사결정을 검증하는 데 저장 및 사용하고 있는가? 이것은 사전에 결정되어야 한다.
7. 평가 자료가 개인에게 피드백되거나 HR에서 교육 프로그램을 개발하는 데 사용되는가? 이것은 평가가 여러 가지 용도로 사용될 수 있음을 의미한다.
8. 자료를 어디에 저장하고 누가 접근할 수 있는가? 지난 10년 동안 '클라우드' 스토리지 및 서버 회사가 많아지면서 개인정보 보호 및 스토리지 법률(GDPR)이 크게 증가하였다.

모든 세대의 연구자는 프로세스를 설명하고 당대의 평가 기술을 활용하려고 시도했다. 20세기에 가장 유명한 성격 이론가인 Hans Eysenck와 Raymond Cattell은 성격을 측정하는 새로운 방법들을 시도하고 개발하였다. Eysenck는 생물학(레몬즙 검사), 전기(EEG 기술), 기계적 작업(로터 추적 과업, pursuit rotor task)을 기반으로 다양한 방법을 탐구했고, Cattell은 성격의 '객관적인' 측정에 대한 두꺼운 책을 집필했다. 뇌 스캔 같은 현재의 기술은 사람들을 더 많이 더 정확하게 평가할 수 있는 기회를 제공할 것이다(Farr & Tippin, 2017; Finn et al., 2015).

거의 20년 동안 연구자들은 성격 연구를 위한 인터넷 사용 가능성에 주목해 왔다

(Buchanan & Smith, 1999). Chapman과 Webster(2003)는 이미 15년 전에 온라인을 사용한 새로운 평가 기술이 효율성 향상, 새로운 선별 도구 사용, 비용 절감, HR 시스템 표준화, 지원자 풀 확장, 조직 이미지 홍보 및 지원자 편의성 증대에 도움이 된다고 제안하였다. 이제 웹에서 굉장히 많은 사람을 추적하고 다양한 프로파일을 구축하고 있지만 고전적 혹은 현대적 성격 이론에 근거해서 하지 않는 회사들이 있다.

그러나 이러한 발전에는 의도치 않은 결과와 영향도 있다. 인터넷 사용으로 지원자 수가 많아졌는데, 자격 미달이거나 해외 지원자까지 증가하고 있다. 요구되는 자격이나 경력, 거주지가 먼 사람들도 편리하고 신속하고 간편한 온라인 시스템을 통해 쉽게 지원할 수 있다. 그래서 부적절한 지원자가 많아질 수밖에 없다. 평가자와 피평가자 모두 필요하다고 생각하는 직접적인 대면 접촉도 없어지고 있다. 제한된 시간 내 능력을 발휘해야 하는 능력검사의 경우 부정행위에 대한 우려가 더 크다. 또한 온라인 검사를 수행할 기술을 사용할 수 없는 특정 집단에게 미치는 불리효과에 대한 우려가 여전히 남아 있다.

현재의 기술, 특히 뇌 스캐닝(7장 참조)은 개인차를 연구할 수 있는 더 좋은 기회를 제공할 것이다. 지난 10년 동안 직장에서 많은 신기술을 적용하고 있으며, 그 중 일부는 성격 평가와 인사 선발에 관한 것이다. 선발을 위한 소셜미디어 분석부터 직원 개발을 위한 빅 데이터 마이닝에 이르기까지 구직자와 회사 모두를 평가할 수 있는 새롭고 타당하며 효율적인 방법을 개발하는 데 관심이 많다.

2010년에 Stamper는 미국 설문조사를 바탕으로 채용 관리자의 45%가 SNS에서 찾은 정보를 채용 결정에 사용하고 있다고 보고했다. 그중 35%는 SNS에서 찾은 정보에 근거해 최소 한 명의 지원자도 채용하지 않았다고 했다. 또한 설문조사에 참여한 Forbes Global 2000 기업(2013)의 70% 이상이 마케팅 및 고객 유지를 위해 게임화와 같은 기술을 사용할 의향이 있다고 응답했다.

Chamorro-Premuzic 등(2016)은 HR의 인재 선발이 직무 면접, 평가센터, 인지능력 검사, 성격검사, 생체 자료, 상황판단검사(SJT), 360도 피드백 평가, 이력서, 추천서, 상사의 수행 평가 등 전통적인 평가 방법에서 어떻게 변하고 있는지 보고하였다. 그들은 인재 선발의 네 가지 주요 신기술을 확인하였다. 디지털 면접 및 음성 프로파일링, 소셜미디어 분석, 웹 스크래핑 및 텍스트 분석, 내부 빅 데이터와 인재 분석 및 게임화가 포함된다.

또한 "프로파일링 도구를 개인이 볼 수 없게 되고 구직자나 현직자들의 의도적인 관심을 필요로 하지 않을 것이다. 대부분의 사람들은 이미 프로파일링되어 있을 것이고, 그렇지 않은 경우 상호작용하는 재미있는 게임 등을 포함한 다른 활동에 참여하여 세밀하게 평가하는 방식으로 운영할 것이다."(p. 39)라고 예측했다. 그러나 이런 방법 중 일부는 학술 연구가 거의 없거나 전혀 없으므로 도구의 타당도와 신뢰도가 아직 확립되지 않았다는 점에 유의해야 한다(Winsborough & Chamorro-Premuzic, 2016).

미래 평가 기술과 마케팅

게임화된 제품 및 기타 제품을 선호하고 판매하는 사람들은 많은 고용주가 엄청난 지원서에 압도당하고 있다고 말한다. 당연히 그들은 이력서 심사와 인터뷰와 관련된 시간과 비용을 줄이고 싶어 한다. 지원자를 구분할 수 있는 명확하고 공정한 방법이 필요하다고 생각한다. 더 중요하게 다양성과 포용성에 초점을 맞춘 방법을 원한다. 게다가 지원자들이 훌륭한 경험을 할 수 있기를 원한다. 게임화 같은 신기술을 옹호하는 사람들은 아이디어와 제품을 팔기 위해 다음과 같은 캐치프레이즈를 사용한다.

차세대 기술
21세기 세대
더 깊이 파고든다, 더 많이 밝혀낸다
신경과학의 힘, 최첨단
더 다양한 선택
진짜, 현실 세계
파괴적
흥미롭고 새롭고 다르다

게임 기반 평가(Game-Based Assessment: GBA)와 관련된 사람들은 모두 지원자들이 전통적인 심리측정법보다 GBA의 경험을 더 긍정적으로 받아들인다고 주장한다. 그렇지만 Landers 등(2020)의 최근 논문에서 GBA 버전의 상황판단검사가 채용 회사의 기술적 정교함에 대한 지원자들의 인식을 향상시킬 뿐, 조직의 매력에 대한 더 긍정적인 지원자 경험, 태도 및 인식으로 이어지지는 않았다는 것을 확인하였다.

또한 GBA의 일부 지지자들은 선발 과정에서 탈락하는 지원자의 수를 감소시키기 때문에 지원자의 경험이 더 좋다고 주장한다. 즉, 지원자가 일반적인 심리측정을 완료할 만한 성향이 아니거나 집중력이 없다는 것이다. 이것은 전통적인 심리측정 평가를 '어려워하는' '밀레니얼 세대'를 의미한다. 그렇다면 전통적인 심리측정을 완료할 동기나 집중력이 없는 지원자가 선발될 자격이 있는가? 회사 입장에서는 탈락시켜야 선발에 소모하는 시간을 절약하게 된다.

어떤 사람들은 게임 기반 평가 기술이 심리측정적으로 더 괜찮고 예측 타당도가 있다고 말한다. 더 오래 전부터 사용되었고 검증된 방법보다 더 정확하다는 것이다. 그들은 자신들의 새로운 방법이 실제로 '오래된 방법'의 문제점(예: 인상관리)의 감소나 회피로 이어진다고 제안한다. 즉, 새로운 방법은 전통적인 방법들이 갖고 있는 몇 가지 문제들을 극복한 것으로 본다.

또한 새로운 방법들이 지원자들에게 더 나은 경험을 제공한다고 제안했다. 즉, 지원자들은 전반적으로 더 긍정적인 경험을 한다. 물론 이것은 평가 및 선발을 수행하는 검사자와 회사를 더 좋게 홍보하는 결과를 가져온다. 그들은 이러한 방법들이 더 최신이고, 더 공정하고, 더 참여적이며, 검사를 선택하는 사람들이 이런 점들을 잘 알고 있다고 주장한다.

이 분야의 연구자들은 포괄적이고 중요하며 세부적인 업무 결과를 측정한 표본을 많이 확보하기 어렵기 때문에 평가 기법을 검증하는 것이 매우 어렵다는 것을 알고 있다. 젊은 연구자들은 조직이 직원 평가 자료를 거의 갖고 있지 않은 것처럼 보여서 놀란다. 신기술을 옹호하는 사람들은 타당도가 개선되고 있다고 주장하지만, 아직은 의심스러워 보인다.

징글쟁글 효과를 인식하라

징글쟁글 오류(jingle-jangle fallacy)는 서로 다른 두 개가 이름이 같거나 매우 유사하기 때문에 동일하다고 생각하거나(징글 오류) 혹은 두 개의 동일하거나 매우 유사한 개념이 서로 다른 이름을 가지고 있기 때문에 다르다고(쟁글 오류) 생각하는 것이다. 이런 오류는 모두 검사 내용이 아니라 이름이나 브랜드에 주의를 기울이기 때문에 생겨난다.

심리측정 학자들은 쟁글 오류는 이름이 다른 두 검사가 서로 다른 구성개념을 측정한다고 가정하는 것이고, 반면에 징글 오류는 이름이 같은 두 척도가 동일한 구성개념을 측정한다고 가정함을 설명한다.

어떤 것이 징글 오류이고 그 이유는 무엇인지, 또 어떤 것이 쟁글 오류이고 그 이유는 무엇인지 파악하는 것이 중요하다. 심리검사의 세계는 가믈란 오케스트라(gamelan orchestra[1])보다 더 떠들썩하다. 우리가 사용하는 단어들을 연구한 어휘 심리학자들은 다양한 언어로 성격을 설명하기 위해 사용하는 단어들이 5~7개 개념밖에 되지 않는다는 증거를 확인했다.
유행이 변하기 때문에 아이디어와 측정치들을 다시 검토하는 것이 필요하다. 오래된 검사와 아이디어를 가지고 좀 더 좋은 것으로 만들 수 있다. 물론 많은 사람이 그렇게 하고 있다. 징글 오류를 선호하는 것은 검사를 개발하는 회사들이다.
이것은 유명하고, 비싸고, 잘 알려진 제품을 독점하고 있는 컨설팅과 검사 업계나 분야에서 일어날 수 있다. 징글러는 시장을 장악하기 위해 매우 유사하고 훨씬 저렴한 버전을 제공한다. 심리측정 학자와 관리자 모두에게 중요한 질문은 검사의 타당도이다.

비교하고 대조하라

학계, 컨설팅 심리학자 및 신생 기업가들은 신기술이 제공하는 기회를 활용하여 사람들을 보다 정확하고, 쉽고, 저렴하게 평가하려고 한다. 많은 사람이 그 분야에서 얼리 어답터들이고, 실제로 개척자들이다. 또 어떤 사람들은 클라이언트 요구에 맞춰 심리측정의 최첨단에 있음을 보여 주는 새로운 도구와 기술을 연구하고 사용해야 한다는 것을 알고 있다(Furnham, 2018). 기본적으로 다수의 사람들이 후자에 속하지만, 어떤 사람들은 심리측정의 최신 트렌드에 뒤처질 수도 있다. 많은 사람이 겪고 있는 문제는 약속한 것을 이행하지 못하고 실제로 추가적인 문제들을 유발하는 기술에 시간과 돈을 투자하는 것이다.

〈표 10-1〉 이전 기법과 새 기법의 비교

오래된 방법	새로운 도구	평가된 차원
인터뷰	디지털 면접 음성 프로파일링	전문성, 사회적 기술, 동기부여 및 지능
바이오 데이터 관리자 평가	빅 데이터(내부)	과거 성과, 현재 성과

1 가믈란(Gamelan)은 재료, 음악 및 기능이라는 3가지 중요한 측면을 반영한다. 가믈란은 인도네시아의 타악기 오케스트라이다. 가믈란 오케스트라는 대부분 손으로 단조(鍛造)한 청동, 황동, 철 등의 금속으로 만든 일련의 전통악기 세트로 구성된다.

IQ/상황판단검사	게임화	지능, 직무 관련 지식, 성격 5요인 및 다른 성격 특성
자기보고	소셜미디어 분석	성격 5요인 및 가치
이력서, 추천서	직업 관련 소셜 네트워크	경험, 과거 성과, 기술적 스킬 및 자격
360도 평가	크라우드소싱	성격 특성, 역량, 평판

법률 및 차별 관련 이슈들에도 변화가 생기고 있다. 검사 관리와 채점 방식이 변하고 있다. 검사도구를 시장에 출시하는 방식도 변하고 있다.

Chamorro-Premuzic 등(2016)은 기존 기법과 새로운 기법을 비교하였다(〈표 10-1〉). 그들은 다음과 같이 결론을 내린다.

> 일상적인 행동이 기록되는 초연결 세상에서는 유례없이 많은 양의 자료를 사용하여 인간의 잠재력을 평가할 수 있다. I-O 심리학자들은 우리의 디지털 생활방식이 연구 방법, 연구 결과 및 관행에 미칠 영향을 인정할 필요가 있다. 이러한 방대한 자료와 분석 기술의 진전이 인재 선발 프로세스를 근본적으로 바꿀 것이다. 우리가 검토한 결과에 따르면, 몇 가지 핵심 사항이 있다. 첫째, 인재임을 알 수 있는 더 많은 신호를 사용할 수 있다. 둘째, 이러한 새로운 신호가 약하거나 잡음이 있더라도, 추가 정보를 제공하고 유용할 수 있다. 셋째, 새로운 분석 도구와 계산 능력이 계속 나오고 강화될 것이며, 이것들이 새로운 부가적인 신호(signals)로서 다양한 맥락에서 행동 예측을 개선하고 정교화할 수 있다. 만약 부가적인 신호로 기능하지 않더라도, 이러한 신호들의 하위 집합이 수행을 더 구체적으로 예측할 수 있을 것으로 예상한다. 즉, 계산 능력과 방대한 수의 데이터로 준거와 예측변인 간의 더 큰 관련성을 찾아낼 것이다. 이것이 타당도가 궁극적으로 추구하는 목표이다.
>
> (p. 633)

마지막으로, 그들은 대부분의 혁신이 아직 설득력 있는 수준의 타당도를 입증하지 못했다고 지적한다. 과학이 찾아내는 것과 HR 실무자가 찾아내는 것 사이에는 상당한 차이가 있다. 또한 과학의 역사는 많은 사람이 알고 있는 것보다 훨씬 더 모험적이고 우연한 발견 중 하나이다. 경험주의는 종종 놀랍도록 유용한 결과를 만들어 왔다. 평가 프로세스에는 두 가지 근본적인 질문이 있다. ⓐ 무엇을 평가해야 하는가? ⓑ 어떻게 평가해야 하는가?

Chamorro-Premuzic 등(2017)은 HR 담당자를 대상으로 한 또 다른 논문에서 다음과 같이 결론을 내렸다.

> 우리는 인재의 데이터화로 얻는 이익을 옹호하지만, 새로운 인재 선발 접근법의 한계와 부정적 결과를 고려하는 것도 중요하다. 새로운 도구를 직장에 적용하기 시작하는 시점에 해결해야 할 세 가지 문제가 있다. ⓐ 데이터 소유 및 공유에 대한 명확한 경계를 설정해야 한다. ⓑ 데이터 개인정보보호 및 접근 권한에 대해 합의하고 투명해야 한다. ⓒ 데이터를 윤리적으로 사용해야 한다. 규제 기관은 이미 전통적인 심리 평가 사용의 문제와 관련된 모범 사례를 이미 갖추고 있지만, 데이터, 기계 학습 및 인간행동의 교차 특성을 고려하면서 HR 및 조직심리학을 넘어 이러한 지침을 업데이트하기 위해 해야 할 일이 많이 남아 있다.
>
> (p. 15)

이 분야에는 학계와 비학술 분야 모두 많은 투기꾼과 미래학자가 있는데, 후자는 종종 과학 저널리스트, 실무자, 컨설턴트이다. 학자이자 검사도구 출판인인 McHenry(2017)가 그중 한 사람이다. 그는 심리측정 검사의 미래에 대해 다섯 가지 주장을 했다.

> 1. 직원 평가를 할 때 컴퓨터 대신 스마트폰을 사용할 것이다.
> 2. 고품질의 심리측정 검사 서비스는 소비자에게 직접 판매될 것이다.
> 3. 성격에 관한 신경과학의 발전은 어떤 것이 가장 타당한 개인차인지, 어떻게 하면 가장 잘 측정할 수 있는지를 밝혀 줄 것이다.
> 4. 빅 데이터와 새로운 형태의 디지털 이력서를 결합한 디지털 배지 운동(digital badging movement)[2]을 통해 현재 사용되는 고부담(high-stakes) 검사들의 필요성이 줄어들고 있다.
> 5. 가까운 미래에 직원 개발의 기본 정보는 심리측정 검사가 아닌 웨어러블 기기에서 만들어진 자료에서 얻을 것이다.
>
> (p. 268)

---

2 디지털 배지(digital badging)는 특정 영역에서 개인의 성취, 스킬, 역량을 디지털로 표현하고 검증하는 시각적 방법이다. 디지털 배지를 사용하면 조직은 구직자의 기술과 자격을 빠르고 쉽게 평가할 수 있고, 특정 역할에 가장 적합한 후보자를 더 쉽게 식별할 수 있다(예: 링크드인의 skill endorsement).

비슷한 맥락에서 Iliescu와 Greiff(2019)는 검사 관행 및 정책 관련 기술의 영향을 검토하면서 네 가지 관찰 내용을 제시하였다.

ⓐ 최신 기술과의 통합이 없다면, 우리가 알고 있는 검사는 사라질 수도 있다. 그러나 마찬가지로 기술 통합으로 인해 검사가 사라질 수도 있다.
ⓑ 심리검사를 통해 계속 자료를 얻겠지만, 다른 목적을 위해 일상적으로 수집되었던 기존 자료를 우선적으로 사용하기 시작할 것이다.
ⓒ 심리검사가 기술 기반의 프로파일링 및 예측보다 '더 낫다'고 할 만한 명확한 기준이 없다.
ⓓ 사회에서 더 두각을 나타내고자 한다면, 앞으로 심리검사에 대해 적극적으로 옹호하는 것이 매우 중요하다(p. 151).

Woods 등(2020)은 가장 포괄적인 최신 리뷰 중 하나인 '디지털 시대의 인력 선발'에서 2010~2020년의 최근 연구를 모두 검토했다. 그들의 관심은 디지털 선발 절차(Digital Selection Procedures: DSP)와 주요 응용 프로그램 및 새로운 증거에 맞춰졌다. 그들이 확인한 것은 다음과 같다.

> 디지털 기술은 유연하고 쉽게 업데이트되고 적용되므로 사용자, 클라이언트 및 다른 사용자의 정보를 사용하여 소프트웨어 또는 온라인 시스템의 기능을 신속하고 지속적으로 개선할 수 있다. 신속하게 구성할 수 있는 디지털 평가의 특성으로 인해 도구 제작부터 기법이나 방법론에 대한 통찰의 지속적인 축적에 이르기까지 타당화에 접근하는 방식이 근본적으로 바뀔 것이다.
>
> (p. 71)

그들은 새로운 기술과 기존 방법의 적용에도 관심이 있었다. 온라인 검사 방법에는 다음과 같은 많은 응용 프로그램이 있다.

> 지원자를 고르기 위한 목적으로 온라인 지원서를 사용하는 것은 채용 주기를 단축하여 효율성을 높이고 선발 비용을 크게 줄일 수 있는 동시에 지원자 풀을 확장할 수 있다. 또한 온라인 지원서 처리의 객관성을 보장하고 특정 집단의 잠재적인 불리효과를 감소시키는 데 더 효과적인 것으로 나타났다. 그러나 다른 연구자들의 리뷰 문헌에서는 온라인 지원서의 타당도에 대해 거의 밝히지 않았다.
>
> (p. 45)

또한 온라인 검사를 AI 기술과 결합하여 알고리즘에서 미리 설정된 기준을 사용하여 최적의 후보를 선발할 수 있다(교육, 직무 경력으로 측정). 그들은 기존의 방법과 새로운 방법(온라인 대 지필검사, 감독이 있거나 감독이 없는 방법) 및 다양한 검사(성격 대 지능)를 비교하는 많은 연구를 자세히 살펴보았다. 대부분 방법 간의 차이가 없었다. 그러나 검사에서의 대리 응답이나 부정 응시가 있다는 것을 언급하였다. 게다가 지원자들이 종종 전통적인 방법보다 인터넷 검사를 선호한다는 점에 주목했다.

상황판단검사의 새로운 발전 측면에서 보면 기존의 서면 방법보다 비디오 사용이 작업 성과의 더 타당한 예측변인이라는 증거가 있다. 비디오를 녹화하거나 미리 정해진 질문에 디지털로 응답하는 디지털 면접에 대한 관심이 늘어나고 있다. 그러나 연구에 따르면 지원자들은 이러한 기술을 좋아하지 않으며, 시간이 지나면 바뀔 수도 있지만 전통적인 방법보다 덜 공정하고 덜 엄격하며 '더 소름끼치고 덜 개인적인' 것으로 여긴다.

또한 Woods 등(2020)은 게임화된 평가가 '재미, 투명성, 도전 및 상호작용'을 촉진하면서 거짓 응답과 사회적 바람직성을 줄일 수 있다고 주장한다. 그러나 그들은 다음과 같이 결론 짓는다.

> 놀랍게도, 실제로 게임화된 평가가 화제가 되고 있지만, IWO[Industrial, Work and Organisational] 심리학 문헌에서 게임화된 평가의 구성 타당도와 지원자 반응에 대해 출판된 문헌은 거의 없다.
>
> (p. 68)

다음으로, 그들은 디지털 발자국을 수집하기 위해 소셜미디어와 네트워크 사이트를 사용하는 것과 관련하여 직무 경험 및 직무 외 경험, 사회적 자본 및 지식 업데이트에 대한 관심과 같이 업무 성공을 예측하는 것처럼 보이는 정보를 수집하는 것이 가능하다는 점에 주목한다. 그러나 그러한 프로파일을 사용할 때 주의가 필요하며, 정확도, 타당도, 개인 정보 사용, 규정 준수 절차 및 기타 중요한 문제에 대해 많은 우려를 제기하고 있다. 또한 사람들이 취업 기회를 높이기 위해 소셜 미디어에서 인상관리 전략을 사용할 가능성이 더 높다는 사실을 관찰하였다. 게다가 프로파일 평정에 대한 불리효과로 성별, 연령 및 소수집단 간에 심각한 잠재적 편향 문제를 야기한다.

그들은 우수한 리뷰 논문을 통해 결정적으로 중요한 여러 문제를 다룬다.

- **타당도**: 이것은 분명히 가장 중요한 문제로, 다음과 같이 결론을 내린다.

> 구성 타당도 문제와 함께 현재 DSP(디지털 선발 절차)의 타당도에 대한 문헌에서 가장 중요한 간극이 있다. 즉, 준거 타당도에 대한 동료 심사를 거친 후 발표된 연구가 없다. 우리가 검토한 논문에서, 선발 맥락에서 디지털 형태의 평가의 준거 관련 타당도를 보고한 것은 단 두 개뿐이었다.
>
> (p. 69)

- **불리 효과**: 신기술이 선발에 있어서 사람의 편향을 줄이기 위해 사용될 수 있다고 주장하지만, (AI 기술에 의해) 사회에서 발견되는 편향을 유지하는 경우가 많다.
- **개인정보 보호**: 확실히 사람들은 채용 담당자들이 자신의 모든 온라인 콘텐츠를 확인하려는 생각을 아주 싫어한다. 게다가 법적으로 이의를 제기할 수 있다.
- **디지털 친숙도**: 기술 관련 접근성과 친숙도가 개발도상국의 고령자나 빈곤층을 차별할 수 있어서 디지털 격차가 생긴다.

따라서 그들은 유용한 10가지 연구 주제를 제안하였다.

① DSP의 구성 타당도를 평가하기 위한 적절하고 효과적인 벤치마크는 무엇인가?

② DSP의 신속한 설계, 개선 및 배포를 위해 타당도 증거를 가장 효과적으로 적용할

수 있는 방법은 무엇인가?

③ 다양한 형태의 DSP의 준거 타당도는 무엇인가?

④ 특정 상황에서 DSP가 비디지털 선발 절차보다 타당도가 더 나은가?

⑤ DSP와 비디지털 방법의 조합을 통해 얻는 증분 준거 타당도는 무엇인가?

⑥ DSP의 사용 시 잠재적인 새로운 형태의 불리 효과와 편향의 영향은 무엇이며, 어떤 방식으로 선발의 불공정 문제를 악화시키거나 개선하는가?

⑦ DSP는 채용 조직에 대한 지원자의 반응을 어떻게 조성하는가?

⑧ 투명성을 보장하기 위해 지원자들에게 디지털 선발 결정의 근거를 어떻게 제시해야 하는가?

⑨ DSP에 대한 지원자의 반응을 개선하기 위해 조직이 고려해야 할 윤리적 및 개인정보보호 고려사항은 무엇인가?

⑩ DSP에 대한 지원자의 반응에 세대별 또는 기타 관련 인구통계학적 차이가 있는가?(p. 70)

그들의 결론은 다음과 같다.

우리는 과학적 연구보다 DSP의 적용이 빨랐고 일부 영역에서 조직들은 타당도, 불리 효과, 개인정보 보호 또는 지원자에 대한 영향에 대해 다소 눈먼 상태에서 이러한 신기술을 사용하고 있다고 본다. 일부 관련 기술의 발전 속도를 감안하면, 이것은 그리 놀라운 일이 아니다. 지금 요구되는 것은 IWO 심리학에서 연구와 실천 사이의 재정렬 시기이다. 즉, 직원 선발 관련 DSP에 대한 응용 연구 노력을 통해 이런 우려를 파악하고 해결할 수 있어야 한다. 디지털 기술의 발전 속도에 비해 연구 속도는 점점 더 느려지고 있다. DSP의 증가는 이러한 긴장을 보여 주는 가장 두드러진 초기 징후 중 하나이다. 선발 실무에서 연구 증거 기반을 유지하기 위해서 최신의 실행과 관련이 있는 활용할 만한 연구 결과를 만들어내는 방법이 필요하다. 그러나 이 문제는 선발 관련 연구에만 국한된 것이 아니라, 오히려 기업과 경영 전반에 걸친 디지털 기술의 영향을 반영한다. 이러한 요구를 충족시키기 위해서는 심리학자들이 여러 분야의 인식, 기술, 과제에 대한 새로운 학습과 심리학자들이 만들어낼 수 있는 이점(심리학과의 협력 시 얻는 인센티브)을 명확하게 알아야 한다. 그렇게 하면서 디지털 시대에 적응하면, 선발 연구자들은 과거와 마찬가지로 IWO 연구와 실행 도구, 방법 및 프로세스의 개발을 주도하고, 향후 조직에서 지속적인 영향과 관련성을 보장할 수 있는 기회를 갖게 된다.

(p. 74)

회피론자의 반응

Sherman(2019)은 Psychology Today의 블로그에서 다음과 같이 말하고 있다.

> 나는 거의 매주 시장에 진입하는 새로운 심리 평가 회사에 대해 알아본다. 회사마다 다르지만, 많은 사람이 같은 이야기를 한다. 첫째, 채용에 실패했고, 성격검사가 더 이상 작동하지 않았으며, 시대에 뒤떨어진 방식으로 채용하고 있다. 둘째, 회사가 답을 가지고 있다. 마지막으로, 심리 평가 회사들이 마케팅 연막을 사용하고 있다. 예를 들면, 고객들을 혼란스럽게 하고, 잘못된 안내를 하며, 정교한 기술 발전 목록들을 들이밀면서 뭔가 놓치고 있다고 느끼게 한다. 여러분이 놓치고 있지 않은데도, 새로운 회사들이 사용하는 일반적인 마케팅 트렌드에 현혹된 것처럼 보인다. 나는 여기서 사람들이 그런 문제에 빠지지 않도록 다음과 같은 트렌드를 제시한다.

트렌드 #1: 신경과학

어떤 회사들은 컴퓨터 화면에서 깜박이는 물체에 얼마나 빨리 반응하는지 측정하고 자신들의 평가가 신경과학에 기초한다고 말한다. 신경과학은 신경계의 구조와 기능을 연구하는 학문이다. 이러한 광범위한 정의(definition)는 논쟁의 여지가 있지만, 실제로 신경과학은 개별 뉴런과 뇌(즉, 많은 양의 뉴런)의 기능에 관한 것이다.

트렌드 #2: 빅 데이터 및 딥 러닝

어떤 회사들은 빅 데이터를 축적하고 기계학습이나 인공지능을 활용하여 인재에 대한 통찰을 얻는다고 자랑한다. 그러나 자세히 살펴보면, 이 회사들이 수집하는 대부분의 자료는 쓸모가 없다는 것을 알 수 있다. 심지어 그것을 사용하지도 않는다. 예를 들어, 10분 평가에서 수백만 번의 마우스 움직임, 키보드 입력 및 응답 시간을 측정할 수 있다. 하지만 이 자료들이 결과를 만들어 내는가? 이 자료들이 무엇을 예측하는가? 당신이 질문에 대답하기 전에 마우스를 왼쪽으로 5픽셀 이동하는 것이 점원의 직무와 무슨 관련이 있는가? 증거에 따르면, 이러한 종류의 미세한 움직임은 아무것도 예측하지 못하고 직무와 관련이 없다. 당신이 이러한 평가 회사들을 깊이 파고들면서(그리고 깊이 파고들어야 함) 두 번째로 발견하는 것은 그들이 주장하는 정교한 통계 방법이 새로운 통찰을 제공하지 못한다는 것이다.

트렌드 #3: 게임화

구직자들이 더 즐겁게 평가를 받으면 지원 과정에서 탈락할 가능성이 더 적다는 취지이다. 지원자들이 게임 기반 평가를 좋아한다는 자료가 있지만, 동시에 게임화가 성과 예측을 높이지 않는다는 자료도 있다. 연구 결과에 따르면, 어쨌든 평가 과정에서 중도 탈락한 지원자는 당신의 가장 유력한 지원자가 될 가능성이 낮다. 게다가 때로는 게임 기반 평가라고 주장하지만 전혀 게임화된 것이 아니다. 사실, 대부분은 Go, No-Go[3]와 같은 지루한 심리학 실험실에서 사용할 만한 과제일 뿐이다. 게임 기반 평가의 세계적인 전문가인 Richard Landers 박사는 지루한 과업을 만들어 임의의 포인트 제도를 추가한다고 해서 게임이 되는 것은 아니라고 지적한다.

트렌드 #4: 프로파일 매칭

먼저, 그들은 당신이 고성과자인지 평가한다. 그다음에 평가를 받은 많은 사람들과 고성과자 간의 차별점이 무엇인지 확인한다. 둘 간의 차이가 고성과자 프로파일을 만든다. 표면적으로는 이 접근법이 완벽하게 들리지만, 심각한 결함이 있다. 많은 회사에서 사용하는 프로파일 매칭 접근법이 직관적이지만, 높은 성과와 낮은 성과를 구별하는 적절한 타당도 연구만이 정확한 프로파일을 제공한다. 고성과자에 대한 타당도만 있는 평가에 속지 않아야 한다.

트렌드 #5: 관련 없는 정보 강조

신규 및 기존 평가 회사들은 총 지원자 수, 고용 시간 및 채용 계층의 다양성을 영업 포인트로 강조하는 경우가 많다. 이런 것들을 강조하는 것이 이상한데, 이런 것들이 중요하다면 평가 회사가 필요하지 않다. 문제는 성과에 관한 한 무작위 채용이 효과가 없다는 점이다.

성과와 관련하여 가장 중요하고 유일한 것은 타당도이다. 평가가 성과를 얼마나 잘 예측하는가? 일부 평가는 다른 평가보다 직무 성과를 더 잘 예측하는 것이 현실이다. 타당도를 보여 주거나 강조하지 않는 평가 회사는 아마 없을 것이다. 타당도가 없으면 무관한 특징을 강조할 수밖에 없다. 심리 평가에서 중요한 것은 공정성과 성과 예측, 두 가지뿐이다. 신경과학, 빅데이터 및 게임화를 강조하는 기업은 이런 평가 결과가 직무 성과를 예측하지 못한다는 사실이 아니라 다른 데로 주의를 돌리려고 할 수 있다.

---

3 Go, No Go Test: 억제 조절을 평가하기 위한 간단한 신경학적 검사이다. 반응 시간을 확인하는 과업으로, 해당 과업에서 참가자는 특정한 자극에만 반응(Go)하고, 다른 모든 자극에 대한 반응을 보류(No Go)하는 것이다.

결론

개인차 심리학자들은 전통적으로 능력, 성격, 동기를 평가하는 데 관심이 있다. 학계는 일시적인 유행, 시류, 헛소리로부터 자유롭지 않다. 이러한 논쟁과 문제들 중 일부는 외부인에게는 사소하고 유치하며 무의미해 보일 것이다. 그러나 평가 및 선발 관련 학계와 컨설턴트들은 밀접한 관련이 있다. 많은 학자가 검사도구 출판인과 함께 일하고 있으며, 일부는 자신의 사업도 한다. 결국 그들은 이러한 세계가 시간대, 가치, 심지어 궁극적인 목표까지 다르다는 사실을 다루어야 한다.

게다가 일반인들은 점점 더 '심리학적 지식'이 많아지고 있으며, 많은 사람이 온라인으로 다양한 검사를 해 본다. 그들은 피드백을 받고 전문용어를 배운다. APA와 BPS와 같은 전문가 사회는 검사의 사용과 남용에 더 많은 관심을 가지고 있다.

평가의 미래에 관한 사람들의 태도는 '열광적–비관적' 및 '순진한–회의적'의 두 가지 차원으로 분류할 수 있다. 멋진 신세계를 보고 환영하는 순진한 열광자들과 그것이 표방하는 모든 것을 거부하는 회의적인 비관주의자들이다. 분명히 학계 입장은 (진보를 위해) 열광적이지만, 지나친 주장에 대해서는 회의적이다.

그럼에도 불구하고 평가와 선발 관련 비즈니스에 관심이 있는 사람들에게 특히 흥미로운 시간이다. 1장과 2장에서 언급했듯이, 세상의 많은 측면이 사람을 평가하는 방식에 영향을 미쳤다. 따라서 이 비즈니스에 종사하는 모든 사람은 가용한 다양한 선택지와 각각의 장단점을 알아야 한다. 이런 이유로 이 책을 쓰게 되었다.

참고문헌

Arthur Jr, W., Doverspike, D., Muñoz, G. J., Taylor, J. E., & Carr, A. E. (2014). The use of mobile devices in high–stakes remotely delivered assessments and testing. *International Journal of Selection and Assessment, 22*(2), 113–123.

Bersin, J., & Chamorro–Premuzic, T. (2019). New ways to gauge talent and potential. *MIT Sloan Management Review, 60*(2), 1–7.

Buchanan, T., & Smith, J. L. (1999). Research on the Internet: validation of a World–Wide Web mediated personality scale. *Behavior Research Methods, Instruments, & Computers, 31*(4), 565–571.

Chamorro–Premuzic, T., Akhtar, R., Winsborough, D., & Sherman, R. A. (2017). The datafication of talent: how technology is advancing the science of human potential at work. *Current*

Opinion in Behavioral Sciences, 18, 13–16.

Chamorro-Premuzic, T., Winsborough, D., Sherman, R. A., & Hogan, R. (2016). New talent signals: shiny new objects or a brave new world? *Industrial and Organizational Psychology, 9*(3), 621–640.

Chapman, D. S., & Webster, J. (2003). The use of technologies in the recruiting, screening, and selection processes for job candidates. *International Journal of Selection and Assessment, 11*(2–3), 113–120.

Farr, J. L., & Tippin, N. T. (2017). *Handbook of employee selection*. New York City, NY: Routledge, Taylor & Francis Group.

Finn, E. S., Shen, X., Scheinost, D., Rosenberg, M. D., Huang, J., Chun, M. M., Papademetris, X., & Constable, R. T. (2015). Functional connectome fingerprinting: identifying individuals using patterns of brain connectivity. *Nature Neuroscience, 18*(11), 1664–1671.

Furnham, A. (2018). The great divide: academic versus practitioner criteria for psychometric test choice. *Journal of Personality Assessment, 100*(5), 498–506.

Guszcza, J., & Richardson, B. (2014). Two dogmas of big data: understanding the power of analytics for predicting human behavior. *Deloitte Review, 15*, 161–175.

Iliescu, D., & Greiff, S. (2019). The impact of technology on psychological testing in practice and policy. *European Journal of Psychological Assessment, 35*(2), 151–155.

Illingworth, A. J., Morelli, N. A., Scott, J. C., & Boyd, S. L. (2015). Internet-based, unproctored assessments on mobile and non-mobile devices: usage, measurement equivalence, and outcomes. *Journal of Business and Psychology, 30*(2), 325–343.

Landers, R. N., Auer, E. M., & Abraham, J. D. (2020). Gamifying a situational judgment test with immersion and control game elements. *Journal of Managerial Psychology*. https://doi.org/10.1108/JMP-10-2018-0446

McHenry, R. (2017). The future of psychometric testing. In B. Cripps (Ed.), *Psychometric testing: Critical perspectives* (pp. 269–281). London, UK: Wiley.

Morelli, N. A., Mahan, R. P., & Illingworth, A. J. (2014). Establishing the measurement equivalence of online selection assessments delivered on mobile versus nonmobile devices. *International Journal of Selection and Assessment, 22*(2), 124–138.

Sherman, R. A. (2019, October 17). Beware these marketing trends in psychological assessment: and why you shouldn't fall for them. *Psychology Today*. www.psychologytoday. com/gb/blog/the-situation-lab/201910/beware-these-marketingtrends-in-psychological-assessment?amp

Stamper, C. (2010). Common mistakes companies make using social media tools in recruiting efforts. *CMA Management, 84*(2), 12–14.

Winsborough, D., & Chamorro-Premuzic, T. (2016). Talent identification in the digital world: new talent signals and the future of HR assessment. *People and Strategy, 39*(2), 28–31.

Woods, S. A., Ahmed, S., Nikolaou, I., Costa, A. C., & Anderson, N. R. (2020). Personnel selection in the digital age: a review of validity and applicant reactions, and future research challenges. *European Journal of Work and Organizational Psychology, 29*(1), 64–77.

저자 소개

아드리안 펀햄(Adrian Furnham)

영국 Exeter University 경영학과의 명예교수이자 노르웨이 경영대학의 리더십 및 조직행동학과의 심리학 겸임교수이다. 또한 그는 심리학적 자문을 제공하는 컨설팅사인 ABRA(Applied Behavioral Research Associates)를 런던에 설립하여 운영하고 있다.

역자 소개

장재윤(Jae Yoon Chang)

서울대학교 심리학과를 졸업하고 동 대학원에서 조직심리 전공으로 석, 박사과정을 마쳤다. 박사과정 수료 후 삼성전자 인사팀에 전문직 특채되어 삼성직무적성검사(SSAT)의 모태가 된 선발검사 개발 과제의 주무를 맡았다. 이후 선문대학교, 성신여자대학교를 거쳐 현재 서강대학교 심리학과 교수로 재직 중이다. 선발 및 평가 관련 주요 실무 경험으로, SSAT 개정 프로젝트에 참여하였고 삼성그룹의 창의성 면접 기법의 개발을 주도하였다. 또한 삼성전자의 해외주재원 이문화적응 검사(SCAI) 개발 및 보직장 평가센터(AC) 개발 프로젝트를 수행하였다. 2021년 한국연구재단 우수학자 과제(5년)에 선정되어 '사회조사 및 심리측정에서의 반응 편향의 탐지, 제어, 예방, 및 대안적 방법 모색 연구'를 수행 중이다.

남상희(Sanghee Nam)

서울대학교 철학과를 졸업한 후 동 대학원에서 성격심리 전공으로 석사학위를, 서강대학교에서 조직심리 박사학위를 받았다. 현재 대구대학교 심리학과 조교수로 재직 중이며, 성격검사 및 인사 선발, 조직윤리, 인공지능을 주제로 연구를 수행하고 있다. 삼성그룹의 창의성 면접 기법 개발, 삼성전자의 보직장 평가센터(AC) 개발, KB국민은행의 지점장 및 본부 리더십 구축 및 변화관리 프로젝트, KB손해보험 고객중심 가치 정립 프로젝트 등에 참여하였다.

문혜진(Hyejin Moon)

University of British Columbia에서 심리학을 전공하였고, 서울대학교 대학원에서 조직심리 전공으로 석사학위를, 서강대학교에서 조직심리 박사학위를 받았다. 중앙대학교 인문콘텐츠연구소에서 연구교수로 재직하였으며, 현재는 한성대학교 사회과학부 기업경영트랙의 조교수로 재직 중이다. SSAT 개정, 삼성그룹의 창의성 면접 기법 개발, 삼성전자의 해외주재원 이문화적응검사 개발, 삼성전자 신입사원 적응 척도 개발 프로젝트 등에 참여하였다. 조직 내 창의성, 정서, 회복 이외에도 인공지능 면접에 관한 연구를 수행하고 있다.

박춘신(Choonshin Park)

서강대학교 불어불문학과를 졸업하고 교육출판 분야에서 20년간 직장 생활을 하였다. 이후 동 교육대학원 상담심리 석사학위를, 동 대학원에서 조직심리 전공으로 석사학위와 박사학위를 받았다. 현재는 서강대학교 심리학과 겸임교수이자 일과사람연구소 안녕 대표이사로 직장인 마음건강, 리더십 및 조직문화 변화관리 프로그램 개발 및 프로젝트를 운영 중이다. InMind 직장인 마음건강 종합 진단도구와 개인 맞춤형 프로파일, InLead 리더십 종합 진단도구와 셀프코칭형 프로파일 등을 개발하여 다양한 기업에 제공하고 있다. KB국민은행 리더십 구축과 실천내재화 프로그램 개발, IBK기업은행 리더십가이드북 개발, KB손해보험 고객중심 가치정립 프로젝트 등을 수행하였다.

서희영(Hui Young Suh)

서강대학교 경영학과를 졸업하고 리테일 및 의류 수출 분야에서 15년간 직장 생활을 하였다. 이후 동 대학원에서 조직심리 전공으로 석사학위를 받았으며, 박사과정을 수료하였다. 한국 기업과 외국 기업의 조직문화를 경험하면서 조직 내 집단과 개인 간에 나타나는 다양한 역동에 관심이 있다. 한국연구재단 '사회조사 및 심리측정에서의 반응 편향의 탐지, 제어, 예방, 및 대안적 방법 모색 연구'에 참여 중이며, 비상교육의 청소년용 자기주도학습 및 학업스트레스 검사 개발, KB국민은행 지점장 및 본부 리더십 구축 및 변화관리 프로젝트, KB손해보험 고객중심 가치정립 프로젝트 등에 참여하였다.

인사평가의 20가지 방법

Twenty Ways to Assess Personnel

Different Techniques and Their Respective Advantages

2024년 4월 5일 1판 1쇄 인쇄
2024년 4월 15일 1판 1쇄 발행

지은이 • Adrian Furnham
옮긴이 • 장재윤 · 남상희 · 문혜진 · 박춘신 · 서희영
펴낸이 • 김진환
펴낸곳 • (주) 학지사
04031 서울특별시 마포구 양화로 15길 20 마인드월드빌딩 4층
대 표 전 화 • 02)330-5114 팩스 • 02)324-2345
등 록 번 호 • 제313-2006-000265호

홈 페 이 지 • http://www.hakjisa.co.kr
인스타그램 • https://www.instagram.com/hakjisabook

ISBN 978-89-997-3099-3 93180

정가 28,000원

역자와의 협약으로 인지는 생략합니다.
파본은 구입처에서 교환해 드립니다.